신라 중대의 정치와 권력구조

이영호 李泳鎬

1958년 경북 구미에서 태어났다. 경북대학교 사범대학 역사과를 졸업하고, 동 대학원 사학과에서 문학석사와 문학박사 학위를 받았다. 한국고대사학회 회장, 동북아역사재단 자문위원을 역임하였으며, 현재 경북대학교 인문대학 사학과 교수로 있다.

주요 논문으로 〈신라 문무왕릉비의 재검토〉, 〈7세기 신라 왕경의 변화〉, 〈재당 신라인 김씨묘지명의 검토〉, 〈통일신라시대의 왕과 왕비〉, 〈신라 국학의 성립과 변천〉 등이 있다.

신라 중대의 정치와 권력구조

초판 1쇄 발행 2014. 10. 31.
초판 2쇄 발행 2015. 9. 7.

지은이 이 영 호
펴낸이 김 경 희
펴낸곳 (주)지식산업사
　　　　본사 ● 10881, 경기도 파주시 광인사길 53
　　　　　　　　전화 (031)955-4226~7 팩스 (031)955-4228
　　　　서울사무소 ● 03044, 서울시 종로구 자하문로6길 18-7
　　　　　　　　전화 (02)734-1978 팩스 (02)720-7900
　　　　한글문패 지식산업사
　　　　영문문패 www.jisik.co.kr
　　　　전자우편 jsp@jisik.co.kr
　　　　등록번호 1-363
　　　　등록날짜 1969. 5. 8.

책값은 뒤표지에 있습니다.

이 책을 읽고 저자에게 문의하고자 하는 이는
지식산업사 전자우편으로 연락 바랍니다.

이 저서는 2009년도 경북대학교 학술연구비에 의하여 연구되었음

신라 중대의 정치와 권력구조

이영호

책 머 리 에

신라사에서 중대는 삼국을 통일하고 유례없는 번영을 구가한 시기였다. 영토가 확대되고 인구가 늘어났으며, 고구려와 백제의 문화를 흡수하고 발달된 당의 문물까지 수용함으로써 정치, 경제, 사회, 문화의 전성기를 맞이하였다. 천년왕국 신라의 황금시대, 중대 120여 년의 모습은 어떠하였을까?

이 책은 저자의 박사학위논문을 근간으로, 그 뒤 발표한 2편의 논문을 추가한 것이다. 저서 형식으로 되어 있지만 대개는 개별 논문으로 먼저 발표하여 검증을 거쳤다. 전체적인 구성은 기왕의 연구를 검토한 부분과 새로운 문제의식에서 권력구조의 실태를 파악한 부분으로 되어 있다.

제1편은 이 연구의 대상 시기인 '중대' 설정의 타당성을 살핀 뒤, 신라사의 흐름을 중시하면서 권력구조 이해의 문제점들을 지적하였다. 제2편은 신라의 핵심 정치기구인 귀족회의와 상대등, 집사부와 중시, 성전사원과 금하신 등의 운용을 검토하고, 이로부터 파악되는 권력구조의 실상을 밝혔다. 나아가 이들 정치기구 분석에서 나타난 중대의 정치형태에 대해서도 살펴보았다. 원고를 교열하면서 어색한 표현을 윤문하였으나 기본 논지는 수정하지 않았다. 따라서 각 글은

발표 무렵까지의 성과를 반영하면서도, 나름의 통일성을 유지하였다.

신라 정치사에 대한 저자의 문제의식은 석사학위 논문 <신라 중대 왕실사원의 관사적 기능>(《한국사연구》 43, 1983.12)에서 비롯되었다. 중대 주요 사원에 설치된 성전이란 기구를 분석하는 과정에서 상대등과 시중의 관계, 중대 말의 정치상황 등에 대해 재검토할 필요성을 느끼게 되었기 때문이다. 그러나 이러한 의문에 대한 본격적인 문제 제기는 <신라 혜공왕대 정변의 새로운 해석>(《역사교육논집》 13·14합집, 1990.2)을 통해서였다. 지금은 고인이 되신 김영하 선생의 정년을 기념하는 글에서, 김옹과 김양상의 정치적 성격과 혜공왕 10년 정권교체설을 분석하였던 것이다. 한국고대사 연구의 성과들을 살피면서 기존 학설의 논거나 이론이 허약하다는 것을 느꼈고, 그래서 한국고대사의 큰 줄기를 세밀히 검토해 보겠다는 생각에서 써 본 글이었다.

초기 논문이라 부드럽게 쓰지 못했다는 반성이 앞서지만, 이 글은 커다란 반향을 일으켜 '중대 전제왕권'에 대한 논쟁이 일어났다. 일시 '전제왕권'이란 용어가 사라지고 이런저런 변형된 용어들이 등장하였다. 또한 신라 전제정치에 관한 글들이 연이어 발표되었다. 그러나 저자는 기존의 연구방법에 문제가 있으며, 새로운 문헌자료와 금석문을 활용함으로써, 지금까지의 성과를 보완하거나 결과를 수정하는 연구가 있어야 한다고 생각하였다. 이러한 시각에서 관호의 개혁과 복고의 문제, 상대등과 중시의 위상에 대한 일련의 연구를 발표하여 통설을 비판적으로 검토하였다.

논쟁이 가열되면서 집사부가 신라의 최고 관부라는 주장이 철회되기에 이르렀다. 단지 핵심적인 관부일 뿐이라는 것이다. 이는 매우 중요한 관점으로, 이로써 '중대=전제왕권시대'라는 통설은 사실상 원점으로 돌아가 버렸다. 종래 학계에서 이해해 온 그러한 형태의 전제왕권의 시대는 아니었음이 판명된 것이다.

역사가는 당대에 할 수 있는 최선의 주장을 하는 것으로 목표를 삼는다. 그것이 역사가로서 할 수 있는 시대적 사명을 다하는 길이기 때문이다. 그러나 역사의 해석은 고정된 것이 아니며, 시대가 바뀌고 새로운 자료가 추가되면, 늘 재해석되고 재평가되어야 한다는 것도 엄연한 사실일 것이다.

이 책은 실로 여러 분들의 도움으로 탄생되었다. 대학원 석·박사 과정을 이끌어 주신 지도교수 문경현 선생님, 학문하는 방법과 학자로서의 자세를 보여주신 이병휴 선생님, 한국사 연구에서 불교사와 고문서, 금석문의 중요성을 일깨워주신 허흥식 선생님, 대학원에서 한국고대사에 대한 식견을 가질 수 있도록 지도해주신 이기동 선생님, 그리고 저자의 첫 논문을 학계에 발표하도록 주선해주신 신형식 선생님과 노중국, 주보돈, 이명식, 이문기, 권연웅, 장동익, 김진웅 선생님께 감사한다. 또한 상주대학교 재직 시절부터 어려움을 함께해 온 한기문 선생님께도 고마운 마음을 전한다. 그 밖에도 여러 은사와 선배, 후배, 동학들의 도움이 컸다.

이 책의 발간은 경북대학교의 지원으로 이루어졌다. 연구비를 마련해준 경북대학교 당국에 감사한다. 아울러 연구에 매진할 수 있도록 도와준 경북대학교 사학과의 동료 선생님들과, 매주 목요일 만나 함께 공부하는 목요윤독회의 회원들께도 감사의 말씀을 드린다. 그러나 무엇보다 어려움 속에서도 학문의 길을 갈 수 있도록 뒷바라지 해주신 부모님께 감사와 위로의 말씀을 올린다. 또한 많은 딸들을 두셨으면서도 둘째 사위 걱정을 많이 하셨던 장인, 장모님께 감사한다. 이 책의 출판으로 그간의 염려와 노고에 약간의 위안이 되셨으면 한다. 공부를 한답시고 가족들에게 소홀한 점이 많았다. 가정을 잘 꾸려준 아내와 두 아들에게도 책 출판의 소식을 전한다.

8

　끝으로 이 책을 지식산업사에서 간행하게 되어 기쁘다. 출판을 기꺼이 맡아주신 김경희 사장께 감사한다. 상업성도 없는 이 책의 출판을 선뜻 승낙해 주셨다. 또한 편집을 맡아 난해한 원고를 정리하고 예쁜 책으로 만들어준 편집부 직원 여러분께도 고맙다는 인사를 드린다.

2014년 1월 3일
복현동산 연구실에서
이영호 삼가 씀

차 례

제2편 중대 권력구조의 실태 _173

결 론 _357

[보론] 신라의 달구벌 천도 _373

서 론

　지금까지의 신라사 연구는 삼국시대사가 활발한 반면 통일신라사
는 상대적 부진을 면치 못하였다. 신라의 정치, 경제, 사회, 문화에
대한 여러 연구는 대개 삼국시대에 집중되었고, 금석문의 발견이 큰
의미를 가지게 된 것도 거의 삼국시대에 한해서였다. 통일신라사는
문헌을 중심으로 한 정치사 분야가 비교적 일찍 연구되었지만, 차츰
신라 하대에 집중되어 왕위계승 문제, 장보고의 등장 문제, 선종과
호족의 대두와 관련된 문제 등이 연구자들의 관심을 끌었다.

　이 책에서 살피고자 하는 신라 중대의 정치사, 더욱이 권력구조의
연구는 이미 1950년대부터 신라의 핵심 정치기구를 중심으로 검토
되었다가 최근에 다시 주목되고 있는 부분이다. 1956년 전봉덕의 상
대등上大等에 관한 연구[1]에서 비롯된 정치기구에 대한 분석은 이기
백의 상대등·집사부執事部·집사성執事省 연구,[2] 이노우에 히데오의
상대등·중시(시중)·병부령兵部令 등 《삼국사기》에 나타난 중앙행정관
제中央行政官制에 대한 연구[3]에서 한층 심화되었다. 그 뒤 신형식의
병부령·군주軍主 연구,[4] 키무라 마코토의 재상제도宰相制度 연구,[5]
미이케 요시카즈의 내정관제內政官制 연구,[6] 이기동·키무라 마코토·
황선영의 관료제官僚制 연구[7]와 하마다 코사쿠·이영호·이성시·채상식

1) 田鳳德, 〈新羅 最高官職 上大等論〉, 《法曹協會雜誌》 5~1·2·3합병호, 1956; 《韓
　　國法制史研究》, 서울大出版部, 1968.
2) 李基白, 〈上大等考〉, 《歷史學報》 19, 1962; 《新羅政治社會史研究》, 一潮閣, 1974.
　　李基白, 〈新羅 執事部의 成立〉, 《震檀學報》 25·6·7합병호, 1964; 위의 책(1974).
　　李基白, 〈新羅 下代의 執事省〉, 위의 책(1974).
3) 井上秀雄, 〈《三國史記》にあらわれた新羅の中央行政官制について〉, 《朝鮮學報》 51,
　　1969; 《新羅史基礎研究》, 東出版, 1974.
4) 申瀅植, 〈新羅 兵部令考〉, 《歷史學報》 61, 1974; 同 改題 〈新羅의 國家的 成長
　　과 兵部令〉, 《韓國古代史의 新研究》, 一潮閣, 1984.
　　_____, 〈新羅 軍主考〉, 《白山學報》 19, 1975; 同 改題 〈新羅地方制度의 發展과
　　軍主〉, 위의 책(1984).
5) 木村誠, 〈新羅の宰相制度〉, 《人文學報》 118, 東京都立大學, 1977.
6) 三池賢一, 〈新羅內政官制考(上·下)〉, 《朝鮮學報》 61·62, 1971·1972.

의 성전사원成典寺院 연구,[8] 이문기의 진흥왕대 신료조직臣僚組織·국왕근시집단國王近侍集團·겸직제兼職制·군사조직軍事組織 연구,[9] 주보돈의 연좌제連坐制·6정六停 연구[10] 등 정치제도상의 여러 측면들이 검토됨으로써 신라의 권력구조 연구는 차츰 본궤도에 오르게 되었다. 나아가 이러한 논의를 바탕으로 중대 전반의 정치과정[11] 및 각 시기별 정치운영[12]에 대한 검토가 이루어지고, 1990년대부터는 이른

7) 李基東, 〈新羅 中代의 官僚制와 骨品制〉, 《震檀學報》 50, 1980; 《新羅 骨品制社會와 花郎徒》, 一潮閣, 1984.
　　木村誠, 〈統一新羅の官僚制〉, 《東アジア世界における日本古代史講座》 6, 學生社, 1982.
　　黃善榮, 〈新羅 下代 官僚制에 대한 一考察〉, 《東義史學》 6, 1991.
8) 浜田耕策, 〈新羅の寺院成典と皇龍寺の歷史〉, 《學習院大學文學部硏究年報》 28, 1982.
　　李泳鎬, 〈新羅 中代 王室寺院의 官寺的 機能〉, 《韓國史硏究》 43, 1983.
　　李成市, 〈新羅中代の國家と佛敎〉, 《東洋史硏究》 42~3, 1983.
　　蔡尙植, 〈新羅 統一期의 成典寺院의 구조와 기능〉, 《釜山史學》 8, 1984.
　　李泳鎬, 〈新羅 成典寺院의 成立〉, 《新羅文化祭學術發表會論文集》 14, 1993.
9) 李文基, 〈新羅 眞興王代 臣僚組織에 대한 一考察〉, 《大丘史學》 20·21합집, 1982.
　　＿＿＿, 〈新羅 中古의 國王近侍集團〉, 《歷史敎育論集》 5, 1983.
　　＿＿＿, 〈新羅時代의 兼職制〉, 《大丘史學》 26, 1984.
　　＿＿＿, 《新羅 中古期 軍事組織 硏究》, 慶北大 博士學位論文, 1991.
10) 朱甫暾, 〈新羅時代의 連坐制〉, 《大丘史學》 25, 1984.
　　＿＿＿, 〈新羅 中古期 6停에 대한 몇 가지 問題〉, 《新羅文化》 3·4합집, 1988.
11) 申瀅植, 〈武烈王權의 成立과 活動〉, 《韓國史論叢》 2, 1978; 앞의 책(1984).
　　李基東, 〈新羅 中代의 官僚制와 骨品制〉, 《震檀學報》 50, 1980; 앞의 책(1984).
　　＿＿＿, 〈韓國 古代의 國家權力과 宗敎〉, 《第27回 全國歷史學大會 發表要旨》, 1984; 同 改稿 〈新羅社會와 佛敎〉, 《佛敎와 諸科學》, 동국대, 1987.
　　金杜珍, 〈統一新羅의 歷史와 思想〉, 《傳統과 思想》 2, 한국정신문화연구원, 1986.
　　李明植, 〈新羅 中代王權의 專制化過程〉, 《大丘史學》 38, 1989; 同 改題 〈新羅中代의 專制王權體制〉, 《新羅政治史硏究》, 螢雪出版社, 1992.
　　朱甫暾, 〈남북국시대의 지배체제와 정치〉, 《한국사》 3, 한길사, 1994.
12) 李基白, 〈新羅 惠恭王代의 政治的 變革〉, 《社會科學》 2, 韓國社會科學硏究會(서울, 1957~1960), 1958; 앞의 책(1974).
　　＿＿＿, 〈景德王과 斷俗寺·怨歌〉, 《韓國思想》 5, 1962; 위의 책(1974).
　　文暻鉉, 〈武烈王體制의 成立〉, 《新羅文化祭學術發表會論文集》 8, 1987.
　　辛鍾遠, 〈新羅 五臺山事蹟과 聖德王의 卽位背景〉, 《崔永禧先生華甲紀念 韓國史學論叢》, 探究堂, 1987.
　　金英美, 〈聖德王代 專制王權에 대한 一考察〉, 《梨大史苑》 22·23합집, 1988.

바 중대 전제왕권의 성립과 특성, 개념 등13)이 관심의 초점이 되었
다고 하겠다.

이 가운데 이기백의 연구는 오늘날까지 학계의 통설이 되고 있다
는 점에서 중요성을 띠고 있다. 그는 일찍이 신라 혜공왕대 말기의
정치를 논한 글에서14) 신라사의 전개과정을 세 시기로 구분하여, 상
대上代는 귀족연합기貴族聯合期, 중대中代는 전제왕권기專制王權期, 하대
下代는 귀족연립기貴族聯立期로 파악하고, 상대등과 중시의 역관계 변
화를 주목하였다. 그 뒤 그는 대등·상대등 연구, 품주稟主·집사부執事
部·집사성執事省에 대한 연구에서 상대·중대·하대에 따른 권력구조의
변화를 세밀하게 부연 설명하였다.15) 이 같은 그의 연구는 1974년
《신라정치사회사연구新羅政治社會史研究》로 정리되었고, 학계를 대표하
는 견해의 하나로 여겨져 이후의 연구자들에게 지대한 영향을 미쳤

李泳鎬, 〈新羅 惠恭王代 政變의 새로운 解釋〉, 《歷史教育論集》 13·14합집, 1990.
_____, 〈新羅 惠恭王 12년 官號復故의 意味〉, 《大丘史學》 39, 1990.
趙二玉, 〈新羅 聖德王代 對唐外交政策 研究〉, 《梨花史學研究》 19, 1990.
_____, 〈新羅 景德王代의 專制王權과 祿邑에 대한 再解釋〉, 《東洋古典研究》 1, 1993.
金壽泰, 《新羅 中代 專制王權과 眞骨貴族》, 西江大 博士學位論文, 1991.
金羲滿, 〈新羅 神文王代의 政治狀況과 兵制〉, 《新羅文化》 9, 1992.
朴海鉉, 《新羅 中代 政治勢力 研究》, 全南大 博士學位論文, 1996.
權英五, 〈新羅 元聖王의 즉위 과정〉, 《釜大史學》 19, 1995.
13) 申瀅植, 〈新羅 中代 專制王權의 展開過程〉, 《汕雲史學》 4, 1990; 《統一新羅
史研究》, 三知院, 1990.
_____, 〈新羅 中代 專制王權의 特質〉, 《國史館論叢》 20, 1990; 위의 책(1990).
李基白, 〈新羅 專制政治의 成立〉, 《韓國史 轉換期의 문제들》, 지식산업사, 1993.
_____, 〈統一新羅時代의 專制政治〉, 《韓國史上의 政治形態》, 一潮閣, 1993.
李泳鎬, 〈新羅 執事部의 設置와 中侍〉, 《國史館論叢》 69, 1996.
14) 李基白, 〈新羅 惠恭王代의 政治的 變革〉, 《社會科學》 2, 1958; 앞의 책(1974).
15) 李基白, 〈大等考〉, 《歷史學報》 17·18합집, 1962; 앞의 책(1974).
_____, 〈上大等考〉, 《歷史學報》 19, 1962; 위의 책(1974).
_____, 〈稟主考〉, 《李相佰博士回甲紀念論叢》, 1964; 위의 책(1974).
_____, 〈新羅 執事部의 成立〉, 《震檀學報》 25·6·7합병호, 1964; 위의 책(1974).
_____, 〈新羅 下代의 執事省〉, 위의 책(1974).

다.16) 이 무렵 일본학계에서 재상제도나 상대등의 성립과정 등17)을 추적한 연구가 발표된 것도 새로운 측면을 개척한 것으로 주목된다.

그 뒤 저자는 상대등이 왕권 견제자이며, 상대·중대·하대에 따라 정치적 위상을 달리하였다는 주장에 대하여 반론을 제기하였다.18) 나아가 상대등은 오히려 친왕파이며, 중대에도 최고 실권자로서 위상에 변화가 없었음을 지적하였다.19) 이 같은 견해는 이인철·박남수·김창겸·조이옥 등에 의해 각각 되풀이되었다.20) 또한 주보돈은 새로 발견된 울진봉평리신라비를 검토하여 처음 설치 시의 상대등은 국왕을 견제하기보다는 왕권 강화의 일환임을 지적하였고,21) 신형식은 상대등·시중(중시) 등의 관직을 중대와 하대라는 시대적 성

---

16) 책이 출간된 직후 이의 가치를 둘러싸고 여러 논평이 나왔다.
　李基東, 〈李基白 著 《新羅政治社會史研究》 書評〉, 《歷史學報》 62, 1974.
　_____, 〈體系化된 支配勢力의 변천과정 ─李基白 著 《新羅政治社會史研究》 書評─〉, 《新東亞》 1974년 8월 호.
　申瀅植, 〈李基白 著 《新羅政治社會史研究》 書評〉, 《歷史教育》 16, 1974; 앞의 책(1984).
　李萬烈, 〈回顧와 展望 ─古代─〉 《韓國史研究彙報》 9, 1975.
　이 가운데 申瀅植의 논평에 대해서는 다음과 같은 반론도 제기되었다.
　李基白, 〈新羅政治社會史研究의 몇 가지 問題 ─申瀅植氏의 書評에 答함─〉, 歷史學會 제186회 월례발표회(서울, 韓國研究院, 1976.4.24).
17) 木村誠, 〈新羅の宰相制度〉, 《人文學報》 118, 東京都立大學, 1977.
　_____, 〈新羅上大等の成立過程〉, 《古代東アジア史論集(上)》, 吉川弘文館, 1978.
18) 李泳鎬, 〈新羅 惠恭王代 政變의 새로운 解釋〉, 《歷史教育論集》 13·14합집, 1990.
19) 李泳鎬, 〈新羅 貴族會議와 上大等〉, 《韓國古代史研究會 제4회 합동토론회 발표요지》, 1991.1, pp.38~49; 《韓國古代史研究》 6, 1993.
20) 李仁哲, 〈新羅의 群臣會議와 宰相制度〉, 《韓國學報》 65, 1991; 《新羅政治制度史研究》, 一志社, 1993.
　朴南守, 〈신라 화백회의의 기능과 성격〉, 《水邨 朴永錫教授華甲紀念 韓國史學論叢(上)》, 探究堂, 1992.
　金昌謙, 〈新羅下代王位繼承研究〉, 成均館大 博士學位論文, 1993.
　趙二玉, 〈新羅 景德王代의 專制王權과 祿邑에 대한 再解釋〉, 《東洋古典研究》 1, 1993.
21) 朱甫暾, 〈6세기 初 新羅 王權의 位相과 官等制의 成立〉, 《歷史教育論集》 13·14합집, 1990.
　_____, 〈三國時代의 貴族과 身分制〉, 《韓國社會發展史論》, 一潮閣, 1992.

격에서 파악할 것이 아니라, 당시의 정치적 상황에서 이해하여야 하
며, 왕실은 유력 가문과 왕비나 상대등·시중 등의 관직을 통해 공존
관계를 유지하며 왕통을 유지하였다고 하였다.[22] 이에 대해 이기백
은 자신의 학설에 대한 비판을 다시 비판하고, 종전의 견해를 재천
명하였다.[23] 이러한 상황에서 상대등의 성격은 집사부 중시와의 관
련을 파악함으로써 좀 더 분명히 밝혀질 수 있을 것이다.

집사부와 중시에 대한 이해는 상대등의 위상 파악과 관련될 뿐
아니라 전제정치의 시대로 설정된 중대의 정치적 성격 문제와도 직
결되고 있다. 집사부에 대해서는 신라의 '최고 관부'라는 견해가 대
표적이지만,[24] 중앙 부처의 총무처總務處와 같은 기관으로 이해한 견
해도 있고,[25] 고려의 중추원中樞院이나 조선의 승정원承政院에 비견되
는 기관이란 설도 제기되었다.[26] 따라서 전자가 집사부 중시를 국무
총리로 이해한 것과 달리, 후자는 시종관으로서 총무처 장관으로 이
해하기도 하고,[27] 국왕의 비서실장으로 이해하기도 하였다.[28]

'중대=전제왕권시대' 설은 중시가 전제화된 왕권을 배경으로

---

22) 申瀅植,〈新羅 中代 專制王權의 展開過程〉,《汕耘史學》4, 1990; 앞의 책(1990).
_____,〈新羅 中代 專制王權의 特質〉,《國史館論叢》20, 1990; 위의 책(1990).
23) 李基白,〈新羅 專制政治의 成立〉,《韓國史 轉換期의 문제들》, 1993.
_____,〈統一新羅時代의 專制政治〉,《韓國史上의 政治形態》, 1993.
24) 李基白,〈新羅 執事部의 成立〉,《震檀學報》25·6·7합병호, 1964; 앞의 책(
1974). 최근 이기백은 '最高官府' 설을 철회하고 '핵심적인 정치기구'로 수
정하였다(李基白,〈統一新羅時代의 專制政治〉,《韓國史上의 政治形態》, p.113.)
25) 申瀅植,〈李基白 著《新羅政治社會史研究》書評〉,《歷史敎育》16, 1974; 앞의
책(1984), p.48.
李丙燾,《國譯 三國史記》, 乙酉文化社, 1977, p.154.
26) 李仁哲,〈新羅의 中央行政官府〉,《韓國獨立運動史의 認識》, 1991; 同 改題〈新
羅 中央行政官府의 組織과 運營〉, 앞의 책(1993), pp.29~30.
27) 申瀅植,《新羅史》, 梨花女大出版部, 1985, p.140.
28) 李基東의 발언,〈第3回 韓國史의 爭點 ─統一新羅時代의 專制政治─ 세미나
속기록〉,《韓國史上의 政治形態》, 1993, p.343.

여러 관부官府를 통제하였다는 점에 근거하고 있으나, 이는 이
정숙·김영미·이영호·이인철의 연구에서 각각 문제의 일단이 제
기되었다.[29) 또한 신형식은 전제왕권의 시대가 중대만이 아니며
중고 말부터 형태가 갖추어지기 시작하여 하대 귀족연립 시기
에도 꾸준히 전개된 체제라 하여 이론을 제기하고, 중대 전제
왕권은 관료제도와 소수 귀족세력의 지지와 타협 속에서 유지
될 수 있었다고 하였다.[30) 이에 대해 이기백은 중대가 전제정
치의 시대라는 종전의 견해를 되풀이하면서 전제정치가 견제와
균형 속에서 이루어졌다고 파악한 신형식의 견해를 비판하였
다.[31) 더욱이 이기백은 전제정치專制政治의 개념을 왕권강화와
같은 '상대개념相對槪念'이 아닌 '절대개념絕對槪念'으로 이해하고,
국왕 1인에게 권력이 집중된 정치형태임을 강조하였다.

학계에서 중대를 전제왕권의 시대로 본 것은 그 전후 시기와 견주
어 왕권이 상대적으로 강화되었다고 이해했기 때문이었는데,[32) 이기
백이 국왕 1인에 의해 권력의 행사가 이루어졌다고 한 것은 주목되
는 견해가 아닐 수 없었다. 이에 대해 이기동은 중대 국왕이라 하더
라도 골품제骨品制의 한계를 벗어날 수 없었음을 지적하였고,[33) 신형

---

29) 李晶淑, 〈新羅 眞平王代의 政治的 性格〉, 《韓國史研究》 52, 1986; 金英美, 〈聖
   德王代 專制王權에 대한 一考察〉, 《梨大史苑》 21·22합집, 1988; 李泳鎬, 〈新羅
   惠恭王 12年 官號復故의 意味 ―소위 "中代 專制王權" 說의 一檢討―〉, 《大丘
   史學》 39, 1990; 李仁哲, 〈新羅의 中央行政官府〉, 《韓國獨立運動史의 認識》,
   1991; 同 改題 〈新羅 中央行政官府의 組織과 運營〉, 앞의 책(1993).
30) 申瀅植, 〈新羅 中代 專制王權의 展開過程〉, 《汕耘史學》 4, 1990; 앞의 책(1990).
31) 李基白, 〈新羅 專制政治의 成立〉, 《韓國史 轉換期의 문제들》, 1993.
32) 金壽泰, 《新羅 中代 專制王權과 眞骨貴族》, 西江大 博士學位論文, 1991. p.4.
33) 李基東, 〈新羅 中代의 官僚制와 骨品制〉, 《震檀學報》, 50, 1980; 앞의 책(1984).
   李基東의 발언, 〈第3回 韓國史의 爭點 ―統一新羅時代의 專制政治― 세미나
   속기록〉, 《韓國史上의 政治形態》, 1993.

식은 중대라 해서 국왕 1인에게 권력이 집중된 것은 아니라는 반론을 제기하였다.[34] 요컨대 문제는 집사부의 중시가 국왕의 대변자로서 실질적으로 여러 관부를 통제할 수 있었는가의 여부에 논의의 초점이 있다고 하겠다.

　이상의 연구 현황 검토에서 밝혀진, 기존 연구의 문제점을 지적하면 다음과 같다.

　첫째는 연구 절차의 문제다. 신라사의 전개과정이 귀족연합→전제왕권→귀족연립으로 변천되어 갔다는 학계의 통설은 시대의 추이에 따른 권력구조의 변동을 역동적으로 파악하려 했다는 점에서 의의가 있으나, 이는 신라사 전반을 연구한 결과가 아닌 연구자의 신라사 초기 논문에서 미리 설정된 결론이었다.[35] 또한 일찍이 중대를 전제왕권의 시대라 규정하고서도 정작 그 개념은 최근에 와서야 제시되었다. 따라서 중대 왕권의 유지기반에 대한 이해는 피상적이었고, 국왕권의 실체도 제대로 파악되지 못한 상태였다. 다시 말해 국왕이 중대에 행사하였다는 이른바 전제왕권의 실제가 궁금하다고 하겠다.

　둘째는 자료 취급의 문제다. 연구 자료로서 《삼국사기三國史記》가 주로 이용되었고, 그 밖의 《삼국유사三國遺事》, 《신당서新唐書》, 《구당서舊唐書》 등이 참고되었지만, 금석문 자료나 일본 측 자료가 제대로 활용되지 못한 한계가 있었다. 중대 말기의 정치사 이해에 절대적 가치를 지닌 신라 성덕대왕신종聖德大王神鍾 명문이나 《속일본기續日本紀》 등을 초기 연구자들이 지나쳐 버림으로써, 지금까지 주목한

---

34) 申瀅植, 〈統一新羅와 渤海〉, 《韓國史論》 23, 국사편찬위원회, 1993.
35) 물론 이 결론이 사료의 전반적인 검토과정에서 나온 것이라 믿지만 결론의 성급한 발표가 사료 이해의 폭을 좁히지 않았는가 하는 지적이 참고된다. 李萬烈, 〈回顧와 展望 —古代—〉, 《韓國史硏究彙報》 9, 1975.

김양상金良相보다 상위의 실권자인 김옹金邕의 존재를 도외시한 결과를 초래하였다. 최근 연구자들의 경우 이들 자료에 주목하였으나, 김양상에 대한 선입견에서 김옹의 성격을 잘못 파악한 사례도 있었다.

셋째는 사료 해석의 문제다. 특정 시기의 정치세력을 과도하게 단순화시켜 친왕파親王派·반왕파反王派의 두 유형으로 구분할 때 그 개념은 어떻게 정의될 수 있으며, 더욱이 전제왕권의 시기로 설정된 중대中代의 경우 그 구분은 적절한 것일까? 또한 중대 말 정치상황을 이해하는데 핵심적 인물의 하나인 김양상을 혜공왕 시해자로 보아, 그의 정치적 성격을 소급시켜 줄곧 반왕파였다고 해석한다든가, 김옹을 삼모부인三毛夫人의 출궁과 관련지어 이후 그를 계속 반왕파였다고 하는 등의 해석 또한 문제가 없지 않다. 이는 자칫 정치의 실상을 무시한 도식적 해석이란 평가를 피하기 어려울 것이기 때문이다. 따라서 이러한 문제점들 속에서 출발한 기왕의 연구는 의문이 없지 않으며, 그 결론 또한 성급한 것일 수밖에 없다고 생각하는 것이다.

이와 같은 문제의식에서, 이 연구는 신라 정치운영의 핵심인 상대등과 중시를 중심으로 한 권력구조의 실태가 중대(654~780)에는 어떠하였나 하는 것을 밝혀 보고자 하였다. 대상 범위를 중대로 한정한 것은 기존의 연구가 집사부의 존재를 지나치게 중시하여 그 전후 시기와 권력구조를 다르게 이해하였기 때문이다. 따라서 중대라 하더라도 태종무열왕부터가 아닌 집사부가 설치된 진덕왕 5년(651) 이후 혜공왕까지를 대상으로 하되, 이에 한정하지 않고 그 전후의 상대등·중시(시중)에 대해서도 신라 중대의 권력구조 이해와 연관되는 한 연구에 포함시키고자 한다.

중대 왕권의 강화에 따른 상대등과 중시의 위상에 대해서는 지금까지의 연구에서 상세히 언급된 바 있으나, 의문의 여지가 없지 않다고 생각한다. 따라서 제1편에서는 중대 정치사의 실상을 파악하기 위해, 국왕을 둘러싼 정치사의 흐름과 기존 연구의 출발점이 된 여러 견해를 검토하여, 중대 권력구조 이해의 새로운 가능성을 찾아보려 하였다.

먼저 제1장에서는 이 책의 전제로서 중대의 성립과 범위에 대한 여러 학설을 검토한 뒤, 중대의 시대적 의미를 파악하려 한다. 그리하여 중대의 범위를 임의로 축소하거나 확대하려는 경향을 경계하면서, 중대 정치사 전반의 전개과정을 주목하겠다.

제2장에서는 중대 왕권과 귀족사회의 관계를 국왕의 혼인 사례를 중심으로 살펴보겠다. 국왕의 혼인과 이혼을 개인과 개인 사이의 관계가 아니라, 왕실과 유력 귀족가문의 결합과 결별이란 시각에서, 정치사의 전개과정 속에서 파악하려 하였다. 먼저 무열계 국왕이 재위하던 시기에 이루어진 국왕과 귀족가문 왕비의 혼인 사례를 검토하고, 왕비가문의 실태를 살피려 한다. 나아가 진골귀족 사회 안에서 무열계 왕권의 존재양상을 외척세력과 관련하여 살펴보겠다.

제3장에서는 중대에서 관호의 개혁·복고와 전제주의의 관련성을 검토하겠다. 경덕왕 18년의 관호개혁官號改革은 전제주의의 집중적 표현으로, 혜공왕 12년의 관호복고官號復故는 전제주의의 부정으로 여겨져 왔는데, 앞뒤의 사실과 연관지어 그 타당성 여부를 살펴보겠다. 더욱이 가볍게 다루어 왔던 녹읍祿邑의 부활을 주목하고, 경덕왕대의 관호개혁에 지나친 의미를 부여하기 어려운 만큼, 혜공왕대의 관호복고를 전제주의의 부정으로 이해하는 것 또한 설득력이 약함을 밝히려 한다.

제4장에서는 혜공왕 10년(774) 정권교체설을 중심으로 한 중대 말기의 정치상황에 대해 검토하겠다. 이는 대개의 연구가 혜공왕 10년에 정권이 교체되었다고 보아 신라사를 이해하였기 때문인데, 혜공왕

시해 사건 기사와 김양상의 혜공왕 시해설을 분석하고, 종래의 견해를 따를 때 파생되는 문제점들을 살펴보겠다. 이로써 혜공왕 10년 정권교체설은 성립하기 어려움을 밝히려 한다.

이상의 검토를 거쳐 지금까지 중대 정치사 이해의 배경으로 여겨져 온 여러 측면이 달리 인식됨으로써 상대등, 중시 등 핵심 관직에 대한 새로운 이해의 필요성이 제기되었다.

이에 따라 제2편에서는 귀족회의와 집사부 등 정치기구 자체의 분석으로 상대등과 중시의 상호 관계를 살펴보고, 그 위상을 구체적으로 해명하고자 하였다. 더욱이 기존의 연구에서 간과된 성전사원成典寺院의 성전 관원 분석으로 금하신衿荷臣이 상대등, 중시, 병부령 등과 밀접한 관련을 가졌음을 해명하고, 중대 권력구조의 특질과 정치형태에 대해서도 검토하겠다.

제1장에서는 상대등이 국왕과 대립적이며, 상대·중대·하대에 따라 정치적 위상을 달리하였는가를 검토하겠다. 그리하여 상대등의 설치과정과 위상을 살펴보고, 상대등과 중시의 역관계를 해명하여 중대의 상대등이 집사부 중시에게 밀려난 존재가 아니었음을 밝히려 한다. 또 금석문에서 밝혀진 대등大等에 대한 새로운 사실을 바탕으로 귀족회의의 구성과 운영을 살펴, 상대등이나 귀족회의가 국왕에 대립된 존재가 아니었음을 밝히고자 한다.

제2장에서는 통일기 왕권의 강화과정에서 집사부가 설치되었음을 검토한 뒤, 중시의 임면任免과 진출進出 문제를 통해 중대에도 중시의 권력이 상대등을 능가하지 못하였음을 밝히려 한다. 그리고 중대가 과연 국왕 1인에게 권력이 집중된 시대였는지, 중대 100여 년 동안을 전제왕권의 시대라 할 수 있는지 등을 집사부의 기능을 밝힘으로써 '중대=전제왕권시대' 설의 타당성 여부를 확인하고자 하였다.

제3장에서는 성전사원의 성립과정을 검토하여 중대에 완성되었음

을 밝힌 뒤, 성전의 관부로서의 성격과 성전사원의 중대 왕실과의
관련을 살펴보겠다. 그리고 사원의 기능에 유의하면서, 중대 제사성
전諸寺成典의 금하신衿荷臣으로 확인된 김옹金邕, 김양상金良相을 하대
의 김위홍金魏弘과 비교하여 그들의 정치적 성격을 명백히 밝히려
한다. 이들은 금하신 취임 전후 중시(시중), 상대등, 병부령 등을 역
임한 인물들이란 점에서 신라 권력구조의 단면을 보여주는 사례로
주목하겠다.

제4장에서는 이상과 같은 여러 정치기구 분석에 나타난 실태를
바탕으로 중대 권력구조의 특질을 살펴보겠다. 그리하여 중시와 상
대등이 대립적인 것이 아니라, 상호 보완적인 측면에서 왕정의 업무
를 나누어 맡았음을 밝히려 한다. 또한 이러한 권력구조 아래에서
나타난 정치형태에 대해서도 해명하겠다.

끝으로, 이상과 같은 연구 목적을 달성하고자 이용한 자료에 대해
서도 간단히 밝혀두고자 한다. 신라사 연구에 이용할 수 있는 자료
란 극히 제한적임은 널리 알려진 사실이다. 따라서 이 책에서 검토
하려는 상대등과 중시가 중대에서 지닌 권력구조에 대해서는 《삼국
사기》가 주된 자료가 되겠다. 《삼국사기》에서는 상대등·중시 자체에
대한 직관지의 설명 외에, 신라본기·열전에서 신라의 중앙관직으로
는 이례적으로 수많은 경력자들의 인명을 남기고 있다. 그러나 《삼
국유사》 등에서는 극히 단편적인 사실만 참고될 뿐이므로, 이 책은
《삼국사기》 연구의 하나라고 할 수 있을 것이다. 그 밖에 수는 많지
않지만 금석문 자료도 유용하게 이용할 수 있다. 금석문은 일회적이
고 단편적이라는 한계는 있지만, 당대인이 기록한 일차 사료라는 점
에서 그 중요성은 대단히 크다. 더욱이 성덕대왕신종 명문은 신라
중대 말 정치사 이해의 열쇠가 되는 자료라는 점에서 마땅히 이용
되어야 할 것이다.

　중국이나 일본의 사료도 일정한 한계가 있긴 하지만, 국내 자료에 보이지 않는 사실을 전하는 경우가 있다. 《신당서新唐書》, 《구당서舊唐書》, 《책부원귀冊府元龜》 등에 나타난 신라의 견당사절遣唐使節 파견 기사는 상대등이나 중시를 역임한 인물들의 이력을 확인하는 데에 도움이 된다. 또 《속일본기續日本紀》에서는 신라 사신들의 활동과 중대 말의 실권자 김옹의 가계와 관련된 기사가 나타나고 있으며, 《속일본후기續日本後紀》에서는 신라에서 보낸 집사성 첩문牒文이 실려 있다. 따라서 이들 또한 자료로서 적극 활용되어야 하겠다.

　이상과 같은 연구 방향에서 알 수 있듯이, 이 책의 연구 방법은 문헌자료를 통한 신라 권력구조 파악이라는 실증적 연구에 중점을 두게 될 것이다. 그러나 단순히 제도 그 자체를 밝히는 데 머무르지 않고, 신라사, 나아가서는 한국고대사 이해의 새로운 패러다임 모색이라는 시각을 견지하는 데도 유념할 것이다.

제1편
중대 정치사의 흐름과 시각

제1장 중대의 성립과 전개

역사 연구는 시간의 흐름을 대상으로 한다. 그 흐름의 시작과 끝을 가정하여 단계를 나누는 것은 역사 발전과정을 체계적으로 이해하는 효과적 방법 가운데 하나이다. 세계사나 한국사 전체를 거시적으로 시대구분 하는 것도 필요하지만, 구분된 한 시대나 고구려, 백제, 신라 등 한 왕조를 대상으로 다시 분기를 설정하는 시기구분도 더욱 심화된 이해를 가능하게 한다는 점에서 의미가 크다.

과거의 사실은 변하지 않지만, 이로부터 파악되는 역사상은 끊임없이 변한다. 역사가의 역사인식 태도나 방법, 사관이 많은 영향을 끼치기 때문이다. 연구자는 이런 굴레로부터 벗어나고자 하지만, 의식적이든 무의식적이든 이로부터 자유로울 수가 없다는 것이 현실이다. 따라서 학자들의 시기구분은 매우 다양한 견해가 나타날 개연성을 처음부터 내포하고 있다고 하겠다.

여기서는 이러한 점에 유의하면서 신라사 시기구분에 대한 여러 연구자들의 견해를 살피려 한다. 더욱이 《삼국사기》의 시기구분인 상대·중대·하대의 의미를 검토하고, 중대의 범위와 이 시기 정치사의 전개과정을 살펴보고자 한다.

1. 중대의 성립과 범위

한국고대사의 기본 사서라 할 수 있는 《삼국사기》에서는 신라 천
년의 역사를 크게 세 시기로 구분하였다.[1] 즉 권12, 신라본기 경순
왕 9년(935) 12월조 말미에

　　　國人 自始祖至此 分爲三代. 自初至眞德二十八王 謂之上代, 自武烈至
　　　惠恭八王 謂之中代, 自宣德至敬順二十王 謂之下代云.

이라 하듯, 상대·중대·하대의 3대로 구분한 것이 그것이다. 즉 상대
는 시조 혁거세에서 제28대 진덕왕까지이며(기원전 57~기원후 654),
중대는 제29대 태종무열왕의 즉위에서 제36대 혜공왕까지(654~780),
하대는 제37대 선덕왕 때부터 마지막 제56대 경순왕까지(780~935)
의 시기라는 것이다. 그러나 이 같은 시기구분은 국인國人이 하였다
고 한 것으로 보아 신라 당대인들의 인식을 반영한 것이라 하겠다.

---

1) 신라사 시기구분에 대해서는 다음 논문이 참고된다.
　末松保和,〈新羅三代考 ―新羅王朝史の時代區分―〉,《史學雜誌》57~5·6합집, 1949;
　《新羅史の諸問題》, 東洋文庫, 1954.
　李基白,〈新羅 惠恭王代의 政治的 變革〉,《社會科學》2, 1958;《新羅政治社會史研
　究》, 一潮閣, 1974.
　井上秀雄,〈新羅政治體制の變遷過程 ―門閥貴族の集團支配と專制王權―〉,《古代史
　講座》4, 1962;《新羅史基礎研究》, 東出版, 1974.
　金哲埈,〈韓國古代國家發達史〉,《韓國文化史大系》Ⅰ(民族·國家史), 高麗大 民族文
　化研究所, 1964;《韓國古代史研究》, 서울大出版部, 1990.
　申瀅植,〈新羅王位繼承考〉,《惠庵 柳洪烈博士華甲紀念論叢》, 探究堂, 1969.
　＿＿＿,〈新羅史의 時代區分 ―新羅本紀 內容分析을 중심으로―〉,《韓國史研究》
　18, 1977; 同 改題〈新羅本紀 內容의 分析〉,《三國史記研究》, 一潮閣, 1981.
　＿＿＿,〈新羅의 成長과 發展〉,《新羅史》, 梨花女大出版部, 1985.
　＿＿＿,〈新羅史의 時代區分 問題〉,《韓國史의 時代區分에 관한 研究》, 한국정
　신문화연구원, 1995.

한편 신라사의 시기구분은 《삼국유사》에서도 나타나는데, 《삼국사기》와는 달리 다음과 같이 세 단계로 설정하였다.

> 巳上爲上古 巳下爲中古(王曆 新羅 智證麻立干)
> 巳上中古聖骨 巳下下古眞骨(王曆 新羅 眞德女王)

즉, 처음에서 제22대 지증왕까지(기원전 57~기원후 514)를 상고上古 제23대 법흥왕에서 제28대 진덕왕까지(514~654)를 중고中古라 하고, 제29대 태종무열왕 즉위 이후의 시기(654~935)를 하고下古라고 한 것이다. 여기서 신라사를 세 시기로 구분한 것이나, 태종무열왕의 즉위를 시기구분의 분기점으로 인식하였음은 《삼국사기》와 《삼국유사》가 공통됨을 확인할 수 있다.

《삼국사기》권5, 신라본기 진덕왕조 말미에 국인이 시조 혁거세로부터 진덕왕까지의 28왕을 성골聖骨이라 하고, 무열왕부터 마지막 왕까지를 진골眞骨이라 하거나, 동 권29, 연표(상) 신라 갑자(B.C. 57)조에 시조 혁거세 거서간부터 진덕왕까지를 성골, 권31, 연표(하) 갑인(654)조에 태종무열왕부터를 진골이라 한 사실에서, 《삼국사기》는 《삼국유사》와 같이 무열왕의 즉위를 성골에서 진골로 왕통의 변화로 인식하였음을 알 수 있다. 여기서 성골이나 진골의 차이는 논외로 하더라도, 무열왕의 즉위를 전시대와는 다른 시대적 변혁기로 인식하였음은 분명한 사실이라고 하겠다. 다만 《삼국사기》에서 상대上代로 구분한 시기를 《삼국유사》에서 상고上古와 중고中古로 나누었고, 《삼국유사》에서 하고下古로 구분한 시기를 《삼국사기》에서는 중대中代와 하대下代로 구분한 점에 차이가 있었다.2)

---

2) 上古를 두 시기로 구분하여 始祖에서 16대 訖解王까지와 17대 奈勿王에서 22대 智證王까지로 나눈 견해도 제시되었다. 末松保和(1954), 〈新羅三代考〉, 앞의 책, p.41.

이 가운데《삼국사기》에서 확인된 3대의 시기구분은 다음 기사에
서도 시사받을 수 있다.

> 二年 春二月 少梁里石自行. 王素與角干魏弘通 至是 常入內用事. 仍
> 命與大矩和尙 修集鄕歌 謂之三代目云. 及魏弘卒 追諡爲惠成大王 (《삼국
> 사기》권11, 신라본기 眞聖王 2년)

진성왕 2년(888) 무렵 각간 위홍魏弘과 대구화상大矩和尙은 왕의
명을 받들어 향가鄕歌를 수집해 향가집을 만들었다.3) 이 향가집의
이름을《삼대목三代目》이라 한 데서 신라인들의 삼대 의식을 엿볼
수 있다. 따라서 삼대의 구분은《삼국사기》편찬자가 아닌, 신라인
자신들의 시대 인식이었다는 추정이 가능하다고 하겠다.4)

《삼국사기》에서 신라인들이 세 시기로 신라의 역사를 나눈 이유는
어디에 있었으며, 그 구분의 시점은 언제였을까? 삼대 구분에 대해
일찍 관심을 표명한 스에마쓰 야스카즈는 이를 왕계王系의 차이라고
파악하면서, 중대가 무열왕계武烈王系라는 점에서 그 전후의 나물왕계
奈勿王系와 구별된다고 하였다. 나아가 삼대의 구분은 무열왕계를 강
조한 데 특징이 있는 만큼, 무열계를 운위할 의욕의 시대, 무열계를

---

3) 魏弘은 진성왕의 父王인 景文王代에 황룡사 9층탑을 중수하였으며 헌강왕
   원년(875) 상대등에 취임하여 진성왕 2년(888) 사망할 때까지 재임한 것으
   로 추측된다(申瀅植,〈新羅兵部令〉,《歷史學報》61, 1974; 同 改題〈新羅의 國家
   的 成長과 兵部令〉,《韓國古代史의 新硏究》, 一潮閣, 1984, p.179). 大矩和尙은 邀元
   郞·譽昕郞·桂元·叔宗郞 등 4명의 화랑이 지은 玄琴抱曲, 大道曲, 問群曲 등에 곡
   을 붙였다(《삼국유사》권2, 기이2, 경문대왕). 全基雄,〈新羅 下代의 花郞勢力〉,
   《新羅文化》10·11합집, 1994, p.118에서는 대구화상을 승려낭도로 파악하면서,
   위홍과 대구화상의《三代目》편찬이 진성왕의 즉위를 정당화하려는 정치적
   목적에서 이루어졌다고 하였다.
4) 申瀅植(1995),〈新羅史의 時代區分 問題〉, p.39에서는《삼국사기》의 삼대 구
   분을 신라 멸망 후의 어느 시점, 적어도 고려 성립 때나《삼국사기》편찬
   시의 고려인들의 의식으로 볼 수 있다고 하였으나 따르지 않는다.

운위할 필요가 있는 시대가 어디였을까에 대해 의문을 표시하였다. 그리하여 먼저 무열계 시대에 들어온 직후를 상정하고, 다음으로 무열계의 시대가 지나간 뒤인 하대에 중대 의식이 완성되었을 때를 그 시기로 상정하였다.5) 신라인들이 중대 왕실을 연 무열왕의 즉위를 새로운 시대로 인식한 것은 사실이겠으나, 중대에 이미 무열계 이후의 시기까지 포함한 삼대의 구분이 완성되었다고 하기는 어렵다. 따라서 삼대 의식은 하대의 일이라고 하겠다. 그러나 이는 하대에서도 초기가 아닌 중반 또는 말기의 어느 시점으로 여겨진다. 하대의 개창자인 김양상金良相이 나물왕 10세손이었다는 것이나, 이어 즉위하는 김경신金敬信이 나물왕 12세손이었다는 사실이 강조되어 왔으나, 적어도 하대 초에는 중대와 하대를 구분하려는 의식은 없거나 약했다고 생각되기 때문이다.6) 그렇다면 《삼대목》이 편찬되던 진성왕 2년(888)의 시점에서는 삼대 의식이 형성되어 있었다고 할 것이다.7)

삼대의 시기구분을 왕계의 변화로 파악하자 이에 대한 비판이 제기되었다. 이기백은 삼대의 구분이 신라 사회 자체의 변질과정에 대한 파악으로 심화되어야 함을 밝힌 뒤, 그래서 얻은 결론이 삼대의 구분법과 어긋나는 경우 아무런 집착도 없이 삼대설을 포기하거나 수정해야 한다고 하였다.8) 그리하여 이기백은 정치적 측면

---

5) 末松保和(1954), 〈新羅三代考〉, 앞의 책, pp.39~40.
6) 金良相(宣德王)은 중대 왕실을 타도하려 한 것이 아니라 유지하려 노력하였으며(李泳鎬, 〈新羅 惠恭王代 政變의 새로운 解釋〉, 《歷史敎育論集》 13·14합집, 1990; 이 책 제1편 제4장), 金敬信(元聖王)도 그럴 가능성을 배제할 수 없기 때문이다. 金相鉉, 〈萬波息笛 說話의 形成과 意義〉, 《韓國史硏究》 34, 1981, p.17에서는 孝讓이 祖宗의 만파식적을 아들에게 전하였다는 데서 원성왕이 무열계일 가능성을 시사하면서도 나물왕계로 파악하였다.
7) 신라 말기의 불교계에 末法意識 내지 末世意識이 성행했다는 지적이 참고된다. 崔柄憲, 〈新羅 下代 禪宗九山派의 成立〉, 《韓國史硏究》 7, 1972; 《韓國史論文選集》 古代篇, 一潮閣, 1976, pp.272~274.
8) 李基白(1974), 〈新羅 惠恭王代의 政治的 變革〉, 앞의 책, pp.228~229.

에서 혜공왕 10년(774)을 하대의 기점으로 설정하였다.9) 이 같은
경향은 다른 연구자들에게도 영향을 미쳐 중대나 하대의 기점 또는
종점을 올리거나 끌어내리는 결과를 가져왔다. 신형식은 무열왕계
또는 중대의 범위를 확대하여, 진덕왕에서 선덕왕宣德王까지의 138
년 동안(647~785)을 그 시기로 설정하였다.10) 또한 김수태는 혜공
왕을 앞선 경덕왕 19년(760)을 하대의 기원 또는 하대의 성립을 예
고하는 것으로 이해하면서, 선덕왕대宣德王代(780~785)를 중대와 하
대의 과도기로, 그 이후의 원성왕대를 실질적인 하대의 시작으로
파악하였다.11)

  그러나 이러한 견해들은《삼국사기》에 기록된 삼대의 의미를 작위
적으로 파악한 데 지나지 않았다.《삼국사기》에 나타난 삼대의 구분
은 왕통에 따른 것이며, 중대는 곧 무열왕 직계 국왕의 집권시대였
기 때문이다. 신라사를 다양한 관점에서 새로이 시기구분하려는 의도
는 바람직스럽다 하더라도, '중대'라는 시기를 설정하는 한《삼국사기》
에서 말한 무열왕의 즉위에서 혜공왕의 죽음에 이르는 기간을 임의로
변경시킬 수는 없다고 하겠다.12) 따라서 무열왕계 혈통이 아닌 진덕
왕은 물론, 성덕왕의 외손으로 혜공왕을 이어 즉위한 선덕왕(김양상)도
결코 중대의 범위에 넣을 수 없을 것이다.

---

 9) 李基白(1974), 위의 책, p.237.
10) 申瀅植(1981), 〈新羅本紀 內容의 分析〉, 앞의 책, p.78.
  _____, 〈新羅 中代 專制王權의 展開過程〉,《汕耘史學》4, 1990;《統一新羅史硏
  究》, 三知院, 1990, p.148.
11) 金壽泰,《新羅 中代 專制王權과 眞骨貴族》, 西江大 博士學位論文, 1991, p.1·p.154.
12) 李泳鎬(1990), 〈新羅 惠恭王代 政變의 새로운 解釋〉, p.334; 이 책 제1편 제4장
  p.136 주 4).
  이기백은 이 같은 저자의 견해에 동의를 표하였다.
  李基白, 〈新羅 專制政治의 成立〉,《韓國史 轉換期의 문제들》, 지식산업사,
  1993, pp.53~56.
  _____, 〈統一新羅時代의 專制政治〉,《韓國史上의 政治形態》, 一潮閣, 1993,
  p.87 주 34).

신라사 시기구분에 관한 여러 학설을 정리하면 다음 〈표-1〉과 같다.

〈표-1〉 신라사의 시기구분[13]

구 분	1대 赫居世 ~ 16대 訖解王	17대 奈勿王 ~ 22대 智證王	23대 法興王 ~ 28대 眞德王	29대 武烈王 ~ 36대 惠恭王	37대 宣德王 ~ 50대 定康王	51대 眞聖王 ~ 56대 敬順王
三國史記	上 代			中 代	下 代	
三國遺事	上 古		中 古	下 古		
末松保和	1	2	3	4	5	
金哲埈	新羅固有王名時代		佛教王名時代	漢式諡號時代		
	部族聯盟期		古代國家成立期	古代國家發展期	古代國家解體期	
井上秀雄	原始村落國家	原始統一國家	貴族集團支配	王權支配	王權爭奪	地方勢力의 自立
李基白	貴族聯合時代			專制王權時代 (31대 神文王 ~ 36대 惠恭王 10년)	貴族聯立時代 (36대 惠恭王 10년 이후)	
申瀅植 (1)	王位推戴時代	父子相續過渡期	父子相續確立時代			
申瀅植 (2)	古代國家形成期 (21대 炤知王까지)		古代國家體制整備期 (22대 智證王~26대 眞平王)	古代國家統一期 (27대 善德王~30대 文武王) 古代專制王權確立期 (31대 神文王~37대 宣德王)	古代國家動搖期 (38대 元聖王~50대 定康王)	古代國家解體期 (51대 眞聖王 이후)

---

13) 申瀅植(1985), 〈新羅의 成長과 發展〉, 앞의 책, p.88 표를 참고하여 작성하였
다. 다만 申瀅植(1)은 〈新羅王位繼承考〉(1969), 申瀅植(2)는 〈新羅史의 時代區分
問題〉(1995)에 따름. 후자는 〈新羅史의 時代區分〉(1977)에서 설정한 5시기 가
운데 제2기를 둘로 나누어 모두 6기로 구분한 것이다. 주 1)의 논저 참조.

위에 제시한 표에서 보듯이, 《삼국사기》나 《삼국유사》의 시기구분
은 오늘날 신라사를 이해하는 단계구분으로 널리 활용되고 있음을
알 수 있다. 여러 연구자들의 신라사 시기구분에 대한 이해도 이 범
주를 벗어나지 않고 있으며, 무열왕 이후의 신라사도 왕호王號나 상
속제相續制의 관점에서가 아닌 한, 중대와 하대의 구분이 거의 통용
되기 때문이다. 따라서 이 책에서 다루려는 《삼국사기》에 따른 시기
구분의 하나인 중대는, 무열왕 직계 왕의 통치시기를 나타내는 혈연
적 구분이나, 신라사의 일정한 발전단계와 부합한다는 데 그 특징이
있다고 하겠다.

2. 정치사의 전개

신라 통일기에 해당하는 중대(654~780)는 삼국으로 나뉘어져 있
던 고구려·백제·신라가 정치적인 통합을 이룩한 시기였다. 신라사
전체적인 면에서 보더라도 가장 문물이 발달한 황금기였으며, 왕권
도 전제정치의 시대로 규정할 만큼 그 전후 시기에 견주어 유례없
이 강화되었다.[14] 그러나 구체적인 정치사의 전개과정을 살펴보면,

---

14) 이기동은 中代에 일종의 專制王權을 구축할 수 있었던 요인으로, 첫째
   태종무열왕·문무왕 父子의 집념과 노력으로 통일의 대업이 달성되어 武烈
   王系 王統의 權威가 고양된 점, 둘째 삼국통일을 전후한 시기에 왕권 강
   화에 저해되는 일부 유력한 眞骨貴族을 성공적으로 제거한 점, 셋째 통일
   전쟁 기간에 맺어지기 시작한 地方勢力과의 연계를 한층 강화함으로써
   그 지지 기반을 확대한 점, 넷째 국왕의 비서기관에 해당하는 執事部를
   중심으로 정치체제를 정비하고 이와 동시에 유교적 정치이념을 도입·강
   행함으로써 官僚制가 발달한 점 등을 열거하였다(李基東, 〈新羅 中代의 官
   僚制와 骨品制〉, 《震檀學報》 50, 1980;《新羅 骨品制社會와 花郎徒》, 一潮閣,
   1984, p.116 및 李基東, 〈韓國 古代의 國家權力과 宗敎〉, 《第27回 全國歷史學
   大會 發表要旨》, 1984; 同 改稿 〈新羅社會와 佛敎 —國家權力과 身分制社會와

중대라 하여 왕권이 전제적일 만큼 강력한 것은 아니었음을 알 수 있다.[15]

신라는 태종무열왕대에 백제를 멸망시키고, 이어 문무왕대에는 고구려를 멸하고 당의 침략까지 물리침으로써, 비로소 한반도 최초의 통일국가를 완성하였다. 백제를 멸하고 그 잔적 토벌과 고구려 정벌 과정에서 수차례 전공 포상책을 실시하였으며, 고구려를 멸한 뒤인 왕 8년(668) 10월에는 전 관료全官僚의 관작官爵을 한 등씩 특진시켰다.[16] 삼국통일 전쟁과 포상 과정에서 많은 무장세력武將勢力의 성장은 필연적 사실이었다. 무열·문무·신문·효소왕대에 이르는 시기의 상대등이나 집사부 중시에 취임한 인물의 거의 전원이 취임 전후 통일전쟁에 참가한 경력자였다는 사실이 이를 말해준다.[17]

그러나 통일이 달성되자 이제 정책의 방향은 문치文治를 지향하게 되었다. 이는 문무왕이 승하 시에 "(전쟁에서) 살아남은 사람과 죽은 사람에게 상을 두루 주었고, 벼슬을 터서 중앙과 지방에 있는 사람들에게 균등하게 하였다. 무기를 녹여 농기구를 만들었으며, 백성을

의 관련에서─〉, 《佛敎와 諸科學》, 동국대, 1987, pp.967~968). 그러나 이 기동은 '전제왕권' 개념을 절대적 의미가 아니라 상대적, 제한적 의미로 사용할 것을 주장하였다.

李基東, 〈新羅 興德王代의 政治와 社會〉, 《國史館論叢》 21, 1991, p.102.

李基東의 발언, 〈第3回 韓國史의 爭點 ─統一新羅時代의 專制政治─ 세미나 속기록〉, 《韓國史上의 政治形態》, 1993, pp.332~334.

15) 중대 정치사 전반의 추이에 대해서는 다음의 연구가 참조된다.

金杜珍, 〈統一新羅의 歷史와 思想〉, 《傳統과 思想》 2, 한국정신문화연구원, 1986.

李明植, 〈新羅 中代王權의 專制化過程〉, 《大丘史學》 38, 1989; 同 改題 〈新羅 中代의 專制王權體制〉, 《新羅政治史硏究》, 螢雪出版社, 1992.

金壽泰(1991), 《新羅 中代 專制王權과 眞骨貴族》, 앞의 학위논문.

주보돈, 〈남북국시대의 지배체제와 정치〉, 《한국사》 3, 한길사, 1994.

16) 《삼국사기》 권6, 신라본기 문무왕 원년 8년 10월 22일조. 그 밖에 성덕 왕 원년 9월과 하대 초인 원성왕 원년 2월에도 있었다.

17) 상대등이나 중시 역임자의 활동에 대해서는 이 책 제2편 제1장 〈표-2〉와 제2장 〈표-5〉 참조.

어질고 장수하는 땅으로 이끌었다. 세금을 가볍게 하고 요역을 덜어
주니 집집마다 넉넉하고 백성들이 풍요하며 민간은 안정되고 나라
안에 근심이 없게 되었다. (중략) 변경의 성·진城鎭을 지키는 일과
주·현州縣의 세금 징수는 필요치 않거든 폐하고 율령격식律令格式에
불편함이 있는 것은 곧 고치도록 하라"고 한 유조遺詔[18])에서 살필
수 있다. 통일의 주역인 문무왕이 재위하고 있는 동안 겉으로는 정
국이 평온한 상태를 유지하고 있었다. 그러나 당시의 위기의식은 유
조에서 왕위계승 문제를 염려한 다음의 구절에서 짐작할 수 있다.

> 太子는 일찍이 밝은 덕을 쌓았고 오랫동안 震位(東宮位)에 있었으
> 니, 위는 여러 宰相으로부터 아래로는 뭇 관원들에 이르기까지 送往의
> 도리를 어기지 말며, 事居의 禮를 빠뜨리지 말라. 宗廟의 주인은 잠시
> 라도 비어서는 안 되니 태자는 곧 柩前에서 왕위를 계승하여라. (중
> 략) 임종 후 10일에는 곧 庫門 外廷에서 西國式에 따라 燒葬하여라.

이는 유조라는 점에서 과장된 부분이 있다 하더라도 삼국통일 직
후의 불안 내지는 위기의식의 반영이라 할 수 있다. 이 같은 국내
정세는 마침내 신문왕의 즉위 직후 소판蘇判 김흠돌金欽突의 난으로
표출되었다.[19]) 김흠돌은 삼국통일 전쟁에서 활약한 대표적 무장武將
의 한 사람으로[20]) 신문왕 비神文王妃의 아버지였으나, 문무왕이 임
종한 지 한 달가량 지난 신문왕 원년(681) 8월 8일에 파진찬 흥원
興元, 대아찬 진공眞功 등과 함께 모반을 일으켰다가 복주伏誅되었던
것이다. 이 난은 왕위 교체기의 불안정을 노린 것이나, 신문왕이 즉위

---

18)《삼국사기》권7, 신라본기 문무왕 21년 7월조.
19)《삼국사기》권8, 신라본기 신문왕 원년조.
20)《삼국사기》권6, 신라본기에 따르면 그는 문무왕 원년 7월에 大幢將軍,
   문무왕 8년 6월에 大幢摠管이 되었다.

하여 8월에 상대등 김군관金軍官을 서불한 진복眞福과 교체한 사실과 관련된 것으로 생각된다.[21] 진복은 신문왕이 즉위하면서 곧 상대등에 임명되었다. 이에 따라 문무왕 20년(680) 2월에 상대등에 취임한 군관이 불만을 품게 되었고, 이에 김흠돌이 동조하여 거사한 것으로 해석된다.

진복은 상대등에 취임한 최초의 중시 역임자였다. 그는 문무왕 원년에 서당총관이 되고, 5년(665) 2월에는 중시에 취임하여 8년 3월 지경智鏡이 임명될 때까지 재임하였다.[22] 뒤에 신문왕이 되는 정명政明이 문무왕 5년 8월에 태자太子로 책봉된 것으로 보아 문무·신문왕과 진복의 밀착 정도를 알 수 있다.[23] 그 뒤 진복은 대당총관을 거쳐 신문왕의 즉위와 동시에 상대등이 되어 문영文穎이 임명되는 효소왕 3년(694) 3월까지 12년 동안 장기 재임하였다.[24] 이는 그가 신문왕대 정치의 주역이었으며, 또한 왕의 세력기반이었음을 말한다.[25] 김흠돌의 난 진압은 그의 주도로 이루어졌을 것이며, 여기서 삼국통일 전쟁에서 같이 활약했던 귀족세력의 분열상을 엿볼 수 있다.

김흠돌의 난은 삼사일 정도에 그쳤으나 조야에 엄청난 충격을 주

---

21) 金羲滿, 〈新羅 神文王代의 政治狀況과 兵制〉, 《新羅文化》 9, 1992.
　　주보돈(1994), 〈남북국시대의 지배체제와 정치〉, p.299.
　　그러나 종래에는 대부분 金欽突 딸의 無子를 이유로 파악하였다.
　　李丙燾, 《韓國史》 古代篇, 乙酉文化社, 1959, p.645.
　　井上秀雄(1974), 〈新羅政治體制의 變遷過程〉, 앞의 책, p.455.
　　李基白, 〈統一新羅와 渤海의 社會〉, 《韓國史講座》 古代篇, 一潮閣, 1982, p.312.
　　金壽泰(1991), 〈專制王權의 확립과 金欽突亂〉, 앞의 학위논문, pp.17~18.
22) 李基白, 〈新羅 執事部의 成立〉, 《震檀學報》 25·6·7합병호, 1964; 앞의 책(1974), p.156의 〈表 나〉와 이 책 제2편 제2장 〈표-3〉 참조.
23) 太子 책봉을 포함한 인사 문제가 집사부의 기능 가운데 하나였다는 데 대해서는 이 책 제2편 제2장 p.234 참조.
24) 李基白, 〈上大等考〉, 《歷史學報》 19, 1962; 앞의 책(1974), p.103의 〈表 나〉 및 이 책 제2편 제1장 〈표-1〉 참조.
25) 金羲滿(1992), 〈新羅 神文王代의 政治狀況과 兵制〉, pp.76~78.

었다. 이는 난을 진압한 뒤 신문왕이 내린 다음과 같은 교서에서 짐
작할 수 있다.

> 상복 중에 난이 서울서 일어날 줄 어떻게 알았겠는가? 賊首인 흠
> 돌·흥원·진공 등은 그 벼슬이 재능으로 올라간 것도 아니요 실상은
> 王恩으로 올라간 것이다. 처음부터 끝까지 몸을 삼가하여 부귀를 보전
> 치 아니하고 마침내 不仁·不義로 복과 위세를 마음대로 하여 관료를
> 侮慢하고 상하를 속이었다. (중략) 이에 병사를 모아 梟獍과 같이 나
> 쁜 놈들을 없애려 함에 혹은 山谷으로 도망가고 혹은 闕廷에 歸降하
> 였다. 그 枝葉을 탐색하여 샅샅이 다 죽이니 삼사일 동안 죄수를 다
> 소탕하였는데도 일을 마치지 못하였다. (《삼국사기》 권8, 신라본기 신
> 문왕 원년 8월 16일조)

지엽枝葉까지 죽였다고 한 사실에서 난의 가담자를 철저히 제거하
고자 한 신문왕의 의지를 읽을 수 있다. 8월 28일에 이찬 군관軍官
을 처형한 것도 그와 맥을 같이 한다. 군관은 당시 병부령兵部令이란
고위직에 있었는데 김흠돌의 난 가담자였다고 생각된다.[26] 이때 신
문왕이 내린 교서에 "병부령 이찬 군관은 반서班序에 인연해서 드디
어 상위上位에 올랐는데, 임금의 실수를 챙겨주고 결점을 보충하여
조정에 결백한 절개를 드러내지 않았고, 임금의 명을 받음에 제 몸
을 잊으면서 사직社稷에 지극한 충성을 표하지도 못하였다. 이에 적
신賊臣 흠돌 등과 교섭하여, 그 역모逆謀의 사실을 알고도 일찍이 고
하지 않았다. 이에 우국憂國의 마음이 없고, 또 순공徇公의 마음이
없으니, 어찌 거듭 재보宰輔에 있게 하여 헌장憲章을 흐리게 하리
오"[27]라고 한 것으로 보아, 왕권에 도전하는 세력을 철저히 제거하

---

26) 金壽泰(1991), 〈專制王權의 確立과 金欽突亂〉, 앞의 학위논문.

겠다는 신문왕의 의지를 읽을 수 있다. 이는 통일기에 활약한 무장
세력의 도태 과정이란 점에서 주목할 만하다.[28] 학계에서는 이를
전제왕권의 확립이라고 한 경우도 있는데, 일시적으로 공포정치가
이루어진 사실을 인정할 수 있겠다.

신문왕은 김흠돌을 주살하고, 그의 딸을 반란에 연좌하여 축출하
였다. 나아가 왕 3년(683)에 김흠운金欽運의 딸을 새로이 왕비로 맞
이하였다. 김흠운이 곧 김흠운金歆運과 같은 인물이라면[29], 그는 나
물왕 8세손으로 태종무열왕의 사위였다. 무열왕 2년(655) 백제가
변경을 침략하자 그는 낭당대감郞幢大監으로 출전하였다가 전사하여
일길찬의 관등을 추증받았다.[30] 신문왕은 아버지를 여읜 딸을 왕비
로 맞이하였던 것이다.

신문왕은 김흠돌의 난을 진압한 뒤 강화된 왕권을 바탕으로 통일
뒤의 제도정비에 박차를 가하였다. 신문왕 2년에는 위화부位和府에
2명의 금하신을 두고 국학國學을 설치하였는데, 이는 관료제도의 추
진과 밀접한 관련이 있었다. 이어 신문왕 5년에는 9주 5소경제를
완비함으로써 국가 권력이 지방 촌락에까지 미치게 되었다. 또한 오
묘제五廟制를 시행하고[31] 왕실의 원당願堂으로서의 기능을 가진 성
전사원成典寺院[32]을 설치한 것도 이때였다.

나아가 신문왕은 관료들의 경제기반을 마련해 줄 목적으로 재위
7년(687) 5월에 문무관료들에게 토지를 지급하였다. 이어 2년 뒤인
신문왕 9년 정월에는 내외관內外官의 녹읍을 폐지하고 세조歲租를 차

---

27) 《삼국사기》 권8, 신라본기 신문왕 원년 8월 28일조.
28) 이러한 관점은 金壽泰(1991),〈專制王權의 確立과 金欽突亂〉, 앞의 학위논
    문에 잘 나타나 있다.
29) 李丙燾(1997), 앞의 책, p.131.
30) 《삼국사기》 권47, 열전 金歆運.
31) 邊太燮,〈廟制의 變遷을 通하여 본 新羅社會의 發展過程〉,《歷史教育》 8, 1964, p.68.
32) 이 책 제2편 제3장.

등있게 주어 일정한 법을 삼았다.

신문왕은 녹읍을 혁파함으로써 내외관의 경제기반을 약화시켰다.[33] 이로써 신문왕은 더욱 강력한 왕권을 행사할 수 있게 되었다. 이러한 여세를 몰아 기존의 왕도를 버리고 신도읍을 달구벌達句伐에 개척하려 했으나 실패하고 말았다.[34] 이의 원인은 복합적이겠으나, 왕권이 아직 절대권을 행사할 수 있는 단계에는 이르지 못했음을 나타내는 것이다. 비록 달구벌 천도 기도는 실패하였지만, 신문왕의 일련의 정책을 통해서 구체제를 일소하고 새롭게 변화된 지배질서를 대내외에 천명하려는 왕의 의지를 읽을 수 있다. 새로운 왕권의 상징물로서 신라 삼보三寶에 대신하는 만파식적萬波息笛[35]이 신문왕 대에 출현한 것도 이 시기 중앙집권화의 노력과 관련하여 시사하는 바 크다.

신문왕의 이러한 노력도 그 뒤 어린 왕이 즉위하면서 제동이 걸렸다. 모반謀叛 사건이 일어나고 왕비를 출궁出宮시키거나 후비後妃를 맞이하는 일이 자주 일어났다. 효소왕은 신문왕의 원자元子로 왕 7년(687)에 태어나 11년(691)에 태자로 책봉되었는데, 12년(692) 7월에 신문왕이 죽자 6세로 왕위에 올랐다. 효소왕은 어린 나이로 말미암아 정상적인 왕위 수행이 어려웠다. 재위 9년(700)에는 이찬

---

33) 李基白, 〈統一新羅와 渤海의 社會〉, 1982, p.346의 주 51) 및 《韓國史新論》 新修版, 1990, p.111·p.133. 신라의 녹읍에 대한 연구동향에 대해서는 李景植, 〈古代·中世初 經濟制度研究의 動向과 《국사》 敎科書의 敍述〉, 《歷史敎育》 45, 1989, pp.109~115; 李喜寬, 〈新羅의 祿邑〉, 《韓國上古史學報》 3, 1990; 同 改題 〈祿邑의 性格과 그 變化〉, 《統一新羅 土地制度研究 ―新羅村落帳籍에 대한 檢討를 中心으로―》, 西江大 博士學位論文, 1994, pp.57~58; 趙二玉, 〈新羅 景德王代의 專制王權과 祿邑에 대한 再解釋〉, 《東洋古典研究》 1, 1993 등 참조.

34) 《삼국사기》 권8, 신라본기 신문왕 9년 秋 閏9월 26일조 "幸獐山城 築西原京城 王欲移都達句伐 未果".

35) 金相鉉(1981), 〈萬波息笛 說話의 形成과 意義〉, p.17.

경영慶永의 모반 사건이 일어났는데, 원인은 잘 알 수 없으나 왕실
귀족 사이의 세력 다툼이었다고 추측된다.[36]

성덕왕은 즉위 후 승부령乘府令인 소판 김원태金元泰의 딸을 왕비
로 삼고, 14년(715)에는 그녀의 소생인 중경重慶을 태자로 책봉하였
다. 그러나 이듬해 왕비 성정왕후成貞王后(엄정왕후嚴貞王后)가 출궁되
고, 연이어 태자가 사망하는 사건이 발생하였다. 뒤에 이찬 순원順元
의 딸이 납비되는 것으로 보아 순원과의 정치적 알력 때문임을 알
수 있다.[37]

효성왕은 재위 3년에 순원順元의 딸을 왕비로 맞이하였다. 또한
영종永宗의 딸을 후궁後宮으로 맞이하였는데, 후궁에 대한 왕의 은총
이 더해지자 이를 질투한 왕비 일족들이 그녀를 죽이고 말았다. 이
를 원망한 영종이 반란을 꾀하였으나 실패하여 주살되었다. 귀족세
력의 분열과 대립의 실상을 살필 수 있다.[38] 이는 중대의 국왕이라
하더라도 귀족세력을 무력화시킨 것이 아니라, 왕권이 귀족세력과의
역관계 속에서 유지되고 있는 모습을 나타내는 것이다.

이러한 과정에서 마침내 귀족들의 경제기반을 제약하기 위해
폐지되었던 녹읍이 다시 등장하였다. 경덕왕 16년(757) 3월에 내외
관에게 주던 월봉月俸을 없애고 다시 녹읍을 주었다는 것이 그것이

---

36) 金壽泰(1991), 〈孝昭王代 眞骨貴族의 동향〉, 앞의 학위논문, p.17에서는
    진골귀족세력에 대해서 왕당파 세력이 일으킨 것이라고 파악하였다. 한
    편 《三國遺事》 권3, 塔像4, 溟州五臺山寶叱徒太子傳記에 孝明太子가 즉위하기
    전 왕의 동생이 왕위를 다투다가 주멸되었다는 기사를 경영의 난과 관
    련된 것으로 파악한 견해도 있다. 주보돈(1994), 〈남북국시대의 지배체
    제와 정치〉, p.321.
37) 成貞王后의 출궁에 대해서는 李基白(1982), 〈統一新羅와 渤海의 社會〉, pp.
    312~313에서도 無子가 아닌 政治的 勢力 관계인 것으로 보고 있다. 한편
    순원에 대해서는 신문왕의 동생으로 추정하는 견해가 있다. 주보돈
    (1994), 〈남북국시대의 지배체제와 정치〉, p.323.
38) 이러한 여러 현상에 대해서는 金壽泰(1991), 앞의 학위논문이 참고된다.

다.[39] 녹읍의 부활은 귀족들의 경제적 기반을 마련해 준 것으로 왕권에 대한 귀족세력의 승리였다.[40] 따라서 신문왕 이후 진행되어온 정책에 대한 반동이라고 할 수 있었다. 한편에서는 이에 대한 반대도 적지 않았는데, 이는 녹읍 부활 전 상대등 김사인金思仁이 올린 상소에서 짐작할 수 있다. 김사인은 근년에 재이災異가 거듭 출현하자 왕에게 상소하여 시정時政의 득실을 극론極論하였다. 이에 경덕왕은 이를 가납嘉納하였다.[41]

이를 두고 김사인이 관호개혁에 반대한 것이라 하여 반왕파로 분류한 견해가 있었다.[42] 그러나 경덕왕은 김사인의 건의를 기쁘게 받아들였다고 하므로, 그를 반왕파로 여길 필요는 없다고 하겠다.[43] 아마 그의 상소는 경덕왕이 기뻐하는 바였지만, 전반적인 상황은 녹읍 부활로 기운 것으로 보인다. 이는 김사인이 상소 후 11개월 뒤인 경덕왕 16년 1월에 병을 이유로 퇴임하자, 곧이어 녹읍 부활 조치가 단행된 사실로 뒷받침된다고 하겠다.

녹읍이 부활됨으로써 귀족세력은 더욱 세력을 떨치게 되었고 경덕왕은 왕권 유지에 상당한 어려움을 겪은 듯하다. 경덕왕은 왕 16년 12월과 18년 1월에 당식唐式으로 지명과 관호를 개혁하는 한화정

---

39) 《삼국사기》 권9, 신라본기 경덕왕 16년조.
40) 주 33) 참조.
41) 《삼국사기》 권9, 신라본기 경덕왕 15년 2월조.
42) 李基白, 〈上大等考〉, 《歷史學報》 19, 1962; 앞의 책(1974), pp.108~111.
_____, 〈景德王과 斷俗寺·怨歌〉, 《韓國思想》 5, 1962; 위의 책(1974), p.218.
43) 《삼국사기》 권11, 신라본기 진성왕 8년 2월조에 "崔致遠 進時務一十餘條 王嘉納之 拜致遠爲阿飡"이라 한 기사에서도 시사받을 수 있다. 진성왕이 비록 그의 건의를 실천에 옮길 수는 없었지만, 최치원의 시무책 자체에는 공감하였다고 생각되기 때문이다. 李基白, 〈新羅 및 高麗 初期의 儒敎的 政治理念〉, 《大東文化研究》 6·7합집, 1970; 同 改題 〈新羅 骨品體制下의 儒敎的 政治理念〉, 《新羅思想史研究》, 一潮閣, 1986, pp.232~235에서 최치원은 그의 건의가 받아들여지지 않자 은둔하였지만, 지방호족과 결탁하지 않았고 국왕 중심의 중앙집권에 더 관심이 많았다고 한 지적이 참고된다.

치를 단행하였다. 이는 귀족세력과의 일정한 타협 속에 왕권을 강화
하기 위한 조치였다.

  이어 혜공왕이 8세로 즉위하였으나 태후太后 만월부인滿月夫人이
섭정하였고, 내란이 끊이지 않았다. 왕 12년에는 경덕왕대 이래 지
속된 지명과 관호의 개혁정책이 수포로 돌아갔다.44) 나아가 반란의
와중에서 혜공왕이 시해됨으로써 마침내 중대는 막을 내리고 말았
다.45) 그리고 왕권의 불안은 하대가 개창된 선덕왕대宣德王代에도
계속되었다.46)

  이상에서 보았듯이 중대의 전반적인 정치과정은 국왕이 귀족세력
을 억압한 상태에서 이루어진 것이 아니었다. 국왕은 왕권을 유지하
기 위해 귀족세력과 끊임없이 타협하는 가운데, 왕권강화를 위한 노
력을 경주한 시기였던 것이다.

---

44) 北村秀人,〈朝鮮における'律令制'の變質〉,《東アジア世界における日本古代史講
   座》7, 學生社, 1982, pp.182~196에서는 관호개혁과 복고를 755년에 일
   어난 唐의 安史의 亂과 결부시켜 이해하고 있다.
45) 혜공왕이 누구에 의해 시해되었는가 하는 데 대해서는《삼국사기》와
  《삼국유사》가 다르게 기록하고 있다. 이에 대해서는 이 책 제1편 제4장
   참조.
46)《삼국사기》권9, 신라본기 선덕왕 6년 춘 정월조의 遺詔 참조.

제2장 국왕의 혼인과 귀족사회

　신라 중대는 태종무열왕 직계 자손이 왕위에 오른 시대였다. 이 시기에 신라는 삼국통일을 달성하고, 안정된 기반 위에서 유례없는 번영을 구가하였다. 중대 국왕의 지위는 국왕과 정식 왕비 사이에서 태어난 자손에게만 계승되었던 만큼, 국왕과 혼인한 귀족가문은 왕권과 무관할 수 없었다. 혼인은 개인과 개인의 단순한 결합이 아니라, 가문과 가문의 집단적 결합이었기 때문이다.

　신라 중대에는 국왕의 혼인과 함께, 재위중인 왕비가 출궁되고 새로운 왕비가 납비納妃되는 일이 빈번하였다. 이를 아들이 없었다는 이유로 단순하게 이해하기도 하나, 이는 당시의 정치적 상황을 고려하지 않은 해석이라 생각한다. 국왕의 이혼과 재혼은 유력 귀족가문과의 역관계力關係에서 기인한 바가 컸다고 믿기 때문이다. 이러한 관점에 설 경우 신라의 왕권은 귀족세력의 동향과 불가분의 관계로서, 상호 밀접한 연관성을 가졌다고 할 수 있을 것이다.

　중대 국왕의 혼인에 대해서는 이 시기 정치사의 변천과정을 살피면서 검토되었다. 전제왕권과 진골귀족의 대립이란 구도에서 이를 파악하거나,[1] 귀족들의 각축과 상쟁相爭이라는 차원에서 검토한 것

---

1) 金壽泰, 《新羅 中代 專制王權과 眞骨貴族》, 西江大 博士學位論文, 1991.

이[2] 그것이다. 이들 연구는 중대 정치사의 체계화에 이바지하였다는 점에서 중요성을 띠고 있다. 그러나 전자는 이분법적 해석으로 복잡한 역사 전개과정을 단순화시킨 느낌이 없지 않다. 또한 후자는 효소왕의 동모제同母弟인 성덕왕과 효성왕의 동모제인 경덕왕을 각각 왕과 '이복형제'라는 전제 아래 대립적으로 파악함으로써 사실과 동떨어진 여러 문제들을 야기하였다.

여기서는 왕실과 유력 귀족가문의 결합이란 시각에서, 국왕의 혼인 사례를 통해 왕권과 귀족사회의 상호관계를 파악하고자 한다. 먼저 무열계 국왕이 즉위하던 중대에서 국왕과 귀족가문 왕비의 혼인 사례를 검토하고, 왕비가문의 실태를 살피려 한다. 나아가 진골귀족 사회 안에서의 무열계 왕권의 존재양상을 외척세력과 관련하여 살펴보고자 한다.

1. 국왕의 혼인

중대의 첫 왕인 제29대 태종무열왕 김춘추는 재위 8년째 되던 해인 661년 6월에 59세로 사망하였다.[3] 그러므로 그의 출생은 진평왕 25년(603)이 되고, 654년 즉위 시의 나이는 52세임을 알 수 있다. 무열왕의 즉위에 대해《삼국사기》에서는 다음과 같이 기록하였다.

太宗武烈王立. 諱春秋, 眞智王子伊飡龍春(一云 龍樹)之子也(唐書以爲 眞德之弟 誤也). 母天明夫人, 眞平王女. 妃文明夫人, 舒玄角飡女也 (《삼

---

2)朴海鉉,《新羅中代政治勢力研究》, 全南大 博士學位論文, 1996.
3)《삼국사기》권5, 신라본기 태종무열왕 8년 6월조 및《삼국유사》권2, 기이2, 태종춘추공.

국사기》 권5, 신라본기 태종무열왕 즉위년조)

태종무열왕은 이름이 춘추春秋이며, 아버지는 용춘龍春, 할아버지는 제25대 진지왕(사륜舍輪)이었다. 또 어머니 천명부인天明夫人은 진평왕의 딸이고, 왕비 문명부인文明夫人은 서현舒玄 각찬角湌(각간角干)의 딸이었다.[4] 여기서 태종무열왕이 국인國人에 의해 재위 4년째 되던 해에 폐위된 진지왕의 손자였다는 점이 주목된다. 그러면 태종무열왕의 혼인은 언제 이루어진 것일까? 문명부인 소생인 문무왕이 사망 시 56세인 데서 문무왕의 탄생은 진평왕 48년(626)임이 밝혀지는 만큼[5] 태종무열왕은 한 해 전인 진평왕 47년(625) 무렵 23세의 나이로 문명부인과 혼인하였다고 하겠다. 그러나 다음 사료에서 보듯이 태종무열왕에게는 또 다른 부인이 있었다.

太子法敏, 角干仁問, 角干文王, 角干老且, 角干智鏡, 角干愷元等, 皆文姬之所出也. (중략) 庶子曰皆知文級干, 車得令公, 馬得阿干, 幷女五人 (《삼국유사》 권1, 기이1, 太宗春秋公)

위에서 문명부인 문희의 소생과 함께 태종무열왕의 서자庶子가 확인되고 있다. 따라서 무열왕에게는 문명부인 외에 이름을 알 수 없는 또 다른 부인이 있었다고 하겠다. 이 실명부인失名夫人을 문명부

---

[4] 《삼국유사》 왕력 태종무열왕조에서는 文明夫人을 訓帝夫人이라 하고 諡號를 文明王后라 하였다.

[5] 文武王陵碑에 문무왕의 승하 시의 나이를 말한 것으로 여겨지는 "……宮前 寢時年五十六"에서 역산하면 진평왕 48년(626)이 된다(今西龍, 〈新羅文武王陵碑に就きて〉, 《藝文》 12~7, 1921; 《新羅史研究》, 近澤書店, 1933, p.506). 문무왕의 탄생년을 625년으로 보는 견해도 있으나(坪井九馬三, 〈海東金石苑〉, 《史學雜誌》 11~10, 1900, p.68), 이는 신라시대의 나이 계산법을 잘못 이해한 것이다. 문무왕릉비의 판독 및 해석에 대해서는 李泳鎬, 〈新羅文武王陵碑의 再檢討〉, 《歷史敎育論集》 8, 경북대, 1986 참조.

인에 앞서 맞이한 부인으로 추정한다면,[6] 무열왕과 문명부인의 혼인은 적어도 재혼이었을 것이다.[7]

태종무열왕은 즉위 원년 원자元子인 파진찬 법민法敏을 병부령으로 임명한 뒤, 이듬해에는 태자로 책봉함으로써[8] 확실한 후계 체제를 갖추었다. 법민은 부왕인 무열왕을 도와 백제 정벌에서 크게 활약하였다. 백제가 멸망한 직후인 661년 6월에 태종무열왕이 승하하자 태자 법민이 즉위하니 이가 제30대 문무왕이다.

> 文武王立. 諱法敏, 太宗王之元子. 母金氏文明王后, 蘇判舒玄之季女, 庾
> 信之妹也. (중략) 春秋見而悅之, 乃請婚成禮, 則有娠生男, 是謂法敏. 妃慈
> 儀王后, 波珍湌善品之女也 (《삼국사기》 권6, 신라본기 문무왕 즉위년조)

문무왕의 왕비로는 파진찬 선품善品의 딸인 자의왕후慈儀王后가 있었다.[9] 문무왕의 혼인이 이루어진 시점이 즉위 전인지 후인지에 대

---

6) 末松保和, 〈新羅三代考 ―新羅王朝史の時代區分―〉, 《史學雜誌》 57~5·6합집, 1949; 《新羅史の諸問題》, 東洋文庫, 1954, p.510. 한편, 黃善榮, 〈新羅 武烈王家와 金庾信家의 嫡庶問題〉, 《釜山史學》 9, 1985, pp.7~8에서는 문무왕 20년(680) 문무왕의 妹가 보덕왕 안승의 처가 된 사실에서 무열왕의 제3의 처를 상정하고 있다. 그러나 細註에서 김의관의 딸이라는 설도 전하고 있어 속단하기 어렵다(《삼국사기》 권7, 신라본기 문무왕 20년 3월조 "以金銀器及雜綵百段, 賜報德王安勝, 遂以王妹妻之(一云 迎湌金義官之女也)" 참조). 여기서 안승의 처가 된 '妹'는 이어지는 왕의 교서와 안승의 답서로 보아 문무왕의 질녀를 기리키는 '妹女'의 誤記로 판단된다(鄭求福 外, 《譯註 三國史記》 3(주석편 상), 한국정신문화연구원, 1997, p.240).

7) 李德星은 문희가 법민의 생모로서 嫡室을 차지한 것은 혼인 당시의 일이 아니라 나중의 일이며, 이에 따라 자녀들의 嫡庶도 뒤바뀌게 되었다고 하였다(李德星, 〈新羅王系와 骨品의 形成過程〉, 《朝鮮古代社會硏究》, 正音社, 1949, pp.136~137). 文暻鉉, 〈新羅王族의 骨制〉, 《大丘史學》 11, 1976; 《新羅史硏究》, 경북대출판부, 1983, p.208 및 黃善榮(1985), 〈新羅 武烈王家와 金庾信家의 嫡庶問題〉, p.4 등에서도 같은 견해를 제시하고 있다.

8) 《삼국사기》 권5, 신라본기 태종무열왕 2년 3월조 및 동 권6, 문무왕 즉위년조.

9) 《삼국유사》 왕력 문무왕조에서는 慈義王后 또는 慈訥王后라고 하였다.

해서는 기록이 없다. 문무왕이 36세라는 비교적 많은 나이에 왕위
에 올랐음을 상기하면[10] 즉위 전에 혼인하였을 가능성이 크고, 나
아가 무열왕이 즉위하기 전 혼인하였을 가능성도 배제할 수 없다.
그렇다면 문무왕의 혼인은 자신의 결정이기보다는 아버지 무열왕의
의도가 크게 반영되었다고 하겠다.

　문무왕은 재위 5년(665) 8월에 왕자 정명政明을 태자로 책봉하였
다.[11] 이때 문무왕이 40세인 것으로 보아 태자의 나이를 어느 정도
가늠해 볼 수 있겠다. 19년(679) 8월에는 신라 처음으로 태자궁太子
宮인 동궁東宮이 설치되었다.[12] 태자 책봉 후 14년이 지난 시점이란
점에서 정명은 이미 장성한 나이였을 것이다.

　문무왕이 재위 21년(681) 7월 1일에 승하하자 장자長子 정명이 즉
위하였다. 제31대 신문왕의 왕비로는 김흠돌의 딸과 김흠운의 딸 등
2명이 있었다.

　　　神文王立. 諱政明(明之字日怊), 文武大王長子也. 母慈儀(一作義)王后.
　　　妃金氏, 蘇判欽突之女. 王爲太子時納之, 久而無子, 後坐父作亂出宮. 文武
　　　王五年, 立爲太子, 至是繼位 (《삼국사기》권8, 신라본기 신문왕 즉위년조)

　신문왕은 먼저 김흠돌의 딸과 혼인하였다. 혼인 시기는 태자 때였
다고 한 것으로 보아, 태자로 책봉된 문무왕 5년(665)에서 즉위하던
21년(681) 사이의 어느 해로 우선 추정할 수 있다. 그러나 오래도록
자식이 없었다고 한 것을 보면 즉위하기 훨씬 전의 일이며, 태자 책
봉에서 그리 멀지 않은 시기라고 생각된다.[13] 신문왕의 혼인은 즉위

---

10) 문무왕릉비에서 문무왕이 재위 21년(681)에 56세로 사망한 사실이 확
　　인되므로 즉위 시에는 36세가 된다.
11) 《삼국사기》권6, 신라본기 문무왕 5년 추 8월조.
12) 《삼국사기》권7, 신라본기 문무왕 19년 추 8월조.

전이었으므로 신문왕 자신의 의지라기보다는 부왕인 문무왕의 결정
에 따라 혼인하였을 가능성이 크다.

김흠돌의 딸은 오래도록 자식이 없었고, 뒤에 아버지의 난에 연
좌되어 출궁되었다.[14] 김흠돌의 난은 신문왕 원년(681) 8월 8일에
일어났으므로, 신문왕 즉위 당시의 왕비는 김흠돌의 딸이었음이 분
명하다. 그러나 곧바로 쫓겨났으므로 왕비로서의 역할을 제대로 수
행할 수 없었을 것이다.[15] 김흠돌의 난은 삼사일만에 진압되었지만,
신왕 즉위 초, 왕의 장인이 일으킨 반란이라는 점에서 정계에 미친
파문이 컸다.

신문왕은 김흠돌의 딸을 출궁시킨 뒤인 왕 3년(683)에 일길찬 김
흠운의 딸을 새로이 왕비로 맞이하였다.

　　　春二月, 以順知爲中侍. 納一吉湌金欽運少女爲夫人. 先差伊湌文穎·波

---

13) 신종원은 태자 책봉 시의 나이를 고려하여 적어도 즉위 전에 10여 년
　　정도 동거했을 것으로 추정하였다(辛鍾遠, 〈新羅 五臺山事蹟과 聖德王의 卽位
　　背景〉, 《崔永禧先生華甲紀念 韓國史學論叢》, 탐구당, 1987, p.122). 한편, 박해
　　현은 태자로 책봉되던 문무왕 5년 무렵 혼인한 것으로 추측하였으나(朴海
　　鉉, 〈中代 王權의 성립과 神文王의 王權强化〉, 앞의 학위논문, 1996, p.23;
　　《湖南文化硏究》 23, 1996, p.20), 어떠한 논거를 제시하지는 않았다.
14) 無子 때문에 출궁되었다는 주장과 아버지의 난에 연루되어 출궁되었다
　　는 주장이 있으나, 저자는 《삼국사기》의 기록대로 이해하는 후자가 옳다
　　고 생각한다. 후술하듯이, 김흠돌의 난은 흠돌만이 아니라 파진찬 興元,
　　대아찬 眞功, 그리고 병부령 軍官 등이 가담한 대규모의 반란이었기 때문
　　이다.
15) 《삼국유사》 왕력 신문왕조에서는 "金氏 名政明 字日炤 父文虎王 母慈訥王
　　后 妃神穆王后 金運公之女"라 하여 김흠돌의 딸과의 혼인 사실이 언급되
　　어 있지 않다. 이는 김흠돌의 난이 신문왕 즉위 한 달만에 일어나 왕비
　　로서의 지위를 거의 누려보지 못한 데다가 아버지의 난에 연좌되어 곧
　　바로 출궁되었기 때문일 것이다(최홍조, 〈神文王代 金欽突 亂의 재검토〉,
　　《大丘史學》 58, 1999, p.57). 따라서 김흠돌의 딸을 예외로 한다면, 《삼국
　　사기》 신라본기 즉위년조의 기사는 즉위 당시의 사실을, 《삼국유사》 왕
　　력의 기사는 즉위 후의 사실을 기록하였다고 생각되는데, 이와 같은 경
　　향은 중대 다른 왕들에서도 나타나고 있다.

珍湌三光定期, 以大阿湌智常納采, 幣帛十五轝, 米·酒·油·蜜·醬·豉·脯·醢
一百三十五轝, 租一百五十車. 五月七日 遣伊湌文穎·愷元抵其宅, 冊爲夫
人, 其日卯時, 遣波珍湌大常·孫文·阿湌坐耶·吉叔等, 各與妻娘及梁·沙梁
二部, 各三十人迎來, 夫人乘車, 左右侍從, 官人及娘甚盛. 至王宮北門,
下車入內 (《삼국사기》 권8, 신라본기 신문왕 3년조)

중시 순지順知의 취임과 동시에, 신문왕은 중대 처음으로 즉위 후
새 왕비와 혼인하였다. 김흠운의 딸을 부인으로 삼기로 하고(定婚),
기일을 정한 뒤(擇日), 납채, 부인책봉, 입궁의 절차를 거쳐 왕비를
맞이하는 모습(親迎)을 살필 수 있다. 곧 중국식 혼인의례가 시행되
었던 것이다.16) 납채에 보낸 예물은 비단 15수레, 쌀·술·기름·꿀·간
장·된장·포·젓갈이 135수레, 벼가 150수레로 엄청난 양이었다. 또한
부인을 맞이할 때의 광경도 매우 화려하였다. 이러한 혼례는 신문왕
과 왕실의 위엄을 크게 높여주었을 것이다.

왕비의 아버지인 김흠운金欽運은, 태종무열왕 2년(655)에 낭당대감
郎幢大監으로 백제와의 전쟁에 참여하였다가 전사한 태종무열왕의 사
위 김흠운金歆運과 같은 사람이라고 한다.17) 그렇다면 신문왕이 김흠
돌의 딸을 출궁시킨 뒤 새 왕비를 맞이할 때 장인인 김흠운은 이미
사망한 뒤였다고 하겠다. 새 왕비를 맞이하는 데 관여한 여러 인물
들 가운데 개원愷元, 삼광三光, 문영文穎의 이력을 확인할 수 있다.
개원은 무열왕의 아들로 신문왕의 숙부였고, 삼광은 김유신의 아들
이었다. 또한 문영은 660년의 백제 정벌 시 군기軍期를 어긴 죄로

---

16) 井上秀雄 譯注, 《三國史記》 1(東洋文庫 372), 平凡社, 1980, p.281.
   홍완표·권순형, 〈고대의 혼례식과 혼인 규제〉, 《安城産業大學校論文集》
   30~32호, 1998, p.81.
17) 李丙燾, 《國譯 三國史記》, 을유문화사, 1977, p.131.
   鄭求福 外(1997), 《譯註 三國史記》 3(주석편 상), p.2 및 동 4(주석편 하), p.789.

소정방蘇定方에게 죽임을 당할 뻔하였으나 김유신의 도움으로 목숨을 구한 바 있어,[18] 김유신과 밀접한 인물로 파악할 수 있다. 따라서 새 왕비와 그녀를 맞이하는 데 참여한 사람들은 무열왕계와 직접 간접으로 연결되는 인물들임을 알 수 있다.[19] 비록 이력이 파악되지 않지만, 대아찬 지상智常, 파진찬 대상大常·손문孫文, 아찬 좌야坐耶·길숙吉叔 등도 마찬가지로 보인다. 이는 중대 국왕의 혼인이 나아가는 방향을 시사한다는 점에서 주목된다.

신문왕이 김흠운의 딸과 혼인한 지 4년 만인 7년(687) 2월에 원자元子가 탄생하였다.[20] 이어 11년(691) 3월에는 왕자 이홍理洪을 태자로 책봉하였다.[21] 이홍은 앞서 태어난 원자로 추정되므로, 그는 5세 때 태자에 책봉되었다고 하겠다. 그리고 태자 책봉 이듬해 7월에 신문왕이 승하하자 이홍이 왕위를 계승하였다.

> 孝昭王立. 諱理洪(一作恭), 神文王太子. 母姓金氏 神穆王后, 一吉湌 金欽運(一云雲)女也. 唐則天遣使吊祭, 仍册王爲新羅王輔國大將軍行左豹韜尉大將軍雞林州都督 (《삼국사기》 권8, 신라본기 효소왕 즉위년조)

위에서 보듯이 제32대 효소왕은 혼인에 대한 기록이 없다. 효소왕은 즉위 시 6세의 어린 나이였으므로, 즉위 전 혼인하였을 가능성은

---

18) 《三國史記》 권5, 신라본기 태종무열왕 7년 7월조.
19) 金壽泰, 〈專制王權의 확립과 金欽突亂〉, 앞의 학위논문, 1991; 《新羅文化》 9, 1992 p.52; 《新羅中代政治史研究》, 一潮閣, 1996, p.25에서는 무열왕계와 김유신계였다고 하였으나, 무열왕의 妃 문희가 김유신의 妹였으므로 의미는 같다. 한편, 김흠운과 혼인한 태종무열왕의 딸은 누구의 소생일까 궁금하다. 무열왕에게는 문명왕후와 혼인하기 전 前妻가 있었기 때문이다. 그러나 문희 소생인 愷元이 혼인에 관여하는 것을 보면 문명왕후 소생일 가능성이 크다.
20) 《三國史記》 권8, 신라본기 신문왕 7년조. 이는 김흠운의 딸이 고령이었거나 앞서 딸을 출산한 데 이유가 있었을 것이다.
21) 《三國史記》 권8, 신라본기 신문왕 11년 3월조.

없다고 생각된다. 8세로 즉위한 혜공왕의 예로 미루어 보면, 효소왕
대의 정치는 처음 신문왕의 왕비인 모후 신목태후가 섭정하였을 것
이다.[22]

그러면 효소왕의 친정 시기는 언제였을까? 이는 신목태후의 죽음
에서 추측할 수 있다. 신목태후는 효소왕 9년(700) 6월 1일에 사망
하였다.[23] 따라서 효소왕의 친정은 모후가 사망한 이후였다고 하겠
다.[24] 그런데 모후 사망 1개월 전인 5월에 이찬 경영慶永이 반란을
꾀하다 복주伏誅되고, 집사부 중시 순원이 연좌緣坐되어 파면되었
다.[25] 모반謀叛의 이유가 나타나 있지 않지만, 모후의 죽음과 무관
하지 않은 것으로 보인다. 모후의 죽음이 곧 경영의 난의 결과로 생
각되기 때문이다.[26] 경영의 난은 진압되긴 했지만, 그 후유증이 적
지 않았다. 난 직후 신목태후가 사망하였고, 2년 뒤인 왕 11년
(702) 7월에는 효소왕이 16세의 나이로 왕비 없이 죽고 말았다.[27]

22) 金英美, 〈統一新羅時代 阿彌陀信仰의 歷史的 性格〉, 《韓國史硏究》 50·51합집,
1985; 同 改題 〈新羅 中代의 阿彌陀信仰〉, 《新羅佛教思想史硏究》, 민족사,
1994, p.147.
辛鍾遠(1987), 〈新羅 五臺山事蹟과 聖德王의 卽位背景〉, p.113.
23) 韓國古代社會硏究所 편, 〈皇福寺金銅舍利函記〉, 《譯註 韓國古代金石文》 Ⅲ, 가
락국사적개발연구원, 1992, p.347.
24) 효소왕이 친정했다 하더라도 경영의 난 이후의 상황으로 보아 왕권의
행사는 제한적이었을 것이다. 한편, 신목왕후 사망 후에는 효소왕의 종
조부로서 왕실 최고 종친이었던 上大等 伊湌 愷元이 섭정했다고 본 견해
도 있다(金英美, 〈聖德王代 專制王權에 대한 一考察 ―甘山寺 彌勒像·阿彌陀像
銘文과 관련하여―〉, 《梨大史苑》 22·23합집, 1988, p.378).
25) 《삼국사기》 권8, 신라본기 효성왕 9년조 "夏五月 伊湌慶永(永一作玄) 謀叛
伏誅 中侍順元緣坐罷免". 중시 순원이 파면되었던 것은 모반에 가담했기 때
문이 아니라, 왕권의 防波堤 내지는 前衛的 역할을 하고 있던 시중이 정치
적 책임을 지고 물러난 것으로 관료제도가 상당히 발달하고 있음을 의미한
다는 견해도 있다(朱甫暾, 〈新羅時代의 連坐制〉, 《大丘史學》 41, 1984, p.39).
26) 신종원(1987), 〈신라 오대산사적과 성덕왕의 즉위배경〉, p.113.
27) 《삼국사기》 권8, 신라본기 효소왕 11년 추 7월조. 더욱이 여기에 인용된
《古記》에는 7월 27일 승하하였다고 하였는데, 〈皇福寺金銅舍利函記〉(한국고
대사회연구소 편, 《譯註 韓國古代金石文》 Ⅲ, 1992, p.347)의 기록과 정확히

효소왕이 죽자 동모제인 흥광興光이 왕위에 올랐다. 제33대 성덕
왕의 즉위에 대해《삼국사기》는 다음과 같이 기록하였다.

> 聖德王立. 諱興光, 本名隆基, 與玄宗諱同, 先天中改焉(唐書言金志誠).
> 神文王第二子, 孝昭同母弟也. 孝昭王薨, 無子, 國人立之. 唐則天聞孝昭
> 薨, 爲之擧哀, 輟朝二日, 遣使吊慰, 冊王爲新羅王, 仍襲兄將軍都督之號
> (《삼국사기》 권8, 신라본기 성덕왕 즉위년조)

성덕왕은 형인 효소왕이 아들 없이 사망하자, 동모제로서 왕위를
계승하였다. 본래 이름은 융기隆基였으나 뒤에 흥광興光으로 고쳤
다.[28] 왕비에 대해서는 언급이 없는바, 이는 성덕왕이 즉위 당시 혼
인하지 않았기 때문일 것이다. 성덕왕은 중대에서는 유일하게 태자
책봉 없이 국인의 추대를 받아 왕위에 올랐다. 부왕과 모후 그리고
형인 효소왕이 모두 사망한 뒤 어린 나이로 즉위하였으므로[29] 친정

일치한다. 그러나《續日本紀》 권3, 大寶 3년(703)조에는 "春正月 辛未 新羅國
遣薩湌金福護 級湌金孝元等 來赴國王喪也"및 "閏四月辛酉朔 饗新羅客于難波館 詔
曰 新羅使薩湌金福護表云 寡君不倖 自去鞦疾 以今春薨"이라 하여 왕의 죽음
은 질병 때문이며, 작년 가을부터 앓다가 금년 봄에 돌아갔다고 하였다. 今
春은 702년으로 생각되는 만큼(浜田耕策, 〈新羅聖德王代의 政治와 外交 ―通文博
士와新羅倭典おめぐって―〉,《朝鮮歷史論集(上)》, 龍鷄書舍, 1979;《新羅國史의 研
究》, 吉川弘文館, 2002, p.142)《삼국사기》 기록과는 약간의 차이가 있다. 경
영의 난 후부터 효소왕은 발병하였고, 이로 인해 사망하였다고 생각한다.

28) 細註에 성덕왕을 김지성이라 한 것은 잘못이다.《冊府元龜》 권970, 外臣部
15, 朝貢3, 神龍 원년 3월조 "新羅遣金志誠來朝"의 誤記에서 유래된 것으로
판단된다(末松保和(1954), 〈甘山寺彌勒尊像及び阿彌陀佛の火光後記〉, 앞의 책,
p.459).

29)《삼국유사》 권3, 탑상4, 臺山五萬眞身 조에서는 성덕왕이 즉위 시 22세
였다는 설을 전하고 있으나, 형인 효소왕의 나이를 감안하면 따르기 어
렵다. 이기동은 효소왕이 16세에 즉위하여 26세에 죽었다고 하여 10세
많게 되어 있는 점을 근거로 성덕왕의 즉위 시 연령을 22세가 아닌 12
세로 추정하였다. 李基東, 〈新羅 聖德王代의 政治와 社會 ―君子國의 內部事情
―〉,《歷史學報》 160, 1998, p.5.

親政을 할 수밖에 없었을 것이다.[30]

《삼국유사》에서는 그에게 2명의 왕비가 있었음을 다음과 같이 전하고 있다.

> 名興光, 本名隆基, 孝昭之母弟也. 先妃陪昭王后, 諡嚴貞, 元大阿干之女也. 後妃占勿王后, 諡炤德, 順元角干之女 (《삼국유사》 왕력 성덕왕)

즉 선비는 원대元大 아간阿干의 딸이었으며, 후비는 순원順元 각간의 딸이었다. 선비는 배소왕후로 시호는 엄정왕후였으며, 후비는 점물왕후로 시호는 소덕왕후였다. 이는 성덕왕이 즉위한 뒤의 혼인 사실을 전하는 것으로 판단되며, 실제로도 성덕왕이 즉위 후 이들과 혼인한 사실이 확인되고 있다.

> 夏五月, 納乘府令蘇判金元泰之女爲妃 (《삼국사기》 권8, 신라본기 성덕왕 3년조)

성덕왕은 재위 3년(704) 5월에 승부령乘府令 소판 김원태金元泰의 딸을 왕비로 맞이하였다.[31] 그리고 혼인한 지 10년 만인 왕 14년

---

30) 성덕왕 18년(719)에 金志誠이 조성한 감산사 미륵상·아미타상 명문에서는 國主大王, 愷元 伊湌公을 필두로 亡考, 亡妣, 亡弟 등의 복을 빌고 있다. 국왕, 개원, 김지성이 밀착되었으며, 당시 귀족회의 의장인 上大等 伊湌 愷元이 성덕왕의 즉위에 큰 역할을 수행하였을 것이라는 견해가 있다. 金英美(1988), 〈聖德王代 專制王權에 대한 一考察〉, p.375·pp.378~380.

31) 金元泰는 《삼국유사》 왕력 성덕왕조에 阿干 元大로 되어 있으나, 阿干은 伊干 내지 蘇判의 잘못일 것이다. 또한 元大를 성덕왕 2년 7월 아찬으로 중시에 취임한 元文과 같은 인물로 판단한 견해가 있으나(李基白, 〈新羅 執事部의 成立〉, 《震檀學報》 25·6·7합병호, 1964; 《新羅政治社會史研究》, 일조각, 1974, p.167 주 42), 따르지 않는다. 1년도 못되는 기간에 그처럼 관등이 상승했다고 보기는 어렵기 때문이다(徐恩淑, 〈新羅 中古·中代 王室婚姻考〉, 경북대 석사학위논문, 1977, p.35 및 朴海鉉, 〈新羅 孝成王代 政治勢力의 推移 ―

(715) 12월에 왕자 중경重慶을 태자로 책봉하였다.[32] 이로 보아 김원태의 딸과 혼인한 뒤 어느 시기 아들이 태어났음을 짐작할 수 있다. 그런데 중경을 태자로 책봉한 지 불과 3달 뒤에 성정왕후成貞王后(엄정왕후嚴貞王后)가 출궁되었다.[33] 성정왕후의 출궁 이유는 나타나 있지 않지만, 그녀는 태자 중경의 어머니로 추정되므로 태자 책봉에 따른 갈등임이 분명하다. 또한 왕비가 출궁되고, 1년 남짓 지나 태자 중경이 갑자기 사망하였다.[34] 모두 태자 책봉으로부터 1년 반 사이의 일이었다.

성덕왕 19년(720)에는 다음과 같이 순원의 딸이 새로이 왕비로 들어왔다.

> 三月, 納伊湌順元之女爲王妃. 六月, 册王妃爲王后 (《삼국사기》 권8, 신라본기 성덕왕 19년조)

즉 순원의 딸은 3월에 왕비가 되고, 이어서 6월에는 왕후로 책봉되었다. 순원의 딸은 왕후가 됨으로써 더욱 왕비로서의 정통성을 갖게 되었다. 성덕왕 23년(724) 봄에는 왕자 승경承慶이 태자로 책봉되었다.[35] 성덕왕이 순원의 딸과 혼인한 시기로 보아 승경은 4세 이하

孝成王의 卽位過程을 중심으로—〉,《歷史學研究》 12, 전남대, 1993, p.330;〈聖德·孝成王代 貴族勢力의 動向〉, 앞의 학위논문, 1996, p.74 주 17).

32) 《삼국사기》 권8, 신라본기 성덕왕 14년 12월조.
33) 《삼국사기》 권8, 신라본기 성덕왕 15년 3월조.
34) 《삼국사기》 권8, 신라본기 성덕왕 16년 6월조. 성정왕후의 혼인 시기를 고려할 때 태자 중경의 나이는 13세를 넘지 않았다고 생각한다.
35) 《삼국사기》 권8, 신라본기 성덕왕 23년조. 신종원(1987),〈신라 오대산사적과 성덕왕의 즉위배경〉, p.111에서는 《삼국사기》 성덕왕 13년 2월조의 "遣王子金守忠, 入唐宿衛, 玄宗賜宅及帛以寵之, 賜宴于朝堂" 및 16년 추 9월조의 "入唐大監守忠廻, 獻文宣王十哲七十二弟子圖, 卽置於大學"의 김수충을 先妃 소생의 왕자로 인정하고 있다. 그러나 이 기사는 《册府元龜》 권996, 外臣部 納質 開元 2년 2월 壬寅 조의 내용을 그대로 전재한 것으로 외교상의 과장일 것이다.

였을 것이다. 그러나 그 해 12월 소덕왕후가 사망하였다.[36] 성덕왕은 재혼한 지 4년 만에 후비를 잃었던 것이다.

성덕왕 36년(737) 2월에 왕이 사망하자 둘째 아들인 태자 승경이 새 왕으로 즉위하였다.

孝成王立. 諱承慶, 聖德王第二子. 母炤德王后, 大赦 (《삼국사기》 권9, 신라본기 효성왕 즉위년조)

위의 기록에서는 제34대 효성왕의 이름과 성덕왕과의 관계, 어머니가 소덕왕후라는 사실을 밝힐 뿐, 효성왕의 혼인 여부는 나타나 있지 않다. 이 역시 즉위 당시 왕비가 없었기 때문이라 판단된다. 태자 책봉 때의 나이를 상기하면 그는 17세를 넘지 않았다고 생각된다.

효성왕은 즉위한 지 3년째 되던 해(739)에 다음과 같이 왕비를 맞이하였다.

三月, 納伊飡順元女惠明爲妃 (《삼국사기》 권9, 신라본기 효성왕 3년조)

효성왕은 이찬 순원의 딸 혜명惠明을 왕비로 맞이한 것이다.[37] 순

---

36) 《삼국사기》 권8, 신라본기 성덕왕 23년 12월조. 소덕왕비 사망 시 승경의 동모제로 뒤에 경덕왕이 되는 헌영은 태어난 지 얼마되지 않은 매우 어린 상태였다고 판단된다. 신라 성덕대왕신종 명문에 "頃者 孝嗣景德大王 在世之日, 繼守丕業 監撫庶機. 早隔慈規 對星霜而起戀, 重違嚴訓 臨闕殿以增悲. 追遠之情轉悽 益魂之心更切"(한국고대사회연구소 편, 《역주 한국고대금석문》 Ⅲ, 1992, p.385)라 하여 '일찍 어머니를 여의었다(早隔慈規)'는 구절이 있기 때문이다. 그렇다면 왕비의 사망은 출산사고 내지 질병 때문일 수 있겠다. 어린 승경을 서둘러 태자에 책봉한 사실도 시사적이다.

37) 《삼국유사》 왕력 효성왕조에서는 "金氏 名承慶 父聖德王 母炤德王后 妃惠明王后 眞宗角干之女"라 하여 혜명왕후가 眞宗 각간의 딸이라고 하였다. 여기서의 진종 각간은 순원 이찬의 잘못일 가능성이 크다. 문경현은 이들이

원의 딸은 앞서 성덕왕대에도 후비로서 맞아들여진 적이 있으므로, 순원은 거의 20년의 거리를 두고 성덕왕·효성왕 2대에 걸쳐 왕실과 혼인하였다. 이를 통해 순원 일족의 위세를 짐작할 수 있겠다.[38] 이

異名同人일 가능성을 제시하였다(文暻鉉, 〈新羅 朴氏의 骨品에 대하여〉,《歷史教育論集》13·14합집, 1990, p.230).

그러나 진종 각간이 옳을 것으로 추정한 견해도 있다.《東史綱目》第4下 己卯 효성왕 3년 3월조에 "立妃金氏 名惠明 伊湌貞宗之女也"라고 한 貞宗이 곧 眞宗이라는 것이다(李英愛, 〈新羅中代王權과 奉德寺, 聖德大王神鍾〉, 경희대 석사학위논문, 2001, p.17). 그렇다면 진종은 성덕왕대 遣唐使節과 장군으로 활약하였고, 효성왕 즉위 시부터 경덕왕 3년까지 상대등을 지낸 것이 되지만, 따르기 어렵다. 왜냐하면 정종이 상대등에 재임한 상태에서 그의 딸이 왕비가 된 지 2개월 뒤 효성왕의 동모제 헌영이 태자로 책봉된 이유나, 왕비보다 후궁을 더 사랑하였던 효성왕이 왕 4년 8월의 永宗의 난 진압 후 大臣 貞宗, 思仁에게 弩兵을 사열하게 한 이유 등이 잘 이해되지 않기 때문이다.《삼국사기》권9, 신라본기 효성왕 2년(738)조에는 "春二月 唐遣使 詔册王妃朴氏"라 하여 당에서 박씨왕비를 책봉한 사실을 전하고 있다. 이 기사는《新唐書》권220, 열전145, 동이전 신라조의 "(興光) (開元)二十五年死, 帝尤悼之, 贈太子太保, 命邢璹於鴻臚少卿弔祭, 子承慶襲王, 詔璹曰 新羅號君子國, 知詩·書. 以卿惇儒, 故持節往, 宜演經誼, 使知大國之盛. 又以國人善棋, 詔率府兵曹參軍楊季鷹爲副. 國高弈皆出其下, 於是厚遺使者金寶. 俄册其妻朴爲妃" 및《唐會要》권95, 신라 開元 28년(효성왕 4) 3월 癸卯 조의 "册承慶妻朴氏爲新羅王妃"의 기사와 관련하여 왕비책봉 시기 및 박씨왕비의 실체 등 많은 혼란을 초래하였다. 그러나 이는 모두《삼국사기》권9, 효성왕 4년(740)조의 "春三月 唐遣使册夫人金氏爲王妃"란 기사의 두찬임이 분명하다(李丙燾(1977), 앞의 책, p.149).

나아가《新唐書》의 "俄册其妻朴爲妃"를 거의 대부분의 연구자들이 앞 시기와 같은 효성왕 원년(737)으로 이해하고 있으나(井上秀雄, 〈新羅朴氏王系の成立 ─骨品制의 再檢討─〉,《朝鮮學報》47, 1968;《新羅史基礎研究》, 1974, 東出版, p.351 등), 이는 그 이후인 효성왕 4년(740)의 사실로 보아야 한다(末松保和(1954), 〈新羅中古王代考〉, 앞의 책, p.183). '俄'는 '얼마 안있어' 란 뜻이므로 앞의 시기와 동일시 할 수 없기 때문이다.《册府元龜》권975, 外臣部20, 褒異2, 開元 28년(효성왕 4)조에는 "册新羅王金承慶妻金氏爲新羅王妃"라 하여 김씨왕비 책봉 사실을 바르게 기록하였다. 한편 井上秀雄은 위의 논문 pp.346~362에서 사료상에 나타나는 신라의 박씨왕비가 실제로는 김씨라고 하였다.

38) 효성왕에게는 後宮의 존재가 확인되는바(《삼국사기》권9, 신라본기 효성왕 4년 8월조) 이를 王妃로 이해하기도 한다. 그러나 후궁이 왕비와 같

에 앞서 효성왕은 재위 3년 2월에 동모제인 헌영憲英을 파진찬波珍湌
으로 삼았다가, 왕비를 맞이한 직후인 5월에는 태자로 책봉하였다.
효성왕이 혜명을 왕비로 맞이한 2개월 뒤 동모제를 태자로 책봉한
사실은 매우 이례적이다.[39]

효성왕이 재위 5년 만인 6년(742) 5월에 아들 없이 사망하자, 동
모제인 태자 헌영이 제35대 왕으로 즉위하였다.

景德王立. 諱憲英, 孝成王同母弟. 孝成無子, 立憲英爲太子, 故得嗣位.
妃伊湌順貞之女也 (《삼국사기》 권9, 신라본기 경덕왕 즉위년조)

《삼국사기》 경덕왕 즉위년조에서는 경덕왕의 왕비가 이찬 순정順
貞의 딸이라고 하였다. 이는 《삼국사기》의 서술 경향으로 보아 경덕
왕의 즉위 당시의 왕비를 나타낸다고 하겠다. 그러나 《삼국유사》에
서는 좀 더 구체적으로 선비와 후비 두 명의 왕비가 있었음을 밝히
고 있다.

(1) 金氏, 名憲英, 父聖德, 母炤德王后. 先妃三毛夫人, 出宮無後. 後
妃滿月夫人, 諡景垂王后(垂一作穆), 依忠角干之女 (《삼국유사》 왕력, 경
덕왕)

(2) 王玉莖長八寸. 無子廢之, 封沙梁夫人. 後妃滿月夫人, 諡景垂太后,
依忠角干之女也 (《삼국유사》 권2, 기이2, 경덕왕·충담사·표훈대덕)

을 수는 없다고 생각된다. 이에 대해서는 뒤에서 설명한다.
[39] 뒤에서 보듯이 헌영이 태자로 책봉된 이유는 효성왕에게 아들이 없었
기 때문이었다. 그러나 효성왕의 태자 책봉이 왕비를 맞아들인 2개월
뒤인 것을 보면, 효성왕에게는 자식을 기대하기 어려웠던 것 같다. 順元
의 딸의 고령이나 효성왕 자신의 문제 등으로 출산이 불가능했을 가능
성이 상정된다.

경덕왕의 선비는 삼모부인이었으며, 출궁되어 후사가 없었다. 후
비는 만월부인(경수태후)으로 의충依忠 각간의 딸이었다. 그런데《삼
국사기》권9, 경덕왕 2년(743) 4월조에 "서불한舒弗邯 김의충金義忠의
딸을 왕비로 맞이하였다"라 한 데서 '의충依忠의 딸'은 후비 만월부
인임이 분명하다. 따라서 앞서 살핀《삼국사기》경덕왕 즉위년조의
'순정의 딸'은 선비인 삼모부인을 가리킨다고 하겠다.

경덕왕과 선비 삼모부인이 혼인한 시기는 언제였을까? 삼모부인
의 출궁은 만월부인이 왕비로 들어온 왕 2년보다 이른 만큼40) 혼인
시기는 즉위 전이었을 것이다. 형인 효성왕이 재위 3년(739) 3월에
순원의 딸과 혼인하였으므로, 동생인 경덕왕의 혼인은 그 이후에서
즉위 전의 어느 시기였다고 하겠다.41)

경덕왕은 만월부인과 재혼한 지 2년 뒤에 태자의 거처인 동궁東宮
을 수즙修葺하고,42) 다시 7년 뒤에는 동궁아관東宮衙官을 설치하였
다.43) 그러나 아직 태자는 태어나지 않았다. 경덕왕은 혼인 후 15년
이 지난, 왕 17년(758) 7월에야 그토록 갈망하던 원자元子를 얻었
다.44) 이에 경덕왕이 불국사佛國寺의 승려 표훈表訓으로 하여금 하늘

---

40) 金壽泰, 〈統一新羅期 專制王權의 崩壞와 金邕〉,《歷史學報》99·100합집, 1983;
　　同 改題 〈眞骨貴族勢力의 정권장악과 金邕〉, 앞의 학위논문, 1991; 앞의 책
　　(1996), pp.111~112. 그러나 경덕왕 즉위 시의 왕비가 삼모부인이었음
　　을 상기하면, 삼모부인의 출궁은 효성왕 6년(742) 5월에 왕이 사망하고
　　경덕왕이 즉위한 시점부터 김의충의 딸을 맞이하던 경덕왕 2년(743) 4
　　월 사이로 더욱 좁혀진다고 하겠다.
41) 浜田耕策, 〈新羅の聖德大王神鍾と中代の王室〉,《响沫集》3, 1981; 앞의 책
　　(2002), p.190에서는 경덕왕이 태자로 책봉되던 효성왕 3년(739) 무렵으로
　　추정하였으나, 형인 효성왕이 3월에 혼인 하였으므로, 그 이후가 되어야
　　한다. 설사 경덕왕이 태자로 책봉되던 그 해 5월에 혼인하였다 하더라도
　　삼모부인과의 혼인 기간은 4년을 넘지 않는다.
42)《삼국사기》권9, 신라본기 경덕왕 4년 추 7월조.
43)《삼국사기》권9, 신라본기 경덕왕 11년 8월조.
44)《삼국사기》권9, 신라본기 경덕왕 17년 추 7월 23일조.

로 올라가 천제天帝에게 아들을 낳도록 간청하게 하였다는 설화가 전해진다. 딸이라면 가능하지만 아들을 얻으면 나라가 위태로워질 것이라는 천제의 경고에도 불구하고 경덕왕은 꼭 아들을 얻어 대를 잇고자 하였다.[45] 이는 경덕왕이 유교식 직계 왕위계승에 얼마나 집착하였는가를 말해주는 사례일 것이다.[46] 경덕왕은 2년 뒤인 왕 19년(760) 7월에 3살 난 어린 왕자 건운乾運을 태자로 책봉하였다.[47]

경덕왕 24년(765) 6월에 왕이 죽자 태자 건운이 즉위하였으니, 이가 제36대 혜공왕이었다.

> 惠恭王立. 諱乾運, 景德王之嫡子. 母金氏, 滿月夫人, 舒弗邯義忠之女.
> 王卽位時, 年八歲, 太后攝政 (《삼국사기》 권9, 신라본기 혜공왕 즉위년조)

혜공왕은 즉위 당시 8세에 불과하였으므로, 모후인 만월부인이 섭정하였다. 혜공왕의 혼인에 대해서는 언급이 없으나, 앞서 살핀 왕들의 예와 같이 즉위 전 혼인 사실이 없었기 때문이라 생각된다.

혜공왕에게는 다음과 같이 2명의 왕비가 있었다.

> (1) 王與后妃爲亂兵所害. 良相等諡王爲惠恭王. 元妃新寶王后, 伊飡
> 維誠之女, 次妃伊飡金璋之女, 史失入宮歲月 (《삼국사기》 권9, 신
> 라본기 혜공왕 16년 4월조)
>
> (2) 金氏, 名乾運, 父景德, 母滿月王后. 先妃神巴夫人, 魏正角干之女.
> △妃昌昌夫人, 金將角干之女 (《삼국유사》 왕력 혜공왕조)

---

45) 《삼국유사》 권2, 기이2, 경덕왕·충담사·표훈대덕 "王曰 國雖殆 得男而爲嗣
足矣. 於是滿月王后生太子 王喜甚".
46) 경덕왕이 아들의 출생 전후 중국식으로의 지명개혁과 관호개혁을 단행한 사실도 참고된다(《삼국사기》 권9, 신라본기 경덕왕 16년 동 12월조 및 18년 춘 정월조).
47) 《삼국사기》 권9, 신라본기 경덕왕 19년 추 7월조.

《삼국사기》에서는 혜공왕에게 원비元妃와 차비次妃 두 명의 왕비
가 있었다고 한다. 원비는 신보왕후新寶王后로 이찬 유성維誠의 딸이
며, 차비는 이찬 김장金璋의 딸이었다. 《삼국유사》에서는 신파부인神
巴夫人과 창창부인昌昌夫人의 두 왕비가 있었으며, 이들은 각각 각간
위정魏正과 각간 김장金將의 딸이었다고 한다. 인명 표기상 약간의
차이가 있으나 같은 인물들을 가리킴이 분명하다. 《삼국사기》에서
김장의 딸로 전하는 왕비가 《삼국유사》에 의해 '창창부인'임이 밝혀
진다고 하겠다. 《삼국유사》에서 신보왕후를 '선비先妃'라 한 것을 상
기하면, 혜공왕의 두 왕비는 선비先妃와 후비後妃의 관계로 파악해야
할 가능성을 배제할 수 없다.[48] 앞서 살핀 왕들의 경우 선비를 출
궁시키고 후비를 맞이한 예가 있기 때문이다. 그러나 《삼국사기》에
나타나는 원비와 차비의 용례를 살펴볼 때,[49] 이들은 동시에 존재
한 왕비가 분명해 보인다. 그렇다면 혜공왕은 중대의 일반 왕들과
는 달리 두 명의 왕비를 두었음이 밝혀진다고 하겠다.

그러면 혜공왕과 원비 신보왕후의 혼인은 언제 이루어진 것일까?
혜공왕이 무려 3살 때 태자로 책봉된 사실을 상기하면, 우선 즉위
전에 혼인하였을 가능성도 생각할 수 있다. 그렇다면 이는 경덕왕과
모후인 만월부인(만월왕후)의 결정에 따랐을 것이다. 그러나 즉위
당시 8세에 불과하였다는 점에서 혼인은 왕위에 오른 뒤에 이루어

---

48) 선비의 출궁이나 사망이 상정될 수 있겠다. 그러나 先妃神巴夫人의 '先'
자는 '元'자의 잘못이 아닐까 추측된다.

49) 次妃의 예로는 문성왕이 張保皐(弓福)의 딸을 次妃로 삼으려다 신하의 반
대로 실패한 일과 경문왕이 왕비 寧花夫人의 동생을 次妃로 삼은 경우가
있다(《삼국사기》 권11, 신라본기 문성왕 7년 3월조 및 경문왕 3년 11월
조). 元妃, 次妃의 용례는 서기 32년의 고구려에서도 보인다. 즉 대무신
왕대 好童王子는 葛思王의 손녀인 次妃 소생이었는데, 元妃의 모함으로 부
왕의 의심을 사게 되자 자살하였다(《삼국사기》 권14, 고구려본기 대무신
왕 15년 11월조).

졌다고 하는 것이 옳다. 이때도 섭정을 한 모후 만월부인의 의지가
큰 영향을 미쳤다고 생각된다.

한편, 이들 왕비들은 중대의 다른 왕비와는 달리 입궁 시기에 대
한 기록이 없었다. 이는 혜공왕대에 수차례의 반란이 일어났고, 그
와중에 왕과 왕비마저 시해되었던 만큼, 역사 기록이 제대로 남아
있지 않은 데 말미암을 것이다. 왕비의 입궁 시점을 정확히 알 수
는 없지만, 혜공왕의 나이로 본다면 두 명 모두 섭정이 끝난 후 입
궁하였을 가능성이 크다. 그렇지 않고 원비가 모후 섭정기에 입궁
하였다면, 차비의 입궁은 혜공왕이 친정한 것으로 추정되는 혜공왕
11년(775)[50] 이후가 될 것이다.

이상에서 살핀 바와 같이 중대의 국왕은 즉위 전에 혼인한 왕이
무열왕·문무왕·신문왕·경덕왕의 4명이었고, 즉위한 후 처음 혼인한
왕이 성덕왕·효성왕·혜공왕의 3명, 아예 혼인하지 않은 왕이 효소왕
1명이었다. 이 가운데 즉위 전에 혼인하였으나 즉위 직후 이혼한 왕
이 신문왕과 경덕왕의 2명이 있었고, 즉위 후에 혼인하였다가 이혼
하고 재혼한 왕이 성덕왕 1명, 즉위 후 2명의 왕비와 혼인한 왕이
혜공왕 1명이었다. 즉위 전 재혼한 무열왕, 한 명의 왕비를 둔 문무
왕과 효성왕, 그리고 혼인 사실이 없는 효소왕을 제외한다면, 중대
국왕의 절반에 가까운 3명이 즉위 전 또는 그 이후에 맞이한 왕비
를 교체하였다. 중대 초인 무열왕과 문무왕대는 왕비교체 사실이
없으나 중대 후반으로 가면서 그 빈도는 점차 높게 나타났고, 중대
의 마지막 왕이었던 혜공왕은 2명의 왕비를 두고 있었다. 따라서
중대 국왕은 복수의 왕비를 동시에 두었다기보다는 선비 출궁 후
후비를 맞이함으로써 1명의 왕비를 원칙으로 하였다고 하겠다.
(〈그림-1〉 신라 중대 왕실 계도 참조).

---

50) 李文基, 〈新羅 惠恭王代 五廟制 改革의 政治的 意味〉, 《白山學報》 52, 1999, p.816.

〈그림-1〉 신라 중대 왕실 계도(⸺ 은 추정임)

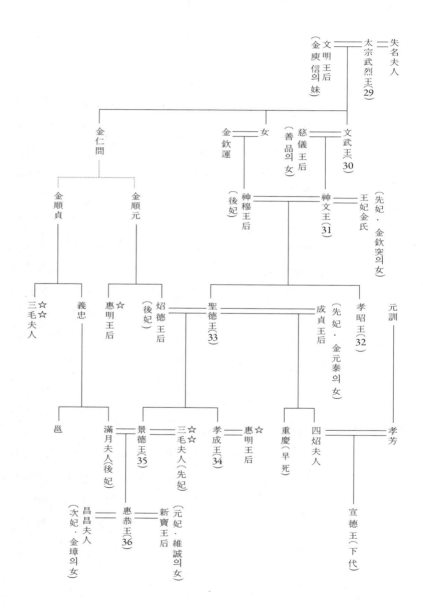

2. 왕비가문의 분석

제29대 태종무열왕의 왕비로 문명왕후文明王后가 주목된다. 문명왕후는 서현舒玄의 막내딸로서 김유신의 누이동생이었다. 김춘추와 문명왕후 문희文姬의 혼인은 앞서 살핀 바와 같이 진평왕 47년(625) 무렵이었다. 서현은 진골귀족이면서도 신라의 전통적인 진골귀족과는 출신이 달랐다. 금관가야 왕족의 후예였기 때문이다. 조부인 구해왕仇亥王(구형왕仇衡王)은 금관가야의 마지막 왕으로, 법흥왕 19년(532)에 나라가 망하자 신라에 투항하여 진골로 편입되었다.[51] 따라서 서현의 가문은 신라 최고의 신분이긴 하지만, 일정한 한계성을 띠고 있었던 것이다.

서현의 가문은 중앙이 아닌 신라의 변방에서 군공軍功을 세우면서 크게 두각을 나타내었다. 서현의 아버지인 무력武力은 진흥왕 6년(545) 무렵 아찬으로 단양 적성 전투에 참가하였고,[52] 14년(553)에는 고구려로부터 수복한 한강 유역에 신주新州가 설치되자 군주軍主에 임명되었다.[53] 이듬해 관산성 전투에서는 백제군을 크게 격파하여, 백제 성왕과 좌평 4명, 병사 2만 9천 6백명을 죽이는 큰 전공을 세웠다.[54] 또한 22년(561) 무렵에는 잡간迊干으로 승진하였다.[55]

---

51) 김유신 가계에 대해서는 文暻鉉, 〈三國統一과 新金氏家門 —金庾信 祖孫四代의 貢獻—〉,《軍史》2, 1981 및 申瀅植, 〈金庾信家門의 成立과 活動〉,《梨花史學硏究》13·14합집, 1983;《韓國古代史의 新硏究》, 一潮閣, 1984 참고.
52) 한국고대사회연구소 편, 〈丹陽赤城碑〉,《역주 한국고대금석문》Ⅱ, 1992, p.35 "沙喙部 武力智阿干支".
53)《삼국사기》권4, 신라본기 진흥왕 14년 동 10월조.
54)《삼국사기》권4, 신라본기 진흥왕 15년 추 7월조. 그러나 동 권41, 열전 김유신(상)에서는 백제왕과 장수 4인을 잡고 1만여 명을 목베었다고 하여 차이가 있다.
55) 한국고대사회연구소 편, 〈昌寧 眞興王拓境碑〉,《역주 한국고대금석문》Ⅱ,

서현은 진평왕 51년(629) 용춘龍春과 함께 대장군大將軍이 되어 고
구려의 낭비성娘臂城을 공격하였다. 이때 그의 아들 김유신은 부장군
副將軍으로 참가하여 신라군의 사기를 크게 높였는데, 고구려군 5천
여 명을 참살하고 성을 함락시키는 큰 전과를 올렸다.56) 그러나 금
관가야계인 서현이 전통적인 진골귀족세력과 융화하는 것은 쉽지
않았다. 이는 서현의 혼인에서 단적으로 드러난다.

서현은 길에서 법흥왕의 동생인 입종갈문왕立宗葛文王의 손녀요,
진흥왕의 동생인 숙흘종肅訖宗의 딸 만명萬明을 보고 마음에 들어 중
매 없이 결합하였다. 서현이 만노군萬弩郡(충북 진천) 태수太守가 되어
만명과 함께 임지로 떠나려 하자, 숙흘종이 그제서야 딸이 서현과
야합野合한 것을 알고 그녀를 별채에 가두고 사람을 시켜 지키게 하
였다. 그런데 갑자기 벼락이 집 문간을 때리자 지키던 사람이 정신
을 잃었고, 이 틈을 이용하여 만명은 창문으로 빠져나와 도망하여
서현과 함께 만노군으로 가서 살았다.57) 여기서 서현과 만명의 혼인
을 '야합野合'이라고 한 것이 주목된다. 곧 이들의 혼인은 당시 귀족
사회에서 용인되지 못했던 것이다. 서현의 아들인 유신은 만노군에
서 태어난 것으로 추측되는데, 유신의 출생이 진평왕 17년(595)인
데서58) 서현의 혼인은 그보다 한 두 해 전임을 알 수 있다.

문명왕후 문희와 무열왕 김춘추의 혼인은 아버지인 서현보다는
오빠인 김유신과의 관계가 중심이 된다고 판단된다. 문명왕후 문희
의 혼인은 김춘추와 김유신의 관계에서 이루어졌기 때문이다. 김유

1992, p.55 "沙喙另力智迊干". 그러나 최후 관등은 角干으로 생각된다(《삼국
  사기》 권4, 신라본기 법흥왕 19년조 "子武力仕至角干).
56) 《삼국사기》 권4, 신라본기 진평왕 51년조. 동 권41, 김유신전(상)에는 김
  용춘의 관등은 波珍湌, 서현은 1등 높은 蘇判으로 되어 있다. 또한 이때
  김유신의 직책은 中幢幢主였다.
57) 《삼국사기》 권41, 열전 김유신(상).
58) 《삼국사기》 권41, 열전 김유신(상).

신의 누이동생인 문희와 김춘추 혼인에 대해서는 다음과 같은 이야기가 전하고 있다.

　김유신이 김춘추와 집 앞에서 축국蹴鞠을 하다가 김춘추의 옷이 찢어지자 김유신이 누이동생 문희에게 깁도록 했다. 이 일을 계기로 김춘추가 문희를 자주 찾았고, 문희는 임신을 하게 되었다. 김유신이 이를 알고 문희를 꾸짖어 그녀의 죄를 온 나라에 알리고 장작불에 태워 죽이려고 하였다. 결국 왕에게까지 이야기가 알려져 김춘추가 달려가 문희를 구하였고, 뒤에 이들은 혼인 할 수 있었다.59)

　널리 알려진 이야기이지만, 이는 문희가 김춘추와 혼인하는 것이 쉽지 않았음을 말해주고 있다. 신라 귀족사회에서는 혼인이 당사자의 선호에 의해 이루어지는 자유혼보다는 부모가 혼인을 결정하는 중매혼이 지배적 형태였다.60) 그런데 서현과 만명 사이에서 태어난 문희 또한 혼전에 '야합'한 부모의 전철을 밟아 김춘추와 혼인하였던 것이다. 김춘추는 제25대 진지왕의 손자인 동시에 용춘龍春의 아들이었다. 진지왕은 재위 4년(579)에 국인國人으로 말미암아 폐위되었지만,61) 그가 폐위되지 않았더라면 용춘이 국왕으로 즉위하였을 것이고, 춘추 또한 그러했을 것이다. 결국 김유신의 계략으로 문희의 혼인이 성사되긴 했지만, 금관가야계가 신라의 전통적인 진골귀족 가문과 혼인하기는 어려웠던 것이다.62)

---

59)《삼국유사》권1, 기이1, 태종춘추공.《삼국사기》권6, 신라본기 문무왕 즉위년조에도 실려 있으나《삼국유사》가 좀 더 구체적이다.
60) 權純馨,《高麗時代 婚姻制度 硏究》, 이화여자대학교 박사학위논문, 1997, p.56.
　　홍완표·권순형(1998), 〈고대의 혼례식과 혼인 규제〉, p.80.
　　姜聲媛, 〈新羅 및 統一新羅時代의 婚姻 풍속〉,《白山學報》52, 1999, p.419.
　　李鍾哲·皇甫明, 〈韓國 古代의 性文化〉,《강좌 한국고대사》8(고대인의 정신세계), 가락국사적개발연구원, 2002, p.166.
61)《삼국유사》권2, 기이2, 桃花女 鼻荊郎.
62) 末松保和는 신라왕족인 김춘추가 가라왕계의 문희와 혼인한다는 것은, 당시 신라왕족의 혼인 룰을 깨뜨리는 파계적 결혼이 되는 것이므로 결

김춘추와 김유신의 결합은 백제에게 대야성이 함락된 뒤, 김춘추
가 고구려에 청병하러 떠날 때 한 약속에서도 잘 나타난다. 선덕왕
11년(642) 백제가 대량주大梁州(대야성大耶城)를 격파하였을 때, 춘추의
딸 고타소랑古陀炤娘이 남편 품석品釋을 따라 죽었고, 춘추는 이를 한
으로 여겨 고구려로 가서 도움을 요청하였다. 이때 춘추는 떠나기에
앞서 유신과 함께 손가락을 깨물어 피를 마시면서 앞날을 맹세하였
다. 춘추가 고구려에 들어간 뒤, 약속한 60일이 지나도 돌아오지 않
자 유신은 용사勇士 3천 명을 선발하고 춘추 구출 계획을 실천에 옮
기려 하였다.63) 춘추는 기지를 발휘하여 신라로 무사히 돌아올 수
있었지만, 여기서 춘추와 유신의 밀착 정도를 짐작할 수 있다.

진덕왕 사후 여러 신하들은 상대등 알천閼川에게 섭정을 요청하였
다. 그러나 알천이 굳이 사양하므로,64) 김유신이 알천과 논의하여
이찬 춘추를 즉위케 하였다.65) 이는 김춘추가 왕위에 오르는 과정
에서 김유신이 모종의 커다란 역할을 수행하였음을 암시한다고 하
겠다. 김춘추는 태종무열왕으로 즉위한 직후인 왕 2년(655) 3월에
김유신의 누이동생 문희 소생인 원자 법민法敏을 태자로 책봉하고,
이어 10월에는, 딸 지조智照를 김유신에게 시집보냄으로써 무열왕과
김유신의 결합은 절정에 달하였다.

혼이 성립되기 위해서는 그토록 험난한 과정을 거쳐야만 했다고 하였고
(末松保和(1954), 〈新羅三代考〉, 앞의 책, pp.13~15), 정중환은 정상적인
방법으로는 실현되기 어려운 비정상적인 일을 왕명에 의해 공인받게 한
것으로 보았다(丁仲煥, 〈金庾信(595~673)論〉, 《歷史와 人間의 對應 —高柄翊
先生回甲紀念史學論叢—》, 동 간행위원회, 1984, p.177). 한편, 혼인이 어려
웠던 이유로 김춘추가 기혼남이었음을 지적하는 견해도 있다(李德星
(1949), 〈新羅王系와 骨品의 形成過程〉, 앞의 책, p.136).
63) 《삼국사기》 권41, 열전 김유신(상). 그러나 동 권5, 신라본기 선덕왕
11년 겨울조에는 용사를 1만 명이라 하였다.
64) 《삼국사기》 권5, 신라본기 태종무열왕 즉위년조.
65) 《삼국사기》 권42, 열전 김유신(중).

(1) 冬十月, 王女智照, 下嫁大角飡庾信 (《삼국사기》 권5, 신라본기 태
　　종무열왕 2년조)

(2) 妻智炤夫人, 太宗大王第三女也. 生子五人, 長曰三光伊飡, 次元述
　　蘇判, 次元貞海干, 次長耳大阿飡, 次元望大阿飡, 女子四人, 又庶
　　子軍勝阿飡, 失其母姓氏 (《삼국사기》 권43, 열전 金庾信 下)

　김유신은 진평왕 17년(595)에 태어나 문무왕 13년(673)에 79세로
사망하였으므로,[66] 무열왕의 딸인 지조를 처로 맞이할 때 그의 나이
는 61세의 고령이었다. 더구나 김유신에게는 부인이 이미 존재한 것
으로 밝혀지고 있다.[67] 서자庶子 군승軍勝 아찬阿飡이 확인되기 때문
이다. 당시 김유신 전처의 생사 여부는 알 수 없지만, 김유신과 무
열왕이 처남매부妻男妹夫에서 옹서翁壻라는 이중적 혈연 관계를 구축
함으로써 서로의 결속을 더욱 강화하려는 것으로 이해된다.[68]
　무열왕은 재위 7년(660)에 상대등 금강金剛이 사망하자 드디어 김
유신을 그 후임에 임명하고,[69] 백제 정복 뒤에는 공로를 치하하여
대각간大角干에 제수하였다. 나아가 문무왕은 고구려를 멸망시킨 8년
(668)에는 그간의 김유신의 공적을 기려 특별 관등인 태대각간太大角
干을 제수하였다.[70] 왕 13년(673) 6월 김유신의 임종이 다가오자 문
무왕은 자신과 유신의 관계를 고기에게 물이 있음과 비유하였다.[71]

---

66)《삼국사기》 권43, 열전 김유신(하).
67) 末松保和(1954), 〈新羅三代考〉, 앞의 책, p.510.
68) 末松保和(1954), 위의 책, p.510에서는 지조가 문희 소생이 아닌 전처 소생
　　으로 보았다. 그렇다면 그녀가 성덕왕 11년(712)에야 부인의 칭호를 얻고
　　있는 것은(《삼국사기》 권8, 신라본기 성덕왕 11년조. 이 같은 이유와 관련
　　된 것일 수도 있겠다. 그러나 그 가능성은 낮아 보인다.
69)《삼국사기》 권5, 신라본기 태종무열왕 7년 춘 정월조.
70)《삼국사기》 권38, 직관지(상).
71)《삼국사기》 권43, 열전 김유신(하) "大王泣曰, 寡人之有卿, 如魚有水, 若有不

제30대 문무왕의 왕비로는 파진찬 선품善品의 딸인 자의왕후慈儀王后가 있었다. 파진찬 선품에 대해서는《삼국유사》왕력에서도 해간海干이라고 할 뿐 구체적인 이력이 검출되지 않는다.72) 앞서 살핀 바와 같이, 문무왕은 이미 즉위 전에 혼인한 것으로 추정되고, 즉위 후 혼인 기록이 없는 것을 보면, 새 왕비를 맞이하지 않았다고 하겠다. 왕비의 아버지인 선품이 해간海干인 것으로 보면 문무왕의 아버지인 무열왕과 해양세력의 결탁 가능성을 생각해볼 수 있다.73) 나아가 문무왕을 이은 신문왕이 부왕을 위해 동해변東海邊에 감은사感恩寺를 창건하거나74) 문무왕 사망 뒤 유언에 따라 동해에 장례를 지낸 데는75) 선품과 같은 해양세력이 관여했을 가능성도 배제할 수 없겠다.

제31대 신문왕의 왕비가문으로는 김흠돌 가문과 김흠운 가문을 들 수 있다. 김흠돌은 그 가계를 알 수는 없지만, 문무왕대부터 군사방면에서 크게 활동하였다. 그러다가 신문왕 즉위 직후 반란을 일으켰다가 죽임을 당하였다.

(1) 以金庾信爲大將軍, 仁問·眞珠·欽突爲大幢將軍, 天存·竹旨·天品爲

可諱, 其如人民何, 其如社稷何".

72) 《삼국유사》권2, 기이2, 후백제 견훤조에 인용되어 있는 《李磾家記》에는 善品이 진흥왕의 셋째 아들인 仇輪公의 아들로 되어 있다. 그리고 그의 아들인 角干 酌珍이 王咬巴里를 아내로 맞아 견훤의 아버지 阿慈介를 낳았다고 하나, 따르지 않는다.

73) 李鍾恒,〈新羅 上古의 官位制의 性格에 대하여〉,《國民大論文集》(인문과학편) 7, 1974, p.39에서는 파진찬(海干)을 '바다의 어른' 즉 해군 사령관의 의미로 파악하였다.

74) 감은사의 창건에 대해서는《삼국유사》권2, 기이2, 萬波息笛 "第三十一神文大王 (중략) 爲聖考文武大王 創感恩寺於東海邊" 및 同 細註 寺中記 "文武王欲鎭倭兵 故始創此寺 未華而崩 爲海龍 其子神文立 開耀二年畢" 참조.

75) 《삼국사기》권7, 신라본기 문무왕 21년조 "七月一日 王薨, 諡曰文武. 群臣以遺言葬東海口大石上, 俗傳王化爲龍, 仍指其石爲大王石".《삼국유사》왕력 문무왕조 "陵在感恩寺東海中" 및 권2, 기이2, 文虎王 法敏 "以永隆二年辛巳崩. 遺詔葬於東海中大巖上", 동 萬波息笛 "蓋遺詔之藏骨處 名大王岩".

貴幢摠管, 品日·忠常·義服爲上州摠管, 眞欽·衆臣·自簡爲下州摠管, 軍官·藪世·高純爲南川州摠管, 述實·達官·文穎爲首若州摠管, 文訓·眞純爲河西州摠管, 眞福爲誓幢摠管, 義光爲郎幢摠管, 慰知爲罽衿大監 (《삼국사기》 권6, 신라본기 문무왕 원년 추 7월 17일조)

(2) 以大角干金庾信爲大幢大摠管, 角干金仁問·欽純·天存·文忠·迊湌眞福·波珍湌智鏡·大阿湌良圖·愷元·欽突爲大幢摠管. 伊湌陳純(一作春)·竹旨爲京停摠管. 伊湌品日·迊湌文訓·大阿湌天品爲貴幢摠管. 伊湌仁泰爲卑列道摠管. 迊湌軍官·大阿湌都儒·阿湌龍長爲漢城州行軍摠管. 迊湌崇信·大阿湌文穎·阿湌福世爲卑列城州行軍摠管. 波珍湌宣光·阿湌長順·純長爲河西州行軍摠管. 波珍湌宜福·阿湌天光爲誓幢摠管. 阿湌日原·興元爲罽衿幢摠管 (동상, 문무왕 8년 6월 21일조)

(3) 神文王立. 諱政明, …… 妃金氏, 蘇判欽突之女, 王爲太子時納之, 久而無子, 後坐父作亂, 出宮 (《삼국사기》 권8, 신라본기 신문왕 즉위년조)

(4) 八月, 拜舒弗邯眞福爲上大等. 八日 蘇判金欽突, 波珍湌興元, 大阿湌眞功等, 謀叛伏誅. 十三日, 報德王遣使小兄首德皆, 賀平逆賊. 十六日, 下教曰 ……庶與股肱, 共寧邦家, 豈圖縱経之內, 亂起京城 賊首欽突·興元·眞功等, 位非才進, 職實恩升. 不能克愼始終, 保全富貴, 而乃不仁不義, 作福作威, 侮慢官寮, 欺凌上下. 比日逞其無厭之志, 肆其暴虐之心. 招納凶邪, 交結近竪, 禍通內外. 同惡相資, 剋日定期, 欲行亂逆 …… 是以追集兵衆, 欲除梟獍, 或逃竄山谷, 或歸降闕庭. 然尋枝究葉, 並已誅夷, 三四日間, 囚首蕩盡. 事不獲已……. 二十八日, 誅伊湌軍官, 教書曰……乃與賊臣欽突等交涉知其逆事, 曾不告言 (동상, 신문왕 원년조)

김흠돌은 고구려 정벌을 위한 나당 군사활동에서 크게 두각을 나
타내었다. 문무왕 원년(661)의 고구려 원정 때에는 김인문金仁問·진
주眞珠와 함께 대당장군大幢將軍으로 참전하였고, 8년 고구려를 멸할
때에는 대아찬으로 각간 김인문·흠순欽純·천존天存·문충文忠 등과 함
께 대당총관大幢摠管으로 출전하였다. 즉 그는 처음에는 소정방蘇定方
이 이끄는 당군과 연합하였고, 뒤에는 유인궤劉仁軌가 이끄는 당군과
연합하여 고구려 정벌에 참가하였다. 또한 신문왕이 태자로 책봉되
었을 때인 문무왕 5년(665) 이후 어느 시기에는 자신의 딸을 태자
비太子妃로 들였을 정도로 왕실과 밀착되었다. 그러다가 신문왕 즉위
직후인 원년(681) 8월 8일, 소판蘇判으로서 파진찬 흥원興元, 대아찬
진공眞功 등과 함께 반란을 일으켰다가 복주伏誅되고, 그의 딸은 출
궁되었던 것이다.

문무왕의 죽음과 장례일은 7월 1일과 10일이었고, 신문왕의 즉위
일은 장례 전인 7월 7일이었다.[76] 신문왕이 즉위한 지 1개월이 막
지난 시기에 장인인 김흠돌이 반란을 일으킨 것이다. 반란의 구체적
이유는 알기 어렵지만, 신왕 즉위 초인 것을 보면 신문왕의 정책 방
향에 대한 반발임이 분명하다. 이에 대해 문무왕의 왕권강화의 결과
소외된 진골귀족들이 일으킨 난으로 파악한 견해가 있었다.[77] 이는
당시의 정세를 상세히 분석한 바탕 위에서 나온 견해로 시사하는
바 적지 않다. 그러나 저자는 신문왕이 삼국통일을 달성한 문무왕
다음의 왕이었다는 점에서,[78] 통일전쟁에서 활약하던 무장세력, 특
히 친당세력 제거 정책에 반발하여 김흠돌이 난을 일으킨 것으로

---

76) 《삼국유사》 권2, 기이2, 만파식적.
77) 金壽泰, 〈專制王權의 확립과 金欽突亂〉, 앞의 학위논문, 1991; 앞의 책(1996).
78) 문무왕 16년(676)에 이루어진 신라와 당의 전쟁 종결은 실질적으로는 休
戰 상태였으며, 따라서 신라는 전쟁 재발에 대한 우려감을 가지고 당의 재
침에 적극적으로 대응했던 것으로 본 연구가 있다. 徐榮敎, 〈九誓幢 완성
배경에 대한 新考察 ─羅唐戰爭의 餘震─〉, 《韓國古代史硏究》 18, 2000.

생각한다. 이는 김흠돌뿐만 아니라 난에 가담한 흥원, 진공, 군관 등
의 이력을 검토할 때 개연성이 크다고 믿기 때문이다.

흥원과 진공의 활동은 문무왕 8년에서 11년 사이에 나타나고 있다.

(1) 阿湌日原·興元爲罽衿幢摠管 (《삼국사기》 권6, 신라본기 문무왕 8
년 6월 21일조)

(2) 府城劉仁願遣貴干未肹, 告高句麗大谷△漢城等二郡十二城歸服, 王
遣一吉湌眞功稱賀 (동상, 문무왕 8년 6월 22일조)

(3) 與大軍合圍平壤, 高句麗王先遣泉男産等, 詣英公請降. 於是, 英公
以王寶臧·王子福男·德男·大臣等二十餘萬口廻唐, 角干金仁問·大阿湌
助州隨英公歸, 仁泰·義福·藪世·天光·興元隨行 (동상, 문무왕 8년 9월
21일조)

(4) 王疑百濟殘衆反覆, 遣大阿湌儒敦於熊津都督府請和, 不從, 乃遣司
馬禰軍窺覘. 王知謀我, 止禰軍不送, 擧兵討百濟. 品日·文忠·衆
臣·義官·天官等攻取城六十三, 徙其人於內地. 天存·竹知等取城七,
斬首二千. 軍官·文潁取城十二, 擊狄兵, 斬首七千給, 獲戰馬兵械
甚多. 王還, 以衆臣·義官·達官·興元等(王)(興)寺營退却, 罪當死,
赦之免職 (동상, 문무왕 10년 추 7월조)

(5) 聞唐兵欲來救百濟, 遣大阿湌眞功·阿湌△△△△兵守甕浦 (《삼국
사기》 권7, 신라본기 문무왕 11년 춘 정월조)

문무왕 8년(668) 6월, 흥원은 나당 연합군이 고구려를 정벌할 때
아찬으로 계금당 총관이 되었고, 진공은 일길찬으로 당의 장수 유인
원이 대곡성大谷城(황해도 평산)과 한성漢城 등 2군 12성이 항복해 왔
음을 알리자, 이를 축하하는 왕의 사절로 파견되었다. 9월에 고구려
가 항복하자 당의 장수 영국공英國公 이적李勣은 보장왕과 왕자, 대

신 등 20여만 명을 이끌고 귀국하였다. 이때 신라의 김인문도 따라
갔는데, 수세藪世, 흥원興元 등이 수행하였다. 신문왕 원년 김흠돌의
난 때 흥원의 관등이 파진찬으로 승진한 것으로 나타나듯이, 이는
앞서 당나라에 다녀온 사실이 큰 영향을 미쳤을 것이다. 이로 보아
흥원과 진공은 고구려 정벌 과정에서 한때 당군과 밀착되었던 인물
들로 파악할 수 있겠다.[79]

나당전쟁기인 문무왕 10년(670) 7월, 신라군은 웅진도독부의 백제
잔존세력을 쳐서 크게 승리하였으나, 흥원 등은 왕흥사王興寺 군영에
서 퇴각한 죄로 죽을 위기에 처하였다가 용서받아 면직되었다. 진공
은 그 이듬해 정월 대아찬으로서 당군의 백제 지원 소식에 맞서 군
대를 이끌고 웅포를 지켰다. 그러나 김흠돌의 반란에 가담할 때까지
진공의 활동상이 나타나지 않고 여전히 대아찬이었던 것으로 보아
그는 이 무렵 흥원과 함께 정치활동이 좌절되었던 것이 아닌가 한
다. 그렇다면 이들은 자의에 의해서건 타의에 의해서건, 친당적 인
물이었다는 데서 그 성격을 찾아야 할 것이다.

군관 또한 그 이력을 보아 이러한 경향을 벗어날 수 없다고 생각한다.

(1) 軍官·藪世·高純爲南川州摠管 (《삼국사기》 권6, 신라본기 문무왕
    원년 추 7월 17일조)

(2) 以阿湌軍官爲漢山州都督 (동상, 문무왕 4년 춘 정월조)

(3) 王命將軍仁問·品日·軍官·文穎等, 率一善·漢山二州兵, 與府城兵
    馬, 攻高句麗突沙城, 滅之 (동상, 문무왕 4년 추 7월조)

(4) 迊湌軍官·大阿湌都儒·阿湌龍長爲漢城州行軍摠管 (동상, 문무왕
    8년 6월 21일조)

---

79) 《삼국사기》 권8, 신라본기 신문왕 원년 8월 16일조에는 "賊首欽突·興元·
    眞功等, 位非才進, 職實恩升"이라 하였는데, 이는 신라왕과 함께 당의 영향
    (恩典)이라는 점에서도 이해해야 할 것이다.

(5) 軍官·文穎取城十二, 擊狄兵, 斬首七千級, 獲戰馬兵械甚多 (동상, 문무왕 10년 7월조)

(6) 拜伊湌金軍官爲上大等 (동상 권7, 문무왕 20년 춘 2월조)

(7) 誅伊湌軍官. 敎書曰……兵部令伊湌軍官, 因緣班序, 遂升上位, 不能拾遺補闕, 効素節於朝廷. 授命忘軀, 表丹誠於社稷. 乃與賊臣欽突等交涉, 知其逆事, 曾不告言…… (동상, 권8, 신문왕 원년 8월 28일조)

군관의 활동은 문무왕 원년(660)부터 나타나는데, 고구려 정벌군 편성 때 그는 남천주 총관南川州摠管이었다. 문무왕 4년에는 아찬으로 한산주 도독漢山州都督이 되어 고구려 돌사성을 정벌하였고, 4년 뒤에는 잡찬으로 크게 승진하여 한성주행군총관漢城州行軍摠管으로 당군과 함께 고구려를 멸하였다. 즉 그는 나당 연합군의 고구려 정벌에서 가장 요충지라 할 수 있는 오늘날의 경기도 일대의 장관인 남천주 총관, 한성주 총관 등을 역임하였던 것이다. 이로 보아 군관도 앞서의 흥원, 진공과 비슷한 성격의 인물이었을 가능성이 크다. 군관은 이후 왕 10년 7월에는 웅진도독부의 백제 잔존세력을 쳐서 큰 승리를 거두었고, 10년 뒤인 왕 20년에는 이찬으로서 상대등이 되고, 이듬해 김흠돌의 난 때에는 병부령에 재임하였다. 그러나 김흠돌의 역모를 사전에 알고도 고하지 않았다는 죄목으로 처형된 것으로 보아, 그는 적극적이지는 않다 하더라도 일정한 가담자였다고 하겠다.[80]

친당세력의 움직임은 백제·고구려 멸망 직후와 나당전쟁기인 문무왕 후반부에 집중적으로 나타난다. 문무왕 8년(668)경의 한성도독

---

80) 김수태, 〈전제왕권의 확립과 김흠돌난〉, 앞의 학위논문, 1991; 앞의 책 (1996), p.12.

漢城都督 박도유朴都儒[81])와 10년(670)의 한성주 총관漢城州摠管 수세藪
世[82])의 경우가 그것이다. 당과의 투쟁에서 요충지였던 한성주 도독
의 연이은 이적행위가 문제되었던 것이다. 또한 왕 13년(673) 7월에
김유신이 사망하자 아찬 대토大吐가 모반하여 당에 붙으려다 적발되
어 처형되었다.[83]) 이 시기 당은 신라 사회에 깊이 파고 들어가서 귀
족 사이의 분열 공작에 상당히 성과를 올리고 있었던 것이다.[84]) 그
러나 그 주요 대상은 남천주 총관, 한성주 총관, 한성주 도독 등 당
군과의 주된 접전 지역인 오늘날의 경기도 일대를 관할하는 장관들
이었다.[85]) 이러한 친당세력에 대한 조치는 문무왕이 실행하였지만,

─────────

81) 《삼국사기》 권6, 신라본기 문무왕 11년조에 실린 문무왕의 答書 가운데
"又將百濟婦女, 嫁與新羅漢城都督朴都儒, 同謀合計, 偸取新羅兵器, 襲打一州之地.
賴得事覺, 卽斬都儒, 所謀不成" 참조. 답서 내용으로 보아 이는 문무왕 8년
(668)에서 10년(670) 사이의 사실로 판단된다. 그렇다면 후술할 藪世는
朴都儒에 이어 한성도독이 되었을 가능성이 크다. 한편, 박도유는 문무왕
8년 6월의 고구려 정벌 시 잡찬 軍官, 아찬 龍長과 함께 대아찬으로 漢城
州行軍摠管이 되고, 仁問, 天存 등과 함께 당나라 군영으로 나아간 적이 있
다(동 문무왕 8년 6월 21일조 및 22일조).
82) 《삼국사기》 권6, 신라본기 문무왕 10년 12월조 "漢城州摠管藪世 取百濟△
△△△△國, 適彼事覺, 遣大阿湌眞珠, 誅之" 참조. 藪世는 문무왕 원년 7월
에 軍官과 함께 南川州摠管이 되었고, 왕 8년 9월에 고구려를 멸한 후 唐
將 李勣이 환국할 때 김인문을 수행하여 興元 등과 함께 입당하였다(동
문무왕 원년 추 7월 17일조 및 문무왕 8년 9월 21일조). 군관, 흥원, 수
세 모두 친당파였다고 생각한다.
83) 《삼국사기》 권7, 신라본기 문무왕 13년 7월조.
84) 井上秀雄, 《古代朝鮮》, 日本放送出版協會, 1972, p.207. 김인문, 김유신, 김양
도가 당의 주된 회유대상이었고, 백제와 고구려 멸망 직후 당과 신라가
경쟁적으로 이들에 대한 논공행상을 벌인 사실을 주목한 연구가 참고된
다. 김수태, 〈羅唐關係의 變化와 金仁問〉, 《白山學報》 52, 1999, p.667.
85) 《삼국사기》 권6, 신라본기 문무왕 2년 8월조에는 "大幢摠管眞珠·南川州摠
管眞欽, 詐稱病閑放, 不恤國事, 遂誅之, 幷夷其族"라 하여 대당총관 진주와 남
천주총관 진흠이 처형되었다고 한다. 여기서 남천주총관의 예를 또 하나
추가할 수 있으며 이들 역시 친당파의 범주에서 이해해야 할 것이다.
무열왕 7년(660)에는 진주가 문무왕 원년(661)에는 진주와 진흠이 각각
소정방이 이끄는 당군과 연합하여 백제, 고구려 정벌에 참가하였기 때문
이다. 한편, 위 사료를 문무왕 2년이 아니라 문무왕 10년에서 15년 사이

왕 5년(665) 태자로 책봉되어 오랫동안 문무왕을 보좌해온 정명政明
도 일정 부분 주도하였을 것이다.[86]

신문왕은 즉위 직후인 8월, 문무왕 20년(680) 2월에 상대등에 취
임한 군관을 자신의 태자 책봉 당시 중시였던 서불한 진복眞福으로
전격 교체하였다.[87] 다소 중도적인 인물보다는 자신의 정책을 적극
추진할 인물이 필요했기 때문일 것이다. 이로써 친당세력 제거 움직
임은 더욱 가시화되었고, 김흠돌은 이에 반발하였다고 생각된다.

이는 안승安勝의 사례에서도 뒷받침된다. 고구려 멸망 이듬해인
문무왕 10년(670)에 고구려인 안승이 신라에 투항하였다. 문무왕은
그를 받아들여 금마저金馬渚(익산)에 살게하고 '고구려왕高句麗王'으로
삼았다가 14년(674) 2월에는 '보덕왕報德王'에 봉하였다.[88] 이러한
조치는 신라가 고구려 부흥군과 연합하여 당 및 당과 결탁한 부여
융扶餘隆의 백제군에 대항하게 한 것이었다.[89] 그 뒤 문무왕은 20년
에 금·은으로 만든 그릇과 채색비단 100단을 안승에게 내려주고 자
신의 질녀와 혼인시켰다.[90] 김흠돌의 난이 진압되자 안승은 곧바

의 일로 보고 이들을 나당전쟁에서의 중립 또는 친당파로 이해한 견해
도 있다. 權惠永, 〈悲運의 新羅 遣唐使들 —金仁問을 중심으로—〉,《新羅文化
祭學術發表會論文集》15(신라의 대외관계사연구), 1994, p.246.

86) 문무왕 19년(679)에 신라 처음으로 태자를 위한 東宮이 설치되었다는
점도 참고된다(《삼국사기》권7, 신라본기).

87) 眞福의 상대등 임명을 김흠돌 난의 원인으로 파악하기도 한다(金義滿,
〈新羅 神文王代의 政治狀況과 兵制〉,《新羅文化》9, 1992, pp.76~78 및 주보
돈, 〈남북국시대의 지배체제와 정치〉,《한국사》3, 한길사, 1994, p.299).
물론 그런 측면이 없지 않지만, 보다 근본적으로는 신문왕이 즉위 직후
문무왕과는 다른 정책을 제시한 데 있다고 생각한다.

한편, 군관은 신라시대의 상대등 가운데 사망, 피살, 즉위를 제외한 경
우 재임기간이 제일 짧고, 眞福의 상대등 재임기간은 효소왕 3년(694)
정월 文穎의 취임 때까지로 12년 5개월 동안으로 추측된다(이 책 제2편
제1장 〈표-1〉 참조).

88)《삼국사기》권6, 신라본기 문무왕 10년 6월조 및 권7, 문무왕 14년 2월조.

89) 李基白, 〈統一新羅와 渤海의 社會〉,《韓國史講座》古代篇, 1982, 일조각, p.299.

90) 주 6) 참조.

로 신문왕에게 이를 축하하였고, 신문왕은 그를 소판으로 삼아 김
씨의 성을 내리고, 서울에 머무르게 하여 좋은 집과 토지를 하사하
였다.

한편, 김흠운金欽運 곧 김흠운金歆運[91]은 나물왕의 8세손으로 달복
達福 잡찬의 아들이었다. 어려서는 화랑 문노文努의 낭도였다. 태종
무열왕의 사위로 왕 2년(655)에 조천성助川城(충북 영동) 전투에 낭
당대감郎幢大監으로 출전하여 병사들과 함께 고락을 같이 하였다. 백
제 땅 양산陽山 아래 진을 치고 조천성을 공략하려다가 백제군의 기
습을 받아 패배하자, 후일을 기약하자는 주위의 권유를 뿌리치고 싸
우다가 끝내 전사하고 말았다.[92] 사후 무열왕에 의해 일길찬으로 추
증된 것으로 보아 당시 그의 관등은 사찬 정도였다고 하겠다. 김흠
운이 무열왕의 사위였으므로, 신문왕은 고종姑從과 혼인하였다.[93]

제32대 효소왕은 6세의 어린 나이로 즉위하여 16세로 사망하였다.
처음 모후母后의 섭정을 받았다고 추측되며, 재위 중에도 혼인 가능
성은 없다고 하겠다. 왕 9년(700)의 경영의 모반 직후 모후 신목태
후가 사망하고 이어 효소왕까지 승하한 것으로 보아, 경영의 난은
신목태후의 섭정 문제에서 비롯되었을 가능성이 크다. 효소왕 8년
(699) 2월, 신라는 당에 대한 조공사朝貢使를 파견하였다.[94] 신라가

---

91) 李丙燾(1977), 앞의 책, p.131.
92) 《삼국사기》 권47, 열전 金歆運.
93) 《新唐書》 권225, 열전145, 東夷 新羅 "其建官, 以親屬爲上, 其族名第一骨·第二
骨以自別. 兄弟女·姑·姨·從姉妹, 皆聘爲妻. 王族爲第一骨, 妻亦其族, 生子皆爲第一
骨, 不娶第二骨女, 雖娶, 常爲妾媵" 참조. 金欽運과 金歆運이 같은 인물이라면,
그의 사망 시기로 보아 신문왕이 왕 3년(683) 혼인할 때 김흠운의 딸은
적어도 28세 이상이었을 것이다. 28세 이상인 장년의 여자를 '少女'라 한
것이 의문인데, 《삼국사기》 신라본기의 '金欽運少女'는 '金欽運之女'의 잘못
이 아닐까 한다. 설사 金欽運이 金歆運과 다른 인물이라 하더라도 혈연
관계는 金歆運과 비슷한 차원에서 이해할 수 있겠다.
94) 《삼국사기》 권8, 신라본기 효소왕 8년 춘 2월조.

고구려를 정벌한 문무왕 8년(668) 이후 성덕왕 2년(703)까지 35년 동안 당과는 사실상 국교단절 상태였음을 상기한다면,[95] 이때의 조공사는 매우 주목된다. 신목태후가 갑자기 조공사를 파견한 이유는 무엇이었을까? 이는 당과의 관계를 개선함으로써 섭정 체제의 동요를 막으려 한 것이었다고 생각된다. 그러나 정국은 안정되지 않았고, 급기야 경영의 난까지 발생하였던 것이다.[96]

제33대 성덕왕에게는 2명의 왕비가 있었다. 처음 김원태金元泰의 딸을 왕비로 맞이하였으나 출궁시키고, 김순원의 딸을 후비로 맞이하였다. 선비 성정왕후(엄정왕후 또는 배소왕후)의 아버지인 김원태에 대해서는 다음 사실이 확인되고 있다.

> (1) 三月, 置西原小京, 以阿湌元泰爲仕臣. 置南原小京, 徙諸州郡民戸
>   分居之 (《삼국사기》 권8, 신라본기 신문왕 5년조)
> (2) 夏五月, 納乘府令蘇判金元泰之女爲妃 (동상 성덕왕 3년조)

즉 김원태는 신문왕 5년(685) 서원소경을 설치할 때, 아찬으로 장관인 사신仕臣에 취임하였다. 그러다가 19년이 지난 성덕왕 3년(704)

---

95) 申瀅植, 〈統一新羅의 對唐關係〉, 앞의 책(1984), p.327.
96) 경영의 모반을 진골귀족 세력에 대항하여 경영, 김순원 등 왕당파 세력이 일으켰다거나(金壽泰, 〈孝昭王代 眞骨貴族의 동향〉, 앞의 학위논문, 1991; 앞의 책(1996), pp.52~53), 성덕왕을 지지하는 세력이 효소왕과 관련된 세력을 제거하고자 난을 일으켰다는 주장이 있으나(朴海鉉 (1996), 〈孝昭王代 貴族勢力과 王權〉, 앞의 학위논문, p.64), 따르지 않는다. 더욱이 후자는 사료를 무시하고 효소왕과 성덕왕이 이복형제라는 가정을 전제로 하여 나온 견해이다. 한편, 《삼국유사》 권3, 탑상4, 臺山五萬眞身 및 溟州五臺山寶叱徒太子傳記 등을 참고하여 신문왕의 왕자들, 또는 왕자를 옹립하고 권력을 장악하려던 세력들에 의한 것이라고 한 견해도 있으나(金英美(1994), 〈新羅 中代의 阿彌陀信仰〉, p.147), 설화와 역사적 사실은 구별되어야 할 것이다. 다만, 신문왕이 金欽運의 딸과 혼인하기 전 後宮 소생의 아들이 존재했을 가능성은 있다고 생각한다.

그의 딸이 성덕왕의 왕비가 되었던 것이다. 이때 그는 소판으로 승진, 승부령乘府令으로 재임하였다. 김원태는 왕의 장인으로 관직이 밝혀진 유일한 예인데, 딸을 왕비로 들인 데는 승부乘府의 장관이란 직위가 중요한 배경이 되었을 것이다. 그러나 그의 딸인 성정왕후는 왕 15년(716)에 출궁되고, 4년 뒤 이찬 김순원의 딸인 소덕왕후(점물왕후)가 새 왕비가 되었다.

김순원은 중시 역임자로서, 다음과 같은 사실을 확인할 수 있다.

(1) 二月, 京都地動, 大風折木. 中侍幢元退老, 大阿湌順元爲中侍 (《삼국사기》 권8, 신라본기 효소왕 7년조)

(2) 夏五月, 伊湌慶永(永一作玄)謀叛, 伏誅. 中侍順元緣坐罷免 (동상 효소왕 9년조)

(3) 寺主沙門善倫 蘇判金順元·金興宗特奉敎旨 (〈皇福寺金銅舍利函記〉, 성덕왕 5년)

(4) 三月, 納伊湌順元之女爲王妃. (중략) 六月, 冊王妃爲王后 (《삼국사기》 권8, 신라본기 성덕왕 19년조)

김순원은 효소왕 7년(698) 2월에 대아찬으로 당원幢元의 뒤를 이어 중시에 취임하였으나, 2년 뒤인 9년 5월에 경영의 난에 연좌되어 파면되었다. 그러나 성덕왕 5년(706)에 만들어진 것으로 추정되는 황복사금동사리함기皇福寺金銅舍利函記에는 관등이 소판蘇判으로 승진하여 특별히 왕명을 받들었다고 한다.[97] 그 뒤 성덕왕 19년(720)에 와서 그는 자신의 딸을 성덕왕의 후비로 들였던 것이다. 이 같은

---

97) 한국고대사회연구소 편, 〈皇福寺金銅舍利函記〉, 《역주 한국고대금석문》 Ⅲ, 1992, p.348. 한편 성덕왕이 부모인 신문왕과 신목태후, 그리고 형인 효소왕을 추복하고 있음으로 보아 효소왕과 성덕왕을 이복형제로 파악할 수는 없다. 또한 효소왕의 왕비에 대한 언급이 없는 것은 효소왕이 혼인한 사실이 없다는 앞서의 추정을 뒷받침한다고 하겠다.

점에서 순원을 성덕왕을 옹립한 세력으로 보고, 성덕왕의 선비 출궁에 순원이 간여하였으리라는 추측은[98] 타당하다고 생각한다. 순원은 비록 경영의 난에 연좌되어 효소왕대 일시 파면되긴 했지만, 계속 왕의 측근세력으로 활동하였고, 효소왕을 이어 성덕왕이 즉위한 뒤에도 왕명을 받들고, 나아가 그의 딸을 왕비로 들였다고 하겠다.

제34대 효성왕은 재위 3년(739) 3월에 김순원의 딸인 혜명惠明을 왕비로 맞이하였다.[99] 김순원은 앞서 자신의 딸을 성덕왕의 후비로 들인 데 이어 또 다른 자신의 딸을 효성왕의 왕비로 들였던 것이다. 효성왕의 어머니는 소덕왕후炤德王后로 순원의 딸이었으므로 효성왕은 이모와 혼인하였다. 이는 순원이 왕실의 외척外戚[100]으로 확실하게 자리잡고 있음을 보여주는 것이다.

---

98) 신종원(1987), 〈신라 오대산사적과 성덕왕의 즉위배경〉 p.114. 그러나 효소왕과 성덕왕의 관계를 이복형제로 보면서 상호 대립적이었다는 주장에는 동의하지 않는다.
99) 《삼국사기》 권9, 신라본기 효성왕 3년 3월조.
100) '外戚'이란 용어는 학계에서 널리 사용되고 있으나 개념이 모호하다. 연구자들은 대개 개념 규정 없이 사용하여 일관성이 없는데, 국어사전에는 외척을 "외가쪽의 친척"으로 풀이하였다. 친척관계를 이루는 父系·母系·妻系의 삼족 중 대체로 모계 쪽 8촌까지만을 뜻하나, 고려시대에는 자기 어머니의 친척뿐 아니라 할머니·증조할머니의 친척까지로 범위가 확대되었고, 조선시대에 와서는 범위가 좁아져 모계혈족을 외척이라 하였다(崔弘基, 〈외척外戚〉, 《한국민족문화대백과사전》 권16, 한국정신문화연구원, 1991, p.279). 또한 좁은 의미로는 外家를 일컫지만, 넓은 의미로는 친인척 중에 성씨가 다른 모든 사람을 포괄한다고 한 견해도 있다. 즉 친척은 부모의 혈족을 의미하고, 인척은 배우자의 혈족을 의미하므로, 외척은 외가뿐 아니라 본가와 처가에서도 형성된다는 것이다(박영규, 《조선의 왕실과 외척》, 김영사, 2002, pp.78~80). 한편, 《조선왕조실록》에서 16~17세기경 왕과 관련하여 외척으로 호칭된 사례는 先王妃, 王妃, 世子嬪의 친족이었다고 한다(申明鎬, 〈宣祖末·光海君初의 政局과 外戚〉, 한국정신문화연구원 석사학위논문, 1993, pp.2~3).
이와 같이 '외척'은 그 개념이 복잡하고 애매한 면이 없지 않다. 따라서 여기서는 '왕의 외가'는 물론 '왕의 장인이나 처남을 중심으로 한 처가' 세력이란 포괄적인 의미로 사용하고자 한다.

　제35대 경덕왕의 왕비가문으로는 선비 삼모부인三毛夫人의 아버지인 김순정金順貞 가문과 후비 만월부인滿月夫人의 아버지인 김의충金義忠 가문을 들 수 있다. 먼저 김순정의 이력으로 다음 사실이 주목된다.

> (1) 鞅七月戊子, 金奏勳等歸國. 賜璽書曰, 勅伊飡金順貞. 汝卿安撫彼境, 忠事我朝. 貢調使薩飡金奏勳等奏稱, 順貞以去年六月卅日卒. 哀哉 (《續日本紀》권9, 神龜 3년(726) 7월 戊子 ; 성덕왕 24년)
>
> (2) 妃伊飡順貞之女也 (《삼국사기》권9, 신라본기 경덕왕 즉위년조)
>
> (3) 本國上宰金順貞之時, 舟檝相尋, 常修職貢. 今其孫邕, 繼位執政, 追尋家聲, 係心共奉 (《續日本紀》권33, 寶龜 5년(774) 3월 癸卯 ; 혜공왕 10년)

　김순정은 관등이 이찬에 이르렀고,[101] 상재上宰를 역임한 인물이었다. 그러나 그는 성덕왕 24년(725) 6월 30일 사망하였다. 앞서 살핀 바와 같이 경덕왕의 혼인은 효성왕 3년(739) 3월 이후에서 즉위 전의 어느 시기였다. 경덕왕이 김순정의 딸과 혼인할 때 장인인 김순정은 이미 사망한 후였다. 곧 경덕왕은 효성왕대에, 장인이 죽고 난 10여 년 뒤 혼인하였던 것이다.

　혜공왕 10년(774)에 상재였던 김순정의 뒤를 이어 그의 손자 김옹金邕이 자리를 이어 집정執政하였다.[102] 김순정 가문은 성덕왕대부

---

101) 《삼국유사》권2, 기이2, 水路夫人 조의 "聖德王代 純貞公赴江陵太守"라 한 純貞公을 金順貞과 같은 사람이라고 본 견해도 있으나(朴海鉉, 〈景德王代 外戚勢力과 王權의 動搖〉, 앞의 학위논문, 1996, p.101 ; 〈신라 경덕왕대의 외척세력〉, 《韓國古代史研究》11(한국고대사회의 지방지배), 1997, p.425), 자세한 검토가 필요하다. 설화적인 내용을 곧바로 역사적 사실로 보기는 어렵기 때문이다.

터 혜공왕 10년 무렵까지 귀족세력으로 큰 위세를 떨치고 있었던 것이다. 김순정이 상재였다고 하지만, 계위집정繼位執政한 손자 김옹이 병부령인 것을 보면, 그 역시 본직은 병부령이 아닌가 한다.[103] 그렇다면 병부령의 직위가 조손 사이에 계승된 사례를 확인할 수 있다고 하겠다.

김옹은 경덕왕 19년(760) 4월부터 22년(763) 8월까지 이찬으로 집사부 시중을 역임하였다.[104] 또한 혜공왕 7년(771)에 만들어진 성덕대왕신종聖德大王神鍾 명문에 따르면, 그는 병부령으로서 전중령殿中令·사어부령司馭府令·수성부령修城府令·감사천왕사부령監四天王寺府令 및 진지대왕사眞智大王寺·봉덕사奉德寺 성전成典의 검교사檢校使를 겸한 재상宰相(상상上相)으로, 관등은 대각간大角干이었다.[105] 그리고 이 같은 최고 권력자의 지위는 혜공왕 10년(774) 3월 무렵까지는 이어졌다고 하겠다.

김의충에 대해서는 하정사賀正使로 당에 파견되고 집사부 중시를 역임한 사실이 확인되고 있다.

---

102) "今其孫邕"에서 孫을 子로 해석하는 견해도 있으나(今西龍, 〈聖德大王神鍾銘〉, 《新羅史研究》, 近澤書店, 1933, p.533; 李昊榮, 〈聖德大王神鍾銘 解釋에 관한 몇 가지 문제〉, 《考古美術》 125, 1975; 《新羅三國統合과 麗濟敗亡原因研究》, 서경문화사, 1997, p.470), 孫子로 해석하는 견해(浜田耕策(2002), 〈新羅의 聖德大王神鍾と中代의 王室〉, 앞의 책, pp.185~189)가 옳다고 생각된다. 한편, 鈴木靖民은 김옹이 경덕왕의 아들로서 혜공왕의 庶兄이었다고 파악하였으나 그 후 이를 철회하고 浜田耕策의 견해를 따르고 있다 (鈴木靖民, 〈金順貞·金邕論 ──新羅政治史의一考察──〉, 《朝鮮學報》 45, 1967; 《古代對外關係史の研究》, 吉川弘文館, 1985, pp.319~320).

103) 李文基, 〈新羅時代의 兼職制〉, 《大丘史學》 26, 1984, p.55에서 上宰를 겸직, 兵部令을 본직으로 파악하였다.

104) 《삼국사기》 권9, 신라본기 경순왕 19년 4월조 및 22년 8월조.

105) 여기서 眞智大王寺는 奉恩寺를 말한다.
    李泳鎬, 〈新羅 中代 王室寺院의 官寺的 機能〉, 《韓國史研究》 43, 1983, p.86.
    ────, 〈新羅 成典寺院의 成立〉, 《新羅文化祭學術發表會論文集》 14, 1993; 이 책 제2편 제3장 p.296·pp.329~330.

(1) 春正月, 熒惑犯月. 遣金義忠入唐賀正. 二月, 副使金榮在唐身死, 贈光祿少卿. 義忠廻, 勅賜浿江以南地 (《삼국사기》 권8, 신라본기 성덕왕 34년조)

(2) 三月, 以伊湌貞宗爲上大等, 阿湌義忠爲中侍 (《삼국사기》 권9, 신라본기 효성왕 원년조)

(3) 春正月, 拜祖考廟. 中侍義忠卒, 以伊湌信忠爲中侍 (동상, 효성왕 3년조)

성덕왕 34년(735)에 하정사로 당에 파견되었던 김의충은 돌아오는 편에 당이 패강浿江 이남의 땅에 대한 신라의 영유권을 인정한다는 현종의 칙서를 가지고 왔다. 이는 발해 정벌을 위한 당의 청병요청에 신라가 협력한 결과로서 신라의 커다란 외교적 성과였다.[106] 효성왕이 즉위하자 그는 곧바로 중시가 되었으나 왕 3년(739) 1월 재임 중에 사망하였다. 따라서 경덕왕이 즉위하여 왕 2년(742) 4월에 만월부인을 새 왕비로 맞이할 때 장인인 김의충은 이미 사망한 뒤였다고 하겠다.

제36대 혜공왕의 왕비가문으로는 유성維誠 가문과 김장金璋 가문이 있었다. 이 가운데 유성은 《삼국유사》에서 위정魏正이라고 하였는데, 중시 유정惟正과도 같은 인물로 추정된다고 한다.[107] 그렇다면 유성은 경덕왕 3년(744) 정월에 이찬으로 중시에 취임하여 이듬해 5월 퇴임한 사실이 확인된다.[108] 혜공왕이 유성의 딸 신보왕후의 혼인할 때

---

106) 趙二玉, 〈統一新羅 北方進出의 背景〉, 《統一新羅의 北方進出 硏究》, 서경문화사, 2001, p.67.
107) 이기백(1974), 〈신라 집사부의 성립〉, 앞의 책, p.168.
108) 《삼국사기》 권9, 신라본기 경덕왕 3년 춘 정월조 및 4년 5월조. 한편, 惟正의 가계를 武烈王-文王-大莊-思仁-惟正-周元으로 파악한 견해가 있는데(金貞淑, 〈金周元世系의 成立과 그 變遷〉, 《白山學報》 28, 1984), 1920

장인인 유성의 생존 여부는 확실치 않다. 중시 퇴임 후 30년 가까운 세월이 흘렀기 때문이다. 신보왕후가 태후 섭정기의 왕비였다면 유성은 태후 만월부인과 밀착된 인물이었을 것이다. 그렇지 않고 혜공왕이 친정親政한 이후 맞이한 왕비였다면, 그는 차비次妃의 아버지 김장과 함께 혜공왕과 가까운 인물이었다고 하겠다.

3. 외척세력과 귀족사회

태종무열왕 김춘추는 재위 3년 만에 폐위된 진지왕의 손자로, 용춘龍春(용수龍樹)의 아들이었다. 조부인 진지왕은 진흥왕의 태자 동륜銅輪이 일찍 죽었으므로 차자次子로서 즉위하였지만, 정치가 문란하고 음란하다는 이유로 국인에 의해 폐위되고 말았다.[109] 그 뒤 동륜의 아들이며 진지왕의 조카인 백정白淨이 즉위하여 진평왕이 되었으나, 그가 죽은 뒤에는 성골남진聖骨男盡으로 여성인 선덕왕과 진덕왕이 차례로 왕위를 계승하였다.

김춘추의 아버지인 용춘은 진평왕 25년(603) 이전에 진평왕의 딸인 천명부인天明夫人과 혼인하였다. 진평왕 44년(622)에는 이찬으로 처음 설치된 내성 사신內省私臣이 되어 대궁大宮, 양궁梁宮, 사량궁沙梁宮 등 삼궁을 모두 관장하였고, 진평왕 51년(629) 8월에는 대장군大將軍으로서 같은 대장군인 서현舒鉉과 서현의 아들 부장군副將軍 김유신金庾信 등과 함께 고구려의 낭비성娘臂城을 공격하여 큰 승리를 거두었다. 이때 용춘의 아들 춘추와 서현의 딸 문희는 이미 혼인하였으므로 용춘과 서현은 사돈 관계였다. 용춘은 선덕왕 4년(635)에

년대 이후에 편찬된 《江陵金氏族譜》를 근거로 하고 있다.
109) 《삼국유사》 권2, 기이2, 桃花女 鼻荊郞 "御國四年 政亂荒婬 國人廢之".

왕명을 받아 이찬 수품水品과 함께 주현州縣을 순무하고, 왕 14년 (645)의 황룡사 9층탑 건립 때에는 감독을 맡았다. 그렇지만 그는 성골이 아닌 진골이란 점에서 소외된 왕족이었고, 그의 아들 김춘추 역시 이러한 배경 속에서 성장하였다.

김춘추에게는 전처前妻가 있었다. 그럼에도 불구하고 진평왕 48년 (626) 이전의 어느 시기 금관가야계인 김유신의 누이동생 문희와 재혼하였다. 이후 김춘추와 김유신은 급속히 밀착되었다. 이들은 선덕왕 폐위를 위해 일어난 상대등 비담毗曇의 난 진압을 계기로 실권을 장악하고, 과도체제인 진덕왕의 시대를 거쳐 마침내 김춘추가 왕위에 올랐다.

태종무열왕의 즉위는 신라사에서 분명 새로운 사건이었다.《삼국사기》에서 무열왕의 즉위부터를 중대中代라 하여 그 이전의 상대上代와 구분한다든가,《삼국유사》에서 하고下古의 시작으로 파악한 것은 바로 이 같은 인식의 결과일 것이다.

성골이 아닌 진골로서 즉위하였던 태종무열왕 또한 자신의 즉위가 그 전과는 다른 시대라는 인식을 갖고 있었다. 무열왕은 즉위하면서 역대 김씨왕실金氏王室이 가졌던 계보 인식을 완전히 폐기하고 새로운 조상제사제도를 실시하였는데, 김씨왕실의 소호금천씨少昊金天氏 출자설出自說의 표방과 오묘제五廟制의 실시가 그것이다. 김씨왕실의 소호금천씨 출자설은 왕실계보의 연원을 중국 상고의 전승과 연결시킨 것이며, 오묘제는 태조와 직계 4대조를 봉사하는 조상제사 제도였다. 다시 말해 무열왕이 즉위하기 이전의 동륜계 왕실은 불교적 신성관념을 바탕으로 한 성골의식을 유달리 강조하였기 때문에 성골 아닌 진골 신분으로 왕위에 오른 무열왕은 이러한 방법을 통해 자신의 즉위를 합리화하고 자신의 정통성을 천명하였다고 하겠다.110) 중대 왕실에 보이는 소호금천씨 출자설은 김유신 가계에서

도 확인되며, 이는 중대왕실과 김유신 가문이 동성인 혈족으로 인식
된 결과였다고 한다.111) 이 같은 현상은 즉위 전 김춘추가 아들 문
왕文王과 함께 입당하여 중국 문물을 받아들인 데서 짐작할 수 있
다.112)

무열왕은 위와 같이 중국식 제도의 시행을 새로이 표방하면서 등
장하였지만, 지배체제의 확립과 삼국통일 전쟁의 완수를 위해 구세
력을 배제하면서도 적극적인 귀족포용책을 추구한 듯하다. 즉위 이
듬해인 왕 2년(655), 그는 딸 지조를 김유신에게 시집보내 처남매부
妻男妹夫이자 옹서翁婿라는 이중적인 혈연 관계를 맺음으로써 금관가
야계와의 결속을 더욱 강화하였다. 또 아들 문무왕 법민이 즉위 전
에 파진찬 선품善品의 딸과 혼인한 것도 이와 같은 정책의 일환이
아닐까 한다.

무열왕을 이어 즉위한 문무왕 역시 부왕의 정책을 계승하였다.
삼국통일이란 과업을 눈앞에 두고서 귀족세력의 협력이 필수적이었
기 때문이다. 그러나 당군과 연합하여 고구려를 멸한 뒤, 대당전쟁
에 돌입하게 되자 친당세력의 이탈 움직임이 가시화되었다. 문무왕
은 이들을 제거하면서 마침내 삼국통일을 달성하였다.

문무왕의 아들 정명은 왕 5년의 태자 책봉에서 그리 멀지 않은
시기에 김흠돌의 딸과 혼인하였다. 이는 문무왕 재위 시의 일이었으
므로 부왕인 문무왕의 의지가 크게 반영되었다고 하겠다. 김흠돌은

---

110) 李文基,〈新羅 五廟制의 成立과 그 背景〉,《韓國古代史와 考古學》(鶴山 金廷
鶴博士頌壽紀念論叢), 학연문화사, 2000, pp.913~916.
111) 李文基,〈新羅 金氏王室의 少昊金天氏 出自觀念의 標榜과 그 變化〉,《歷史敎
育論集》22·23합집, 1999, pp.666~667.
112)《삼국사기》권5, 신라본기 진덕왕조 참조. 그는 당의 군사지원을 요청
함과 동시에 國學의 釋奠과 강론을 참관하였으며, 章服을 中華의 제도로
바꾸었다. 또한 당 조정에서의 宿衛를 허락받았으며, 신라에서 당의 연
호인 永徽를 사용하게 하였다.

당군과 연합한 고구려 정벌에서 크게 활동한 문무왕대의 대표적
진골귀족 가운데 한 사람이었다.[113] 그의 딸이 신문왕과 혼인한 뒤
오래도록 아들이 없었음에도 신문왕이 즉위할 때까지 왕비의 자리
에 있었다는 사실은 문무왕이 귀족세력을 포용하려는 의지의 결과
였다.[114]

그러나 삼국통일이 이루어진 뒤 신문왕이 즉위하면서 이전의 귀
족세력 포용정책은 변화되었다. 중대의 왕권 확립에 저해되는 무장
세력, 더욱이 친당세력에 대한 도태작업이 추진된 것으로 짐작되기
때문이다. 이러한 이유로 신문왕이 즉위한 직후 왕의 장인인 김흠돌
이 반란을 일으켰으나 복주伏誅되고 말았다. 혼인한 지 오래되었으
나 자식이 없던 왕비를 왕비의 아버지 김흠돌의 난에 연좌하여 출
궁시키고, 중대 무열왕계 왕실을 수호하기 위한 폐쇄적 혼인을 추구
하였다. 신문왕은 김흠운의 딸과 재혼하였는데, 김흠운은 태종무열
왕의 사위였으며 혼인에 관여한 사람들은 무열왕계와 직접 간접으
로 연결되는 인물들이었다. 그러나 장인인 김흠운이 사망한 지 오랜
뒤인데도 불구하고 신문왕이 이 같은 혼인을 한 것은 그와 관련된
세력이 만만치 않았음을 시사한다. 나아가 이는 왕권의 행사에 다른
귀족세력을 배제하고 무열왕계의 결속을 강화하기 위한 조치였다고
하겠다.

신문왕의 아들 효소왕은 6세의 어린 나이로 즉위하여 혼인한 사
실이 없고, 모후인 신목태후가 섭정하였다. 모후의 섭정이 지속되면
서 효소왕대의 정국은 위기에 직면한 듯하다. 효소왕 7년(698) 2월

---

113) 金壽泰, 〈專制王權의 確立과 金欽突亂〉, 앞의 학위논문, 1991; 앞의 책
    (1996), p.11.
114) 주보돈은 삼국통일 전쟁기의 정치과정을 왕권파와 귀족파의 대립으로
    보면서, 金欽突의 딸이 태자비로 책봉된 것은 진골귀족에 대한 회유책
    이라고 하였다. 주보돈(1994), 〈남북국시대의 지배체제와 정치〉, p.300.

에 천재지변으로 중시 당원幢元이 퇴로退老하고, 대아찬 순원順元으로 교체되었다.115) 다음달 일본국 사신이 오자 효소왕이 숭례전崇禮殿에서 인견引見하였다.116) 그런데 이후 신라의 정국은 섭정 체제에 심히 불리하게 작용한 듯하다. 천재지변과 함께 당에 대한 신라의 조공사가 파견되고, 경영의 모반이 일어났기 때문이다.

> 秋七月, 京都大水. 八年 春二月, 白氣竟天, 星孛于東. 遣使朝唐貢方物. 秋七月, 東海水血色, 五日復舊. 九月, 東海水戰, 聲聞王都. 兵庫中鼓角自鳴 (《삼국사기》 권8, 신라본기 효소왕 7년조)

서울에 홍수가 난 데 이어, 흰 기운이 하늘에 뻗치고, 패성孛星이 동쪽 하늘에 나타났다. 또한 동해東海의 물이 핏빛으로 변했다가 복구되었으며, 동해의 물이 서로 부딪쳐 소리가 서울까지 들리고, 병기고兵器庫 속의 북과 피리가 저절로 울었다. 동쪽 하늘과 동해의 변고가 연이어 일어났던 것이다. 이는 상징적 표현으로 나타나 있지만, 일본국 사신 인견에 바로 이어진 기사라는 점에서 일본과의 관계가 유의된다.117) 이때 당에 파견된 조공사는 이러한 위기를 타개하고 섭정 체제를 유지하기 위한 노력이었다고 생각된다. 그러다가 이듬해 5월 경영이 반란을 꾀하다가 복주되고 순원은 연좌되어 파면되었다. 따라서 경영의 난은 모후 섭정 문제로 발생하였고, 당 및 일본과의 외교정책과 관련하여 일어난 귀족사회의 분열을 나타낸다

---

115) 《삼국사기》 권8, 신라본기 효소왕 7년 2월조.
116) 《삼국사기》 권8, 신라본기 효소왕 7년 3월조.
117) 김수태는 일본과의 외교문제를 주목하면서도 결국은 왕권의 전제화에 반대하는 진골귀족들의 움직임으로 파악하였고(金壽泰, 〈孝昭王代 眞骨貴族의 동향〉, 앞의 학위논문, 1991; 앞의 책(1996), pp.51~52), 박해현은 단지 정치세력간의 각축으로만 이해하였다(朴海鉉(1996), 〈孝昭王代 貴族勢力과 王權〉, 앞의 학위논문, p.63).

고 하겠다.[118]

형인 효소왕을 계승한 성덕왕 또한 어린 나이로 왕위에 올랐다. 성덕왕은 재위 3년(704)에, 일찍이 서원소경西原小京의 장관인 사신仕臣을 역임하고 승부령乘府令에 재임하고 있던 김원태金元泰의 딸 성정왕후와 혼인하였다. 앞서 지적한 바와 같이, 성덕왕이 성정왕후와 혼인한 데는 승부령이란 직위가 중요한 배경이 되었을 것이다. 그러나 승부령이란 관직만으로 자신의 딸을 왕비로 들이기는 어려웠을 것이다. 승부령의 경우 겸직이 허용되었음을 상기한다면[119] 병부령으로서 승부령을 겸하였던 것이 아닐까 한다.[120]

성정왕후 소생으로는 중경重慶과 사소부인四炤夫人이 있었다.[121] 성덕왕 14년(715) 12월에 중경이 태자로 책봉되었으나, 3개월 뒤 성정왕후가 이유도 없이 출궁되고, 이듬해에는 태자 중경마저 사망하고 말았다. 왕후의 출궁과 태자의 사망은 성덕왕이 바라는 바가 아니

---

118) 경영의 난에 대한 제 학설은 주 96) 참조.

119) 이문기는 겸직을 '겸직원칙관직'과 '겸직허용관직'으로 나누면서 乘府令(司駁府令)을 후자로 분류하였다. 이문기(1984), 〈신라시대의 겸직제〉, p.26.

120) 乘府는 車乘을 管掌하는 관부로, 兵部에서 분리되어 나온 것이라 한다(李基白, 〈稟主考〉, 《李相佰博士回甲紀念論叢》, 1964; 앞의 책(1974), p.142). 혜공왕대의 金邕이 兵部令으로서 司駁府令(舊名 乘府令)을 겸한 사실도 참고된다.

121) 제37대 宣德王이 되는 金良相은 할아버지가 元訓 角干, 아버지가 孝芳 海湌, 어머니가 金氏 四炤夫人으로 聖德王의 딸이었다(《삼국사기》 권9, 신라본기 선덕왕 즉위년조 및 《삼국유사》 왕력 선덕왕). 그러므로 선덕왕은 성덕왕의 외손이 된다. 종래 사소부인을 성덕왕의 후비 소덕왕후 소생으로 파악하여 왔으나(末松保和(1954), 〈新羅三代考〉, 앞의 책, p.46 및 浜田耕策(2002), 〈新羅の聖德大王神鍾と中代の王室〉, 앞의 책, p.187), 선비인 성정왕후 소생이 분명하다.
　사소부인의 남편인 孝芳은 唐室에서 숙위하던 金忠信과 교대하기 위해 성덕왕 31년(732) 정월에 入唐하였다가 얼마 후 그곳에서 죽었다(《삼국사기》 권8, 신라본기 성덕왕 33년 정월조 및 《册府元龜》 권973, 外臣部 助國討伐 開元 22년 2월). 따라서 사소부인이 후비인 소덕왕후가 입궁한 다음 해인 성덕왕 20년에 태어났다 하더라도 성덕왕 31년에는 12세가 되어 아들 김양상을 낳았다고는 할 수 없기 때문이다.

없을 것이다. 그러나 성정왕후 출궁 4년 뒤 효소왕대 중시를 지낸 김순원의 딸이 새 왕비로 들어왔다. 선비 출궁은 김순원의 음모에 의한 것이었으며, 김순원은 왕의 장인이었던 김원태 세력을 축출하고 왕비의 자리를 탈취한 것이다.[122] 납비 문제를 둘러싼 귀족 사이의 투쟁이 본격화되고 왕권이 외척세력에 의해 좌우되기 시작하였다.[123]

성덕왕 19년(720) 3월, 김순원의 딸인 소덕왕후가 후비로 들어왔다. 소덕왕후는 승경承慶과 헌영憲英 두 왕자를 낳았고, 승경은 성덕왕 23년 정월 태자에 책봉되었다. 그러나 그 해 12월 입궁 4년 만에 소덕왕후가 사망하고 말았다.[124] 이후 성덕왕은 세상을 떠날 때까지 13년 가까운 세월을 왕비 없는 고독한 삶을 고수하였다.[125] 그러나 이 사실만으로도 성덕왕은 외척세력의 전횡을 어느 정도 막을 수 있었을 것이다.

성덕왕이 죽고 아들 승경이 즉위하자, 성덕왕의 장인이었던 김순원은 왕 3년(739) 3월에 또다시 자신의 딸을 왕비로 들였다. 효성왕은

---

122) 왕권을 탈취하기 위한 것이 아니라 외척의 자리를 둘러싼 싸움이라는 점에서 왕권이 절대화되어 있음을 나타내지만, 실질적으로는 신라의 왕권이 이미 외척의 손에 옮겨갔다고 한 견해가 주목된다(井上秀雄,〈新羅政治體制의 變遷過程 ―門閥貴族의 集團支配와 專制王權―〉,《古代史講座》 4, 1962; 앞의 책(1974), pp.455~456). 그런데 성정왕후의 출궁이 급격히 이루어졌고, 그녀가 출궁되던 성덕왕 15년(716)은 김원태가 자신의 딸을 納妃하였을 때로부터 12년, 685년 서원소경의 장관이 되었을 때로부터는 31년이란 세월이 흘렀음을 상기하면, 성정왕후의 출궁은 아버지인 김원태의 사망이나 失權 때문으로 생각된다.

123) 金順元이 이와 같은 힘을 발휘하게 된 세력기반을 알 수 없지만, 兵部令 등의 직책을 갖고 병력의 동원과 같은 무력적 경제적 기반을 장악한 결과가 아닐까 한다. 앞서 살핀 乘府令 金元泰나 金邕의 조부 金順貞도 병부령으로 추정되기 때문이다. 그러나 이들의 세력기반은 정치권력 외에 막대한 경제력을 가진 재력가라는 측면에서도 접근할 필요가 있다.

124)《삼국사기》권8, 신라본기 성덕왕 23년 12월조.

125) 李基東,〈新羅 聖德王代의 政治와 社會〉,《歷史學報》 160, 1998, p.16.

이모와 혼인하였고 전형적인 족내혼이었다. 김순원은 효성왕의 외조
부에서 이제 장인이 됨으로써 성덕왕대 후반에 이어 효성왕대에도
외척세력으로서 확실한 기반을 확보하였다. 더구나 순원의 딸 혜명
은 왕 4년 3월에 중대에서는 처음으로 당으로부터 '왕비王妃' 책봉을
받아 국제적 공인까지 얻게 되었다.[126] 물론 이는 김순원의 영향력
의 결과임은 의문의 여지가 없다. 이로 보면 김순원은 당에서도 잘
알려진 친당적인 인물이었을 것이다.[127]

순원 딸의 왕비 책봉에 대해서는 비난의 소리가 적지 않았다. 순
원의 딸에 대한 당에서의 왕비 책봉 뒤에 이어지는 다음 사료에서
이를 짐작할 수 있다.

夏五月, 鎭星犯軒轅大星. 秋七月, 有一緋衣女人, 自隸橋下出, 謗朝政,
過孝信公門忽不見 (《삼국사기》 권8, 신라본기 효성왕 4년조)

5월에 진성鎭星이 헌원대성軒轅大星을 침범하고, 7월에는 비의緋衣
를 입은 여인이 예교隸橋 아래에서 나와 나라의 정치를 비난하다가
효신공孝信公의 문을 지나서 사라졌다. 그 뒤 8월에 후술할 영종永宗
의 반란이 일어난 것을 보면, 이 기사는 영종의 난과 관련된 것으로
생각된다. 즉 순원의 딸에 대한 당에서의 왕비 책봉 등 궁중에서 전
횡하는 김순원에 대해, 비의로 상징되는 소외된 세력의 비난으로 이
해되기 때문이다.[128]

---

126) 《삼국사기》 권9, 신라본기 효성왕 4년 3월조 "春三月 唐遣使册夫人金氏爲王妃".
127) 주보돈은 김순원이 경영의 난에 연좌되었으면서도 죽음을 면한 점,
   신문왕이 문무왕의 長子라고 하였을 뿐 그 동생에 대한 내용이 보이지
   않는 점 등 몇몇 가지 이유로 김순원을 신문왕의 동생으로 추정하였다
   (주보돈(1994), 〈남북국시대의 지배체제와 정치〉, p.323). 그러나 저자
   는 태종무열왕의 둘째 아들로 삼국통일 전쟁기 대당외교에 공헌한 金
   仁問의 아들일 가능성에 무게를 두고 싶다.

효성왕이 순원의 딸과 혼인한 것은 왕 3년(739) 3월이었다. 따라서 순원의 딸이 또다시 왕비가 된 것은 성덕왕 19년(720) 이후 거의 20년 만이었다. 김순원이 효소왕 7년(698) 중시가 된 때로부터는 41년이 지난 것을 보면 효성왕의 왕비는 상대적으로 높은 연령일 가능성을 배제하기 어렵다. 이는 효성왕이 왕비를 맞이한 직후에 후궁이 존재했다는 사실에서도 시사된다.[129]

　　八月, 波珍湌永宗謀叛, 伏誅. 先是, 永宗女入後宮, 王絶愛之, 恩渥日甚, 王妃嫉妬, 與族人謀殺之. 永宗怨王妃宗黨, 因此叛 (《삼국사기》 권9, 신라본기 효성왕 4년조)

효성왕의 후궁은 파진찬 영종의 딸이었다.[130] 후궁에 대한 효성왕

---

128) 緋依를 입은 여인을 6두품에 비정하여 유교에 밝은 6두품 소유자들이 헌영의 태자 책봉을 반대한 것(李昊榮, 〈新羅 中代王室과 奉德寺〉, 《史學志》 8, 1974; 앞의 책(1997), p.448), 緋依가 6관등에서 9관등에 해당하는 관리들의 복색이란 점에서 하급 진골귀족이나 6두품 귀족들이 김순원의 견제 속에서 즉위한 효성왕을 지지하면서 김순원 주도의 조정을 비난한 것(朴海鉉, 〈新羅 孝成王代 政治勢力의 推移〉, 《歷史學硏究》 12, 1993; 〈聖德·孝成王代 貴族勢力의 動向〉, 앞의 학위논문(1996), pp.96~97) 등으로 이해하기도 하였다. 그러나 이들은 효성왕과 경덕왕을 대립적으로 보거나 아예 동모제라는 기록을 부정하고 이복형제로 보는 관점에서 나온 견해인 만큼 취하지 않는다. 저자는 이를 왕비 내지 외척의 자리를 둘러싼 왕비세력과 후궁세력의 갈등의 전조로 이해하여 緋依를 후궁과 연관된 세력으로 생각한다.
129) 後妃는 왕비가 죽거나 이혼한 경우 뒤에 맞이한 왕비인 데 반해 後宮은 왕비가 있는데도 별도의 부인으로 존재하는 경우를 말한다. 金基興, 〈桃花女·鼻荊郎 설화의 역사적 진실〉, 《韓國史論》 40·41합집, 서울대, 1999, p.140.
130) 井上秀雄은 영종의 딸을 先妃로, 순원의 딸을 後妃로 파악하였다(井上秀雄(1974), 〈新羅政治體制의 變遷過程〉, 앞의 책, pp.455~456 및 〈新羅朴氏王系의 成立〉, 《朝鮮學報》 47, 1968; 위의 책, pp.351~353). 그러나 논거에 대한 설명이 없으며, 《삼국유사》 왕력에 나타나는 眞宗 角干에 대해서도 언급하지 않았다.

의 은총이 날로 높아가자 왕비와 그 일족들이 후궁을 죽였고, 영종
은 이를 원망하여 왕 4년 8월에 반란을 꾀하였다. 그러나 이는 실패
하고 영종은 복주되고 말았다. 효성왕이 순원의 딸과 혼인한 지 불
과 1년 반도 되지 않은 사이에 벌어진 사건이었다. 왕비를 둘러 싼
귀족 사이의 갈등이 한층 증폭되어 이제 반란으로 이어진 것이
다.[131] 영종의 딸은 왕비가 아닌 후궁이었고, 영종의 반란도 실패한
것을 보면, 영종과 관련된 세력은 김순원의 그것에 미치지 못하였음
을 알 수 있다. 더욱이 왕비와 그 일족(종당宗黨)들이 왕의 후궁을
질투하여 죽였다는 점에서 순원 가문의 위세는 왕권을 능가할 정도
였다고 하겠다.

  효성왕은 영종의 난이 일어난 지 2년 만에 죽고 동모제同母第인
헌영이 즉위하였다. 경덕왕은 효성왕이 아들이 없어 태자에 책봉되
었다가 왕위에 올랐는데, 즉위 전에 김순정의 딸인 삼모부인과 혼인
하였다. 형인 효성왕이 재위 3년 3월에 혼인하였으므로, 경덕왕과

  한편, 김수태는 첫째 왕비를 효성왕 2년에 박씨왕비로 책봉된 眞宗 또
  는 永宗의 딸로, 둘째 왕비는 효성왕 3년에 들어온 김씨왕비인 순원의
  딸로 파악하였다(金壽泰, 〈孝成王代 朴氏王妃의 재등장〉, 앞의 학위논문,
  1991; 《湖西史學》 19·20합집, 1992; 앞의 책(1996), p.87). 박해현은 後
  宮이라 한 영종의 딸이 첫 번째 왕비일까 하는 의문을 가지고 眞宗의
  딸은 태자 시절에, 永宗의 딸과 順元의 딸은 그 이후에 맞이하였다고 하
  여 3명의 왕비를 상정하였다(朴海鉉(1996), 〈新羅 孝成王代 政治勢力의 推
  移〉, 앞의 학위논문, p.89). 그러나 중대에는 왕비가 한 명씩만 있었다고
  할 때, 진종의 딸의 출궁 기록이 없다는 것은 문제로 남는다. 위의 견
  해들에서도 진종의 딸의 출궁을 상정하지 않고 있다.
    저자는 효성왕의 왕비는 순원의 딸뿐이었으며, 이어 영종의 딸이 후
  궁으로 들어왔다고 생각한다. 나아가 영종의 반란은 반란 5개월 전인
  왕 4년 3월 순원의 딸에 대한 당의 책봉도 원인으로 작용하였다고 추
  측한다.
131) 순원의 딸이 상대적으로 고령이었을 것이라는 점과 효성왕이 순원의
  딸과 혼인한 직후인데도 후궁에 대한 은총이 날로 높아갔다는 점, 그
  리고 왕비와 그 일족들이 후궁을 죽였다는 점 등을 상기하면 영종의
  딸과 관련된 세력은 왕비의 자리를 노렸을 가능성이 있다.

삼모부인과의 혼인은 그보다 한 두 해 뒤였을 것이다. 그러나 삼모부인에게 아들이 없자 즉위 직후 출궁시키고,132) 왕 2년(743) 4월 김의충金義忠의 딸인 만월부인滿月夫人과 재혼하였다. 왕자 건운乾運은 왕 17년(758) 7월 23일에 태어났는데, 이는 경덕왕이 만월부인을 맞이한 지 무려 15년이 지난 뒤였다.

삼모부인의 아버지인 김순정과 만월부인의 아버지인 김의충은 혈연 관계로 연결되어 있었다. 성덕대왕신종聖德大王神鍾 명문에서 원구元舅, 즉 '천자天子의 외숙外叔'이란 김옹을 말하는 데서133) 김옹은 혜공왕의 모후이자 경덕왕의 후비인 만월부인과 남매 관계가 되고, 김의충의 아들이 된다. 또 김옹은 김순정의 손자이므로 김순정과 김의충은 부자父子 관계가 되고 김의충과 삼모부인은 남매 관계가 된다. 따라서 김순정—김의충·삼모부인—김옹·만월부인으로 이어지는 3대의 가계가 밝혀진다고 하겠다.134)

김순정과 김의충은 부자 사이였으므로 삼모부인에서 만월부인으로의 경덕왕의 왕비 교체는 이들 세력 안에서의 이동이었다. 즉 경덕왕은 김순정 가문에서 고모인 삼모부인을 출궁시키고, 조카인 만월부인을 왕비로 맞이하였던 것이다. 이는 삼모부인의 출궁이 김옹 등 외척세력의 동의 아래 이루어졌음을 시사한다.135) 국왕의 혼인은 범위가 계속 축소되고 폐쇄적인 외

---

132) 경덕왕의 혼인이 효성왕의 혼인 한두 해 뒤였다면, 경덕왕과 삼모부인의 혼인기간은 2~3년에 불과하다.

133) 李昊榮(1997), 〈聖德大王神鍾銘 解釋에 대한 몇 가지 문제〉, 앞의 책, pp.470~471.
鈴木靖民(1985), 〈金順貞·金邕論〉, 앞의 책, p.319.
浜田耕策(2002), 〈新羅의 聖德大王神鍾と中代の王室〉, 앞의 책, p.186.

134) 浜田耕策(2002), 〈新羅の聖德大王神鍾と中代の王室〉, 앞의 책 p.186. 계도를 정리하면 다음과 같다.

金順貞 ┬ 金義忠 ─── 金邕
　　　└ 三毛夫人 └ 滿月夫人

척세력에 의해 좌우되는 형편이었다.

　김순정은 성덕왕 24년(725)에 사망하였고, 김의충은 효성왕 3년
(739)에 죽었으므로, 경덕왕이 이들의 딸을 왕비로 맞이할 때 장인
인 김순정이나 김의충은 모두 사망한 뒤였다는 점이 주목된다. 장인
이 사망하였음에도 불구하고 혼인이 이루어진 배경은 어디에 있었
을까? 이는 성덕·효성왕의 장인이었고 효성·경덕왕의 외조부였던
김순원 일족의 힘에 말미암은 것이라고 보기도 한다.[136] 경덕왕이
이들 왕비와 혼인하던 무렵 김순원이 아직 활동하고 있었을 가능성
이 크기 때문이다.[137] 그렇지만 더 근본적 이유는 이들 가문의 무력
적 배경과 관련이 있지 않았을까 생각한다. 나아가 김순원에서 김순정

---

135) 李泳鎬,〈新羅 成典寺院의 成立〉,《新羅文化祭學術發表會論文集》 14, 1993,
　　　p.267; 이 책 제2편 제3장 p.318. 또한 저자는 삼모부인의 출궁이 원래
　　　아이를 낳지 못하는 데 따른 불가피한 조처였다고 생각한다. 李泳鎬,
　　　〈新羅 執事部의 設置와 中侍〉,《國史館論叢》 69, 1996, p.262; 이 책 제2편
　　　제2장 p.286.
136) 浜田耕策(2002),〈新羅の聖德大王神鍾と中代の王室〉, 앞의 책 p.190. 박해현
　　　도 경덕왕의 왕위계승을 외조부인 김순원이 당시 정국을 주도한 결과
　　　로 보고, 김순정의 딸이 太子妃가 되는 데는 김순원의 동의 없이는 불
　　　가능했을 것이라 하였다(朴海鉉,〈景德王代 外戚勢力과 王權의 動搖〉, 앞의
　　　학위논문, 1996, pp.100~102;〈신라 경덕왕대의 외척세력〉(1997),
　　　pp.423~426). 그러나 후비인 의충의 딸의 혼인에 대해서는 언급이 없고,
　　　경덕왕을 효성왕의 친동생이 아닌 이복동생으로 파악하고 있음은 이미
　　　지적한 바와 같다.
137) 경덕왕이 義忠의 딸과 혼인한 지 5년 뒤인 왕 7년(748)에는 김순원이
　　　사망한 것으로 짐작된다. 前王妃인 順元의 딸 혜명(효성왕의 妃)이 永明
　　　新宮으로 移居하였다고 하기 때문이다(《삼국사기》 권9, 신라본기 경덕왕
　　　7년조 "春正月, 天狗落地. 秋八月, 太后移居永明新宮". 太后는 前王妃의 잘못인
　　　듯함 ―저자 주). 김순원이 효소왕 7년(698) 중시에 취임한 때로부터
　　　50년이 흘렀다는 점도 고려할 만하다.
　　　　한편, 太后의 移居를 경덕왕이 자신의 즉위 배경이 되었던 세력까지도
　　　제거하려 하였다는 견해가 있지만(金英美(1994),〈新羅 中代의 阿彌陀信
　　　仰〉, 앞의 책, p.155), 자신의 왕위계승에 영향을 준 외척세력으로부터 벗어
　　　나려는 시도라고 하는 것이 옳다(朴海鉉,〈景德王代 外戚勢力과 王權의 動搖〉,
　　　앞의 학위논문, 1996, p.108;〈신라 경덕왕대의 외척세력〉(1997), p.432).

가문으로 세력이동이 자연스러운 것을 보면, 김순원과 김순정은 밀접한 친족이며[138] 형제일 가능성을 배제할 수 없다.

이러한 배경 속에서 김의충의 아들로 만월부인과 남매 사이인 김옹이 마침내 실권자로 부상하였다.

景德王十九年庚子四月朔, 二日並現. 挾旬不滅. 日官奏, 請緣僧作散花功德, 則可禳. 於是潔壇於朝元殿. 駕幸靑陽樓. 望緣僧. 時有月明師, 行于阡陌, 時之南路. 王使召之. (중략) 明乃作兜率歌賦之 (《삼국유사》 권5, 感通7, 月明師 兜率歌)

경덕왕 19년(760) 4월 초하루에 두 해가 나타났다. 이에 승려 월명사로 하여금 도솔가를 지어 부르게 함으로써 이를 사라지게 하였다. 태양은 왕을 상징하는 것이라 할 때,[139] 두 해가 나타났다는 것은 국왕에 버금가는 권력자가 나타났다는 의미일 것이다. 그 권력자란 다름 아닌 김옹으로 대표되는 외척세력으로 생각된다.[140] 이는 다음 기록에서 더 분명해진다.

138) 浜田耕策은 順元 일족과 順貞 일족을 극히 가까운 동족으로 보아 외척세력의 교체가 아니라, 동족 내의 딸이 성덕·효성·경덕의 3대왕에 걸쳐 왕비가 되었다고 하였다. 浜田耕策(2002), 〈新羅の聖德大王神鍾と中代の王室〉, 앞의 책 p.189.

139) 달에 생긴 변화가 왕후의 신분변화를 의미하는 것이라면, 해에 나타난 이상은 왕과 관련된다고 할 수 있다. 金英美(1994), 〈新羅 中代 阿彌陀信仰〉, 앞의 책 p.159.

140) 김수태는 김옹을 국왕에 대립적인 귀족세력으로 이해하였고(金壽泰, 〈統一新羅 專制王權의 崩壞와 金邕〉, 《歷史學報》 99·100합집, 1983; 동 개제 〈眞骨貴族勢力의 정권장악과 金邕〉, 앞의 학위논문, 1991; 앞의 책, 1996), 김영미도 이에 동조하는 듯하다(金英美(1994), 〈新羅 中代의 阿彌陀信仰〉, 앞의 책, pp.157~158). 그러나 막연하게 귀족이라 하기보다는 외척으로 파악하는 것이 옳다고 생각한다(朴海鉉, 〈景德王代 外戚勢力과 王權의 動搖〉, 앞의 학위논문, 1996, p.121; 〈신라 경덕왕대의 외척세력〉(1996), p.444).

春正月, 都城寅方, 有聲如伐鼓, 衆人謂之鬼鼓. 夏四月, 侍中廉相退, 伊湌金邕
爲侍中. 秋七月, 封王子乾運爲王太子 (《삼국사기》 권9, 신라본기 경덕왕 19년)

경덕왕 19년 정월에 도성都城의 인방寅方에서 북치는 것과 같은 소
리가 들렸는데, 사람들은 이를 귀신의 북소리라고 하였다.[141] 그러다
가 4월에 시중 염상廉相이 퇴임하고 김옹이 이에 취임하였다. 이는
시중 김옹이 국왕과 대등한 실력자였음을 말한다고 하겠다. 김옹이
시중에 취임한 직후 왕자 건운乾運이 태자에 책봉되었다. 건운의 태
자 책봉은 막 두 돌을 맞이한 시점에 이루어졌는데, 이는 시중인 김
옹의 중요한 업적 가운데 하나였다.[142] 이로 보면 경덕왕은 물론 김
옹 등 외척세력들도 건운이 왕위를 계승하기를 얼마나 바랐는가를
짐작할 수 있다. 따라서 김옹을 귀족세력인 반전제주의파反專制主義派
(반왕파反王派)로 보아 그의 시중 취임을 계기로 중대 전제왕권이 붕
괴되었다거나[143] 경덕왕의 정책에 반발하여 외척세력이 전면에 등장
한 것이라고는[144] 할 수 없다. 외척인 김옹은 중대왕실을 타도하려
한 것이 아니라, 왕비를 매개로 권력에 더욱 접근하고, 국왕과 왕자
를 담보로 자신의 세력을 계속 유지하고자 하였던 것이다.

외척세력의 등장에 대해서 귀족들의 반발이 적지 않았다. 경덕왕
22년(762) 8월에 상대등 신충信忠과 시중 김옹의 동시 면직은 이를

---

141) 김영미는 이를 경덕왕의 정책을 비방하는 소리였을 것이라고 하였다.
    金英美(1994), 〈新羅 中代 阿彌陀信仰〉, 앞의 책 p.158).
142) 李泳鎬, 〈新羅 惠恭王代 政變의 새로운 解釋〉, 《歷史敎育論集》, 13·14합집,
    1990, p.354; 이 책 제1편 제4장 p.164.
143) 金壽泰, 〈統一新羅期 專制王權의 崩壞와 金邕〉, 《歷史學報》 99·100합집, 1983;
    同 改題 〈眞骨貴族勢力의 정권장악과 金邕〉, 앞의 학위논문, 1991; 앞의
    책, 1996, pp.115~123.
144) 朴海鉉, 〈景德王代 外戚勢力과 王權의 動搖〉, 앞의 학위논문, 1996, p.121;
    〈신라 경덕왕대의 외척세력〉(1997), p.445.

뜻한다고 판단되기 때문이다. 상대등과 시중의 동시 퇴진은 매우 이례적이다. 그리고 왕 23년 정월에 이찬 만종萬宗과 아찬 양상良相이 각각 상대등과 시중으로 임명될 때까지 4개월의 공백을 보인 사실 또한 유의된다고 하겠다.[145]

765년, 경덕왕에 이어 혜공왕이 즉위하였으나 당시 8세였으므로 경덕왕의 왕비인 모후 만월부인이 섭정하였다. 그러나 다음 기사에서 보듯이 만월부인으로 대변되는 세력은 국왕과 다름없는 존재였음이 분명하다.

春正月, 二日並出. 大赦. 冬十月, 天有聲如鼓 (《삼국사기》 권9, 신라본기 혜공왕 2년)

혜공왕이 즉위한 이듬해 정월, 두 해가 나타났다. 경덕왕 19년 4월에 이어 또다시 두 해가 나타난 것이다. 해는 왕을 가리킨다고 할 때 통치자가 2인이 되었음을 경고한 것으로 이해할 수 있다.[146] 혜공왕은 재위 3년 7월에 이찬 김은거金隱居를 당에 보내 책봉을 청하여[147] 이듬해 봄에 만월부인과 함께 당의 사신으로부터 각각 '신라왕新羅王'과 '대비大妃'로 책봉되었다.[148] 중대에서 왕이 아닌 왕비

---

145) 박해현은 김옹을 반왕파로 보고, 경덕왕이 왕권에 도전하는 김옹을 견제하고자 신충까지 동반 퇴진시켰다고 하였다(朴海鉉, 〈景德王代 外戚勢力과 王權의 動搖〉, 앞의 학위논문, 1996; 〈신라 경덕왕대의 외척세력〉(1997), pp.444~445). 그러나 저자는 김옹이 반왕파가 아니라 친왕파였다고 생각한다. 김옹이 국왕을 담보로 전횡을 한 것으로 짐작되고, 이에 대한 귀족들의 반발을 무마하기 위해 신충까지 동반퇴진시킨 것으로 생각한다.

146) 申瀅植, 〈天災地變 記事의 個別的 檢討〉, 《三國史記研究》, 일조각, 1981, p.189.

147) 《삼국사기》 권9, 신라본기 혜공왕 3년 7월조. 이때 별 세 개가 왕궁 뜰에 떨어져 서로 맞부딪쳤는데, 그 빛이 불꽃처럼 치솟았다가 흩어졌다. 여기서 별 세 개란 당시 권력의 핵심에 있던 혜공왕, 만월부인, 김옹을 상징한 듯하다.

148) 《삼국사기》 권9, 신라본기 혜공왕 4년조 "春 彗星出東北. 唐代宗遣倉部郎

내지 왕모王母가 당에서 책봉받은 것은 효성왕의 왕비 혜명과 혜공왕의 모후 만월부인 두 사례에 불과하였다. 이로써 만월부인은 섭정으로 대외적 공인을 얻게 되었다. 이는 만월부인의 섭정이 당과의 관련 속에서 유지되었음을 말한다.

만월부인 섭정기의 실권은 그녀와 남매 사이인 김옹이 쥐고 있었다.[149] 그는 혜공왕 7년(771) 병부령으로서 전중령殿中令(내성 사신內省私臣), 사어부령司馭府令(승부령乘府令) 등 수많은 관직을 겸하였을 뿐 아니라 상상上相, 대각간大角干의 자리에 있었던 것이다.[150] 따라서 만월부인이나 김옹은 앞서 효성왕대 김순원의 경우처럼 친당적인 성격이 강한 인물임이 밝혀진다고 하겠다.[151]

김옹은 혜공왕의 재위와 만월부인 섭정이라는 혜공왕 체제를 유지하려 하였다. 김옹은 당시 최대의 실력자로서 그의 존재가 확인되는 혜공왕 10년 무렵까지 중대왕실은 그의 세력으로 유지되었다고

中歸崇敬 兼御史中丞 持節賚冊書 冊王爲開府儀同三司新羅王 兼冊王母金氏爲大妃".

149) 浜田耕策(2002), 〈新羅の聖德大王神鍾と中代の王室〉, 앞의 책, p.191.

150) 구체적으로 "檢校使 兵部令兼殿中令司馭府令修城府令監四天王寺府令并檢校眞智大王寺使上相大角干臣金邕"이라 하여 여러 관직과 높은 관등을 소유하고 있었다(한국고대사회연구소 편, 《역주 한국고대금석문》 Ⅲ, 1992, p.388). 김옹이 당시 최고의 실력자임은 주지의 사실이지만, 핵심은 그가 병부령으로서 무력적 경제적 기반을 소유하고 있었다는 사실일 것이다.

151) 저자는 김옹이 일본과의 외교에서 친일적인 경향을 보였다 하더라도, 이는 만월부인 섭정 말기라는 당시의 상황에서였을 뿐 근본적으로는 친당적이었다고 생각한다. 나아가 혜공왕 7년(771)에 조성된 성덕대왕신종도 선왕인 성덕왕을 추모한다는 측면과 함께 혜공왕 당시 친당파의 동향이란 점에서도 주목할 필요가 있다고 생각한다. 한편, 金順貞·金邕 가문 및 金邕, 金良相을 친당적이 아니라 친일적인 인물들로 파악하고, 후술할 혜공왕 12년(776)의 관호복고도 김옹, 김양상 세력에 의해 단행되었다는 해석이 있다(全德在, 〈新羅 中代 對日外交의 推移와 眞骨貴族의 動向 ─聖德王~惠恭王代를 중심으로─〉, 《韓國史論》 37, 서울대, 1997, pp.3~15). 그러나 이 견해는 김순정과 김옹을 祖孫關係로 보면서도 金義忠의 존재를 간과하고 있다. 또한 김옹, 김양상이 경덕왕의 관호개혁기에 집사부 시중 역임자란 사실을 주목치 않았다.

할 수 있다.[152] 그러나 외척의 전횡에 따라 소외된 귀족들의 반란은 빈발하고 귀족사회는 분열되었다. 혜공왕 4년의 일길찬 대공大恭의 난, 6년의 대아찬 김융金融의 난 등 귀족들의 잇따른 반란은 정권을 장악하고 있던 만월부인과 김옹에 대한 반발이었고, 이 반란들은 실권자 김옹이 진압하였을 것이다.[153]

혜공왕은 재위 11년(775) 18세가 되어 친정을 하게 되면서[154] 정국을 수습하기 위한 적극적인 개혁정치를 시도하였다. 국왕의 혼인에 있어서도 한 명의 왕비가 존재하던 제도는 무너지고 2명의 왕비가 공존하는 현상이 나타났다. 혜공왕에게는 원비와 차비 두 왕비가 있었지만, 이들 모두가 만월부인 섭정기에 맞아들여졌을 가능성은 낮다. 두 명의 왕비가 동시에 존재할 수는 없기 때문이다.

그렇다면 두 왕비 모두를, 또는 차비次妃를 섭정 이후의 친정 시기에 맞이한 것은 어떤 의미를 가지고 있을까? 두 명의 왕비를 동시에 둔 것은 특정 가문에 의한 왕실지배에서 벗어나 귀족사회의

---

152) 李泳鎬, 〈新羅 惠恭王代 政變의 새로운 解釋〉,《歷史教育論集》 13·14합집, 1990, p.356; 이 책 제1편 제4장, p.169. 한편, 김옹의 활동은 혜공왕 10년경까지 확인되는데, 그 이후의 상황은 알 수 없다. 이 무렵 김옹이 정치 일선에서 물러났다거나(權英五, 〈新羅 元聖王의 即位過程〉,《釜大史學》 19, 1995, p.150) 사망과 같은 신상 변고가 일어났을 것으로 본 견해가 참고된다(李文基(1999), 〈新羅 惠恭王代 五廟制 改革의 政治的 意味〉, p.821). 한편에서는 사망이나 失權 가능성을 상정하면서도 그 시점을 왕 12년 이후로 추정하기도 하나(全德在(1997), 〈新羅 中代 對日外交의 推移와 眞骨 貴族의 動向〉, pp.11~15), 뒤에서 살피듯이 혜공왕의 친정 시점을 고려해야 할 것이다.

153) 鈴木靖民(1985), 〈金順貞·金邕論〉, 앞의 책, p.321 및 李昊榮,《韓國古代史의 理解》, 형설출판사, 1979, p.244 등에서도 이 같은 점을 지적하고 있으나, 그 이후의 김은거의 난이나, 염상·정문의 난까지 포함시켜 이해하고 있다. 그러나 섭정기의 반란과 친정기의 반란은 구분되어야 한다고 생각한다. 朴海鉉, 〈惠恭王代 貴族勢力과 中代 王權〉, 앞의 학위논문, 1996;《全南史學》 11, 1997에서도 혜공왕대의 반란을 주목하였으나, 당시의 정국을 섭정기와 친정기로 명확히 구분하지 않고 있다.

154) 이문기(1999), 〈신라 혜공왕대 오묘제 개혁의 정치적 의미〉, p.816.

균형을 위한 혜공왕의 노력이 아니었을까 한다. 혜공왕의 개혁정치
에는 지금까지 왕실을 장악해왔던 김순정—김의충—김옹으로 이어지
는 외척세력에 대한 배제도 포함되었다고 판단되기 때문이다. 그러
나 왕실을 장악해 왔던 이들 세력을 배제하기란 쉽지 않았다. 친정
직후 이찬 김은거金隱居의 반란이 있었고, 이어 이찬 염상廉相과 시
중 정문正門의 반란이 일어났다. 이들은 모두 진압되긴 했지만 친정
반대세력의 반란이 연이었던 것이다.[155] 마침내 왕 16년(780) 4월에
는 김지정金志貞이 반란하여 궁궐을 위범圍犯하자 김양상이 거병擧兵
하여 진압하는 가운데, 왕과 왕비는 난병亂兵에 의해 피살되고, 중대
는 막을 내리고 말았다.[156]

　이상과 같이 신라 중대는 국왕의 혼인에 있어, 왕비의 출궁과 새
왕비와의 재혼이 빈번하게 이루어진 시기였다. 국왕과 혼인한 귀족
들은 왕실의 외척으로서 무력적, 경제적 기반을 소유하고 있었다.
조손 사이에 계위집정繼位執政한 김순정·김옹, 승부령이었던 김원태,
두 왕대에 걸쳐 왕비를 들인 김순원, 병부령임이 밝혀진 김옹 등의
세력기반은 바로 이러한 배경 아래 있었다고 하겠다.[157] 이처럼 중

155) 이문기(1999), 앞의 논문, p.829.
156) 혜공왕을 누가 살해하였는가에 대해서는 金志貞이란 설과 金良相이란 설이
　　 있다. 많은 연구자들이 김양상을 혜공왕의 시해자로 보면서 그를 반왕파
　　 로 이해하고 있다. 혜공왕과 김양상이 성덕왕의 손자였다 하더라도 할머
　　 니가 다른 내외종 사이였다는 점도 유의된다. 그러나 혜공왕의 시해자 자
　　 체는 그리 중요한 것이 아니다. 오히려 김양상을 혜공왕의 시해자로 보아
　　 그가 이전부터 줄곧 반왕파였다고 해석하는 고정된 시각이 문제이다. 저
　　 자는 혜공왕이 김지정에 의해 피살되었을 것이라고 생각하지만, 친왕적이
　　 었던 김양상이 마지막 순간에 변절했을 가능성도 배제해서는 안 된다고
　　 생각한다.
157) 종래 中侍를 역임한 귀족의 딸이 왕비로 책봉되는 현상을 주목한 연구
　　 가 있었다(이기백(1974), 〈신라 집사부의 성립〉, 앞의 책, pp.167~168). 그
　　 사례로서 효소왕대의 중시 順元, 성덕왕대의 중시 元文, 효성왕대의 중시
　　 義忠, 경덕왕대의 중시 惟正(維誠) 등 4명을 열거하였으나, 이 주장은 재
　　 고의 여지가 있다. 元文은 성덕왕대 성정왕후의 아버지 金元泰와 동일인

대 국왕의 혼인은 단순히 이들만의 문제가 아니라, 귀족세력 사이의 역관계 속에서 이루어졌음을 밝힐 수 있었다. 그렇다면 국왕의 혼인과 재혼은 자의였을까? 국왕 역시 귀족사회의 일원으로서, 왕권을 유지하기 위한 방편이었다는 점에서는 자의가 분명하지만, 자기 의사에 반하는 데도 왕비를 출궁시키지 않을 수 없었던 것은 타의가 분명하다.

요컨대, 태종무열왕에 의해 새로운 유교적 정치이념으로 개창된 중대 왕실은, 삼국통일을 달성한 뒤 무열왕 직계의 존속을 위한 배타적 혼인을 추구하였다. 그러나 왕실은 결국 무력적 경제적 배경을 가진 귀족세력과 결합하게 되었고, 혜공왕 말년에 이르러 이러한 외척의 전횡에서 벗어나기 위해 새로운 혼인제도를 실시하였지만, 귀족사회의 분열은 계속되었고, 마침내 중대왕실은 몰락하였다고 정리할 수 있겠다.

마지막으로, 중대 국왕의 혼인에 나타난 몇 가지 특징적 현상을 지적하면 다음과 같다.

먼저, 중대의 왕실에는 왕비 외에 왕의 첩인 후궁이 존재하고 있었다. 후궁의 존재는 중대에서는 유일하게 효성왕대에만 확인되지만, 이는 반란 사건으로 말미암아 부각된 사건의 하나에 불과할 것이다. 실제 후궁은 하대인 애장왕대에도 나타나고 있는바[158] 중대는 물론 그 전후 시기에도 드물지 않게 존재한 현상이었을 것이다.

그러면, 후궁과 왕비는 신분의 차이가 있었을까? 중대 왕비의 신분은 진골임이 분명하지만, 후궁의 경우는 추론할 사료가 거의 남아

이 아님은 이미 밝혀진 바이고(주 31), 순원의 딸이 성덕왕의 왕비가 된 것은 그가 중시에서 물러난 지 20년이 지난 뒤이며, 유성의 딸이 혜공왕의 元妃가 된 것도 그의 중시 퇴임에서 무려 30년가량이 지난 뒤였다. 또한 의충의 딸은 의충이 사망한 뒤에 왕비가 되었다. 따라서 중시 출신 귀족 딸의 왕비 책봉보다는 당시 무력의 향방과 관련하여 納妃 문제를 이해하는 것이 바람직할 것이다.

158)《삼국사기》권10, 신라본기 애장왕 3년 하 4월 "以阿湌金宙碧女入後宮".

있지 않다. 효성왕대 반란을 꾀한 후궁의 아버지인 영종은 파진찬으
로 진골 출신이었다. 따라서 후궁에는 진골 출신의 딸도 포함되었음
을 알 수 있겠다. 이와 같이 왕비와 후궁이 진골로서 신분적 차이가
없었을 경우, 왕비가문과 후궁가문의 대립과 갈등도 적지 않았을 것
이다. 파진찬 영종의 난은 바로 왕비의 자리를 둘러싼 왕비가문과
후궁가문 일족들 사이의 갈등으로 판단되기 때문이다.

둘째, 국왕이 왕비를 출궁시키는 데는 응분의 위자료慰藉料를 지급
하였다. 반란에 따른 경우가 아닌 한 그냥 내쫓는 것이 아니라 엄청
난 보상이 따랐던 것이다. 중대 국왕의 왕비 출궁의 예를 열거하면
다음과 같다.

(1) 妃金氏, 蘇判欽突之女. 王爲太子時納之, 久而無子, 後坐父作亂,
出宮 (《삼국사기》 권8, 신라본기 신문왕 즉위년조)

(2) 春正月, 流星犯月, 月無光. 三月, 遣使入唐獻方物, 出成貞(一作
嚴貞)王后, 賜彩五百匹·田二百結·租一萬石·宅一區, 宅賣康申公
舊居賜之 (동상 성덕왕 15년조)

(3) 先妃三毛夫人, 出宮无後. 後妃滿月夫人, 諡景垂王后(垂一作穆),
依忠角干之女 (《삼국유사》 왕력 경덕왕)

無子廢之, 封沙梁夫人. 後妃滿月夫人, 諡景垂太后, 依忠角干之女
也 (《삼국유사》 권2, 기이2, 경덕왕·충담사·표훈대덕)

新羅第三十五景德大王, 以天寶十三甲午, 鑄皇龍寺鍾. 長一丈三
寸, 厚九寸, 入重四十九萬七千五百八十一斤, 施主孝貞伊干·三毛
夫人. 匠人里上宅下典 (《삼국유사》 권3, 塔像4, 皇龍寺鍾·芬皇寺藥
師·奉德寺鍾)

우선 김흠돌 딸의 이혼은 중대 최초의 왕비 출궁이라는 점에서

주목된다. 그녀는 혼인 후 오랫동안 아들이 없었고, 결국 아버지의 반란에 연좌되어 출궁되었다. 이는 극히 예외적인 경우이므로 일반적인 사례라 하기는 어렵다.

성덕왕의 선비 성정왕후의 출궁에 대해서는 이유가 나타나 있지 않다. 그러나 앞서 살핀 바와 같이, 왕비의 자리를 둘러싼 귀족세력의 상호 대립과 갈등에서 빚어진 사건이었다. 성덕왕은 성정왕후를 출궁시키면서 채색비단 오백 필五百匹과 밭 이백 결二百結, 조租 일만 석一萬石, 집 한 채를 하사하였는데, 집은 강신공康申公의 옛집을 사서 주었다. 이는 위자료를 뜻하는 것으로서[159] 비록 귀족들 사이의 정치적 갈등에서 출궁되었지만, 왕비 출궁에 따른 국왕의 배려였고 이혼에 따른 합의금이었다.

경덕왕의 선비 삼모부인은 아들이 없다는 이유로 출궁되었으나, 결코 바로 내쫓겼다고는 할 수 없다. 원래 자녀를 낳을 수 없는 데 따른 불가피한 현상으로 추정되기 때문이다.[160] 삼모부인은 출궁된 뒤 사량부인沙梁夫人에 봉해졌다. 그리고 경덕왕 13년(754)에 약 50만 근에 이르는 거대한 황룡사종皇龍寺鍾을 주조할 때 효정孝貞 이간伊干과 함께 시주자였던 것을 보면,[161] 출궁 시 엄청난 경제적 예우를 받은 것으로 짐작된다.[162] 이 또한 성정왕후와 같은 맥락에서 이해가 가능하다.

그러면 김흠돌의 딸은 어떠했을까? 그녀의 경우 아버지의 반란에

---

159) 강성원(1999), 〈신라 및 통일신라시대의 혼인 풍속〉, p.422.

160) 주 135) 참조.

161) 孝貞과 三毛夫人을 숙질 또는 남매 사이로 추정한 견해가 있다(徐恩淑, 〈新羅 中古·中代 王室婚姻考〉, 경북대 석사학위논문, 1977, p.42). 한편에서는 부녀 사이로 추정하기도 하나(李基白, 〈皇龍寺와 그 創建〉, 《新羅時代의 國家佛敎와 儒敎》, 1978; 《新羅思想史硏究》, 1986, 일조각, p.73), 삼모부인은 김의충의 딸이므로 성립되지 않는다.

162) 李泳鎬(1996), 〈新羅 執事部의 設置와 中侍〉; 이 책 제2편 제2장 pp.285~286.

연좌되어 출궁되었으므로 성정왕후나 삼모부인과는 경우가 다르다고 하겠다. 따라서 출궁에 따른 보상은 없었을 것이다. 직계 자손에게 왕위를 물려주고자 한 경덕왕의 예를 상기하면, 김흠돌이 반란을 일으키지 않았다 하더라도 아들이 없었던 그의 딸은 결국은 출궁되었을 것이다. 그렇다 하더라도 반란에 연좌되어 배려 없이 출궁되는 것과 성정왕후나 삼모부인처럼 후한 대접을 받으며 출궁되는 것은 엄청난 차이라고 하겠다.

셋째, 중대의 국왕은 한 명의 왕비와 혼인하는 것이 원칙이었다. 기존 왕비 외에 새 왕비를 맞이하기 위해서는 처음 왕비를 출궁시켜야 하였다. 왕비 외에 첩인 후궁이 존재하였지만 왕비와 격이 같을 수는 없었다. 따라서 중대 국왕의 혼인은 일부일처제一夫一妻制가 원칙이었고, 후궁을 포함할 경우 처첩제妻妾制였던 것이다.[163]

일부일처제는 중국식의 유교적 혼인제도였다. 이는 신라 통일기에 이르러 유교식 혼인제도를 수용하였음을 말한다. 그러나 혜공왕대에 이르러 일부일처제의 원칙이 무너지고 말았다. 혜공왕대에는 원비와 차비 두 명의 왕비가 동시에 존재하였기 때문이다. 이는 당시까지의 유교적인 혼인 원칙을 깨는 사건이었음이 분명하다.[164] 혜공왕이

---

163) 홍완표·권순형(1998), 〈고대의 혼례식과 혼인규제〉, p.82. 한편, 신라시대는 王室과 私家 모두 一夫多妻制 사회였다든가(黃善榮(1985), 〈新羅 武烈王家와 金庾信家의 嫡庶問題〉, p.11), 통일 이후 왕들은 多妻를 취했다는 주장이 있으나(강성원(1999), 〈신라 및 통일신라시대의 혼인 풍속〉, pp.411~415), 따르지 않는다. 다처제였다면 재혼에 앞서 이혼할 필요가 없었을 것이기 때문이다.

164) 이후 하대에서는 다처 사례가 종종 발견된다. 문성왕이 張保皐의 딸을 次妃로 맞이하려다 미천한 신분이란 이유로 신하들이 반대하자 그만두었다든가(《삼국사기》 권11, 신라본기 문성왕 7년 춘 3월조 및 《삼국유사》 권2, 기이2, 神武大王·閻長·弓巴), 경문왕이 寧花夫人과 그녀의 동생을 왕비로 맞이한 사례(《삼국사기》 권11, 신라본기 경문왕 3년조) 등이 있기 때문이다. 더욱이 張保皐 딸의 경우에서 납비 문제가 무력적 기반이나 경제력과 관계있음을 살필 수 있는데, 이 시기에는 왕비가 반드시

원비를 출궁시키지 않고 차비를 맞이하게 된 배경은 무엇이었을
까? 이는 특정 외척세력을 배제하고 소외된 귀족세력을 포용함으로
써 귀족사회의 분열을 수습하려는 데 있었을 것이다. 그러나 혜공왕
11년(775)[165] 친정을 시작한 혜공왕에게 납비 문제가 제기되자, 왕
의 혼인 문제를 둘러싸고 종래의 원칙을 지지하는 파와 새 원칙을
주장하는 파 사이에 대립이 일어났고, 그 가운데 귀족사회의 분열은
가속화되었다. 혜공왕 11년의 김은거의 난이나 염상·정문의 난은 이
러한 관점에서 이해될 수 있기 때문이다. 여기서 주목되는 것이 다
음과 같은 국왕의 하교이다.

　　　春正月, 下敎, 百官之號, 盡合復舊 (《삼국사기》 권9, 신라본기 혜공왕
　　12년조)

　혜공왕은 친정 이듬해인 왕 12년(776) 정월에 관호복고를 단행
하였다. 경덕왕은 재위 16년(757)과 18년(759)에 지명과 관호를
각각 중국식으로 바꾸는 대대적 개혁을 시도하였는데, 이제 아들
혜공왕에 의해 원상태로 돌리는 복고 조치가 단행되었던 것이다.
이는 중국식 제도개혁의 후퇴였다. 그리고 이는 관호에만 한정된
것이 아니라 지명에 대한 복고도 아울러 단행되었다.[166] 그렇다면
통일기 이래 지속되어온 중국식 혼인제도의 변화는 바로 이때 이
루어진 것이 아닌가 한다.[167]

─────────

　진골이어야 한다는 의식도 약화된 듯하다.
165) 이문기(1999), 〈신라 혜공왕대 오묘제 개혁의 정치적 의미〉, p.816.
166) 李泳鎬, 〈新羅 惠恭王 12年 官號復故의 의미 ―소위 "中代 專制王權"說의 一
　　檢討―〉, 《大丘史學》 39, 1990, p.50; 이 책 제1편 제3장 pp.130~131.
167) 혜공왕 13년(777)에 상대등 김양상이 시정을 극론한 것을 보면 次妃의
　　입궁은 이 무렵일 수도 있겠다. 《삼국사기》 권9, 신라본기 혜공왕 13년
　　조 "春三月, 京都地震. 夏四月, 又震. 上大等良相上疏, 極論時政" 참조.

제3장 관호의 개혁·복고와 그 의미

혜공왕은 정치적 혼란 속에서 피살된 통일신라 최초의 왕이었다. 이러한 이유로 일찍부터 당시에 일어난 반란 사건에 주목한다든가, 관호官號의 복고나 김유신계金庾信系의 동향에 관심을 가진 연구가 있었다.

그런데 종전의 연구는 혜공왕대가 격동기란 점을 주목한 나머지 개별 사실을 지나치게 확대 해석하는 경향이 있었다. 단편적 사실을 분리시켜 이해하기보다는 전후의 연관성을 고려할 때 올바르게 의미를 파악할 수 있을 것이다. 저자는 이러한 시각에서 경덕왕 18년 (759)의 관호개혁과 혜공왕 12년(776)의 관호복고 사실을 통해 지금까지의 연구성과를 돌이켜 보고, 그 전후의 맥락 속에서 의미를 새로이 파악해 보고자 한다.

이를 위해, 먼저 관호개혁에 대한 학설을 일별하여 종래 관호복고가 어떻게 이해되어 왔는지를 파악하려 한다. 다음으로 관호개혁에 대한 해석이 그 전후 논리상 합리적이었는가의 여부를 살펴보겠다. 이는 기존의 학설이 혜공왕대의 정치를 친왕파와 반왕파의 대립이란 지나친 도식화로 이해한 경향에 대한 반성의 성격도 띠게 될 것이다. 마지막으로 관호복고가 "중대 전제왕권 부정론"으로 이해되는 것이 타당한지를 검토함으로써 그 의미를 재조명해 보고자 한다.

1. 관호개혁에 대한 학설

경덕왕대는 일련의 관호개혁이 단행된 시기였다. 《삼국사기》권9, 신라본기 경덕왕 18년 춘 정월조에는 다음과 같은 개혁 기사가 있다.

改兵部·倉部卿監爲待郎, 大舍爲郎中, 改執事舍知爲執事員外郎, 執事史爲執事郎, 改調府·禮部·乘府·船府·領客部·左右議方府·司正·位和府·例作典·大學監·大道署·永昌宮等大舍爲主簿, 賞賜署·典祀署·音聲署·工匠府·彩典等大舍爲主書

이러한 관호개혁은 같은 해 2월에도 계속되었는데, 이어지는 기록은 다음과 같다.

改禮部舍知爲司禮, 調府舍知爲司庫, 領客府舍知爲司儀, 乘府舍知爲司牧, 船府舍知爲司舟, 例作府舍知爲司例, 兵部弩舍知爲司兵, 倉部租舍知爲司倉

즉 《삼국사기》신라본기에서는 경덕왕대에 제관부諸官府의 관직 명칭이 변경되었음을 나타내고 있는 것이다. 그러나 관직명 외에 관부의 명칭도 개정되었음은 《삼국사기》직관지의 제사성전諸寺成典이나 조부調府·경성주작전京城周作典·사정부司正府 등의 사례가 증명하고 있다. 그러므로 관호의 개혁은 관부·관직명 모두에 걸친 것임을 알수 있다고 하겠다.

경덕왕대의 전면적인 명칭 개정의 예는 관호보다 앞서 이루어진

지명의 그것에서 찾을 수 있다. 즉《삼국사기》권9, 신라본기 경덕
왕 16년 동 12월조의 다음 기사가 그것이다.

改沙伐州爲尙州,	領州一,		郡十,	縣三十
歃良州爲良州,	領州一,	小京一,	郡十二,	縣三十四
菁州爲康州,	領州一,		郡十一,	縣二十七
漢山州爲漢州,	領州一,	小京一,	郡二十七,	縣四十六
首若州爲朔州,	領州一,	小京一,	郡十一,	縣二十七
熊川州爲熊州,	領州一,	小京一,	郡十三,	縣二十九
河西州爲溟州,	領州一,		郡九,	縣二十五
完山州爲全州,	領州一,	小京一,	郡十,	縣三十一
武珍州爲武州,	領州一,		郡十四,	縣四十四

위에서 각 주州의 이름이 바뀐 사실과 그 관할 영역을 확인할 수
있다. 그러나 지명의 개정은 주에 한정된 것이 아니라 소경小京·군郡·
현縣에까지 미쳤고, 당식唐式으로 개혁한 것임은, 동 지리지에서 구체
적 사례를 확인할 수 있다.[1] 따라서 관호개혁은 1년 남짓 앞서 행
해진 지명개혁과 맥을 같이 하며,[2] 명칭을 중국화한 것이라 하겠다.[3]

---

1) 州의 경우 2자씩의 이름을 1자로 하였고 小京이나 郡·縣의 경우는 3·4자
   씩의 이름을 2자로 통일하였다.
2) 李基白,〈新羅 惠恭王代의 政治的 變革〉,《社會科學》2, 1958;《新羅政治社會史
   硏究》, 一潮閣, 1974, p.246.
3) 학계에서는 흔히 漢化政策이란 용어를 쓰고 있다. 이는 中國의 官號를 채
   용한다는 원칙에서 나온 것으로 관부명의 개칭에 있어서는 兵部·調府·倉部·
   禮部 등 唐의 6部에 해당하거나 준하는 것을 제외한 그 밖의 관부는 되도
   록 3자로 통일하였고, 직접적으로 내용을 나타내는 용어—때로는 肉典과
   같이 속되다고 생각되는 용어—대신에 우아한 漢語 어휘를 사용하였다는
   것이다(李基白(1974),〈新羅 惠恭王代의 政治的 變革〉, 앞의 책, pp.245~246).
   그러나 내용상으로는 唐式化政策 또는 唐制化政策이 적절하지 않을까 한다.
   또한 官制改革이란 용어도 많이 사용되지만, 官號改革이 적절할 것이다.

경덕왕 16년(757) 12월과 18년(759) 정월에 각각 이루어진 일련의
명칭 변경은 어떠한 의미를 갖고 있을까? 이는 일부분만의 개혁이
아니라 대규모적이었다는 점에서 당시의 사회적 배경에 대한 해명
이 이루어져야 한다. 우선《삼국사기》직관지(상·중)에 나타난 관호
변천의 추이를 정리하면 다음과 같다.

〈표-1〉《삼국사기》직관지 소재 관호변천 일람표[4]

景德王 18年 以前	景德王 18年[5] ～惠恭王 11年	惠恭王 12年[6]	宣德王 卽位 以後
稟主→執事部[7]			(執事)省(흥덕왕 4년)
中侍→侍中			
典大等→侍郎[8]			
大舍	郎中[9]		
舍知	員外郎	舍知	
史	郎	史	
兵部			
大監	侍郎	大監	
弟監→大舍[10]	郎中	大舍	
弩舍知	司兵	弩舍知	
弩幢	小司兵	(復故)	
調府	大府	(復故)	
大舍	主簿	大舍	
舍知	司庫	舍知	

---

4) 이기백(1974),〈신라 혜공왕대의 정치적 변혁〉, 앞의 책, pp.239~243의
〈표〉를 참고하여 새로 정리한 것이다.
5)《삼국사기》권38, 직관지(상)에 경덕왕 18년이라 명시한 것 외에 '경덕
왕'이라 한 것도 경덕왕 18년을 말할 것이다. 따라서 이는 모두 '경덕왕
18년'으로 정리한다.
6)《삼국사기》권38, 직관지(상)에 혜공왕 12년이라 명기하지 않고 '혜공왕'
이라 한 것도 실은 '혜공왕 12년'을 말할 것이다. 이기백(1974),〈신라 혜
공왕대의 정치적 변혁〉, 앞의 책, p.239.

京城周作典	修城府	(復故)	
大舍	主簿	大舍	
舍知	司功	舍知	
四天王寺成典	監四天王寺府	(復故)	
衿荷臣	監令	衿荷臣	令(애장왕대)
上堂	卿	上堂	卿(애장왕대)
赤位	監	赤位	
靑位	主簿	靑位	大舍(애장왕대)
奉聖寺成典	修營奉聖寺使院	(復故)	
衿荷臣	檢校使	衿荷臣	令(애장왕대)
上堂	副使	上堂	
赤位	判官	赤位	
靑位	錄事	靑位	
史	典	史	
感恩寺成典	修營感恩寺使院	(復故)	
衿荷臣	檢校使	衿荷臣	令(애장왕대)
上堂	副使	上堂	卿(애장왕대)11)
赤位	判官	赤位	
靑位	錄事	靑位	
史	典	史	

---

7) 이는 진덕왕 5년(651)에 개명되었다.

8) 이상의 中侍와 典大等은 경덕왕 6년(747)에 개명되었다. 다만 후자는 금
   석문에서 그 이전에 侍郎 칭호가 사용된 사실이 나타나고 있다. 즉 〈新羅
   甘山寺阿彌陀如來造像記〉(許興植 編, 《韓國金石全文》 古代, 아세아문화사, 1984,
   p.127)에서는 성덕왕 18년(719) 이전에 致仕한 金志誠(金志全)이 '執事侍郎'
   이었음을 밝히고 있기 때문이다. 이에 대해 末松保和는 직관지보다 조상기
   를 존중하는 입장에서 진덕왕 5년(651) 중시 설치와 동시에 典大等도 侍
   郎으로 개칭된 것으로 이해하였고(〈甘山寺彌勒尊像及び阿彌陀佛の光火後記〉,
   《新羅史の諸問題》, 東洋文庫, 1954, pp.454~455), 李基白은 진덕왕 5년 이후
   두 이름이 혼용되었을 가능성이 있다고 하였다(〈新羅 執事部의 成立〉, 《震
   檀學報》 25·6·7합병호, 1964; 앞의 책(1974), p.159의 주 19).

9) 《삼국사기》 권38, 직관지(상) 細註에는 "一云 眞德王五年改"라 하여 진덕왕
   5년(651) 설도 전한다.

10) 이는 태종무열왕 5년(658)년에 개명되었다.

奉德寺成典	修營奉德寺使院	(復故)	
衿荷臣	檢校使	衿荷臣	卿(애장왕대)12)
上堂	副使	上堂	卿(애장왕대)
赤位	判官	赤位	
靑位	錄事	靑位	
史	典	史	
	[修營眞智大王寺使院]13)	奉恩寺成典14)	
	[檢校使]15)	衿荷臣	令(애장왕대)
	副使	上堂	卿(애장왕대)
靈廟寺成典	修營靈廟寺使院	(復故)	
上堂	判官16)	上堂	
靑位	錄事	大舍17)	
永興寺成典	監永興寺館18)		
大奈麻	監		
倉部			
卿	侍郎	卿	
大舍	郎中	大舍	
租舍知	司倉	(復故)	
禮部			
大舍	主簿	大舍	
舍知	司禮	舍知	
乘府	司馭府	(復故)	
大舍	主簿	大舍	
舍知	司牧	舍知	
司正府	肅正臺	(復故)	
佐	評事	佐	
例作府	修例府	(復故)	
大舍	主簿	大舍	
舍知	司例	舍知	
船府	利濟府	(復故)	
大舍	主簿	大舍	
舍知	司舟	舍知	

---

11)《삼국사기》권38, 직관지(상) 細註에 "一云 省卿置赤位"라 하였다.

領客典→領客府[19]	司賓府	(復故)	
大舍	主簿	大舍	
舍知	司儀	舍知	
位和府	司位府	(復故)	
衿荷臣			令(애장왕 6년)
上堂[20]			卿(애장왕대)
大舍	主簿	大舍	
左理方府			
佐	評事	佐	
賞賜署	司勳監	(復故)	
大正	正	大正	
大舍	主書	大舍	
大道署			
大正	正	大正	
主書	主事		
典邑署	典京府	(復故)	
永昌宮成典			
上堂	卿	上堂	卿(애장왕 6년)
大舍	主簿	大舍	
國學	大學監	(復故)	
卿	司業	卿	
大舍	主簿	大舍	
音聲署	大樂監	(復故)	
長→卿[21]	司樂	卿	
大舍	主簿	大舍	
大日任典			
大都司	大典儀	(復故)	
小都司	小典儀	(復故)	
都事大舍	大典事	(復故)	
都事舍知	中典事	(復故)	
都謁舍知	典謁	(復故)	
都引舍知	典引	(復故)	
幢	小典事	(復故)	
工匠府	典祀署[22]	(復故)	

彩典	典彩署	(復故)	
新宮	典設館	(復故)	
東市典			
大舍	主事	大舍	
書生	司直	書生	
西市典			
大舍	主事	大舍	
書生	司直	書生	
南市典			
大舍	主事	大舍	
書生	司直	書生	
司範署			
大舍	主事	大舍	
京都驛	都亭驛	(復故)	
內省	殿中省	(復故)	
私臣	殿中令	私臣	
內司正典	建平省	(復故)	
黑鎧監	衛武監	(復故)	
引道典	禮成典	(復故)	
平珍音典	掃宮	(復故)	
詳文師→通文博士[23]	翰林		
天文博士[24]	司天博士		
靑淵宮典	造秋亭	(復故)	
屛村宮典	玄龍亭	(復故)	
少年監典	釣天省	(復故)	
會宮典	北司設	(復故)	
穢宮典	珍閣省	(復故)	
錦典	織錦房	(復故)	
鐵鍮典	築冶房	(復故)	
漆典	飾器房	(復故)	
毛典	聚毳房	(復故)	
皮典	鞄人房	(復故)	
皮打典	鞦工房	(復故)	

磨典	梓人房	(復故)	
御龍省 御伯郎→奉御5)			卿(선덕왕 1년)→監
洗宅	中事省	(復故)	
廩典	天祿司	(復故)	
藥典	保命司	(復故)	
麻典	織紡局	(復故)	
肉典	尙膳局	(復故)	
綺典	別錦房	(復故)	
席典	奉座局	(復故)	
机槪典	机盤局	(復故)	
楊典	司篚局	(復故)	
瓦器典	陶登局	(復故)	
南下所宮	雜工司	(復故)	

[   ]는 추정에 따른 것이다.

---

12) 《삼국사기》 직관지(상)에는 '卿'자로 되어 있으나, '令'자의 誤記가 분명
   하다. 李載昌, 〈三國史記 佛敎鈔存·附註〉, 《佛敎學報》 2, 東國大, 1964. p.317.

13) 이기백(1974), 〈신라 혜공왕대의 정치적 변혁〉, 앞의 책, pp.239~243
   의 〈표〉에서는 奉恩寺成典 관련 기록이 모두 빠져 있다. 그러나 이는 혜
   공왕 1~7년(765~771) 무렵에 처음 설치되었고, 奉恩寺의 당시 이름은
   眞智大王寺였던 만큼, 修營眞智大王寺使院이었을 것이다. 李泳鎬, 〈新羅 中代
   王室寺院의 官寺的 機能〉, 《韓國史硏究》 43, 1983, pp.84~89 참조.

14) 뒤에 奉恩寺成典이라 하였겠지만, 혜공왕 12년 당시에는 眞智大王寺成典으
   로 불렸을 가능성도 있다. 저자는 봉은사의 낙성이 원성왕 10년(794)이
   지만, 처음 창건되기 시작한 것은 혜공왕 1~7년 무렵이었으며, 이때 성
   전이 설치된 것으로 추측하였다. 이영호(1983), 〈신라 중대 왕실사원의
   관사적 기능〉, p.86.

15) 《삼국사기》 권38, 직관지(상)에 "衿荷臣一人 惠恭王始置"라 한 것으로 보아
   혜공왕 때 처음 설치된 봉은사성전의 장관은 금하신이었고, 명칭상 왕
   12년 이후에 처음 설치된 것으로 이해할 수 있다. 그러나 신라 성덕대왕
   신종 명문에 보이는 檢校眞智大王寺使(黃壽永 編, 《韓國金石遺文》, 增補版
   1978, p.285)라는 직명은, 봉은사의 처음 이름이 眞智大王寺임에 비추어
   (주 13) 참조) 관호개혁기인 혜공왕 7년(771) 당시 봉은사성전에 이미
   금하신이 배치되었고, 檢校使라 불렸음을 말해주고 있다. 따라서 직관지의
   금하신 설치 기사는 혜공왕 12년 이후로 한정해서 이해할 것이 아니라

관호개혁에 대해서는 일찍이 전봉덕이 경덕왕 18년의 개정령을
종래의 직관 명칭을 고유식固有式에서 한당식漢唐式으로 아화雅化하여
전면적으로 개칭한 것임을 지적하였다.26) 그 뒤 이기백은 이를 보다

___

혜공왕대에 장관이 설치되었다는 다소 넓은 의미로 파악해야 할 것이다.
16) 諸寺成典에서 上堂은 副使로, 赤位는 判官으로 바뀌고 있으므로 상당과 판관
중 어느 한 쪽이 잘못되었을 것이다. 저자는 두 차례 쓰인 上堂을 중시하여
判官은 副使의 잘못이 아닌가 한다. 이 책 제2편 제3장 p.293의 주 4) 참조.
17) 이기백(1974), 〈신라 혜공왕대의 정치적 변혁〉, 앞의 책, p.240에서 靑
位의 잘못임을 지적하였다.
18) 이기백(1974), 위의 책, p.244의 주 24)에서는 혜공왕대 永興寺成典으로
의 復故 기록이 없는 것은 직관지 기록상의 잘못이며 복고 가능성이 농
후하다고 하였으나, 직관지대로 이해하는 것이 옳다고 생각한다. 이 책
제2편 제3장 〈표-1〉 및 p.332 참조.
19) 《삼국사기》 권38, 직관지(상)에서는 "領客府 本名倭典 眞平王四十三年改爲領
客典(後又別置倭典)"이라 하였으나 領客府로의 개명 시기는 밝히지 않았다.
20) 이상 位和府의 衿荷臣·上堂은 諸寺成典의 그것과는 달리 관호개혁·복고 기
록을 남기지 않고 있다. 아마도 기록의 누락일 것이다.
21) 이는 신문왕 7년(687)에 개명되었다.
22) 《삼국사기》 권38, 직관지(상)에 "典祀署 屬禮部 聖德王十二年置. 監一人 位自
奈麻至大奈麻爲之. 大舍二人 眞德王五年置 位自舍知至奈麻爲之. 史四人"라 하여
예부 소속의 典祀署가 따로 존재한다는 이유로 잘못일 것으로 파악하기
도 한다(이기백(1974), 〈신라 혜공왕대의 정치적 변혁〉, 앞의 책, p.242).
그러나 수공업품을 생산하는 工匠府에서 종교적 기물을 생산하는 기능이
典祀署로 분리되어간 역사적 변천과정을 반영한 것이라든가(홍희유, 《조
선중세수공업사연구》, 과학백과사전출판부, 1978; 지양사, 1989, p.22), 例
作府보다 하급의 관부로서 祠祀 관계의 工事를 담당하였다고 하여(李基東,
〈新羅 中代의 官僚制와 骨品制〉, 《震檀學報》 50, 1980; 《新羅 骨品制社會와 花
郎徒》, 一潮閣, 1984, p.123) 이를 인정하는 견해도 있다.
23) 이는 성덕왕 13년(714)에 개명되었다.
24) 이기백(1974), 〈신라 혜공왕대의 정치적 변혁〉, 앞의 책, pp.239~243
의 〈表〉에서는 天文博士에 관한 사실이 빠져 있다. 그러나 《삼국사기》 권
39, 직관지(중)에는 "天文博士 後改爲司天博士"라 하였고, 경덕왕의 관호개
혁 이전에 天文博士가 존재한 사실도 확인할 수 있으므로(동 권9, 신라본
기 경덕왕 8년 3월조), '後'라 한 것은 관호개혁 시기임을 알 수 있다.
25) 이는 경덕왕 9년(750)에 개명되었다.
26) 田鳳德, 〈新羅의 律令攷〉, 《서울大學校論文集》(人文社會科學) 4, 1956; 《韓國
法制史硏究》, 서울大出版部, 1968, p.264.

체계화하여 다음과 같이 언급하였다.

> 그러면 이러한 官號의 漢化政策은 新羅史에 있어서 어떠한 의미를
> 가지는 것일까. 이 점을 이해하기 위하여는 먼저 그러한 漢化政策이
> 一朝一夕에 이루어진 것이 아니라는 점, 즉 경덕왕 혼자만의 것이 아
> 니라는 점을 알아야 하겠다. 그것은 적어도 신라가 삼국을 통일한 이
> 후 景德王에 이르기까지, 그러니까 소위 中代에 있어서의 일관된 정책
> 이었다. 이러한 漢化政策은 곧 과거의 眞骨 貴族의 聯合을 否定하고
> 王權의 專制化를 촉진시키는 경향의 표현이었던 것이다. 이것은 王의
> 諡號를 統一期에 들어서면서 太宗武烈王·文武王·神文王 등의 漢式으로
> 사용하게 되는 것과 그 의도를 같이하는 것이다. 그러므로 景德王의
> 官號 改革은 武烈王 이후의 專制主義的 경향이 표면화한 하나의 사실
> 에 지나지 않는 것이다.[27]

즉 관호개혁은 경덕왕 당대만이 아닌 중대의 일관된 정책이며, 과
거의 진골귀족의 연합을 부정하고 무열왕 이후의 전제주의적 경향
이 표면화된 하나의 사실이었다는 것이다. 이기백의 이러한 주장은
곧 통설로 받아들여져 학계에 커다란 영향을 미치게 되었다.

그 뒤 김철준은 경덕왕대의 관명官名 내지 관제官制 개혁은 지배

---

[27] 이기백(1974), 〈신라 혜공왕대의 정치적 변혁〉, 앞의 책, pp.246~247.
이기백은 또한 〈景德王과 斷俗寺·怨歌〉, 《韓國思想》 5, 1962; 위의 책
(1974), pp.217~218에서 다음과 같이 말하기도 하였다. "이러한 景德王
의 專制主義的 性格은 그의 官制改革에도 나타나 있다. 그는 16년(757)에
九州를 비롯한 地方郡縣의 名稱을 모두 漢式으로 고쳐버렸다. 또 18년
(759)에는 中央官府의 名稱도 모두 漢式으로 고쳐버렸다. 이러한 漢化政策
은 단순한 名稱의 變更이라고만은 생각할 수가 없다. 秩序가 정연한 中國
의 制度를 模範으로 하는 專制主義的 政治體制를 이룩하려는 意圖에서 나온
것이었다고 생각된다".

력이 과거의 귀족연맹적貴族聯盟的 정치체제에서 왕실전제王室專制 형태로 집중된 새로운 정치형태를 만들기 위한 것28)이라고 하였다. 그의 '귀족연맹' '왕실전제' 등의 표현은 궁극적으로 '귀족연합貴族聯合', '전제주의專制主義'와 같은 내용29)을 의미하므로, 위의 견해와 같은 범주로 분류할 수 있다.

또한 이노우에 히데오가 관직명의 대개정大改正은 경덕왕이 당풍唐風의 관직명으로 고쳐 중대 율령왕권律令王權의 절대화를 꾀한 중요한 정책변경이었다고 한 것이나,30) 녹읍제 부활을 제외한다면 전제적 왕권에 의한 중앙집권적인 정책으로의 개혁이라 평가한 견해,31) 키무라 마코토가 경덕왕대의 관제개혁이 명칭 변경이란 형식적·관념적 개혁이 아니라 중앙집권화와 전제왕권의 강화 기도였으며, 당시 무열왕파武烈王派와 비무열왕파非武烈王派의 대립·항쟁을 신라적 특질을 없앰으로써 해결한 것이었다고 한 주장32) 등도 본질적으로는 이기백의 견해와 같았다.

그 밖에 주보돈은 경덕왕대의 관직·관서의 개칭은 사어부司馭府(옛 승부乘府), 사빈부司賓府(옛 영객부領客府), 사위부司位府(옛 위화부位和府) 등의 예와 같이 한어漢語를 사용하여 미화함으로써 그 관장 업무를

---

28) 金哲埈, 〈新羅 貴族勢力의 基盤〉, 《人文科學》 7, 연세대, 1962; 《韓國古代社會研究》, 서울大出版部, 1990, p.348.
    _____, 〈韓國古代國家發達史〉, 《韓國文化史大系》 Ⅰ(民族·國家史), 高麗大 民族文化研究所, 1964; 《韓國古代史研究》, 서울大出版部, 1990, p.70.
29) 이기백(1974), 〈신라 혜공왕대의 정치적 변혁〉, 앞의 책, p.247의 補註).
30) 井上秀雄, 〈《三國史記》にあらわれた新羅の中央行政官制について〉, 《朝鮮學報》 51, 1969; 《新羅史基礎研究》, 東出版, 1974, p.281.
31) 井上秀雄, 〈新羅政治體制の變遷過程 ―門閥貴族の集團支配と專制王權―〉, 《古代史講座》 4, 學生社, 1962; 위의 책(1974), p.457.
32) 木村誠, 〈統一新羅の官僚制〉, 《東アジア世界における日本古代史講座》 6, 學生社, 1982, pp.143~148.

명확히 한 데 목적이 있는 것 같다[33]는 의견을 제시하였다. 그러나 개명된 관호는 17년 뒤인 혜공왕 12년(776)에 모두 복고되었으므로 그대로 따르기는 어렵다.

또한 키타무라 히테토는 신라의 율령제를 검토하면서 경덕왕대의 관호개혁은 당의 신라에 대한 영향이 약할 때 시행되었으며, 그 뒤의 고유식 명칭으로의 복고는 당의 압력에 말미암은 것이라고 하였다. 경덕왕의 관호개혁 시 당은 안사安史의 난(755년)으로 내정이 혼란하고 지배력이 쇠퇴하여 정치적 압력을 가할 여유가 없었다고 하였다.[34] 이는 다른 견해들과는 달리 대외관계사의 시각으로 보았기 때문에 또 다른 의미가 있다.

그런데 김두진은 통일신라의 역사를 개관하면서 관호개혁을 이에 앞서 실시되었던 녹읍 부활과 연관하여 고찰하였다. 그는 녹읍을 주목하여, 경덕왕대는 전제주의가 빛을 잃어간 시기라는 점에 유의하였다. 따라서 경덕왕의 개혁정치는 전제주의에 대한 귀족들의 강한 반발이 만연된 분위기 속에서 추진되었으므로 애초부터 성공적으로 수행되기 어려웠다고 하였다.[35] 경덕왕의 관호개혁이 전제주의를 촉진시키는 것만이 아니라 그 자체에 한계성이 있음을 지적한 것은 관호개혁의 의미가 일방적으로 강조되어온 추세에서 사실에 한 걸음 접근한 것이었다.

이상과 같이 경덕왕대의 관호개혁에 대해서는 전봉덕의 견해가 나온 이래 이기백·이노우에 히데오·키무라 마코토·주보돈·키타무라 히테

---

33) 朱甫暾, 〈新羅 中古의 地方統治組織에 대하여〉, 《韓國史研究》 23, 1979, p.29.
34) 北村秀人, 〈朝鮮における'律令制'の變質〉, 《東アジア世界における日本古代史講座》 7, 1982, pp.182~196.
35) 金杜珍, 〈統一新羅의 歷史와 思想〉, 《傳統과 思想》 2, 한국정신문화연구원, 1986, p.56.

토·김두진 등이 다양한 견해를 제시하였으나, 아직도 이를 전제주의의 지표로 여기는 학설이 학계의 통설로 받아들여지고 있다. 그리하여 학계에서는 관호개혁의 의미를 강조한 나머지 경덕왕대를 전제주의의 시기로 파악하였던 것이다. 그러나 관호개혁의 의미가 달리 평가된다면, 경덕왕대의 성격도 새로이 검토되어야 하지 않을까 한다.[36]

2. 관호개혁의 시기와 녹읍제 부활

저자는 앞에서 관호개혁에 대한 지금까지의 학설을 일별하였다. 그 가운데 대표적인 견해는 이기백의 주장이라 할 수 있는데, 그는 경덕왕 16년의 관호개혁은 과거의 진골연합을 부정하고 왕권의 전제화를 촉진시키는 경향의 표현이라고 하였다. 그러나 경덕왕 전후의 사정을 검토하면, 관호개혁이 그토록 의미있는 사실인지는 의문스럽다.

지금까지는 경덕왕 16년의 지명개혁과 18년의 관호개혁을 같은 선상에서 이해하였다.[37] 그러나 이는 경덕왕의 당제화 정치 직전에 이루어진 녹읍의 부활을 지나쳤다는 한계가 있었다. 녹읍에 대해서는 《삼국사기》 권8, 신라본기 신문왕 9년(689) 춘 정월조에

---

36) 李基白(1974), 〈景德王과 斷俗寺·怨歌〉, 앞의 책, p.223에서 경덕왕 말년에 전제왕권이 기우는 모습을 엿볼 수 있다고 하였고, 金哲埈(1990), 〈新羅 貴族勢力의 基盤〉, 앞의 책, p.345에서도 신라의 지배체제가 동요되기 시작한 것은 경덕왕 당시부터라 하였다.
    그 밖에 다음의 연구에서도 비슷한 견해를 제시하고 있다. 金英美, 〈統一新羅時代 阿彌陀信仰의 歷史的 性格〉, 《韓國史硏究》 50·51합집, 1985; 同 改題 〈新羅 中代의 阿彌陀信仰〉, 《新羅佛敎思想史硏究》, 民族社, 1994 p.114의 주 6); 金杜珍(1986), 〈統一新羅의 歷史와 思想〉, p.56.
37) 이기백(1974), 〈신라 혜공왕대의 정치적 변혁〉, 앞의 책, p.246.

下敎 罷內外官祿邑 逐年賜租有差 以爲恒式

이라 하여 내외관의 녹읍을 혁파하고 조조(租)를 내렸다고 하였다. 그러
나 동 권9, 신라본기 경덕왕 16년(757) 3월조의 다음 기사와 같이

除內外群官月俸 復賜祿邑

내외군관의 월봉을 폐지하고 녹읍을 다시 주었다. 신문왕대에 폐지
되었던 녹읍이 68년 만에 부활되었던 것이다.
  녹읍 부활의 의미에 대해서는 많은 연구가 있으며, 해석도 다양하
다. 그러나 이는 귀족들의 경제적 기반을 인정해 준 것으로서 왕권에
대한 귀족들의 승리로 흔히 이해되고 있다.[38] 따라서 녹읍의 부활을

38) 金哲埈(1990), 〈新羅 貴族勢力의 基盤〉, 앞의 책.
  姜晋哲, 〈新羅의 祿邑에 대하여〉, 《李弘稙博士回甲記念 韓國史學論叢》, 1969;
  《韓國中世土地所有硏究》, 一潮閣, 1989.
  李基白, 〈新羅의 祿邑에 대한 若干의 問題點〉, 《佛敎와 諸科學》, 동국대,
  1987; 위의 책(1989).
  盧泰敦, 〈統一期 貴族의 經濟基盤〉, 《한국사》 3, 국사편찬위원회, 1978.
  木村誠, 〈新羅の祿邑制と村落構造〉, 《歷史學硏究》 別冊 《世界史の新局面と歷史像
  の再檢討》, 1976.
  井上秀雄, 《古代朝鮮》, 日本放送出版協會, 1972, p.223; 《古代韓國史》(譯本), 日
  新社, 1975, p.248.
  그리고 이기백도 위의 견해를 따르고 있다.
  李基白, 《韓國史講座》 古代篇, 一潮閣, 1982, p.346의 주 51).
  ____, 《韓國史新論》 新修版, 一潮閣, 1990, p.111·p.133.
  녹읍에 대해서는 징세권, 백성, 토지의 영유권을 포함하는 것이란 견해
  가 白南雲, 《朝鮮社會經濟史》, 改造社, 1933, p.432 이후 일반적이나, 관료들
  에 대해 收租權을 분급한 수조지로 파악하거나(李景植, 〈古代·中世의 食邑制
  의 構造와 展開〉, 《孫寶基博士停年記念 韓國史學論叢》, 知識産業社, 1988,
  pp.152~161), 收租를 제외한 力役과 貢賦 및 牛馬에 대한 지배로 한정되

제외하고, 그 이후에 진행된 관호개혁만 주목하여 왕권의 전제화를
촉진한 것이라고 이해하는 것은, 지금까지 강조된 만큼의 의미 부여
가 어려울 것이다.

　최근에 이르러 이에 대한 김두진의 연구가 있긴 하지만,[39] 기존의
연구에서는 대개 이를 연관지어 고찰하지 않았다.[40] 녹읍 문제를 언
급할 때에는 녹읍 부활을 귀족세력이 강성해진 결과였다고 파악하
고,[41] 경덕왕의 관호개혁을 이해할 때에는 녹읍 부활은 언급지 않고
왕권 전제화라는 측면을 강조[42]해온 것이 일반적인 경향이었다. 이
시기 녹읍의 부활이 귀족세력이 강성해진 결과였다면, 경덕왕의 관
호개혁에 대한 지나친 의미 부여는 재고의 여지가 있다고 하겠다.

　지금까지의 견해는 관호개혁의 의미를 강조한 나머지, 관호개혁이

　었다는 견해(木村誠(1976), 〈新羅の祿邑制と村落構造〉, pp.54~59)도 있다.
더욱이 전자는 녹읍의 등장을 人戶를 단위로 농민을 직접 지배하던 단계
에서 토지를 매개로 농민을 지배·수취하는 사회 단계로의 변화로 파악
하였으나, 경덕왕 16년 3월의 녹읍 부활에 대해서는 다소 모호하게 서
술하였다.
　신라의 녹읍에 대한 연구동향은 다음의 글에 잘 정리되어 있다.
李景植, 〈古代·中世初 經濟制度硏究의 動向과 《국사》敎科書의 敍述〉, 《歷史敎育》
45, 1989, pp.109~115.
李喜寬, 〈新羅의 祿邑〉, 《韓國上古史學報》 3, 1990; 同 改題〈祿邑의 性格과 그
變化〉, 《統一新羅 土地制度硏究 ―新羅村落帳籍에 대한 檢討를 中心으로―〉, 西
江大 博士學位論文, 1994, pp.57~58.
趙二玉, 〈新羅 景德王代의 專制王權과 祿邑에 대한 再解釋〉, 《東洋古典硏究》 1, 1993.
39) 김두진(1986), 〈통일신라의 역사와 사상〉, pp.54~58.
40) 李基白, 〈新羅 惠恭王代의 政治的 變革〉(1958)뿐 아니라 《國史新論》(1961),
《新羅政治社會史硏究》(1974)에서도 祿邑에 대해 기술한 대목을 찾을 수 없
다. 그런데 《韓國史新論》 新修版, 1990, pp.132~133에서는 경덕왕대 진골
귀족들의 전제주의 타도운동을 막기 위해 漢化政策을 실시하였으나 실효
를 거두지 못하였다고 하였다. 이를 보면 녹읍의 부활 무렵 왕권은 이
미 기울었음을 알 수 있겠다.
41) 주 38) 참조.
42) 이기백(1974), 〈신라 혜공왕대의 정치적 변혁〉, 앞의 책 pp.245~247.

단순히 명칭의 변경에만 그친 것으로 파악해서는 안 되며, 신라가
삼국을 통일한 이후 중대의 일관된 정책이었다고 하였다. 또한 경덕
왕대의 개혁정치에 반대한 인물이 상대등 김사인金思仁이며, 그는 자
신의 건의가 받아들여지지 않자 경덕왕 16년(757) 1월 상대등에서
물러났다고 하였다. 이는 경덕왕이 반대파의 의견을 무시하고 그의
정책을 추진할 만큼 전제주의적 경향을 띠었음을 나타내는 것이라고
이해하였다.43) 그러나 관호개혁이 중대에서의 일관된 정책의 맥락을
갖는 것이라면, 상대등이었던 김사인이 갑자기 이에 반대하여 관직
을 물러났다고 한 것은 납득하기 어렵다. 더구나 김사인이 관호개혁
의 반대자가 아니라고 한다면, 경덕왕의 전제주의적 경향은 부각되
기 어려운 것이다.

그럼 여기서 관호개혁에 반대하여 상대등에서 물러났다고 한 김
사인에 대한 해석을 검토해 보자. 상대등은 귀족세력의 대변자로서
왕권과 대립되는 존재였다고 한다.44) 그리고 중대 상대등은 중시中
侍(시중侍中)에게 권한을 양보하고 정치의 일선에서 물러나 방관자적
인 위치에 있었다고 하였다.45) 《삼국사기》 신라본기에서 관련 자료
를 정리하면 다음과 같다.

> (1) 以角干思恭·伊湌貞宗·允忠·思仁各爲將軍 (권8, 성덕왕 31년
> 동 12월)
>
> (2) 遺伊湌允忠·思仁·英述檢察平壤·牛頭二州地勢 (권8, 성덕왕 35년

---

43) 李基白, 〈上大等考〉, 《歷史學報》 19, 1962; 앞의 책(1974), pp.108~111.
　　＿＿＿＿(1974), 〈景德王과 斷俗寺·怨歌〉, 위의 책, p.218.
44) 이기백(1974), 〈상대등고〉, 위의 책, p.96 및 〈신라 집사부의 성립〉, 같
　　은 책, p.152. 이러한 주장에 대한 비판은 이 책 제2편 제1장 참조.
45) 이기백(1974), 〈상대등고〉, 위의 책, pp.105~107.

동 11월)

(3) 命大臣貞宗·思仁閱弩兵 (권9, 효성왕 5년 하 4월)

(4) 拜伊湌金思仁爲上大等 (권9, 경덕왕 4년 춘 정월)

(5) 上大等思仁病免 伊湌信忠爲上大等 (권9, 경덕왕 16년 춘 정월)

위의 사료에 따르면, 김사인은 상대등에 취임하기 전인 성덕왕 31년(732) 12월에, 당시의 상대등인 사공思恭[46]과 사공의 뒤를 이어 효성왕 1년(737) 3월에 상대등이 되는 정종貞宗, 그리고 성덕왕 24년(725) 중시에 취임한 윤충允忠 등과 함께 장군에 임명되었다. 성덕왕 35년(736) 11월에는 위의 윤충 및 영술英述과 함께 그 전 해에 당으로부터 영유권을 확보한 패강 이남 지역 진출을 위해 북경北境 일선 지대인 평양, 우두 두 주의 지세를 검찰檢察하였다.[47] 또한 효성왕 5년(741)에는 상대등 정종貞宗과 함께 노병弩兵을 사열하였고, 이찬으로 상대등에 취임한 것은 경덕왕 4년(745) 1월이었다.[48] 그는 12년 동안이나 상대등에 재임하다 왕 16년 1월에 병을 이유로 물러났다. 이상의 경력을 보아 그는 성덕·효성·경덕왕의 3대에 걸쳐 활약하였으며, 대체로 군사와 관계되는 직책을 맡고 있었다고 하겠다.[49]

---

46) 《삼국사기》 권8, 신라본기에 따르면, 思恭의 상대등 취임 시기는 성덕왕 27년 7월로서 효성왕 즉위 시까지 재임한 것으로 추측된다.(李基白, 〈上大等考〉, 앞의 책(1974), p.103). 이하 정종의 상대등 취임 시기나 윤충의 중시 취임 시기는 《삼국사기》 신라본기 참조.

47) 李基東, 〈新羅 下代의 浿江鎭 ─高麗王朝의 成立과 關聯하여─〉, 《韓國學報》 4, 1976; 앞의 책(1984), pp.212~213. 평양을 현재의 북한 평양으로 이해하기도 하지만(이기백(1974), 〈상대등고〉, 앞의 책, p.107) 이기동은 오늘날의 서울인 北漢山郡에 비정하고 있다.

48) 金石文에는 "天寶四載乙酉思仁大角干……"이라 하여 《삼국사기》와는 달리 이 해 이미 大角干이었다고 하였다(〈新羅无盡寺鍾銘〉, 《韓國金石全文》 古代, 1984, p.135).

49) 이기백(1974), 〈상대등고〉, 앞의 책, p.108. 이기백은 혹 이점이 그가

그런데 그가 경덕왕 15년(756) 2월에

    上大等金思仁 以比年災異屢見 上疏極論時政得失. 王嘉納之 (《삼국사기》
    권9, 신라본기)

라 하여 시정의 득실을 극론極論하였다. 이에 이기백은 김사인의 시
정극론 1년 뒤인50) 경덕왕 16년 12월에 주·군·현의 명칭이 바뀌고,
18년 1월에는 중앙 관부·관직의 명칭이 변경되었음을 주목하고, 이
는 왕당파라고 부를 수 있는 경덕왕 중심의 일파가 전제주의적 개
혁을 단행하려고 하는 계획에 김사인이 반대한 것이라고 하였다.51)
그리고 그가 상소한 이듬해 1월 병으로 면직되었다는 것은 그의 주
장이 용납되지 않았기 때문이며, 병으로 물러난 상대등은 김사인 하
나의 예밖에 없기 때문에 수상하다고 하였다. 만일 재이災異가 많이
나타났고, 또 그의 상소가 《삼국사기》의 기록대로 가납嘉納되었다면,
그의 상소의 대상이었다고 믿어지는 시중은 어찌하여 물러나지 않
았는가 하는 의문을 제기하였다. 결국 이기백은 김사인이 경덕왕과
집사부 중심의 한화정책漢化政策에 반대하다가 용납되지 못하자 물러
나게 된 것이라 논단하고,52) 이는 고유한 전통을 지키려고 하는 고
유한 명칭의 상대등과 한화정책을 쓰려는 한식 명칭의 집사부의 대
립상의 일면을 보여주는 것으로, 이 경우에는 상대등이 패배한 것이

    영토적 확장에 대한 의욕이 강한 上代 이래의 전통적 정신의 소유자가
    아닐까 추측하였다. 그러나 이러한 이유가 반왕파인 증거는 되지 못한다
    고 생각한다.
50) 엄격히 말하면 1년 10개월 뒤로서 사실상 2년 후라고 할 수 있다.
51) 이기백(1974), 〈상대등고〉, 앞의 책, p.108.
    _____(1974), 〈경덕왕과 단속사·원가〉, 위의 책, p.218.
52) 이기백(1974), 〈상대등고〉, 위의 책, pp.108~109.

라고 하였다.[53]

집사부의 장관인 중시와 상대등을 대립적으로 보는 것은 일단 논외로 하더라도,[54] 김사인이 재이災異가 자주 나타나자 상소하여 시정을 극론한 것을 한화정치에 반대한 때문이라 하여 그 의미를 확대해석하고, 그 뒤에 취임하는 신충信忠과는 달리 반왕파였다고 단정하는 것은 성급한 것이라 생각한다. 저자는 김사인이 시정을 극론한 것은 반왕파였기 때문이 아니라, 그가 시정의 득실을 극론할 만큼 친왕적이었음을 뜻한다고 풀이한다.[55] 따라서 김사인의 시정극론에 대해서 경덕왕이 가납했다는 기록은 정당하다고 판단하는 것이다.

김사인을 반왕파로 파악한 종래의 해석은 경덕왕대의 제반 사정을 검토하지 않고 관호개혁 문제에만 집착한 결과였다. 김사인이 퇴임한 시기가 1월이었고 또 그 이유가 병 때문이었다고 한 사실은, 그의 은퇴가 정상적이었고 아쉬움 속에서 이루어졌음을 의미한다고 생각된다.

김사인이 상소하여 시정을 극론한 것은 재이 때문이었다. 그가 시정극론한 구체적 내용을 알 수 없어 유감이지만, 저자는 경덕왕 16년(757) 3월의 녹읍 부활과 관련 있는 것으로 생각한다. 녹읍의 부활이 왕권에 대한 귀족의 승리를 의미한다면, 이러한 귀족들의 움직임에 대한 무마책이 필요하였고, 이때 김사인은 친왕파로서 녹읍 부활에 반대한다는 상소를 한 것으로 짐작되는 것이다. 그리고 그가 퇴임하였다는 것은 결국 귀족들의 주장이 관철되었고 그의 주장은

---

53) 이기백(1974), 앞의 책, p.109.
54) 이에 대한 검토는 이 책 제2편 제1장 및 제2장 참조.
55) 중앙 핵심 관부의 관직자들을 親王派, 反王派로 분류하는 것 자체에 문제가 없지는 않다고 생각하지만, 구태여 구분한다면 친왕파일 것이다.

받아들여지지 못했음을 시사해 주는 것이다. 또한 녹읍의 부활은 경덕왕 15년 2월의 상소 약 1년 뒤, 곧 왕 16년 1월의 그의 상대등 퇴임 직후에 이루어졌으나, 지명개혁은 그의 상소 1년 10개월 뒤에 이루어졌고, 관호개혁은 3년 뒤에나 이루어졌다는 사실도, 김사인과 관호개혁을 관련시킬 수 없음을 뜻한다고 생각된다. 그렇다면 경덕왕이 상대등 김사인을 면직케 하면서까지 전제주의적 경향을 띠면서 관호개혁을 단행하였다는 주장은 성립되기 어렵다고 하겠다.

3. 관호복고와 중대 전제주의론

경덕왕 16년 12월의 지명개혁에 이어 단행된 왕 18년의 관호개혁은 17년 동안의 생명밖에 갖지 못하였다. 즉《삼국사기》권9, 신라본기 혜공왕 12년 춘 정월조에는

　　　　下敎 百官之號 盡合復舊. 幸感恩寺望海.

라 하여 백관의 칭호를 모두 복구하였다고 하는데, 이는 경덕왕대의 관호개혁이 원점으로 돌아간 것을 의미한다. 그리고 그 구체적 사례를《삼국사기》직관지에서 일일이 확인할 수 있다(〈표-1〉참조).

혜공왕 12년(776)의 관호복고에 대해 이기백은 다음과 같은 견해를 제시하였다.

　　　　이렇게 생각한다면 惠恭王 12년의 官號 復故는 단순한 景德王의 政策에 대한 否定만이 아니었음을 알 수 있다. 그것은 실은 中代的인 것

에 대한 否定을 표시한 사건이었다. 中代의 否定은 물론 下代의 到來를
말하는 것이다. 그런데 下代의 創始者들의 口號는 上代(中古)에의 復歸
였다. 이 上代(中古)에의 復歸에 대한 所望은 그러나 단순한 官號의 復
故로써 그치는 것이 아니었다. 政治體制 전반에 걸친 復故, 즉 貴族(眞
骨)聯合의 復故에 대한 소망을 의미하는 것이었다. 그들은 소망에도 불
구하고 이것은 문자 그대로 실현될 수는 물론 없는 일이었다. 어쨌든
惠恭王 12年의 官號 復故가 지니는 歷史的 意義는 이것이 中代에서 下
代로의 커다란 社會的 變化를 상징하고 있다는 데에 있다.56)

관호의 복고는 단순히 경덕왕의 정책에 대한 부정이 아니라 중대
적인 것에 대한 부정을 의미하는 것이며, 중대에서 하대로의 커다란
변동을 상징하고 있다는 것이다. 이기백은 김양상을 반왕파(반중대,
반경덕·혜공왕)의 중심 인물로 상정하고, 그가 상대등에 취임한 혜공
왕 10년(774) 무렵을 중·하대의 정권교체기57)로 파악하기 때문에,
의당 관호의 복고가 중대의 부정을 의미하고 하대의 도래를 나타내
는 것으로 여길 수밖에 없을 것이다. 또한 관호복고의 의미가 심장
한 만큼 관호개혁의 의미도 크게 부각되어야만 했을 것이다. 따라서
경덕왕대의 관호개혁을 과거의 진골귀족의 연합을 부정하고 무열왕
이후의 전제주의적 경향이 표면화된 하나의 사실로 이해한 것은58)
관호복고의 의미를 확대 해석했기 때문이라 생각된다.

다시 말해 종래 관호복고의 의미를 파악하는 데는 혜공왕 10년
반왕파反王派인 김양상에 말미암은 정권교체설이 바탕이 되었다. 즉

---

56) 이기백(1974), 〈신라 혜공왕대의 정치적 변혁〉, 앞의 책, p.247.
57) 이기백(1974), 위의 책, pp.229~237.
    관호개혁으로 인해 비로소 진골귀족의 연합이 부정되었다면, 당시까지
    왕권의 전제화는 성립되지 않았다는 논리도 될 수 있다.
58) 이기백(1974), 위의 책, p.247.

혜공왕대를 친왕파와 반왕파의 대립이란 시각에서, 반왕파의 거두인 김양상이 상대등에 취임함으로써 정권이 교체되었으며, 관호복고는 김양상 등 반왕파의 반동으로 이해하였던 것이다.

그러나 저자는, 다음 장에서 자세히 살피듯이, 이러한 주장이 성립되기 어렵다고 생각한다. 김양상은 반왕파의 거두가 아니라 오히려 혼란 속에서도 혜공왕 체제를 유지시키려 한 핵심 인물이었다고 파악하는 것이다.[59] 그는 반왕파가 아니라 친왕파였으므로, 그를 관호개혁의 반대자이며 관호복고를 단행한 인물이었다는 주장 또한 설득력이 약하다고 생각한다. 따라서 관호의 복고는 단순한 경덕왕의 정책에 대한 부정이 아니라 중대적인 것에 대한 부정을 표시하는 사건이라고 확대 해석한 견해는 재고되어야 한다고 믿는다.

경덕왕대에 개명되거나 혜공왕대에 복고된 관호를 살필 때에도, 관호개혁을 전제주의적 경향이 표면화된 것으로, 관호복고를 이의 부정으로 파악한 견해는 의문의 여지가 있다. 만약 관호개혁이 될 수 있는 최대한의 것이었다면, 이의 복고도 마찬가지였다는 것이다. 그리고 관호개혁과 복고가 단지 17년 만에 일어난 일이라는 점을 고려하면, 관호개혁이 중대 전제주의적 경향의 표현이고, 관호복고는 이의 부정을 의미한다는 논리도, 다소 무리가 있지 않을까 한다.

앞의 사료 《삼국사기》 권9, 신라본기 경덕왕 18년 1, 2월조나 동 직관지에서 살필 수 있듯이(〈표-1〉 참조), 경덕왕대에 개명되거나 이후 복고된 것은 관부명과 대사大舍·사지舍知 등 3, 4등관이었을 뿐 1, 2등관의 경우는 제사성전諸寺成典을 제외하면, 변경 사실을 별로 찾을 수 없다.[60] 뿐만 아니라 관호개혁 시에 관부·관직이 통·폐합되거나 신설되는 등 관직체계 자체가 바뀐 사례도 사실상 나타나지 않았다.

---

59) 李泳鎬, 〈新羅 惠恭王代 政變의 새로운 解釋〉, 《歷史敎育論集》 13·14합집, 1990; 이 책 제1편 제4장.
60) 관호복고의 의미가 심장하다면, 마땅히 이도 고유식으로 고쳐야 할 것이다.

지금까지의 연구는 혜공왕 12년 관호개혁의 의미에 대해서만 주목하였다. 하지만, 관호개혁이 1년여 앞서 이루어졌던 지명개혁과 맥을 같이하는 것이라면, 지명의 복고 여부도 검토되어야 한다. 그러나 복고 사실을 밝힌 연구는 찾을 수 없었다.[61] 이는《삼국사기》지리지에 대한 사료비판이 미진했기 때문으로 여겨지는데, 우선 경덕왕대 개명된 지명이 혜공왕대에도 복고되지 않고 유지되었다고 한다면, 관호복고의 의미는 축소될 수밖에 없을 것이다. 즉 양자 모두 고유식 명칭을 당식唐式으로 고친 것이었으나, 더 토착성이 강하다고 할 수 있는 지명이 복고되지 않은 상태에서 관호만 복고하는 것은 전제주의 부정론으로서 의미가 약하기 때문이다.

저자는 다음과 같은 이유에서 혜공왕 12년에 지명도 복고되었다고 생각한다.《삼국사기》지리지에는 이 같은 사실이 모두 빠져 있으나, 이는 대체로 경덕왕 16년(757) 지명개혁 때까지의 사실만 수록하였고, 그 이후의 사실은 반영하지 못한 자료의 한계 때문으로 파악하는 것이다. 비록 일부 사례이지만, 다음의 자료는 혜공왕대의 지명복고 여부를 판단하는 데 매우 시사적이다.

　(1) 尙州牧 新羅沾解王取沙伐國爲州 法興王改爲上州 眞興王廢州爲上
　　　洛郡. 神文王復置州 景德王改爲尙州 惠恭王復爲沙伐州(卽唐代宗
　　　大歷十一年丙辰)(《世宗實錄》地理志, 尙州牧)
　(2) 晋州牧 百濟居列城 新羅文武王二年癸亥取以爲州 神文王四年乙酉
　　　陞居列州爲菁州 置摠管(居列一居陀) 景德王改爲康州 惠恭王復
　　　爲菁州 (同 晋州牧)

---

61) 김철준(1990),〈신라 귀족세력의 기반〉, 앞의 책, p.347에서는 地名의
　　改革은 다시 복구되지 않았다고 하였다.

주·군·현의 명칭 가운데 상주尙州, 강주康州는 경덕왕대에 개명된
지명이었으나 혜공왕때에 사벌주沙伐州,[62] 청주菁州로 각각 복고되었
다. 이들만이 복고되었다는 증거를 찾을 수 없는 이상 이를 예외적
현상으로 생각하기는 어렵다. 더욱이 사벌주의 경우 대력 11년, 즉
혜공왕 12년(776)임을 밝히고 있는 것을 보더라도 관호와 지명은
함께 복고되었으나 《삼국사기》 지리지에는 복고 사실이 모두 누락
되었고, 오히려 《세종실록》 지리지 등[63] 뒷 시기의 자료에 일부가
수록된 것으로 이해하는 것이다.

혜공왕 12년 이후 하대 초에도 《삼국사기》 신라본기나 금석문 등
에 여전히 지명개혁 이전의 명칭이 사용되고 있다는 사실은,[64] 이
러한 관점에 설 때 비로소 납득될 수 있다고 믿는다. 관호와 지명이
동시에 복고되었다고 해서 그 의미가 확대되는 것이 아니라 경덕왕
의 개혁이 애초 의미가 약한 것이었음을 뜻한다고 해석된다.[65]

---

62) 위의 사료에는 "神文王復置州"라 했으나, 《삼국사기》 권9, 신라본기 경덕
    왕 16년 12월조에 "改沙伐州爲尙州"라 한 것에서 경덕왕 개명 전의 명칭
    이 沙伐州임을 알 수 있다.
63) 혜공왕대 沙伐州, 菁州로의 지명복고 사실은 《高麗史》 地理志, 《新增東國興地
    勝覽》, 《邑誌》(慶尙道) 등에도 실려 있다.
64) 《삼국사기》 신라본기에 보이는 9주의 명칭을 비롯하여, 屈押縣(권10, 원
    성왕 2년 9월조), 居(巨)老縣 (권10, 소성왕 원년 3월조), 頭肹縣(권10,
    애장왕 원년 8월조) 등은 모두 경덕왕대에 개명되기 이전의 명칭이다.
    이러한 경향은 당대의 금석문에서도 확인되는데, 永川菁堤碑 貞元銘(원성
    왕 14년, 798)에 臨皇郡, 獐山郡이 아닌 切火押梁二郡이라 하거나, 慶州 高
    仙寺誓幢和尙碑(애장왕대, 800~809)에 菁驍(縣)가 아닌 音里火라 한 사실
    이 있고, 또한 禪林院鐘(애장왕 5년, 804)이나 蓮池寺鐘(흥덕왕 8년, 833)
    등에도 管城郡이나 康州가 아니라 舊名인 古尸山郡, 菁州 등이 사용되었다
    (《韓國金石全文》 古代, p.31·p.149·p.155·p.165).
65) 이러한 관점에서 삼국통일 직후의 지방제도 개편과 이에 따른 촌락 구조상
    의 변화를 주목한 최근의 연구 경향은 바람직스럽다고 생각한다. 朱甫暾,
    〈統一期 新羅 地方統治體制의 整備와 村落構造의 變化〉, 《大丘史學》 37, 1989.

한편 경덕왕대의 관호개혁이 전제주의적 경향의 표현이었다면, 하대인 선덕왕 이후는 그러한 경향을 띠지 않았을까? 그리고 관호개혁은 경덕왕 이후에는 다시는 없었을까?《삼국사기》직관지에서 볼 수 있다시피 우선 애장왕대의 관호개혁의 예는 사천왕사성전四天王寺成典 등 제사성전諸寺成典 조에서 찾아볼 수 있다.[66]

四天王寺成典, 景德王改爲監四天王寺府, 惠恭王復故. 衿荷臣一人, 景德王改爲監令, 惠恭王復稱衿荷臣, 哀莊王又改爲令, 位自大阿湌至角干爲之. 上堂一人, 景德王改爲卿, 惠恭王復稱上堂, 哀莊王又改爲卿, 位自奈麻至阿湌爲之. 亦位一人, 景德王改爲監, 惠恭王復稱赤位. 靑位二人, 景德王改爲主簿, 惠恭王復稱靑位, 哀莊王改爲大舍, 省一人, 位自舍知至奈麻爲之. 史二人 (중략)

感恩寺成典, 景德王改爲修營感恩寺使院, 後復故. 衿荷臣一人, 景德王改爲檢校使, 惠恭王復稱衿荷臣, 哀莊王改爲令. 上堂一人, 景德王改爲副使, 惠恭王復稱上堂, 哀莊王改爲卿(一云 省卿置赤位). 赤位一人, 景德王改爲判官, 後復稱赤位. 靑位一人, 景德王改爲錄事, 後復稱靑位. 史二人, 景德王改爲典, 後復稱史 (하략) (《삼국사기》권38, 職官 上)

그리고 그 뒤에도 다시 관호개혁이 있었음은 신라 황룡사구층목탑찰주본기皇龍寺九層木塔刹柱本記 등의 자료에서 확인할 수 있다.

<hr>

66)《삼국사기》권8, 신라본기 애장왕 6년 추 8월조에 "頒示 公式二十餘條"라 한 사실에서 직관지의 '애장왕'은 '애장왕 6년'으로 추정되고 있다(李基東,〈新羅 下代의 王位繼承과 政治過程〉,《歷史學報》85, 1980; 앞의 책 (1984), pp.153~154). 또한 內省 私臣의 애장왕대 관호개혁의 가능성을 시사한 연구도 있다(木村誠(1976),〈新羅の祿邑制と村落構造〉및 武田幸男,〈新羅の村落支配 ―正倉院所藏文書の追記をめぐって―〉,《朝鮮學報》81, 1976, p.246).

成典

監脩成塔事 守兵部令平章事伊干臣金魏弘

上堂 前兵部大監阿干臣金李臣

　　　倉府卿一吉干臣金丹書

赤位 大奈麻臣新金賢雄

青位 奈麻臣新金平矜 奈麻臣金宗猶

　　　奈麻臣金歆善 大舍臣金愼行(下略)

(黃壽永 編,《韓國金石遺文》增補版, 일지사, 1978, pp.162~163)

위에서, 872년 당시 황룡사성전皇龍寺成典의 관원과 관직 명칭을 살필 수 있다. 앞서의 사천왕사성전과 견주어 볼 때, 성전의 제2등관인 상당上堂은 애장왕 때 '경卿'으로 바뀌었으나 여기서는 '상당上堂'으로 복고되어 있고, 제4등관인 청위靑位는 애장왕 때 '대사大舍'로 바뀌었으나 '청위靑位'로 복고되어 있다. 또한 병부兵部 '대감大監'·창부倉府 '경卿' 등도 '시랑侍郎'이 아니라 옛 명칭을 그대로 사용하고 있다. 그 밖에도 관명·지명의 개정 사실은 금석문 등에서 다수 확인되고 있다.[67]

종래 관호개혁의 의미를 파악하는 데는 《삼국사기》 직관지를 주요한 자료로 활용하였다. 그러나 《삼국사기》 직관지는 중·하권[68]은

---

67) 李基東,〈羅末麗初 近侍機構와 文翰機構의 擴張 ─中世的 側近政治의 志向─〉,《歷史學報》77, 1978; 앞의 책(1984), pp.236~237에서는 9세기 후반 官號의 개정 사례를 구체적으로 열거하고 있다. 그리고 지명의 개정도 昌林寺無垢淨塔願記(855) 등 당시의 금석문에서 다수 살필 수 있다.

68) 《삼국사기》권39, 직관지(중) 宮內部 관계 기록을 분석한 三池賢一은 그 주요 기사가 중대 말인 혜공왕 12년(776) 이후 그리 멀지 않은 시기의 것으로서 애장왕 7년(806) 이전의 어느 시기에 작성된 것으로 추측하였고, 직관지(하) 兵制 관계 기사를 검토한 井上秀雄은 7세기말 신문왕대 이후 그리 멀지 않은 시기의 일괄 자료로 파악하였다.

물론 상권[69]의 경우도 하대의 상태를 거의 반영하지 못하였다. 다시 말해 하대에도 관부·관직의 개명 사실이 있음에도 중대의 사실만 분리시켜 관호개혁의 의미를 강조한 것은 전체적인 측면을 고려하지 않은 사례라 할 수 있기 때문이다.[70] 만약 관호개혁이나 지명개혁이 전제주의적 경향을 나타내는 것이라면,[71] 하대의 경우도 마찬가지로 해석할 수 있다. 그렇다면 관호개혁을 하나의 근거로 중대는 전제왕권 시대이고, 하대는 귀족연립 시대라고 파악한 것[72]은 재검토되어야 할 것이다.

이상에서 살핀 바와 같이, 관호복고를 '중대 전제왕권'을 부정하는 것으로 확대 해석하기보다는, 경덕왕의 정책에 대한 부정[73]을 나타

三池賢一, 〈新羅內政官制考(上)〉, 《朝鮮學報》 61, 1971, p.9.

井上秀雄, 〈新羅兵制考(上·下)〉, 《朝鮮學報》 11·12, 1957·1958; 앞의 책(1974), p.137.

69) 앞의 〈표-1〉에서 보듯이, 《삼국사기》 권38, 직관지(상)의 경우도 집사부 하나의 예외가 있긴 하지만, 애장왕 7년 이후의 사실은 반영하지 못하였다.

70) 이기동은 하대의 경우 《삼국사기》의 기사가 절대적이 될 수 없음을 다음과 같이 지적하고 있다. "더욱이 羅末麗初의 신라 관계 金石文을 보면 下代에 광범위한 官職改革이 진행되고 있던 것을 짐작할 수 있으나, 이것은 新羅本紀는 물론 職官志에는 거의 나타나지 않고 있다.……물론 이러한 기구들이 金石文 자료에 주로 나타날 뿐 正史의 기록에서 소홀히 취급된 점은 문제가 될 것이다. 이기백씨는 금석문의 사료로서의 중요성을 충분히 인정하면서도 한편 그 중요성이 인정되어 正史에 채록된 것과는 차이를 둘 수 있다고 하였거니와 저자도 이에 동감이다. 한편 그 正史의 기록이 일반적으로 불충분하고, 또한 중요한 사실이 많이 탈락된 그러한 성격의 것이라면 금석문자료에 전적으로 의존하게 되는 것도 어쩔 수 없는 일이 아닐까 생각한다." 이기동(1984), 〈나말여초 근시기구와 문한 기구의 확장〉, 앞의 책, p.232.

71) 이기백(1974), 〈신라 혜공왕대의 정치적 변혁〉, 앞의 책, pp.246~247.

72) 李基白, 〈新羅 惠恭王代의 政治的 變革〉(1958)에서 처음 제시된 것으로 이는 《新羅政治社會史研究》(1974) 전체를 꿰뚫는 일관된 견해이다.

73) 신라와 비슷한 시기 渤海나 日本도 唐式으로의 한화정책이 취해졌음을 살필 수 있다. 발해는 地名에 있어 고구려 시대의 州 이름을 그대로 이어받아 처음 두 글자로 된 명칭을 사용하다가 중국식인 한 글자로 된 명칭

내는 것으로 의미가 축소되어야 할 것이다. 그리고 관호개혁 자체도 종래와 같이 중대 왕권의 전제주의적 경향의 표현이라기보다는 다소 형식적인 명칭의 정비였으며, 확대된 의미는 찾기 어렵다고 하겠다.

을 사용하였는데, 그 시기의 하한은 759년쯤이었다(宋基豪,〈발해 文王代 의 개혁과 사회변동〉,《韓國古代史硏究》6, 1993; 同 改稿〈文王의 文治〉, 《渤海政治史硏究》, 一潮閣, 1995, p.108). 일본은 奈良時代인 758년(天平寶字 2) 8월 당시의 실권자 藤原仲麻呂가 官名을 唐式으로 개명하였으나, 반란을 일으켜 敗死한 직후인 764년 9월에 복고하였다(岸俊男,《藤原仲麻呂》, 吉川 弘文館, 1969). 발해와 일본에서 각각 唐制化 정책이 추진된 759년 무렵과 758년 8월은, 신라의 당제화 정책이 757년(地名改革, 경덕왕 16) 12월과 759년(官號改革, 경덕왕 18) 1월로서 거의 같은 시기였다는 사실이 주목된 다. 차후 보다 깊이 검토해야 할 것이지만, 그 시점이 일치한다는 것은 반드시 우연만은 아니라고 생각된다.《삼국사기》권9, 신라본기 경덕왕 17년 4월조에는 이 해 신라가 律令博士 二員을 두었다고 한다.

한편, 관호가 복고된 데에는 이유가 없지는 않았을 것이며, 그에 대한 반발도 있었을 것이다. 그러나 정권이 교체되면서까지 반발이 있었다고 는 생각되지 않는다. 이럴 때 주목되는 것은《高麗史》권1, 太祖 元年 (918) 6월조의 다음 기록이다. "詔曰 朕聞乘機革制 正謬是詳 道俗訓民 號令必 慎 前主 以新羅階官郡邑之號 悉皆鄙野改爲新制 行之累年 民不習知 以至惑亂 今悉 從新羅之制 其名義易知者 可從新制".

즉 고려 태조는 즉위 직후 내린 敎書에서, 궁예가 신라의 官職과 郡邑의 호칭이 鄙野하다 하여 新制를 만들었으나, 이를 행한 지 여러 해가 되었 는데도 백성들이 익숙하지 못하여 혼란에 빠지게 되었다고 하면서, 신라 의 것을 기본으로 하고 新制를 참고하여 개혁하라고 하였다. 이는 신라 혜공왕대의 관호복고에도 시사적이다.

제4장   혜공왕대 정변의 새로운 해석

혜공왕대는 신라 정치사에 있어서 커다란 격동의 시기였다. 전후 6차례나 되는 대란大亂이 줄을 이었는가 하면, 이러한 혼란의 소용돌이 속에서 혜공왕까지 피살되고 말았다.

지금까지 신라 중대의 정치사, 특히 혜공왕대의 정변에 주목한 연구는 이미 여러 차례 시도되어 일정한 성과를 거두어 왔다.1) 그러나 혜공왕대를 시대적 전환기로 이해하면서도, 지금까지의 연구는 대부분 단편적 고찰에 치중하였을 뿐 전후의 역사적 맥락을 충분히

---

1) 李基白, 〈新羅 惠恭王代의 政治的 變革〉, 《社會科學》 2, 1958: 《新羅政治社會史研究》, 一潮閣, 1974.
　井上秀雄, 〈新羅政治體制の變遷過程 ─門閥貴族の集團支配と專制王權─〉, 《古代史講座》 4, 1962; 《新羅史基礎硏究》, 東出版, 1974.
　鈴木靖民, 〈金順貞·金邕論 ─新羅政治史の一考察─〉, 《朝鮮學報》 45, 1967: 《古代對外關係史の研究》, 吉川弘文館, 1985.
　李昊榮, 〈新羅 中代王室과 奉德寺〉, 《史學志》 8, 檀國大, 1974.
　_____, 〈聖德大王神鍾銘의 解釋에 관한 몇 가지 問題〉, 《考古美術》 125, 1975.
　浜田耕策, 〈新羅の聖德大王神鍾と中代の王室〉, 《响沫集》 3, 學習院大學史學會, 1981.
　金壽泰, 〈統一新羅期 專制王權의 崩壞와 金邕〉, 《歷史學報》 99·100합집, 1983; 同 改題 〈眞骨貴族勢力의 정권장악과 金邕〉, 《新羅 中代 專制王權과 眞骨貴族》, 西江大 博士學位論文, 1991.
　_____, 〈新羅 宣德王·元聖王의 王位繼承 ─元聖王系의 成立과 관련하여─〉, 《東亞研究》 6, 1985; 同 改題 〈專制王權의 붕괴와 眞骨貴族의 권력투쟁〉, 위의 학위논문(1991).

고려한 것은 아니었다고 판단된다. 왜냐하면 중대에서 하대로의 전환과정이라는 시각에서의 본격적인 논고는 1958년에 발표된 이기백의 〈신라 혜공왕대의 정치적 변혁〉2) 외에는 이렇다 할 연구를 찾을 수 없을 뿐더러, 연구자들도 이 논리에 너무나 쉽게 동조함으로써 사실의 올바른 이해를 포기해 버렸기 때문이다. 즉 혜공왕 16년(780)의 김지정의 난 직후에 혜공왕이 피살되었다는 점에 집착한 나머지 사건의 전개를 '친왕파'와 '반왕파'의 대립으로 지나치게 도식화하였고,3) 더욱이 정치적 측면에서 신라 사회의 변질과정을 파악한다는 명목 아래 중대 말 혜공왕대의 특정 시점을 하대의 기점4)으로까지 해석한 것이다.

저자는 이미 학계의 통설화되다시피 여겨져온 연구들을 차례로 검토하면서 기존의 학설에 의지하는 한 혜공왕대의 정변政變에 대한 진정한 이해는 물론, 신라사 전반에 걸친 이해도 피상적일 수밖에 없을 것이라는 심증을 갖게 되었다. 따라서 이 책에서는 지금까지의 연구를 검증하면서 혜공왕대의 정치를 새로이 조명하고자 한다.

먼저 혜공왕 시해자에 대해 《삼국사기》와 《삼국유사》가 서로 다른 기술을 남기고 있음에 유의하고, 지금까지의 선학의 학설을 일별하려 한다. 그리고 《삼국유사》의 기록에 따라 김양상金良相이 혜공왕

---

2) 이기백(1974), 〈신라 혜공왕대의 정치적 변혁〉, 앞의 책, pp.228~254.
3) 중대 정치세력의 분류에서 親王派·反王派라는 용어가 흔히 사용되고 있다. 이 가운데 '친왕파'란 용어에 대해서는 수긍할 수 있다 하더라도 '반왕파'란 용어를 사용하는 데는 신중할 필요가 있지 않을까 한다. 상대등, 중시 등 중앙 핵심 관부의 관리들을 '反王派' 즉 '왕에 반대하는 파'로 규정하는 것은 의문이 있다고 생각하기 때문이다. 王黨派·非王黨派 또는 王黨派·反王黨派 등의 용어가 보다 적절하지 않을지 정치사상사적 검토가 요청된다.
4) 李基白은 위의 책, pp.229~237에서 惠恭王 10년(774)을 그 起點으로 파악하였다. 그러나 上代·中代·下代의 구분은 《삼국사기》에 따른 것인 만큼 《삼국사기》가 惠恭王까지를 중대로, 宣德王부터를 下代로 구분하였는가 하는 이유에 중점을 두어야 하며, 이를 떠나 하대의 기점 운운하는 것은 《삼국사기》의 본래 의도와는 거리가 있다고 생각한다.

을 시해하였다고 여겨 그를 반혜공왕파反惠恭王派의 거두로 인식한다
든가, 그가 상대등에 취임하는 혜공왕 10년(774)에 정권의 교체가
이루어져 사실상 중대는 막을 내리고 하대가 도래하였다는 학계의
통설에 대하여, 그 타당성 여부를 당시의 시대적 추이 속에서 재검
토하겠다.

나아가, 지금까지의 학설에 따라 김양상을 처음부터 반혜공왕파였
다고 이해할 때 어떤 문제가 파생되는지에 대해서도 검토하고자 한
다. 최근에는 김양상이 반왕파였다는 시각에서 출발하여 중대·하대
의 교체 시기는 이미 경덕왕 19년(760)부터였다는 견해까지 제시되
었기 때문이다.5) 저자는 신설을 검토함으로써 통설화된 주장이 내
포한 모순의 일면을 밝히는 한편, 혜공왕대 정치의 주역이었던 김옹
과 김양상의 정치적 성격을 주목하려 한다.

1. 문제의 제기

혜공왕대는 신라의 격변기였다. 《삼국사기》 권9, 신라본기에는 혜
공왕대의 여러 반란 사건을 나열한 뒤, 마지막 해인 왕 16년조에서
다음과 같은 기사를 남기고 있다.

> 春 正月, 누런 안개가 끼었다.
> 二月, 흙비가 왔다. 왕은 어려서 즉위하여 성장함에 따라 聲色에 빠
> 지고, 무시로 巡遊하여 기강이 문란하고 災異가 거듭 나타나며, 인심
> 이 이반하고 社稷이 불안하였다. 伊湌 金志貞이 叛하여 무리를 모아
> 궁궐을 圍犯하였다.

5) 김수태(1991), 〈진골귀족세력의 정권장악과 김옹〉, 앞의 학위논문, p.156.

　　夏 四월, 上大等 金良相이 伊湌 敬信과 함께 擧兵하여 志貞 등을
목베었으나, 王과 后妃는 亂兵에게 시해되었다. 양상 등이 왕의 시호
를 惠恭王이라 하였다. 元妃 新寶王后는 이찬 維誠의 딸이요, 次妃는
伊湌 金璋의 딸이다. 그 入宮한 연월은 역사에 전하지 않는다.

　　혜공왕 16년(780) 1월에 누런 안개가 끼었고, 2월에는 흙비가 내
렸다. 고대의 천재지변은 흔히 정치변혁을 예고하는 것이므로6) 이
는 그 해의 정치 변화를 암시하는 것으로 여겨진다.

　　혜공왕이 어린 나이로 즉위하자 점차 나라의 기강이 문란하고 사
직社稷이 불안하였다. 이에 이찬 김지정이 반란을 일으켜 무리를 모
아 궁궐을 에워싸고 침범하였다.7)

　　더욱이 4월이 되어서는 상대등 김양상과 이찬 경신敬信이 거병擧兵
하여 지정志貞 등의 목을 베었으나, 왕과 후비后妃는 난병亂兵에게 시
해弑害되었다. 즉 국가 기강 문란을 틈타 김지정이 반란을 꾀했고, 이
에 상대등 김양상과 이찬 경신이 이를 진압하지만, 왕과 후비는 난병
에게 피살되었다는 것이다. 여기서 난병은 김지정의 병사를 말할 것
이다.8) 따라서 《삼국사기》의 기사를 따른다면 혜공왕은 김양상·경신

6) 申瀅植, 〈新羅本紀 內容의 檢討〉 및 〈天災地變 記事의 個別的 檢討〉, 《三國史記
　　研究》, 一潮閣, 1981.
7) 이기백은 이를 親惠恭的 叛亂으로 해석하였으나(이기백(1974), 〈신라 혜
　　공왕대의 정치적 변혁〉, 앞의 책, p.231의 주 11) 및 p.237) 지나친 추리
　　라 생각한다. 親惠恭的 거사를 '叛亂'이라고 하였을지는 실로 의문이기 때
　　문이다. 이기백이 反惠恭的 叛亂으로 규정한 혜공왕 4년(768)의 大恭·大廉
　　형제의 반란(같은 논문 p.231)도 "集衆圍王宮"(《삼국사기》 권9, 신라본기
　　혜공왕 4년조)이라 하여 거의 같은 표현을 사용하였음을 주목하면, 적어
　　도 《삼국사기》 신라본기의 기사만으로 金志貞의 반란을 親惠恭的 叛亂으로
　　단정할 수는 없을 것이다.
8) 위의 사료에서 이찬 김지정은 '叛'했다고 했으나, 김양상·경신은 '擧兵'했
　　다고 하였다. 따라서 亂兵은 金志貞의 兵이었음을 알 수 있다. '叛'字는 나
　　라나 임금을 배반할 때 또는 제후가 朝會하지 않을 때 사용한다고 한다.

의 연합세력이 아닌 김지정의 세력에게 시해되었다고 하겠다.9)

그러나 《삼국유사》에서는 《삼국사기》와는 정반대로 김양상 등에게 혜공왕이 피살되었다는 기록을 남기고 있다. 《삼국유사》 권2, 기이2, 경덕왕·충담사·표훈대덕 조에는 혜공왕의 탄생을 둘러싼 경덕왕과 표훈대덕의 설화를 설명하면서 혜공왕의 시해자에 대해 비교적 분명한 언급을 하고 있다.

경덕왕의 玉莖은 길이가 8[寸]이나 되었다. 아들이 없으므로 (왕비를) 폐하여 沙梁夫人으로 봉했다. 후비 滿月夫人의 시호는 景垂太后이며, 依忠 角干의 딸이다.

왕이 하루는 表訓大德을 불러 "내가 복이 없어 아들이 없으니 대덕은 上帝에게 청하여 아들을 있게 하여 달라" 하였다. 표훈이 天帝에게 올라가 고하고 돌아와서 아뢰되 "上帝가 말하기를 딸은 얻을 수 있으나 아들은 얻을 수 없다 하십니다" 하였다. 왕이 말하되 "딸을 바꿔 아들로 해 주기를 바란다" 하였다. 표훈이 다시 올라가 천제에게 고하니, 천제 이르기를 "그렇게 할 수는 있으나 아들이 되면 나라가 위태할 것이다" 하였다. 표훈이 내려오려 할 때 천제가 다시 불러 이르기를 "하늘과 사람 사이를 문란케 못할 것이니 지금 대사가 이웃같이 왕래하여 天機를 누설하니 이후로는 다시는 다니지 말라" 하였다. 표훈이 돌아와서 천제의 말로서 깨우쳤으나, 왕은 이르기를 "나라는 비록 위태롭더라도 아들을 얻어 뒤를 이으면 족하다" 하였다.

그 후 만월왕후가 太子를 낳으니 왕이 매우 기뻐하였다. 태자가 8세

───────────

《十三經注疏》 爾雅篇 "所言叛者 或據邑而拒其君" 및 《漢書》 권27, 五行志 下之上 "侯不朝玆謂叛" 참조.
9) 김지정의 난은 2월에 일어났으나 김양상의 거병은 4월에 있었다고 하였다. 이는 김지정의 난이 계속되는 가운데, 김양상이 반지정파를 규합, 거병하는 기간이 2개월가량 소요되었기 때문으로 생각된다.

때에 왕이 돌아가므로 즉위하니 이가 惠恭大王이다. 왕이 어린 까닭에
太后가 攝政하였는데 정사가 다스려지지 못하고, 盜賊이 蜂起하여 이
루 막을 수 없었으니 표훈의 말이 맞았다. 왕이 여자로서 남자가 되었
으므로, 돌날부터 왕위에 오를 때까지 항상 婦女의 遊戲를 하여 비단
주머니 차기를 좋아하였고, 道流(道士)와 함께 희롱하므로 나라가 크
게 어지러웠다. 마침내 왕은 宣德과 金良相의 弑害하는 바가 되었고
(修[終]爲宣德與金良相所弑), 표훈 이후에는 신라에 聖人이 나지 아니
하였다.

　　이처럼 혜공왕은 아들 낳기를 바라는 아버지 경덕왕의 간절한 소
망 때문에, 아들을 낳으면 장차 나라가 위태로워질 것이라는 상제上
帝(천제天帝)의 경고를 감수하면서 태어난 왕이었다. 그는 본래 여자
였으나 남자로 바뀌어 태어났기 때문에 늘 부녀의 유희遊戲를 하고
몸에는 비단 주머니를 찼으며, 즉위한 뒤에는 탄생 전의 예언과 같
이 정사가 잘 다스려지지 못하고 도적이 벌떼처럼 일어나 나라가
크게 어지러웠다. 그런데 말미의 "수위선덕여김양상소시修爲宣德與金
良相所弑"라는 구절은 혜공왕을 시해한 인물을 구체적으로 명시하고
있다. 즉 선덕宣德과 김양상이 혜공왕을 시해했다고 단언한 것이다.
여기서 '수修'자는 흔히 '종終'자로 이해하고 있으며, '선덕宣德'은 곧
김양상이므로 '김양상金良相'은 선덕왕에 이어 원성왕이 되는 '김경신
金敬信'의 잘못일 것으로 여겨지고 있다.[10] 따라서 김양상과 김경신

---

10) 李丙燾,《原文并譯註 三國遺事》, 廣曺出版社, 1977, p.62·p.247.
　　이기백(1974),〈신라 혜공왕대의 정치적 변혁〉, 앞의 책, p.237의 주 17).
　　《삼국유사》의 撰者 一然이 혜공왕의 시해를 밝힌 결정적 순간에 이 같은
　　잘못을 범하였다는 것은 어쩐지 공교로운 느낌이 든다. 金良相은 宣德이
　　란 諡號를 적으면서 金敬信은 이름을 적은 것도 다소 석연치 않다. 이러
　　한 관점에 설 때 一然이 혜공왕 시해자를 자세히 고증한 바탕 위에서
　　기술했는지 매우 의심스럽다.

이 혜공왕을 시해했다는 것이다.

이상에서 《삼국사기》와 《삼국유사》의 해당 기사를 검토하였다. 《삼국사기》가 혜공왕 시해 사건의 전개과정에 치중하면서 살해자를 언급하였다면, 《삼국유사》는 혜공왕 시해자 자체를 비교적 명료히 단정하고 있다. 혜공왕 시해의 주체가 누구인가에 대해서 이처럼 고대사 연구의 기본사서인 《삼국사기》와 《삼국유사》가 기술을 달리하고 있어, 뒷날 이 방면 연구자들에게 커다란 혼란을 초래하였다. 《삼국사기》를 따르는 연구자들은 김지정을 혜공왕 시해의 장본인으로 파악하는가 하면, 《삼국유사》를 중시하는 연구자들은 김양상을 시해자로 파악하고, 여기서 그를 반혜공왕파의 거두로 인식하게 되었던 것이다.

그러면 혜공왕 시해 사건에 대한 종래의 해석은 어떠한지 여러 연구자들의 견해를 살펴보기로 하자. 먼저 《삼국사기》의 설을 따라 김지정을 혜공왕의 시해자로 지목하는 견해이다.

(1) 七八○년 伊湌 金志貞이 叛亂하여 王과 그 后妃들은 弑害되었으나 上大等(上臣) 金良相에 依하여 叛亂은 鎭靜되고 金志貞은 誅戮되었다. 그리고 金良相이 스스로 王(宣德王)이 되었다. (孫晋泰, 《朝鮮民族史槪論(上)》, 乙酉文化社, 1948, p.214)

(2) 惠恭王은 王族 金志貞 등의 叛亂에 被殺되고 志貞 등의 亂은 上大等 金良相 伊湌 金敬信 등의 擧兵에 의하여 直時 平定되고 王位는 良相 敬信에 依하여 相次繼承되었다.[11] (李丙燾, 《國史大觀》, 白暎社, 1953, p.136)

(3) 三國遺事에서는 이 王代의 亂을 〈王都 및 五道州郡과 九十六角

---

11) 李丙燾, 《韓國史》古代篇, 乙酉文化社, 1959, p.714에도 거의 똑같이 전재되어 있다.

干이 相戰大亂〉하였다는 表現을 하고 있는데 惠恭王代에 이르러서 中
代를 支配하였던 王統과 權臣의 勢力은 沒落하고 惠恭王 自身도 그의
十六年에 드디어 伊湌 金志貞의 亂兵에 의하여 弑害당하고 말았다.
(李弘稙(外),《韓國史新講》, 新丘文化社, 1958, p.113)

    (4) ……780년(惠恭王 16년)에 일어난 伊湌 金志貞의 반란군은 마침
내 惠恭王을 殺害하기에 이르렀다. 金志貞의 叛亂은 上大等 金良相에
의하여 鎭壓되고, 良相이 王位에 올라서 이가 奈勿王의 10世孫이라고
하는 宣德王이다. (韓㳓劤,《韓國通史》, 乙酉文化社, 1969, p.115 및 同 改
訂版, 1987, pp.106~107)

    (5) 이러한 때에 武烈王系의 유력자인 金周元이 侍中으로 재임하여
王을 보필하고 있었으나, 한편으로 奈勿王系의 金良相이 上大等이 되
어 점차 권력을 장악한 다음에 그의 주도로 官號를 복구시키는 등으
로 反中代的인 조치를 강구하였을 때, 惠恭王 16년(780)에는 伊湌 金
志貞이 王의 부덕을 내세우고 반란을 일으키게 되었다. 이에 上大等
金良相과 伊湌 金敬信이 亂을 진압하였으나 이 叛亂 중에 王과 王妃
는 弑害되고 金良相이 즉위하여 宣德王이 되었으며, 마침내 中代王朝
는 붕괴되고 말았다. (李明植,《韓國古代史要論》, 螢雪出版社, 1983,
pp.186~187)

    (6) 同(惠恭王-저자 주) 16년에는 伊湌 金志貞이 叛亂하여 궁궐을
포위 공격하여 王과 王妃를 弑害하였다. (文暻鉉,《高麗 太祖의 後三國
統一 硏究》, 螢雪出版社, 1987, p.11)

    위와 같이《삼국사기》의 설에 따라 혜공왕대의 정변을 이해한 연
구자는 손진태, 이병도, 이홍직, 한우근, 이명식, 문경현 등으로 모두
국내 학자들이란 점이 주목된다. 이들의 주장은《삼국유사》기록과
의 엄격한 비교 검토를 진행한 다음에 도출된 견해가 아니었다는

점에서 일말의 불안감을 갖고 있었다. 그러나 혜공왕의 시해자를 김
지정으로 파악하고, 김지정의 난을 진압한 사람이 김양상, 김경신
등이었다고 함으로써 김양상이 혜공왕대 반왕파로 활동하였다기보
다[12] 친왕파였다고 파악한 것은 바람직한 견해로 평가되었다.[13]

다음은 《삼국사기》보다는 《삼국유사》 쪽을 따르는 견해이다. 이도
대부분 두 사서를 상호 비교 검토한 바탕 위에서 출발했다기보다는,
혜공왕 시해자를 명기한 《삼국유사》의 기록에서 거슬러 올라가 혜
공왕대의 정치를 이해하려 하였다.

(1) 最後의 해에는 伊湌 金志貞이 반하여 宮闕을 犯하고, 그에 대해
擧兵한 이는 上大等 金良相과 伊湌 敬信으로서 이들은 金志貞을 誅殺하
는 동시에 王 및 后妃를 살해하고 良相 스스로 왕위를 찬탈하여 前王에
게 惠恭王이란 시호를 추증했다. (池内宏, 〈新羅의 骨品制와 王統〉, 《東洋學
報》 28~3, 1941; 《滿鮮史研究》 上世 第2册, 吉川弘文館, 1960, p.578)

(2) 景德王의 子 惠恭王이 즉위함에 미쳐 大恭, 金融, 金隱居, 廉相,
金志貞 등의 반란이 이어졌고, 上大等 金良相은 伊湌 金敬信과 함께
擧兵하여 金志貞을 토벌하고, 마침내 왕을 弑害하고 自立했으니 이를
宣德王이라 한다. (林泰輔, 《朝鮮通史》, 進光社書店, 1944, p.46)

(3) 惠恭王(765~780)의 시대에는 數回의 반란이 있어, 결국 왕을

---

12) 다만 李明植은 金良相과 金志貞을 모두 반왕파로 파악하면서 김지정의 반
   란을 김양상이 진압하였다고 하였다.
13) 《삼국사기》 권10, 신라본기 신무왕 즉위년조의 史論에는 "羅之彦昇 弑哀
   莊而卽位, 金明 弑僖康而卽位, 祐徵 弑閔哀而卽位, 今皆書其實, 亦春秋之志也"라
   하여 헌덕·민애·신무왕이 각각 애장·희강·민애왕을 시해하고 즉위한 사실
   을 《삼국사기》에 적은 것은 春秋의 뜻이라고 하였다. 그런데 金良相(뒤의
   宣德王)이 惠恭王을 시해하고 즉위했다면, 위의 사론에 함께 열거되거나
   독립된 사론이 있어야 할 것이다. 그러나 그에 대한 사론이 빠져 있다
   는 것은 《삼국사기》의 찬자가 김양상을 혜공왕 시해자로 여기지 않기
   때문일 것이다.

살해한 宣德王(780~785)이 즉위했다. (旗田巍,《朝鮮史》, 岩波書店, 1951, p.59)

(4) 惠恭王 10年(774)에 良相(뒤의 宣德王) 一派가 政權 奪取에 성공한 뒤에는 金隱居 등이 몇 차례에 걸쳐서 政權의 奪取를 위하여 쿠데타를 일으켰으나 모두 失敗에 돌아가고 결국 良相 등에 의하여 惠恭王도 弑害되고 말았다. (李基白,《國史新論》, 泰成社, 1961, p.117)[14]

(5) ……惠恭王 16년(780) 2월에 志貞이 反亂을 일으켜 궁중을 포위 했다. 4월이 되어서 上大等 金良相은 敬信 등과 擧兵하여 志貞 등을 주살하고, 惠恭王도 혼란 중에 살해하고 말았다. (井上秀雄,《古代朝鮮》, 日本放送出版協會, 1972, p.131;《古代韓國史》(역본), 日新社, 1975, p.256)

(6) ……惠恭王 10(774)년에는 귀족세력의 대표자적인 위치에 있었던 金良相이 上大等이 되면서 실권을 장악하기에 이르렀다. ……傍系貴族들의 반발로 官制를 복구하고 귀족들에 대한 억압을 중지하지 않을 수 없었던 惠恭王은 그 말년인 16년(780)에 伊湌 志貞의 반란을 계기로 하여 군사를 일으킨 上大等 金良相과 金敬信 등에 의하여 피살됨으로써 中代王室은 마침내 단절되기에 이르렀다. 결국 中代王室에 의해서 억압을 받아오던 傍系貴族 가운데 하나인 金良相과 金敬信의 양대 연합세력에 의해서 中代王室은 타도된 것이었다. (崔柄憲,〈新羅下代社會의 動搖〉,《한국사》3, 국사편찬위원회, 1978, pp. 428~430)

(7) 780년의 大恭·大廉의 난을 시작으로 10년 여의 사이에 6차례의 내란이 발생하였다. 혜공왕 자신은 내란의 과정에서 反專制王權派의

---

14) 李基白,《韓國史新論》, 一潮閣, 1967, p.112 및 동 改正版, 1976, p.113에서는 위의 사실을 더욱 보강하여 다음과 같이 서술하였다. "惠恭王 10년(774)에는 드디어 貴族派인 良相이 政權을 奪取하는 데 성공하여 王은 虛位를 지키다시피 하였다. 이에 金隱居 등이 몇 차례에 걸쳐 王權의 回復을 꾀하였으나 모두 실패로 돌아가고 결국 良相 등에 의하여 惠恭王은 죽음을 당하였다."

金良相·金敬信에게 살해되었다. 그리고 金良相·金敬信이 제각기 宣德
王·元聖王으로 즉위함으로써 武烈王系는 끊어지고 이 항쟁은 專制王權
에 반대하는 세력의 승리로 끝났다. (木村誠(外),《朝鮮の歷史》, 三省堂,
1974;《韓國의 歷史》(역본), 한울총서 30, 1984, pp.67~68)

(8) 780년에 상대등 金良相, 伊湌 金敬信 등이 惠恭王을 죽이고 金
良相이 스스로 즉위해서 宣德王이 된 사건은 新羅史에 한 시기를 긋
는 것이었다. 즉 현직 최고 관료들이 왕위를 찬탈하는 쟁투가 시작되
었다. (武田幸男,《朝鮮史》, 山川出版社, 1985;《한국사》(역본), 청아출판사,
1987, p.72)

(9) 惠恭王은 8세에 왕위에 오른 어린 왕이었으므로 太后 滿月夫人
이 攝政했으며, 異母 外叔인 金邕과 金良相이 實權을 장악하고 있었다
고 보입니다.

大恭亂은 一吉湌 大恭과 그의 아우 阿湌 大廉이 공모하여 王宮을
에워싸고 왕권에 도전했는데, 이때 전국의 96角干이 서로 3년 동안이
나 싸웠다는 것입니다. 6년(770)에는 大阿湌 金融이 모반 했고, 11년
(775) 6월에는 伊湌 金隱居가, 8월에는 伊湌 廉相, 侍中 正門이 모반
하였습니다.

이 같은 반란은 모두 현직에 있거나 과거에 있었던 眞骨貴族이었으
며, 그때마다 王을 업고 실권을 장악했던 金邕과 金良相이 자기네의
위치를 굳히기 위해서 반란을 물리쳤고, 王權에의 도전을 하지 말라는
뜻에서 聖德大王神鍾을 만든 것도 바로 이때였습니다.

그러나 16년(780)에는 伊湌 志貞이 王宮에 침입했는데 당시 上大等이
던 金良相은 志貞의 무리를 誅殺하는 동시에 惠恭王을 죽이고 宣德王을
즉위시켰습니다.[15] (李昊榮,《韓國古代史의 理解》, 瑩雪出版社, 1979, p.244)

15) "宣德王으로 즉위하였습니다."의 잘못일 것이다.

위에서 《삼국유사》의 설에 따라 김양상을 혜공왕의 시해자로 파악한 여러 연구자들의 견해를 살필 수 있다.[16] 이 가운데 일본 학자들의 주장이 다수를 이루고 있다. 그러나 이들 견해는 혜공왕대의 정치과정을 세밀히 검토하여 도출한 것이 아니라 단순히 《삼국유사》의 기록을 바탕으로 《삼국사기》의 기사를 적절히 해석한 것이었다. 따라서 양 학설의 진위 여부를 엄밀히 가릴 틈이 없었다.[17]

그러나 일부 학자들의 경우는 사정이 약간 달랐다. 먼저 이기백의 견해는 〈신라 혜공왕대의 정치적 변혁〉이란 자신의 정치精緻한 논문에서 도출된 것이었기 때문에[18] 연구자들에게 커다란 반향을 불러일으켰다. 그의 연구 결과는 곧바로 자신이 집필한 개설서[19]에도 그대로 반영되었다는 점에서 김양상은 반왕파이며, 혜공왕을 시해한 장본인이라는 것을 스스로 부동不動의 사실로 인식하고 있음을 엿보게 한다. 하지만 문제는 단지 김양상이 혜공왕의 시해자였다는 사실에 있는 것이 아니다. 오히려 이를 단서로 하여 그가 상대등에 취임한 혜공왕 10년(774)을 정권이 탈취된 해이며, 중대가 종말을 고한 정권교체의 시점으로 파악함으로써, 그를 반왕파의 거두로 인식한

---

16) 개설서 가운데 집필자를 제대로 밝히지 않은 것은 모두 생략했다. 그러나 다음의 경우는 집필자를 밝혔으나 김양상이 혜공왕을 시해하였다고만 간략히 언급한 것이다.
   河炫綱, 《韓國의 歷史》, 新丘文化社, 1983, p.92.
   邊太燮, 《韓國史通論》, 三英社, 1986, p.143.
17) 三品彰英, 《三國遺事考証(中)》, 塙書房, 1979, p.96에서도 "《삼국사기》에는 惠恭王이 金志貞의 亂兵에 의해 弑害되었다고 되어 있으나 《삼국유사》의 설이 옳다고 생각한다"라고 하여 근거를 추구하지 않고 막연한 추측에 따르고 있다.
18) "《삼국유사》의 설이 옳은 양으로 안다"라 한 것으로 보아(李基白(1974), 〈新羅 惠恭王代의 政治的 變革〉, 앞의 책, p.237의 주 17) 결국은 막연한 판단에 근거하였음을 알 수 있다. 그러나 다른 연구자들과는 달리 그 배경을 나름대로 체계화시킨 점에 차이가 있었다.
19) 주 14) 참조.

것은 의문이라고 판단하기 때문이다. 혜공왕대의 정치에 대한 그의
연구는 새로운 시각에서의 획기적 연구였기 때문에 이후 많은 공감
共感을 얻어 왔던 것이 사실이다. 따라서 그의 주장이 타당하다면
이 책 자체가 큰 의미를 갖기는 어렵겠지만, 반대로 《삼국사기》의
설이 타당성을 갖거나 혜공왕 시해 사건만을 근거로 김양상의 정치
적 성격을 소급 적용시킬 수 없다면, 김양상을 처음부터 반혜공왕파
였다고 지목한 그의 학설은 근본에서부터 재조명되어야 할 가능성
을 내포하고 있다고 하겠다.

한편 최병헌은 혜공왕 10년 김양상이 실권을 장악하였다고 하여
이기백의 학설에 접근하였으나, 중대 왕실에 억압받던 김양상, 김경
신 세력으로 말미암아 중대 왕실이 타도되었다는 논리를 전개하였
다. 만약 김양상이 혜공왕을 시해하였다는 설을 따른다면 "억압받던
김양상"이 아니라 "실권을 장악하고 기회를 엿보던 김양상" 등으로
서술하는 것이 옳지 않을까 한다. 또한 억압받던 사람이 계속 승진
하여 상대등이 될 수 있었는지도 의문스럽다.

다만 근래에, 당시까지 별로 관심을 갖지 않았던 신라 성덕대왕신
종聖德大王神鐘 명문에 주목한 이호영이, 혜공왕 4년의 대공大恭의 난,
6년의 김융金融의 난, 11년의 김은거金隱居의 난, 염상廉相·정문正門의
난 등 혜공왕대 일어난 일련의 반란을 당시 왕을 업고 실권을 장악
했던 김옹과 김양상이 자기들의 위치를 굳히기 위해서 모두 물리쳤
다고 한 것은 김양상을 반혜공왕파로 보아온 이기백 등의 견해와는
상반되는 참신한 주장이었다고 생각한다. 그러나 그도 뚜렷한 설명
없이, 혜공왕 16년 지정이 왕궁에 침입하자 상대등이던 김양상이
그의 무리를 주살하는 동시에 혜공왕을 시해하였다고 서술하여 《삼
국유사》의 설에 쉽게 접근한 것은, 자신의 논리에 비추어 아쉬운 감
이 있었다.

이상과 같이 혜공왕 시해를 둘러싼 견해는 크게 두 가지로 나누어진다.[20] 그 가운데 이기백으로 대표되는 후자의 경우는 김양상을 혜공왕 시해자로 파악함으로써 그를 이전 시기부터 반혜공적 인물로 인식한 데 문제가 있었다. 그러면 지금까지의 주장처럼 김양상은 반왕파의 중심 인물로서 혜공왕을 시해하였을까? 그리고 그가 상대등에 취임한 혜공왕 10년(774)이 과연 중대가 종말을 고한 정권교체의 시기였을까? 다음에서는 이를 검토하기로 하자.

2. 혜공왕 시해 사건과 김양상

김양상이 혜공왕을 시해한 장본인으로 반왕파의 핵심적 인물이란 주장은 이기백의 연구로 말미암아 확고한 사실인 양 인식되어 왔다. 이기백은 이를 바탕으로 하여 신라 정치사를 전체적으로 조망眺望할 수 있는 단계로까지 확대 발전시켰다. 그리하여 정치성격상 신라 상대는 귀족연합기貴族聯合期, 중대는 전제왕권기專制王權期, 하대는 귀족연립기貴族聯立期로 파악[21]하였음은 널리 알려진 사실이다.

---

20) 다음의 연구는 엄밀한 사료비판 없이 《삼국사기》와 《삼국유사》의 기록을 그때그때 취사선택하여 일관된 견해를 파악하기 어렵다.

　末松保和, 〈新羅下古諸王薨年存疑〉, 《青丘學叢》 4, 1933; 《新羅史の諸問題》, 東洋文庫, 1954, p.422.

　_____, 〈新羅三代考 ―新羅王朝史の時代區分―〉, 《史學雜誌》 57~5·6합집, 1949; 위의 책(1954), p.27.

　또한 崔在錫, 〈新羅王室의 王位繼承〉, 《歷史學報》 98, 1983; 《韓國家族制度史研究》, 一志社, 1983, p.139에서는 《삼국사기》와 《삼국유사》의 두 가지 설이 모두 타당하다고 하였으나, 이는 왕위계승 원칙을 구명하려는 의도에서 나온 것인 만큼 역사적 고찰과는 거리가 멀다.

21) 이기백(1974), 〈신라 혜공왕대의 정치적 변혁〉, 앞의 책, pp.253~254. 이는 《新羅政治社會史研究》 전반에 걸친 일관된 견해이다.

그러나 김양상을 혜공왕 시해의 장본인이며 반왕파의 거두巨頭였다고 단정하는 데에는 우선 다음과 같은 몇 가지 문제가 지적될 수 있다.

첫째, 김양상이 혜공왕을 시해하였다는 《삼국유사》의 기록을 지나치게 의식한 나머지[22] 김양상은 그 전부터 시해 순간까지 반왕파였다고 이해한 것이다. 물론 결과론에서 소급하여 앞선 시기를 풀이하는 것도 하나의 방법일 수는 있으나, 이를 너무 고정적으로 파악할 경우 정치적인 변수를 무시한 역사 해석이 될 우려가 있다. 다시 말해 혜공왕대는 10여 년 동안에 6차례의 대란이 이어진 격동기였던 만큼 정치상황이 가변적일 수 있다는 점도 고려하는 것이 순리가 아닐까 한다.

둘째, 우리나라 사학계에서 이기백의 공헌은 실로 지대한 것임은 췌언贅言이 필요하지 않지만, 오늘날의 관점에서 평가할 때 그의 사학에 약간의 결함이 내포되어 있다는 것 또한 사실이 아닐까 생각한다. 한국고대사 더욱이 신라사 연구에 있어 그의 약점 가운데 하나는 《삼국사기》, 《삼국유사》, 중국 사서의 〈동이전〉 등의 문헌자료에 주로 의지하였을 뿐 당대의 금석문 자료를 자세히 살피지 않았다는 것이다. 이는 그의 신라사 연구가 우리나라 국사 연구의 초기 단계인 1950~60년대에 체계화되었다는 시대성에서 말미암은 측면이 크겠지만, 신라사의 경우 금석문을 제외하고서는 사실을 제대로 파악하기 어렵다는 것은 널리 알려진 사실인 것이다. 이런 점에서 혜공왕대의 정치사를 검토할 때는 신라 성덕대왕신종 명문[23]을 반

---

22) 사실 이는 석연치 않은 기록이었다. 앞의 주 10) 참조.
23) 성덕대왕신종은 현재 國立慶州博物館 앞뜰의 종각에 걸려 있으며, 이는 朝鮮總督府, 《朝鮮金石總覽(上)》, 1919, pp.38~40 및 劉喜海, 《海東金石苑》 권 1, 二銘艸堂校刊, 1882; 嘉業堂, 1932 등에 全文이 소개되었고, 다음과 같은 연구도 있었다.
今西龍, 〈聖德大王神鍾之銘〉, 《新羅史硏究》, 近澤書店, 1933, pp.527~536.

드시 살펴야 했으나 그러하지 못한 것은 납득하기 어렵다. 성덕대왕
신종 명문에는 혜공왕 7년(771)의 사실로 그가 주목한 김양상보다
더욱 우월한 실권자인 김옹과 같은 인물이 나타나고 있음을 지나쳐
버린 것이다. 이러한 점이 그의 연구가 가지고 있는 한계성이라 할
것이다.

한편, 이기백은 정치적 측면에서의 하대의 기점은 김양상이 상대등
에 취임한 혜공왕 10년(774) 무렵이었으며, 이때 정권이 교체되었다
고 하였다. 그리고 그 증거로서 아래의 몇 가지 사실을 열거하였다.

먼저, 혜공왕 3년(767) 왕의 즉위를 전하는 사신으로 당에 다녀왔
고, 이어 시중을 지냈을 만큼 친왕적인 인물이었던 김은거가 왕 11
년에 반란을 일으킨 것은, 반왕파가 정권을 장악한 데 대한 반항이
다. 따라서 김은거가 반란을 일으키기 전년인 혜공왕 10년 9월에 김
양상이 상대등에 취임하였다는 것은 그가 반왕파임을 말함과 동시
에 하대적인 성격의 신정권新政權이 들어선 것을 의미하며, 이후 혜
공왕은 허수아비화하고[24] 허위虛位를 지키다시피 하였다.[25]

다음 《삼국사기》 신라본기에 따르면, 혜공왕 재위 16년 가운데
11년 동안(실은 10년 동안—저자 주)에 파견된 견당사절遣唐使節은 11
회였다. 이 중 8회가 왕 9~12년(이기백은 이를 10~13년으로 이해함)
에 이르는 4년 사이에 파견되었다.[26] 즉 이 기간에는 매년 2회씩의
견당사절이 파견되었으며, 그 뒤 사신의 파견은 중지되었다. 이는
그 전후의 상태와 큰 차이가 있는 것으로, 김양상의 상대등 취임 연

葛城末治,〈新羅聖德王神鍾〉,《朝鮮金石攷》, 大阪屋號書店, 1935, pp.213~221.

24) 이기백(1974),〈신라 혜공왕대의 정치적 변혁〉, 앞의 책, p.236.

25) 李基白,《韓國史新論》, 1967, p.112 및 동 改正版, 1976, p.113. 또한 동
　　新修版, 1990에서는 "헛되이 빈자리를 지키다시피 하였다"라고 하였다.

26) 뒤에서 살피겠지만, 이도 사료를 엄밀히 검토하지 않았기 때문이다. 재
　　위 11년 동안 12회의 견당사절이 파견되었는데, 이 가운데 8회가 9
　　년~12년 사이에 있었다.

대와 일치하며, 곧 신라 국내의 정권교체와 관련이 있다.

마지막으로, 혜공왕 13년(777) 4월에 김양상이 상소上疏하여 시정
時政을 극론極論한 것은 견당사절을 자주 파견한 것과 같은 혜공왕의
중대왕권中代王權 복구운동이 계속된 것에 대한 경고였다는 것 등이
었다.

이상으로 이기백의 주장에 대한 논거를 열거하였다. 이제 그 타당
성 여부를 검토해 보기로 하자.

여기서 첫 번째의 경우, 김은거가 혜공왕 초기에 친왕적이었다고
해서[27] 그 이후까지 줄곧 친왕적이었다고 단정하는 것은 변화의 가
능성을 인정치 않으려는 성급한 해석은 아닐까? 또한 김양상이 혜
공왕 10년 상대등에 취임하여 정권이 탈취되고 하대적 신정권이 들
어선 것으로 이해하였으나, 그는 이미 집사부 시중 경력자로서 오히
려 친혜공적 인물로 파악될 여지가 많다.[28] 그의 할아버지인 원훈元
訓이 성덕왕대 초 중시를 지냈고, 아버지인 효방孝芳은 성덕왕대 말
견당사절로 활동하였으며, 자신은 경덕왕 23년(764) 1월 아찬阿湌
으로 집사부 시중에 취임하여 혜공왕 4년(768) 10월까지[29] 재임하
였다. 그의 어머니인 사소부인四炤夫人이 성덕왕의 딸이므로[30] 그는

---

27) 李基白(1974), 〈新羅 惠恭王代의 政治的 變革〉, 앞의 책, pp.230~233.
   김은거의 반란 이유를 명확히 알 수 없는 것이 유감이지만, 개인적 이
   해관계 등을 고려하지 않고 어느 한 측면에서의 일방적인 도식화는 사
   실과 정반대의 해석을 가져올 수 있다고 생각한다. 친왕파였다가 뒤에
   반란을 일으킨 예로 신라 하대 良順의 경우가 있다. 그는 神武王의 옹립
   에 공이 컸고, 神武王의 아들인 文聖王代에는 伊湌으로 승진, 왕 5년 1월
   부터 6년 3월까지 侍中을 역임하였으나 동 9년(847) 5월에 반란을 꾀하
   다 伏誅되었다. 《삼국사기》 권11, 신라본기 문성왕조 참조.
28) 시중은 국왕의 행정적인 대변자로서 진골 중에서도 왕의 혈연적 측근
   자가 임명됨은 기왕의 연구에서 지적된 바 있다. 李基白, 〈新羅 執事部의
   成立〉, 《震檀學報》 25·6·7합병호, 1964; 앞의 책(1974), p.158·p.164.
29) 이기백(1974), 〈신라 집사부의 성립〉, 앞의 책, p.157.
30) 《삼국사기》 권9, 신라본기 宣德王 원년조.

성덕왕의 외손이 되고, 동시에 성덕왕의 아들인 경덕왕이 그의 외숙인 데서 혜공왕은 그의 내종형제內從兄弟(姑從兄弟)임을 알 수 있다.[31] 혜공왕 7년(771)의 사실을 전하는 성덕대왕신종 명문에는

> 檢校使 肅政臺令兼修城府令檢校感恩寺使角干臣金良相 (黃壽永 編,《韓國金石遺文》增補版, 一志社, 1978, p.285)

이라 하여, 그는 각간角干으로서 봉덕사성전奉德寺成典[32]의 장관인 검교사檢校使(옛 금하신衿荷臣)였으며, 숙정대령肅政臺令(옛 사정부령司正府令)으로 수성부령修城府令(옛 경성주작전령京城周作典令)과 감은사성전感恩寺成典의 검교사檢校使를 겸하고 있었음을 밝히고 있다. 이는 그가 시중을 물러난 뒤 관등이 크게 승진하였음을 보여준다. 또한 그가 관리들을 감찰하는 숙정대의 장관이었고, 더욱이 중대 국왕의 원당願堂으로서의 기능을 가진 봉덕사나 감은사의 성전[33] 책임자였다는 사실은, 혜공왕의 신임을 받는 측근자임을 나타내기에 부족함이 없다고 하겠다. 따라서 그는 친왕파로서 혜공왕의 적극적인 지지자였음이 명백하다고 생각한다.

또한 혜공왕은 재위 12년(776) 1월에 하교下敎하여 경덕왕 18년(759) 이래 사용해 오던 한식漢式 관호를 모두 복고하고 감은사로 행차하여 망해望海하였다.[34] 여기서 주목되는 것은 혜공왕이 관호복

---

31) 系譜를 정리하면 다음과 같다(경덕왕과 사소부인은 이복남매임).

```
聖德王 ─┬─ 景德王 ──── 惠恭王
        └─ 四炤夫人
              ‖──────── 金良相
            孝芳
```

32) 성덕대왕신종 명문에서 人名을 나열한 부분이 봉덕사성전의 관원 기록임을 처음으로 착목한 이는 鈴木靖民이었다. 鈴木靖民(1985), 〈金順貞·金邕論〉, 앞의 책.

33) 李永鎬, 〈新羅 中代 王室寺院의 官寺的 機能〉,《韓國史研究》43, 1983, pp.93~94.

고·후 다른 사원이 아닌 감은사를 찾았다는 사실이다. 감은사는 문무왕이 왜병倭兵을 진압할 목적으로 창건하였으나 이루지 못하자, 그의 아들 신문왕이 부왕의 뜻을 이어 완성한 사원으로,[35] 국가의 사원 관리기구인 성전이 설치된 곳이었다.

성덕대왕신종 명문에 따르면 혜공왕 7년 감은사성전의 장관은 김양상이었다고 한다. 혜공왕 12년까지 김양상이 계속 장관이었는지는 확실치 않지만,[36] 이때 김양상이 계속 재임했다면 그는 여기서 친혜공적 인물임이 곧바로 판명될 것이다. 설사 김양상이 감은사성전의 장관이 아니라 하더라도 그의 뒤를 이은 성전 책임자였다면, 아무래도 김양상과 정치적 성격을 같이하는 인물이 취임하였을 것으로 믿어도 좋지 않을까? 반혜공적인 인물이 감은사성전의 장관이었다면, 관호복고 후 혜공왕이 구태여 감은사로 행행하였을지는 의문이기 때문이다. 여기서도 김양상은 친왕파의 인물이었음이 밝혀진다고 하겠다.

이상에서 김양상은 혜공왕의 지지자였음이 증명된 만큼, 그가 상대등에 취임하는 왕 10년 9월부터 어찌 반왕파의 거두가 될 수 있었겠으며, 또 그 해가 신라사를 시대구분하는 획기적인 역사적 의의를 가진다고 할 수 있겠는가? 상대등에 취임하기 전의 김양상에 대해서는 상세한 언급을 하지 않고 상대등에 취임한 사실만을 부각시키는 것은 전체적인 상황을 고려치 않은 일면적 고찰일 것이다. 만약 그가 상대등 취임 이후 반왕파의 거두로 등장하였다면, 그 전에

---

34) 《삼국사기》 권9, 신라본기 혜공왕 12년조 "春正月 下敎 百官之號 盡令復舊 幸感恩寺望海". 이기백은 관호의 복고를 中代的인 것에 대한 부정이며 下代의 도래를 말하는 것이라고 하였다(이기백(1974), 〈신라 혜공왕대의 정치적 변혁〉, 앞의 책, pp.238~247).

35) 《삼국유사》 권2, 기이2, 萬波息笛.

36) 金良相은 혜공왕 10년 9월 上大等에 취임하고 있다. 이때도 감은사성전의 장관을 겸했는지는 확인할 수 없다.

는 친왕파였다고 할 수 있을 것이고,[37] 그렇다면 그는 상대등 취임
을 계기로 친왕파에서 반왕파로 변절했다는 논리가 될 것이다.[38]

다음 이기백은 혜공왕 10년에서 13년 사이에 그 전후 시기보다
견당사절이 빈번히 파견되었으며, 이는 친혜공왕파였기 때문이라고
주장하였다. 견당사절이 빈번히 파견되었다고 하지만, 1년에 한 번

---

37) 이기백은 경덕왕 23년(764) 1월에 侍中이 된 金良相이 혜공왕 4년 10
월 金隱居가 侍中이 되면서 이를 물러난 것으로 파악하고, 이는 같은 해
7월의 大恭亂의 결과에 의한 것으로 이해하였다. 그리하여 김양상은 적
극적으로 大恭亂에 가담은 하지 않았더라도 反大恭의 巨頭는 적어도 아니
었다고 하여 그의 정치적 성격에 대해 다소 모호한 입장을 취하였으나
(이기백(1974), 〈신라 혜공왕대의 정치적 변혁〉, 앞의 책, p.223의 주
13), 뒷날 발표한 〈景德王과 斷俗寺·怨歌〉, 《韓國思想》 5, 1962; 위의 책
(1974), p.220에서는 보다 적극적으로 侍中에 취임하는 경덕왕 23년 이
미 反惠恭派였다고 기술하였다. 이는 김양상이 성덕대왕신종 명문에 보이
듯이 계속 승진하고 있음을 간과했기 때문으로 여겨지는데, 그렇다면 왜
下代의 기점이 이 시기까지 소급되지 않는지 이유를 밝혀야 할 것이다.
이기백은 中代의 정치적 실권은 侍中이 上大等을 능가하였다는 견해를 피
력한 만큼(〈上大等考〉, 《歷史學報》 19, 1962; 위의 책(1974), p.105·p.111)
이에 대한 명확한 설명이 요청된다.
38) 이 문제와 관련하여 반드시 검토되어야 할 과제는 上大等과 侍中의 성
격 규명이라 생각한다. 현재 학계에서 널리 받아들여지고 있는 견해에
따르면, 侍中은 국왕의 대변자이며, 上大等은 귀족세력의 대변자로서 국
왕과 대립적이었다는 것이다(李基白(1974), 《新羅政治社會史研究》, 참조).
그런데 金良相이 혜공왕 10년(774) 上大等 취임을 계기로 반왕파로 대
두하였다면, 이에 앞서 그가 侍中이었을 때와는 정치적 성격을 달리 한
다는 논리가 될 것이다. 즉 같은 인물이 侍中일 때는 왕권의 대변자였
고, 이후 上大等이 되었을 때는 국왕의 정치에 제동을 거는 반왕파로서
의 성격을 띤 것으로 판단할 수 있기 때문이다. 따라서 각 관직에 임명
된 인물의 성격을 무시하고, 관직에 따라 국왕에 대한 태도가 바뀌는
것으로 파악한 지금까지의 학설은 재고의 여지가 있다고 생각한다.
종래의 견해는 반왕파인 金良相이 상대등에 취임함으로써 이후 上大等은
정치 일선에 복귀하였다고 하였다(이기백(1974), 〈상대등고〉, 앞의 책,
p.111). 그러나 그 시점도 공교로울 뿐더러 지금까지 검토한 바와 같이
혜공왕 10년 무렵에 김양상이 정권을 탈취한 증거가 나타나지 않았고,
오히려 그가 친혜공왕파였음을 주목한다면, 중대 말 혜공왕대에 상대등
의 성격이 변질되었다는 주장은 설득력이 약하지 않을까 한다.

파견되던 것이 두 번으로 증가하였다고 해서 과연 정권이 교체되는 큰 변화가 일어났다고 할 수가 있을까? 더구나 견당사절이 2회로 증가한 것이 혜공왕 10년(774)에 김양상이 상대등에 취임하였기 때문이었을까? 혜공왕대의 견당사절 파견의 실상을 검증하기 위해, 《삼국사기》의 기사를 중심으로 관련 사료를 찾아 정리하면 다음과 같다.

<표-1> 혜공왕대의 견당사절

年　　月	記　事　內　容	典　據
3年(767) 7月[39]	遺伊湌 金隱居入唐貢方物 仍請加冊命 帝御紫辰殿宴見	史, 冊, 舊, 新, 鑑
4年(768) 9月	遺使入唐朝貢	史, 冊
8年(772) 正月[40]	遺伊湌金標石朝唐賀正 代宗授衛尉員外少卿 放還	史, 冊, 舊,　　要
9年(773) 4月	遺使如唐賀正　獻金銀·牛黃·魚牙紬·朝霞(紬)等方物	史, 冊, 舊,　　要
同 6月	遺使如唐謝恩 代宗引見於延英殿	史, 冊,
10年(774) 4月	遺使如唐朝貢	史, 冊, (〃)
同 10月	遺使如唐賀正 見于延英殿 授員外衛尉卿 遺之	史, 冊, (〃)
11年(775) 正月	遺使如唐朝貢	史, 冊, (〃)
同 6月	遺使朝唐	史, 冊, (〃)
12年(776) 7月	遺使朝唐獻方物	史, 冊, (〃)
同 10月	遺使入唐朝貢	史, 冊, (〃)
13年(777) 12月	新羅·渤海……遺使來朝各獻方物	冊, (〃)

史 : 《三國史記》 권9, 新羅本紀 惠恭王條
冊 : 《册府元龜》 권972, 外臣部 朝貢5
舊 : 《舊唐書》 권199, 東夷 新羅傳
新 : 《新唐書》 권220, 東夷 新羅傳
鑑 : 《資治通鑑》 권224, 唐紀40
要 : 《唐會要》 권95, 新羅

이기백은 《삼국사기》 권9, 신라본기 혜공왕 3년~12년조의 견당 사절 파견 기사를 나열한 뒤, 곧 《구당서》 권199, 신라전의

(大曆)九年至十二年 比歲遣使來朝 或一歲再至

라는 기사에 주목하여 견당사절의 증가가 김양상의 상대등 취임 연 대와 일치함을 증명하려 하였다. 그는 《구당서》의 기록이 《삼국사 기》보다는 상당히 믿을 수 있는 근거를 가졌다고 여겨, 이를 무리하 게 《구당서》와 맞추려 하였다. 그리하여 대력大曆 9년에서 12년, 즉 혜공왕 10년에서 13년 사이에 혹 1년에 2번씩 견당사절이 파견되어 야 함을 단서로 결국 《삼국사기》의 기사는 1년씩 늦추어야 할 것으 로 파악하였다.41) 이는 《구당서》를 중시하여 엄정한 사료비판 없이 《삼국사기》를 불신한 것으로 바람직스럽다고 할 수 없다. 앞의 〈표 -1〉에서 보듯이 《책부원귀》 외신부나 《신당서》, 《구당서》, 《자치통 감》, 《당회요》 등을 참조하면 《삼국사기》의 조공기사는 이들 자료와 일치하며, 곧 여기서 전재한 것임을 알 수 있다. 따라서 《삼국사기》 의 견당사절 파견 시기는 타당함이 밝혀질 뿐 아니라, 더욱이 《삼국 사기》에 누락된 혜공왕 13년 12월의 견당사절까지도 새로이 확인되 었던 것이다.42)

한편, 《구당서》 신라전에는 대력 9년~12년(혜공왕 10~13년) 사이에

---

39) 《册府元龜》 해당 조 및 《舊唐書》, 《新唐書》, 《資治通鑑》, 《唐會要》 등에는 年 度만 나타나며 月은 언급이 없다. 그러나 《册府元龜》 권965, 外臣部 封册3 에는 '二月'로, 《삼국사기》 신라본기에는 '七月'로 되어 있다. 어느 한 쪽이 잘못일 것이지만, 여기서는 일단 《삼국사기》의 기록을 따른다.

40) 《册府元龜》 권972, 外臣部 朝貢5 및 同 권976, 外臣部 褒異3에는 '正月'이 아니라 '五月'로 되어 있다. 《三國史記》와 《册府元龜》 가운데 어느 한 쪽이 잘못일 것이다.

41) 이기백(1974), 〈신라 혜공왕대의 정치적 변혁〉, 앞의 책, p.234.

42) 《삼국사기》 권9, 신라본기에는 혜공왕 13년 12월조가 아예 빠져 있다.

매년 조공朝貢이 있었고, 혹 1년에 2번도 왔다고 하였다. 이 사실은
앞의 〈표-1〉과 대조할 때 하등 모순이 없다. 혜공왕 10년~13년 사
이의 기간에 혹 2번 견당사절이 파견된 것을 확인할 수 있기 때문이
다. 그러므로 《삼국사기》 신라본기와 《구당서》 신라전의 기록은 비록
약간씩의 누락은 있었지만, 그 자체로는 타당한 기사였다고 할 수밖
에 없는 것이다. 김양상의 상대등 취임 전 해인 혜공왕 9년에 이미
견당사절이 2회 파견되었음을 확인한 만큼 그의 취임을 계기로 견당
사절의 파견 회수가 증가하였다는 주장은 설득력을 잃게 되었다. 따
라서 신라 혜공왕 10년에 정권의 교체가 있었음이 견당사절의 파견
에서도 찾을 수 있다고 한 것은 이제 재고되어야 할 것이다.[43]

통일신라의 세기별 대당對唐 교섭 내용을 분석한 신형식이 "결국
외교는 국력의 상징으로서 왕권의 강도와 (조공사朝貢使의) 파견회수
는 상관관계를 갖고 있는 것이다"라고 하여[44] 지금까지의 해석과
정반대되는 주장도 제시한 만큼 견당사절의 파견 회수가 연 1회에
서 2회로 증가하였다고 해서 정권교체 운운하는 것은 지나친 해석
임이 분명해졌다고 하겠다.

마지막으로 세 번째 문제에 대해 살펴보자. 이기백은 김양상을 혜
공왕 10년(774) 상대등 취임 이후 반왕파의 중심 인물로 파악하였
다. 하지만 그러한 고정된 시각 아래에서는 그 이후의 김양상의 행
동을 반왕파의 그것으로 밖에 해석할 수가 없다. 즉 이기백은 《삼국
사기》 권9, 신라본기 혜공왕 13년 하 4월조의

---

43) 遣唐使節의 파견이 1회에서 2회로 증가한 것이 중대왕권 복구운동과
　　같은 혜공왕의 노력이 끊어지지 않은 데 연유한다면(이기백(1974),〈신
　　라 혜공왕대의 정치적 변혁〉, 앞의 책, p.236), 혜공왕이 재위 10년
　　(774) 이후 허수아비화하여 虛位를 지킬 뿐이었다는 자신의 논리와도
　　배치된다.
44) 申瀅植, 《新羅史》, 이화여자대학교 출판부, 1985, p.203.

上大等良相上疏 極論時政

의 기사를 혜공왕의 중대적 왕권 복구운동에 대한 일련의 경고로
파악하였는데,45) 이는 김양상을 반왕파로 보는 선입견에서 출발했

---

45) 李基白(1974), 〈新羅 惠恭王代의 政治的 變革〉, 앞의 책, pp.236~237.
　　이기백은 《삼국사기》에 金良相의 時政極論이 있던 혜공왕 13년까지만 遣
唐使節의 파견이 계속되고 그 이후는 파견 사실이 보이지 않는 것은 양
상 일파의 정권 확립 및 견당사절 파견 중지와 관련된 것으로 설명하였
다(같은 논문, p.235의 주 15). 그러나 앞서 제시한 〈표-1〉에서 보듯이
양상의 時政極論 8개월 뒤인 왕 13년 12월에도 견당사가 파견된 만큼 우
선 이 부분에 대한 분명한 설명이 있어야 할 것이다. 그렇지 않고 단지
왕 13년의 일로만 파악하는 데에는 동의하기 어렵다.
　　《册府元龜》 권972, 外臣部 朝貢5에는 大曆 13年(778, 혜공왕 14) 1월의
"日本國遣使朝貢"이라 한 기사 이후 建中 元年(780, 혜공왕 16) 1월까지 만
2년간 新羅·渤海 등 주변 諸國의 遣唐使節의 入唐 기록을 일체 남기지 않고
있다. 이는 이들 나라가 거의 매년, 심지어는 1년에 2번씩 朝貢을 하였
음에 비추어, 기록의 누락인지 사절의 파견 자체가 없었는지 검토가 이
루어져야 할 것이다. 다만 여기서 신라의 견당사절이 나타나지 않았다는
이유로 신라의 국내적인 정권교체를 상정하는 것은 성급하다고 생각한
다. 견당사절이 갑자기 끊어진 것은 오히려 大曆 14년(779, 혜공왕 15
년) 5월 당의 代宗이 崩하고 德宗이 즉위하게 된 것과 같은 唐側의 불리
한 내부 사정에 따른 것이었을 가능성도 배제할 수 없다고 믿기 때문이
다. 《舊唐書》 권11, 代宗本紀 大曆 14年條 "五月癸卯 上不康 至辛亥 不視朝
……辛酉 詔皇太子監國. 是夕 上崩于紫宸之內殿. 遺詔皇太子柩前卽位. 任戊 遷神
柩于太極殿 發喪. 八月庚申 群臣上尊諡曰睿文孝武皇帝 廟號代宗. 十月己酉 葬於元
陵" 및 《新唐書》 권12, 德宗本紀(上) 大曆 14年條 "五月辛酉 代宗崩. 癸亥 卽位
於太極殿" 참조.
　　또한 이기백은 혜공왕 15년 金巖이 日本에 사신으로 파견된 사실에 대
해 (《삼국사기》 권43, 열전 金庚信 下) 정권 탈취에 성공한 良相一派가 당
대신에 일본과 연결하려는 의도에서 였다고도 추측하였으나, 혜공왕 10
년 정권교체설 자체가 성립되지 않는 만큼 설득력이 없다. 문성왕 2년
(840) 張保皐가 독자적으로 일본에 사신을 파견하였으나 이는 다른 나라
의 신하된 자로서의 예가 아니라 하여 일본 측으로부터 거절당한 사실
도 참고할 수 있다. 《續日本後紀》 권9, 承和 7년 12월조 "大宰府言 藩外新羅
臣張寶高 遣使獻方物 卽從鎭西追却焉 爲人臣無境外之交也" 및 동 권10, 承和 8
년 2월 "太政官仰大宰府云 新羅人張寶高 去年十二月進馬鞍等 寶高是爲他臣 敢輒
致貢 稽之舊章 不合物宜 宜以禮防閑 早從返却".

기 때문이었다.

필자는 이전 그의 행적에서 친혜공적 성격은 찾을 수 있으나 반
혜공적 요소는 찾을 수 없다는 점에서, 오히려 동 13년조에 3월과
4월에 걸쳐 서울에 지진이 거듭 발생했다는 사실에 주목하고자 한
다. 이는 지진 그대로 이해할 수도 있고 그로 상징되는 어떤 정치적
분위기[46]로도 이해할 수 있겠으나, 결국은 이러한 사태에 적절히
대처하지 못함으로써 일어난 왕의 실정失政[47)에 대한 충성된 신하
(親王派)로서의 비장한 간언諫言, 바로 그것이라 생각한다.[48] 만일
혜공왕 10년을 경계로 반혜공왕파인 김양상이 정권을 탈취했고 이
때부터 중대적인 요소는 실정권에서 퇴각한 것으로 보아도 좋다
면,[49] 혜공왕 13년에 이르러서까지 양상이 상소上疏하여 시정時政을
극론할 필요가 있었을지 의문이다. 더구나 왕 10년 이후 혜공왕은
허수아비화하고 허위를 지킬 뿐이었다는 주장을 상기하면 더욱 그
러한 것이다.

김양상이 처음부터 반왕파가 아니며 혜공왕을 시해하면서까지 왕
위를 차지할 인물도 아니었음은 그의 유조遺詔를 검토하면 더욱 분
명해진다.

---

46) 《삼국사기》 권9, 신라본기 혜공왕 16년조 "王幼少卽位 乃壯淫于聲色 巡遊
不度 綱紀紊亂 災異屢見 人心反側 社稷杌陧"및 《삼국유사》 권2, 기이2, 景德
王·忠談師·表訓大德 "是爲惠恭大王 幼冲故 太后臨朝 政條不理 盜賊蜂起 不遑備禦
(中略) 常爲婦女之戲 好佩錦囊 與道流爲戲".
47) 申瀅植, 〈韓國古代史에 있어서 地震의 政治的 意味〉, 《東洋學》 14, 1984;
《統一新羅史研究》, 三知院, 1990, p.201.
48) 田鳳德, 〈新羅 最高官職 上大等論〉, 《法曹協會雜誌》 5~1·2·3합병호, 1956;
《韓國法制史研究》, 서울大出版部, 1968, p.322에서도 이 같은 견해를 제시
하였다. 즉, 전봉덕은 上大等 金良相이 時政을 극론한 것은 국왕에 대한
충고였으며, 上大等은 副王的 지위에서 국왕을 보필하고 國政 전반을 總理
하였으며, 특히 內外百官의 任免과 時政得失에 대한 건의와 是正은 그의 특
권이었다고 하였다.
49) 이기백(1974), 〈신라 혜공왕대의 정치적 변혁〉, 앞의 책, p.236.

下詔하여 이르기를 "과인은 본질이 워낙 얇아 大寶에 야심이 없었으나 추대를 피하지 못하여 즉위한 것이다. 즉위 이래로 年事가 順成하지 못하고 민생이 곤궁하니, 이는 다 나의 德이 民望에 맞지 아니하고, 정치가 天心에 맞지 아니한 때문이었다. 항상 位를 禪讓하고 밖으로 퇴거하려 하였으나, 여러 신하들이 매번 지성껏 말리므로 뜻과 같이 되지 못하고 머뭇거리며 지금에 이르렀다. 홀연히 병에 걸리어 일어나지 못하니, 死生에는 命이 있는 것이라, 다시 무엇을 恨하랴. 死後에는 佛式에 따라 燒火하여 東海에 散骨하라."(《삼국사기》 권9, 신라본기 宣德王 6년 춘 정월조)

여기서 김양상의 유조를 부정적으로만 여길 필요는 없다.[50] 오히려 이 속에 숨어 있는 진실성을 찾으려는 자세가 바람직할 것이다. 그는 본래 왕위에 뜻이 없었으나 추대를 피치 못하여 즉위하였고, 즉위 후에도 항상 선양禪讓하고 밖으로 퇴거하려 하였다.[51] 그러나 신하들의 만류로 머뭇거리다 홀연히 병에 걸리어 일어나지 못하게 되었음을 한탄하면서 사후에는 불교식으로 화장하여 동해에 산골散骨하라 유언하였다.

이는 그 자신의 변명일 가능성도 전혀 배제할 수는 없을 것이다. 그러나 무자無子[52]로 고독한 죽음을 눈앞에 둔 시점이었다는 것을 상기하면, 한 인간으로서 지난날에 대한 참다운 절규[53]였을 가능

---

50) 《삼국사기》 신라본기에는 宣德王 외에도 몇 왕의 유조가 실려 있거니와, 금석문이 남아 있는 文武王의 경우는 同碑文에 비추어 사실임이 밝혀졌다. 문무왕릉비에 대한 종합적인 검토는 李泳鎬, 〈新羅 文武王陵碑의 再檢討〉, 《歷史敎育論集》 8, 慶北大, 1986 참조.

51) 《삼국사기》 권9, 신라본기 宣德王 5年條의 "夏四月 王欲遜位 群臣三上表諫 乃止"라 한 기록에서 확인된다.

52) 《삼국사기》 권10, 신라본기 원성왕 즉위조.

성이 크다고 생각한다. 그렇다면 그의 유조는 자신이 혜공왕을 시해
하였다는 《삼국유사》의 기록을, 아니 적어도 그 이전부터 반혜공왕
파였다는 가정만은 불식시켜 줄 수 있지 않을까 한다.

3. 김양상의 반혜공왕파설에서 파생되는 문제들

김양상은 반혜공왕파의 인물이며, 혜공왕을 시해한 장본인이었다
는 주장은 지금까지의 우리나라 고대사학계에 일반적인 견해로 인
식되어 왔다. 그러나 저자는, 이 같은 주장에 문제가 없지 않다고
여겨, 김양상을 반혜공왕파로 볼 경우 사실과는 동떨어진 의외의 해
석마저 제기될 수 있다고 생각한다. 여기서는 종래와 같은 선상에서
혜공왕대의 정치사를 이해할 때 어떤 문제가 파생되는지 살펴보고
자 한다.

먼저, 하대의 기점을 논자 임의로 설정하는 경향은 바람직한가
하는 것이다. 저자는 상대·중대·하대의 시기구분은 《삼국사기》에 따
른 것이므로 연구자 임의로 움직일 수는 없다고 생각한다. 종래 혜
공왕 10년을 하대의 기점으로 이해한 것은 앞서 살핀 바인데, 최근
에는 여기서 더욱 거슬러 올라가 경덕왕 19년(760)을 그 기점으로
파악한 견해가 제시되었던 것이다.[54] 이 주장은 김양상을 반혜공왕
파로 지목한 학설을 크게 발전시킨 것으로, 기존의 연구가 김양상보
다 상위의 실권자인 김옹의 존재를 유의하지 못했음을 주목하고, 김
옹이 집사부 시중에 취임한 경덕왕 19년을 중대정권이 부정되고 반

---

53) 《論語》 8, 泰伯篇 "曾子有疾 孟敬子問之 曾子言曰 鳥之將死 其鳴也哀 人之將死
其言也善".
54) 김수태(1991), 〈진골귀족세력의 정권장악과 김옹〉, 앞의 학위논문.

전제주의(하대적) 세력이 등장한 정권교체기로 파악한 것이다. 그리하여 김옹과 김양상은 반왕파로서 동일한 정치적 성격을 띠었으며, 이들이 혜공왕대 정치의 주도권을 잡아갔다고 하였다.

저자는 앞에서 김양상을 반왕파로 여기는 데에는 재고의 여지가 있음을 지적하였다. 따라서 기존의 논리에 따라 김양상을 반왕파로 파악하고, 이를 발판으로 같은 정치적 성격을 가진 김옹이 시중에 취임한 해를 정권교체의 시점으로 인식한 것은, 기존의 주장이 무너진다면 설득력을 잃을 수밖에 없다는 것이다.

다음은, 학설의 상호 관련성에 관한 문제이다. 지금까지의 주장과는 다른 새로운 견해를 제시할 때는 기존 연구가 어떤 문제점이 있는지를 밝혀 양설의 상호관계를 설명해야 할 것이다. 그러나 새로운 학설의 경우, 중대의 몰락과 하대의 기점 문제에 대한 기존의 연구를 제대로 언급하지 않아 경덕왕 19년 이후 혜공왕대 전반에 이르는 정치과정에 대한 이해가 불분명해지게 되었다. 다시 말해 반전제주의파(반왕파)로서 김옹과 같은 인물을 아직도 더 찾을 수 있다고 하여 하대의 기점을 끌어올리고, 시중 취임 후의 그의 행적을 반왕파의 그것으로 해석하였으나, 이는 사실에 바탕한 것이 아니라 김옹은 김양상과 같은 성격이라는 선입견에서 출발한 결과였다. 만약 이와 같은 논리라면, 하대의 기점은 김옹의 시중 취임 시기가 아니라 그 이전의 어느 시기까지 계속 올라갈 수 있고, 혜공왕의 즉위 자체도 설명하기 어려워진다고 하겠다.

마지막은, 더 원론적인 문제로, 김옹이 왜 반왕파인가 하는 점이다. 최근의 견해는 김순정의 딸 삼모부인이 경덕왕에게 출궁당한 사실에서 이후 그의 활동을 모두 반왕파적인 견지에서 이해하였다.[55]

---

55) 김옹에 대해서는 성덕왕대 中侍를 역임하고 上宰였던 金順貞의 아들로서 경덕왕의 先妃 三毛夫人과 남매관계라는 설(李昊榮,〈聖德大王神鍾銘 解釋에 관한 몇 가지 문제〉,《考古美術》125, 1975, p.13)과 金順貞의 孫으로 金義

이는 김양상을 혜공왕 시해자로 해석하여 그 이전의 시기부터 반왕
파였다고 파악한 논리와 흡사한 것으로, 경덕왕 2년(743) 이전[56]의
삼모부인의 출궁 뒤 30년이나 지난 혜공왕 7년(771) 또는 10년
(774)경까지도 김옹이 변함없이 반왕파로 존재했다는 것은 정치 현
실의 유동성을 고려할 때 쉽게 납득되지 않는다. 또한 삼모부인의
출궁 뒤에도 그녀와 관련된 세력은 별다른 반발이 없었고, 오히려
조카[57]인 김옹은 경덕왕 19년 이찬으로 집사부 시중에 취임한 뒤,
혜공왕대에는 대각간으로 승진했음을 본다면, 삼모부인의 출궁으로
설사 경덕왕에게 비판적인 입장이었다 하더라도[58] 이젠 타협이 이
루어졌다는 의미가 될 것이다. 따라서 그가 어느 시기부터 줄곧 반
왕파였다는 이해는 도식적 해석이 아닐까 하는 것이다.

　그러면 여기서 김옹이 반왕파의 인물이 아니라는 사실을 밝힘으
로써 김옹·김양상에 대한 종래의 해석에 어떤 문제가 있는지 살펴
보자.

　김옹에 대해서는 이찬으로 집사부 시중을 역임하였음이 알려져

忠의 아들이며 경덕왕의 後妃(혜공왕의 母) 滿月夫人의 오빠라는 설(浜田
耕策, 〈新羅の聖德大王神鍾と中代の王室〉, 《吶沫集》 3, 1981, pp.34~37)이 있
다. 더욱이 후자는 삼모부인이 金順貞의 딸임에서 金義忠과 삼모부인이
남매 관계인 점도 지적하였다. 김수태는 전자의 견해를 따르는 듯하다
(金壽泰(1991), 〈眞骨貴族勢力의 정권장악과 金邕〉, 앞의 학위논문, p.141).
　한편 鈴木靖民은 김옹이 경덕왕의 아들로서 혜공왕의 庶兄이었다고 파악
하였으나 그 뒤 이를 철회하고 浜田耕策의 견해를 따르고 있다(鈴木靖民
(1985), 〈金順貞·金邕論〉, 앞의 책, pp.319~320). 저자는 三毛夫人의 출궁
은 김옹 세력의 동의 아래 이루어졌을 것이란 점에서 浜田耕策의 견해가
옳다고 생각한다(이 책 제2편 제3장 p.317~318 주 62). 여기서 김옹의
系譜를 정리하면 다음과 같다.
　　　金順貞 ┬ 金義忠 ┬ 金邕
　　　　　　 └ 三毛夫人 └ 滿月夫人
56) 金壽泰(1991), 〈眞骨貴族勢力의 정권장악과 金邕〉, 앞의 학위논문, pp.140~141.
57) 주 55) 참조.
58) 李昊榮(1975), 〈聖德大王神鍾銘 解釋에 관한 몇 가지 문제〉, p.13.

있다. 그는 경덕왕 19년(760) 4월에 염상廉相을 대신하여 시중에
취임하여 왕 22년(763) 8월까지 재임하였다. 김옹이 시중에 취임한
지 3개월 뒤 경덕왕의 왕자였던 혜공왕 건운乾運은 불과 3세라는 어
린 나이로 태자에 책봉되었다.[59] 더욱이 혜공왕은 부왕인 경덕왕이
상제上帝(천제天帝)에게 빌어 나라가 위태로워지더라도 얻고자 한 아
들이었음을 상기한다면, 건운의 태자 책봉 역시 경덕왕의 간절한 소
망의 결과였다고 보아 틀림이 없을 것이다.[60] 그런데 이러한 태자
의 책봉에 국왕과 밀접한 관련을 가진 관부인 집사부의 장관 김옹
의 협력이 없었다고는 생각되지 않는다. 오히려 김옹은 경덕왕을 도
와 건운의 태자 책봉에 적극 관여하였고, 그럼으로써 경덕왕·혜공왕
과는 더욱 불가분의 관계로 결합되어 갔다고 할 것이다.[61]

　김옹과 혜공왕의 밀착은 혜공왕 7년(771) 12월 14일의 사실을 전
하는 성덕대왕신종 명문에서 확인되고 있다. 이때 그는 신종神鍾 주
조의 책임자로서 신라 최고의 실력자로 군림하고 있었다. 즉 신종
명문에는

　　　檢校使　兵部令兼殿中令司馭府令修城府令監四天王寺府令并檢校眞智大

---

59) 《삼국사기》 권9, 신라본기 경덕왕 19년 7월 "封王子乾運爲太子".
　　혜공왕은 경덕왕 17년 7월 23일 출생하였고, 경덕왕 24년 6월 부왕이
　　훙거하여 즉위하던 해 8세였으므로, 태자로 책봉될 때는 3세가 된다. 이
　　때 건운은 막 두 돌을 맞이하였는데, 그의 태자 책봉은 이를 기념하여
　　이루어진 듯하다.
60) 건운이 태어나기 전에 東宮을 修葺하고(《삼국사기》 권9, 신라본기 경덕
　　왕 4년 추 7월), 東宮 官衙를 설치하였다는 사실(동 경덕왕 11년 추 8
　　월)에서 뒷받침된다.
61) 김옹은 출궁된 경덕왕의 先妃 삼모부인의 조카이기도 하지만, 경덕왕
　　의 後妃이며 혜공왕 즉위 초 太后로서 섭정을 했던 혜공왕의 어머
　　니 滿月夫人의 오빠라는 사실(浜田耕策(1981), 〈新羅の聖德大王神鐘と中代の
　　王室〉, pp.34~37)에서도 그 관계를 알 만하다. 고모가 출궁되고 조카가
　　왕비로 들여진 것으로 보아 삼모부인은 원래 자식을 낳을 수 없는 여자
　　였던 듯하다.

　　　王寺使上相大角干臣金邕

　　　　檢校使　肅政臺令兼修城府令檢校感恩寺使角干臣金良相(하략)(《韓國金
　　石遺文》增補版, 1978, p.285)

이라 하여 김옹의 수많은 관직과 관등을 열거하였다. 즉 봉덕사성전
奉德寺成典의 검교사檢校使인 김옹은 병부령兵部令으로서 전중령殿中令
(옛 내성 사신內省私臣), 사어부령司馭府令(옛 승부령乘府令), 수성부령修城
府令(옛 경성주작전령京城周作典令)을 겸하고, 사천왕사四天王寺·진지대왕
사성전眞智大王寺成典의 장관인 동시에, 상상上相으로 대각간이었음을
밝히고 있는 것이다. 김옹이 앞서 시중을 거쳤다거나 병부령이었다
는 사실만으로도 경덕왕·혜공왕과의 관계를 짐작하고도 남음이 있
다.62) 그러나 더 주목되는 사실은 그가 중대 국왕의 원당願堂으로서
봉사기능奉祀機能을 수행했던 사원의 성전 책임자로서 신종神鍾을 주
조했다는 것이다.

　　신라시대의 성전사원成典寺院은 중대의 경우 사천왕사四天王寺·봉성
사奉聖寺·감은사感恩寺·봉덕사奉德寺·봉은사奉恩寺·영묘사靈廟寺·영흥사永
興寺 등 7곳이 알려져 있다.63) 그러나 이 가운데 혜공왕 7년의 시

------

62) 侍中은 왕실과 혈연적으로 지극히 가까운 관계에 있는 인물이 임명되며
　　(李基白(1974), 〈新羅 執事部의 成立〉, 앞의 책, pp.162~164), 兵部令은 왕
　　자나 왕실 직계에서 임명된다고 한다(申瀅植, 〈新羅 兵部令考〉, 《歷史學報》
　　61, 1974; 同 改題 〈新羅의 國家的 成長과 兵部令〉, 《韓國古代史의 新研究》,
　　일조각, 1984, pp.165~166).

63) 李泳鎬(1983), 〈新羅 中代 王室寺院의 官寺的 機能〉, p.100. 그동안 논란이
　　되어 오던 皇龍寺는 利柱本記의 발견으로 872년 당시 성전사원임이 밝혀
　　졌으나 중대에서는 아니었다고 한다.
　　　한편, 木村誠은 〈統一新羅の官僚制〉, 《東アジア世界における日本古代史講座》
　　6, 學生社, 1982, p.160·p.167에서 諸寺成典의 장·차관인 衿荷臣·上堂이 경덕
　　왕 때 監令·卿으로 바뀐 四天王寺成典만 상설 관청일 뿐 檢校使·副使로 개칭
　　된 나머지 사원의 성전은 임시 관청이라 하였다. 그러나 이미 鈴木靖民이
　　지적한 바와 같이 성덕대왕신종 명문에서 봉덕사 등 4곳 사원의 성전

점에서 성전이 폐지되었거나 폐지 직전이었을 영묘사·영흥사를 제외
한다면,[64] 김옹이 5곳 가운데 사천왕사·봉덕사·봉은사(진지대왕사)[65]
등 3곳 성전의 장관을 겸하였다. 또한 김옹과 함께 봉덕사성전의
공동 책임자(검교사)인[66] 김양상은 같은 성전의 제2인자로서 감은사
성전의 장관이었다. 따라서 5곳 가운데 4곳 사원의 성전을 김옹·김
양상이 관리하였다고 하겠다.[67]

　김옹이 장관으로 있는 3곳의 성전사원 가운데 특히 사천왕사는

　검교사가 확인된 만큼 상설 관청임이 분명할 것이다(鈴木靖民(1985),〈金
順貞·金邕論〉, 앞의 책, p.317).

　　그 밖에도 금하신·상당은 겸직이나 3등관 赤位 이하는 성전의 전속 관
원이었다거나(李泳鎬, 위의 논문, pp.93~96), 혜공·경덕·애장왕대 등 시대
의 추이에 따른 관부·관직의 개명 및 관원의 증감 사실이《삼국사기》
직관지에 나타나 있고, 애장왕대의 개혁 시 금하신·상당이 각각 令과 卿
으로 개칭되었다는 점, 더욱이 김옹이 3곳의 성전 책임자를 동시에 겸
하고 있었다는 점 등을 이해한다면 엄연한 상설 관청임을 알 것이다.
또한 사천왕사·봉성사·감은사·봉덕사성전의 3·4등관인 赤位(判官)·靑位(錄
事)는 모두 일반 관서의 大舍에 해당한다고 이해하기도 하나(三池賢一,
〈新羅內政官制考(上)〉,《朝鮮學報》61, 1971, p.4 및 木村誠(1982), 위의 논
문, p.140) 적위는 大舍보다 상위인 監(佐)에 상당하는 관직으로 수정되
어야 할 것이다(李泳鎬, 위의 논문, p.99).

64) 이 책 제2편 제3장.
65) 眞智大王寺成典에 대해서는《삼국사기》직관지의 諸寺成典條에 누락되
　　었다든가, 中代王統이 끊어지자 폐지되었다든가, 또는 효성왕·경덕왕대
　　에 사원이 건립되었다든가 등으로 이해하여 왔다(今西龍(1933),〈聖德
　　大王神鍾之銘〉, 앞의 책, p.534; 鈴木靖民(1985),〈金順貞·金邕論〉, 앞의 책,
　　p.318; 浜田耕策(1981),〈新羅の聖德大王神鍾と中代の王室〉, p.34 및 동(1982),
　　〈新羅の寺院成典と皇龍寺の歷史〉, p.211). 그러나 이는 奉恩寺成典의 初名이
　　며, 혜공왕 1년~7년 사이에 사원이 창건되었음이 밝혀졌다. 李泳鎬
　　(1983),〈新羅 中代 王室寺院의 官寺的 機能〉, p.86.
66)《삼국사기》권38, 직관지(상)에 따르면 奉德寺成典의 장관인 檢校使(衿荷
　　臣)는 정원이 1명이었다. 그러나 혜공왕 7년에는 이례적으로 金邕·金良相
　　의 2명이 재임하고 있어 혜공왕대 奉德寺가 대단히 중시되고 있음을 엿
　　볼 수 있다. 李泳鎬(1983), 앞의 논문, p.95.
67) 5곳 사원의 성전 가운데 여기서 밝혀지지 않은 奉聖寺成典의 장관이 누
　　구였는지 궁금하다. 자료의 발견이 요망된다.

삼국통일의 완수에 기여한 사원으로, 가장 격이 높았다.[68] 봉덕사는
중대왕실의 조상숭배 관념에서 태종무열왕과 성덕왕을 위해 창건된
사원이었으며,[69] 봉은사(진지대왕사)는 진지왕의 추복지소追福之所로
서 혜공왕 초(왕 1~7년: 765~771)에 창건된 사원이었다.[70] 김옹은
곧 중대왕통의 핵심을 이루는 사원의 성전 책임자였음이 밝혀지는
것이다. 따라서 김옹이 반왕파의 인물로 간주될 여지는 찾을 수 없
다고 하겠다. 오히려 그는 혜공왕 체제를 유지시키려 한 친혜공파로
서 왕당파의 거목이었다고 할 것이다.[71] 또한 김옹과 같이 봉덕사
성전의 공동 책임자로서 감은사성전의 장관인 김양상의 정치적 성
격도 여기서 분명히 밝혀지게 된다. 곧 그는 김옹과 함께 적어도 이
무렵까지는 친왕파의 인물임이 확실하다는 것이다.

  성전사원은 중대 국왕의 원당의 기능이 중시되었으므로 결코 반
왕파의 인물을 책임자로 임명하지는 않았을 것이다. 김옹·김양상의
경우, 봉덕사성전의 책임자로서 신라의 전성을 구가한 성덕왕을 위
해 성덕대왕신종을 주조하였다는 것은, 이들이 중대왕실의 최후 보

---

68) 李載昌, 〈三國史記 佛敎鈔存·附註〉, 《佛敎學報》 2, 東國大, 1964, p.317.
69) 奉德寺는 성덕왕 6년(707) 太宗武烈王을 위해 始創되었으나 효성왕 2년
    (738)에 완성되면서 父王인 聖德王의 명복을 비는 願刹로 바뀌었다고 한
    다. 李昊榮, 〈新羅 中代王室과 奉德寺〉, 《史學志》 8, 1974, p.9.
70) 주 65) 참조.
71) 金壽泰를 제외한 대부분의 연구자들은 金邕을 親王派로 파악하고 있다.
    鈴木靖民(1985), 〈金順貞·金邕論〉, 앞의 책, pp.322~327.
    李昊榮(1974), 〈新羅 中代王室과 奉德寺〉, pp.13~15.
    _____(1975), 〈聖德大王神鍾銘의 解釋에 관한 몇가지 問題〉, pp.13~14.
    李基東, 〈新羅 中代의 官僚制와 骨品制〉, 《震檀學報》 50, 1980; 《新羅 骨品制
    社會와 花郎徒》, 一潮閣, 1984, p.138.
    浜田耕策(1981), 〈新羅の聖德大王神鍾と中代の王室〉, pp.35~39.
    李泳鎬(1983), 〈新羅 中代 王室寺院의 官寺的 機能〉, p.95.
    또한 채상식도 성덕대왕신종 명문을 주목하면서 김옹을 반왕파로 설명
    하는 데 강한 의심을 나타내었다.
    蔡尚植, 〈新羅統一期의 成典寺院의 구조와 기능〉, 《釜山史學》 8, 1984, p.111.

루었음을 확신시켜 준다고 하겠다.[72]

한편 김옹은 혜공왕 10년(774) 3월 무렵까지는 신라 최고의 집권자로 존재하였다.

> 本國上宰金順貞之時 舟檝相尋 常修職貢. 今其孫邕 繼位執政 追尋家聲 係心共奉 (《續日本紀》 권33, 寶龜 5年(774) 3月 癸卯)

위의 사료는 신라의 사신 예부경禮部卿 사찬沙湌 김삼현金三玄이 일본에 도착하여 신라의 사정을 설명한 부분의 일부이다. 그는 국왕의 교를 받들어 옛날의 우호를 닦고 서로의 사신 방문을 청하기 위해 도일했음을 밝힌 뒤 위와 같이 말한 것이다.[73] 여기서 신라가 일본에 직공職貢을 바쳤다고 한 것은 과장된 표현이겠지만, 상재上宰였던 김순정金順貞의 뒤를 이어 기손其孫[74] 김옹이 김순정이 가졌던 상재의 지위를 이어 혜공왕 10년 당시 집정執政하고 있다고 한 것은 주목된다고 하겠다. 김옹은 경덕왕대 이찬으로 집사부 시중을 역임하였으며, 혜공왕 7년에는 이미 대각간으로 승진, 병부령으로 전중령·사어부령·수성부령·감사천왕사부령 및 진지대왕사·봉덕사성전의 검교사를 겸하면서, 재상인 상상上相의 지위에 있었다. 그리고 그가

---

72) 이러한 맥락에서 김옹을 혜공왕대 諸叛亂의 피해자적인 입장에 있었다든가(鈴木靖民(1985), 〈金順貞·金邕論〉, 앞의 책, p.321) 반란을 물리쳤다고 한 것(李昊榮, 《韓國古代史의 理解》, 1979, p.244), 또한 중대의 종말은 김옹의 몰락에서 기인되었을 것이라고 한 것(李泳鎬(1983), 〈新羅 中代 王室寺院의 官寺的 機能〉, p.95의 주 65) 등은 모두 정당한 견해일 것이다.

73) 金三玄 등은 일본 측으로부터 박대를 받아 식량만 지급받은 뒤 곧 귀국하였다. 이때의 상대등은 神猷, 집사부의 시중은 正門으로 추정되는데, 신유에 대해서는 별다른 사실을 알 수 없으나 정문은 지금까지의 연구에서 친왕파로 파악하고 있다. 李基白(1974), 〈新羅 惠恭王代의 政治的 變革〉, 앞의 책, p.236.

74) 이를 子로 해석하는 견해도 있으나 孫으로 해석하는 견해가 옳음은 앞에서 언급한 바와 같다. 주 55) 참조.

혜공왕 10년까지 재상의 자리를 계속 유지하였음은 위의 기사에서
분명하다고 하겠다. 이로써 김옹이 당대 최대의 실력자였음은 의심
할 바 없으며,[75] 당시에 김옹에 비견될 만한 세력은 없었다고 해도
지나치지 않을 것이다. 따라서 혜공왕 10년 무렵까지 중대왕실을
지탱한 것이 김옹 세력임은 재언의 여지가 없다고 생각한다.[76]

김옹이 시중을 물러나자 김양상이 경덕왕 23년(764) 1월에 시중
으로 임명되었고, 그는 혜공왕 4년(768) 10월에 김은거가 시중에
취임할 때까지 재임하였다.[77] 그리고 혜공왕 7년(771)에 김옹과 김
양상은 봉덕사성전의 검교사로서 공동 책임자였으며, 혜공왕 10년
(774)에 김옹이 상재로 집정할 무렵 김양상은 상대등에 취임하였다
는 것은 이들이 동일한 정치적 성격을 띠었다는 방증이기도 할 것
이다.[78]

이상에서 고찰한 바와 같이, 앞에서 검토한 김양상 외에 김옹의
경우도 혜공왕 시해 사건 이전에 반혜공적 경향을 띠었다는 증거를
찾을 수 없었다. 따라서 지금까지 이러한 인물을 두고 반혜공왕파로
활동하였다고 파악한 연구는 편견에서 비롯된 것으로, 지나친 추리
라 하지 않을 수 없을 것이다. 바로 이점에서, 경덕왕 19년(760)에
정권이 교체되었다는 일부의 주장은 김양상을 반혜공왕파로 규정한
기왕의 연구에서 파생된 결과였다고 생각하는 것이다.[79]

---

75) 김옹을 친왕파로 파악하건 반왕파로 파악하건 이점은 모든 연구자들의
   견해가 일치되고 있다.
76) 혜공왕 10년 이후의 김옹의 행방을 알려주는 사료가 나타나지 않으므
   로 혜공왕 말기의 정치과정이 불분명해진 것이 아쉽다.
77) 이기백(1974), 〈신라 집사부의 성립〉, 앞의 책, p.157.
78) 성덕대왕신종 명문의 봉덕사성전 구성원의 정치적 성격은 수석 장관인
   김옹의 성격에 따라 김양상·김체신의 성격까지 규명될 수 있다고 생각
   한다. 성전사원은 중대 국왕의 원당이었음을 고려하면 이들은 모두 친혜
   공왕파의 인물로 파악될 것이다.
79) 김수태는 성덕대왕신종 명문의 金邕·金良相·金體信 등을 모두 반왕파로

마지막으로 지금까지 신라사 이해의 바탕이 되어 온 이기백의 논문 〈신라 혜공왕대의 정치적 변혁〉과 관련하여 그의 신라사 연구의 결정판인 《신라정치사회사연구》에 대해서도 한 마디 하고자 한다. 그는 1974년에 간행된 같은 책 서문에서

> 당시에 生을 누리고 있던 산 人間들의 活動을 통해서 社會나 政治의 本質을 파헤쳐보려고 노력하였다.

라 하고, 이어서

> 이러한 考察의 결과, 新羅의 支配勢力은 貴族聯合에서 專制主義로, 그리고 다시 一轉하여 貴族聯立으로 발전하였다는 결론을 얻게 되었다.……이러한 新羅의 社會的 政治的 發展過程의 큰 줄기에 대한 의견은 〈新羅 惠恭王代의 政治的 變革〉을 발표한 이후 일관되어온 著者의 주장인 것이다.

라 하여 《신라정치사회사연구》의 구상이 이미 1958년에 발표된 〈신라 혜공왕대의 정치적 변혁〉에서 배태胚胎되었음을 밝혔다.[80] 그러

분류하면서도 김양상이 혜공왕을 시해하였다는 《삼국유사》의 기록을 부정하고 《삼국사기》의 설을 따라 金志貞이 혜공왕을 시해한 것으로 이해하였다. 즉 김수태는 반왕파가 정권을 장악한 이후 혜공왕은 실질적으로 허수아비화하였고, 왕당파인 지정이 일으킨 난이 일시적으로 성공을 거두었으나 별다른 영향력을 발휘하지 못한 데 대한 불만에서 志貞의 兵이 혜공왕을 시해하였다는 것이다. 金壽泰(1991), 〈專制王權의 붕괴와 眞骨貴族의 권력투쟁〉, 앞의 학위논문, pp.168~171.

80) 《삼국사기》 권12, 신라본기 末尾에서는 신라사를 시기구분하여 上代·中代·下代로 나누고 있는데 이기백은 이를 貴族聯合期→專制王權期→貴族聯立期의 그것으로 파악하였다. 이에 대해 이만열은 同書 書評에서 "그러나 우리는, 著者가 歸納的 方法을 통하여 그 결론에 도달했다고 보이는 貴族聯合→專制主義→貴族聯立의 '結論'이 이 저자의 初期論文인 〈新羅 惠恭王代의

나 지금까지 고찰한 바와 같이 혜공왕 10년 무렵을 경계로 정권의
교체가 이루어져 중대에서 하대로 전환하게 되었다는 그의 주장이
설득력을 잃은 만큼, 여기서 출발한 신라 정치사의 기본체계는 새로
운 각도에서 다시 연구되어야 하리라고 믿는다.

또한 당시에 생生을 누리고 있던 산 인간들의 활동을 통해서 사
회나 정치의 본질을 파헤쳐 보려고 한 것은 탁견卓見이라 하겠으나,
인간들의 활동을 친왕파, 반왕파의 이분법적으로 '유형화'[81]하고, 김
양상이 혜공왕을 시해하였다고 보아 그는 처음부터 반왕파였을 것
이라는 전제 아래 출발한 연구는, 지금까지 검토한 바와 같이 자료
가 제공할 수 있는 이상의 무리한 추측을 불러일으킬 위험성을 내
포하고 있다고 저자는 믿고 있다.[82] 고대사 연구자는 마땅히 이 점
을 경계하여야 하며, 이럴 때 한국사 연구의 진정한 발전이 기약될
것이라고 생각한다.[83]

政治的 變革〉(1958)의 맺는말(p.253)에서 이미 비치기 시작한 데 대하여
일말의 不安을 느낀다. 저자의 주장대로 이 '結論'은 논문을 발표한 이후
일관되어온 저자의 주장이라 하여도 이 '結論'의 早期發見(물론 저자는 全
般的인 史料檢討 過程에서 발견한 것이겠지만)과 그 적용이 그 후 저자의
史料解釋 및 新羅史理解의 폭을 좁게 하지는 않았을까 느껴지기 때문이다"
라고 논평한 바 있다. 李萬烈, 〈回顧와 展望 ―古代―〉, 《韓國史研究彙報》 9,
국사편찬위원회, 1975, pp.4~5.

81) 李基白은 〈韓國學研究 半世紀 ―古代史―〉, 《震檀學報》 57, 1984, pp.7~8에
서 자신의 연구를 논평하면서 古代의 社會史에 관심을 가지면서도 制度史
的인 측면과 함께 그에 나타난 人間集團의 權力關係를 時代的인 변천 속에
서 추구한 것이 〈新羅 惠恭王代의 政治的 變革〉을 위시하여 〈上大等考〉 등
《新羅政治社會史研究》에 실린 논문들이라 하고, 어떠한 이론의 일방적 적
용보다는 제도를 움직여온 인간들의 활동을 類型化함으로써 그 사실이
지니는 역사적 의미를 이해해 보려 하였다고 하였다.

82) 저자는 이기백의 연구가 "인간활동을 유형화"함으로써 적지 않은 성과
를 거두었다고 믿고 있지만, 과도하게 단순화한 지나친 유형화는 역사
해석을 경직화시킬 우려가 있다고 생각한다. 더욱이 김양상에 대한 역사
서술은 고뇌 없는 기술이었다는 평가를 피하기 어렵다고 여긴다.

83) 이상과 같은 저자의 견해에 대한 반론이 이기백에 의해 제기되었다(李
基白, 〈統一新羅時代의 專制政治〉, 《韓國史上의 政治形態》, 一潮閣, 1993,

pp.72~77). 이 글의 내면적 의미를 생각해 볼 때 궁극적인 초점은 저자
가 추구하는 방법과 하등 배치되지 않는다고 생각하지만, 특별히 한 章을
설정하여 연구 방법을 논하고 있으므로 간단히 견해를 밝혀 두고자 한다.
먼저 반론의 요지는 다음과 같다. 이기백과 비슷한 견해를 피력한 井上
秀雄의 논문 〈新羅政治體制の變遷過程〉(《古代史講座》 4)보다 발행 연도가 뒤
지는 〈上大等考〉(《歷史學報》 17·18합집)를 집필할 때 문화교류가 여의치
못한 관계로 이를 접하지 못했으나, 연구 방법에 대해 문제가 있는 듯
이 논평하였다. 다음은 인간 활동을 이해함에 있어 역사상의 수많은 인
물들을 모두 개별적으로 다룬다는 것은 불가능하며 바람직스럽지 못하
므로 유형화가 필요하나, 저자(李泳鎬)가 역사연구에 있어서 유형화 자체
를 거부하였다고 결론지었다. 마지막으로, 역사 연구에는 제도 그 자체
보다 운영의 실제를 밝히는 것이 중요하다. 이상이 이기백이 지적한 내
용의 개요인데 순서대로 살펴보기로 하자.
　첫 번째의 경우, 저자는 井上秀雄의 연구와 이기백의 연구를 비교한 바가
없다. 井上秀雄의 논문은 1962년 7월 발표되었고, 이기백의 논문은 1962년
12월에 발표되었다고 되어 있으므로 이를 그대로 받아들일 뿐 이기백의 논
문이 어떻게 발행연도가 뒤지게 되었는지 저자로서는 당시의 사정을 알 수
가 없다. 그러므로 井上秀雄의 논문과 관련지어 연구 방법에 이의를 제기하
였다고 한 것은 수긍하기 어렵다. 저자의 뜻은 1958년에 발표된 이기백의
신라 정치사 초기 논문인 〈新羅 惠恭王代의 政治的 變革〉에서 그 후 오늘날까
지 진행될 신라사 연구의 전체 결론이 미리 제시된 점에 대한 방법상의 의
문을 제기한 것이었다.
　둘째, 저자가 역사상의 수많은 인물들을 모두 개별적으로 다루어야 한다고
주장한 바도 없거니와 인간활동의 유형화 자체를 거부하지도 않았다. 분명
히 저자는 "이기백의 연구가 '인간활동을 유형화'함으로써 적지 않은 성과를
거두었다고 믿고 있지만, 과도하게 단순화한 지나친 유형화는 역사 해석을
경직화시킬 우려가 있다고 생각한다. 특히 김양상에 대한 역사서술은 고뇌
없는 기술이었다는 평가를 피하기 어렵다고 여긴다."(앞의 주 82) 참조) 라
고 하여 유형화의 성과를 인정하면서도, 김양상에 대한 종래의 유형화는 분
명 문제가 있음을 지적한 것이다.
　셋째는, 저자 또한 평소 이기백과 같은 관점을 가지고 있으므로 주장 자체
에는 異論이 없다. 다만 이기백이 "인간을 몰각한 제도사 연구"라고 한 데
대해서는 심한 표현이 아니었나 한다. 오히려 신라사의 전개과정을 백수십
년 단위로 나누어 '시대적인 大前提'를 설정한 뒤 그 속에서 인간 활동을 해
석해온 것이 혹 인간을 몰각한 연구가 아니었는지 염려된다고 하겠다.

제2편

중대 권력구조의 실태

제1장   귀족회의와 상대등

상대등에 대한 선구적 연구는 스에마쓰 야스카즈와 전봉덕이 시도하였다.[1] 그리하여 그 설치 과정과 최고 관직으로서의 정치적 성격에 대한 기초적 면모가 밝혀졌다.

그 뒤 상대등의 성격을 좀 더 구체적으로 천착한 연구가 나왔다. 이기백은 신라의 역사적 변천과정에 유의하면서, 세 시기로 나누어 상대등의 위상을 추적하였다. 상대(중고)에는 상대등이 귀족세력의 대표, 곧 화백회의의 의장으로서 국왕과 대립된 존재였으며, 중대에 이르러서는 왕권의 전제화에 따라 상대등의 세력은 약화되고 집사부 중시(시중)가 최고의 실권을 갖게 되었다. 그러나 하대에 이르면, 상대등의 위상은 다시 상대의 그것과 같은 위치로 복구된다는 견해를 발표하였다.[2] 또한 이노우에 히데오도 상대등에 주목하였으나, 대체적 논지는 이기백과 유사하였다.[3]

---

1) 末松保和,〈新羅幢停考(附) 上大等について〉,《史學雜誌》 43～12, 1932;《新羅史の諸問題》, 東洋文庫, 1954.
田鳳德,〈新羅 最高官職 上大等論〉,《法曹協會雜誌》 5～1·2·3합병호, 1956;《韓國法制史研究》, 서울대출판부, 1968.
2) 李基白,〈上大等考〉,《歷史學報》 19, 1962;《新羅政治社會史研究》, 一潮閣, 1974.
3) 井上秀雄,〈《三國史記》にあらわれた新羅の中央行政官制について〉,《朝鮮學報》 51, 1969;《新羅史基礎研究》, 東出版, 1974.

국왕과 상대등을 대립적 관계로 보는 견해가 일반화되자, 이에 대한 의문이 부분적으로 제기되었다. 다케다 유키오는 국왕과 진퇴를 같이하는 상대등과 국왕의 관계는 상호 보완의 관계, 곧 권력과 권위의 일체적 결합 관계로 이해할 수 있다고 하여, 이 둘 사이에는 대립적 측면과 융합적 측면의 양면성이 있음을 지적하였다.4) 미이케 요시카즈는 상대등의 설치는 왕권의 미성숙을 나타내는 것이라는 통설에 반대하고, 이는 왕권강화의 한 수단이라고 파악하였으며,5) 김영미는 성덕왕의 즉위에 있어 상대등 개원愷元의 역할을 주목하여, 상·하대와는 달리 중대의 상대등은 왕권 옹호자 내지 무열왕계 왕실과 같은 세력일 것이라고 주장하였다.6) 또한 전기웅도 신라 하대 말기의 정치를 분석하면서, 적어도 경문왕 이후의 상대등·시중 등은 왕실에 대립적이 아니라, 오히려 왕실의 보호와 유지에 노력하였다고 하였다.7) 이들 연구는 단지 상대등의 성격만을 간략히 언급하거나 신라 전시기를 대상으로 한 전론專論은 아니었다는 점에서 일정한 한계는 있지만, 상대등의 실체에 상당히 접근한 연구라 할 수 있었다.

그 뒤, 저자는 신라 중대 말의 정치과정을 검토하면서, 중대에 정치적 실권을 집사부 중시에게 넘겨주었던 상대등이, 혜공왕대에 이르러 다시 상대의 지위를 회복하였다는 견해에 의문을 제기하였

---

4) 武田幸男,〈新羅の滅亡と高麗朝の展開〉,《岩波講座世界歷史》9, 1970, p.487.
   상대등의 양면성에 대해서는 이기백도 언급한 바 있으나, 최종적으로는 국왕에 대한 대립적 세력으로 파악하였다. 李基白(1974),〈上大等考〉, 앞의 책, pp.95~96·pp.127~128.
5) 三池賢一,〈新羅官制と社會身分〉,《日本史研究》150·151합집, 1975, p.78.
6) 金英美,〈聖德王代 專制王權에 대한 一考察 ─甘山寺 彌勒像·阿彌陀像銘文과 관련하여─〉,《梨大史苑》22·23합집, 1988, pp.379~381. 그러면서도 上·下代의 상대등을 통설과 같이 왕권 견제자로 이해한 것은 씨의 분석 대상이 중대였기 때문으로 생각된다.
7) 全基雄,〈新羅 下代末의 政治社會와 景文王家〉,《釜山史學》16, 1989, p.19.

다.8) 다시 말해 상대나 하대에서의 상대등의 위상은 중대에서도 유지되었고, 상대등과 중시도 대립적이지 않았음을 지적한 것이다.

　저자와 때를 같이 하여, 주보돈도 6세기 초 신라의 왕권은 초월적 권위를 갖지 못하였으나, 531년의 상대등 설치는 왕권이 신장된 결과라는 견해를 발표하였다.9) 상대등은 국왕을 견제하기보다는 왕권 강화의 일환에서 설치되었으며, 줄곧 국왕을 견제하는 귀족회의의 대표자일 수는 없다고 한 것이다. 그리하여 상대등은 처음에는 국왕과 밀착된 귀족이 임명된 것이 아닐까 추측하였다. 또한 신형식은 상대등·시중 등의 관직을, 중대와 하대라는 사회적 성격에서 이해하기 앞서, 당시 귀족세력의 정치적 지위와 관련하여 파악해야 할 것이라고 하였다. 즉, 왕실은 특정 가문보다는 유력한 두세 가문과 왕비王妃나 시중侍中·상대등上大等 등의 관직을 통해 공존 관계를 가지면서 왕통을 유지할 수 있었다고 하였다.10) 이 같은 주장들은 저자의 견해와 일맥상통한 것으로, 지금까지의 통설과는 크게 상반된 해석이었다.

　따라서 이 책은 위와 같은 견해의 연장선에서, 귀족회의의 대표인 상대등이 국왕에 대립적인 존재였는가,11) 그리고 그 지위는 상대·중대·하대에 따라 변화가 있었는가 하는 점에 논의의 초점을 맞추기로 하였다. 최고 관직 상대등이 왕권을 제약하였는가, 아니면 왕권의 지지자로서 국왕과 같은 성격을 띠었는가는 신라 정치사 이해의

---

8) 李泳鎬, 〈新羅 惠恭王代 政變의 새로운 解釋〉, 《歷史敎育論集》 13·14합집, 1990, pp.346~347; 이 책 제1편 제4장 p.154 주 38) 참조.

9) 朱甫暾, 〈6세기초 新羅王權의 位相과 官等制의 成立〉, 《歷史敎育論集》 13·14합집, 1990, pp.253~255.

10) 申瀅植, 〈新羅 中代 專制王權의 展開過程〉, 《汕耘史學》 4, 1990; 《統一新羅史硏究》, 三知院, 1990, p.141.

11) 여기서 국왕에 대립적인가 아닌가 하는 것은 일반론적인 관점에서의 성격을 말한다. 어느 개인의 경우에도 성격을 영원불변한 고정적인 것으로 파악할 수는 없기 때문이다.

열쇠가 되는 부분이며, 따라서 여기서 파생되는 문제 결코 적지 않을 것으로 판단된다.

1. 상대등의 설치와 위상

상대등의 설치에 대해서는 《삼국사기》에서 그 기록을 찾을 수 있다. 동 권4, 신라본기 법흥왕 18년 4월조에

拜伊湌哲夫爲上大等 摠知國事. 上大等官始於此 如今之宰相

이라 하고, 권38 직관지(상)에는

上大等(或云 上臣) 法興王十八年始置

라 한 것이 그것이다. 이로써 상대등은 법흥왕 18년(531)에 처음 설치되었고,[12] 그 임무는 총지국사摠知國事하는 것이었으며, 고려의

---

12) 다음의 연구들은 법흥왕 18년을 상대등 성립 연대의 하한으로 보면서 그 기원을 더욱 소급시키고 있다.

辛兌鉉, 〈新羅 職官 및 軍制의 研究〉, 《新興大學校論文集》 2, 1959.

金麟坤, 〈新羅의 政治制度 研究 —和白會議·上大等·王·執事部에 관하여—〉, 경북대 정치학 박사학위논문, 1974; 《韓國政治論》, 이문출판사, 1987.

申瀅植, 〈新羅 兵部令考〉, 《歷史學報》 61, 1974; 同 改題 〈新羅의 國家的 成長과 兵部令〉, 《韓國古代史의 新研究》, 一潮閣, 1984.

木村誠, 〈新羅上大等の成立過程 —'上臣'史料の檢討—〉, 《古代東アジア史論集(上)》, 吉川弘文館, 1978.

武田幸男, 〈六世紀における朝鮮三國の國家體制〉, 《東アジア世界における日本古代史講座》 4, 學生社, 1980.

신태현·김인곤·신형식은 상대등의 기원을 모두 大輔에서 찾고 있다. 이 가운데 신형식은 법흥왕대에 와서 大輔의 기능 가운데 兵馬權은 兵部令으

재상宰相과 같은 존재였다고 하겠다.

상대등이 설치된 법흥왕 18년 무렵의 신라는 어떠하였을까?《삼국사기》권4 신라본기에 따르면, 지증왕대에 왕호를 마립간麻立干에서 '왕王'으로 고치고 국호를 '신라新羅'로 확정한 데 이어, 법흥왕 4년에는 신라 최초의 관부인 병부兵部를 설치하였다. 또 왕 7년에는 율령律令을 반포하고 백관공복百官公服과 복색服色을 제정하였으며, 이듬해인 왕 8년에는 양梁에 사신을 파견하였다.[13] 그리고 왕 23년에는 처음으로 건원建元이란 연호를 사용하였다. 이로 보아 법흥왕대는 왕권의 성장과 정치제도의 정비가 획기적으로 추진된 시기였다고 할 수 있을 것이다.[14]

종래에는 상대등의 설치를 국왕과 귀족세력이 마찰한 결과에서 나타난 타협의 산물로 이해하였다. 즉 법흥왕 14년(527) 불교 수용 문제를 둘러싸고 이차돈異次頓이 순교하였고, 왕 22년에 비로소 불교가 공인되었다고 하여[15] 상대등이 설치된 왕 18년은 불교 수용 문제로 왕과 귀족이 날카롭게 대립한 시기였다는 것이다. 불교 수용

로, 국무를 총리하는 行政權은 上大等으로 분리되었다고 하였다. 또한 武田幸男은 상대등이 5세기 초 또는 그 이전에 高句麗의 강한 영향을 받아서 성립했다고 하였고, 木村誠은 上大等이 百濟 上佐平을 모방하여 지증왕 4년(503) 무렵 성립되었다고 추정하면서, 5세기 말에는 그 원형이 형성되어 있었을 것이라고 하였다.

13) 이에 앞서 신라는 나물마립간 26년(381) 秦에 조공하였고(《삼국사기》권3, 신라본기), 1세기 이상 지난 뒤인 지증왕대에 두 번(502, 508) 北魏 宣武帝에게 斯羅란 국명으로 조공한 사실이 있다(《魏書》권8, 世宗本紀).

14) 법흥왕 전후 시기의 왕권의 성장은 새로 발견된 浦項 冷水里新羅碑, 蔚珍 鳳坪里新羅碑 등 금석문에서도 짐작되는데, 이에 대해서는 朱甫暾(1990), 〈6세기초 新羅王權의 位相과 官等制의 成立〉, pp.247~255 참조.

15) 李基白,〈新羅 初期佛敎와 貴族勢力〉,《震檀學報》40, 1975;《新羅思想史研究》, 一潮閣, 1986, pp.78~79. 그러나 최근에는 전래, 수용, 공인을 구별하면서 진흥왕 5년(544)을 공인의 해로 파악한 견해가 있다.
崔光植,〈新羅의 佛敎 傳來·受容·公認〉,《新羅文化祭學術發表會論文集》12, 신라문화선양회·경주시, 1991.
文暻鉉,〈殉敎聖人 異次頓考〉,《不聞聞》創刊號, 靈鷲佛敎文化研究院, 1990.

의 주체는 왕실인 데 귀족은 이에 반발하였으므로, 일정한 타협의 산물로서 상대등이 설치되었다고 하였다.[16]

그러나 신라의 불교 수용은 국왕이 주체가 되었음을 고려하면, 상대등으로 말미암아 왕권이 제약되었다는 주장은 의문스럽다고 할 수밖에 없다. 저자는 불교 공인 과정에서 빚어진 정치적 마찰과 상대등의 설치는 국왕을 중심으로 한 불교수용파가 싸움에서 이긴 결과로 이해하고, 이는 왕권강화의 일환이었다고 한 주보돈의 최근 주장[17]은 옳은 견해라고 생각한다. 이를 따르면 상대등과 국왕은 더이상 대립된 것으로 파악할 수 없으며,[18] 상대등과 국왕이 대립적이었다는 시각에서 정리된 학계의 정치사 이해도 재고의 여지가 있다고 판단한다. 나아가 저자는, 상대등이 설치 초기에만 국왕과 밀착된 귀족들로 임명된 것은 아니며, 이후에도 줄곧 친왕적인 인물이 임명되는 것이 관례였다고 생각한다.

상대등은 《삼국사기》 직관지의 제일 첫머리에 열거되었을 뿐 아니라 '총지국사摠知國事'했다는 기록에서, 신라의 최고 관직으로 국무를 총리하는 수상首相이었음을 알 수 있겠다.[19] 그런데 당시는 관직 미분화 상태로 관부는 겨우 병부만 존재했을 뿐이므로, 상대등은 중앙관의 중추를 이루고 있던 대등大等의 위에서, 대등으로 구성되는

---

16) 李基白(1986), 〈新羅 初期佛敎의 貴族勢力〉, 앞의 책, p.80.

17) 朱甫暾(1990), 〈6세기초 新羅王權의 位相과 官等制의 成立〉, p.254.

18) 예컨대, 거칠부의 경우 《삼국사기》 권4, 신라본기 진지왕 원년조에서는 "以伊湌居柒夫爲上大等 委以國事"라 한 데 대해, 동 권44, 居柒夫傳에는 "居柒夫爲上大等 以軍國事務自任"이라 하였다. 후자를 두고 상대등의 독자적인 성격을 나타내는 것으로 이해하기도 하나(이기백(1974), 〈상대등고〉, 앞의 책, p.98), 오히려 국왕과의 밀착 정도를 말해주는 것으로 생각된다. 이는 거칠부 열전의 기록으로, 상대등의 임무를 구체적으로 지적한 것으로 파악되기 때문이다.

19) 田鳳德(1968), 〈新羅 最高官職 上大等論〉, 앞의 책, p.320. 이는 《東史綱目》 권3上, 법흥왕 18년조에 "居百官之上"이라 하거나 《東京雜記》 卷首 刊誤에 "新羅官制 大略 上大等爲相首 侍中爲亞相"이라 한 것과도 일맥상통한다.

귀족회의의 의장의 임무를 수행하였다.[20] 이에 상대등은 귀족세력의 통솔자일 뿐만 아니라 그 대변자·대표자였으며, 상대등이 설치됨으로써 귀족회의의 주재자가 왕에서 상대등으로 교체되었고, 귀족회의도 왕 주재 하의 결의기관에서 귀족들의 의견을 대변하는 기관으로 기능이 변하였다는 것이다.[21] 또한 이에 따라 왕의 권력은 상대등에게 제약을 받게 되었다고 한다.[22]

상대등의 임무인 총지국사 가운데는 대등으로 구성된 귀족회의의 의장의 역할이 큰 비중을 차지하였을 것이다. 그러나 왕이 주재하는 결의 기관에서 귀족들의 의견을 대변하는 기관으로 바뀌었다든가, 상대등에게 국왕의 권력이 제약받게 되었다는 것은, 상대등의 설치를 국왕과 귀족세력의 타협의 산물로 이해한 데에서 나온 견해인 만큼 설득력이 약하다.

상대등의 임무는 '총지국사摠知國事'였고, 국정을 총리하는 수상으로서 귀족회의를 주재하였음은 앞서 밝힌 바와 같다. 그런데 상대등

---

20) 이기백(1974), 〈상대등고〉, 앞의 책, p.94.
21) 이기백(1974), 위의 책, p.95. 이기백은 왕권이 부족연맹장적인 성격에서 벗어나서 점차 귀족세력을 초월하는 더욱 전제적인 방향으로 강화되면, 일반 귀족의 통솔을 위해서는 상대등과 같은 존재가 필요하게 되었을 것이라 하면서, 상대등은 점차 전제화되어 가는 왕권을 중심으로 한 중앙집권적 귀족국가가 형성되어 가는 과정에서 설치되었다고 하였다.
22) 이기백(1974), 위의 책, p.96. 왕의 권력이 결국 上大等에 의해 제약되었다는 것은, 왕권이 점차 전제화되어 가는 추세 속에서 여러 귀족의 통솔을 위해 상대등이 설치되었다는 앞서의 논리와 어떻게 부합되는지 궁금하다. 물론 이기백은 상대등의 설치는 왕권이 전제화되었음을 의미하는 동시에 왕의 전제적 권력의 행사가 귀족세력에 의하여 제약받고 있음을 의미한다고 하여 이중적 성격을 지적하였지만, 자의적으로 해석되어도 무방한 것이 아니라면, 어느 쪽으로부터의 의도였는가가 중요하지 않을까 한다. 또 상대등의 설치로 귀족회의가 왕 주재의 결의기관에서 귀족들 의견의 대변기관으로 변화했다면(같은 논문, p.95), 귀족들의 의견 대변을 위해 멸망 시까지 상대등이 꼭꼭 임명되었어야 했는지도 선뜻 납득되지 않는다. 저자는 상대등이 설치된 뒤에도 귀족회의는 정책 결정기구로 기능했다고 생각한다.

이 관리들의 인사행정을 주관한 사실이 나타나고 있다.

（憲德王） 14년 國王은 嗣子가 없으므로 母弟 秀宗을 儲貳[太子]로
삼아 月池宮에 들어오게 하였다. 이때에 忠恭 角干이 上大等이 되어
政事堂에 앉아 內外官을 注擬하고 물러나서 병에 걸렸다. 國醫를 불러
진맥을 했더니 말하기를, "병이 심장에 있으므로 龍齒湯을 복용해야
한다"고 하였다. 드디어 21일간의 휴가를 얻어 문을 닫고 賓客도 만나
지 않았다. (《삼국사기》 권45, 열전 祿眞)

헌덕왕 14년(822), 왕의 두 동모제 가운데 수종秀宗은 태자가 되
고,23) 충공忠恭은 상대등에 재임하고 있었다. 수종은 헌덕왕 11년
(819) 2월부터 상대등에 재임하였으므로, 충공은 형인 수종의 뒤를
이어 상대등에 취임하였다고 하겠다. 이때 충공은 상대등으로서 인
사행정의 실권을 쥐고 있었다.24) 더욱이 그는 내외관의 인사 문제를
정사당政事堂에 앉아 처결하고 있었던 것이다. 여기서 헌덕왕대 상대
등의 정청政廳이 정사당임을 확인할 수 있거니와,25) 또한 인사행정
이 상대등의 임무 가운데 하나였음이 밝혀진다고 하겠다. 만약 이를
하대의 사실이라 하여 통설에 따라 상대등이 국왕과 대립적이었다
고 이해한다면, 국왕과 대립적인 인물이 하대 인사행정의 실권을 쥐

23) 《삼국사기》 권10, 신라본기 헌덕왕 14년조에는 1월에 '副君'이 되었다고 하였다.
24) 이기백(1974), 〈상대등고〉, 앞의 책, pp.115~117.
25) 전봉덕은 신라 초기의 政廳인 南堂이 삼국통일 후 平議殿으로 바뀌었다
는 견해(李丙燾, 〈古代南堂考〉, 《서울大論文集》(人文社會科學) 1, 1954; 《韓國
古代史硏究》, 博英社, 개정판, 1985, p.641)를 따르면서 政事堂을 平議殿으로
파악하고, 상대등은 고유의 관부를 거느린 바 없으나 정사당에 출근하여
內外 官僚의 승진, 전보, 임면을 결재하였다고 하였다(田鳳德(1968), 〈新羅
最高官職 上大等論〉, 앞의 책, pp.320~321). 이에 대해 이기백은 이를 상
대등이 和白으로 대표되는 귀족회의의 의장으로 생각할 수 있는 유력한
증거라고 하고, 중대와는 달리 이제 상대등이 그 실권을 다시 장악한
것이라고 하였다(이기백(1974), 〈상대등고〉, 앞의 책, p.117).

고 있었다는 것이 되고, 이는 정치의 속성에 비추어 의문이 아닐 수
없을 것이다.

《삼국사기》 녹진전에는 위의 기사에 이어 또 다음과 같은 기록을
전하고 있다.

　　　이에 祿眞이 가서 뵙기를 청하니 문지기가 거절하였다. 녹진이 말하
　　기를 "下官은 相公이 병으로 물러나서 손님을 사절함을 모르는 것이
　　아니나, 꼭 한 말씀 드려서 답답한 마음을 풀어드리려고 왔다. 만일
　　만나 뵙지 못하면 감히 물러나지 않겠다"고 하였다. 문지기가 두 번,
　　세 번 아뢰었더니 이에 引見하였다.

　　　녹진이 나아가 말하기를, "듣자온즉 귀체가 편치 못하시다 하오니,
　　아침 일찍 출근하고 저녁 늦게 퇴근하여 찬바람과 이슬에 혈기가 조
　　화를 잃고, 몸이 불편하신 때문이 아닙니까" 하였다. 말하기를 "거기까
　　지 간 것은 아니다. 다만 어질어질하여 정신이 불쾌한 것뿐이다" 하였
　　다. 녹진이 말하기를, "그런즉 公의 병은 약을 필요로 하지 않으며, 침
　　과 뜸을 필요로 하지도 않습니다. 至言과 高論으로 한 번 쳐서 병을
　　破할 수 있는데 公은 들으시겠습니까?" 하였다. (公이) "그대가 나를
　　멀리 버리지 않고 특별히 光臨하였으니, 玉音을 듣고 내 가슴의 답답
　　함을 풀어 보겠다"고 하였다.

　　　녹진이 말하기를, "木手가 집을 지을 때 材木이 큰 것은 대들보나
　　기둥으로 삼고, 작은 것은 서까래로 쓰며, 눕힐 것과 세울 것을 각기
　　베푸는 곳에 알맞게 한 연후에야 큰 집이 이루어집니다. 옛날에 어진
　　宰相들의 정치가 무슨 다를 바가 있겠습니까? 才가 많은 자는 高位에
　　놓고, 적은 자는 薄任을 주어, 안으로는 六官·百執事와 밖으로는 方
　　伯·連率·郡守·縣令 등 朝廷에 闕位가 없고, 位에 비적임자가 없고, 上
　　下가 정해지고, 賢不肖가 구분된 연후에야 王政이 이루어질 것입니다.

그런데 지금은 그렇지 않습니다!"(중략)

角干은 이에 醫官을 사절해 보내고, 수레를 명하여 王宮으로 入朝하였다. 왕이 말하기를 "卿은 날을 정하고 服藥한다 하였는데, 어찌하여 來朝하는가?" 하였다. (公이) 대답하기를 "臣이 祿眞의 말을 들으니 藥石과 같았습니다. 어찌 龍齒湯을 마시는 데 그칠 정도겠습니까?" 하며, 왕을 위하여 일일이 이야기하였다. 왕이 "寡人이 君이 되고 卿이 相이 되었는데 이렇게 직언하는 사람이 있으니 얼마나 기쁜 일인가? 儲君[太子]에게 이를 알리지 아니할 수 없다. 月池宮으로 가라"고 하였다. 儲君[太子]이 이 말을 듣고 들어와서 사례하기를, "일찍이 듣사온 즉, 仁君이 밝으면 신하가 곧다고 하였습니다. 이 역시 국가의 아름다운 일입니다."

　상대등 충공이 인사 문제로 고민한 나머지 병을 얻자, 그에게 적절한 해결책을 건의한 사람은 녹진祿眞이었다.26) 녹진은 6두품으로 추정되는데,27) 이는 그가 집사시랑執事侍郞이었다는 점에서 뒷받침될 것이다.28) 그는 23세에 관직생활을 시작, 내외관內外官을 두루 거친 뒤 헌덕왕 10년(818)에 집사시랑이 되었다. 4년 뒤인 14년(822) 3월에는 김헌창金憲昌의 난 토벌에 참가하여 공을 세웠으므로 왕은 그에게 대아찬의 관등을 주려하였다.29) 6두품으로 추정되는 그가 23세

---

26) 신라시대 인사행정을 담당했을 것으로 여겨지는 관부는 位和部·兵部가 있고, 執事部(省)도 역시 그러하였을 것으로 여겨진다. 《삼국사기》 권10, 신라본기 원성왕 5년 9월조에는, 子玉을 楊根縣 小守로 임명하는 문제를 둘러싸고 일어난 執事史 毛肖의 반박에 대해 侍中이 의논하여 결국 성사되었다는 기사가 있다. 이를 보면 신라의 인사행정은 여러 관부 사이에 일정한 절차를 밟아 이루어졌다고 생각된다.

27) 李基白, 〈新羅 執事部의 成立〉, 《震檀學報》 25·6·7 합병호, 1964; 앞의 책 (1974), p.160.

28) 執事部 侍郞 역임자는 대부분 6두품으로 밝혀지고 있다. 李基白, 〈新羅 下代의 執事省〉, 앞의 책(1974) pp.187~188.

29) 《삼국사기》 권45, 열전 祿眞.

에 비로소 벼슬하였다는 것은 국학國學 출신자일 가능성을 시사한다
는 점에서 주목된다.[30] 국학은 유교적 소양을 갖춘 국왕의 관료를
양성하기 위한 곳이었으므로,[31] 녹진이 국학 출신으로 여겨진다는
것은 김헌창의 난 진압에 참가한 사실과 함께 국왕의 충직한 관료
였음을 말한다고 하겠다.

《삼국사기》에 따르면, 충공은 상대등 취임에 앞서, 헌덕왕 9년
(817) 1월에서 13년 4월까지 집사부 시중을 역임하였다. 또 충공의
뒤를 이은 영공永恭은 흥덕왕 2년(827) 8월까지 6년 4개월 동안이나
장기간 집사부 시중에 재임하였다. 이로 보아 이들은 헌덕왕대 후반
이찬 수종秀宗의 상대등 임명이나 태자 책봉 등 일련의 정책을 지지
한 인물이었을 것이다. 또한 녹진은 충공의 시중 취임 이듬해 집사시
랑이 됨으로써, 충공과 녹진이 집사부의 장·차관에 동시에 재임하였
음이 밝혀진다고 하겠다. 녹진은 이 같은 밀접한 관계를 바탕으로 충
공에게 면담을 거듭 요청하여, 마침내 인사 문제에 대한 조언을 하였
다.[32] 이와 같이 집사부의 장·차관인 시중과 시랑은 모두 친왕파였
고, 집사시랑이 상대등에게 조언한 것은 상대등과 집사부가 상하 관
계로 긴밀한 사이였음을 말해주는 예라 할 것이다.[33]

---

30) 국학에 입학한 학생의 나이는 15세에서 30세에 이르렀으며, 9년을 한
    도로 수업하였고, 관등이 나마나 대나마에 이른 후에 국학을 나가도록
    하였다(《삼국사기》 권38, 직관(상) 國學). 따라서 녹진이 15세에 국학에
    입학하였다면 入仕할 무렵에는 23세가 되었을 것이다(이 책 제2편 제2
    장 p.265 참조). 한편, 이기백은 國學의 학생이 대개 6두품이었을 것이
    라고 하였다(李基白, 〈新羅 統一期 및 高麗 初期의 儒教的 政治理念〉, 《大東文
    化研究》 6·7합집, 1970; 同 改題 〈新羅 骨品體制下의 儒教的 政治理念〉, 앞의
    책(1986), pp.229~231).

31) 李基白(1986), 〈新羅 骨品體制下의 儒教的 政治理念〉, 앞의 책, pp.229~231.

32) 金東洙, 〈新羅 憲德·興德王代의 改革政治 ─특히 興德王 九年에 頒布된 諸規定
    의 政治的 背景에 대하여─〉, 《韓國史研究》 39, 1985, pp.37~38에서는 녹
    진의 충공 방문을 6두품이 國王系─헌덕왕·수종·충공계─에 가담하고 협
    력하겠다는 표시로 보고 있다.

녹진의 조언을 들은 충공은 곧 입조하여 헌덕왕에게 일일이 이야 기하였고, 이에 왕은 "과인寡人이 군君이 되고 경卿이 상相이 되었는 데 이렇게 직언하는 사람이 있으니 얼마나 기쁜 일인가"라고 하면서 태자에게 이를 알리도록 하였다. 상대등 충공을 상相, 즉 수상首相·재상宰相이라고 하였음은 여기서도 확인할 수 있는데,[34] 그의 인사 행정은 곧 '왕정王政' 수행의 일환이었던 것이다. 따라서 이는 상대 등이 국왕에 대한 대립 세력이 아니었음을 나타내는 방증이라 할 것이다.[35]

상대등의 임면절차任免節次도 대개 왕위의 교체와 때를 같이 했는 데,[36] 이도 국왕과 상대등이 동반자로서 긴밀한 관계였음을 나타내

---

33) 집사부와 상대등의 관계에 대해 井上秀雄은 상대등이 집사부를 통해 국 정전반을 총괄하였다고 파악하였다(井上秀雄(1974), 〈《三國史記》にあらわ れた新羅の中央行政官制について〉, 앞의 책, p.262). 또한 이기백은 집사부 의 시중은 하대에 점차 상대등에 접근함으로써 같은 성격의 상하관직으 로 바뀌었으며, 왕권의 옹호자, 대변자, 전위적 존재였던 시중은 이제 왕권을 제약하는 존재로 성격이 변하였다고 하였다(이기백(1974), 〈신 라 집사부의 성립〉, 앞의 책, pp.166~172 및 〈신라 하대의 집사성〉, 같 은 책, pp.176~185). 여기서 상대등과 집사부가 상하관계라는 점은 수 긍이 가나, 상대등이 도리어 친왕적 성격의 관직임이 밝혀진 만큼 집사 부나 시중에 대한 전반적인 이해는 재고의 여지가 있다고 생각한다.

34) 木村誠, 〈新羅の宰相制度〉, 《人文學報》 118, 東京都立大學, 1977, p.20에서는 충공이 헌덕왕 14년(822) 宰相에 재임한 사실을 주목하지 못했다. 忠恭 (仲恭)은 애장왕 9년 2월 형 김언승과 함께 재상에 재임하였는데(《新唐 書》 권220, 新羅傳 및 《삼국사기》 권10, 신라본기 애장왕 9년 2월조) 이 로써 헌덕왕 14년까지 재상직을 유지하였음을 알 수 있다.

35) 이기백은 6두품으로 추정되는 執事侍郞 祿眞이 상대등 忠恭의 인사행정 문제에 깊이 관여하였다는 점에서, 하대 6두품 세력은 왕권보다 귀족세 력인 상대등과 연결되었다고 파악하였다(이기백(1974), 〈신라 하대의 집사성〉, 앞의 책, pp.186~190). 그러나 상대등 충공이 국왕과 대립적이 아니므로 논리상 설득력을 갖기는 어렵다. 이기백이 상대등과 집사부의 관계를 하대라는 '時代的인 前提'에서 이해하고 있음은 여기서도 드러나는 데, 왕과 귀족, 진골과 6두품 등의 관계를 대결 구도로 이해한 종래의 경향에 대한 비판으로는 다음 글이 주목된다. 徐毅植, 〈古代·中世初 支配勢 力研究의 動向과 《국사》 敎科書의 敍述〉, 《歷史敎育》 45, 1989, pp.39~42.

는 것으로 생각된다. 지금까지의 견해는 상대등의 교체가 신왕의 즉위 초였다는 데 대하여, 만약 왕이 의중意中의 인물을 마음대로 임명하였다고 한다면, 상대등은 그 독자적인 중요성보다는 왕권에 대한 의존도가 강한 것이 되고, 귀족세력 대표로서의 상대등의 위치가 무시되기 때문에 타당성이 없다고 하였다. 그리고 이는 치명적인 난점일지도 모른다고 하였다. 국왕과 상대등의 교체 시기가 일치하는 것은 상대등이 귀족회의에서 추대를 받았기 때문이며, 이는 고구려의 대대로大對盧나 백제의 상좌평上佐平 제도에서 엿볼 수 있다고까지 하였다.[37]

그러나 이러한 해석은 상대등이 귀족회의의 대표이므로 왕권과 대립적이어야 한다는 선입견 때문에 나온 것이라 생각한다.《삼국사기》에는 한결같이 상대등을 국왕이 임명하는 것으로 되어 있다. 또 신라 일대를 통해서 왕이 장기 재위한 일부 시기를 제외하면 '일 왕대一王代 일 상대등제一上大等制'가 거의 지켜졌는데,[38] 이는 상대등에 국왕의 의중 인물이 임명되었고, 곧 국왕과 상대등이 밀착되었음을 보여주는 것이라 생각된다.[39] 또한 대대로나 상좌평에 대한 학계의

---

36) 이기백(1974), 〈상대등고〉, 앞의 책, p.97·p.102·p.112. 이기백은 상대등의 임명이 상대·하대에는 왕위의 교체와 일치하지만, 중대의 경우는 그렇지 않았다고 파악하였다. 뒤에서 살피겠지만, 이는 중대 국왕의 재위 기간이 그 전후 시기보다 길었음을 간과했기 때문으로 생각된다.

37) 이기백(1974), 위의 책, pp.98~99.

38) 井上秀雄(1974), 〈《三國史記》にあらわれた新羅の中央行政官制について〉, 앞의 책, pp.245~247. 井上秀雄은 一王代 一上大等制가 성덕왕 말에서 경덕왕 시기에 무너졌으나, 하대에는 지켜졌다고 하였다. 그러나 이 또한 이 시기는 왕의 재위기간이 길었고, 하대는 재위기간이 짧았다는 점이 고려되어야 할 것이다. 주 36) 참조.

39) 金瑛河, 〈5·6세기 新羅國家의 發達 ─중앙정치체제의 발전과정을 중심으로─〉,《한국고대사연구회회보》11, 1989에서 상대등을 摠知國事, 즉 국가 행정권을 총괄하는 재상이라 파악하면서, 법흥왕부터 진평왕까지의 中古 시기를 '王─上大等體制'라 규정하여 둘이 서로 밀착되었다고 한 것은 전시기를 대상으로 한 것은 아니지만 올바른 견해라 생각한다.

연구도 점차 왕권 강화나 귀족에 대한 통제를 강화하려는 차원에서
설치되었음을 밝혀주고 있기 때문이다.40)

상대(중고)의 상대등은 왕위의 정당한 계승자가 없을 경우에 왕위
를 계승할 제1의 후보자였다.41) 또 정상적인 왕위계승이 불가능할
경우에 스스로가 왕이 되기를 바랄 수 있는, 또 그렇게 추대되기도
한 존재였다.42) 이는 상대등이 수상이었을 뿐 아니라, 부왕적副王的
인, 부왕副王에 버금가는 존재43)였음을 확신시켜 주는 것이다.44) 상
대등의 성격이 상대(중고)부터 이와 같은 것이었다고 한다면, 상대

40) 大對盧에 대해서는 이미 김철준이, 上佐平에 대해서는 이기동, 양기석이
각각 지적한 바 있다.
金哲埈, 〈高句麗·新羅 官階組織의 成立過程〉, 《李丙燾博士華甲紀念論叢》, 1956;
《韓國古代社會研究》, 서울大出版部, 1990, pp.228~229.
李基東, 〈三國의 抗爭과 貴族國家의 變遷〉, 《韓國史講座》 古代篇, 一潮閣 1982, p.175.
梁起錫, 〈百濟 腆至王代의 政治的 變革〉, 《湖西史學》 10, 1982, p.22.
노중국은 상좌평이 귀족세력의 이익을 대변하는 제도적 장치로 왕권 견
제력을 가졌다고 파악하였으나(盧重國, 〈百濟王室의 南遷과 支配勢力의 變
遷〉, 《韓國史論》 4, 서울대 국사학과, 1978, pp.63~64 및 《百濟政治史研究》,
一潮閣, 1988, pp.141~142), 최근에는 비록 처음은 그러했다 하더라도 뒤
에는 왕권강화를 위해 기능하였을 것이란 견해를 제시하였다. 한국고대
사연구회 제40차 정기발표회에서의 발언(춘천 강원대학교, 1994.6.25).
41) 이기백(1974), 〈상대등고〉, 앞의 책, p.99.
42) 이기백(1974), 위의 책, pp.99~101.
43) 田鳳德(1968), 〈新羅 最高官職 上大等論〉, 앞의 책, p.322. 또한 전봉덕은
《白氏長慶集》 권6, 翰林制詔 3, 與新羅王金重熙等書에 "今遣 金獻章等歸國 並有
少信物 見如別錄 卿母及妃 並副王宰相已下 各有賜物 至宜領之"라 한 副王을 上大
等인 金彦昇으로 추정하였다.
44) 《삼국사기》 권38, 직관지(상)에 나타나는 上大等, 中侍, 兵部令 등 신라의
핵심 관직 외에 보다 상위의 관직으로 宰相이 실재했다고 한 견해도 있
다. 그러나 이의 상설 여부, 운영 실태 등은 좀 더 검토가 필요하다.
鈴木靖民, 〈金順貞·金邕論 ―新羅政治史の一考察―〉, 《朝鮮學報》 45, 1967; 《古
代對外關係史の研究》, 吉川弘文館, 1985.
木村誠, 〈新羅の宰相制度〉, 《人文學報》 118, 東京都立大學, 1977.
申瀅植, 〈新羅의 宰相〉, 《新羅史》, 梨花女大出版部, 1985.
李仁哲, 〈新羅의 群臣會議와 宰相制度〉, 《韓國學報》 65, 1991; 《新羅政治制度史
研究》, 一志社, 1993 등 참조.

등을 더 이상 국왕에 대한 대립적 세력으로 상정하기는 어렵다고
하겠다.[45]

2. 상대등과 중시의 역관계 검토

앞장에서는 상대등이 법흥왕 18년에 설치된 배경과 그 위상을 살펴보
았다. 그리하여 상대등은 신라의 최고 관직으로서 국무를 총리하는 수상
이며, 부왕적 지위임을 알 수 있었다. 그러나 지금까지는, 상대등은 중
대에 들어와 정치의 실권을 집사부의 장관인 중시에게 물려주었다고 하
였다. 이는 왕권이 더욱 전제화됨에 따라서, 귀족회의와 그 대표인 상대
등 세력이 약화된 증거라고 하였다. 그러면 집사부의 중시는 중대에서
상대등보다 정치의 실권[46]이 우월하였을까?

이를 밝히기 위해 신라시대 상대등 역임자 명단 모두를 《삼국
사기》에서 찾아 정리하면 다음 〈표-1〉과 같다.

---

45) 중대에는 왕위계승이 직계로 이어졌기 때문에 상대등에서 즉위한 예는
　　찾을 수 없다. 그러나 직계 왕위계승이 어려웠던 하대의 경우, 왕위계승
　　을 둘러싼 정권의 변동은 항상 상대등을 중심으로 이루어져 왔음은 이
　　미 이기백이 지적하고 있는 바와 같다(이기백(1974), 〈상대등고〉, 앞의
　　책, p.123). 이는 당시 권력의 핵이 상대등이었음을 말하는 것이다. 그
　　러나 뒤에서 서술하겠지만, 그 의미에 있어 저자와 크게 상반된 해석을
　　하고 있다.
46) 상대등과 집사부 중시의 상호 관계에서 '정치의 실권'이란 이기백이
　　사용한 용어인데(李基白(1974), 위의 책, p.105·p.117 및 〈統一新羅時代의
　　專制政治〉, 《韓國史上의 政治形態》, 一潮閣, 1993, p.115), 별다른 개념 규
　　정 없이 사용되고 있다. 여기서는 '여러 관부에 대해 보다 상위의 권한
　　을 행사할 수 있는 힘 내지 정국 주도권'이란 의미로 한정해서 사용하
　　고자 한다.

〈표-1〉 신라시대 상대등 일람표

	人 名	官 等	就 任 年 月	退 任 年 月	在任期間	退任理由
上代（中古）	(1) 哲 夫 ?	伊湌	法興 18년(531) 4월	法興 21년(534)	약 3년	死亡
	(2) 居柒夫	伊湌	眞智 1년(576) [8월]	[眞平 1년(579) 8월]	[3년]	
	(3) 弩里夫	伊湌	眞平 1년(579) 8월	眞平 10년(588) 12월	9년 4월	死亡
	(4) 首乙夫47) ?	伊湌	眞平 10년(588) 12월			[死亡]
	(5) 乙 祭	(大臣)	善德 1년(632) 2월	[善德 5년(636) 1월]	[3년 11월]	
	(6) 水 品	伊湌	善德 5년(636) 1월	[善德 14년(645)11월]	[9년 10월]	
	(7) 毗 曇	伊湌	善德 14년(645) 11월	善德 16년(647) 1월	[1년 2월]	叛亂被殺
	(8) 閼 川48)	伊湌	眞德 1년(647) 2월	[太宗 2년(655) 1월]	[7년 11월]	
中代	(9) 金 剛	伊湌	太宗 2년(655) 1월	太宗 7년(660) 1월	5년	死亡
	(10) 金庾信49)	伊湌	太宗 7년(660) 1월	[文武 13년(673) 7월]	[13년 6월]	[死亡]
	(11)[金欽純50)]	角干	[文武 13년(673) 7월]	[文武 20년(680) 2월]	[6년 7월]	
	(12) 金軍官	伊湌	文武 20년(680) 2월	[文武 21년(681) 7월]	[1년 5월]	
	(13) 眞 福51)	舒弗邯	神文 1년(681) 8월	[孝昭 3년(694) 1월]	[12년 5월]	[死亡]
	(14) 文 穎52)	[伊湌]	孝昭 3년(694) 1월	[孝昭 4년(695) 1월]	[1년]	[死亡]
	(15) 愷 元53)	[伊湌]	孝昭 4년(695) [1월]	[聖德 5년(706) 1월]	[11년]	[死亡]
	(16) 仁 品	伊湌	聖德 5년(706) 1월	聖德 19년(720) 1월	14년	死亡
	(17) 裵 賦54)	大角干	聖德 19년(720) 1월	聖德 27년(728) 7월	8년 6월	請老
	(18) 思 恭	伊湌	聖德 27년(728) 7월	[孝成 1년(737) 3월]	[8년 8월]	
	(19) 貞 宗55)	伊湌	孝成 1년(737) 3월	[景德 4년(745) 1월]	[7년 10월]	[死亡]
	(20) 金思仁56)	大角干	景德 4년(745) 1월	景德 16년(757) 1월	12년	病
	(21) 信 忠	伊湌	景德 16년(757) 1월	景德 22년(763) 8월	6년 7월	
	(22) 萬 宗	伊湌	景德 23년(764) 1월	[惠恭 4년(768) 10월]	[4년 9월]	
	(23) 神 猷	伊湌	惠恭 4년(768) 10월	[惠恭 10년(774) 9월]	[5년 11월]	
	(24) 良 相	伊湌	惠恭 10년(774) 9월	惠恭 16년(780) [4월]	[5년 7월]	卽位
下代	(25) 敬 信	伊湌	宣德 1년(780) [4월]	宣德 6년(785) [1월]	[4년 9월]	卽位
	(26) 忠 廉	伊湌	元聖 1년(785) 2월	元聖 8년(792) 8월	7년 6월	死亡
	(27) 世 强	伊湌	元聖 8년(792) 8월			
	(28) 彦 昇57)	[角干]	哀莊 2년(801) 2월	哀莊 10년(809) 7월	8년 5월	卽位
	(29) 金崇斌	伊湌	憲德 1년(809) 7월	憲德 11년(819) 2월	9년 7월	死亡
	(30) 金秀宗	伊湌	憲德 11년(819) 2월	[憲德 14년(822) 1월]	[2년 11월]	[立太子]
	(31) 忠 恭58)	角干	憲德 14년(822) [1월]	[興德 10년(835) 2월]	[13년 1월]	[死亡]

	人 名	官 等	就 任 年 月	退 任 年 月	在任期間	退任理由
	(32) 金均貞[59]	[伊飡]	興德 10년(835) 2월	興德 11년(836) 12월	1년 10월	被殺
	(33) 金 明[60]	[伊飡]	僖康 2년(837) 1월	僖康 3년(838) 1월	1년	卽位
	(34) 金 貴[61]	伊 飡	閔哀 1년(838) 1월	[神武 1년(839) 윤 1월]	[1년]	
	?					
	(35) 禮 徵[62]	[伊飡]	文聖 2년(840) 1월	文聖 11년(849) 1월	9년	死亡
	(36) 義 正	伊 飡	文聖 11년(849) 1월	[文聖 19년(857) 9월]	[8년 8월]	卽位
	(37) 金 安	伊 飡	憲安 1년(857) [9월]	[景文 2년(862) 1월]	[4년 4월]	
下	(38) 金 正	伊 飡	景文 2년(862) 1월	景文 14년(874) 1월	12년	死亡
代	(39) 魏 珍[63]	[伊飡]	景文 14년(874) 1월	[景文 15년(875) 7월]	[1년 6월]	
	(40) 魏 弘	伊 飡	憲康 1년(875) [7월]	[眞聖 2년(888) 2월]	[12년 7월]	死亡
	?					
	(41) 俊 興	舒弗邯	孝恭 2년(898) 1월	[孝恭 10년(906) 1월]	[8년]	
	(42) 金 成[64]	波珍飡	孝恭 10년(906) 1월	[孝恭 16년(912) 5월]	[6년 4월]	
	(43) 繼 康	伊 飡	神德 1년(912) 5월	[神德 6년(917) 8월]	[5년 3월]	
	(44) 魏 膺	伊 飡	景明 1년(917) 8월	景明 8년(924) 8월	7년	卽位
	?					

자료 : 李基白, 〈上大等考〉, 《新羅政治社會史硏究》, 1974의 〈表 가〉, 〈表 나〉, 〈表 다〉를 참조하면서 수정·보완하였다. [ ] 는 추정에 따른 것이다.

---

47) 그의 퇴임 연월은 나타나 있지 않다. 乙祭가 首乙夫의 뒤를 이었다면, 그는 44년간이나 재임한 셈이 된다. 진평왕이 54년 동안 재임하였으므로 불가능한 일도 아니라고 하여 이를 인정하려는 견해도 있지만(이기백(1974), 〈상대등고〉, 앞의 책, p.129의 주 55), 신하가 왕과 반세기가량한 관직에 같이 재임하였다는 것은 우연의 일치라고 보기에는 너무 장기간이 아닐까 한다. 따라서 주보돈의 지적과 같이 중도에 사망했을 것(朱甫暾, 〈毗曇의 亂과 善德王代 政治運營〉, 《李基白先生古稀紀念 韓國史學論叢(上)》, 一潮閣, 1994, pp.225~226)으로 생각하는 것이 옳을 것이다. 다만 주보돈은 首乙夫 다음부터 선덕왕 원년(632) 乙祭의 상대등 취임 때까지는 정치적 이유로 상대등이 임명되지 않았을 것이라고 하였으나, 저자는 다른 상대등이 있었다고 생각한다.

48) 이기백(1974), 〈상대등고〉, 앞의 책, p.92의 〈表 가〉에서는 재임기간을 진덕왕 8년(654)까지로 추정하였다. 그러나 그는 攝政을 사양하고 김유신과 함께 김춘추를 왕으로 추대하였으므로(《삼국사기》 권5, 태종무열왕 즉위조 및 권42, 열전 김유신 중) 무열왕대 초 金剛의 취임 때까지 재임하였을 것이다.

49) 김유신은 사망 시까지 상대등에 재임한 것으로 생각되는데, 태종무열왕

대에 이어 문무왕대에도 상대등직에 있었음은 문무왕 8년(668)의 다음과 같은 일본 측 기록에서 확인할 수 있다. 즉 《日本書紀》 권27, 天智紀 7년 秋 9월 丁未 조의 "中臣內臣 使沙門法辨 奏筆 賜新羅上臣大角干庾信船一隻 付東嚴等"이라 한 데서 상대등의 별칭인 '上臣'을 찾을 수 있기 때문이다.

50) 金庾信의 사망 뒤 金軍官이 취임할 때까지의 상대등이 공백으로 되어 있다. 이기백(1974), 〈상대등고〉, 앞의 책, pp.129~131 주) 60에서는 "宰相陳純乞致仕 不允 賜几杖"(《삼국사기》 권7, 신라본기 문무왕 16년 11월조)이라 한 기사를 근거로 陳純을 그 후임자로 추측하였다. 쉽게 판단할 수 없지만, 陳純보다는 김유신의 弟 欽純이 유력하지 않을까 한다. 角干이란 관등과 함께, 진평왕대 花郞이었고, 문무왕대 家宰와 相을 역임한 사실이 참고되기 때문이다. 《삼국사기》 권47, 열전 金令胤 "沙梁人 級湌盤屈之子. 祖欽春(或云 欽純)角干 眞平王時爲花郞 仁深信厚 能得衆心. 及壯文武大王陞爲家宰 事上以忠. 臨民以恕 國人翕然稱爲賢相" 참조.

   한편, 《삼국유사》 권2, 기이2, 文虎王 法敏 조에 "王一日召庶弟車得公曰 汝爲家宰 均理百官 平章四海. 公曰 陛下若以小臣爲宰 則臣願潛行國內 示民間徭役之勞逸 租賦之輕重 官吏之淸濁 然後就職. 王聽之"라 한 家宰 車得公이 주목된다. 요역, 租賦, 관리의 청탁 등 그가 맡았다고 하는 직임을 근거로 中侍(이기백(1974), 〈신라 집사부의 성립〉, 앞의 책, p.163)나 上大等(이인철(1993), 〈신라의 군신회의와 재상제도〉, 앞의 책, p.102)에 비정한 견해가 있다. 그러나 설화적인 내용을 역사적 사실로 받아들일 수 있을지는 자세한 검토가 필요하다.

51) 김영미(1988), 〈성덕왕대 전제왕권에 대한 일고찰〉, p.380에서는 퇴임 이유를 사망으로 추정하였다. 《삼국사기》 권6, 신라본기에 따르면, 그는 문무왕 원년(661) 추 7월 17일 誓幢摠管이 되었고, 신문왕 원년(681) 舒弗邯이란 높은 관등으로 상대등이 되어 효소왕 원년(694) 정월까지 재임했다면, 적어도 33년간 활동한 셈이 되므로 이 같은 추정은 타당하다고 생각한다.

52) 퇴임 이유는 역시 사망으로 생각된다(김영미(1988), 〈성덕왕대 전제왕권에 대한 일고찰〉, p.380). 《삼국사기》 권5, 신라본기에 따르면, 그는 태종무열왕 7년(660) 新羅督軍으로서 金庾信 지휘 아래 백제 정벌에 참가하고, 신문왕 3년(683) 5월에는 이찬으로서 愷元과 함께 神文王妃의 夫人 册封을 주관하였다. 상대등이 된 효성왕 3년(694)은 신라독군이 된 시점으로부터 34년이 지난 뒤였고, 중시에 단기간 재임하였다는 것은 사망 가능성을 짙게 한다고 하겠다.

53) 《삼국사기》 권5, 신라본기에 따르면, 그는 태종무열왕 2년(655) 3월 智鏡과 함께 伊湌이 되었다고 하나, 문무왕 7년(667) 추 7월과 8년 6월 21일 대아찬인 사실이 확인되므로, 이는 잘못일 것이다. 그 뒤 효소왕 4년(695)에 상대등이 되어 성덕왕 5년(705) 정월까지 재임했다면, 적어도 50년 이상 활동한 것이 된다. 따라서 교체 이유는 사망이 틀림없을 것이다.

54) 취임시의 관등이 大阿湌으로 되어 있으나 大角湌(大角干)의 잘못이 아닌 가 한다. 퇴임 1년 전인 왕 26년 12월에 이미 "上大等裹賦請老, 不許, 賜几 丈"라 한 것으로 보아 이때 致仕의 나이인 70세가 된 듯한데, 관등이 대아 찬이었다고는 생각되지 않기 때문이다. 성덕왕 19년 7월에 파진찬 文林 이, 21년 1월과 24년 4월에 宣宗과 允忠이 각각 이찬으로 중시에 취임한 사실도 참고된다.(《삼국사기》 권8, 신라본기)

55) 김영미(1988), 〈성덕왕대 전제왕권에 대한 일고찰〉, p.380에서는 퇴임 이유를 신왕의 즉위라고 하였으나, 경덕왕이 즉위한 지 4년째인 만큼 따르기 어렵다. 《삼국사기》 권8, 신라본기 성덕왕 31년(732) 冬 12월조 에는 "以角干思恭·伊湌貞宗·允忠·思仁各爲將軍"이라 하여 장군이 된 사실부터 나타나지만, 그 서열을 참고할 때 사망이 원인이 아닐까 한다.

56) 《삼국사기》 권9, 신라본기 경덕왕 4년 춘 정월조에는 "拜伊湌金思仁爲上 大等"으로 되어 있으나, 당시의 금석문에서는 "天寶四載乙酉思仁大角干"이라 하여 이때 이미 大角干임을 밝히고 있다(〈无盡寺鍾記〉, 《韓國金石全文》 古代, 1984, p.135). 사인은 성덕왕 31년(732) 12월 伊湌으로 將軍이 된 사실 로 보아 大角干이 옳지 않을까 한다.

57) 상대등 취임 시의 관등은 나타나 있지 않다. 이를 이찬으로 추정한 견 해가 있지만(이기백(1974), 〈상대등고〉, 앞의 책, p.113·p.131) 따르기 어렵다. 彦昇은 兵部令→御龍省 私臣→上大等의 순으로 승진하여 즉위하였 는데, 《삼국사기》 권10, 애장왕 원년조의 "阿湌兵部令彦昇爲攝政"이라 한데 서 '아찬'은 '이찬'의 잘못이라 보았던 것이다. 그러나 헌덕왕 즉위년조 에는 애장왕 원년에 角干, 2년에 어룡성 사신, 얼마 뒤에 상대등이 되었 다고 하므로, 취임 시의 관등은 각간으로 추정된다.

58) 이기백(1974), 〈신라 하대의 집사성〉, 앞의 책, p.180 주 9)에서 사망 가능성을 시사하고 있다.

59) 상대등 취임 시 그의 관등을 아찬이라고 하였다. 그러나 애장왕 3년 (802) 대아찬을 주어 倭國에 假王子로 삼아 볼모 보내려한 사실이 있고, 헌덕왕 14년(822) 3월 김헌창의 난을 진압할 때 이찬인 사실이 확인되 므로 (《삼국사기》 권10, 신라본기), 아찬은 이찬의 잘못일 것이다. 김헌 창의 난 후 10여년이 지났으므로 이벌찬일 가능성도 배제할 수 없다.

60) 흥덕왕 10년(835) 시중에 취임하던 해 대아찬이었으므로(《삼국사기》 권10, 신라본기), 희강왕 옹립 후 상대등에 취임할 때에는 관등이 크게 상승하였을 것이다. 伊湌 정도로 추정한다.

61) 흥덕왕의 사후 일어난 왕위쟁탈전에서, 祐徵은 父 上大等 均貞을 즉위시 키고자 하였으나, 아버지는 피살되고 자신은 청해진으로 가 장보고에게 의탁하였다. 그러다가 장보고의 군대를 이용하여 반대파 閔哀王(金明)을 타도하고 즉위하였으므로(《삼국사기》 권10, 신라본기 희강왕조 및 민애 왕조, 권44, 열전 金陽) 전왕이 임명한 상대등을 그대로 두었다고는 생 각되지 않는다. 따라서 金貴의 재임기간은 신무왕이 즉위하는 윤 1월 이

여기서 44명에 이르는 신라시대 상대등 역임자의 명단과 관등 및 재임 기간 등을 확인할 수 있다. 그러나 이들이 전부가 아님은 군데군데 누락이 발견되는 데서 짐작할 수 있다. 물론 이를 공백인 그대로 이해할 수도 있겠으나, 전체적인 면에서 보아 재임 가능성이 짙다고 생각한다.

이미 지적되었듯이, 상대등의 교체는 왕의 즉위와 때를 같이 하는 것이 원칙이었다. 상대(중고) 8명의 상대등 가운데 임명된 이유를 알 수 없는 2명(6·7)[65]을 제외하면, 4명(2·3·5·8)이 신왕 즉위시에 취임하였다.[66] 또한 1명(1)은 최초의 상대등이었고, 다른 1명

전으로 한정될 것이다.

62) 예징의 관등은 나타나지 않으나, 희강왕 2년(837) 6월에 함께 청해진으로 망명했던 예징과 良順이 모두 아찬이었고, 문성왕 2년(840) 정월 예징이 상대등이 될 때 양순은 이찬이 되었으므로, 예징도 이찬은 되었을 것이다(이기백(1974), 〈상대등고〉, 앞의 책, p.132의 주 72). 양순이 문성왕 5년 1월 이찬으로 시중에 취임할 때 예징은 이미 상대등에 재임하고 있었다는 사실도 참고된다(《삼국사기》 권11, 신라본기).

63) 경문왕 2년(862) 시중 취임 시 아찬이었으므로(《삼국사기》 권11, 신라본기), 이때는 이찬 정도로 추정된다. 잡찬 이하의 관등으로 상대등에 임명된 예가 거의 없기 때문이다.

64) 《삼국사기》 권12, 신라본기 경명왕 3년조에는 "以上大等金成爲角湌 侍中彦邕爲沙湌"이라 한 기사가 있으나, 이때는 繼康이 상대등에 재임하고 있었으므로, 그대로 따르기는 어렵다(이기백(1974), 〈상대등고〉, 앞의 책, p.132 의 주 77). 상대등 역임자 金成을 다시 '상대등'이라 한 것은 착오일 것이다.

65) 추정이 어렵지만, 水品과 毗曇 모두 전임자의 사망이 이유가 아닐까 한다. 한편 水品과는 달리 乙祭, 毗曇을 왕권 견제자로 보면서 정치적 타협으로 상대등에 취임하였다는 견해도 있다.
    朱甫暾, 〈毗曇의 亂과 善德王代 政治運營〉(1994), p.233 및 〈金春秋의 外交活動과 新羅內政〉, 《韓國學論集》 20, 계명대 한국학연구원, 1993, p.36.
    鄭容淑, 〈新羅 善德王代의 政局動向과 毗曇의 亂〉, 《李基白先生古稀紀念 韓國史學論叢(上)》, 1994, p.245. 그러나 저자는 선덕왕의 즉위 자체가 진평왕대의 강화된 왕권의 결과였다고 생각한다.

66) 다만 閼川(8)은 왕의 교체 외에 전임자의 사망과도 관련이 있다. 이기백(1974), 〈상대등고〉, 앞의 책, pp.97~98.

(4)은 전임자의 사망에 따른 부득이한 교체였다. 또한 하대 20명의 상대등 가운데는 왕의 교체와 동시에 임명된 예가 13명(25·26·28·29·33·34·35·37·38·40·41·43·44),[67] 전임자의 입태자立太子에 따른 예가 1명(31), 전임자의 사망에 따른 예가 5명(27·30·32·36·39)이었다. 교체 이유가 미상인 1명(42)을 제외한 19명 전원이 정상적인 교체였던 것이다. 그런데 중대에는 상대등의 임면절차가 지극히 불규칙해지고, 집사부의 중시와 동시에 임명되기도 하였는데, 이는 왕의 영향력 때문으로, 상대등의 지위가 이제 변하였음을 나타내는 것이라고 하였다.[68]

중대 126년 동안 상대등 역임자는 모두 16명으로 나타나는데, 신왕의 즉위 시 임명된 예로 우선 3명(9·13·19)을 찾을 수 있다. 또한 전임자의 사망에 따른 예가 7명(10·11·14·15·16·17·20), 청로請老·병면病免에 따른 예가 사공思恭·신충信忠의 1명씩(18·21) 있고, 확실한 이유를 알 수 없는 예도 4명(12·22·23·24)이 있다. 여기에서 전임자의 사망에 따른 교체는 불가피한 사례일 것이며, 청로請老·병면病免에 따른 경우도 반드시 왕의 영향력 때문이라 할 수는 없을 것이다.[69] 더구나 나머지 4명은 확실한 이유가 나타나 있지 않다. 따라서 중대 상대등의 지위에 대한 종래의 해석은 성급한 것이 아니었던가 한다.

상대(중고) 상대등의 평균 재임기간이 대략 5년 5개월이었으나,

---

67) 新王의 즉위 다음 해 1·2월에 임명된 것은 즉위와 동시에 교체된 것으로 파악할 수 있다. 이기백(1974), 위의 책, p.112의 주 33).

68) 이기백(1974), 위의 책, pp.102~104.

69) 성덕왕 27년 7월 請老하여 퇴임한 상대등 裵賦(16)는 7개월 전인 왕 26년 12월에도 "上大等裵賦請老, 不許, 賜几丈"라 하여 請老·退任을 요청한 것으로 보아(《삼국사기》 권8, 신라본기), 고령이었음을 알 수 있다. 또한 金思仁(20)은 성덕왕 31년(732) 장군이 된 뒤 경덕왕 4년(745)에 상대등에 취임하여 12년 동안이나 장기 재임하였고, 또 퇴임 시기가 1월인 점에서 정상적인 교체로 생각된다. 이 책 제1편 제3장 참조.

중대의 그것은 7년 10개월로서 2년 5개월가량 길었고, 하대의 6년 4개월보다도 1년 이상 길었다.[70] 상대는 10년 이상 재임한 자가 한 명도 없고,[71] 하대에는 3명(31·38·40)을 찾을 수 있는 데, 중대에는 5명(10·13·15·16·20)이나 찾을 수 있다. 청로請老에 따라 퇴임한 배부裵賦(17)나 병면病免한 김사인金思仁(20)의 경우도 8년 6개월, 12년으로 장기간 재임한 뒤였다. 성덕왕과 경덕왕 때에 각각 3명씩의 상대등이 교체되었으나, 이는 왕의 재위기간이 각각 36년, 24년으로 유달리 길었다는 점을 고려해야 할 것이다. 더구나 중대 집사부 중시의 평균 재임기간이 3년[72]으로 예정되었던 사실과도 견줄 수 있겠다. 그렇다면 상대등의 임면절차가 일정하지 않았다는 사실을 근거로 상대등의 지위 변화를 가늠할 수는 없음을 알 것이다.

또한 중대에서는 상대등의 자격에도 문벌면門閥面에서 변화가 있었다고 한다. 그 예로서 김유신金庾信의 상대등 임명을 지적하고 있다. 상대였다면 가야계의 김유신은 귀족회의의 대표인 상대등에 임명되지 못했을 것이지만, 이제 그가 취임한 것은 상대등 임명에서 왕의 영향력이 강해진 것을 의미한다고 하였다.[73] 그러나 저자는 이 사례야말로 왕과 밀착된 인물이 상대등에 임명되었다는 단적인 예로 간주하고 싶다.

　　(1) 王의 代에 閼川公·林宗公·述宗公·虎林公·廉長公·庾信公이 南山
　　于知巖에 모여 國事를 의논할 때, 大虎가 나타나 座中으로 달려들었다.
　　諸公이 놀라 일어났으나, 알천공은 조금도 움직이지 않고 自若히 談笑

<hr>

70) 이 수치는 〈표-1〉에 나타난 각 상대등의 재임기간을 합하여 총인원으로 나눈 것이다.
71) 만약 首乙夫가 장기 재임하였다면 그 가능성을 배제할 수는 없겠다. 앞의 주 47).
72) 이기백(1974), 〈신라 집사부의 성립〉, 앞의 책, p.159.
73) 이기백(1974), 〈상대등고〉, 앞의 책, p.104.

하면서 大虎의 꼬리를 붙잡아 메어쳐 죽였다. 알천공의 힘이 이와 같으므로 수석에 앉았으나, 제공은 모두 庾信公의 위엄에 心服하였다. 신라에 4靈地가 있어 큰 일을 의논할 때에는 大臣들이 그곳에 모여서 謀事하면 일이 반드시 順成하였다. (《삼국유사》 권1, 기이1, 眞德王)

(2) 述宗公이 朔州都督使가 되어 任所로 가게 되었는데……아내는 과연 꿈꾼 날로부터 태기가 있더니 아이를 낳으매 竹旨라 하였다. (그 아이가) 자라서 벼슬길에 나아가 副帥가 되어 庾信公과 더불어 三韓을 통일하고, 眞德·太宗·文武·神文 4대에 걸쳐 冢宰가 되어 나라를 안정시켰다. (《삼국유사》 권2, 기이2, 孝昭王代 竹旨郞)

위에 제시된 사료 (1)은 남산 우지암于知巖에서 대신들이 국사를 의논하는 것으로, 귀족들의 화백회의의 모습을 말한 것이다.[74] 그렇다면 여기에 참가한 여섯 명의 제공諸公은 화백회의의 구성원들일 것이며, 여기서 알천공을 능가하는 유신공庾信公의 위력을 엿볼 수 있다. 그런데 사료 (2)에 보이는 죽지竹旨는 곧 우지암 회의에 참가했던 술종공述宗公의 아들이었다. 술종공이 유력한 진골귀족이었음은 그가 삭주도독朔州都督(使)으로 파견되었던 사실로도 짐작할 수 있다.[75] 죽지는 김유신의 부수副帥가 되었고 삼국통일 전쟁에서 큰 공을 세웠다. 김유신이 대장군大將軍이었을 때 죽지가 그 휘하 장군將軍으로 활동한 사실 등은 《삼국사기》에서 쉽게 확인되고 있다.[76]

---

74) 이기백(1974), 앞의 책, p.94.
75) 朔州都督은 比列州軍主의 誤記이며, 술종공의 부임 시기는 진평왕대로 추정된다고 한다. 李鍾旭, 〈三國遺事 竹旨郞條에 대한 一考察〉, 《韓國傳統文化研究》 2, 효성여대, 1986, p.210.
76) 예컨대, 진덕왕 3년(649) 8월 김유신이 大將軍이었을 때 죽지는 將軍이었으며, 문무왕 원년(661) 7월 김유신이 伊湌으로 大將軍이었을 때 죽지는 한 등급 낮은 蘇判으로 貴幢摠管이었다. 또 왕 8년(668) 6월 김유신이 大角干으로 大幢大摠管이었을 때 죽지는 伊湌으로 京停摠管이었다. 한편, 죽지의 아버지인 述宗公은 金庾信, 金義元 등과 함께 遠源寺를 창건한 바 있

죽지는 진덕왕 5년(651) 2월에

改稟主爲執事部, 仍拜波珍湌竹旨爲執事中侍, 以掌機密事務 (《삼국사
기》 권5, 신라본기)

라 하여, 파진찬으로 처음 설치된 집사부의 장관인 중시에 임명되어
기밀사무機密事務를 관장하였다. 그리고 그의 재임기간은 태종무열왕
2년(655) 1월까지 3년 11개월 동안으로 추정되고 있다.[77] 이에 견
주어 김유신은 무열왕 7년(660) 1월 이찬으로 상대등에 취임하여
사망 시인 문무왕 13년(673) 7월까지 13년 6개월 동안 재임하였
다.[78] 중대에서 정치적인 실권은, 중시(시중)가 상대등을 능가하였
다는 것이 지금까지의 주된 견해인 것을 보면,[79] 김유신의 부수였
던 죽지는 상대등보다 실권이 강한 중시에 임명되고, 김유신은 5년
후에나 유명무실화된 귀족회의의 의장인 상대등에 취임한다는 것은
모순이 아닐까 한다. 집사부는 왕권을 배경으로 당시 정권을 쥐고
있던 김춘추와 김유신 일파의 필요에 의하여 설치되었다는 점을 고
려하면[80] 더욱 그러하다고 하겠다.

중시와 상대등에 취임할 때 죽지와 김유신의 관등은 각각 파진
찬, 이찬으로서 관등상으로도 중시는 상대등에 견줄 바 못되었다.

는데(《삼국유사》 권5, 神呪6, 明朗神印) 이종욱은 김유신과 죽지의 나이
차이를 대략 10여 살 정도로 추정하였다. 李鍾旭(1986), 〈三國遺事 竹旨郎
條에 대한 一考察〉, pp.209~214.
77) 이기백(1974), 〈신라 집사부의 성립〉, 앞의 책, p.156의 〈表 나〉 및 이
책 제2편 제2장 〈표-3〉.
78) 이기백(1974), 〈상대등고〉, 앞의 책, p.103 〈表 나〉 및 이 책 이 장 〈표-1〉.
79) 末松保和(1954), 〈新羅幢停考(附) 上大等について〉, 앞의 책, p.121.
이기백(1974), 〈상대등고〉, 앞의 책, p.105·p.111 및 〈신라 집사부의
성립〉, 같은 책, p.152.
80) 이기백(1974), 〈신라 집사부의 성립〉, 앞의 책, p.153.

《삼국사기》 직관지에서는 중시의 관등을 대아찬(5등)에서 이찬(2
등)까지라고 하였다. 실제 이 원칙은 대략 지켜졌지만, 아찬(6등)으
로 중시(시중)에 임명된 예는 중대 5명, 하대 6명 등 모두 11명이
나 나타났다.[81] 그러나 상대등은 거의 전원이 이찬 이상이었고 아
찬 이하의 관등으로 임명된 예가 없다. 물론 관등의 차이가 반드시
권력의 우열을 말한다고는 할 수 없을 것이다. 그러나 위에서 지적
한 사실들은 중대의 상대등이 왕권의 전제화에 따라 무력해졌고, 김
유신의 상대등 임명도 왕의 영향력이 강대해진 것을 의미한다는 주
장이 설득력을 잃고 있음을 나타내는 것이다.

　다음은 상대등의 성격을 좀 더 구체적으로 살피기 위해 신라시대
상대등 역임자 44명의 주요 경력을 취임 전·재임 중·퇴임 후로 구분하
고, 취임 시 왕과의 혈연관계를 조사하여 표로 정리하면 다음과 같다.

〈표-2〉 상대등 역임자의 분석

人 名	就任前 主要經歷	在任中 主要經歷	退任後 主要經歷	就任時 王과의 血緣關係
(1) 哲 夫		死亡		
(2) 居柒夫	僧侶 國史 편찬, [大等], 將軍으로 한강유역 공략			(奈勿王 5世孫)
(3) 弩里夫[82]	大等	死亡		
(4) 首乙夫		[死亡]		
(5) 乙 祭		大臣		
(6) 水 品	花郎, 州郡巡撫			

---

81) 이 책 제2편 제2장 〈표-3〉.
82) 이는 丹陽赤城碑의 "大衆等……內礼夫智 大阿干支"와 같은 사람이라 한다.
　　李基白, 〈丹陽赤城碑 發見의 意義와 赤城碑 王敎事 部分의 檢討〉, 《史學志》 12,
　　1978, p.28.
　　邊太燮, 〈丹陽眞興王拓境碑의 建立年代와 性格〉, 《史學志》 12, 1978, pp.33〜34.

人 名	就任前 主要經歷	在任中 主要經歷	退任後 主要經歷	就任時 王과의 血緣關係
(7) 毗 曇		大臣, 叛亂被殺		
(8) 閼 川	將軍, 大將軍	大臣, 宰相, 攝政 사양		
(9) 金 剛		死亡		
(10) 金庾信	花郎, 中幢幢主, 副將軍, 大將軍, 押督州都督(軍主), 王의 壻	大將軍, 相, 大角干, 西河道摠管, 請老, 奉常正卿平壤郡開國公(唐), 大幢大將軍 太大角干, 死亡		妻男妹夫, 翁壻
(11) 金欽純	花郎, 將軍, 大幢摠管, 角干, 遣唐使節	冢宰, 相		外叔 (金庾信의 弟)
(12) 金軍官[83]	南川州摠管, 漢山州都督, 大幢摠管, 兵部令	宰輔(宰相), 兵部令		
(13) 眞 福	誓幢摠管, 伊湌 中侍, 大幢摠管	舒弗邯, [死亡]		
(14) 文 穎	新羅督軍, 首若州摠管, 大幢摠管, 神文王妃'夫人'册封	[死亡]		
(15) 愷 元[84]	將軍(唐), 大幢摠管, 中侍, 神文王妃'夫人'册封	[死亡]		從祖父 (太宗武烈王의 子)
(16) 仁 品		死亡		
(17) 裵 賦		請老免職		
(18) 思 恭	中侍	將軍, 大夫		
(19) 貞宗[85]	遣唐使節, 將軍	大臣, 將軍		
(20) 思 仁[86]	將軍, 大臣, 伊湌 大角干	病免		
(21) 信 忠[87]	遣唐使節, 宿衛, 左領軍衛員外將軍(唐), 侍中			

人 名	就任前 主要經歷	在任中 主要經歷	退任後 主要經歷	就任時 王과의 血緣關係
(22) 萬 宗				
(23) 神 猷				
(24) 良 相[88]	侍中, 遣唐使節, 肅政臺令,修城府令, 奉德寺·感恩寺成典 檢校使	角干, 宰相, 上相, 金志貞의 난 진압	즉위(宣德王)	姑從兄弟 (聖德王의 外孫)
(25) 敬 信[89]	工臣(大臣?)	次宰, 大臣, 角干, 上相	즉위(元聖王)	(奈勿王 12世孫)
(26) 忠 廉[90]	兵部令	兵部令, 死亡		
(27) 世 强	侍中			
(28) 彦 昇[91]	遣唐使節, 悌恭의 난 진압, 侍中, 伊飡, 宰相, 攝政, 兵部令, 角干, 御龍省 私臣	相, 兵部令, 宰相, 大宰相	즉위(憲德王)	叔父 (昭聖王의 同母弟)
(29) 金崇斌	侍中	大宰相, 死亡		
(30) 金秀宗	侍中		儲貳·副君, 즉위 (興德王)	同母弟
(31) 忠 恭[92]	宰相, 侍中	相, 角干, 金憲昌亂 때 蚊火關門 수비, 宣康太子, 死亡	宣康大王으로 추봉	同母弟 (昭聖·憲德·興德王의 同母弟)
(32) 金均貞	侍中	相, 被殺		從弟 (元聖王의 孫)
(33) 金 明	侍中, 悌隆(僖康王) 왕위 추대	僖康王 살해	즉위(閔哀王), 被殺	再從兄弟
(34) 金 貴				
(35) 禮 徵	金均貞 옹립 시도, 祐徵(神武王) 즉위 준비	死亡		(均貞의 妹壻)
(36) 義 正[93]	遣唐使節, 宿衛, 侍中, [兵部令], 宰相	[兵部令]	즉위(憲安王)	叔父 (均貞의 子, 神武王의 異母弟)

人 名	就任前 主要經歷	在任中 主要經歷	退任後 主要經歷	就任時 王과의 血緣關係
(37) 金 安				
(38) 金 正		死亡		
(39) 魏 珍	侍中			
(40) 魏 弘	上宰相, 監脩成 塔事, 守兵部令 平章事, 伊湌	伊湌, 角干, 大角干, 三代目 편찬	惠成大王으로 추 봉됨	叔父 (景文王의 親弟, 憲康·定康·眞聖王 의 叔父)
(41) 俊 興	侍中, 定康王의 遺詔 받음			
(42) 金 成			角湌	
(43) 繼 康	侍中			
(44) 魏 膺			卽位(景哀王)	同母弟

자료 : 《三國史記》,《三國遺事》,《新唐書》,《舊唐書》,《冊府元龜》,《韓國金石全文》古代. [ ]
는 추정에 따른 것이다.

---

83) 그는 병부령과 상대등을 겸하였다(이기백(1974), 〈상대등고〉, 앞의 책,
 p.106의 주 26). 이에 대해서는 兵部令으로서 上大等을 겸직한 것으로 본
 견해(申瀅植(1984), 〈新羅의 國家的 成長과 兵部令〉, p.179)와 상대등으로서
 병부령을 겸했다고 한 견해(李文基, 〈新羅時代의 兼職制〉,《大丘史學》26,
 1984, p.27)가 있다.

84) 《삼국사기》권7, 신라본기 문무왕 11년 춘 정월조에 "拜伊湌禮元爲中侍"라
 한 禮元은 愷元의 刊誤로 추정된다고 한다. 이기백(1974), 〈신라 집사부의
 성립〉, 앞의 책 p.162의 주 31).

85) 《삼국사기》권8, 신라본기 성덕왕 31년조에 "冬十二月 以角干思恭·伊湌貞
 宗·允忠·思仁各爲將軍"라 한 기사에서 장군이 된 사실을 확인할 수 있으나
 그 기간은 나타나 있지 않다. 그러나 동 권9, 효성왕 5년 하 4월조에 "命
 大臣貞宗·思仁閱弩兵"이라 한 것에서 계속 장군직에 재임하였음을 알 수
 있다(이문기(1984), 〈신라시대의 겸직제〉, p.42). 따라서 그는 대신으로
 장군과 상대등을 겸하였다고 하겠다.

86) 김영미(1988), 〈성덕왕대 전제왕권에 대한 일고찰〉, p.380에서는 장군직
 에 있으면서 상대등을 겸하였다고 하였다. 그럴 가능성도 있지만, 근거
 가 될 만한 사료를 찾을 수 없다.

87) 《삼국사기》권8, 신라본기에는 성덕왕 25년 4월 賀正使로 입당한 金忠臣
 이 있고, 동 33년 춘 정월조에는 宿衛活動을 마치고 귀국한 金忠信이 있는
 바 당시를 언급한 중국측 자료(《文苑英華》권471, 蕃書4, 新羅書조의 張九齡

作〈勅新羅王金興光書 三首〉가운데 第一書)에는 金信忠이라 기록되어 있어 같은 인물로 추정된다고 한다. 末松保和,〈新羅の郡縣制, 特にその完成期の 二·三の問題〉,《學習院大學文學部硏究年報》21, 1979, pp.67~68.

88) 그가 견당사절로 활약하였음은《舊唐書》권12, 德宗本紀 貞元 원년 2월 丙戌 조에 "以檢校秘書監金良相爲檢校太尉使持節大都督雞林州刺史寧海軍使 襲封新羅王"이라 하듯 '檢校秘書監'이라 한 데서 알 수 있다. 그 시기에 대해서는 경덕왕 말 또는 혜공왕 즉위 초 무렵이라 하므로(權悳永,《新羅遣唐使硏究》, 한국정신문화연구원 박사학위논문, 1995, p.226의 주 38) 상대등 취임 전이라 하겠다.

89)《삼국사기》권48, 聖覺傳에 "聖覺 菁州人……後歸家養母 以老病難於蔬食 割股肉以食之 及死 至誠爲佛事資薦. 大臣角干敬信·伊湌周元等 聞之國王"이라 하였는데, 菁州란 명칭에서 혜공왕 12년(776) 이후의 사정을 말한 것으로 생각되나 정확한 시점을 알 수 없다. 그러나 경신은 선덕왕 원년 상대등에 취임할 때 伊湌이었고(《삼국사기》권9, 신라본기), 선덕왕이 훙거한 직후 角干이었다고 하므로(《삼국유사》권2, 기이2, 원성대왕) 아마 상대등에 취임한 宣德王 때의 어느 시기가 아닐까 한다.

90) 병부령과 상대등을 겸한 것으로 생각된다.
  신형식(1984),〈신라의 국가적 성장과 병부령〉, 앞의 책, p.179.
  이문기(1984),〈신라시대의 겸직제〉, p.27.

91) 위와 같음.《삼국사기》권10, 신라본기 애장왕 원년(800)조에 "阿湌兵部令彦昇攝政"이라 하여 관등을 阿湌이라 한 것은, 시중에 취임하던 원성왕 10년(794) 2월 迊湌이었던 사실을 참고할 때 伊湌의 잘못으로 생각된다. 이기백(1974),〈상대등고〉, 앞의 책, p.131의 주 66). 그러나 상대등 취임 시에는 각간이었다고 추측된다. 주 57) 참조.

92)《삼국사기》권10, 신라본기 헌덕왕 13년 4월조에 "侍中金忠恭卒, 伊湌永恭爲侍中"이라 하여 시중이었던 충공은 상대등 취임 전 사망한 것으로 되어 있다. 지금까지는 이듬해 3월 김헌창의 난 진압에 충공이 참가한 사실에서 '卒'자를 잘못으로 보거나(이기백(1974),〈상대등고〉, 앞의 책, p.131의 주 68) '退'자로 파악해 왔다(李丙燾,《國譯 三國史記》, 을유문화사, 1977, p.173). 그러나 최근에는 '卒'자를 그대로 인정하여 이들을 同名異人으로 파악한 견해도 있다(李基東,〈新羅 下代의 王位繼承과 政治過程〉,《歷史學報》85, 1980;《新羅 骨品制社會와 花郎徒》, 一潮閣, 1984, p.162의 주 59). 이에 대해서는 文暻鉉,〈新羅 神武王의 登極과 金昕〉,《西巖 趙恒來敎授華甲紀念 韓國史學論叢》, 知識産業社, 1992에서 상세히 논하고 있는 바와 같이 '退'자 또는 '免'자의 잘못으로 보아 같은 사람으로 파악하고자 한다.

93) 義正은 문성왕대 초 시중을 역임한 義琮 및 문성왕의 유조로 헌안왕이 된 誼靖(一名 祐靖)과 같은 사람이며, 시중 퇴임 후 병부령을 거쳐 상대등이 되었다고 한다(이기동(1984),〈신라 하대의 왕위계승과 정치과정〉, 앞의 책, pp.169~171). 그러나 상대등 취임은 忠廉과 彦昇의 예로 미루어

먼저 승진에서는, 중시에서 상대등으로의 이동은 있었으나, 상대등에서 중시로의 이동은 찾을 수 없다는 점을 지적할 수 있다.[94] 〈표-2〉에서 보는 바와 같이, 중시에서 상대등으로의 승진은 중대 5명(13·15·18·21·24), 하대 11명(27·28·29·30·31·32·33·36·39·41·43)의 사례를 찾을 수 있다. 중시가 설치된 진덕왕 5년(651) 이후의 37명의 상대등 가운데 취임 전 관직을 전혀 확인할 수 없는 12명을 제외하면, 25명 중 16명인 64퍼센트가 중시 경력자로 나타났다. 이는 신라 전시기에 걸쳐 중시 역임자가 상대등으로 승진하는 것이 일반적이었음을 말해준다.

중시에서 상대등으로의 승진은 중대 말이나 하대에서가 아니라, 집사부 창설 직후인 중대 초부터 나타나고 있다. 문무왕 5년 2월(665)부터 8년 3월까지[95] 중시를 역임한 진복眞福은 신문왕 원년(681) 8월 상대등에 임명되었다. 그는 효소왕 3년(694) 1월에 문영文穎이 취임할 때까지 12년 이상 장기간 재임하였는데, 이로써 신문왕의 즉위나 재혼, 효소왕의 왕의계승에 협력자였음을 짐작할 수 있겠다. 또한 개원愷元은 문무왕 11년(671) 1월부터 13년 8월까지[96] 중시를 역임한 뒤, 효소왕 4년(695) 상대등에 취임하여 성덕왕 5년(706) 1월까지[97] 재임하였다. 성덕왕대의 사공思恭은, 왕 17년(718) 1월부터 19년 7월까지 2년 6개월 동안 중시에 재임하였다가 8년 뒤인 왕 27년 7월 상대등에 취임함으로써, 한 왕대에 중시와 상대등을 거쳤

병부령과 함께 겸한 것으로 생각된다.

94) 이기백(1974), 〈상대등고〉, 앞의 책, p.105. 또한 중시에서 연이어 왕으로 즉위한 예는 없지만, 상대등에서 곧바로 즉위한 예는 6명(24·25·28·33·36·44)이나 나타나고 있다.

95) 이기백(1974), 〈신라 집사부의 성립〉, 앞의 책, pp.156~157의 〈表 나〉 및 이 책 제2편 제2장 〈표-3〉.

96) 위와 같음.

97) 이 책 제2편 제2장 〈표-3〉. 성덕왕 5년 1월 仁品이 상대등에 취임하고 있는 사실에서 짐작할 수 있다(《삼국사기》 권8, 신라본기).

고, 효성왕 3년(739) 1월에 중시가 되어 경덕왕 3년(744) 1월까지[98] 5년 동안 재임한 신충信忠은, 16년 정월에 상대등에 취임함으로써 경덕왕대에 두 관직을 역임하였다. 나아가 양상良相도 경덕왕 23년 (764) 1월 시중에 취임하여 혜공왕 4년(768) 4월까지[99] 재임한 뒤 혜공왕 10년 상대등으로 승진함으로써 혜공왕대에 시중과 상대등을 역임하였다.

그리고 이러한 경향은 하대에도 그대로 이어졌다. 원성왕 원년 (785) 2월에 시중에 취임하여 6년 1월까지 재임했던 세강世强은 8년 8월에 상대등으로 승진하였다. 충공忠恭은 헌덕왕 9년(817) 1월부터 13년 4월까지 시중을 역임한 뒤, 이듬해 상대등이 되어 흥덕왕 10년(835)까지[100] 재임하였다. 김명金明은 흥덕왕 10년 시중에 오른 뒤 희강왕 2년(837)에는 연이어 상대등이 되었고,[101] 의정義正은 문성왕 2년(840) 1월부터 5년 1월까지 시중을 역임한 뒤 11년에 상대등이 되었다가 즉위하여 헌안왕이 되었다. 또한 위진魏珍은 경문왕 2년(862) 1월 시중에 오른 뒤 14년에는 연이어 상대등이 되었다. 이와 같이 중대 초부터 중시는 상대등으로 승진하였고, 특히 중대 3명, 하대 5명은 한 왕대에 승진하였다. 중시였을 때와 상대등이 되었을 때 취임 인물의 성격이 정반대로 달라지는 것이 아니라면, 처

---

98) 이기백(1974), 〈신라 집사부의 성립〉, 앞의 책, pp.156~157의 〈表 나〉 및 이 책 제2편 제2장 〈표-3〉.

99) 위와 같음.

100) 이기백(1974), 〈상대등고〉, 앞의 책, p.113 〈表 다〉 및 이 책 이 장 〈표-1〉.

101) 836년 12월 흥덕왕이 훙거하여 왕위 계승권자로 되어 있음직한 상대등 均貞이 즉위하려 하자 시중 김명은 자신의 妹壻인 悌隆을 형식상의 왕(뒤의 희강왕)으로 추대하여 從叔姪 사이에 왕위를 다투게 되었다. 마침내 제륭이 승리하자 김명은 상대등에 취임하여 정치적 실권을 장악하다가, 희강왕을 핍박 自盡케 하고 즉위하여 민애왕이 되었다(이기동(1984), 〈신라 하대의 왕위계승과 정치과정〉, 앞의 책, pp.165~167). 김명의 사례에서 시중은 왕으로 곧바로 즉위하기 어려웠음을 알 수 있다.

음부터 상대등과 중시를 대립적이었다고 파악한 것은 납득하기 어렵다고 하겠다.

상대등은 국왕과의 관계를 살필 때도 대립적인 면을 찾기 어렵다. 김유신金庾信은 태종무열왕 7년(660) 1월부터 문무왕 13년(673) 7월 사망 시까지 두 왕대에 걸쳐 상대등에 재임한 것으로 추정되는데,[102] 그가 문무왕의 즉위에 크게 기여하였음은 짐작하고도 남음이 있다.[103] 또한 문무왕대 중시를 지낸 진복眞福은 신문왕의 재혼 시 상대등이었고, 태종무열왕의 아들이자, 김유신의 누이동생 문희文姬의 소생인 개원愷元은, 효소왕대에 상대등이 되어 성덕왕의 즉위에 결정적 공헌을 하였다.[104] 성덕왕의 종제從弟로서 효성왕대 중시를 역임하고 경덕왕 16년(757) 상대등에 취임한 신충信忠은 경덕왕의 아들 건운乾運(뒤의 혜공왕)의 태자 책봉에 기여하였고,[105] 경덕왕대 말에서 혜공왕대 초에 걸쳐 시중을 역임하고 혜공왕 10년 상대등에 오른 김양상은 왕의 고종형제로서, 혼란 속에서도 혜공왕 체제를 유지시키려 한 친왕파의 핵심 인물이었다.[106]

---

102) 이기백(1974), 〈상대등고〉, 앞의 책 p.113 〈表 나〉 및 이 책 이 장의 〈표-1〉.
103) 김유신이 사망에 즈음하여 "庾信曰 臣願竭股肱之力 以奉元首 而犬馬之疾至此 今日之後 不復再見龍顔矣. 大王泣曰 寡人之有卿 如魚有水 若有不可諱 其如人民何 其如社稷何"(《삼국사기》 권43, 열전 金庾信 下)라 한 대화가 참고된다.
104) 김영미(1988), 〈성덕왕대 전제왕권에 대한 일고찰〉, pp.377~380. 또한 김영미는 효소왕 9년(700) 母后인 神睦王后(神文王妃)가 사망한 뒤에 개원이 섭정했을 것으로 추정하였다.
105) 《삼국사기》 권9, 신라본기에 따르면, 乾運은 경덕왕 24년 6월 아버지 경덕왕이 훙거하여 즉위하던 해에 8세였다. 그는 왕 17년 7월 23일 출생하였으므로, 태자로 책봉되던 경덕왕 19년 7월에는 3세의 어린 나이였다. 이때 상대등은 信忠, 집사부 시중은 金邕인바 이들은 모두 건운의 太子 책봉에 협력자였다고 생각된다. 신충과 김옹은 모두 왕 22년 8월까지 재임하였는데, 김옹의 경우 왕 19년 4월 시중에 취임한 직후였다는 점에서도 주목된다.
106) 李泳鎬, 〈新羅 惠恭王代 政變의 새로운 解釋〉, 《歷史敎育論集》 13·14합집, 1990; 이 책 제1편 제4장.

또한 하대의 경우, 원성왕대 시중을 거친 김언승金彦昇은 조카 애장왕이 즉위하자 병부령으로 섭정攝政이 되고, 이듬해에는 어룡성 사신私臣을 거쳐 상대등이 되었다. 김언승이 상대등이었을 때 동모제 수종秀宗(수승秀昇)은 애장왕 5년(804) 1월부터 8년 1월까지 3년 동안 시중에 재임하였으며,107) 언승이 헌덕왕으로 즉위하자 동모제들인 수종과 충공은 왕 11년(819)과 14년(822), 상대등에 연이어 임명되어 국왕을 보좌하였다.

뒤에 신무왕으로 즉위하는 김우징金祐徵은, 흥덕왕 3년(828) 1월에서 6년 1월까지 시중을 역임한 뒤, 8년(833) 11월에 재차 시중에 임명되어 아버지인 균정均貞이 상대등에 취임하는 왕 10년(835) 2월까지 재임하였다. 또한 균정에 이어 희강왕 2년(837) 상대등에 취임한 김명金明(뒤의 민애왕)은, 균정에 앞서 헌덕왕대에 상대등을 거친 충공의 아들이었다. 의정義正(誼靖)은 문성왕대에 시중, 병부령, 상대등을 역임한 뒤108) 문성왕의 고명顧命으로 즉위하여 헌안왕이 되었다. 헌강왕이 즉위하면서 상대등에 취임한 위홍魏弘은 희강왕의 손자이자, 문성왕대의 시중 김계명金啓明의 아들인데, 경문왕대에는 왕의 친제親弟로서 황룡사성전의 금하신(감수성탑사監修成塔事)이 되어 황룡사 9층탑 중수를 주관하였다.

이상의 예와 같이 상대등은 대부분 왕의 동모제·종제·숙부 등 국왕과 극히 가까운 왕족으로서 시중과 함께 태자 책봉이나 왕위계승 등에 협력하였고, 형제나 부자 사이에 상대등과 시중을 동시에, 또는 연이어 취임하였다. 이러한 사례로 보아, 상대등과 중시(시중)는 모두 같은 성격으로 친왕적 관직이나, 상대등이 중시보다 우위였다고 하겠다.

---

107) 이기백(1974), 〈신라 하대의 집사성〉, 앞의 책, p.177의 〈表 가〉 및 이 책 제2편 제2장 〈표-3〉.
108) 이기동(1984), 〈신라 하대의 왕위계승과 정치과정〉, 앞의 책, pp.169~171.

나아가 상대등은 정당한 왕위 계승자가 없을 때 태자로 책봉되거나 추대 또는 스스로 즉위하는 예도 7명(24·25·28·30·33·36·44)이나 있었다. 비록 섭정으로 추대되었지만 사실상 태종무열왕에게 왕위를 양보한 알천閼川(8)109)이나, 시중인 김명에게 피해된 균정(31)110)도 마찬가지의 범주로 생각한다면, 모두 9명의 사례를 확인한 셈이 될 것이다.111) 이는 사망하여 아예 대상에서 제외된 경우를 제외한 거의 전원이 왕위 계승권자였음을 말한다고 하겠다.112)

한편 상대등은 대부분 취임 전후 군사 관련 분야에서 활동하였다. 상대나 하대는 물론, 왕권의 전제화에 따라 상대등이 무력화되었다

---

109) 이기백(1974), 〈상대등고〉, 앞의 책, p.100.
110) 이기백(1974), 위의 책, p.117.
111) 비담의 난은 선덕여왕이 진덕여왕을 후계자로 결정한 데 대한 반발이며, 비담도 왕위계승을 희망했을 것으로 본 견해가 있다. 주보돈(1994), 〈비담의 난과 선덕왕대 정치운영〉, p.215.
112) 이러한 사실은 상대(중고)의 경우 이미 지적되고 있으나(이기백(1974), 〈상대등고〉, 앞의 책, pp.99~101), 저자는 상대(중고)만이 아니라 중·하대도 마찬가지였다고 생각한다. 다만, 敬信(24)의 경우 왕위계승이 순탄치 않았다. 《삼국사기》 권10, 신라본기 원성왕 즉위년조에는 宣德王이 無子인 채 흥거하자 群臣들은 처음 金周元을 세우려 하였던바, 폭우로 주원이 왕궁에 이르지 못하므로 敬信이 즉위하였다고 하였고, 《삼국유사》 권2, 기이2, 원성대왕조에는 이를 더욱 분명히 하면서 상대등 敬信은 角干으로서 次宰였고 伊湌 周元이 오히려 上宰로서 왕위계승권자인 것으로 설명하였다. 이기백도 당시 왕위계승의 서열상 정당한 계승자로 인정된 것은 周元이었다고 보면서, 경신이 왕위에 오른 데는 上大等이 가지는 정치적인 힘에 의한 억지 때문이 아닌가 추측하고, 하대의 상대등은 정당한 王位繼承者가 없는 경우 후계자임을 주장할 수 있는 지위에는 이르지 못하고 있으나, 또 능히 실력으로 후계자가 될 수 있는 존재였다고 하였다(같은 논문, pp.119~120).
이에 대해 김수태는 왕위계승에 있어서 보다 유력했던 것은 상대등이었던 김경신이었으나, 上宰였던 金周元이 "人謀"로서 오히려 김경신 대신 부당하게 왕위에 오르려 하였다고 하고, 선덕왕대 왕위를 위협하여 정국을 불안하게 한 것도 실은 김주원이라 하였다(金壽泰, 〈新羅 宣德王·元聖王의 王位繼承 ─元聖王系의 成立과 관련하여─〉, 《東亞研究》 6, 1985; 同 改題 〈專制王權의 붕괴와 眞骨貴族의 권력투쟁〉, 《新羅 中代 專制王權과 眞骨貴族》, 西江大 博士學位論文, 1991, pp.177~181).

는 중대에서도 김유신을 비롯한 8명(10·11·12·13·14·15·19·20)이 장군將軍, 총관摠管, 병부령兵部令 등의 경력자였고, 더욱이 김유신 (10), 김군관金軍官(12), 사공思恭(18), 정종貞宗(19) 등은 상대등 재임 시에 대장군, 병부령, 장군 등으로 활동하였다.[113] 이는 상대등의 취임이 곧 무력해짐을 의미하거나, 국왕에 대립됨을 의미하지 않음을 나타낼 것이다. 또한 김군관의 경우, 병부령과 상대등을 겸직하였다는 점에서 주목되는데, 그는 신문왕 원년 8월 김흠돌의 난을 미리 알고도 고발하지 않았다는 죄목으로 처형되었다.[114] 이때 내린 신문왕의 교서敎書에는

   上을 섬기는 것은 盡忠으로 근본을 삼고, 官에 있어서의 義는 不二로 으뜸을 삼는다. 兵部令 伊湌 군관은 班序에 인연해서 드디어 上位에 올랐는데, 임금의 실수를 챙겨주고 결점을 보충하여 조정에 결백한 절개를 드러내지 않았고, 임금의 명을 받음에 제 몸을 잊으면서 社稷에 지극한 정성을 표하지도 못하였다. 이에 賊臣 欽突 등과 교섭하여, 그 逆謀의 사실을 알고도 일찍이 고하지 않았다. 이에 憂國의 마음이

---

113) 김영미(1988), 〈성덕왕대 전제왕권에 대한 일고찰〉, p.381에서는 김유신 이후 경덕왕대 초 思恭(思仁의 잘못인 듯-저자 주)에 이르기까지 기록이 자세하지 않은 人品·裏賦를 제외한 상대등 전원이 군사관계 분야에서 활동하였음을 주목하였다.

114) 이기백은 상대등 金軍官이 교체된 것은 그가 처형 당하던 8월에 眞福의 상대등 임명과 동시에 이루어졌음이 거의 분명하다고 하였다. 또 김군관은 金欽突 난의 방관자였으며, 그 지지자도 반대자도 아니었다고 하고, 상대등의 방관자적 태도를 용서하지 않는 군관의 처형은 중대에서 상대등 자체의 운명을 결정지어 주었다고 하였다(이기백(1974), 〈상대등고〉, 앞의 책, pp.106~107). 그러나 최근 김수태는 김군관이 신문왕의 즉위와 함께 바로 내쫓겼으며, 김흠돌 난의 적극적인 가담자였다고 하였다. 또한 김군관의 처형을 진골 귀족들의 군사권 박탈과정으로 이해하고 있어 주목된다. 金壽泰(1991), 〈專制王權의 確立과 金欽突亂〉, 앞의 학위논문, 1991; 同 改題 〈新羅 神文王代 專制王權의 확립과 金欽突亂〉, 《新羅文化》 9, 1992.

없고, 또 徇公의 마음이 없으니, 어찌 거듭 宰輔에 居하여 憲章을 흐리게 하리오. (《삼국사기》 권8, 신라본기 신문왕 원년 8월 28일조)

라 하였다. 이 가운데 반서班序에 의해 상위上位[115])에 오르고서도 조정과 사직에 충성을 다하지 않고 역모의 사실을 알고도 고하지 않았다는 등의 지적은, 병부령·상대등 등이 본래 국왕을 핵심적으로 보좌하는 관직으로, 친왕적 성격이었음을 반증한다고 하겠다.

신라의 병부령을 분석한 신형식은, 병부령은 국왕의 지극한 근친자 가운데서 임명되었으며, 신라 최고의 실권자로서 실질적인 재상이었다고 하고,[116]) 법제적으로 대부분 상대등을 겸하였다고 하였다.[117]) 또 신라의 재상제도宰相制度를 추적한 키무라 마코토는, 상대등은 7세기 중엽부터 병부령과 함께 재상의 위치에 있었지만, 중시는 8세기 말 이전에는 재상 취임의 자격조차 없었다고 하였다.[118]) 중시는 하대에 이르러 비로소 재상에 취임할 수 있었다는 것이다.

---

115) 이기백(1974), 〈상대등고〉, 앞의 책, p.97에서는 上位는 上大等이며, 班序는 문벌 내지 상대등이 될 수 있는 어떤 서열 같은 것이라 하였다. 그러나 上位를 상대등으로 파악한 것은 이미 전봉덕의 연구에서 지적된 바 있다(전봉덕(1968), 〈신라 최고관직 상대등론〉, 앞의 책, p.323). 또한 欽突의 관직 승진도 《삼국사기》 권8, 신라본기 신문왕 원년 8월 16일조의 下敎에 "賊首欽突·興元·眞功等 位非才進 職實恩升(중략)"이라 하여 재주에 의한 것이 아니라 王恩에 의한 것이라고 하였다.
116) 신형식(1984), 〈신라의 국가적 성장과 병부령〉, 앞의 책.
117) 申瀅植, 〈新羅 中代 專制王權의 特質〉, 《國史館論叢》 20, 1990; 앞의 책(1990), p.169. 그러나 태종무열왕 6년(659) 이후 병부령은 3명이었으므로 이들이 모두 상대등을 겸할 수는 없었을 것이다. 신형식은 중대에는 병부령이 3명에서 1명으로 준 것으로 이해하고 있다. 신형식(1984), 〈신라의 국가적 성장과 병부령〉, 앞의 책, p.182.
118) 木村誠(1977), 〈新羅の宰相制度〉, p.28에서 上大等, 兵部令은 7세기 중엽부터 재상의 지위에 있었으나 侍中, 內省 私臣, 御龍省 私臣 등은 8세기 말에서 9세기 초에 재상이 되었으며, 他官을 겸하지 않은 재상도 있었다고 하였다. 이 가운데 御龍省 私臣에 대해서는 병부령의 겸직으로 파악하기도 한다(이문기(1984), 〈신라시대의 겸직제〉, p.29).

중대 상대등이었던 김사인과 김양상이 각각 경덕왕과 혜공왕에게
상소하여 시정時政을 극론하였으나, 이들은 반왕파가 아니라 모두
친왕파로서 간언하였으며, 결코 정치의 일선에서 물러난 방관자가
아니었다.[119] 또한 반형식적인 존재가 되었다는 귀족회의의 의장 상
대등이 신라 말까지 계속 임명되고 있었으며, 중시와 상대등이 동시
에 임명되는 경우에는 상대등을 먼저 기록하였다. 이러한 사실들은
결코 상대등이 유명무실한 형식적인 관직이 아닌 실권있는 관직으
로, 중시보다 우위에 있었음을 뜻한다고 하겠다.

3. 귀족회의의 구성과 운영

상대등은 신라 최고의 관직으로서 국왕과 대립적으로 파악될 수
없으며, 중대에서도 정치적 실권을 중시에게 넘겨준 방관자적 위치
에 선 것이 아니었다. 이는 귀족회의의 실체를 살펴봄으로써 좀 더
분명하게 알 수 있다.

신라의 귀족회의는 흔히 화백회의和白會議로 불리는데, 이는 나물
왕대에 기원하여[120] 신라 말기까지 존재하였으며, 상대등은 그 의장
이었다.[121] 이는 상대등이 국무를 총리하였음을 확인시켜 준다고 하
겠다. 화백회의에 대해서는 다음 기록이 주목된다.

(1) 其有大事 則聚群官 詳議而定之 (《隋書》 권81, 新羅傳)

---

119) 전봉덕(1968), 〈신라 최고관직 상대등론〉, 앞의 책, p.45. 이영호(1990),
〈신라 혜공왕 12년 관호복고의 의미〉 및 〈신라 혜공왕대 정변의 새로
운 해석〉: 이 책 제1편 제3장 pp.122~126 및 제4장 pp.151~153.
120) 李基白, 〈大等考〉, 《歷史學報》 17·18합집, 1962; 앞의 책(1974), p.87.
121) 이기백(1974), 〈상대등고〉, 앞의 책, p.94.

(2) 事必與衆議 號和白 一人異則罷 (《新唐書》권220, 新羅傳)

여기서 귀족회의의 구성원은 衆衆, 곧 군관群官이라 하였다. 그리고
이는 전원 일치의 회의로서 한 사람이라도 반대하면 통과되지 않았
다. 그러면 衆衆, 곧 군관群官은 어떤 사람들이었을까? 학계의 일반
적 견해에 따르면, 귀족회의는 대등大等으로 구성되었다고 한다.[122]
그렇다면 화백회의를 구성하는 군관이란 우선 대등임을 알 수 있다
고 하겠다.

대등은 진골을 중심으로 한 고급귀족으로서, 어떤 특정된 업무를
분장하지 않았고, 또 어떤 관부에 소속된 것도 아니었다고 한다.[123]
또한 귀족회의를 왕권과 대립적인 것으로 이해하면서, 처음 대등으
로 불리던 귀족회의 구성원은 상대 말(선덕·진덕왕대)에 이르러 한화
漢化된 칭호인 대신大臣으로 바뀌었으며, 이에 따라 귀족회의도 보다
특권화되었다고 하였다.[124] 그러나 대신은 물론이고,[125] 이에 앞선
대등도 특정된 업무를 분장分掌하였음은 단양신라적성비丹陽新羅赤城
碑 등의 연구에서 밝혀지고 있다.[126] 다시 말해 대등을 병부령兵部令,

---

122) 이기백(1974), 〈대등고〉, 앞의 책, pp.78~88.
123) 李基白(1974), 위의 책, pp.68~71·pp.84~86.
　　　이 같은 맥락에서 大等을 미분화된 중앙 관직으로 보면서 대등은 국정
　　　의 기본만을 토의하는 존재로, 행정의 실무는 某大等이 맡아보았다고
　　　하여 대등과 모대등을 상하 관계로 파악하기도 하고(井上秀雄, 〈朝鮮·日
　　　本における國家の成立〉, 《岩波講座世界歷史》 6, 1971, p.24) 관료조직인 政
　　　(官)府와 元老院 격으로 귀족회의인 大等會議라는 이원적 권력구조를 상
　　　정한 견해도 제시되었다. 盧泰敦, 〈三國의 成立과 發展〉, 《한국사》 2, 국사
　　　편찬위원회, 1978, p.193.
124) 이기백(1974), 〈대등고〉, 앞의 책, pp.80~82. 더욱이 이기백은 大臣을 특
　　　정된 직책을 가진 관직으로는 생각하지 않았다.
125) 예컨대, 《삼국사기》 권9, 신라본기 효성왕 5년 하 5월조에 "命大臣貞宗·
　　　思仁閱弩兵"라 한 貞宗은 〈표-1〉에서 보듯이 大臣으로서 將軍과 上大等을
　　　겸하고 있었다. 한편에서는 大臣을 大等의 후신으로 볼 수 없다는 견해
　　　도 있다. 朱甫暾(1994), 〈毗曇의 亂과 善德王代 政治運營〉, p.228.

전대등典大等 등 분장 업무를 지닌 관직과는 다른 것으로 이해해 왔
으나, 근래에 발견된 금석문의 연구에서 병부령 등 중앙 관직자가
곧 대등이었음이 증명되고 있는 것이다.

(1) 이사부 관련 자료

a. 智度路王時 爲沿邊官 襲居道權謀 以馬戲誤加耶國取之 (《삼국사
   기》 권44, 열전 異斯夫): 500~514년

b. 王親定國內州郡縣 置悉直州 以異斯夫爲軍主 (《삼국사기》 권4, 신라
   본기 지증왕 6년 춘 2월): 505년

c. 于山國歸服 歲以土宜爲貢 于山國在溟州正東海島 或名鬱陵島 地方
   一百里 恃嶮不服 伊湌異斯夫爲何瑟羅州軍主 謂于山人愚悍 難以
   威來 可以計服 乃多造木偶師子 分載戰船 抵其國海岸 誑告曰 汝
   若不服 則放此猛獸踏殺之 國人恐懼則降 (동 지증왕 13년 하 6
   월): 512년

d. 由是 新羅改遣其上臣伊叱夫禮智干岐(新羅以大臣爲上臣 一本云 伊
   叱夫禮智奈末) 率衆三千 (《日本書紀》 권17, 繼體紀 23년 하 4월):
   법흥왕 16년(529)

e. 拜異斯夫爲兵部令 掌內外兵馬事 (《삼국사기》 권4, 신라본기 진흥왕

---

126) 李鍾旭,〈王室勢力의 變遷과 王位·王權의 成長〉,《新羅上代王位繼承研究》, 영
   남대 출판부, 1980, p.253.
   _____,〈國家形成期 新羅의 政治組織〉,《新羅國家形成史研究》, 一潮閣, 1982,
   pp.218~221.
   李文基,〈新羅 眞興王代 臣僚組織에 대한 一考察〉,《大丘史學》 20·21합집, 1982.
   더욱이 이종욱은 大等이 각기 맡은 바 임무가 있었고 업무에 따른 전
   문적인 屬僚가 있었음을 주장하였는데,《삼국사기》 권4, 신라본기에 兵
   部의 설치는 진흥왕 4년이나 兵部令의 설치는 이에 앞선 진흥왕 3년으
   로 기록된 사실에서 해명하고 있다. 나아가 이종욱은 兵部의 설치를 시
   초로 하여 여러 관부가 설치된 후에는 그 관부의 장관들이 대등이란
   직을 가지고 화백회의 또는 군신회의를 구성하였을 것이라고 하였다.

　　2년 춘 3월): 541년

f. 大衆等喙部伊史夫知伊干支（丹陽新羅赤城碑）: 진흥왕 6년(545)경

g. 伊湌異斯夫奏曰 國史者 記君臣之善惡 示褒貶於萬代 不有修撰 後
　　代何觀. 王深然之 命大阿湌居柒夫等 廣集文士 俾之修撰（《삼국사
　　기》 권4, 신라본기 진흥왕 6년 추 7월）: 545년

h. 春正月 百濟拔高句麗道薩城. 三月 高句麗陷百濟金峴城 王乘兩國
　　兵疲 命伊湌異斯夫 出兵擊之 取二城增築 留甲士一千戌之（동 진
　　흥왕 11년）: 550년

i. 加耶叛 王命異斯夫討之 斯多含副之 斯多含領五千騎 先馳入栴檀門
　　立白旗 城中恐懼 不知所爲 異斯夫引兵臨之 一時盡降（동 진흥왕
　　23년 9월）: 562년

(2) 거칠부 관련 자료

a. 大衆等 喙部……[居柒]夫智大阿干支（丹陽新羅赤城碑）: 진흥왕 6년
　　(545)경

b. 伊湌異斯夫奏曰 國史者 記君臣之善惡 示褒貶於萬代 不有修撰 後代何
　　觀. 王深然之 命大阿湌居柒夫等 廣集文士 俾之修撰（《삼국사기》 권4,
　　신라본기 진흥왕 6년 추 7월）: 545년

c. 王命居柒夫等侵高句麗 乘勝取十郡（동 진흥왕 12년 3월）: 551년
　　王命居柒夫及仇珍大角湌·比台角湌·耽知迊湌·非西迊湌·奴夫波珍湌·西力
　　夫波珍湌·比次夫大阿湌·未珍夫阿湌等八將軍 與百濟侵高句麗 百濟人先
　　攻破平壤 居柒夫等 乘勝取竹嶺以外高峴以內十郡（《삼국사기》 권44,
　　열전 居柒夫）

d. △大等 喙居七夫智一尺干（昌寧 眞興王拓境碑）: 진흥왕 22년(561)

e. 大等 喙部居柒夫智伊干（磨雲嶺 眞興王巡狩碑）: 진흥왕 29년(568)

f. 以伊湌居柒夫爲上大等 委以國事（《삼국사기》 권4, 신라본기 진지왕

원년): 575년

眞智王元年丙申 居柒夫爲上大等 以軍國事務自任. 至老終於家 享年

七十八 (《삼국사기》 권44, 열전 居柒夫)

위의 사료는 이사부異斯夫와 거칠부居柒夫의 관직 활동에 관한 기
사를 될 수 있는 대로 열거해 본 것이다. 여기서 이들의 다양한 경
력을 확인할 수 있다. 이사부는 지증왕대 연변관沿邊官, 군주軍主 등
을 거쳐 진흥왕 2년(541) 병부령에 취임하였으나, 왕 6년(545) 무렵
건립된 적성비에서는 대중등大衆等, 곧 대등大等127)으로 등재되었다.
그는 적어도 가야를 정벌하는 왕 23년(562)까지는 병부령에 재임하
였다고 생각되므로,128) 이를 고려하면 병부령과 대등이 별개의 것으
로 구별되는 것이 아니라, 병부령으로서 대등이었음을 알 수 있다고
하겠다.129)

또한 거칠부는 상대등에 취임한 인물이라는 점에서 주목된다. 그
는 단양신라적성비에서 진흥왕 6년(545)경 대등이었으나,130) 진흥왕

---

127) 이기백(1978), 〈단양적성비 발견의 의의와 왕교사 부분의 검토〉, p.26.
128) 이문기(1982), 〈신라 진흥왕대 신료조직에 대한 일고찰〉, p.163. 나아가
    그가 사망 시까지 병부령이었을 것으로 본 견해도 있다. 朱甫暾, 〈丹陽新
    羅赤城碑의 再檢討〉, 《慶北史學》 7, 1984, p.29.
129) 李鍾旭(1980), 〈王室勢力의 變遷과 王位·王權의 成長〉, 앞의 책, p.253.
    ＿＿＿(1982), 〈國家形成期 新羅의 政治組織〉, 위의 책, p.218.
    앞에서 열거한 《日本書紀》 기사에는 상대등 설치 2년 전인 법흥왕 16년
    의 사실로 '上臣'이란 명칭이 있으나, 세주에 설명되어 있듯이 여기서는
    大臣의 의미로 생각된다.
130) 단양신라적성비 제3행에는 상단부가 파손되어 이름을 알 수 없는 大
    阿干支라는 관등을 가진 인물이 기재되어 있는데 이는 거칠부로 추정된
    다고 한다(邊太燮의 발언, 〈丹陽赤城碑 第2次學術座談會錄〉, 《史學志》 12,
    1978, pp.94~95; 武田幸男, 〈眞興王代における新羅の赤城經營〉, 《朝鮮學報》
    93, 1979, pp.30~31). 그러나 한편에서는 적성비의 건립 연대를 올려
    잡으려는 데에서 온 발상이라 하여 부정하는 견해도 있다. 주보돈
    (1984), 〈단양신라적성비의 재검토〉, p.5.

12년(551)에 8장군과 함께 고구려로부터 고현高峴 이내의 10군을 공취하였다. 그 뒤 진흥왕 22년(561)에 건립된 창녕비에는 모대등某大等이란 직명을 띤 것으로 되어 있고, 왕 29년(568)에 건립된 마운령비에서는 다시 대등으로 나타나고 있는 것이다. 이는 거칠부가 적성비 건립 당시부터 마운령비가 건립될 때까지 계속 대등에 재임하면서 장군이나 모대등 등의 관직을 역임하였음을 말하는 것이다.131)

이와 같이 대등이 동시에 병부령, 장군 등을 겸하였다면, 대등과 중앙 관직자를 별개의 것으로 구분할 수 없다는 것이 분명해졌다고 하겠다. 따라서 대등이 중앙 관부의 관직자임을 간과한 상태에서, 그 우두머리인 상대등이 국왕과 대립적이었다고 한 것은 재고의 여지가 있다고 할 것이다.

귀족세력의 대표이며 귀족회의의 의장인 상대등이 국왕과 대립적이었다고 한다면, 귀족회의의 성격도 대체로 왕권과 대립적이라고 할 수 있을 것이다. 그러나 귀족회의의 의장의 성격이 그러했듯이, 귀족회의도 그 구성원이 병부령 등 중앙 고위 관직자였으므로, 국왕과 대립적 관계라고 할 수는 없다고 생각한다.

화백회의의 기능에 대해서는 이미 여러 학자들의 견해가 제시되었는데, 이를 선왕회의選王會議로 규정한 견해가 있는 한편,132) 앞서 제시한 《수서隋書》, 《신당서新唐書》의 기록에 따라 중대 사건을 의결하는 회의였다는 견해도 있다. 중대 사건의 구체적 내용에 대해 이병도가 군장君長의 선거, 전쟁 등이라고 했다면,133) 이기백은 왕위의 계승, 대외적인 선전 포고, 불교의 수용과 같은 종교적 문제 등이라고 하였다.134) 또한 김인곤은 국왕의 선거 및 탄핵, 국사의결國事議

---

131) 이문기(1982), 〈신라 진흥왕대 신료조직에 대한 일고찰〉, pp.164~165.
132) 李鍾恒, 〈和白 ─그 起源과 構成과 權限을 中心으로─〉, 《國民大論文集》, 1972, p.81.
133) 李丙燾, 《韓國史》 古代篇, 乙酉文化社, 1959, pp.555~556.

決, 국정사문國政查問의 세 가지를 지적하였고,[135] 신형식은 가장 기
본적인 임무로서 왕의 선출, 불가결한 부수적 기능으로서의 왕의 폐
위, 불교 공인에 나타난 국가 중대사 결정 등이라고 하였다.[136] 이
상의 주장을 종합할 때, 화백회의의 가장 중요한 기능은 국왕선출이
라고 할 수 있으며, 여기서 국왕과 화백회의의 일정한 관계를 엿볼
수 있다.

《삼국사기》 신라본기에는 문무왕(661~681), 선덕왕(780~785),
문성왕(839~857), 헌안왕(857~861), 정강왕(886~887)의 유조遺
詔가 실려 있고, 진성왕(887~897)의 하교下敎도 유조로 볼 수 있으
므로,[137] 다음과 같이 모두 여섯 왕의 유조를 찾을 수 있다.[138]

(1) 遺詔에 이르기를 "……太子는 일찍이 밝은 덕을 쌓았고 오래
震位(東宮位)에 처하였으니, 위는 여러 宰相으로부터 아래로는 뭇 관
원들에 이르기까지 送往의 義를 어기지 말며, 事居의 禮를 闕하지 말
라. 宗廟의 주인은 잠시라도 비어서는 안 되니 태자는 곧 柩前에서 왕
위를 계승하여라."(《삼국사기》 권7, 신라본기 文武王 21년 7월조)

(2) 下詔하여 이르기를 "과인은 본질이 워낙 얇아 大寶에 야심이 없
었으나 추대를 피하지 못하여 즉위한 것이다. 즉위 이래로 年事가 順

---

134) 李基白, 《韓國史新論》 新修版, 一潮閣, 1990, p.82.
135) 金麟坤, 〈新羅의 政治制度 研究〉, 경북대 정치학 박사학위논문, 1974; 《韓
國政治論》, 1987, p.42.
＿＿＿, 〈和白會議의 기능〉, 《社會科學》 11, 영남대, 1980; 《韓國政治論》,
1987, p.105.
136) 申瀅植(1985), 〈花郎徒와 和白〉, 앞의 책, pp.187~190.
137) 全基雄(1989), 〈新羅 下代末의 政治社會와 景文王家〉, 《釜山史學》 16, p.5.
138) 그 밖에 儒理尼師今의 유조도 찾을 수 있으나(《삼국사기》 권1, 신라본기
유리이사금 34년(A.D. 57) 추 9월조 "王不豫 謂臣寮曰 脫解身聯國戚 位處輔
臣 屢著功名 朕之二子 其才不及遠矣 吾死之後 俾即大位 以無忘我遺訓") 상대등
설치시기와 너무 동떨어져 제외한다.

成하지 못하고 민생이 곤궁하니, 이는 다 나의 德이 民望에 맞지 아니하고, 정치가 天心에 맞지 아니한 때문이었다. 항상 位를 禪讓하고 밖으로 퇴거하려 하였으나, 여러 신하들이 매번 지성껏 말리므로 뜻과 같이 되지 못하고 머뭇거리며 지금에 이르렀다. 홀연히 병에 걸리어 일어나지 못하니, 死生에는 命이 있는 것이라 다시 무엇을 恨하랴. 死後에는 佛式에 따라 燒火하여 東海에 散骨하라.”(《삼국사기》 권9, 신라본기 宣德王 6년 춘 정월조)

(3) 遺詔를 내려 이르기를 “……생각컨대 祖宗의 대업은 主君이 없어서는 안 되고, 軍國의 사무는 잠시라도 폐할 수 없는 것이다. 舒弗邯 誼靖은 先皇의 令孫으로 과인의 숙부이거니와, (그 사람이) 孝友가 있고 明敏하고 寬厚하고 仁慈하여, 오랫동안 古衡[宰相]에 처하여 王政을 협찬하였으니, 위로는 가히 宗廟를 받들 만하고 아래로는 가히 蒼生을 撫育할 만하다. 이에 (나는) 무거운 짐을 풀어 이 賢德에게 맡기려 한다. 부탁할 (적임의) 사람을 얻었으니, 다시 무엇을 恨하랴.” (《삼국사기》 권11, 신라본기 文聖王 19년 추 9월조)

(4) 왕은 병환이 침중하자 左右에게 이르기를 “과인이 불행히 아들이 없고 딸만 있으니, 우리 나라 故事에 비록 善德·眞德 두 여왕의 예가 있으나, 이는 牝雞의 晨에 가까운 것이라 본받을 일이 되지 못한다. 사위 膺廉은 나이는 비록 적으나 老成한 德이 있으니, 卿 등이 이를 세워 섬기면 반드시 조종의 令緒를 떨어뜨림이 없을 것이매, 과인은 죽어도 썩지 않겠다.”(《삼국사기》 권11, 신라본기 憲安王 5년 춘 정월조)

(5) 왕이 병이 들어 侍中 俊興에게 이르기를 “내 병이 위급하여 다시 일어나지 못할 것이다. 불행히 嗣子가 없으나 나의 누이 曼은 天資가 明銳하고 骨相이 丈夫와 같으니, 卿 등은 善德·眞德의 故事에 따라 그를 세우는 것이 좋을 것이다.”(《삼국사기》 권11, 신라본기 定康王 2

년 하 5월조)

 (6) 왕이 左右에게 이르기를 "近年 이래로 백성이 곤궁하고 도적이 봉기하니, 이는 내가 부덕한 까닭이다. 賢人을 피하여 位를 넘겨주려 함에 나의 뜻이 결정되었다"고 하고, 位를 太子 嶢에게 넘겨주었다. (《삼국사기》 권11, 신라본기 眞聖王 11년 하 6월조)

여기서 부자 사이의 왕위계승으로 즉각적인 즉위를 당부한 문무왕의 유조와 왕위계승에 대한 언급이 없는 선덕왕의 그것을 제외한다면, 모두 네 왕이 유조에서 왕위계승을 언급하였다. 즉 문성왕은 숙부인 의정誼靖(헌안왕)을, 헌안왕은 사위인 응렴膺廉(경문왕)을, 정강왕은 여동생인 만曼(진성왕)을, 진성왕은 조카인 요嶢(효공왕)를 각각 왕위 계승자로 지정한 것이다. 그러나 이들은 정상적 왕위 계승자가 아니라 숙부·사위·여동생·조카 등으로, 모두 왕위계승상 취약성을 가진 인물이었다. 따라서 이는 왕위계승상 분쟁의 여지가 있는 인물의 지위를 전왕의 유조를 통해 확고히 하고자 한 것으로 짐작된다.[139] 그런데 귀족회의가 국왕과 대립적이었다면 귀족회의에서 유조가 그대로 실현되었을지 의심스러운 것이다.

지금까지의 견해는, 대등이 부족연맹체에서 중앙집권적 귀족국가로 발전되어 가는 과정에서 나타난 것으로 보아, 지난 날의 족장층이 사회적으로 골품제나 부제部制로 편성되면서, 정치적으로는 대등이라는 관직을 받았다고 하였다.[140] 지난날의 족장층이 왕에게서 대등이란 관직을 받고 귀족회의의 구성원이 되었을 때, 국왕에게 대립적이었을까? 물론 사안에 따라 대립적일 가능성도 상상할 수 있겠으나, 이는 왕권을 견제하는 본래적 기능 때문이

---

139) 전기웅(1989), 〈신라 하대말의 정치사회와 경문왕가〉, p.5.
140) 이기백(1974), 〈대등고〉, 앞의 책, p.83.

아니라 자신들의 이해관계 등에 따른 예외적 현상이며, 일반적 경향은 아니었을 것이다. 이는 전대등典大等이란 관직명을 살필 때도 뒷받침되리라 생각한다.

널리 알려진 바와 같이, 전대등은 대등에서 분화 발전한 것이다. 전대등은 처음 국왕의 가신적 존재로서 왕정의 기밀에 관여하였던 품주稟主[141]의 장으로서, 품주가 진덕왕 5년(651) 집사부로 개편되고 중시가 신설되자, 그 차관으로 기능하게 되었던 것이다. 그런데 전대등의 설치나 품주의 설치는 진흥왕 26년(565)이었다.[142] 진흥왕 26년경에 이미 대등이 친왕적 성격의 관직이었다면, 귀족회의도 친왕적 색채가 강한 회의였다고 밖에는 할 수 없지 않을까? 또한 앞서 살펴본 죽지는 집사부의 초대 장관인 중시에 취임하여 기밀사무를 장악하였는데, 그는 상대(중고) 말 우지암 회의에 참석했던 술종공의 아들이었다. 상대등을 역임한 김유신도 우지암 회의 때 화백회의의 구성원이었다.[143] 이와 같이 중시의 아버지나 뒤에 상대등에 취임하는 인물이 화백회의의 구성원, 즉 대등 경력자였다는 사실은

---

141) 李基白, 〈稟主考〉, 《李相伯博士回甲紀念論叢》, 1964; 앞의 책(1974), p.141. 품주의 구체적인 사무는 倉廩에 관한 일이었으나, 왕의 가신적 전통을 이은 존재였기 때문에, 자연히 국왕과 밀접한 관계를 가지고 왕정의 기밀에 관여하는 기능을 보유하였다고 한다. 그런데 이기백은 품주의 장관인 典大等과 小京의 장관인 仕大等, 郡의 장관인 使大等을 같은 성격의 관직으로 분류하면서도 대등 위에서 그들을 대표하던 上大等은 성격을 달리한다고 하였으나(같은 논문, p.145), 따르기 어렵다. 상대등만 성격을 달리하여 국왕과 대립적으로 파악 할 이유가 없겠기 때문이다.

142) 李基白(1974), 위의 논문, p.138. 진흥왕 26년에는 仕臣(仕大等)이 처음 설치되었다는 점도 주목된다(《삼국사기》 권40, 職官 下, 外官). 사신이 小京의 장관이란 점에서 仕臣의 존재를 阿尸村에 소경이 설치된 지증왕 15년(514)까지 끌어올린 연구도 있다. 전봉덕(1968), 〈신라 최고관직 상대등론〉, 앞의 책, pp.318~319.

143) 이는 上大等이 大等에서 분화 발전된 것이라는 점을 상기하게 한다. 이기백(1974), 〈대등고〉, 앞의 책, p.67; 盧鏞弼, 《新羅眞興王巡狩碑研究》, 西江大 博士學位論文, 1994, p.102.

국왕과 귀족회의를 더 이상 대립적인 것으로 파악할 수 없음을 보여준다고 하겠다.

처음 어느 관부에도 소속되지 않았던 대등은, 상대 말—특히 집사부가 설치된 진덕왕 5년(651)경—허다한 신라의 관부가 새로 설치되거나 정비되면서 그 존재 의의가 희박하게 되었고, 대등 본연의 모습도 자취를 흐려버렸다고 한다.[144] 집사부 등 여러 관부의 설치로 관제상에 큰 변화가 있었을 것이라는 점은 수긍할 수 있겠다. 그러나 이로 말미암아 귀족회의가 유명무실해졌다는 주장은 대등이 병부령 등 중앙 관직자였음을 주목하지 못한 데서 나타난 것인 만큼 성립되기 어려울 것이다. 귀족회의는 상대(중고)는 물론, 중·하대에도 계속 정책 결정기구로서 기능하였던 것이 확실하기 때문이다. 다만 처음에는 대등이란 이름 아래 여러 중앙 관직자가 일괄 귀족회의에 참석하였으나, 집사부 설치 이후에는 같은 대등이었다 하더라도 해당 관부의 장이라는 직책을 명시하면서 귀족회의에 참석하지 않았을까 한다. 이는 관제의 정비가 이 무렵 완성기에 접어들었다고 판단되기 때문이다.

---

144) 이기백(1974), 〈대등고〉, 앞의 책, p.87.
　　귀족회의가 官府의 정비에 따라 점차 의례적, 반형식적인 존재로 되어갔다는 주장은 다음 논문에서도 언급되고 있다. 단지 그 변화의 시기를 이기백이 집사부 설치 이후로 본 데 대해 李丙燾는 稟主 설치 이후로 파악하고 있다.
　　池內宏, 〈新羅の骨品制と王統〉, 《東洋學報》 28~3, 1941; 《滿鮮史硏究》 上世 第2冊, 吉川弘文館, 1960, p.577.
　　李丙燾(1985), 〈古代南堂考〉, 앞의 책.

제2장   집사부의 설치와 중시

　신라의 권력구조를 파악하기 위해서는 중앙 정치기구 각각에 대한 개별적 연구가 선행되어야 한다. 그런 점에서 《삼국사기》 권38, 직관지(상)에 가장 먼저 등장하는 관부인 집사부執事部에 대한 연구는 매우 중요하다고 하겠다.

　집사부에 대해서는 이기백의 선구적인 연구로 대체적인 이해의 기준을 얻게 되었다. 이기백은 집사부가 국왕과 관련하여 이해되어야 한다는 전제 아래, 집사부는 분화된 행정의 일부를 담당하는 것이 아니라, 국왕과 행정을 분장하는 일반 관부의 중간에서, 위로는 왕명을 받들고 아래로는 여러 관부를 통제하는 행정 계통상 최고의 관부임을 지적하였다. 또한 장관인 중시는 수상으로서, 왕과 지극한 측근자가 임명되고 정치적 책임을 짐으로써 전제왕권의 방파제 및 안전판의 구실을 하였다고 이해하였다. 더욱이 중대의 집사부 중시는, 왕권 견제자로서 국왕에 대립적인 상대등과 견주어 권력이 우월하였고, 사실상 국무를 총리함으로써 전제정치가 이루어졌다고 파악한 것이다.[1)]

　그러나 저자는 상대등을 왕권 견제자로 설명할 수 없다는 견해를

---

1)　李基白, 〈新羅 執事部의 成立〉, 《震檀學報》 25·6·7합병호, 1964; 《新羅政治社會史研究》, 一潮閣, 1974.

피력하였다.[2] 상대등 자체를 왕권의 지지자로 이해하여야 함을 밝힌 것이다. 따라서 상대등을 왕권 견제자로 이해한 바탕 위에 이와 대립적인 존재로서 집사부를 상정한 것은 집사부의 위상을 과도하게 자리매김한 결과로 파악하였다.

이 글은 위와 같은 문제의식의 연장선에서 중대를 중심으로 집사부와 그 장관인 중시의 위상에 대해 검토하려 한다. 먼저 집사부의 설치과정과 관부로서의 조직을 살펴보고, 그 임무에 대해 검토하겠다. 그리고 집사부의 장관인 중시에 대해 임면과 진출을 중심으로 그 위상을 살핀 뒤, 시랑 등 하위 관원의 실태에 대해서도 검토하고자 한다. 나아가, 여기서 밝혀진 사실들을 바탕으로 하면서, 종래 중시의 기능과 관련하여 학계에서 일반화된 '중대=전제왕권시대' 설에 대해서도 그 타당성을 구체적으로 살펴보려 한다. 이러한 검토는 집사부와 중시 자체에 대한 이해는 물론, 상대등에 대한 이해도 심화시키는 계기가 되리라 생각한다.

1. 집사부의 성립과 임무

집사부의 연혁과 그 조직의 대강은 《삼국사기》 직관지의 다음과 같은 기사에서 살필 수 있다.

執事省 本名稟主(或云 租主) 眞德王五年改爲執事部 興德王四年又改爲省. 中侍一人 眞德王五年置 景德王六年改爲侍中 位自大阿湌至伊湌爲之. 典大等二人 眞興王二十六年置 景德王六年改爲侍郎 位自奈麻至阿湌爲之. 大舍二人 眞平王十一年置 景德王十八年改爲郎中(一云 眞德王五

---

2) 李永鎬, 〈新羅 貴族會議와 上大等〉, 《韓國古代史硏究》 6, 1993; 이 책 제2편 제1장.

年改） 位自舍知至奈麻爲之. 舍知二人 神文王五年置 景德王十八年改爲
員外郎 惠恭王十二年復稱舍知 位自舍知至大舍爲之 史十四人 文武王十
一3)年加六人 景德王改爲郎 惠恭王復稱史 位自先沮知至大舍爲之 (《삼국
사기》 권38, 직관 상)

　　여기서 집사부가 진덕왕 5년(651)에 성립된 사실과 중시-전대등
(시랑)-대사-사지-사로 이어지는 관원 구성을 확인할 수 있다. 그
러나 집사부의 기원은 이때가 처음이 아니라 그 전신으로 품주稟主
가 있었다. 이기백의 견해에 따르면, 품주는 왕정王政의 가신적家臣
的 전통을 이은 존재로서 처음에는 국가의 창름倉廩에 관한 일을 맡
아 보았다. 그러나 진평왕 6년(584) 조부調府가 생기자 품주가 담당
하던 사무의 일부인 공부貢賦는 조부로 분리되었고, 진덕왕 5년에는
지출의 기능이 다시 창부倉部로 분리되어 마침내 집사부로 성립하
게 되었다고 한다.4) 집사부의 탄생 과정을 말해주는 연구로서 의미
가 크다.

　　이제 집사부의 관부로서의 체제정비 과정을 알기 위해 《삼국사
기》 직관지에 나타난 관부·관직의 정비 추이를 연도별로 정리하면
다음과 같다.

----

3) 《三國史記》 正德本에는 "文武王 十△年"이라 되어 있으나, 兵部·倉部·乘府·司正
　　府의 史를 참고할 때 왕 11년으로 추정된다(이기백(1974), 〈신라 집사부
　　의 성립〉, 앞의 책, p.149).
4) 李基白, 〈稟主考〉, 《李相佰博士回甲紀念論叢》, 1964; 앞의 책(1974), pp.134~
　　144. 稟主를 관직으로 본 견해도 있으나(木村誠, 〈6世紀新羅における骨品制
　　の成立〉, 《歷史學硏究》 428, 1976, p.23), 직관지의 기사대로 관부로 파악하
　　는 것이 옳다고 생각한다.

<표-1> 집사부의 체제정비 과정

年 代	內 容	中侍(侍中)	上大等
眞興王 26년(565)	典大等 설치		
眞平王 11년(589)	大舍 설치		首乙夫
眞德王 5년(651)	稟主 → 執事部로 개편, 中侍 설치	竹 旨	閼 川
文武王 11년(671)	史 6인 추가	禮元(愷元)	金庾信
神文王 5년(685)	舍知 설치	順 知	眞 福
景德王 6년(747)	中侍, 典大等 → 侍中, 侍郎으로 개명5)	大 正	金思仁
景德王 18년(759)	大舍, 舍知, 史 → 郎中, 員外郎, 郎으로 개명6)	廉 相	信 忠
惠恭王 12년(776)	郎中, 員外郎, 郎 → 大舍, 舍知, 史로 복고	金 順	金良相
興德王 4년(829)	執事部 → 執事省으로 개명	祐 徵	忠 恭

전대등은 진흥왕 26년(565)에 설치되어, 집사부 관원 가운데 가장
먼저 두어졌음을 알 수 있다. 그리고 이는 관부로서의 품주 그 자체
의 설치였다고 생각된다.7) 그 뒤 진덕왕 5년(651)에 품주가 집사부
로 개편되면서 중시가 새로이 장관이 되었고, 이로써 종래의 장관인

---

5) 《삼국유사》에서는 異說을 전하고 있다. 권2, 기이2 성덕왕조에는 "始有侍
中職(一本 孝成王)"이라 하여 성덕왕 또는 효성왕 때 '侍中'이란 직명이 시
용되었다고 한다. 또한 권1, 기이1, 진덕왕조에는 "始有侍郎號"라 하여 '侍
郎' 직명의 기원을 진덕왕대까지 올려잡고 있다. 侍郎에 대해서는 《日本書
紀》 권25, 大化 5년(649) 5월 癸卯朔 是歲 조의 "新羅王遣沙喙部沙湌金多遂爲質.
從者卅七人(僧一人, 侍郎二人, 丞一人, 達官郎一人, 中客五人, 才伎十人, 譯語一人,
雜傔人十六人, 并卅七人也)"라고 한 기사도 참고된다.
   한편, 〈新羅甘山寺阿彌陀如來造像記〉(《韓國金石全文》古代, 아세아문화사, 1984,
p.127)에서는 성덕왕 17년(718) 무렵에 致仕한 金志誠(金志全)이 '執事侍郎'
역임자임을 밝히고 있어 주목된다. 이에 대해서는 직관지보다 조상기를
존중하여 진덕왕 5년(651) 中侍 설치와 동시에 典大等도 侍郎으로 개칭되었
다는 견해(末松保和, 〈甘山寺彌勒尊像及び阿彌陀佛の火光後記〉, 《新羅史の諸問題》,
東洋文庫, 1954, pp.454~455)와, 진덕왕 5년 이후 두 이름이 혼용되었을 가
능성이 있다고 한 견해(이기백(1974), 〈신라 집사부의 성립〉, 앞의 책
p.159의 주 19)가 있다.
6) 大舍의 경우 진덕왕 5년(651)에 개명되었다는 설도 전한다.
7) 李基白(1974), 〈稟主考〉, 앞의 책, p.139.

전대등은 차관으로 떨어지고 말았다.[8] 집사부는 다시 흥덕왕 4년 (829)에는 집사성으로 승격되었다.

이 가운데 주목되는 사실은 집사부의 전신인 품주의 장관이 전대 등이었던 점이다. 전대등은 대등에서 분화된 관직으로 생각되는데, 사료에서 확인되는 대등 분화의 사례는 다음과 같다.

(1) 上大等

a. 拜伊湌哲夫爲上大等 摠知國事. 上大等官始於此 如今之宰相 (《삼국 사기》 권4, 신라본기 법흥왕 18년 4월조)

b. 上大等(或云 上臣) 法興王十八年始置 (《삼국사기》 권38, 직관 상)

(2) 使大等

上州行使大等 沙喙宿欣智及尺干 喙次叱智奈末 下州行使大等 沙喙春 夫智大奈末 喙就舜智大舍 于抽悉直河西阿郡使大等 喙比尸智大奈末 沙喙須兵夫智奈末 (昌寧 眞興王拓境碑 : 진흥왕 22년)

(3) 仕大等

仕臣(或云 仕大等)五人 眞興王二十五年始置 位自級湌至波珍湌爲之 (《삼국사기》 권40, 직관 하)

(4) 典大等

執事省 本名稟主(或云 租主) (중략) 典大等二人 眞興王二十六年置 景德王六年改爲侍郎 位自奈麻至阿湌爲之 (《삼국사기》 권38, 직관 상)

(5) 衿荷臣

a. 四天王寺成典 (중략) 衿荷臣一人 景德王改爲監令 惠恭王復稱衿荷 臣 哀莊王又改爲令 位自大阿湌至角干爲之 (하략) (《삼국사기》 권 38, 직관 상)

b. 位和府 眞平王三年始置 (중략) 衿荷臣二人 神文王二年始置 五年加

一人 哀莊王六年改爲令 位自伊湌至大角干爲之 (《삼국사기》 권38, 직관 상)

(6) 私臣

a. 內省 (중략) 私臣一人 眞平王七年三宮各置私臣 大宮和文大阿湌 梁宮首肹夫阿湌 沙梁宮弩知伊湌 至四十四年 以一員兼掌三宮 位自衿荷至太大角干 惟其人則授之 亦無年限 景德王又改爲殿中令 後復稱私臣 (《삼국사기》 권39, 직관 중)

b. 御龍省 私臣一人 哀莊王二年置 (위와 같음)

상대등은 법흥왕 18년(531)에 설치된 관직으로 총지국사總知國事를 임무로 하였다. 이는 대등으로 구성되는 귀족회의의 의장으로서[9] 정책의 결정[10] 외에, 관리들에 대한 인사행정도 담당한 수상이며, 부왕적副王的인 존재였다.[11] 또한 사대등使大等은 문헌에서는 보이지 않으나 진흥왕 22년(561)의 금석문에서 확인된 것으로, 대체로 지방관의 일종으로 파악되고 있으며,[12] 사대등仕大等은 진흥왕 25년(564)에 처음 설치된 것으로 소경小京의 장관이었다. 그 밖에 전대등은 진흥왕 26년(565)에 설치된 국왕의 가신적 기구로서 집사부의 모체가 되었음은 앞서 언급한 바와 같다.

---

9) 李基白, 〈上大等考〉, 《歷史學報》 19, 1962; 앞의 책(1974).

10) 상대등의 설치로 귀족회의는 종래의 왕 주재의 결의기관에서 귀족들의 의견을 대변하는 기관으로 변하였다고 한 견해가 있으나(이기백(1974), 〈상대등고〉, 앞의 책, p.95), 저자는 상대등 설치 후에도 귀족회의는 여전히 정책 결정기구로 기능했다고 생각한다.

11) 田鳳德, 〈新羅 最高官職 上大等論〉, 《法曹協會雜誌》 5~1·2·3합병호; 《韓國法制史硏究》, 서울대출판부, 1968 및 이영호(1993), 〈신라 귀족회의와 상대등〉: 이 책 제2편 제1장.

12) "下州行使大等 沙喙春夫智大奈末"은 《삼국사기》 권4, 신라본기 진흥왕 26년(565) 조에 "命阿湌春賦出守國原"이라 한 春賦로 추정된다. 今西龍, 〈新羅眞興王巡狩管境碑考〉, 《新羅史硏究》, 近澤書店, 1933, p.486.

대등의 분화는 제사성전諸寺成典과 위화부位和府의 장관인 금하신衿
荷臣[13])이나, 내성內省의 장관인 사신私臣에서도 추측된다. 곧 금하신
이란 금하대등衿荷大等에서 기원한 직명이며, 사신私臣이란 사대등私大
等에서 유래한 직명일 것이기 때문이다.[14]) 위화부의 금하신에 재임
한 인물의 사례는 찾을 수 없으나, 관리의 인사에 관여한 부서의 장
관이란 점에서 국왕과의 밀착은 충분히 짐작할 수 있겠다. 또한 제
사성전의 금하신도 친왕적 성격의 관직이었음은 김옹, 김양상, 김위
홍 등의 예에서 밝혀진 바 있다.[15]) 사신私臣은 진평왕 7년(585) 대
궁大宮, 양궁梁宮, 사량궁沙梁宮 등 3궁에 각각 두었다가 진평왕 44년
(622)에 이를 통합하여 한 명이 겸하도록 하였는데, 초대 사신에 임
명된 김용춘金龍春[16])이나 뒷날의 사신 김옹金邕[17])의 예로 보아, 역시
국왕 측근의 핵심 관직임을 알 수 있다.[18])

이상의 사실을 종합할 때 대등은 모두 국정을 담당한 상급 신료
로서 왕정의 업무를 분장하였음을 알 수 있겠다. 이같은 관점에서
집사부를 국왕과 관련하여 파악해야 한다고 한 종래의 견해는[19]) 옳

---

13) 《삼국사기》 권8, 신라본기 신문왕 2년 하 4월조에는 "置位和府令二人 掌選擧
之事"라 하여 位和府의 장관을 '令'이라고 하였다.

14) 今西龍(1933), 〈新羅眞興王巡狩管境碑考〉, 앞의 책, p.477.

15) 李泳鎬, 〈新羅 中代 王室寺院의 官寺的 機能〉, 《韓國史硏究》 43, 1983.
_____, 〈新羅 成典寺院의 成立〉, 《新羅文化祭學術發表會論文集》 14, 1993; 이
책 제2편 제3장.

16) 文暻鉉, 〈武烈王體制의 成立〉, 《新羅文化祭學術發表會論文集》 8, 1987, pp.101~102.

17) 李泳鎬, 〈新羅 惠恭王代 政變의 새로운 解釋〉, 《歷史敎育論集》 13·14합집, 1990;
이 책 제1편 제4장.

18) 《삼국사기》 권10, 신라본기 애장왕 2년(801) 2월조에는, 뒤에 애장왕
을 죽이고 헌덕왕으로 즉위하는 金彦昇이 御龍省 私臣에 취임하였음을 전
하고 있다. 그러나 언승은 애장왕의 숙부로서 당시 攝政을 하였으므로
私臣의 일반적 사례로 보기는 어렵다.

19) 이기백(1974), 〈신라 집사부의 성립〉, 앞의 책, p.151. 또한 집사부의
전신인 稟主가 大等에 國王 近侍라는 職掌을 分掌시켜 典大等이라 칭한 데
서 성립되었다든가(倉本一宏, 〈古代新羅の官司制成立について〉, 《關東學院大學

다고 생각한다. 그렇다면 집사부는 대등이 점차 독립된 관부를 가진 관직으로 분화되어 가는 추세에서 국왕의 측근에서 왕권을 보좌하기 위해 설치된 관부였다고 할 수 있을 것이다.

그러면 집사부가 제관부諸官府 안에서 차지하는 위상은 어떠하였을까?《삼국사기》직관지에 나타난 중앙 핵심 관부인 14처處 부部·부府의 관원구성을 비교하면 다음 〈표-2〉와 같다.

〈표-2〉14처 중앙관부의 관원구성 비교

官府名	令	卿	佐, 大舍	舍知	史	弩幢	計
執事部	1	2	2	2	20		27
兵 部	3	3	2	1	17	1	27
調 府	2	3	2	1	10		18
倉 部	2	3	2	1	30		38
禮 部	2	3	2	1	11		19
乘 府	2	3	2	1	12		20
船 府	1	3	2	1	10		17
司正府	1	3	2 2		15		23
例作府	1	2	6	2	8		19
領客府	2	3	2	1	8		16
位和府	3	3			8		16
左理方府	2	3	2 2		15		24
右理方府	2	2	2 2		10		18
工匠府			1 2		4		7

집사부의 관원은 모두 27명이었다. 관원 구성에서는 병부와 함께 창부 다음으로 많은 수를 차지하였다. 여기서 장관인 중시는 대개의

文學部紀要》 65, 1992, p.46), 집사부가 《삼국사기》 직관지의 체제상으로 보아 국왕의 근시기구라 한 견해(李仁哲, 〈新羅 中代의 政治形態〉, 《韓國學報》 77, 1994, p.57)도 참고된다.

관부와는 달리 한 명으로 규정되어 있음이 주목된다. 이는 귀족세력
의 침투를 배제하기 위한 것으로 이해되지만,20) 시중도 겸직한 사
례가 발견되므로21) 그대로 따르기 어려운 측면도 있다. 경(시랑)과
대사는 모든 관부가 복수로 구성되었고, 사지는 집사부의 경우 2명
이지만 다른 관부는 대개 1명씩으로 되어 있다. 그러나 집사부의 기
능을 가장 잘 보여주는 것은 최하위 관원인 사史의 수가 아닐까 한
다. 집사부의 경우 사가 창부 다음으로 많은 20명을 차지한 것은 집
사부가 상위 관원보다는 최하급 실무자를 많이 필요로 하는 관부였
음을 뜻한다고 하겠다. 만약 사를 제외한다면, 집사부는 선부船府와
함께 공장부工匠府 다음으로 적은 관원을 가진 관부로 나타나고 있
다.22)

집사부의 담당 임무는 무엇이었을까? 이에 대해서는 《삼국사기》
권5, 신라본기 진덕왕 5년 2월조의 다음 기사가 주목된다.

改稟主爲執事部. 仍拜波珍湌竹旨爲執事中侍 以掌機密事務.

위의 사료에서 집사부는 기밀사무機密事務를 관장하였음을 알 수
있다. 그러나 기밀사무의 실제에 대해서는 잘 알 수 없는 형편이어
서 다양한 견해가 제시되었다. 집사부를 위로는 왕명을 받들고 아래
로는 여러 관부를 통제하는 임무를 가진 가장 중요한 최고 관부로
보고, 장관인 중시를 수상이라 한 견해가 대표적이지만,23) 집사부를

20) 이기백(1974), 〈신라 집사부의 성립〉, 앞의 책, p.155.
21) 하대의 일이지만 魏昕(金陽)은 侍中과 兵部令을 겸하였다. 《삼국사기》 권
    44, 열전 金陽.
22) 執事史는 翰林郎(翰林學士)과 비교할 때 관등이 몹시 낮다. 翰林郎에 대해
    서는 李基東, 〈羅末麗初 近侍機構와 文翰機構의 擴張 ―中世的 側近政治의 志向
    ―〉, 《歷史學報》 77, 1978; 《新羅 骨品制社會와 花郎徒》, 一潮閣, 1984,
    p.248~249 참조.
23) 이기백(1974), 〈신라 집사부의 성립〉, 앞의 책, p.155.

중앙부처의 총무처總務處에 비유하여 총무처 장관이라는 설,24) 고려의 중추원中樞院이나 조선의 승정원承政院에 비기어 기밀사무機密事務, 왕명출납王命出納, 서경署經을 담당했다는 설,25) 국왕의 비서실장秘書室長이라는 설26) 등도 제기되고 있다. 여기서는 집사부의 구체적인 활동을 통해 그 임무를 구명해 보기로 하자.《삼국사기》에서 집사부의 활동을 짐작할 수 있는 주요 사료를 제시하면 다음과 같다.

(1) 子玉을 楊根縣 小守로 삼으려 하니 執事史 毛肖가 반박하여 말하기를 "子玉은 文籍으로 출신하지 아니 하였으므로 分憂의 職을 맡길 수 없다" 하였다. 侍中이 의논하여 말하기를 "그가 文籍으로 출신하지 않았으나 일찍이 唐에 가서 學生이 된 일이 있으니 어찌 쓰지 못하랴" 하였다. 왕이 여기에 쫓았다. (권10, 신라본기 원성왕 5년 9월)

(2) 祿眞이 23세에 비로소 벼슬하여 여러 차례 內外官을 역임하다가 憲德大王 10년 무술(818)에 執事侍郎이 되었다. 14년에 국왕은 嗣子가 없으므로 母弟 秀宗을 儲貳[太子]로 삼아 月池宮에 들게 하였다. 이때에 忠恭 角干이 上大等이 되어 政事堂에 앉아 內外官을 注擬하고 물러나서 병에 걸렸다. 國醫를 불러 진맥을 했더니 말하기를, "병이 심장에 있으므로 龍齒湯을 복용해야 한다"고 하였다. 드디어 21일간의 휴가를 얻어 문을 닫고 賓客도 만나지 않았다. 이에 祿眞이 가서 뵙기를 청하니 문지기가 거절하므로, 녹진이 말하기를 "下官은 相公이 병으로 물러나서 손님을 사절함을 모르는 것이 아니나, 꼭 한 말씀 드려

24) 申瀅植,〈李基白 著《新羅政治社會史研究》書評〉,《歷史敎育》16, 1974;《韓國古代史의 新硏究》, 一潮閣, 1984, p.48.
    申瀅植,《新羅史》, 梨花女子大學校 出版部, 1985, p.140.
    李丙燾,《國譯 三國史記》, 乙酉文化社, 1977, p.154.
25) 李仁哲,〈新羅의 中央行政官府〉,《韓國獨立運動史의 認識》, 1991; 同 改題〈新羅 中央行政官府의 組織과 運營〉,《新羅政治制度史研究》, 一志社, 1993, p.29.
26) 李基東의 발언,〈第3回 韓國史의 爭點 ─統一新羅時代의 專制政治─ 세미나 속기록〉,《韓國史上의 政治形態》, 一潮閣, 1993, p.343.

서 답답한 마음을 풀어드리려고 왔다. 만일 만나 뵙지 못하면 감히 물러나지 않겠다"고 하였다. 문지기가 두 번, 세 번 되풀이하니 이에 引見하였다. (권45, 열전 祿眞)

(3) 왕이 左右(近臣과) 더불어 月上樓에 올라 사방을 바라보니 서울의 民家는 즐비하게 늘어섰고, 歌樂의 소리는 끊임없이 일어났다. 왕이 侍中 敏恭을 돌아보고 말하기를 "내 들으니 지금 민간에서는 집을 기와로 덮고 짚으로 잇지 아니하며, 밥을 짓되 숯으로 하고 나무로써 하지 않는다 하니 사실인가?" 하고 물었다. 민공이 대답하기를 "臣도 또한 그와 같이 들었습니다" 하고, 이어 아뢰기를 "上이 즉위하신 이래로 음양이 고르며 風雨가 순조롭고, 해마다 풍년이 들어 백성들은 먹을 것이 넉넉하고, 또 변경이 안온하고 市井이 歡樂하니, 이는 (上의) 聖德의 소치입니다"고 하니, 왕이 기뻐하여 "이는 (다) 卿들이 보좌한 힘일 것이다. 朕이 무슨 덕이 있으랴" 하였다. (권11, 신라본기 헌강왕 6년 9월 9일)

(4) 왕이 병이 들어 侍中 俊興에게 이르기를 "내 병이 위급하여 다시 일어나지 못할 것이다. 불행히 嗣子가 없으나 나의 누이 曼은 天資가 明銳하고 骨相이 丈夫와 같으니, 卿 등은 善德·眞德의 故事에 따라 그를 세우는 것이 좋을 것이다."(권11, 신라본기 정강왕 2년 하 5월)

위의 사료는 세강世強, 영공永恭, 민공敏恭, 준흥俊興이 각각 시중(중시)에 재임할 때의 사실을 나타낸 것이다.27) 이 가운데 (1)·(3)·(4)는 시중의 활동을 직접적으로 보여주는 자료이나, (2)는 시랑의 활

---

27) 世強은 원성왕 1년 2월부터 宗基가 시중에 임명된 원성왕 6년 1월까지 재임한 것으로 추측되고(이기백(1974), 〈신라 하대의 집사성〉, 앞의 책, p.176 〈表 가〉), 永恭은 헌덕왕 13년 4월에서 흥덕왕 2년 8월까지 시중에 재임하였음이 《삼국사기》 신라본기에서 확인된다. 또한 敏恭과 俊興은 위의 사료에 시중임이 명기되어 있다.

동을 나타내는 자료이다. 그러나 (2)의 경우도 시중의 활동과 구별하여 반드시 그 차관인 시랑의 활동이라고 분류하기는 어렵다. 당시 집사부의 시중인 영공은 충공에 이어 헌덕왕 13년(821) 4월부터 흥덕왕 2년(827) 8월까지 6년 4개월 동안이나 장기간 재임하였다. 충공은 아들 김명金明(뒤의 민애왕閔哀王)을 영공의 딸과 혼인시켰고,[28] 영공이 시중일 때는 상대등에 재임하였다. 이로 보아 영공은 헌덕왕의 동모제同母弟인 상대등 수종秀宗의 태자 책봉과 흥덕왕으로의 즉위, 동모제 충공忠恭의 수종에 이은 상대등 취임과 태자 책봉[29] 등 헌덕왕·흥덕왕·충공 3형제의 일련의 정치에 적극적 지지자였음을 알 수 있다. 또한 충공은 상대등에 취임하기 전인 헌덕왕 9년(817) 1월에 집사부 시중에 제수되었으며,[30] 녹진祿眞은 충공이 시중에 취임한 직후인 왕 10년에 시랑에 임명되었다.[31] 이는 충공과 녹진이 한동안 집사부의 장·차관으로 함께 재직하였음을 말하는 것이다. 따라서 헌덕왕 14년(822)에 충공과 영공, 녹진은 상호 밀착된 관계였음을 알 수 있으며,[32] 녹진의 방문이 시중인 영공의 활동과 무관하

---

28) 《삼국사기》 권10, 민애왕 즉위조 및 《삼국유사》 왕력 민애왕.

29) 〈鳳巖寺智證大師碑〉, 《韓國金石全文》 古代, p.248 "及興德大王纂戎, 宣康太子監撫".

30) 《삼국사기》 권10, 신라본기 헌덕왕 13년 4월조에는 "侍中金忠恭卒 伊飡永恭 爲侍中"이라 하여 시중 재임 중 충공이 사망한 것으로 되어 있다. 따라서 이를 뒤에 상대등이 된 충공과 同名異人으로 추정하기도 한다(李基東, 〈新羅 下代의 王位繼承과 政治過程〉, 《歷史學報》 85, 1980; 앞의 책(1984), p.162의 주 59). 그러나 시중 퇴임 이듬해 3월 김헌창의 난 진압에 충공이 참가한 사실이 확인되므로 '卒'자는 잘못이 아닐까 한다(이기백(1974), 〈상대등고〉, 앞의 책, p.131 주 68); 이병도(1977), 앞의 책, p.173에서는 이를 '退'자의 잘못으로, 文暻鉉, 〈新羅 神武王의 登極과 金昕〉, 《西巖 趙恒來敎授華甲 紀念 韓國史學論叢》, 지식산업사, 1992, pp.68~70에서는 '退'자 또는 '免'자의 잘못으로 각각 파악하고 있다.

31) 《삼국사기》 권45, 열전 祿眞.

32) 6두품으로 추정되는 執事侍郎 祿眞이 상대등 忠恭의 인사행정 문제에 깊이 관여하였다는 점에서, 그 이전과는 달리 하대의 6두품 세력은 왕권보다 귀족세력인 상대등과 연결되었다고 한 견해가 있다(이기백(1974), 〈신라 하대의 집사성〉, 앞의 책, pp.186~190). 그러나 헌덕왕과 상대등

지 않았다고 하겠다.

이제 위에 열거한 4명의 시중(중시)의 활동을 통하여 집사부의 임
무를 밝혀 보자. 먼저 (1)의 사례는 집사부가 인사행정에 관여하였
음을 말해 주고 있다. 원성왕 5년(789) 자옥子玉을 양근현 소수小守
로 임명하는데 집사사 모초가 문적文籍[33] 출신이 아니라고 반론하여
이의를 제기한 것이다. 그러나 시중이 나서서 왕의 동의를 얻어 그
대로 시행하였다. 이는 집사부가 인사 문제와 일정한 관련이 있는
부서임을 말하며,[34] 나아가 이를 총관한 부서가 아닐까 생각되기도
한다. 그러나 귀족회의의 의장으로 국무를 총리하던 상대등이나 병
부, 위화부 등도 인사 문제에 관여한 것으로 생각되므로, 집사부가
인사 문제를 총관했다고 하기는 어려울 것이다. 또한 (2) 녹진의 사
례도 집사부가 인사 문제와 관련이 있음을 보여 주고 있다. 그러나
인사 문제의 실권은 시중인 영공이 아닌 상대등 충공이 쥐고 있었

───────

충공이 대립적이 아니므로 설득력이 약하다. 이영호(1993), 〈신라 귀족회
의와 상대등〉, p.98; 이 책 제2편 제1장, p.185.

33) 文籍에 대해서는 文藝로 해석하는 견해(이병도(1977), 앞의 책, p.165)
와 國學으로 해석한 견해(李基白, 〈新羅 統一期 및 高麗 初期의 儒敎的 政治
理念〉, 《大東文化硏究》 6·7합집, 1970; 〈新羅 骨品體制下의 儒敎的 政治理念〉,
《新羅思想史硏究》, 一潮閣, 1986, pp.229~231)가 있고, 讀書三品科(洪起子,
〈新羅 下代 讀書三品科 硏究〉, 전남대 석사학위논문, 1990, p.35) 또는 讀書
三品科와 관련지어 이에 합격한 사람을 올리는 장부 정도로 파악한 견해
(金晧東, 〈崔殷含─承老 家門에 관한 硏究 ─新羅六頭品家門의 高麗門閥貴族化
過程의 一例─〉, 《嶠南史學》 2, 1986, pp.4~8과 黃善榮, 〈新羅 下代의 官僚制
에 대한 一考察〉, 《東義史學》 6, 1991, pp.96~97) 등이 있다. 金世潤, 〈新羅
下代의 渡唐留學生에 대하여〉, 《韓國史硏究》 37, 1982, p.165에서는 文書書
籍으로 파악하여 이병도의 견해에 접근하고 있다. 저자는 독서삼품과가
설치된 1년 뒤의 사실이란 점에서 文籍은 독서삼품과와 관련이 있으며,
모초는 관료 후보자 명부 관리를 맡았던 것이 아닌가 한다.

34) 毛肖의 사례를 근거로 집사부가 署經의 권한을 가졌다고 한 견해가 있
으나(이인철(1993), 〈신라 중앙행정관부의 조직과 운영〉, 앞의 책,
p.29), 인사행정의 최종 주체라 할 수 있는 국왕 쪽에서 署經의 권한을
행사했다고 하기는 어려울 것이다.

다. 이상의 두 사례를 보면 집사부는 인사 문제에 관여했다 하더라
도 이를 주관하는 입장은 아니었던 듯하다. 아마 기밀을 요하는 인
사 문제—태자 책봉을 포함한—의 기획이나 해당 문서의 관리 등을
담당한 것이 아닌가 한다. 이는 인사관리에 관한 주변 문제를 담당
한 중앙 부처인 총무처의 기능과 비교될 수 있겠다.[35]

　(3)과 (4)는 중시의 국왕 측근자로서의 모습이 더욱 구체적으로
나타난 사례이다. (3)에서 헌강왕은 좌우 신하를 거느리고 월상루月
上樓에 올라 시중 민공敏恭에게 민간의 근황을 물었다. 시중 등의 신
하들을 '좌우'라고 한 것으로 보아 시중은 국왕을 측근에서 수행하
는 근시의 임무도 수행하였음을 알 수 있다. 또한 (4)에서는 시중
준흥俊興이 국왕의 유조를 받았다. 이때 정강왕은 자신의 누이인 만
曼(뒤의 진성왕眞聖王)을 왕위 계승자로 유언하였다. 이는 시중이 국왕
측근의 관직으로 비서실장과 같은 존재임을 나타내고 있다. 이들을
종합해 보면 중시의 임무란 우선 총무처 장관과 비서실장의 기능을
복합적으로 수행한 주요 관부였다고 하겠다.

　또한《속일본후기續日本後紀》의 다음 자료도 집사부의 활동과 관련
하여 주목된다.

　　(5) 新羅國 執事省에서 日本國 太政官에게 牒文을 보냅니다. 紀三津
　　이 거짓으로 朝聘使라 칭하고 예물을 가지고 있으나 공첩을 살펴보니
　　거짓이고 사실이 아닙니다. 알립니다. 三津 등의 書狀을 받았는데 이

---

35) 총무처는 1948년 8월 26일부터 1997년 3월 3일까지 존속한 국무총리
　　산하 기관으로, 국무회의의 의안 정리 및 서무, 법령 및 조약의 공포,
　　공무원의 인사 및 시험 관리, 행정 기관의 조직 및 정원의 관리, 행정
　　사무의 개선과 실태의 평가, 상훈, 공무원의 연금에 관한 사무, 국가의
　　행정사무로서 다른 중앙행정기관에 소속되지 아니하는 사무를 관장하였
　　다(《정부조직법》 24조 및 총무처 직제 1~13조). 이는 몇 차례 변화를
　　거쳐 현재 안전행정부로 기능이 흡수되었다.

르기를 "본국의 왕명을 받들어 오로지 우호를 통하러 왔습니다"라고
하였습니다. 그런데 函을 열고 牒文을 보니 다만 "唐나라에 交聘함에
혹시 사신의 배가 그쪽 땅에 표착하면 도와서 통과시켜 보내 주시되
지체시키거나 길을 가로막지 마십시오"라고 하였습니다. 주무 관청에
서 거듭 사신을 보내어 재삼 간곡하게 되풀이하여 물으니, 말하는 것
과 첩문의 내용이 어긋나 진위를 판별할 수가 없었습니다. 이미 交隣
의 사신이 아니라면 반드시 충심에서 우러나오는 물건이 아닐 것이므
로 일의 진실성을 믿을 수 없으니 어찌 헛되이 받아들이겠습니까?

또 태정관의 官印은 篆書로 새긴 필적이 분명하나 小野篁의 배는
돛을 올리고 이미 멀리 갔는데 거듭 三津을 당나라에 보내어 교빙할
필요가 없을 것입니다. 섬사람들이 이리저리 이익을 넘보아 관인을 몰
래 모방하여 배워 가짜로 공첩을 만들었는지도 모르겠습니다. 상대국
의 형편을 엿보는 것에 대비하기 어려워 스스로 어부들의 여행을 단
속합니다. 그런데 양국이 서로 통함에는 반드시 속이는 것이 없어야
합니다. 사신을 대면하지 않는 것은 신빙성이 부족하기 때문입니다.

담당 관청에서 재삼 청하건대, 刑章을 바르게 하여 간사한 무리들을
막아 주십시오. 主司께서는 大體를 보존하는 데 힘쓰고 허물을 버리고
공을 책망하여 소인의 거칠고 궁색하게 지은 죄를 용서하시고 大國의
너그러운 아량으로 정치를 펴십시오. 바야흐로 지금의 시기는 크게 태
평하고 바다에는 큰 파도가 일지 않으니 만약 옛날의 우호적인 관계
를 되찾겠다면 피차 무엇이 방해가 되겠습니까? 하물며 貞觀年間에
高表仁이 그곳에 도착한 이후 오직 우리는 이것에 의지하여 입술과
이가 서로 필요한 것과 같이 여긴 지가 오래 되었습니다. 일은 모름지
기 太政官에 첩을 보내고 아울러 菁州에 첩을 내어 사안을 헤아려 바
다를 건너는 동안의 양식을 지급하여 본국으로 돌려 보내니 처분하십
시오. 書狀에서와 같이 판단하여 태정관에 첩문을 보내니 청컨대 상세

히 살펴십시오. (《續日本後紀》 권5, 承和 3년(836) 12월 丁酉)

이는 흥덕왕 11년(희강왕 1년: 836) 신라 집사성執事省에서 일본 태
정관太政官에 보낸 첩문牒文을 옮긴 것이다.[36] 신라 집사성 첩문의 실
제 사례를 확인할 수 있다는 점에서 문헌적, 사료적 가치가 적지 않다.
이 첩문이 일본 측 기록에 남게 된 이유는 다음과 같다. 일본은
견당사遣唐使의 배가 바람과 파도의 급변으로 혹 신라 땅에 표착할
까 염려하여 태정관에서 옛날의 사례에 준하여 신라의 집사성에 첩
문을 내어 그 사실을 먼저 알렸다.[37] 그러나 첩문을 가지고 신라로
떠난 키노미츠紀三津가 자신이 사신으로 간 취지를 잊어버리고, 오
로지 우호를 통하기 위하여 왔다고만 말하고, 두려워 아첨하는 듯
한 말만 사사로이 하다가 결국 무고誣告를 당해 쫓겨 오게 되었다.
이때 집사성에서는 청주菁州에 첩을 내어 사신이 바다를 건너는 동
안의 양식을 지급할 것을 알리는 동시에, 위와 같은 첩문을 태정관
에게 보내었던 것이다. 더욱이 위의 자료는 이 일을 단지 대략적으
로만 보존하고 앞뒤를 자세히 하지 않으면 뒤에 보는 사람들이 그
득실을 판별하지 못할까 두려워하여 집사성 첩문을 모두 베껴서 붙
여 싣는다고 하였으므로, 그 사실성은 믿어도 좋을 것이다.[38]

---

36) 이때의 시중은 金明으로, 그는 흥덕왕 10년(835) 2월부터 희강왕 2년
(837) 1월까지 시중에 재임하였다. 이 장 〈표-3〉 참조.
37) 《續日本後紀》 권5, 承和 3년 閏五月 辛巳. 이는 일본의 제17차 견당사로서
4척으로 출발하였으나 3척만이 당에 도착하였다. 일본 승려 圓仁이 이때
의 견당선을 타고 입당하였다.
38) 執事省은 집사부가 흥덕왕 4년(829)에 개칭된 명칭이고, 菁州는 경덕왕 16년
(757)에 康州로 개칭되었으나 다시 菁州로 표기된 사실에서 혜공왕 12년
(776)의 관호복고와 함께 지명도 함께 복고되었음(李泳鎬,〈新羅 惠恭王 12年
官號復故의 意味 —소위 "中代 專制王權"說의 一檢討—〉,《大丘史學》 39, 1990,
pp.49~50; 이 책 제1편 제3장 pp.129~130)을 말해 주고 있다. 특히 이는 관호
와 지명의 변경 사실이 신라의 공문서에서 확인되었다는 점에서 주목된다.

집사부의 첩문을 휴대하고 신라의 사신이 도일渡日하였음이 밝혀
진 예는 경덕왕 23년(764) 7월,[39] 헌강왕 12년(885) 6월[40] 등에서도
나타나고 있다. 이와 같이 신라 집사부(성)와 일본 태정관이 첩문을
교환한 사실은 집사부가 대외외교에 일정 부분 관여하였기 때문으
로 생각된다.[41] 따라서 이상의 사실들을 종합할 때 집사부의 임무는
국왕의 측근에서 인사 문제를 포함한 총무, 비서기관, 대외외교의
기능을 수행하는 것이었으며, 여기에 후술할 정책기획의 기능이 추
가되었으리라 짐작된다.

집사부와 그 장관인 중시의 임무를 이와 같이 규정할 때 다음
사료의 대아찬 김관장은 집사부 중시가 아니었을까 추측된다.

高句麗王이 大將軍 延武 등을 보내어 (왕에게) 上表하여 이르기를
"臣 安勝이 아룁니다. 大阿湌 金官長이 와서 敎旨를 삼가 전하고 敎書
를 내렸습니다. 外生公으로 저의 안주인을 삼으사, 마침내 4월 15일
이곳에 이르므로 기쁨과 두려움이 한꺼번에 생기어 어찌할 바를 알지
못하겠습니다. 帝女로 嬀에 下嫁하고, 王姬로 齊에 시집가는 것은 본
래 聖德을 드러내어 凡夫를 관계치 아니하심이나, 신은 본시 凡類로서
행실과 재능에 하나도 꼽을 것이 없습니다. 다행히 좋은 운수를 만나
聖化를 입고 항상 특별한 혜택을 받아 보답할 길이 없는 터인데, (이
렇게) 거듭 왕의 은총을 입어 姻親을 降嫁하시니 드디어 꽃은 만발하
여 경사를 표하고, 사람은 화목하여 덕을 이루었습니다. 吉月令辰에
누추한 집으로 귀가하니, 億年에 만나기 어려운 일을 一朝에 얻어 본

39)《續日本紀》권25, 天平寶字 8年 7月.
40)《日本三代實錄》권47, 仁和 元年 6月.
41) 더욱이 日本에 파견된 신라 사신의 상당수는 執事侍郞일 가능성이 있다.
　　또한 국내의 각 관부에서 올리는 上奏文도 집사부를 통해 왕에게 전달되
　　었을 것이다.

래 바라던 일이 아니니 의외의 기쁨이라 하겠습니다. 어찌 (臣의) 한두
명의 父兄만이 그 은혜를 받았다고 하겠습니까? 선조 이하께서도 진
실로 기뻐하실 것입니다. 신이 敎旨를 받지 못해 감히 입조하지 못하
오나 기쁨에 견디지 못하여 삼가 臣의 대장군 太大兄 延武를 시켜 글
월을 받들어 아뢰는 바입니다"라고 하였다. (《삼국사기》권7, 신라본기
문무왕 20년 5월조)

안승安勝은 고구려의 왕족 출신으로 고구려가 망한 뒤 4천여
호를 이끌고 신라로 망명하여 처음 '고구려왕高句麗王'에 봉해졌
다가[42] 뒤에는 '보덕왕報德王'[43]에 책봉된 인물이다. 그는 마침내
문무왕 20년(680)에 왕의 외생공外生公(질녀姪女)과 혼인하게 되었
고, 이때 문무왕은 대아찬 김관장金官長을 시켜 혼인의 교서를
내렸다.
    김관장은 신문왕 7년(687) 3월에 파진찬으로 사벌주 총관이 되었
다. 그런데 《삼국사기》 신라본기에는 문무왕 19년(679) 1월 중시에
취임한 천존天存이 같은 해 8월에 사망한 사실을 기록한 뒤, 신문왕
3년(683) 2월의 순지順知의 중시 취임 때까지 3년 6개월 동안을 공
백기로 남기고 있다. 이를 사료의 누락이라고 본다면, 집사부의 임
무을 상기할 때, 김관장은 중시일 가능성이 크지 않을까 생각된다.
신라 말 고려 태조에게 항복문서를 가지고 간 시랑 김봉휴金封休는
곧 집사부의 시랑이었다고[44] 추정되기 때문이다. 그렇다면 김관장은
집사부 중시를 거쳐 사벌주 총관이 되었다고 정리할 수 있겠다.

---

42) 《삼국사기》권6, 신라본기 문무왕 10년 7월조.
43) 《삼국사기》권7, 신라본기 문무왕 14년 8월조.
44) 이기백(1974),〈신라 하대의 집사성〉, 앞의 책, p.187.

2. 중시의 임면 및 경력자들의 진출

집사부는 국왕 측근의 기구로서 중요한 역할을 수행하였지만, 관
부로서의 위상은 반드시 높은 것이 아니었다. 여기서는 중시 개개인
의 임면任免과 진출進出 문제를 살펴봄으로써 집사부의 위상을 밝혀
보고자 한다.《삼국사기》신라본기에 나타난 역대 집사부 중시 명단
을 정리하면 〈표-3〉과 같다.

〈표-3〉 신라시대 집사부 중시(시중) 일람표

	人 名	官 等	就 任 年 月	退 任 年 月	在任期間	退任理由
中代	(1) 竹 旨	波珍湌	眞德 5년(651) 4월	[太宗 2년(655) 1월]	[3년 9월]	
	(2) 文 忠	波珍湌	太宗 2년(655) 1월	太宗 5년(658) 1월	3년	
	(3) 文 王[45]	[迊湌]	太宗 5년(658) 1월	[文武 2년(662) 1월]	[4년]	
	(4) 文 訓	伊湌	文武 2년(662) 1월	文武 5년(665) 2월	3년 1월	致仕
	(5) 眞 福[46]	[迊湌]	文武 5년(665) 2월	[文武 8년(670) 3월]	[3년 1월]	
	(6) 智 鏡[47]	波珍湌	文武 8년(668) 3월	文武 10년(670) 12월	2년 9월	[天災地變]
	(7) 禮 元	伊湌	文武 11년(671) 1월	[文武 13년(673) 8월]	[2년 7월]	[大吐의 謀叛]
	(8) 天 光	波珍湌	文武 13년(673) 8월	[文武 18년(678) 3월]	[4년 7월]	
	(9) 春 長	大阿湌	文武 18년(678) 3월	文武 19년(679) 1월	10월	病
	(10) 天 存[48]	舒弗邯	文武 19년(679) 1월	[文武 19년(679) 8월]	[7월]	[死亡]
	(11) [金官長[49]]	大阿湌	[文武 19년(679) 8월]	[神文 3년(683) 2월]	[3년 6월]	
	(12) 順 知		神文 3년(683) 2월	[神文 6년(686) 1월]	[2년 11월]	
	(13) 大 莊	伊湌	神文 6년(686) 1월	神文 8년(688) 1월	2년	死亡
	(14) 元 師	伊湌	神文 8년(688) 1월	神文 10년(690) 2월	2년 1월	病
	(15) 仙 元	阿湌	神文 10년(690) 2월	[孝昭 1년(692) 8월]	[2년 6월]	
	(16) 元 宣	大阿湌	孝昭 1년(692) 8월	孝昭 4년(695) 10월	3년 2월	退老 [天災地變]
	(17) 幢 元	伊湌	孝昭 5년(696) 1월	孝昭 7년(697) 2월	2년 1월	退老 [天災地變]

	人 名	官 等	就 任 年 月	退 任 年 月	在 任 期 間	退 任 理 由
	(18) 順 元	大阿飡	孝昭 7년(698) 2월	孝昭 9년(700) 5월	2년 3월	罷免(慶永의 亂에 緣坐)
	?					
	(19) 元 訓	阿飡	聖德 1년(702) 9월	聖德 2년(703) 7월	10월	[天災地變]
	(20) 元 文	阿飡	聖德 2년(703) 7월	聖德 4년(705) 1월	1년 6월	死亡
中	(21) 信 貞	阿飡	聖德 4년(705) 1월	聖德 5년(706) 8월	1년 7월	病
代	(22) 文 良	大阿飡	聖德 5년(706) 8월	聖德 10년(711) 10월	5년 2월	死亡
	(23) 魏 文	伊飡	聖德 11년(712) 3월	聖德 12년(713) 10월	1년 7월	請老
	(24) 孝 貞	伊飡	聖德 13년(714) 1월	聖德 17년(718) 1월	4년	
	(25) 思 恭	波珍飡	聖德 17년(718) 1월	聖德 19년(720) 7월	2년 6월	[天災地變]
	(26) 文 林	波珍飡	聖德 19년(720) 7월	聖德 21년(722) 1월	1년 6월	死亡
	(27) 宣 宗	伊飡	聖德 21년(722) 1월	聖德 24년(725) 4월	3년 3월	[天災地變]

45) 중시 취임 시 그의 관등은 나타나 있지 않으나, 중시 취임 전인 태종무열왕 2년(655) 3월에 이찬이었다고 한다. 그러나 같은 왕 8년 춘 2월에 잡찬(소판)이었고, 문무왕 5년(665) 2월 사망할 때 이찬이었다고 하므로 (이상 《삼국사기》 권5·6, 신라본기 및 권42, 김유신전 중), 중시 취임 전 이찬이었다는 것은 잘못일 것이다. 중시에 취임하던 태종무열왕 5년 정월에는 잡찬 이하의 관등이었다고 하겠다. 이기백(1974), 〈신라 집사부의 성립〉, p.172의 주 51)에서 잡찬으로 보고 있다. 다만 이기백이 문왕의 퇴임 시기를 문무왕 2년 2월로 추정한 것(같은 논문, p.156 〈表 나〉)은 착오이다.

46) 문무왕 5년 2월의 中侍 취임 시 伊飡이라 하였으나, 같은 왕 8년 6월 21일에 迊飡으로 大幢摠管이 된 사실을 확인할 수 있으므로(《삼국사기》 권6, 신라본기) 이는 잘못이다. 迊飡 이하의 관등으로 생각된다. 여기서는 잠정적으로 잡찬으로 정리한다.

47) 태종무열왕 2년 3월에 伊飡이 되었다고 하나, 중시 취임 전인 문무왕 7년 추 7월 波珍飡이 되었고, 중시 취임 직후인 문무왕 8년 6월 21일에도 파진찬으로 大幢摠管이 된 사실이 확인되므로(이상 《삼국사기》 권6, 신라본기) 중시 취임 시의 관등은 파진찬이 분명하다.

48) 역대 중시 가운데 중시의 관등 상한인 이찬(2등)을 벗어나 서불한으로 임명된 유일한 예이다. 통일 직후란 점에서 늘어난 武將 세력에 대한 일시적 조처가 아닐까 한다.

49) 김관장이 중시로 추정되는 데 대해서는 앞에서 언급한 바 있다.

	人 名	官 等	就 任 年 月	退 任 年 月	在 任 期 間	退 任 理 由
中代	(28) 允忠50)	伊湌	聖德 24년(725) 4월			
	?					
	(29) 義忠51)	[伊湌]	孝成 1년(737) 3월	孝成 3년(739) 1월	1년 10월	死亡
	(30) 信忠	伊湌	孝成 3년(739) 1월	[景德 3년(744) 1월]	5년	
	(31) 惟正	伊湌	景德 3년(744) 1월	景德 4년(745) 5월	1년 4월	[天災地變]
	(32) 大正	伊湌	景德 4년(745) 5월	景德 9년(750) 1월	4년 8월	
	(33) 朝良	伊湌	景德 9년(750) 1월	景德 13년(754) 8월	4년 7월	[天災地變]
	(34) 金耆	伊湌	景德 14년(755) 7월	景德 17년(758) 1월	2년 6월	死亡
	(35) 廉相	伊湌	景德 17년(758) 1월	景德 19년(760) 4월	2년 3월	
	(36) 金邕	伊湌	景德 19년(760) 4월	景德 22년(763) 8월	3년 4월	[天災地變]
	(37) 良相52)	阿湌	景德 23년(764) 1월	[惠恭 4년(768)10월]	4년 9월	[天災地變] [大恭의 亂]
	(38) 金隱居	伊湌	惠恭 4년(768) 10월	惠恭 6년(770) 12월	2년 2월	金融의 亂 [天災地變]
	(39) 正門	伊湌	惠恭 6년(770) 12월	[惠恭 11년(775)3월]	4년 3월	
	(40) 金順	伊湌	惠恭 11년(775) 3월	[惠恭 13년(777) 10월]	2년 7월	[天災地變]
	(41) 周元	伊湌	惠恭 13년(777) 10월	[宣德 1년(780) 4월]	2년 6월	
下代	(42) 義恭	阿湌	宣德 1년(780) [4월]	元聖 1년(785) 2월	4년 10월	
	(43) 悌恭	伊湌	元聖 1년(785) 2월	元聖 1년(790) 2월	1월 미만	
	(44) 世强	伊湌	元聖 1년(785) 2월	[元聖 6년(790) 1월]	4년 11월	
	(45) 宗基53)	[蘇判]	元聖 6년(790) 1월	元聖 7년(791) 10월	1년 9월	[天災地變]
	(46) 俊邕54)	大阿湌	元聖 7년(791) 10월	元聖 8년(792) 8월	10월	病
	(47) 崇斌	伊湌	元聖 8년(792) 8월	元聖 10년(794) 2월	1년 6월	[天災地變]
	(48) 彦昇	迊湌	元聖 10년(794) 2월	元聖 12년(796) 4월	2년 2월	[天災地變]
	(49) 智原	伊湌	元聖 12년(796) 4월	元聖 13년(797) 9월	1년 5월	[天災地變]
	(50) 金三朝	阿湌	元聖 13년(797) 9월	[昭成 2년(800) 1월]	2년 4월	[天災地變]
	(51) 忠芬		昭成 2년(800) 1월	[哀莊 5년(804) 1월]	[4년]	
	(52) 秀昇	伊湌	哀莊 5년(804) 1월	[哀莊 8년(807) 1월]	3년	
	(53) 金憲貞	伊湌	哀莊 8년(807) 1월	[憲德 2년(810) 2월]	[3년 1월]	
	(54) 亮宗	波珍湌	憲德 2년(810) 2월	憲德 3년(811) 1월	11월	病[天災地變]
	(55) 元興	伊湌	憲德 3년(811) 1월	[憲德 4년(812) 春]	[약 1년]	
	(56) 均貞55)		憲德 4년(812) 春	憲德 6년(814) 8월	[약2년6월]	[天災地變]
	(57) 金憲昌56)	[伊湌]	憲德 6년(814) 8월	憲德 8년(816) 1월	1년 5월	[天災地變]

	人 名	官 等	就 任 年 月	退 任 年 月	在任期間	退任理由
	(58) 璋 如	[波珍湌]	憲德 8년(816) 1월	[憲德 9년(817) 1월]	[1년]	
	(59) 金忠恭	伊 湌	憲德 9년(817) 1월	憲德 13년(821) 4월	4년 3월	[天災地變]
	(60) 永 恭	伊 湌	憲德 13년(821)4월	興德 2년(827) 8월	6년 4월	[天災地變]
	(61) 祐 徵	大阿湌	興德 3년(828) 1월	興德 6년(814) 1월	3년	[天災地變]
	(62) 允 芬	伊 湌	興德 6년(831) 1월	興德 8년(833) 11월	2년 10월	[天災地變]
	(63) 祐 徵(67)		興德 9년(834) 1월	興德 10년(835) 2월	1년 1월	以父爲上大等
	(64) 金 明	大阿湌	興德 10년(835) 2월	僖康 2년(837) 1월	1년 11월	上大等 昇進
	(65) 利 弘	阿 湌	僖康 2년(837) 1월	[閔哀 1년(838) 1월]	[1년]	
	(66) 憲 崇8)	阿 湌	閔哀 1년(838) [1월]	[神武1년(839)[윤·1월]	[1년]	
	?					
	(67) 義 琮		文聖 2년(840) 1월	文聖 5년(843) 1월	3년	病
	(68) 良 順	伊 湌	文聖 5년(843) 1월	文聖 6년(844) 3월	1년 2월	[天災地變]
下	(69) 金 茹	大阿湌	文聖 6년(844) 3월	文聖 9년(847) 8월	3년 5월	死亡
代	(70) 魏 昕	伊 湌	文聖 9년(847) 8월	文聖 10년(848) 夏	약 9월	[天災地變]
	(71) 金啓明59)	波珍湌	文聖 10년(848) 夏	[憲安 5년(861) 1월]	[약13년]	[子의 即位]
	(72) 魏 珍	阿 湌	景文 2년(862) 1월	景文 14년(874) 1월	12년	上大等 昇進
	(73) 藺 興		景文 14년(874) 1월	[憲康 1년(875) 7월]	[1년 6월]	
	(74) 乂 謙	大阿湌	憲康 1년(875)[7월]	憲康 6년(880) 2월	[4년 7월]	[天災地變]
	(75) 敏 恭	伊 湌	憲康 6년(880) 2월	[定康 1년(886) 8월]	[6년 6월]	[天災地變]
	(76) 俊 興	伊 湌	定康 1년(886) 8월			
	?					
	(77) 繼 康	阿 湌	孝恭 2년(898) 1월	[孝恭 6년(902) 3월]	[4년 2월]	[天災地變]
	(78) 孝 宗	大阿湌	孝恭 6년(902) 3월			
	?					
	(79) 裕 廉	大阿湌	景明 1년(917) 8월	[景明 3년(919) 전후]	[약 2년]	[天災地變]
	(80) 彦 邕		景明 3년(919) 전후			
	?					

자료: 李基白, 〈新羅 執事部의 成立〉의 〈表 나〉와 〈新羅 下代의 執事省〉의 〈表 가〉(이상 《新羅 政治社會史硏究》, 1974)를 참조하면서 수정·보완하였다. [ ]는 추정에 따른 것이다.

---

50) 그의 퇴임 시기는 나타나 있지 않다. 이기백(1974), 〈신라 집사부의 성립〉, 앞의 책, pp.163~164에서는, 김유신의 후손인 允中과 같은 사람으로 보아 윤중이 성덕왕으로부터 누차 恩顧를 입었다는 기록(《삼국사기》 권

42, 열전 김유신 중)을 근거로, 그가 성덕왕대 후반 중시를 수차 연임한 것으로 이해하였다. 그러나 성덕왕에게 누차 은고를 받아 大阿湌이 되었다는 允中과 伊湌으로 中侍가 된 允忠을 동일시할 수는 없다고 생각한다(朴海鉉, 〈新羅 孝昭王代 政治勢力의 推移 —孝昭王의 卽位過程을 中心으로—〉, 《歷史學硏究》 12, 전남대, 1993). 윤충의 중시 재임 기간은 중대 중시의 재임 예정 기간인 3년(이기백, 위의 논문, pp.158~159) 정도였으며, 그 뒤에 다른 인물이 취임하였다고 하겠다.

51) 중시 취임 시 관등은 아찬이었다고 한다. 그러나 2년 뒤인 효성왕 3년(739) 정월에 사망한 후 그의 딸이 경덕왕의 後妃(滿月夫人)가 되었을 때, 의충의 관등을 舒弗邯(角干)이었다고 한 것을 보면(《삼국사기》 권9, 신라본기 경덕왕 2년 하 4월 및 혜공왕 즉위년조, 《삼국유사》 왕력 경덕왕 및 권2, 기이2, 경덕왕·충담사·표훈대덕), 아찬이었다는 것은 이찬의 잘못으로 생각된다.

52) 시중 취임 시 관등이 阿湌이었다 하더라도 퇴임 무렵에는 더 승진하였을 것이다. 성덕대왕신종 명문(黃壽永 編, 《韓國金石遺文》 增補版, 一志社, 1978, p.285)에서 시중 퇴임 3년 뒤인 혜공왕 7년(771) 12월 角干임을 확인할 수 있기 때문이다. 다른 사례를 참조할 때 阿湌의 시중 임명은 파격적 조치로 생각된다. 그러나 伊湌의 잘못일 가능성도 배제할 수 없다.

53) 《삼국사기》 권44, 金陽傳에 "字魏昕 太宗大王九世孫也. 曾祖周元伊湌 祖宗基蘇判 考貞茹波珍湌 皆以世家爲將相"이라 한 데서 蘇判으로 추측된다.

54) 《삼국사기》 권10, 소성왕 즉위년조에는 "昭聖王立 諱俊邕(중략) (元聖王)五年奉使大唐 受位大阿湌 六年波珍湌爲宰相 七年爲侍中 八年爲兵府令(兵部令) 十一年爲太子 及元聖薨繼位"라 하여 시중 취임 전 해에 이미 波珍湌이었다고 한다.

55) 시중 취임 시의 관등은 나타나 있지 않다. 그러나 이미 애장왕 3년(802) 12월에 대아찬을 주어 假王子로 삼아 왜국에 볼모 보내려 한 적이 있고, 시중 퇴임 후인 헌덕왕 14년(822) 3월 김헌창의 난 진압에 참가할 때 이찬인 사실이 확인되므로(《삼국사기》 권10, 신라본기), 대아찬 이상 이찬 이하의 어느 관등이었을 것이다. 잡찬·파진찬 정도로 추측된다.

56) 이기백(1974), 〈신라 하대의 집사성〉, 앞의 책, p.177 〈表 가〉에서는 都督이라고 하였으나, 《삼국사기》 권10, 신라본기에서 시중 취임 한 해 전인 헌덕왕 5년 정월 伊湌으로 武珍州都督이 되었으므로 伊湌으로 추정한다.

57) (61)과 동일 인물인 데서 대아찬 이상이었을 것이다.

58) 이기백(1974), 〈신라 하대의 집사성〉, 앞의 책, p.177 〈표 가〉에서는 문성왕 2년 1월까지 재임한 것으로 이해하였다. 그러나 그럴 가능성은 희박해 보인다. 왜냐하면 흥덕왕의 사후 일어난 왕위쟁탈전에서, 父 上大等 均貞이 피살되고 祐徵 자신은 청해진 장보고에 의탁하였다가 마침내 반대파 閔哀王(金明)을 타도하고 즉위한 상황에서(《삼국사기》 권10, 신라본기 僖康王 및 閔哀王 조, 동 권44, 열전 金陽), 前王이 임명한 시중을 그대로 두었다고는 생각되지 않기 때문이다. 따라서 헌숭의 재임기간은 민애왕이 죽고 신무왕이 즉위하는 윤 1월경까지로 파악된다.

이상은《삼국사기》신라본기에 나타난 80명의 중시(시중) 명단과
그 임면 사항을 정리한 것이다. 중시의 정원은 1명으로 규정되어 있
으며, 임기는 대략 중대는 3년[60] 하대는 4년[61] 정도로 추정되어 왔
다. 실제 중시의 평균 재임기간은 중대 2년 10개월, 하대 3년 6개월
로 나타났다. 그러나 중시가 국왕과 행정을 분장하는 일반 관부의
중간에서, 위로는 왕명을 받들고 아래로는 여러 관부를 통제하는 지
위를 차지하고 있었다고 한다면,[62] 중대 3년의 임기란 것은 짧다고
하지 않을 수 없다. 이와 같은 빈번한 교체로서는 사실상 여러 관부
를 통제하기 어렵다고 판단되기 때문이다.

한편 중시는 국왕의 전위적前衛的 존재로서 왕권의 방파제이자 안
전판의 구실을 하였다고 한다. 즉 왕권의 방파제 내지는 전위적 역
할은 왕의 지극한 혈연적 측근자를 행정기구의 주요직에 임명한 데
서 찾을 수 있고, 안전판의 구실은 중시의 임면에서 찾아볼 수 있다
고 하였다.[63] 왕이 아주 가까운 혈연적 측근자를 중시직에 임명한
사실은,[64] 뒤에서 언급할 〈표-5〉에서 확인되듯이, 중대와 하대의 차
이를 발견할 수 없다. 그러므로 여기서는 그 임면을 중심으로 중시
가 수행한 안전판의 구실을 살피기로 하자.

위의 표에서 중시의 교체는 사망에 따른 것이 8명(10·13·20·22·26·29·34·69),
병에 따른 것이 6명(9·14·21·46·54·67), 퇴로退老 또는 청로請老에 따

---

59) 861년 그의 아들인 경문왕이 즉위할 때까지 재임하였을 것이라 한다(이기
　　동(1984), 〈신라 하대의 왕위계승과 정치과정〉, 앞의 책, p.169). 그렇다면 퇴
　　임 이유는 아들의 즉위이며, 재임기간은 약 13년이 될 것이다.
60) 이기백(1974), 〈신라 집사부의 성립〉, 앞의 책, pp.158~159.
61) 이기백(1974), 〈신라 하대의 집사성〉, 위의 책, p.178.
62) 이기백(1974), 〈신라 집사부의 성립〉, 위의 책, p.152.
63) 이기백(1974), 위의 책, p.164.
64) 이기백(1974), 위의 책, p.164 주 36)에서 하대는 이러한 사례를 더욱 많
　　이 발견할 수 있으나, 중대와 같이 논할 수 없다고 하였다. 그러나 저자
　　는 그렇게 구별해야 할 이유를 이해하기 힘들다.

른 것이 3명(16·17·23), 치사致仕 1명(4)이었고, 천재지변天災地變에 따른 것이 중대 12명(6·16·17·19·25·27·31·33·36·37·38·40), 하대 18명(45·47·48·49·50·54·56·57·59·60·61·62·68·70·74·75·77·79)으로 모두 30명에 이르렀다. 또한 반란 사건과 관계된 것이 4명(7·18·37·38), 상대등 승진이나 아들의 즉위, 아버지의 상대등 취임 등 특수 사유에 따른 교체가 4명(63·64·71·72), 신왕의 즉위 초에 임명되어 정상적인 교체가 23명(2·4·12·16·19·29·31·38·42·43·44·51·52·54·61·65·66·67·72·74·76·77·79), 미상인 경우가 나머지 19명 정도로 나타났다. 물론 중시의 교체 이유는 복합적인 경우가 많을 것이므로 명쾌히 구분하기는 어렵지만, 대체적인 경향은 위와 같다고 하겠다. 이 가운데 전임자의 사망은 물론이지만, 병·퇴로·청로·치사나 특수 사유 등도 마지못한 경우라 한다면, 결국 천재지변에 의한 교체와 반란 사건과 관련된 교체가 주목될 것이다.

중대에서 중시는 《삼국사기》 신라본기의 다음 기록과 같이 천재지변의 경우 교체가 일반적이었다.

(1) 十二月 土星入月 京都地震 中侍智鏡退 (권6, 문무왕 10년)

(2) 冬十月 京都地震 中侍元宣退老 (권8, 효소왕 4년)

(3) 二月 京都地震 大風折木 中侍幢元退老 (권8, 효소왕 7년)

(4) 秋七月 靈廟寺災 京都大水 溺死者衆 中侍元訓退 阿湌元文爲中侍 (권8, 성덕왕 2년)

(5) 秋七月 蝗虫害穀 中侍思恭退 波珍湌文林爲中侍 (권8, 성덕왕 19년)

(6) 春正月 白虹見. 三月 雪. 四月 雹 中侍宣宗退 伊湌允忠爲中侍 (권8, 성덕왕 24년)

(7) 夏四月 京都雹 大如鷄子. 五月 旱 中侍惟正退 (권9, 경덕왕 4년)

(8) 秋七月 旱 蝗 侍中朝良退 (권9, 경덕왕 13년)

(9) 秋七月 京都大風 飛瓦拔樹. 八月 桃李再花 上大等信忠·侍中金邕
退 (권9, 경덕왕 22년)

(10) 六月 京都雷雹 傷草木 大星隕皇龍寺南 地震聲如雷 泉井皆渴 虎入
宮中. 秋七月 一吉湌大恭與弟阿湌大廉叛 集衆圍王宮三十三日. 王
軍討平之 誅九族. 九月 遣使入唐朝貢. 冬十月 以伊湌神猷爲上大等
伊湌金隱居爲侍中 (권9, 혜공왕 4년)

(11) 秋八月 大阿湌金融叛 伏誅. 冬十一月 京都地震. 十二月 侍中
隱居退 伊湌正門爲中侍 (권9, 혜공왕 6년)

(12) 春三月 京都地震. 夏四月 又震 上大等良相上疏 極論時政. 冬十
月 伊湌周元爲侍中 (권9, 혜공왕 13년)

중대 41명의 중시 가운데 12명이 천재지변을 이유로 교체되었다.
시간적 폭을 넓힐 경우 약간 인원이 늘어나겠지만, 대체적인 사례는
이와 같다고 하겠다. 그러면 이처럼 천재지변을 이유로 중시가 교체
되어야 했던 이유는 무엇이었을까? 이에 대해서는 중시의 정책 집
행의 실패 때문이었다고 이해하거나[65] 정책 결정의 실패 때문이었
다고 본 견해가 있었다.[66] 이러한 실패에 대한 궁극적인 책임의 대
상은 국왕이었지만, 중시를 교체함으로써 책임이 국왕에게 미치지
못하도록 한 데 이유가 있었다고 한다. 그러나 천재지변에 따른 중
시의 교체는 하대에서도 예외가 아니었다.《삼국사기》신라본기에서
는 다음과 같은 수많은 사례가 확인되고 있다.

---

65) 井上秀雄,〈新羅政治體制の變遷過程〉,《古代史講座》4, 1962;《新羅史基礎硏究》, 東
出版, 1974. p.435.
이기백(1974),〈신라 집사부의 성립〉, 앞의 책, pp.165~167.
66) 李基白,〈新羅 專制政治의 成立〉,《韓國史 轉換期의 문제들》, 지식산업사, 1993,
p.64 및〈統一新羅時代의 專制政治〉,《韓國史上의 政治形態》, 1993, p.118. 이기
백은 처음 정책 집행의 실패라고 하여 井上秀雄의 주장을 따랐으나(이기백
(1974),〈신라 집사부의 성립〉, 앞의 책, pp.165~167), 견해를 수정하였다.

(1) 冬十月 京都雪三尺 人有凍死 侍中宗基免 (권10, 원성왕 7년)

(2) 春二月 地震 太子義英卒 諡曰憲平 侍中崇斌免 (권10, 원성왕 10년)

(3) 春 京都飢疫 王發倉廩賑恤之. 夏四月 侍中彦昇爲兵部令 伊湌智原爲侍中 (권10, 원성왕 12년)

(4) 秋九月 國東蝗害穀 大水山崩 侍中智原免 (권10, 원성왕 13년)

(5) (四年 十月 地震) 春正月 以伊湌秀昇爲侍中 (권10, 애장왕 5년)

(6) (二年 十月 流星入王星) 春正月 侍中亮宗以病免 (권10, 헌덕왕 3년)

(7) 夏五月 國西大水 發使撫問 經水州郡人民 復一年租調. 秋八月 京都風霧如夜 武珍州 都督憲昌入爲侍中 (권10, 헌덕왕 6년)

(8) (七年 夏五月 下雪. 秋八月己亥朔 日有食之 西邊州郡大飢 盜賊蜂起 出軍討平之 大星出翼軫間 指庚 芒長六許尺 廣二許寸) 春正月 侍中憲昌 出爲菁州都督 璋如爲侍中 (권10, 헌덕왕 8년)

(9) 春 民饑 賣子孫自活. 夏四月 侍中金忠恭卒[免·退] (권10, 헌덕왕 13년)

(10) 秋八月 太白晝見 京都大旱 侍中永恭退 (권10, 흥덕왕 2년)

(11) 春正月 地震 侍中祐徵免 (권10, 흥덕왕 6년)

(12) 冬十月 挑李再華 民多疫死. 十一月 侍中允芬退 (권10, 흥덕왕 8년)

(13) 春二月甲寅朔 日有食之 太白犯鎭星. 三月 京都雨雹 侍中良順退 (권11, 문성왕 6년)

(14) 春夏 旱 侍中魏昕退 (권11, 문성왕 10년)

(15) 春二月 太白犯月 侍中乂謙退 (권11, 헌강왕 6년)

(16) 八月 拜伊湌俊興爲侍中 國西旱且荒 (권11, 정강왕 원년)

(17) 春三月 降霜 以大阿湌孝宗爲侍中 (권12, 효공왕 6년)

(18) (元年 八月 拜王弟伊湌魏膺爲上大等, 大阿湌裕廉爲侍中) 四天王寺塑像所執弓弦自絕 壁畫狗子有聲若吠者 以上大等金成爲角湌 侍中彦邕爲沙湌 (권12, 경명왕 3년)

이처럼 하대 39명의 중시(시중) 가운데 절반 정도인 18명이 천재지변을 이유로 교체되어 중대보다 그 수나 비율이 증가하였다. 신라 말기의 정치적 불안에 영향을 받았기 때문이겠지만, 이는 중시가 전제왕권의 시대로 설정한 중대에만 왕권의 안전판의 구실을 한 것이 아님을 의미하는 것이다. 중대와 마찬가지로 하대에도 중시가 정치적 책임을 지고 퇴임한 만큼 왕의 안전판으로서 구실을 한 것으로 생각되기 때문이다. 따라서 집사부 중시의 임면에서 볼 때 중대와 하대의 차이를 발견하기는 어렵다고 하겠다.

나아가 중대에서도 중시가 국왕과 행정을 분장하는 일반 관부의 중간에서 위로는 왕명을 받들고 아래로는 여러 관부를 통제하는 수상의 지위를 차지하고 있는 것이 아니었다. 집사부는 국정을 책임진 최고 관부가 아니라 특정된 업무를 분장한 하나의 관부였던 것이다. 다시 말해 귀족회의(화백)가 정책을 결정하였다면, 각각의 관부는 정책을 집행하였다고 할 수 있고, 이때 국왕 측근의 집사부는 정책을 기획한 것으로 파악될 수 있기 때문이다. 따라서 천재지변에 의한 중시의 퇴임은 국왕의 정국 주도의 실패에 따른 책임 때문이었다고 하겠다.

종래의 견해를 따른다면, 중시란 정책 결정이나 집행의 책임자이면서 정치상의 문제가 생기면 곧 국왕을 대신해 물러나는 자리였다. 하지만 국왕이 빈번히 정책의 책임을 져야 한다면, 전제왕권의 시대였다는 중대 국왕의 위상은 이해하기 어려운 것이 아닐까 한다. 다시 말해 중대가 정말 전제왕권의 시대였다면, 중시가 국왕의 책임을 대신하여 그렇게 자주 퇴임하지는 않았을 것이다. 이러한 현상은 중대가 전제왕권의 시대가 아니었기 때문이며, 국왕 자신도 진골귀족의 일원으로 귀족사회 안에서 왕권 유지를 위한 방편이었다고 할 것이다.[67]

---

67) 이기동은 신라 국왕의 위상에 대해 국왕도 진골귀족들처럼 골품제에 포섭되어 있는 존재라고 지적한 바 있다(李基東의 발언(1993), 〈第3回 韓國史의 爭點 ─統─新羅時代의 專制政治─ 세미나 속기록〉, p.333).

다음으로 중대에 반란이 일어난 뒤 중시가 교체된 예를 볼 수 있다. 혜공왕대의 대공의 난과 김융의 난은 천재지변과도 관계가 있지만, 다음과 같이 문무왕대의 대토의 모반, 효소왕대의 경영의 모반은 바로 이와 관련되었던 것이다.

(1) 秋七月一日, 庚信卒. 阿湌大吐謀叛付唐 事泄伏誅 妻孥充賤. 八月, 以波珍湌天光爲中侍 (권7, 문무왕 13년)

(2) 夏五月, 伊湌慶永[永 一作 玄]謀叛 伏誅. 中侍順元緣坐罷免 (권8, 효소왕 9년)

이에 대해서는 중시의 정치적 책임 때문이며, 정책 집행에 실패한 결과라고 풀이하기도 하였다.[68] 그러나 이는 중대의 중시를 수상으로 파악한 데 말미암은 해석이었다. 종래에는 집사부를 신라 최고 관부라 보고, 중시를 수상으로 파악하였으나, 이 학설은 최근에 이르러 처음 주장자 자신이 스스로 수정하였다. 집사부는 핵심 관부일 뿐 최고 관부가 아니며, 중시도 수상이 아니라는 것이다.[69] 그렇다면 수상이 아닌 중시가 정책의 모든 책임을 지고 퇴임해야 할 이유는 없다고 하겠다. 국왕 측근의 관부로서 집사부의 중요성은 인정할 수 있지만, 중시의 교체는 반란 사건 뒤 흐트러진 정국 수습을 위한 인사이동의 하나였다는 점도 유의해야 할 것이다.

한편《삼국사기》직관지에 따르면 중시의 관등 범위는 대아찬에서 이찬까지였다. 이 원칙은 대체로 지켜졌는데, 처음에는 파진찬이 임명되었으나 뒤에는 이찬이 주로 임명되었다.[70] 그러나 중시에 임명된 사람 가운데는 아찬도 적지 않게 나타났다. 집사부는 흥덕왕 4

---

68) 이기백(1974), 〈신라 집사부의 성립〉, 앞의 책, pp.165~166.
69) 이기백(1993), 〈통일신라시대의 전제정치〉, p.113.
70) 이기백(1974), 〈신라 집사부의 성립〉, 앞의 책, p.157.

년(829) 집사성으로 명칭이 승격되었다.[71] 이러한 이유로 이제 집사
성은 당의 상서성尙書省과 비슷한 기능을 가지고 다른 상급 관청을
지배하게 되었다고 이해하기도 한다.[72] 그러나 시중의 관등은 이전
시기에 비해 별 변화가 없었다. 즉 흥덕왕 4년 이후 재임한 20명의
시중 가운데 이찬은 5명에 불과하고, 파진찬 1명, 대아찬 6명, 아찬
4명, 미상 4명 등으로 나타나, 오히려 이찬의 비율이 전반적으로 낮
아진 느낌마저 주고 있다. 이는 집사성으로의 개명이 실제에서는 큰
의미를 갖지 못했음을 반영하는 것이다.[73]

중시의 관등은 처음뿐만 아니라 뒤에도 상대등과는 일정한 차이
가 있었다. 중시와 상대등의 위상 차이를 가장 잘 말해준다고 생각
되는 동시 임명 시의 관등을 《삼국사기》 신라본기에서 찾아 정리하
면 〈표-4〉와 같다.

〈표-4〉 중시(시중)·상대등의 동시임명 시 관등 비교

就 任 時 期	中 侍		上大等	
	官 等	人 名	官 等	人 名
(1) 太宗 2년(655) 1월	波珍湌	(2) 文 忠	伊 湌	(9) 金 剛
(2) 孝成 1년(737) 3월	[伊 湌]	(29) 義 忠	伊 湌	(19) 貞 宗
(3) 景德 23년(764) 1월	阿 湌	(37) 良 相	伊 湌	(22) 萬 宗
(4) 惠恭 4년(768) 10월	伊 湌	(38) 金隱居	伊 湌	(23) 神 猷
(5) 宣德 1년(780) [4월]	阿 湌	(42) 義 恭	伊 湌	(25) 敬 信
(6) 元聖 1년(785) 2월	伊 湌	(43) 悌 恭	伊 湌	(26) 忠 廉
(7) 元聖 8년(792) 8월	伊 湌	(47) 崇 斌	伊 湌	(27) 世 强
(8) 興德 10년(835) 2월	大阿湌	(64) 金 明	[伊 湌]	(32) 均 貞
(9) 僖康 2년(837) 1월	阿 湌	(65) 利 弘	[伊 湌]	(33) 金 明

---

71) 《삼국사기》 권38, 직관 상.
72) 井上秀雄, 〈《三國史記》にあらわれた新羅の中央行政官制について〉, 《朝鮮學報》
    51, 1969; 앞의 책(1974), pp.262~263에서는 8세기 중엽 이후 시중→상대등→
    왕으로 승진하게 된 배경이 部에서 省으로의 변화를 가져왔다고 하였다.
73) 渤海와의 교섭이 진행되면서 발해의 정치제도를 의식한 것일 가능성도 있다.

(10) 閔哀 1년(838) 1월	阿飡	(66) 憲崇	伊飡	(34) 金貴	
(11) 文聖 2년(840) 1월	?	(67) 義琮	[伊飡]	(35) 禮徵	
(12) 景文 2년(862) 1월	阿飡	(72) 魏珍	伊飡	(38) 金正	
(13) 景文 14년(874) 1월	?	(73) 藺興	[伊飡]	(39) 魏珍	
(14) 憲康 1년(875) [7월]	大阿飡	(74) 乂謙	伊飡	(40) 魏弘	
(15) 孝恭 2년(898) 1월	阿飡	(77) 繼康	舒弗邯	(41) 俊興	
(16) 景明 1년(917) 8월	大阿飡	(79) 裕廉	伊飡	(44) 魏膺	

자료: 인명 앞의 (   ) 안에 넣은 숫자는 각기 중시와 상대등의 일련번호이다. [   ]는 추정에 따른 것이다.

먼저 주목되는 것은 여섯 예나 대아찬에서 이찬의 관등에서 임명한다는 《삼국사기》 직관지의 중시 관등 규정과 일치하지 않고 있다는 사실이다. 아찬은 오히려 나마에서 아찬까지의 인물이 임명된다는 시랑의 관등 범위에 해당되고 있다. 더욱이 상대등과의 동시 임명례가 아닌 경우에도 아찬으로 중시가 된 사례가 다섯이나 나타났다. 이는 중시가 진골 출신인 경우에는 아찬으로도 임명될 수 있었음을 말한다고 하겠다.74)

중시는 아찬 이하의 관등으로 임명된 예가 없는 상대등과는 커다란 차이가 있었다. 더욱이 중시가 상대등과 동시에 임명된 16명의 사례 비교에서 중시는 아찬으로 임명된 예가 6명, 대아찬 2명, 파진찬 1명, 이찬 4명, 미상 2명으로 나타났으나, 상대등은 전원이 이찬 이상이고 그 가운데 1명은 서불한이 임명되었다.75) 이는 관등상으로 중시가 상대등을 능가할 수 없었음을 의미하는 것이다.76)

---

74) 이기백(1974), 〈신라 집사부의 성립〉, 앞의 책, p.157.
75) 《삼국사기》 권12, 신라본기 경명왕 3년조에 "以上大等金成爲角飡 侍中彦邕爲沙飡"이라 한 데서도 차이를 엿볼 수 있다. 한편 상대등과 중시는 하대로 갈수록 동시 퇴임의 예가 늘어나고, 재임 기간도 동일한 경우가 나타나는바, 이러한 현상은 관료제가 점차 진전되고 있었음을 반영한 것으로 생각된다.
76) 중시와 상대등의 관등이 같은 경우도 있다. 이찬으로 임명된 중시의 경우가 그러하다. 그러나 선후의 차이가 있었다고 생각한다.

이러한 중시의 위상은 중시 역임자들의 활동상을 살핌으로써 보다 자세히 파악될 수 있다.

〈표-5〉 집사부 중시(시중) 역임자의 분석

人 名	就任前 主要經歷	在任中 主要經歷	退任後 主要經歷	就任時 王과의 血緣關係
(1) 竹 旨	花郎, 將軍		將軍, 貴幢摠管, 伊湌, 京停摠管, 冢宰	
(2) 文 忠[77]			迊湌, 伊湌, 上州將軍, 角干, 大幢摠管	
(3) 文 王	遣唐使節(수행원), 左武衛將軍(唐), 宿衛	迊湌으로 大幢將軍 品日 보좌, 將軍	伊湌, 死亡(문무왕 5년, 665)	弟(太宗武烈王의 子)
(4) 文 訓[78]	河西州摠管		死亡(문무왕 7년, 667)	
(5) 眞 福	誓幢摠管	伊湌	大幢摠管, 上大等, 舒弗邯	
(6) 智 鏡	將軍(唐)	大幢摠管		弟(太宗武烈王의 子)
(7) 愷 元[79]	將軍(唐), 大幢摠管		神文王妃 '夫人' 册封, 上大等	弟(太宗武烈王의 子)
(8) 天 光	誓幢摠管			
(9) 春 長	將軍			
(10) 天 存	將軍, 貴幢摠管 大幢摠管, 明朗 천거	[死亡]		
(11) [金官長]		大阿湌	波珍湌, 沙伐州摠管	
(12) 順 知				
(13) 大 莊		死亡		
(14) 元 師		病免		
(15) 仙 元				
(16) 元 宣		退老		
(17) 幢 元		退老		
(18) 順 元[80]		罷免(慶永의 난에 연좌)	皇福寺舍利函記 조성에 참여, 納妃(성덕왕의 後妃 및 효성왕의 王妃)	

人 名	就任前 主要經歷	在任中 主要經歷	退任後 主要經歷	就任時 王과의 血緣關係
(19) 元 訓				(元聖王의 祖)
(20) 元 文[81]		死亡		
(21) 信 貞[82]		病免		
(22) 文 良[83]		死亡		
(23) 魏 文		請老	興平大王 추봉	(元聖王의 父)
(24) 孝 貞			三毛夫人과 함께 皇龍寺鍾 鑄造에 施主	
(25) 思 恭			上大等, 將軍, 大夫	
(26) 文 林		死亡		
(27) 宣 宗				
(28) 允 忠			將軍, 平壤·牛頭二州地勢檢察	
(29) 義 忠	遣唐使節 (賀正使)	死亡	納妃(경덕왕의 後妃)	
(30) 信 忠[84]	遣唐使節 (賀正使)		上大等	(聖德王의 從弟)
(31) 惟 正[85]			納妃(혜공왕의 元妃)	
(32) 大 正[86]			佛國寺 창건 大相, 死亡 (혜공왕 10년, 774)	
(33) 朝 良				
(34) 金 耆		死亡		
(35) 廉 相			正門과 함께 叛亂伏誅	
(36) 金 邕			兵部令, 殿中令, 四天王寺成典 監令, 奉德寺·眞智大王寺成典 檢校使, 上相, 大角干, 聖德大王神鍾 주조	妻男
(37) 良 相[87]			遣唐使節, 肅政臺令, 修城府令, 奉德寺·感恩寺成典 檢校使, 角干, 上大等, 宰相, 上相, 聖德大王神鍾 주조, 金志貞의 난 진압, 즉위(宣德王)	甥姪(聖德王의 外孫)

人 名	就任前 主要經歷	在任中 主要經歷	退任後 主要經歷	就任時 王과의 血緣關係
(38) 金隱居	大臣, 遣唐使節		叛亂伏誅	
(39) 正 門			廉相과 함께 叛亂伏誅	
(40) 金 順				
(41) 周 元[88]			大臣, 上宰, 즉위 실패	族子
(42) 義 恭	(一云 宣德王 에게 納妃)			
(43) 悌 恭		취임 직후 사직	叛亂伏誅	
(44) 世 强			上大等	
(45) 宗 基				(太宗武烈王 9世孫, 周元의 子)
(46) 俊 邕[89]	遣唐使節, 宰 相	病免	兵部令, 太子, 즉위(昭 聖王)	孫子
(47) 崇 斌			上大等, 大宰相, 死亡 (헌덕왕 11년, 819)	
(48) 彦 昇[90]	遣唐使節, 誅逆 臣(悌恭의 난 진압)	宰相	兵部令, 伊湌, 角干, 攝政 御龍省私臣, 上大等, 相, 宰相, 大宰相, 애장왕 시해 후 즉위(憲德王)	孫子
(49) 智 原				
(50) 金三朝				
(51) 忠 芬				
(52) 秀 昇 (秀宗)			上大等, 儲貳·副君, 즉 위(興德王)	叔父(元聖王의 孫)
(53) 金憲貞[91]			皇唐尉衛卿國相兵部令 兼修城府令伊干, 步行 不能 (헌덕왕 11년, 819)	叔父(元聖王의 孫)
(54) 亮 宗		病免		
(55) 元 興				
(56) 均 貞	日本에 假王子 파견 사양		金憲昌의 난 진압, 上 大等, 相, 흥덕왕 사후 왕위쟁탈전에서 사망	從弟(元聖王의 孫)
(57) 金憲昌	武珍州都督		菁州都督, 熊川州都督, 叛亂, 自殺	(金周元의 2子)
(58) 璋 如[92]				(宗基의 子)

人 名	就任前 主要經歷	在任中 主要經歷	退任後 主要經歷	就任時 王과의 血緣關係
(59) 金忠恭93)	宰相		上大等, 相, 宰相, 角干, 金憲昌의 난 때 蚊火關門 수비, 宣康太子 死亡, 宣康大王 추봉	同母弟(元聖王의 孫, 昭成·憲德·興德王의 同母弟)
(60) 永 恭				
(61) 祐 徵(1)	金憲昌의 난 진압			從姪(均貞의 子, 文聖王의 父)
(62) 允 芬				
(63) 祐徵(2)	(61) 참조, 悌隆(僖康王) 왕위 추대	乞解職	父 上大等 均貞 즉위 시도, 張保皐兵으로 閔哀王 축출, 즉위(神武王)	(均貞의 子, 僖康王의 從弟)
(64) 金 明		悌隆(僖康王)왕위 추대	上大等, 僖康王 살해 후 즉위(閔哀王)	姪(金忠恭의 子)
(65) 利 弘	悌隆(僖康王) 왕위 추대		神武王의 兵에게 被殺	
(66) 憲 崇				
(67) 義 琮94)	遣唐使節, 宿衛	病免	兵部令, 宰相, 上大等, 즉위(憲安王)	(均貞의 子, 文聖王의 叔父)
(68) 良 順	淸海鎭 祐徵에게 亡投, 伊湌		波珍湌 興宗과 함께 叛亂伏誅	
(69) 金 茹		死亡		
(70) 魏 昕 (金陽)95)	固城郡太守, 中原大尹, 武州都督, 興德王 사후 均貞 즉위 시도, 祐徵과 함께 閔哀王 축출 후 祐徵을 神武王으로 추대, 遣唐使節, 檢校衛尉卿(唐), 納妃(文聖王의 妃), 蘇判兼倉部令	侍中兼兵部令	聖住寺重創 도움, 死亡(문성왕 19년, 857), 舒發翰 추증	(貞如의 子, 宗基의 孫)

人 名	就任前 主要經歷	在任中 主要經歷	退任後 主要經歷	就任時 王과의 血緣關係
(71) 金啓明			懿恭大王 추봉	再從兄弟(僖康王의 子, 景文王의 父)
(72) 魏珍			上大等	
(73) 藺興				
(74) 乂謙			伊飡, 納妃(효공왕의 妃), 宣聖大王 추봉	(神德王의 父)
(75) 敏恭		왕을 수행하여 月上樓에 오름		
(76) 俊興		定康王의 遺詔 받음	上大等	
(77) 繼康			伊飡, 上大等	
(78) 孝宗	花郎		伊飡	妹夫(憲康王의 壻, 敬順王의 父)
(79) 裕廉			高麗에 인질로 감	(敬順王의 堂弟)
(80) 彦邕		沙飡		

자료 : 《三國史記》, 《三國遺事》, 《新唐書》, 《舊唐書》, 《册府元龜》, 《續日本紀》, 《韓國金石全文》 古代.

---

77) 文忠은 태종무열왕 2년(655)에 파진찬으로 중시가 되었는데, 왕 5년 이 찬이 되면서 文王이 중시가 된 것으로 보아 이찬은 퇴임 후의 경력임을 알 수 있다. 그러나 무열왕 8년(661) 2월에는 잡찬, 문무왕 8년(668)에는 각간이었다고 하여 모순을 보이고 있다(이상 《삼국사기》 권5, 신라본기). 무열왕 5년에 이찬이 되었다면 왕 8년의 잡찬은 이찬으로 수정 되어야 할 것이다.

78) 《삼국사기》 권6, 신라본기 문무왕 7년 12월조의 "中侍文訓卒"에서 '中侍'는 '前中侍'의 잘못일 것이다. 또한, 문무왕 8년 6월 21일 迊飡으로 貴幢摠管이 었으며, 15년 추 9월에는 唐 薛仁貴의 침입을 격파한 文訓도 있으나, 이는 서로 다른 사람이다.

79) 원문에는 禮元으로 되어있으나 愷元의 刊誤라고 하므로(이기백(1974), 〈신라 집사부의 성립〉, 앞의 책, p.162의 주 31) 여기서는 愷元으로 고쳤 다. 《삼국사기》 신라본기에서는 개원이 중시 취임 전인 무열왕 2년 3월 智鏡과 함께 伊飡이 되었다고 하나, 문무왕 7년 추 7월, 8년 6월 21일 大 阿飡인 사실이 확인되므로 따르기 어렵다.

80) 신문왕의 동생으로 추정하는 견해도 있다(주보돈, 〈남북국시대의 지배체제 와 정치〉, 《한국사》 3, 한길사, 1994, p.323).

81) 元文은 성정왕후(엄정왕후)의 아버지 元大 阿干(《삼국유사》 왕력 성덕왕

조)과 같은 사람이 틀림없다고 보는 견해도 있다(이기백(1974), 〈신라 집사부의 성립〉, 앞의 책, p.167의 주 42). 그러나 元大는 元泰와는 같은 인물로 생각되나(金壽泰, 〈新羅 孝成·聖德王代 金順元의 政治的 活動〉,《東亞研究》 3, 1983; 〈專制王權의 강화와 嚴貞王后의 출궁〉,《新羅 中代 專制王權과 眞骨貴族》, 西江大 博士學位論文, 1991, p.82), 元文과 같은 사람이라 하기는 어렵다. 김수태는 元大와 元泰·元文을 같은 사람으로 보면서 경력을 정리하였지만, 성덕왕 2년 阿湌으로 시중이 된 元文과 성덕왕 3년에 蘇判의 관등으로 乘府令이었던 元泰는 다른 사람이라고 하겠다(朴海鉉(1993), 〈新羅 孝成王代 政治勢力의 推移〉, p.330). 따라서 현재로는 원문의 이력은 달리 파악되지 않는다고 생각한다.
82) 경덕왕의 前妃 三毛夫人의 아버지인 金順貞과 같은 사람이란 견해도 있다(金壽泰(1991), 〈眞骨貴族勢力의 정권장악과 金邕〉, 위의 학위논문, p.143의 주 42). 그러나《삼국사기》에서 順貞과 信貞을 혼용해서 썼다고는 생각되지 않는다.
83) 이기백(1974), 〈신라 집사부의 성립〉, 앞의 책, pp.168~169에서는《삼국유사》권5, 孝善9, 大城孝二世父母 神文代에 나오는 國宰 金文亮과 같은 인물로 추측하였으나, 재고의 여지가 있다는 견해도 있다(이인철(1994), 〈신라 중대의 정치형태〉, pp.49~50).
84)《삼국사기》권8, 신라본기에는 성덕왕 25년 4월 賀正使로 입당한 金忠臣이 있고, 동 33년 춘 정월조에는 宿衛活動을 마치고 귀국한 金忠信이 있는 바, 당시를 언급한《文苑英華》권471, 蕃書4, 新羅書 조의 張九齡 作 〈勅新羅王金興光書 三首〉 가운데 第一書에는 金信忠이라 기록되어 있어 모두 같은 인물임을 알 수 있다. 이로써 시중 취임 전 신충의 이력이 밝혀지게 되었다(末松保和, 〈新羅の郡縣制, 特にその完成期の二·三の問題〉,《學習院大學文學部研究年報》21, 1979, pp.67~68).
85) 惟正은《삼국사기》권9, 혜공왕 16년 4월조에 나오는 新寶王后의 아버지 維誠,《삼국유사》왕력 혜공왕조에 나오는 魏正과 같은 사람으로 추측된다고 한다(이기백(1974), 〈신라 집사부의 성립〉, 앞의 책, p.168 주 44). 新寶王后를《삼국유사》에서는 神巴夫人이라 하였다.
86) 大正은 佛國寺를 창건한 金大城과 같은 사람으로 생각된다(이기백(1974), 〈신라 집사부의 성립〉, 앞의 책, pp.168~169).
87) 그가 견당사절로 활약하였음은《舊唐書》권12, 德宗本紀 貞元 원년 2월 丙戌 조에 "以檢校秘書監金良相爲檢校太尉使持節大都督雞林州刺史寧海軍使 襲封新羅王"이라 하듯 檢校秘書監이라 한 데서 알 수 있다. 그 시기에 대해서는 경덕왕 말 혹은 혜공왕 즉위 초 무렵이라 하므로(權悳永,《新羅遣唐使研究》, 한국정신문화연구원 박사학위논문, 1995, p.226의 주 38) 시중 퇴임 후라 하겠다.
88)《삼국사기》권48, 聖覺傳에 "聖覺 菁州人……大臣角干敬信·伊湌周元等聞之國王"이라 하여 大臣임을 알 수 있는데, 그 정확한 시점은 나타나 있지 않다. 그러나 菁州란 명칭에서 일단 혜공왕 12년(776) 이후의 사실임을 알 수

　　위에서 죽지竹旨(1)에서 천존天存(10)까지는 중시 취임 전 및 퇴임 후의 경력이 대체로 잘 파악되고 있다. 이는 삼국통일 과정에서의 활약상이 많이 남았기 때문으로 생각된다. 그러나 그 이후의 인물은 퇴

　　　있고, 같은 大臣이었던 경신이 선덕왕 원년 상대등에 취임할 때 이찬이었고(《삼국사기》 권9, 신라본기), 선덕왕이 훙거한 직후 각간이었음(《삼국유사》 권2, 기이2, 원성대왕)을 고려하면 宣德王 때의 어느 시기가 아닌가 한다. 따라서 《삼국사기》에 나타난 주원의 대신 경력은 시중 퇴임 후로 생각된다.

89) 俊邕은 원성왕 7년 10월에 시중이 되어 8년 8月 病으로 면직되고 崇斌이 이에 취임하였다. 그러나 《삼국사기》 권10, 신라본기 소성왕 즉위년조에는 "(원성왕) 七年爲侍中　八年爲兵府令(兵部令)　十一年爲太子　及元聖薨繼位"라 하여 8년에 병부령이 되었다고 한다. 병부령 취임은 시중 재임 중일 가능성과 퇴임 후일 가능성 두 가지 모두 상정할 수 있겠으나, 후자일 가능성이 보다 크지 않을까 한다. 설사 시중 재임 중 일시 병부령을 겸하였다 하더라도, 병부령은 시중 퇴임 후에도 계속 재임하였다고 생각된다.

90) 《삼국사기》 권10, 신라본기 애장왕 즉위년(800)조에는 "卽位時 年十三歲 阿飡兵部令彦昇攝政"이라 하여 병부령으로 섭정할 때 아찬이었다고 하였으나, 집사부 시중에 취임하던 원성왕 10년(794) 2월 잡찬이었으므로 이찬의 잘못으로 생각된다(이기백(1974), 〈상대등고〉, 앞의 책 p.131의 주 66).

91) 斷俗寺神行禪師碑에는 金獻貞이라 쓰여 있다(《韓國金石全文》 古代, p.158). 그는 헌덕왕 2년(810) 10월 朝貢使로 파견된 金憲(獻)章과 같은 인물일 가능성이 크다는 견해도 있다(이기동(1984), 〈신라 하대의 왕위계승과 정치과정〉, 앞의 책, p.165의 주 68).

92) 貞茹와 같은 사람으로 보는 견해가 있으나(이기백(1974), 〈신라 하대의 집사성〉, 앞의 책, p.185) 貞茹는 宗基의 또 다른 아들로서 璋如와는 다른 사람이다(金貞淑, 〈金周元世系의 成立과 變遷〉, 《白山學報》 28, 1984, p.164; 문경현(1992), 〈신라 신무왕의 등극과 김흔〉, p.63).

93) 《삼국사기》 권10, 신라본기 헌덕왕 13년 4월조에는 "侍中金忠恭卒 伊飡永恭爲侍中"이라 하여 시중 재임 중 충공이 사망한 것으로 되어 있으나 이는 잘못일 것이다. 주 30) 참조.

94) 義琮은 문성왕대 상대등이 된 義正 및 문성왕의 유조로 헌안왕이 된 誼靖(一名 祐靖)과 같은 사람이며, 시중 역임 후 병부령을 거쳐 상대등이 되었다고 한다(이기동(1984), 〈신라 하대의 왕위계승과 정치과정〉, 앞의 책, pp.169~171).

95) 김양이 견당사절로 활약하였음은 《삼국사기》 권44, 김양전에 "唐聘問 兼授公檢校衛尉卿"이라 한 데서 알 수 있다. 그런데 그 시기는 파진찬으로 문성왕 즉위를 전후한 때로 파악되므로(權悳永(1996), 《新羅遣唐使硏究》, 앞의 학위논문, p.229의 주 50) 시중 취임 전이라 하겠다.

임 뒤의 이력은 비교적 잘 파악되고 있으나 취임 전의 이력은 간헐적으로만 확인된다. 집사부 중시 취임 전의 이력을 제대로 파악할 수 없다는 것 자체가 취임 전후 이력이 비교적 잘 파악되는 상대등에 견주어 그 비중이 낮았음을 시사한다고 하겠다. 같은 관직이라 하더라도 시기에 따라 성격이 한결같지는 않겠지만, 여기서는 2회 이상 나타나는 경력을 중심으로 그 대체적인 경향성을 파악해 보고자 한다.

취임 전의 경력에 있어서는 견당사절遣唐使節 또는 그 수행원으로 활약한 예가 8명(3·29·30·38·46·48·67·70)이었고, 재상宰相이 2명(46·59), 화랑花郎이 2명(1·78), 장군將軍이 3명(1·9·10), 도독都督(총관摠管)이 3명(4·57·70) 등으로 나타났다. 장군이나 도독의 경력도 결코 의미가 작지 않지만, 견당사절로 파견되었다는 사실은 이들이 국왕의 두터운 신임을 얻고 있었음을 말한다. 또한 재상 경력자도 나타나고 있으나 이는 하대의 사례임에 유의해야 할 것이다.[96]

중시 재임 시의 경력도 임면 사항 외에는 잘 파악되지 않는다. 문왕文王(3)의 경우에서는, 백제잔적百濟殘賊이 사비성을 침략해 오자 태종무열왕이 이찬 품일品日을 대당장군大幢將軍으로 삼고, 잡찬 문왕文王·대아찬 양도良圖·아찬 충상忠常으로 보좌케 하였다고 한 데서,[97] 중시가 대당의 장군도 되지 못했음을 알 수 있다. 그러나 하대 위흔魏昕(70)의 사례에서는 시중과 병부령을 겸직한 경우를 찾을 수 있었다.

중시 퇴임 후의 경력은 취임 전이나 재임 시보다 잘 파악할 수 있다. 80명의 중시 가운데 45명의 이력을 파악할 수 있기 때문이다. 이 가운데 16명(5·7·25·30·37·44·47·48·52·56·59·64·67·72·76·77)이 상대등으로 승진하였다. 이는 중시가 상대등과 대립적이지 않았음을 말

---

96) 8세기 말 이전 중시는 宰相의 반열에 들지 못했다고 한다(木村誠,〈新羅の宰相制度〉,《人文學報》118, 東京都立大學, 1978).
97)《삼국사기》권5, 신라본기 태종무열왕 8년 춘 2월조.

한다. 또한 중시 퇴임 후 병부령으로 진출한 경우도 3명(36·46·48) 이 확인되었다. 이러한 현상은 하대만의 사실이 아닌, 중·하대 전시기의 사실이었다. 이는 중시가 상대등은 물론 병부령보다도 위상이 낮았다는 사실을 뒷받침한다고 하겠다.[98]

이상으로 집사부의 장관인 중시의 임면과 진출에 대해 살펴보았다. 그러면 시랑을 비롯한 하위 관원들의 실태는 어떠하였을까? 중시보다 비중은 낮다 하더라도 이들 또한 집사부의 성격을 파악하는 데 도움이 될 것이다. 이를 살피기 위해 먼저 집사부의 차관인 시랑(전대등)의 명단을 찾아 정리하면 〈표-6〉과 같다.[99]

〈표-6〉 집사부 시랑(전대등) 일람표

당시의 侍中	人 名	官 等	在 任 時 期	典 據
思 恭	(1) 金志誠 (金志全)	重阿湌	聖德 17년(718) 무렵	甘山寺造像銘
正 門	(2) 金體信	阿湌	惠恭 7년(771)	聖德大王神鍾銘

98) 병부령은 법흥왕대에 처음 설치된 뒤 진흥왕·무열왕대에 1명씩 증원되었다. 그러나 전제왕권이 확립된 문무~신문왕대에 이르러 1명으로 고정됨으로써 兵馬權을 박탈당한 채 단지 兵部의 장관인 관료로서의 지위로 변질되었고, 중대 말 전제왕권이 붕괴되면서 다시 등장하여 상대등·시중을 겸하면서 사실상의 집권자가 되었다고 한다(申瀅植, 〈新羅 兵部令考〉, 《歷史學報》 61, 1974; 同 改題 〈新羅의 國家的 成長과 兵部令〉, 앞의 책(1984). 그러나 중대 병부령이 1명으로 줄었다거나 정치의 일선에서 물러났다는 주장은 재고의 여지가 있다. 인원 축소 기록도 없을뿐더러 병부령은 중대에서도 왕권을 지탱하는 굳건한 지주로 기능했다고 판단되기 때문이다.
99) 집사부 시랑 일람표는 이기백(1974), 〈신라 하대의 집사성〉, 앞의 책, p.187에도 작성되어 있으나, 金珊珍·金藹·金元弼·姚克一·金咸熙 등을 빠뜨리고 있음은 물론, 金體信을 金敬信으로 파악함으로써 전반적인 해석에 문제가 있다. 한편 경주 월성 垓字 출토 목간 가운데 "四月一日典大等教事"라 한 명문이 있어 주목된다(1995년 국립경주문화재연구소 공개). 여기서의 典大等은 우선 집사부의 시랑으로 파악할 수 있겠지만, 집사부의 전신인 稟主 시대의 장관이었을 가능성도 배제할 수 없다.

당시의 侍中	人 名	官 等	在 任 時 期	典 據
正 門	(3) 金 巖100)		惠恭 12년(776) ~ 宣德(780~785) 사이	《三國史記》 金庾信傳(下) 附
	(4) 金珊珍101)		800년 무렵	毘嚧庵眞空大師碑
忠 恭	(5) 祿 眞	阿湌	憲德 10년(818)	《三國史記》 新羅本紀· 祿眞傳
	(6) 金 藹102)		9세기 중반 무렵	太子寺朗空大師碑 陰
	(7) 金元弼	[阿湌]	文聖 17년(855) 이전	昌林寺無垢淨塔願記
魏 珍 乂 謙	(8) 金八元	阿湌 [阿湌]	景文 12년(872) 憲康 5년(879)	皇龍寺刹柱本記 鳳巖寺智證大師碑
	(9) 姚克一103)		景文 12년(872) 이후	《三國史記》 金生傳 附
乂 謙	(10) 金咸熙104)		憲康 5년(879)	鳳巖寺智證大師碑
	(11) 寬 柔		眞聖 4년(890)	聖住寺朗慧和尙碑
	(12) 崔仁渷105) (崔彦撝)		景明1년~ 8년 사이 (917?~924?)	《三國史記》 薛聰傳 附 聖住寺朗慧和尙碑 太子寺朗空大師碑 鳳林寺眞鏡大師碑 興寧寺澄曉大師碑
	(13) 金 昢		敬順 6년(932)	《三國史記》 新羅本紀
	(14)[金封休106)		敬順 9년(935)	《三國史記》 新羅本紀

---

100) 《삼국사기》 권43, 김유신전(하)에서는 "少壯爲伊湌 入唐宿衛"라 하여 伊湌
으로 입당 숙위하였다고 하나, 이는 그대로 따르기 어렵다. 뒷날인 혜
공왕 15년(779) 遣日使節로 일본에 다녀올 때 級湌이었음이 확인되기 때
문이다(《續日本紀》 권36, 寶龜 11年 正月). 그는 大曆年間(766~779) 당에서
귀국하여 司天大博士, 良·康·漢 3州 太守, 執事侍郎, 浿江鎭頭上 등을 역임하
였는데, 집사시랑 취임 시기에 대해서는 혜공왕대(765~780)로 보는 견
해(이기백(1974), 〈신라 하대의 집사성〉, 앞의 책, p.187의 〈表−사〉)와,
良·康·漢州 太守와 함께 宣德王 즉위 후로 보는 견해(李基東, 〈新羅 下代의
浿江鎭〉, 《韓國學報》 4, 1976; 앞의 책(1984), p.222)가 있다. 그러나 司天大
博士나 良·康·漢州는 관호개혁기의 명칭임을 감안하면(이영호(1990), 〈신
라 혜공왕 12년 관호복고의 의미〉; 이 책 제1편 제3장), 혜공왕 12년
(776) 직후의 어느 시기일 것이다.

101) 고려 태조 22년(939)에 건립된 毘嚧庵眞空大師碑에 "(大師法諱) △運 俗姓金
氏 鷄林人也 (중략) 大父珊珍 累官至本國執事侍郎 父確宗 歷仕至本國司兵員外

자료:《三國史記》,《韓國金石全文》古代·中世(上). [　]는 추정에 따른 것이다.

표에서 보듯이 집사부 시랑 역임자는 현재 14명이 나타나고 있다.
이들의 관등은《삼국사기》직관지에 나마(11등)에서 아찬(6등)의 범
위에서 임명한다고 규정하였지만, 대부분 가장 높은 아찬이 임명되
었다. 그리고 지금까지 지적되어온 바와 같이, 이들의 신분은 대개
6두품이 틀림없을 것이다.[107]

(중략) 大中九年四月十八日誕生"《韓國金石全文》中世 上, p297)이라 하여, 大中
9년(855)에 탄생한 眞空大師 △運의 大父(祖)라는 점에서 대략적인 시기를
추정할 수 있다.

102) 9세기말 혹은 10세기 초 國主寺의 僧頭였던 乾聖院和尙(讓景)의 祖父인 점에
서 대략적인 시기를 추측할 수 있다.

103)《삼국사기》권48, 金生傳에 "又有姚克一者 仕至侍中兼侍書學士"라고 한 기사에
서 侍中은 侍郎의 잘못으로 생각된다(이기백(1974),〈신라 하대의 집사성〉,
앞의 책, p.192). 그의 시랑 재임 시기는, 경문왕 12년(872) 皇龍寺九層木塔
刹柱本記의 書者로 참여할 때의 관직이 "崇文臺郎兼春宮中事省臣"(《韓國金石遺
文》增補版, p.162)이었으므로, 그 이후의 어느 시기로 추정된다.

104) 경문왕 12년(872) 內省卿이었을 때 沙飡이었으므로(《新羅皇龍寺九層木塔刹柱
本記〉,《韓國金石遺文》增補版, p.164) 執事侍郎이었을 때의 관등은 그 이상이
었을 것이다.

105) 경명왕 8년(924) 4월 1일에 건립된 鳳林寺眞鏡大師碑에 "門人 朝請大夫 前
守執事侍郎 賜紫金魚袋 崔仁渷(篆)"(《韓國金石全文》古代, p.256)라 하였다. 또
한 聖住寺朗慧和尙碑에서는 "從弟 朝請大夫 前守執事侍郎 賜紫金魚袋 臣崔仁渷奉
敎書"(같은 책, p.223)라 하여, 최인연은 동 비문을 찬한 최치원의 從弟임을
밝히고 있는데, 비문의 작성 시기 및 작성된 비문을 최인연이 쓴 시기, 비
석의 건립 시기 등에 대해서는 약간의 시차가 있다. 최인연이 비문을 쓴
시기를 경명왕 8년(924) 무렵으로 보는 데 대해서는 菅野銀八,〈新羅興寧寺澄
曉大師塔碑の撰者に就いて〉,《東洋學報》13~2, 1924, pp.112~114 참조.

106)《삼국사기》권12, 신라본기 경순왕 9년 10월조에 "乃使侍郎金封休賫書 請
降於太祖"라 하여 侍郎이라고만 하였으나 執事侍郎으로 추정되고 있다(이
기백(1974),〈신라 집사부의 성립〉, 앞의 책, p.161 및〈신라 하대의 집
사성〉, p.187).

107) 이기백(1974),〈신라 하대의 집사성〉, 앞의 책, pp.187~189.
　　　　,〈統一新羅와 渤海의 社會〉,《韓國史講座》古代篇, 一潮閣, 1982, p.318.

집사부 시랑의 정원은 2명으로 규정되어 있는데, 봉암사지증대사
비鳳巖寺智證大師碑에서 헌강왕 5년(879) 김팔원金八元(8)과 김함희金咸
熙(10)의 2명이 동시에 재임한 사례가 확인되고 있다.[108] 당시 이들
의 관등은 자세히 알 수가 없으나, 황룡사 9층탑 중수重修를 완료한
경문왕 12년(872)에 각각 아찬과 사찬인 사실을 황룡사구층목탑찰주
본기皇龍寺九層木塔刹柱本記에서 확인할 수 있으므로, 같은 집사부 시
랑이라 하더라도 관등 또는 서열상의 차이가 있었다고 생각된다.[109]
더욱이 김팔원은 경문왕 12년부터 헌강왕 5년까지 7년 이상 재임하
였음을 알 수 있는데, 여기서 집사부 시랑의 재임기간은 중시에 견
주어 장기간이었음이 밝혀진다고 하겠다.[110] 시랑의 성격은 그들의
활동을 살펴봄으로써 더 자세히 검토될 수 있다.

〈표-7〉 집사부 시랑(전대등) 역임자의 분석

人 名	就任前 主要經歷	在任中 主要經歷	退任後 主要經歷	備 考
(1) 金志誠[111] (金志全)	遣唐使節(正使), 尙舍奉御(唐)		甘山寺 창건, 甘山寺 彌勒像·阿爾陀像 조성	父 仁章 一吉湌
(2) 金體信	遣日使節(正使), 級湌	奉德寺成典 副使 로 聖德大王神鍾 주조에 참여	大谷鎭 軍主	

---

108) 《韓國金石全文》古代, p.251, "始資疑迈於王孫韓粲繼宗 執事侍郎金八元 金咸熙 及正
法大統釋玄亮(하략)." 그러나 경문왕 12년(872) 이후 헌강왕대의 어느 시
점에서는 金八元 또는 金咸熙가 姚克一과 함께 재임했을 가능성도 있다.
109) 이는 일반 관부의 장관 복수제에도 시사적이다.
110) 물론 단 하나의 사례로 일반화하기에는 주저되는 점이 없지 않다. 그
러나 임기가 하대 4년으로 예정된 중시(이기백(1974), 〈신라 집사부의
성립〉, 앞의 책, p.159)와는 차이가 있다고 하겠다. 그런데 헌강왕 5년
(879) 金八元의 관등은 여전히 아찬이 아니었을까 한다. 鳳巖寺智證大師碑
에서 王孫인 韓粲(大阿湌) 繼宗 다음에 그의 이름이 열거되고 있기 때문
이다. 주 108) 참조.
111) 甘山寺彌勒菩薩造像記에는 "弟子志誠 生於聖世 歷任榮班 無智略以匡時 僅免罹
於刑憲……"(《韓國金石全文》古代, p.126)이라 하여 金志誠이 한때 모종의

人　名	就任前 主要經歷	在任中 主要經歷	退任後 主要經歷	備　考
(3) 金巖	入唐宿衛, 司天大博士, 良·康·漢 3州 太守, 遣日使節(副使), 級湌		浿江鎭 頭上	金庾信 玄孫
(4) 金珊珎				子 確宗 司兵員外, 孫 △運 (眞空大師)
(5) 祿眞[112]	[國學 수료] 23歲 始仕, 屢經 內外官	上大等 角干 忠恭에게 조언, 金憲昌의 난 진압		父 秀奉 一吉湌
(6) 金藹			浿江鎭 都護	元聖王 表來孫, 憲康王 外庶舅
(7) 金元弼			昌林寺無垢淨塔 조성시에 檢校使, 阿干	
(8) 金八元[113]			浿江鎭 都護	
(9) 姚克一	中舍人, 崇文臺郎 兼春宮中事省臣, 大安寺寂忍禪師碑·皇龍寺刹柱本記 奉敎書, 三郎寺碑·興德王陵碑[奉敎]書	侍書學士		
(10) 金咸熙	內省卿, 沙湌			
(11) 寬柔				王孫
(12) 崔仁渷[114] (崔彦撝)	翰林學士, 守兵部侍郎, 知瑞書院學士, 賓貢進士試 급제	朝請大夫[중국]	聖住寺朗慧和尙碑 奉敎書, 鳳林寺眞鏡大師碑 篆額 書者, 고려시대의 비문 다수 奉敎撰	崔致遠의 從弟
(13) 金岉		遣唐使節 (後唐, 正使)		
(14) [金封休]		高麗 太祖에게 항복문서 전달		

자료: 《三國史記》, 《三國遺事》, 《高麗史》, 《新唐書》, 《舊唐書》, 《册府元龜》, 《續日本紀》, 《韓國金石遺文》, 《韓國金石全文》 中世(上). [ ]는 추정에 따른 것이다.

정치개혁에 관여하다 형벌을 받을 뻔한 사실이 있었음을 전하고 있다.

위에서 집사부 시랑 역임자들의 다양한 경력을 살필 수 있다. 시
랑 취임 전의 경력을 확인할 수 있는 예는 김지성金志誠, 김체신金體
信, 김암金巖, 녹진祿眞, 요극일姚克一, 김함희金咸熙, 최인연崔仁渷 등 7
명이다. 이 가운데 김지성, 김체신, 김암은 각각 견당遣唐·견일사절遣
日使節의 정사正使, 부사副使 등으로 다녀올 정도로 국왕의 신임을 받
았는데115) 김지성은 상사봉어尙舍奉御116)의 직을 받아 귀국하였다.

그 시기와 당시의 관직은 잘 알 수 없으나, 이를 慶永의 난에 연좌되어
파면된 中侍 順元과 관련지어 보면서 당시 그의 관직을 尙舍奉御로 파악
하는 견해(文明大, 〈新羅 法相宗(瑜伽宗)의 成立問題와 그 美術 —甘山寺 彌
勒菩薩像 및 阿彌陀佛像과 그 銘文을 중심으로—(上)〉, 《歷史學報》 62, 1974,
p.88 및 p.93의 주 34)와, 尙舍奉御와 執事侍郎 두 경우를 모두 상정하는
견해(李基東, 〈新羅 中代의 官僚制와 骨品制〉, 《震檀學報》 50, 1980; 앞의 책,
1984, p.140)가 있다. 그러나 필자는 집사부의 중요성에 비추어 집사시
랑 당시의 일로 추측한다.

112) 阿湌으로 6두품으로 추정되는 그가 23세에 始仕하였다는 점은 國學 출
신자임을 말하는 것으로 생각된다. 국학에 입학한 학생의 나이는 15세
에서 30세에 이르렀고, 9년을 한도로 수업하였으며, 五經·三史·諸子百家의
書에 능통한 자는 招擢하여 등용하였음을 상기하면(《삼국사기》 권38, 직
관 상, 國學), 그가 15세에 국학에 입학하였다고 할 때 入仕할 무렵에는
23세가 되었을 것이기 때문이다.

113) 浿江鎭 都護 경력에 대해서는 이기동(1984), 〈신라 하대의 패강진〉, 앞의
책, pp.223~224 참조.

114) 《삼국사기》 권46, 薛聰傳에 “崔彦撝 年十八入唐遊學 禮部侍郎薛廷珪下及第 四
十二還國 爲執事侍郎瑞書院學士”라 한 사실에서 執事侍郎과 瑞書院學士를 겸
한 것으로 본 견해도 있다(李文基, 〈新羅時代의 兼職制〉, 《大丘史學》 26,
1984, p.51).
   성주사낭혜화상비 등에서 확인되는 ‘朝請大夫’는 최인연이 중국에 사신으로
갔다 왔음을 말해주는데 그 시기는 경명왕이 재위한 917년 이후 924년 이
전의 어느 시기로 추정된다고 한다(金英美, 〈羅末麗初 崔彦撝의 現實認識〉, 《史
學硏究》 50, 1995, pp.148~149) 여기서는 잠정적이지만 집사시랑 재임중의 경
력으로 정리한다.

115) 《삼국사기》 권8, 신라본기 성덕왕 즉위년(702)조에 “聖德王立 諱興光 本名
隆基 與玄宗諱同 先天中改焉(唐書云 金志誠)”이라 하였고, 《册府元龜》 권970,
外臣部15, 朝貢3 神龍 元年(705) 조에는 “三月 新羅王金志誠遣使來朝. 九月 又
遣使獻方物”이라 하여 신라왕이 金志誠이라 하였으나, 김지성은 성덕왕의
이름이 아니라 사신으로 入唐한 사람으로 생각된다. 따라서 《册府元龜》

또한 김암이 내성內省 예하의 사천대박사司天大博士를 역임한 사실은, 김함희가 내성경內省卿을 거쳤다거나 요극일이 문한관文翰官인 숭문대랑崇文臺郎으로서 어룡성御龍省 아래의 춘궁중사성春宮中事省[117)의 관원이었다는 사실과 함께 주목된다. 이는 이들이 국왕 근시기구近侍機構의 관원이었음을 말한다고 하겠다.

또한 김암은 입당 숙위하였고, 최인연은 당의 빈공진사시에 급제한 뒤 귀국하여 문한직인 한림학사翰林學士·수병부시랑守兵部侍郎·지서서원사知瑞書院事에 제수되었다.[118) 23세에 관직생활을 시작하여 내외관을 두루 거친 녹진은 앞서 밝힌 바와 같이 국학 출신자로 생각되고, 요극일은 당대의 대표적인 명필로서 왕명을 받아 수많은 비문을 썼다. 이는 국왕의 신임이 두터운 근시의 관원과 문사文士, 글씨에 능한 명필名筆 등이 장차 집사시랑에 취임하였음을 말하는 것이다.

집사시랑 재임 중의 경력이 확인되는 것은 김체신, 녹진, 요극일, 최인연, 김불, 김봉휴 등 6명이다. 김체신의 경우 봉덕사성전의 차관인 부사副使를 겸하였다. 성전사원은 중대 국왕의 봉사기능奉祀機能을 수행한 시설로 왕실의 원당願堂이었다.[119) 더욱이 그가 재임하던 혜

의 기사는 "新羅王遣金志誠來朝"의 誤記로 판단된다(末松保和(1954), 〈甘山寺 彌勒尊像及び阿彌陀佛の火光後記〉, 앞의 책, p.459). 그렇다면 遣唐使節의 正使로서 김지성과 같은 6두품도 파견되었음을 알 수 있다.

116) 이기동(1984), 〈신라 중대의 관료제와 골품제〉, 앞의 책, p.140에서는 내성 산하 관직으로 파악하였다. 그러나 이는 唐에서 받은 관직으로 생각된다(權悳永(1996), 앞의 학위논문, pp.41~42·p.116).

117) 이는 內省 소속의 洗宅이 아닌 東宮 직속의 洗宅을 말하는데, 洗宅은 관호개혁 때 中事省으로 개칭된 바 있다. 동궁 소속 세택의 설치시기는 동궁을 둔 경덕왕 11년(752) 8월로 추정된다고 한다(이기동(1984), 〈나말여초 근시기구와 문한기구의 확장〉, 앞의 책, p.234). 그러나 애장왕 2년(801) 御龍省이 설치되기 전에는 內省에 소속되어 있었다고 생각된다.

118) 김영미(1995), 〈나말여초 최언위의 현실인식〉, pp.146~147.

119) 이영호(1983), 〈신라 중대 왕실사원의 관사적 기능〉, pp.93~102.

공왕 7년(771) 봉덕사성전의 장관은 김옹과 김양상으로 중대왕실을
유지시키려 한 정계의 거목들이었다.[120] 따라서 김체신은 친왕파의
인물로서 이들과 함께 왕실의 대업인 성덕대왕신종 주조에 참여하
였다고 하겠다. 영천청제비 정원명(798)에 집사시랑이 왕실 직할지
의 인력 동원에 관여한 사실도 아울러 주목된다.[121]

또한 녹진은 상대등 충공에게 인사문제를 조언함으로써 왕정에
협력하는 한편 김헌창의 난 진압에 공을 세웠고, 요극일은 문한관文
翰官인 시서학사侍書學士[122]를 겸하였다. 이는 집사부 시랑의 임무가
기밀을 요하는 인사문제나 문한직과도 일정한 관련이 있었음을 시
사한다. 중국에 사신 간 것으로 짐작되는 최인연은 조청대부朝請大夫
의 관계를 받고 돌아와 경명왕 8년(924) 4월 1일 이전 어느 시기까
지 재임하였다.[123] 또한 김불은 후당後唐에 사신으로 파견되었고, 김
봉휴는 경순왕의 명을 받아 신라의 항복문서를 고려 태조 왕건에게
전하였다. 이상과 같은 사실들은 집사부가 국왕의 측근에서 총무,
비서기관, 대외외교, 정책기획 등의 임무를 수행하였을 것이라는 앞

이영호(1993), 〈신라 성전사원의 성립〉, pp.273~281.

120) 이영호(1990), 〈신라 혜공왕대 정변의 새로운 해석〉, pp.342~356; 이 책
제1편 제4장 pp.163~171.

121) 영천청제비 정원명의 제8행을 "此中典大彔角助役切火押梁二郡各△人"으로
판독하여 典大彔을 典大等으로 이해한 견해가 있다(田中俊明, 〈新羅の金石
文—永川菁堤碑貞元銘—〉, 《韓國文化》 42, 1983, p.38 및 浜田耕策, 〈新羅村落文
書研究の成果と課題〉, 《律令制 —中國朝鮮の法と國家—》(唐代史研究會 編), 汲
古書院, 1986, p.596). 하일식은 이 구절을 "이 중에서 전대등이 부린 助
役은 절화 압량 2군의 각 △인이었다"라고 해석하면서, 이는 왕실 직할
지의 일이나 인근 지역의 인력 동원은 所內使의 권한 밖이었으므로, 집
사부 차관인 전대등이 관여하여 인접한 2군으로부터 조역을 징발하였
다고 하였다(河日植, 〈新羅 統一期의 王室 直轄地와 郡縣制 —菁堤碑 貞元銘
의 力役運營 事例分析—〉, 《東方學志》 97, 1997, p.29). 전대등의 이름은 밝
혀져 있지 않지만, 성덕대왕신종 명문의 김체신과 함께 왕실의 일에
관여한 집사부 시랑의 역할을 엿볼 수 있는 자료이다.

122) 구체적 내용은 잘 알 수 없으나, 文翰官인 것은 분명하다고 생각된다.

123) 김영미(1995), 〈나말여초 최언위의 현실인식〉, p.147.

에서의 주장을 지지해 준다고 하겠다.

한편, 퇴임 후의 경력이 확인되는 예는 김지성, 김체신, 김암, 김
애, 김원필, 김팔원, 최인연 등 7명이다. 김지성은 67세에 현거치사縣
車致仕한 뒤 가산을 희사하여 아버지 인장仁章 일길찬과 어머니 관초
리부인官肖里夫人을 위해 감산사를 짓고, 석조 아미타상 1구와 미륵
상 1구를 만들었으나, 국주대왕國主大王인 성덕왕聖德王과 개원愷元 이
찬공伊湌公 등도 아울러 발원의 대상으로 삼았다. 이는 아미타상 명
문을 나마奈麻 총총聰이 왕명을 받들어 찬술한 사실과 함께, 김지성이
왕실과 밀착되었고, 퇴임 뒤에도 관계가 지속되었음을 말해준다. 이
러한 경향은 김원필이 문성왕의 창림사무구정탑昌林寺無垢淨塔 조성에
검교사로 참가하고 있는 사실에서도 찾을 수 있다. 김체신, 김암, 김
애, 김팔원은 패강진 도호浿江鎭都護로 나아가 6두품 출신으로 임명
될 수 있는 외관外官의 최고직으로 진출하였고,[124] 최인연은 국왕의
명을 받들어 여러 비문碑文을 찬술하거나 서자書者로 활동하였다.

집사부의 제3등관 대사(낭중)는 정원이 2명으로 규정되어 있다.
그러나 문헌 자료에서는 실례를 찾을 수 없고, 금석문에서만 사례가
발견되고 있다.

<표-8> 집사부 대사(낭중) 일람표

당시의 中侍	人 名	官 等	在 任 時 期	典 據
	(1) 金詢禮		9세기 후반 무렵	太子寺朗空大師碑 陰
	(2) ?		경문왕 12년(892) 무렵	興德王陵碑片

자료:《韓國金石全文》中世(上).

김순례金詢禮는 집사시랑을 지낸 김애金藹의 아들로서, 내직內職으
로서는 집사함향執事含香, 외직外職으로서는 삭주장사朔州長史를 역임

---

124) 이기동(1984),〈신라 하대의 패강진〉, 앞의 책, p.224. 또한 이기동은 패
강진 도호가 武官職이 아닌 文官職임을 지적하였다.

하였다. 그러나 집사부에서 '함향含香'이란 관직은 나타나지 않았으므로 이는 집사부의 관직 가운데 어느 하나에 비정할 수밖에 없을 것이다. 이를 시랑에 비정할 가능성도 있겠으나, '함향含香'이란 명칭이 중국에서 상서랑尙書郎이 천자를 주대奏對할 때, 입 속의 구취口臭를 제거하기 위해 계설향雞舌香을 머금었다는 고사에서 유래하였음을 상기하면,125) 오히려 대사(낭중)일 가능성이 크다고 생각한다.126) 이는 김순례가 삭주장사朔州長史를 역임하였다는 점에서도 방증될 수 있다.

《삼국사기》 권40, 직관지(하)에 따르면, 장사長史는 주州의 장관인 도독都督과 차관인 주조州助를 보좌하는 관직으로 해당 관등은 사지(13등)에서 대나마(10등)까지였다. 헌덕왕 14년(822) 3월 18일 김헌창의 반란 사실을 조정에 전한 완산주完山州 장사長史 최웅崔雄에게 상으로 급찬의 벼슬을 내린 것을 보면127) 최웅의 관등은 원래 나마나 대나마였을 것이다. 그렇다면 '함향'은 사지舍知에서 대사大舍의 관등에서 임명되는 제4등관 사지(원외랑)는 될 수 없고, 사지에서 나마를 범위로 하는 제3등관 대사(낭중)에 해당함을 알 수 있다고 하겠다. 대사인 김순례의 사례를 통해서 집사부의 관직을 부자가 대를 이어 역임한 사실을 알 수 있고, 또한 그가 "재주는 육예六藝를 겸하였고 학문은 오경五經을 관통하였다"고 한 사실에서 집사부 관원의 문한적 성격을 짐작할 수 있다. 그 밖에 흥덕왕릉비편에서도 역임자의 사례를 찾을 수 있으나 인명은 확인되지 않는다.128)

---

125) 諸橋轍次, 《大漢和辭典》 권2, 大修館書店, 1956, p.864 含香署.
126) 郎官이란 漢代에는 侍郎과 郎中을 말했지만, 唐 이후에는 郎中과 員外郎을 일컬었다고 한다(日中民族科學硏究所 編, 《中國歷代職官辭典》, 國書刊行會, 1980, pp.375~376).
127) 《삼국사기》 권10, 신라본기 헌덕왕 14년 3월 18일조.
128) 경문왕 12년(872) 직후에 건립된 것으로 추정되는 興德王陵碑(이기동 (1984), 〈나말여초의 근시기구와 문한기구의 확장〉, 앞의 책, p.240)의

제4등관 사지(원외랑)는 정원이 2명이라 하나 직명이 구체적으로 명시된 예는 나타나지 않고 있다. 그러나 다음의 경우는 집사부 사지로서 주목할 수 있다고 생각한다.

〈표-9〉 집사부 사지(원외랑) 일람표

당시의 中侍	人　名	官　等	在　任　時　期	典　據
	(1) 金確宗	?	9세기 중엽	毘嚧庵眞空大師碑
	(2) 朴仁範	?	880년 무렵	桂苑筆耕集 권10

자료: 《韓國金石全文》 中世(上), 《桂苑筆耕集》.

먼저 김확종金確宗은 집사시랑을 지낸 김산진金珊珎의 아들로 진공대사의 아버지였다. 그가 역임한 사병원외司兵員外는 병부의 사병司兵(노사지 弩舍知)과 집사부의 원외랑員外郎일 가능성을 배제할 수 없다. 또한 박인범은 〈신라탐후사박인범원외新羅探候使朴仁範員外〉라 한 데서 집사부 원외랑일 가능성이 크다고 생각한다.[129]

마지막으로 사(낭)는 무려 20명을 두었다고 하나 사료에서 확인되는 것은 중대 말과 하대 초의 두 사례에 불과하다. 이를 정리하면 다음과 같다.

碑片에 '執事郎中'이 나타나고 있다. 또한 '專知官前執事郎', '前執事郎' 등의 구절도 있는데 이들 또한 집사부의 '郎中'으로 추정이 가능하다. 물론 '郎'일 가능성도 없지 않다.

129) 員外郎이란 관직이 확인되는 관부로는 執事部, 倉部가 있으므로 이 가운데 어느 하나일 것이다. 그러나 이들의 가계나 활동상으로 보아 집사부 원외랑일 가능성이 크다. 한편, 박인범은 唐에 유학 懿宗 咸通年間 (860~873)에 國學에서 공부하였고, 876년 빈공진사시에 급제하였다. 그 뒤 귀국하여 員外郎이 되어 황소의 난을 겪고 있던 당의 내부 사정을 알아보기 위한 探候使로 입당하기도 하였으며, 최치원 이후 국내의 文柄을 장악하였다. 瑞書學士 또는 學士, 禮部侍郎 등을 역임한 사실이 금석문에서 확인되고 있다(이기동(1984), 〈나말여초의 근시기구와 문한기구의 확장〉, 앞의 책, pp.252~253).

<표-10> 집사부 사(낭) 일람표

당시의 中侍	人 名	官 等	在 任 時 期	典 據
	(1) 金長淸[130]	?	景德 18년(759)~ 惠恭 11년(775) 사이	《三國史記》 金庾信傳(下) 附
[世强]	(2) 毛肖	?	元聖 5년(789) 9월	《三國史記》 新羅本紀

[ ]는 추정에 따른 것이다.

집사사執事史는 집사부의 최하위 관직이어서 임면이 기록으로 남기 어려웠을 것이지만, 김장청金長淸과 모초毛肖의 사례가 확인되고 있다. 김장청은 김유신의 현손으로 김유신의 《행록》 10권을 지었는데, 《삼국사기》 김유신전은 바로 이를 정리한 것이라고 한다.[131] 이는 사가 집사부의 최일선 실무를 담당하였다 하더라도 문한적 성격이 강한 관직이었음을 짐작케 한다. 또한 모초는 원성왕 5년 9월, 자옥子玉을 양근현楊根縣 소수小守로 삼으려 하자 문적文籍 출신이 아니므로 이에 임명할 수 없다고 논박하였다.[132] 결국 시중이 의논하여 성사되긴 했지만, 이 또한 사의 문한적 실무자로서의 일면을 말해 준다고 하겠다.

---

130) 《삼국사기》 권43, 열전 김유신(하)에 "新羅執事郎長淸作行錄十卷 行於世"라 하여 김장청을 '執事郎'이라 한 것으로 보아 그의 재임기간은 경덕왕 18년에서 혜공왕 11년에 이르는 관호개혁기의 어느 시기임을 알 수 있다. 이영호, 〈신라 혜공왕 12년 관호복고의 의미〉 [附表 1]; 이 책 제1편 제3장 <표-1> 참조.
131) 《삼국사기》 권43, 열전 김유신(하) 附.
132) 《삼국사기》 권10, 신라본기 원성왕 5년 9월조. 한편, 執事史는 행정의 결정에 발언권을 가지지는 못하였지만, 행정의 실제에 관여하고 있었기 때문에 그러한 면에서 의견을 제시하는 경우가 있었다고 한 견해가 참고된다(이기백(1974), 〈신라 집사부의 성립〉, 앞의 책, p.161).

3. '중대＝전제왕권시대' 설의 타당성 검토

중대는 흔히 전제왕권의 시대라 인식되어 왔다. 이는 집사부 중시가 전제화된 왕권을 배경으로 여러 관부들을 통제하였다는 점에 근거를 두고 있다. 그러면 집사부의 중시가 국왕의 대변자로서 실질적으로 여러 관부들을 통제할 수 있었을까? 이미 앞에서 살핀 바와 같이, 집사부 중시는 이들을 통제할 수도 없었고 그럴 위치도 아니었다. 국왕 측근 관부로서 집사부의 중요성은 충분히 인정할 수 있지만, 지나친 의미 부여는 곤란하다는 것이 저자의 생각이다. 그러면 중대 집사부 중시의 기능과 관련하여 규정된 '전제왕권시대'의 문제를 그 개념에서부터 검토해 보기로 하자.

신라 정치사에서 '전제왕권專制王權' 또는 '전제주의專制主義'란 용어를 본격적으로 도입·적용한 사람은 이기백일 것이다. 그는 〈신라 혜공왕대의 정치적 변혁〉이란 글에서 신라 삼대의 변화에 주목하여 상대를 귀족연합貴族聯合의 시기, 하대를 귀족연립貴族聯立의 시기로 이해하면서, 중대를 전제왕권의 시기로 규정하였다.[133] 이 같은 이해는 신라사의 변천과정을 역동적으로 파악할 수 있게 해준다는 점에서 학계의 광범한 지지를 받아 왔다. 그러나 이기백은 중대를 특징짓는 '전제왕권' 또는 '전제정치'란 용어의 개념에 대해서는 언급하지 않았다.

이에 따라 그 뒤의 연구자들은 전제왕권의 개념 파악에 주력하게 되었다. 먼저 신형식은 전제왕권에 대한 명확한 개념 규정의 필요성을 제창하면서, 스태머O. Stammer의 '배타적 권력의 행사'나 포퍼K.

---

133) 李基白, 〈新羅 惠恭王代의 政治的 變革〉, 《社會科學》 2, 1958; 앞의 책(1974), pp.253~254.

Popper의 '왕이 곧 국가'라 함을 전제주의의 개념으로 승인하면서
도,134) 한편으로 신라의 독자성을 강조하였다. 즉 전제왕권은 견제
기구가 있었으며,135) 중대만이 전제왕권의 시대가 아니라 중고 말부
터 형태가 갖추어지기 시작하여 하대 귀족연립 시기에도 꾸준히 전
개된 체제라 규정하고, 중대 전제왕권은 국왕 1인의 독재가 아니라
관료제도와 소수 귀족세력의 지지와 타협으로 유지될 수 있었다고
하였다.136)

또한 이정숙은 고대 동서양 제국의 사례 검토를 통해 전제정치의
개념을 추출하였다. 그리하여 동서양 제국의 전제왕권은 중앙집권적
관료정치와 군주(또는 왕실)의 신성神聖을 강조한 점에 일치하고 있
음을 지적하고, 신라사에서 이와 유사한 시기를 추적하여 진평왕대
후반을 그 기점으로 설정하였다.137) 양기석은 전제왕권의 특징을 중
앙집권적 관료정치와 왕자의 신성성의 강조라고 한 이정숙의 견해
를 바탕으로, 고대전제국가의 정치형태는 왕권을 정점으로 한 고도
의 중앙집권화된 관료기구를 갖춘 고대국가의 완성 단계라 규정하
였다.138)

---

134) Otto Stammer, "Dictatorship," *International Encyclopedia of the Social Sciences* 4, The Macmillan Company & The Free Press, 1968, pp.161~168.
135) 申瀅植(1985), 앞의 책, pp.112~113.
136) 申瀅植, 〈新羅 中代 專制王權의 展開過程〉, 《汕耘史學》 4, 1990; 《統一新羅史硏究》, 三知院, 1990, p.118.
137) 李晶淑, 〈新羅 眞平王代의 政治的 性格〉, 《韓國史硏究》 52, 1986, pp.1~22 및 《新羅 眞平王代의 王權 硏究》, 梨花女大 博士學位論文, 1995, pp.48~112. 구체적으로 內省이 설치된 진평왕 44년(622) 무렵을 그 성립기로 파악하였다.
138) 梁起錫, 《百濟專制王權成立過程硏究》, 檀國大 博士學位論文, 1990, p.1. 간단히 중앙집권적 고대국가체제가 확립되는 시기의 정치형태라고도 하였다.
   梁起錫, 〈韓國 古代의 中央政治 ─百濟 專制王權의 成立問題를 중심으로─〉, 《國史館論叢》 21, 1991, p.66 및 〈百濟 聖王代의 政治改革과 그 性格 ─專制王權의 成立問題와 관련하여─〉, 《韓國古代史硏究》 4, 1991, p.76.

이기동은 전제정치 또는 전제왕권이란 용어가 중대라고 하는 특정한 시대의 분위기를 이해하는 데 매우 유용한 개념이지만, 전제정치의 전형이라고 할 수 있는 고대 오리엔트의 여러 국가, 비잔틴 제국, 서양 근세 초기의 절대 국가, 그리고 20세기의 몇몇 전체주의 국가들의 정치형태와 비교할 때, 상대적·제한적 의미로 사용하지 않으면 오해를 불러일으킬 소지가 있다고 논단하였다. 그리고 중대의 국왕은 앞선 시대와 비교하면 확실히 강력한 군주이기는 하였으나 결코 전제적이지는 않았고, 화백 회의체를 조종하려 했을 뿐 무력화시킨 것은 아니었다고 하였다.[139]

이들 연구는 전제왕권의 개념에 대한 각 논자들의 독자성을 엿볼 수 있게 한다는 점에서 긍정적인 면이 없지 않았다. 그러나 학계에서 일반적으로 이해되는 전제왕권의 의미를 대변하는 것은 다음과 같은 김수태의 견해가 아닐까 한다.

　　따라서 지금 진행되고 있는 논의의 핵심은 李泳鎬를 포함하여 일반적으로 지적되어 왔던 사실로서, 專制王權이라는 用語에 문제가 있다고 생각한다. 사실 이기백의 경우 그 이전 시대인 上代보다 中代에 들

---

139) 李基東, 〈新羅 興德王代의 政治와 社會〉,《國史館論叢》21, 1991, p.102.
　　李基東의 발언(1993), 〈第3回 韓國史의 爭點 —統一新羅時代의 專制政治— 세미나 속기록〉, pp.332~334.
　　그 밖에 鈴木靖民은 신라 정치사에서 사용되는 專制王權의 實態概念에 대하여 의문을 제기하였고(鈴木靖民, 〈金順貞·金邕論 —新羅政治史의 一考察—〉,《古代對外關係史의 研究》, 吉川弘文館, 1985, p.331 補註 4), 이종욱은 專制王權이란 용어의 사용을 보류하였다(李鍾旭, 〈百濟 初期史 研究史料의 性格〉,《百濟研究》17, 1986, p.18). 또한 정병삼은 화엄사상 연구를 통하여 '왕권강화작업'이나 '중앙집권화정책' 등의 표현으로 바꾸어 사용하자고 하였다(鄭炳三,《義相華嚴思想研究》, 서울大 博士學位論文, 1991, p9). 이와 같이 전제왕권의 개념 논쟁이 열기를 더해가자 '專制的 王權'(洪承基, 〈弓裔王의 專制的 王權의 追求〉,《擇窩 許善道先生停年紀念 韓國史學論叢》, 一潮閣, 1992)이란 용어를 사용한 경우도 나타났다.

어와서 상대적으로 王權이 專制化되었다는 사실에 주목하여 이 용어를
사용한 것으로 여겨지지만, 전제왕권이라는 용어는 중대에만 사용될
수 있는 것이 아니기 때문이다. 이때 고려나 조선 등 다른 시기와의
구별도 또한 명확하지 않은 것이다. (중략) 이러한 사실을 고려할 때
필자는 중대사회를 표현할 수 있는 독자적 표현 즉 專制王權을 대신
하는 적절한 용어가 발견되기 이전까지, 또한 專制王權에 대한 자세한
검토와 연구가 진행되기 이전까지 李基白이 사용하고 있는 용어를 그
개념과 함께 일단 그대로 사용하고자 한다.140)

위의 견해는 신라 중대의 정치사에 관한 본격적인 연구의 전제로
서 제시된 최근의 주장이라는 점에서 그 의의를 찾을 수 있다. 위에
서 김수태는 이기백이 사용한 개념을 그대로 받아들인다고 하면서,
전제왕권의 개념을 상대적인 것으로 파악하였다. 이로써 이기백이
제시한 전제왕권의 개념은 학계에서 상대적 의미로 받아들여져 왔
음을 알 수 있다고 하겠다.
　그런데 최근 그 개념 문제를 둘러싸고 논쟁이 가열되자, 이기백은
중대를 전제정치의 시대로 이해한 종전의 견해를 되풀이하면서 제가
의 개념 규정을 비판하였다. 그는 몽테스키외Montesquieu, 헤겔G.
Hegel, 비트포겔K.A. Wittfogel, 리히터M. Richter, 스태머O. Stammer, 유길
준兪吉濬 등의 주장을 열거하면서141) 전제정치의 개념을 다음과 같

---

140) 金壽泰(1991), 《新羅 中代 專制王權과 眞骨貴族》, 앞의 학위논문, p.4.
141) 몽테스키외 지음·李泳禧 譯, 《法의 精神》 1, 학원출판사, 1984, p.36.
　　헤겔 지음·金淙鎬 譯, 《歷史哲學講義》 Ⅰ, 삼성출판사, 1982, pp.194~195.
　　칼 A. 비트포겔 지음·具宗書 譯, 《東洋的 專制主義 ─總體的 權力의 比較研
　　究─》, 法文社, 1991, p.77·pp.183~185.
　　Melvin Richter, "Despotism", *Dictionary of the History of Ideas* 2, New York:
　　Charles Scribner's sons, 1978, p.1.
　　Otto Stammer, "Dictatorship", *International Encyclopedia of the Social Sciences*
　　4, The Macmillan Company & The Free Press, 1968, p.161.
　　兪吉濬, 〈世界大勢論〉, 《兪吉濬全書》 3(歷史篇), 一潮閣, 1971, pp.16~21.

이 규정하였다.

　　몽테스키외는 전제정치의 본성을 "유일인이 법도 준칙도 없이 자신
의 의지나 恣意에 따라 모든 일을 휘두른다는 것이다"라고 하였다.
(중략) 그런데 몽테스키외는 한 사람의 인간이나 하나의 집단에 권력
이 집중되어 있는 경우를 전제정치라고 하였는데, 군주라 하더라도 그
를 보좌하는 臣僚가 있게 마련이므로, 하나의 집단이라고 한 것을 그
런 의미로 이해할 수 있을 것이다. 이 점에 대해서는 비트포겔이 "이
독재적 중심체의 결정적인 중요성은 최고권력 보유자가 그 업무처리를
최고층의 보조자인 고관·장관·수상 등에 위임한다 하더라도 경감되지
않는다"고 한 말이 참고가 될 것이다. 결국 전제정치에 있어서는 군주
의 절대성이 강조되고 있는 것이다.

　　그리고 몽테스키외의 전제정치는 그 권력행사가 마치 暴君政治를
연상하게끔 하며, 따라서 이를 하나의 정치체제로 이해하기가 힘들게
한다. 전제정치는 군주의 개인적인 특성에서가 아니라 제도적인 성격
에서 찾아야 할 것이기 때문이다. 그러므로 전제정치는 일반 군주정치
와 구별해서, 한 사람의 군주에게 권력이 집중되어 있는 정치형태를
말한다고 해야 할 것이다. 그리고 여기에 전제정치의 핵심적인 특징이
있다고 생각한다. (중략) 만일 군주 1인의 독재적 권력의 행사를 불가
능하게 하는 관료제도나 귀족세력이 존재한다면, 그것은 이미 전제정
치가 아니라고 보아야 하겠다.[142]

---

142)　이기백(1993), 〈신라 전제정치의 성립〉, pp.43~44. 한편, "국왕 한 사람
　　에게 권력이 집중되는 전제왕권"을 말한 김수태의 견해가 전제정치의
　　개념을 적절히 표현하고 있다고 하였으나(李基白(1993), 〈統一新羅時代의
　　專制政治〉, p.78), 이는 김수태가 아닌 이기백 자신의 견해이다. 김수태는
　　해당 부분에 대한 각주에서 이 견해가 李基白의 《韓國史新論》(改正版) 終
　　章의 내용에 의거한 것임을 밝히고 있다(김수태(1991), 《신라 중대 전제
　　왕권과 진골귀족》, 앞의 학위논문, p.3 주 8).

라고 하고, 또 이어서는

끝으로 전제정치의 개념을 논하면서 하나만 더 덧붙여 말해 두고
싶은 것은, 전제정치는 王權强化와 같은 상대적 개념이 아닌 절대적
개념이지만, 그러나 역사 발전의 일정한 단계에만 존재하던 역사적 개
념은 아니라는 점이다. 가령 한국사에서 말한다면 고려의 光宗이나 조
선의 太宗·世祖와 같은 국왕도 전제군주였다고 할 수가 있을 것으로
생각한다. 이것은 독재정치가 특정된 어느 시대적 단계에서만 있었던
것이 아님과 마찬가지이다.143)

라고 하였다. 요컨대 전제정치는 국왕 1인에게 권력이 집중되고, 국
왕 1인에 의해 권력의 행사가 이루어지는 정치형태이나, 왕권강화와
같은 '상대적인 개념'이 아닌 '절대적인 개념'이라고 한 것이다. 그러
면서도 개인적 특성이 나타나는 것은 폭군정치이므로 전제정치와
구별되어야 한다는 것이다. 이 같은 견해는 매우 늦은 감이 있지만,
그의 진의를 파악할 수 있게 하였다는 점에서 긍정적으로 평가할
수 있었다. 그러나 이와 같은 주장은 그의 글을 읽고 여러 학자들이
이해해온 전제정치의 개념과 크게 상반된 것이어서 또한 주의를 요
하였다. 전제정치가 개인적 특성에서가 아니라 반드시 제도적 성격
에서 나타나야 한다는 것도 의문이지만,144) 전제정치의 개념을 규정

---

143) 이기백(1993), 〈통일신라시대의 전제정치〉, pp.81~82.
144) 중국의 始皇帝나 漢武帝, 隋煬帝, 唐太宗과 같은 절대군주(전제군주)는 송 이
    후의 황제와는 달리 제도에 의해 뒷받침된 것이 아니라 황제 자신의 통치
    능력에 의해 황제권을 행사했다고 한다(申採湜, 〈宋 이후의 皇帝權〉, 《東亞史
    上의 王權》, 한울, 1993, p.70). 또한 고려 光宗이나 조선 太宗, 世祖 등을 專
    制君主라 할 때, 다른 군주와 제도적 성격에서 어떠한 차이가 나는지는 알
    수 없으나, 世祖의 경우 그의 왕권 절대화 작업은 처음부터 한계가 있었다
    고 한 연구가 참고된다(鄭杜熙, 《朝鮮時代의 臺諫硏究》, 一潮閣, 1994,

하면서 "상대적인 개념" "절대적인 개념"으로 분류한 것도 납득하기
어려웠던 것이다.[145]

결국 논의의 핵심은 이러한 개념 규정이 실제와 부합하느냐 하는
것이다. 따라서 아래에서는 이 개념과 신라사의 실제가 일치하는가
의 여부를 검토하기로 하겠다.[146]

먼저 전제왕권의 성립과 존속기간에 관한 문제이다. 즉 전제왕권
은 언제 어떻게 성립되었으며, 또 어떻게 붕괴하게 되었는가 하는
것이다. 전제왕권의 성립과정에 대해서는 이미 진평왕대 후반을 그
성립기로 파악한 이정숙의 견해가 있음은 앞서 지적한 바이지만,[147]
신형식은 중고 말에 그 기반을 갖춘 후 선덕왕대宣德王代까지 존속되
었다는 견해를 제시하였다.[148] 이에 대해서는 별도의 논쟁이 있으므
로[149] 구체적인 검토는 뒷날의 과제로 미룬다. 그러나 이 책과 관련
하여서는 다음과 같은 이기백의 견해가 주목된다고 하겠다.

聖骨의 왕위 계승자가 없이 죽은 진덕여왕 뒤 上大等 閼川이 귀족

---

pp.6~48).
145) '상대적인 개념', '절대적인 개념'이란 용어는 이기백(1993), 〈신라 전제
　　정치의 성립〉, pp.52~53에서 이미 사용되고 있으나 적절한 용어로 생각
　　되지 않는다. 개념은 개념으로서 족하기 때문이다.
146) 신라 중대 전제왕권 문제에 대해서는 한때 김상현이 華嚴思想과의 관련 여
　　부에 초점을 두고 의문을 제기하였다(金相鉉, 〈新羅 中代의 專制王權과 華嚴
　　宗〉, 《東方學志》 44, 1984; 同 改題 〈新羅 華嚴思想의 政治·社會的 意義〉, 《新羅華
　　嚴思想史硏究》, 民族社, 1991). 이에 대해 이기백은 중대 화엄사상이 전제정치
　　를 뒷받침하였다는 종전 자신의 주장을 재천명하면서 김상현의 견해를 비
　　판하였다(李基白, 〈新羅時代의 佛敎와 國家〉, 《歷史學報》 111, 1986; 《新羅思想史
　　硏究》, 一潮閣, 1986). 그러나 그 개념에 대한 언급이 없어 논의 자체가 큰
　　의미를 갖지 못하였다.
147) 주 137) 참조.
148) 신형식(1990), 〈신라 중대 전제왕권의 전개과정〉, 앞의 책, p.120.
149) 이기백(1993), 〈신라 전제정치의 성립〉, pp.39~67.
　　申瀅植, 〈統一新羅와 渤海〉, 《韓國史論》 23, 국사편찬위원회, 1993, p.222.

들에 의해 왕으로 선출 되었으나, 金庾信의 활약으로 알천이 물러나고
金春秋가 즉위하여 태종무열왕이 되었다. 이같이 태종무열왕이 상대등
으로 대표되는 귀족세력을 누르고 왕위에 오른 것은 貴族聯合政治가
무너지고 專制王權이 성장해 가고 있다는 사실을 나타내는 것이다. 나
아가 신문왕 원년에 일어난 金欽突의 亂을 계기로 前上大等인 軍官을
위시한 귀족세력을 철저히 제거한 것은 전제왕권의 확립을 뜻하며, 聖
德王 때에는 專制王權의 극성기를 구가하였다.150)

상대등 알천을 누르고 태종무열왕이 즉위한 것은 전제왕권이 성
장하고 있음을 말하는 것이라고 한다. 그리고 신문왕 즉위 초 김흠
돌의 난을 진압하는 과정에서 비로소 전제왕권이 확립되었다는 것
이다. 즉 신문왕은 김흠돌의 난이 일어나자 이 기회에 상대등으로
대표되는 귀족세력을 철저히 탄압하려는 생각에서 과감한 숙청을
단행하였다고 보았다. 이는 매우 중요한 지적인 만큼 신라의 주요
반란 처벌 사례를《삼국사기》에서 찾아 비교하면 다음과 같다.

（1） 伊湌柒宿與阿湌石品謀叛. 王覺之 捕捉柒宿 斬之東市 幷夷九族. 阿湌
    石品（중략）被捉伏刑（권4, 신라본기 진평왕 53년 5월）

（2） 誅毗曇 坐死者三十人（권5, 신라본기 진덕왕 원년 정월 17일）
    大臣毗曇·廉宗 謂女主不能善理 與兵欲廢之 王自內御之（중략）於是
    督諸將卒奮擊之 毗曇等敗走 追斬之 夷九族（권41, 김유신전 상）

（3） 大幢摠管眞珠·南川州摠管眞欽 詐稱病 閑放不恤國事 遂誅之 竝夷其族
    （권6, 신라본기 문무왕 2년 8월）

（4） 八日 蘇判金欽突·波珍湌興元·大阿湌眞功等 謀叛伏誅. 十六日 下敎曰

---

150) 李基白(1982),〈統一新羅와 渤海의 社會〉, pp.308~310의 내용을 저자가 요
    약한 것이다.

(중략) 是以追集兵衆 欲除梟獍 或逃竄山谷 或歸降闕庭. 然尋枝究葉
並已誅夷 三四日間 囚首蕩盡 事不獲已 (중략) 二十八日 誅伊湌軍官
敎書曰 (중략) 軍官及嫡者一人 可令自盡 (권8, 신라본기 신문왕 원년
8월)

(5)　一吉湌大恭與弟阿湌大廉叛 集衆圍王宮三十三日 王軍討平之 誅九族
　　　(권9, 신라본기 혜공왕 4년 추 7월)

(6)　熊川州都督憲昌 以父周元不得爲王 反叛 (중략) 及城陷得其身於古塚
　　　誅之 戮宗族·黨與 凡二百三十九人 (권10, 신라본기 헌덕왕 14년 3월)

(7)　伊湌允興與弟叔興·季興謀逆 事發覺 走岱山郡. 王命追捕斬之 夷一族
　　　(권11, 신라본기 경문왕 6년 동 10월)

신문왕 즉위 초에 일어난 김흠돌의 난은 삼국통일 직후에 일어난
반란이란 점에서 주목된다. 따라서 김흠돌의 난 진압은 귀족세력을
억압하고 전제왕권의 확립을 가져온 사건으로 이해되어 왔다. 이를
방증하는 것으로서 가담자를 지엽枝葉까지 죽였다는 사실이 강조되
었다.[151] 물론 이러한 과정에서 통일 전쟁에서 크게 활약한 귀족세
력이 위축된 사실도 생각할 수 있겠다. 그러나 김흠돌의 난에 가담
한 것으로 생각되는[152] 상대등 겸 병부령이었던 김군관金軍官은 맏
아들과 함께 자진케 하는 것으로 처벌이 끝나고 있다. 이는 다른 반
란에 견주면 처벌이 심한 것이 아니었다. 일족을 죽인 것도 아니고,
구족九族을 처벌한 것도 아니었다. 비담의 난으로 구족이 처형되었
으나 그 수가 30인 정도였다면, 종족宗族 및 당여黨餘 239명을 죽인

---

151) 이기백(1974), 〈상대등고〉, 앞의 책, p.106.
152) 종래에는 김군관이 반란에 대한 방관자의 위치에 있었으며, 그 지지자
　　도 반대자도 아니었다고 이해하여 왔다(이기백(1974), 위의 책, p.107).
　　그러나 김수태의 견해와 같이 그는 적극적인 가담자였으며, 신문왕의
　　즉위와 동시에 바로 내쫓겼다고 생각된다(金壽泰, 〈專制王權의 확립과 金
　　欽突亂〉, 앞의 학위논문, 1991; 〈新羅 神文王代 專制王權의 확립과 金欽突
　　亂〉, 《新羅文化》 9, 1992.

김헌창의 난 진압 후는 어떻게 이해하여야 할까? 김흠돌의 난 진압
으로 전제정치가 이루어졌다면 이때도 전제정치가 이루어진 것이
아닐까? 설사 신문왕 초 전제왕권이 성립되었다 하더라도 그것이
어떻게 지속되었는가에 대해서는 설명을 찾기 어렵다.

한편 전제왕권의 종말에 대해 이기백은 경덕왕 말년 전제왕권이
기우는 모습을 엿볼 수 있다고 하고,[153] 반혜공왕파인 김양상이 상
대등에 취임하는 혜공왕 10년(774)을 그 종점으로 이해하였다.[154]
그러나 혜공왕 10년 정권교체설의 논거 자체가 의문의 여지가 있고,
김양상도 실은 친왕파로 생각되고 있다.[155]

또한 김수태는 신라 중대의 전제왕권이 무열왕대에 성립되고 신
문왕대에 확립되었다고 하여[156] 성립과 확립을 구분하면서, 경덕왕
2년 이전 경덕왕의 전비前妃였던 삼모부인의 출궁으로 반왕파가 된
김옹이 시중에 취임하는 경덕왕 19년(760)을 전제왕권의 붕괴
로,[157] 혜공왕의 죽음(780)을 실질적인 붕괴로 파악하였다.[158] 즉
무열왕의 즉위는 곧 중대의 시작이며 전제왕권의 성립이고, 혜공왕
의 죽음은 중대의 종식인 동시에 전제왕권의 붕괴란 도식으로 이해
하였다. 이는 전제왕권의 개념을 상대적인 것으로 파악한 결과가
아닌가 한다. 그러나 그가 밝혔듯이 귀족들의 정권장악(승리)이 중
대에 몇 차례 이루어졌다고 할 때[159] 이를 어떻게 이해하여야 할

---

153) 李基白, 〈景德王과 斷俗寺·怨歌〉,《韓國思想》 5, 1962; 앞의 책(1974), p.223.
154) 이기백(1974), 〈신라 혜공왕대의 정치적 변혁〉, 앞의 책, p.237.
155) 이영호(1990), 〈신라 혜공왕대 정변의 새로운 해석〉, pp.342~351; 이 책
     제1편 제4장 pp.150~163.
156) 김수태(1991),《신라 중대 전제왕권과 진골귀족》, 앞의 학위논문,
     p.10·p.188.
157) 金壽泰, 〈統一新羅期 專制王權의 崩壞와 金邕〉,《歷史學報》 99·100, 1983;
     同 改題 〈眞骨貴族勢力의 정권장악과 金邕〉, 앞의 학위논문, 1991,
     pp.146~156.
158) 金壽泰(1991), 〈專制王權의 붕괴와 眞骨貴族의 권력투쟁〉, 앞의 학위논문,
     p.159.

까? 반전제주의파가 집권해도 중대가 전제왕권의 시대였다는 것은 납득하기 어렵지 않을까?

중대를 전제왕권의 시대로 파악하는 것이 타당한가에 대해서는 이미 몇 차례 의문이 제기되었다. 김영미는 상대등 개원愷元의 활동을 통해 중대의 상대등이 왕권 견제자가 아닌 협력자였음을 밝혔고,[160] 저자는 관호의 개혁·복고 문제를 통해 '중대 전제왕권' 설에 의문을 제기하였다.[161] 또한 이인철은 중앙행정관부의 분석을 통해서 전제정치가 이루어지기 어려움을 지적하였다.[162] 이와 같은 일련의 연구로 마침내 이기백은 신문왕 이후의 중대가 항상 전제정치의 시대는 아니었다고 인정하였다.[163] 나아가 집사부도 최고 관부가 아니며 중시도 수상이 아니라고 한 것이다.[164] 그러나 어느 때가 전제정치가 이루어진 시기이며, 그 기간이 얼마나 되는가 등은 언급하지 않았다.

둘째는 중대 전제왕권의 특징적 현상에 대해서이다. 이기백은 이에 대해 다음과 같은 사실을 주목하였다.

(1) 金氏王族의 族內婚 — 이 같은 族內婚 또는 近親婚은 결코 원시적인 전통을 이은 것이 아니라 새로운 시대의 요청에 부응하여 나타난 것으로, 王族 金氏가 정치적 권력을 배타적으로 독점하려

---

159) 김수태는 반전제주의파(반왕파)의 정권장악 시기를 효소왕대·성덕왕대 초(1차), 경덕왕 19년(2차), 혜공왕 6년(3차) 등으로 파악하였다. 앞의 학위논문 국문초록 및 pp.164~165.

160) 김영미(1988), 〈성덕왕대 전제왕권에 대한 일고찰〉, pp.375~381.

161) 李泳鎬(1990), 〈新羅 惠恭王 12年 官號復故의 意味 —소위 "中代 專制王權"說의 一檢討—〉; 이 책 제1편 제3장.

162) 이인철(1993), 〈신라 중앙행정관부의 조직과 운영〉, 앞의 책.

163) 이기백(1993), 〈통일신라시대의 전제정치〉, p.89.

164) 이기백(1993), 위의 논문, p.113의 주 115). 이기백은 집사부를 '최고 관부'에서 '핵심 관부'로 수정하였다.

고 한 데서 생겨난 현상이다.

(2) 王位의 長子相續과 太子冊封制 ─ 왕위는 아들이 없거나 父王보다
먼저 사망한 경우를 제외하고는 모두 長子가 계승하였다. 眞德王
이전에는 眞智王의 폐위에서 보는 것처럼 장자 상속을 제약하는
다른 요소들이 있었으나, 太宗武烈王 이후는 장자가 왕위를 계승
한다는 것이 鐵則과 같이 지켜졌으며, 단지 아들이 없는 경우에만
부득이 동생이 왕위에 올랐다. 太子를 책봉한 기록은 그 전에도
한두 번 있었지만 태자 책봉 기록이 연속적으로 나오는 것은 태
종무열왕 이후이다. 이에 따라 중대의 국왕들은 장자에게 왕위를
계승시키기 위하여 꼭 아들을 낳기를 원하였으며, 심지어 그 목적
을 위하여 아들을 낳지 못한 王妃를 出宮시키고 다른 王妃를 맞
아들이기를 서슴지 않았다. 가령 神文王은 왕비인 金欽突의 딸이
아들을 낳지 못하자 출궁시키고 金欽運의 딸을 맞이하였고, 景德
王은 先妃 三毛夫人이 아들을 낳지 못하자 출궁시키고 後妃 滿月
夫人을 얻었다.

(3) 中國式 廟號의 사용 ─ 무열왕의 경우 그의 廟號를 太宗이라 함
과 동시에 김씨의 시조왕의 묘호는 太祖라 한 것 같다. 唐의 압력
이 없었다면 太祖·太宗하는 식으로 祖·宗이 붙는 묘호를 계속 사
용했을 것이다. 그러나 武烈王·文武王·神文王 등으로 諡號가 사용
되었다 하더라도, 그것은 中國의 君主가 지니는 專制主義的 성격
에 대한 동경을 표시해 주는 것으로 생각해도 잘못이 없을 것이
다.165)

---

165) 이기백(1982), 〈통일신라와 발해의 사회〉, pp.310~313. 그 밖에 葛文王制
의 폐지, 王弟·王子 등 혈연적 측근자의 요직 임명, 朴氏勢力의 후퇴, 6두
품 귀족의 정치적 진출 등도 전제정치의 부수적 현상으로 이해하였다
(pp.310~316).

이상의 내용 가운데 김씨 왕족의 족내혼, 왕위의 장자 상속제와
태자 책봉제를 전제왕권의 특징으로 파악한 데 대해서는, 왕실의 족
내혼이 중고에서도 널리 행하여졌으며, 장자 상속제나 태자 책봉제
도 중대에 와서 처음 이루어진 것이 아니었다는 점에서 따르기 어
렵다.[166] 또한 왕비 출궁의 경우에도 반란에 의한 경우가 아닌 한
그냥 쫓아내는 것은 아니었다고 생각된다. 중대의 왕비 출궁의 예를
열거하면 다음과 같다.

(1) 妃金氏蘇判欽突之女 王爲太子時納之 久而無子 後坐父作亂 出宮 (《삼
　　국사기》 권8, 신라본기 신문왕 즉위년)

(2) 春正月 流星犯月 月無光. 三月 遣使入唐獻方物. 出成貞[一作 嚴貞]王
　　后 賜彩五百匹·田二百結·租一萬石·宅一區 宅買康申公舊居賜之 (《삼국
　　사기》 권8, 신라본기 성덕왕 15년)

(3) 妃伊湌順貞之女也 (《삼국사기》 권9, 신라본기 경덕왕 즉위년)
　　納舒弗邯金義忠女爲王妃 (《삼국사기》 권9, 신라본기 경덕왕 2년 하 4월)
　　先妃三毛夫人 出宮无後. 後妃滿月夫人 諡景垂王后(垂一作穆) 依忠角
　　干之女 (《삼국유사》 왕력 경덕왕)
　　王玉莖長八寸 無子廢之 封沙梁夫人. 後妃滿月夫人 諡景垂太后 依忠角
　　干之女也 (《삼국유사》 권2, 기이2, 경덕왕·충담사·표훈대덕)

위에서 첫 번째 흠돌의 딸에 대해서는 무자 때문에 출궁되었다는
견해[167]와 아버지 김흠돌의 난에 연루되어 출궁되었다는 견해[168]가

---

166) 신형식(1993), 〈통일신라와 발해〉, p.224.
167) 李丙燾, 《韓國史》 古代篇, 乙酉文化社, 1959, p.645.
　　　井上秀雄(1974), 〈新羅政體制の變遷過程〉, 앞의 책, p.455.
　　　李基白(1982), 〈統一新羅와 渤海의 社會〉, p.312.
　　　김수태(1991), 〈專制王權의 確立과 金欽突亂〉, 앞의 학위논문, pp.17~18.

있다. 그러나 저자는 《삼국사기》의 기사대로 난과 관련시켜 이해하
는 후자가 더 설득력이 있다고 생각한다.

다음은 성정왕후(엄정왕후)의 출궁에 대해서이다. 이에 대해서는
출궁의 이유가 기록되어 있지 않다. 그러나 왕은 왕비의 출궁 시 채
색비단 5백 필五百匹과 밭 2백 결二百結, 조租 일만 석一萬石, 집 한
채를 하사하였는데, 집은 강신공康申公의 옛집을 사서 주었다. 왕비
의 출궁에 각별한 예의를 갖추었던 것이다. 이를 두고 자식을 낳지
못한다고 하여 왕비의 출궁을 서슴지 않았다고 할 수는 없을 것이
다. 그렇다면 앞서의 예와 같이 이 또한 정치적인 이유 때문이라 추
정된다.[169]

또 삼모부인은 무자를 이유로 출궁되었으나 내쫓겼다고는 할 수
없다. 그녀는 출궁된 뒤 사량부인沙梁夫人에 봉해졌다. 나아가 출궁
시 상당한 경제적 예우를 받은 것으로 짐작되기도 한다. 경덕왕 13
년(754) 거대한 황룡사종皇龍寺鍾을 주조할 때 삼모부인이 그 시주자
로 등장하고 있기 때문이다.

> 신라 제35대 경덕대왕 天寶 13년 갑오에 황룡사종을 鑄成하니, 길이
> 가 1丈 3寸, 두께가 9寸, 무게가 497, 581斤이었다. 施主는 孝貞伊干·
> 三毛夫人이며, 匠人은 里上宅 下典이었다. (《삼국유사》 권3, 탑상4, 皇
> 龍寺鍾·芬皇寺藥師·奉德寺鍾)

---

168) 朱甫暾, 〈新羅時代의 連坐制〉, 《大丘史學》 25, p.37.
　　　辛鍾遠, 〈新羅 五臺山事蹟과 聖德王의 卽位背景〉, 《崔永禧先生華甲紀念 韓國史
　　　學論叢》, 探究堂, 1987, p.10.
　　　朴海鉉(1993), 〈新羅 孝昭王代 政治勢力의 推移〉, p.334의 주 16).
169) 이기백도 성정왕후의 출궁에 대해서는 "後妃를 취하기 전에 先妃에게는
　　　아들 重慶이 있었고, 先妃를 출궁시킬 때 重慶은 이미 太子에 책봉되어
　　　살아 있었기 때문이다"라고 하여, 無子가 아닌 정치적 세력 관계로 추
　　　측하였다(이기백(1982), 〈통일신라와 발해의 사회〉, pp.312~313).

성덕왕 때 중시를 지낸 효정孝貞 이간伊干과 함께 삼모부인은 무려 50만 근에 이르는 황룡사종 주조의 시주자였다. 이는 이들의 경제력이 막대하였음을 말해 주며, 삼모부인의 출궁이 바로 내쫓긴 것이 아니라는 방증이 될 것이다.170)

삼모부인은 중대 말의 실권자 김옹金邕과의 혈연관계도 주목된다. 삼모부인은 성덕왕대 상재上宰를 역임한 김순정金順貞의 딸로서 시중 김의충金義忠과 남매 관계였고, 김의충의 자녀인 김옹과 경덕왕의 후비 만월부인은 그녀의 조카였다.171) 고모인 삼모부인이 출궁되고 조카인 만월부인이 후비가 된 사실은, 삼모부인의 출궁이 김의충·김옹 세력의 동의 아래 이루어졌음을 시사한다.172) 따라서 삼모부인의 출궁은 무자가 원인이었지만, 원래 자식을 낳을 수 없었던 데 따른 불가피한 현상으로 파악된다.

다음은 중국식 묘호의 사용이 전제왕권의 특징이라 한 데 대해서이다. 이미 진흥왕순수비(황초령비黃草嶺碑·마운령비磨雲嶺碑)에는 진흥왕을 태왕太王, 제왕帝王, 짐朕이라 호칭한 사례가 나타나고 있으며, 태조太祖란 칭호도 확인되고 있다.173) 만약 중대에 전제정치가 부분적으로 나타났다면, 상대나 하대도 마찬가지가 아닐까? 그리고 이기백

---

170) 김수태(1991), 〈진골귀족세력의 정권장악과 김옹〉, 앞의 학위논문에서는 삼모부인을 반전제주의 세력 곧 반왕파로 파악하였다.

171)   浜田耕策, 〈新羅の聖德大王神鍾と中代の王室〉, 《响沫集》 3, 學習院大學史學會, 1981, pp.34~37. 金邕과 三毛夫人을 金順貞의 子女로서 남매 사이로 보는 설도 있다(李昊榮, 〈聖德大王神鍾銘 解釋에 관한 몇 가지 問題〉, 《考古美術》 125, 1975, p.8). 그러나 《續日本紀》 권33, 寶龜 5年(774) 3月 癸卯 조에는 金邕을 金順貞의 孫이라 하였다.

172) 이영호(1993), 〈신라 성전사원의 성립〉, p.267; 이 책 제2편 제3장 p.317~318 주 62). 이는 김옹이 삼모부인과 남매 관계라는 설(李昊榮(1975), 〈聖德大王神鍾銘 解釋에 관한 몇가지 問題〉, p.13)을 따를 때도 마찬가지 해석이 가능하다.

173) 《韓國金石全文》 古代, p.39·p.91.

의 전제정치에 대한 개념을 참고할 때 당시까지의 중국의 황제는 모두 전제군주라고 해야 할지도 단정하기 어려운 것이다.

마지막 세 번째는 중대를 전제왕권의 시대로 규정할 때 이를 유지하는 기반에 관한 문제이다. 이에 대해서는 다음과 같은 견해가 제시되었다.

> 이미 전제정치의 개념을 이야기할 때에 언급해둔 바와 같이, 전제왕권이라고 해서 국왕 혼자서 이를 유지할 수는 없는 일이다. 그러므로 태종무열왕의 일련의 전제화운동에 金庾信이 참여하고, 전제정치의 핵심적 행정기구인 집사부의 중시(시중)에 왕의 弟나 子 같은 가까운 일족이 임명되어 전제왕권을 뒷받침했음은 하등 이상한 일이 아니며, 또 이미 오래 전에 밝혀진 사실이다.174)

위와 같은 지적은 모호한 서술이 아닐 수 없다. 국왕 혼자서 유지할 수 없는 전제왕권을 중대에만 홀로 행사할 수 있었던 배경은 어디에서 찾아야 할까? 위의 논리에 따르면 김유신 또는 김유신 후손이 전제왕권 수립에 공헌한 것은 중대 초반의 일인데, 중시에 왕의 동생이나 아들과 같은 가까운 일족이 임명된 것은 중대만이 아닌 하대에도 일반화된 사실이기 때문이다. 또한 이기백은 중대 이후 중시 출신이 상대등으로 임명된 예가 늘어난 현상에 대하여 중시를 통하여 성장한 신귀족세력이 점차 왕권에 제약을 가하는 요소로 발

---

174) 이기백(1993), 〈신라 전제정치의 성립〉, p.65. 또 귀족들의 합좌기관인 화백회의 대신에 執事部의 정치적 비중이 커진 것은 곧 전제주의의 정치기구상의 표현이며, 군사적으로는 侍衛府의 강화와 九誓幢의 정비가 전제왕권을 뒷받침하는 것이라 하고, 경제적으로는 食邑과 祿邑 대신에 官僚田과 歲租의 제도로 바뀐 것이 전제정치의 성장과 상응하는 제도라고 하였다(p.57). 그러나 이러한 현상이 반드시 '전제왕권'의 유지 기반이었는가 하는 데 대해서는 의문이 있다.

전해 갔다고 하였다.175) 그리고 이를 양자의 접근 현상으로 이해하는 한편, 왕권에 기생하여 중시를 통하여 성장한 신귀족세력이 이제는 왕권에 반기를 드는 사회적인 실력자로 등장하게 되었다는 증거라고 하였다.176) 그러나 이러한 현상도 집사부 창설 뒤 5번째 중시로, 문무왕 5년(665) 2월부터 8년(668) 3월까지 재임한 뒤, 신문왕 원년(681) 8월에 상대등에 취임했던 진복眞福의 예에서 볼 수 있듯이, 중대 말기가 아니라 중대 초부터 나타난 사실임에 유의해야 할 것이다.

또한 이기백은 중대의 중시를 설명하면서 다음과 같은 자료를 주목하였다.

(金庾信의) 嫡孫 允中이 聖德大王을 섬기며 大阿湌이 되어 여러 번 恩顧를 입었는데, 왕의 親屬들이 대단히 질투했다. 때는 中秋의 望日, 왕이 月城 岑頭에 올라 경치를 바라보며 侍從官들과 주연을 베풀고 즐기면서 允中을 부르라 하였다. 諫하는 사람이 있어 말하기를 "지금 宗室·戚里에 어찌 好人이 없겠습니까? 유독 疎遠한 신하를 부르니 어찌 이른바 친한 이를 친하게 한다는 것이 되겠습니까?" 하였다. 왕이 "지금 과인이 경들과 더불어 平安無事하게 지내는 것은 윤중의 조부의 덕이다. 만일 公의 말과 같이 하여 잊어 버린다면, 善한 이를 善히 하여 자손에게 미치는 의리가 아니다"라고 하였다. 드디어 윤중에게 가까운 자리를 주어 앉게 하고 그 조부의 평생의 일을 말하기도 하였다. 날이 저물어 윤중이 돌아가기를 고하니 絶影山馬 한 필을 하사하였다. 이에 여러 신하들은 망연자실할 뿐이었다. (《삼국사기》 권43, 김유신전 하)

---

175) 이기백(1974), 〈신라 집사부의 성립〉, 앞의 책, pp.169~170.
176) 위와 같음.

그는 김유신의 적손으로 대아찬이 되어 여러 번 은고를 받은 윤중을 중시로 파악한 것이다.[177] 그러나 위 기록의 윤중允中에 대해서는 이미 중시로 볼 수 없다는 주장이 제기되었다. 성덕왕대 대아찬이 되어 여러 번 은고를 입었다는 윤중과 성덕왕 24년(725) 4월에 이찬으로 중시에 취임한 윤충允忠을 동일시할 수 없다는 것이다.[178] 만일 그가 중시였다고 한다면, 8월 보름날의 주연에 중시가 국왕을 측근에서 수행하지 않고 소환되어서야 왕에게 나아갔는지 의문이다. 중시에게 절영산 말 한 필을 하사하는데 시종관들이 망연자실할 뿐이었다면, 전제왕권의 대변자인 중시의 존재란 보잘 것 없는 셈이 될 것이다. 이러한 논리에 비추어 보아도 윤중이 중시는 아닐 것이다. 더구나 성덕왕대는 전제정치의 절정기로 규정되고 있음을 상기한다면, '중대＝전제왕권시대' 설은 좀처럼 실체를 찾기 어렵다고 하겠다. 그렇다면 성덕왕대, 나아가 중대를 국왕 1인에 의해 권력의 행사가 이루어지는 전제왕권의 시대로 인식한 것은 그 자체 허상虛像에 불과한 것이 아니었을까?

신라 중대는 전후 시기에 비해 상대적으로 왕권이 강화되었으나, 학계 일부에서 규정하는 것과 같은 개념의 전제왕권의 시대는 아니었던 것이다. 설사 중대 초에 일시적으로 전제정치가 이루어졌다 하더라도 중대 말까지 100년 동안이나 계속되지는 않았던 만큼, 아무런 전제조건 없이 중대의 성격을 전제왕권으로 도식화할 수는 없다고 하겠다.

---

177) 이기백(1974), 앞의 논문, pp.63~64.
178) 박해현(1993), 〈신라 효성왕대 정치세력의 추이〉, pp.341~342.

제3장 성전사원의 성립과 기능

《삼국사기》 권38, 직관지(상)에는 상대등上大等, 집사성執事省, 병부兵部, 조부調府, 경성주작전京城周作典에 이어 사천왕사성전四天王寺成典 이하 영흥사성전永興寺成典에 이르는 7곳의 사원 관계 관부官府가 열거되어 있다. 이들 성전成典이란 관부나 해당 사원은 종래 별로 주목받지 못했지만, 최근에 이르러 학계의 관심이 크게 높아지고 있는 추세이다.[1]

성전사원成典寺院의 중요성은 '성전' 및 성전이 설치된 '사원'이라는 두 가지 측면에서 살필 수 있다. 성전의 장관인 금하신에는 대아찬에서 각간에 이르는 고관이 임명되었다. 이는 대아찬에서 이찬까지를 관등 범위로 하는 집사부 중시(시중)보다 상한이 높게 설정되어 있기 때문에 그 중요성의 일단을 살필 수 있다. 더욱이 중대 봉덕사성전의 금하신으로 밝혀진 김옹, 김양상이나 하대 황룡사성전의 김위홍은 모두 신라 정치사의 핵심적인 인물들이었다는 점에서 국

1) 邊善雄, 〈皇龍寺 9層塔誌의 硏究 ―成典과 政法典 問題를 中心으로―〉, 國會圖書館報》 제10권 제10호, 1973.
浜田耕策, 〈新羅の寺院成典と皇龍寺の歷史〉, 《學習院大學文學部硏究年報》 28, 1982.
李泳鎬, 〈新羅 中代 王室寺院의 官寺的 機能〉, 《韓國史硏究》 43, 1983.
李成市, 〈新羅中代の國家と佛敎〉, 《東洋史硏究》 42~3, 1983.
蔡尙植, 〈新羅統一期의 成典寺院의 구조와 기능〉, 《釜山史學》 8, 1984.

가 권력구조 안에서 성전이 차지하는 중요성을 짐작할 수 있겠다. 그러나 더욱 근본적인 것은 성전이 설치된 사원의 성격이라 할 수 있다. 이에 대해 다양한 견해가 제시되고 있으나, 저자는 성전사원의 중요성이 왕실의 원당임에 있었다고 생각한다. 따라서 성전사원이 왕실의 원당이므로 국가적으로 비중이 클 수밖에 없었다는 관점에서 기왕의 연구를 돌이켜 보고, 왕실과 국가와의 관련 아래 성전과 성전사원 전반의 문제를 새로이 검토하고자 한다.

　먼저 《삼국사기》 직관지 성전사원 기사의 사료로서의 성격을 살펴보고, 금석문 자료와 비교·검토하려 한다. 그리하여 성전의 관부로서의 성격과 특징 등을 살펴보겠다. 그 다음, 성전사원이 중국·일본에서 확인되는 관사제도官寺制度와 같은 차원에서 성립되었음을 밝히고, 그 시기, 과정, 범위 등을 해명하려 한다. 그리고 신라 성덕대왕신종聖德大王神鍾 명문과 황룡사구층목탑찰주본기皇龍寺九層木塔刹柱本記의 해당 기록이 곧 성전의 조직임에 유의하여, 금하신인 김옹, 김양상, 김위홍 등을 비롯한 여러 관원들을 구체적 사례로서 분석하겠다. 나아가 성전사원의 기능을 왕실의 원당과 국가의 불교계 통제라는 측면에 초점을 두고 검토하여, 이에 대한 종합적 이해에 도달하고자 한다. 이러한 저자의 의도가 제대로 달성된다면, 신라 중대 성전사원의 위상 파악은 물론 국왕을 중심으로 한 권력구조의 실태가 좀 더 분명해지리라 생각한다.

1. 자료의 검토

　《삼국사기》 권38, 직관지(상)(이하 직관지라 약함)에는 7곳의 성전사

원이 수록되어 있다. 즉 사천왕사, 봉성사, 감은사, 봉덕사, 봉은사,
영묘사, 영흥사 등이 그것인데, 여기서 관부·관직의 명칭과 금하신·
상당·적위·청위·사로 이루어진 성전의 관원구성을 확인할 수 있다.

(1) 四天王寺成典, 景德王改爲監四天王寺府, 惠恭王復故. 衿荷臣一
人, 景德王改爲監令, 惠恭王復稱衿荷臣, 哀莊王又改爲令, 位自大阿湌至
角干爲之. 上堂一人, 景德王改爲卿, 惠恭王復稱上堂, 哀莊王又改爲卿,
位自奈麻至阿湌爲之. 赤位一人, 景德王改爲監, 惠恭王復稱赤位. 靑位二
人, 景德王改爲主簿, 惠恭王復稱靑位, 哀莊王改爲大舍, 省一人, 位自舍
知至奈麻爲之. 史二人.

(2) 奉聖寺成典, 景德王改爲修營奉聖寺使院, 後復故. 衿荷臣一人, 景
德王改爲檢校使, 惠恭王復稱衿荷臣, 哀莊王改爲令. 上堂一人, 景德王改
爲副使, 後復稱上堂. 赤位一人, 景德王改爲判官, 後復稱赤位. 靑位一人,
景德王改爲錄事, 後復稱靑位. 史二人, 景德王改爲典, 後復稱史.

(3) 感恩寺成典, 景德王改爲修營感恩寺使院, 後復故. 衿荷臣一人, 景
德王改爲檢校使, 惠恭王復稱衿荷臣, 哀莊王改爲令. 上堂一人, 景德王改
爲副使, 惠恭王復稱上堂, 哀莊王改爲卿(一云 省卿置赤位). 赤位一人, 景
德王改爲判官, 後復稱赤位. 靑位一人, 景德王改爲錄事, 後復稱靑位. 史
二人, 景德王改爲典, 後復稱史.

(4) 奉德寺成典, 景德王十八年改爲修營奉德寺使院, 後復故. 衿荷臣一
人, 景德王改爲檢校使, 惠恭王復稱衿荷臣, 哀莊王又改爲卿. 上堂一人,
景德王改爲副使, 惠恭王復稱上堂, 哀莊王又改爲卿.[2] 赤位一人, 景德王
改爲判官, 惠恭王復稱赤位. 靑位二人, 景德王改爲錄事, 惠恭王復稱靑位.
史六人, 後省四人, 景德王改爲典, 惠恭王復稱史.

---

2) '卿'字는 '令'字의 잘못일 것이다. 李載昌, 〈三國史記 佛敎鈔存·附註〉,《佛敎學報》2,
東國大, 1964, p.317.

（5） 奉恩寺成典. 衿荷臣一人, 惠恭王始置, 哀莊王改爲令. 副使一人, 惠恭王始置, 尋改爲上堂, 哀莊王又改爲卿. 大舍二人. 史二人.

（6） 靈廟寺成典, 景德王十八年改爲修營靈廟寺使院, 後復故. 上堂一人, 景德王改爲判官,3) 後復稱上堂. 青位一人, 景德王改爲錄事, 後又改爲大舍. 史二人.

（7） 永興寺成典, 神文王四年始置, 景德王十八年改爲監永興寺館. 大奈麻一人, 景德王改爲監. 史三人.

이상 길다랗게 직관지의 성전사원에 대한 자료를 열거하였지만, 이는 대체로 관부·관직명의 개정 추이를 시간적 순서에 따라 정리한 것에 지나지 않는다.4) 따라서 자료의 대상 시기나 작성 시점에 대한 직접적인 언급은 찾을 수 없다.

직관지에 나타난 성전사원 존속의 시간적 범위는, 경덕왕대와 애장왕대의 관호개혁 사실을 확인할 수 있으므로, 우선 경덕왕 18년 (759)부터 애장왕 6년(805)5)까지 임을 추측할 수 있다. 그러나 영흥사의 성전 설치는 신문왕 4년(684)임이 밝혀져 있으므로 그 상한은 이 무렵까지 거슬러 올라갈 것이다. 따라서 직관지의 기록은 대략 684년에서 805년 무렵까지 121년여 기간 동안의 성전사원 관련 자료라고 하겠다. 나아가 이는 이 자료의 작성 시기가 805년 직후의 어

3) 上堂(副使)은 2등관, 判官(赤位)은 3등관이므로 어느 한 쪽이 잘못되었을 것이다. 저자는 判官 쪽이 옳을 것으로 생각한 적이 있었지만(李泳鎬 (1983),〈新羅 中代 王室寺院의 官等的 機能〉, p.91), 두 번이나 사용된 上堂을 중시하여 오히려 判官은 副使의 잘못으로 생각한다.

4) 관직에서 최하위인 史를 제외하면, 일반 행정관부와는 달리 衿荷臣·上堂·赤位·青位 등 古官職이 사용되었다. 이는 성전의 기원 문제와 관련하여 검토될 수 있을 것이다.

5)‘哀莊王’이라 한 것이 실은‘哀莊王 6年’임은 이기동이 지적한 바 있다. 李基東,〈新羅 下代의 王位繼承과 政治過程〉,《歷史學報》85, 1980;《新羅 骨品制社會와 花郎徒》, 1984, 一潮閣, pp.153~154.

느 해임을 말하는 것이기도 할 것이다.

성전사원은 애장왕 이후에도 물론 존재했을 것이지만, 직관지는 805년 직후의 어느 시점에서 존재한 성전사원만을 수록한 것은 아니었을 것이다. 이는 애장왕대 관호개혁 사실이 없는 영묘사·영흥사가 직관지에 실려 있다는 점에서 확인할 수 있다. 따라서 직관지의 자료는 805년 직후의 어느 해 당시 성전사원이었던 사천왕사, 봉성사, 감은사, 봉덕사, 봉은사 외에, 과거에 성전사원이었던 영묘사, 영흥사의 두 사례를 추가하여 작성되었으며, 여기서 신문왕 4년(684)에서 애장왕 6년(805) 사이의 일괄 자료임이 밝혀진다고 하겠다.6)

이제 직관지의 자료로서의 성격이 밝혀진 만큼 성전의 역할이나 성전사원 사이의 차이점을 살펴보기로 하자. 그러나 이에 대한 직접적인 기록을 찾을 수 없으므로 관부·관직의 명칭에서 그 역할을 짐작해 보도록 하겠다. 직관지를 근거로 제사성전諸寺成典의 시기별 관부·관직명의 변화를 정리하면 다음과 같다.

---

6) 영묘사, 영흥사 외에 사원이 더 추가될 가능성도 상정할 수 있겠으나, 사원이란 한 곳에서 영속성을 띠고 존재하는 만큼 그럴 가능성은 낮다고 하겠다. 그러나 사원의 시대적 중요성에는 변화가 있었을 것이다.

　　한편　浜田耕策(1982), 〈新羅の寺院成典と皇龍寺の歷史〉, pp.206~209에서는 다음과 같은 이유에서 직관지의 자료를 불충분한 기록으로 파악하였다. 첫째, 성덕대왕신종 명문에 나타난 봉덕사성전의 관원 수가 직관지와 일치하지 않는 것으로 보아, 직관지의 관원 수 규정은 특정 시기의 것이며, 성전은 사원의 중요성에 따라 확대·축소가 이루어졌다. 둘째, 황룡사구층목탑찰주본기에 나타난 황룡사성전은 하대인 경문왕대뿐 아니라 중대에도 존재했을 것이다. 셋째, 직관지에 규정된 성전사원 관원의 관등이 성덕대왕신종 명문과 황룡사구층목탑찰주본기 등 금석문의 실제와 일치하지 않는다. 이상 3가지 의문을 제기하였지만, 후술하듯이 이 같은 견해는 모두 성립되기 어렵다고 생각한다.

〈표-1〉 제사성전 관호변천 일람표

景德王 18年 以前	景德王 18年7) ~ 惠恭王 11年	惠恭王 12年8)	哀莊王 6年9)
四天王寺成典	監四天王寺府	(復故)	
衿荷臣	監令	衿荷臣	令
上堂	卿	上堂	卿
赤位	監	赤位	[監(佐)]
靑位	主簿	靑位	大舍
史	[典]	[史]	[史]
奉聖寺成典	修營奉聖寺使院	(復故)	
衿荷臣	檢校使	衿荷臣	令
上堂	副使	上堂	[卿]
赤位	判官	赤位	[監(佐)]
靑位	錄事	靑位	[大舍]
史	典	史	[史]
感恩寺成典	修營感恩寺使院	(復故)	
衿荷臣	檢校使	衿荷臣	令
上堂	副使	上堂	[卿]
赤位	判官	赤位	[監(佐)]
靑位	錄事	靑位	[大舍]
史	典	史	[史]
奉德寺成典	修營感恩寺使院	(復故)	
衿荷臣	檢校使	衿荷臣	令10)
上堂	副使	上堂	[卿]
赤位	判官	赤位	[監(佐)]
靑位	錄事	靑位	[大舍]
史	典	史	[史]
	[修營眞智大王寺使院]11)	奉恩寺成典12)	
	[檢校使]13)	衿荷臣	令
	副使	上堂	卿
	[錄事]14)	[靑位]	[大舍]
	[典]	[史]	[史]

---

7) '景德王 18年'이라 명시하지 않고 '景德王'이라고 한 것도 모두 경덕왕 18년
으로 정리한다. 이는 경덕왕 18년의 관호개혁을 말하는 것이 확실하기 때

靈廟寺成典	修營靈廟寺使院	(復故)	
上堂	副使[15]	上堂	
青位	錄事	青位[16]	
史	[典]	[史]	
永興寺成典	監永興寺館		
大奈麻	監		
史	[典]		

[ ]는 추정에 따른 것이다.

문이다. 이 책 제1편 제3장 p.109의 주 5).

8) '惠恭王 12年'이라 명시하지 않고 '惠恭王' 또는 '後復故' '後復稱' '後'라고 한 것은 모두 '혜공왕 12년'을 말하는 것이 분명하다. 李基白, 〈新羅 惠恭王代의 政治的 變革〉, 《社會科學》 2, 1958; 《新羅政治社會史研究》, 一潮閣, 1974, pp.238~239.

9) 주 5) 참조.

10) 직관지의 '卿'字를 '令'字로 바로잡았다. 주 2) 참조.

11) 직관지에 언급이 없지만, 자료의 체제상 修營使院을 붙여야 할 것이다. 뒤에서 살피듯이 奉恩寺가 眞智大王의 追福之所로서 건립되었음을 고려한 다면, 봉은사의 처음 이름은 성덕대왕신종 명문(혜공왕 7년, 771)에 보이는 眞智大王寺일 것이다. 浜田耕策(1982), 〈新羅の寺院成典と皇龍寺の歷史〉, p.221에서는 경덕왕대에 修營奉恩寺院으로 불렸다고 하였으나 이 같은 이유에서 따르지 않는다. 주 12) 참조.

12) 뒤에 奉恩寺成典으로 불렸겠지만, 사원이 낙성되지 않은 혜공왕 12년 당시에는 아직 眞智大王寺成典으로 불렸을 가능성도 있다.
한편, 《삼국사기》 권10, 신라본기에서는 奉恩寺가 元聖王 10년에 始創되었다고 하였으나, 직관지에서 혜공왕 때 衿荷臣, 副使 등 성전 관원을 始置하였다고 하므로, 사원의 건립은 혜공왕대(765~780)에 시작되어 원성왕 10년(794)에 낙성되었다고 하겠다(三品彰英, 《三國遺事考証(中)》, 塙書房, 1979, pp.121~122). 그러나 副使라는 명칭에서 사원의 草創은 혜공왕 1~11년 사이로 좁혀지고, 더욱이 初名이 眞智大王寺였다는 사실에서 왕 1~7년 사이로 더욱 한정된다.

13) 성덕대왕신종 명문의 檢校眞智大王寺使(黃壽永 編, 《韓國金石遺文》 增補版, 一志社, 1978, p.285)라는 관직명에서 장관인 檢校使의 명칭을 찾을 수 있다.

14) 직관지에는 大舍 2人, 史 2人이 설치되었다고 했으나, 1·2등관인 檢校使, 副使가 혜공왕대 초에 설치된 것으로 보아 錄事, 典도 이때 설치되어 혜공왕 12년과 애장왕 6년에 개혁이 이루어졌다고 하겠다.

먼저 경덕왕대의 관부명의 변화에서, 사천왕사四天王寺의 경우 감
부監府로, 봉성사奉聖寺 등 5곳의 경우 수영사원修營使院으로, 영흥사永
興寺의 경우 감관監館으로 바뀌어 관부 명칭상 3가지 유형으로 구별
됨을 알 수 있다. 7곳의 성전사원 가운데 5곳이 사원 이름의 앞뒤에
'수영修營'과 '사원使院'을 붙여 개명된 것으로 보아, 성전사원은 '수
영△△사사원修營△△寺使院'으로 바뀌는 것이 일반적이었다고 하겠
다. 나아가 이는 성전의 역할이 사원의 수영修營을 담당하는 국가의
관부였음을 말해주는 것이다.[17] 성전의 관부로서의 성격이 분명해진
만큼 다음의 사료는 그 운영 사례라 보아 무방할 것이다.

(1) (景德)王이 官에 명하여 永興·元延 二寺를 修葺하게 하였다.
(《삼국사기》 권9, 신라본기 경덕왕 13년 추 7월)

(2) 惠恭大王이 (중략) 有司에게 命하여 工匠을 모아 기어이 (聖德
大王神鍾을) 완성하여 奉德寺에 안치하였다. (《삼국유사》 권3, 塔像4, 皇
龍寺鍾·芬皇寺藥師·奉德寺鍾)

(3) (景文)王이 有司에게 命하여 皇龍寺塔을 改造하게 하였다. (《삼
국사기》 권11, 신라본기 경문왕 11년 춘 정월)

(4) 景德王 즉위 23년에 丈六像을 改金하였는데 租 2만 3천 7백 碩
이 들었다.[18] (《삼국유사》 권3, 塔像4, 靈妙寺丈六)

---

15) 직관지의 '判官'을 '副使'로 수정하였다. 주 3) 참조.
16) 직관지에는 '大舍'로 되어 있으나 '靑位'의 잘못일 것이다. 李基白(1974),
〈新羅 惠恭王代의 政治的 變革〉, 앞의 책, p.240.
17) 李弘稙, 〈新羅의 僧官制와 佛敎政策의 諸問題〉, 《白性郁博士頌壽紀念 佛敎學論文
集》, 1959; 《韓國古代史의 硏究》, 新丘文化社, 1971, p.494에서 성전은 사원의
營繕은 물론, 그것을 유지 또는 확장하여 가는 경제적 관리를 담당하였다
고 하였다.
18) 선덕왕대 장육상을 처음 만들 때의 비용이라는 설도 있다. 同 細註 및
권4, 義解5, 良志使錫.

경덕왕은 재위 13년(754)에 관에 명령하여 영흥사와 원연사를 수
리하게 하였다. 원연사元延寺는 더 이상 기록이 없어 논외로 하지만,
영흥사에 신문왕 4년(684) 성전이 설치되었음은 직관지에 나타난 바
와 같다. 그러므로 관官이란 곧 성전을 말하며, 성전에 의해 사원의
수리가 이루어지는 구체적인 예라 하겠다.[19] 봉덕사나 황룡사의 유
사도 성전임은 성덕대왕신종(봉덕사종) 명문과 황룡사구층목탑찰주본
기(이하 찰주본기刹柱本記라 약함)로 보아 의심의 여지가 없다. 그 밖에
경덕왕 23년(764)에 영묘사 장육상을 개금改金한 주체도 성전이었다
고 해야 좋을 것이다.

성전의 관원구성을 보면, 사천왕사, 봉성사, 감은사, 봉덕사, 봉은
사 등 5곳의 사원에서 장관으로 금하신이 임명되었다. 이들 사원은
금하신이 임명되지 않은 영흥사·영묘사보다 격이 높았다. 그러나
금하신이 임명된 사원도 사천왕사는 봉성사 등 네 곳과 구별되고
있다. 사천왕사의 금하신은 경덕왕 때 감령監令으로 바뀌었으나, 봉
성사 등의 그것은 검교사檢校使로 바뀌었다. 차관인 상당은 사천왕
사의 경우 일반 관부의 그것처럼 경卿으로 바뀌었으나, 봉성사 등의
사원에서는 부사副使로 바뀌었다. 이하 적위赤位·청위靑位는 사천왕
사가 감監과 주부主簿로 되어 대나마大奈麻[20]가 감監으로 바뀐 영흥
사의 구성과 일치하기도 하나, 다른 네 곳에서는 판관判官·녹사錄事
로 되어 영묘사와 일치하고 있다. 이는 결국 관부명이 감부監府로
바뀌었던 사천왕사는 감령監令-경卿-감監-주부主簿-전典(사史)으로
구성되고, 수영사원으로 바뀌었던 봉성사 등은 검교사-부사-판관-
녹사-전으로,[21] 감관으로 바뀐 영흥사는 감-전(사)으로 구성되었다

---

19) 浜田耕策(1982), 〈新羅の寺院成典と皇龍寺の歷史〉, p.216.
20) 浜田耕策(1982), 위의 논문, p.208에서는 관등으로 이해하였으나, 이 경우
    는 관직으로 파악해야 할 것이다.
21) 문성왕 17년(855)에 찬술된 新羅昌林寺無垢淨塔願記에도 檢校使·檢校副使 등

고 하겠다. 따라서 관원구성도 관부명과 맥을 같이함을 알 수 있을
것이다.

더욱이 사천왕사는 직관지의 배열 순서나 관부·관직의 명칭 등에
서 최고의 위치에 있었음은 의문의 여지가 없겠다.[22] 그 다음이 봉
성사·감은사·봉덕사·봉은사 등 4곳의 사원이었고, 영묘사·영흥사는
장관으로 제2·3등관이 임명됨으로써 가장 격이 낮았다. 그러나 봉성
사 등과 같이 경덕왕 때에 수영사원으로 개명된 영묘사에 금하신이
없다든가, 사천왕사와 비슷한 구성을 가졌던 영흥사에 금하신이 배
치되지 않은 것은 의문이라고 하겠다.[23] 아마 처음에는 금하신이 설
치되었을 것이다.

7곳 성전사원 사이의 이러한 차이는 성전에 소속된 관원 수 비교
에서도 파악되고 있다.

의 직명이 나타나지만(許興植 編,《韓國金石全文》古代, 아세아문화사, 1984,
p.158), 성전사원의 그것과는 차원을 달리할 것이다. 일부에서는 이를 성
전사원의 검교사·부사와 같은 맥락에서 이해하면서 衿荷臣·上堂과 檢校使·
副使를 구별하기도 한다. 즉 혜공왕대 검교사·부사의 명칭이 금하신·상
당으로 복고되었음에도 불구하고 검교사·검교부사의 명칭을 사용한 것
은 그들 책임자가 금하신이나 상당의 명칭을 쓰기에 격이 낮았기 때문
이며, 금하신·상당은 슈·卿과 거의 비슷한 관위를 소지한 인물에게 사용
하였다는 것이다(全德在,《新羅六部體制研究》, 서울대 博士學位論文, 1995,
pp.161~162). 그러나 昌林寺를 성전사원과 같은 맥락에서 이해할 수도 없
을 뿐더러 혜공왕대의 관호복고 이후 하대에도 애장왕대 등 몇 차례 관
호개혁과 복고가 이루어졌으므로(이 책 제1편 제3장), 이를 감안해야 할
것이다.
22) 李載昌(1964), 〈三國史記 佛敎鈔存·附註〉, p.317.
23) 앞서 언급한 바와 같이 이들 두 사원은 애장왕 6년 직후의 어느 시점
에서는 성전사원이 아니었으나, 과거 성전사원임으로 해서 직관지에 실
리게 되었을 것이다. 따라서 두 사원이 성전사원이었음은 분명하나, 관
원 기록의 경우 약간의 누락이 있는 것이 아닌가 한다. 이들 사원의 관
원구성은 그 마지막 모습으로 추측할 수 있겠다.

〈표-2〉 제사성전의 관원 수

成典寺院	衿荷臣	上 堂	赤 位	青 位	史	計
四天王寺	1	1	1	2	2	7
奉 聖 寺	1	1	1	1	2	6
感 恩 寺	1	1	1	1	2	6
奉 德 寺	1	1	1	2	6 → 2	11 → 7
奉 恩 寺	1	1		2	2	6
靈 廟 寺		1		1	2	4
永 興 寺			1		3	4

위 표에서와 같이, 영묘사·영흥사를 제외한 다섯 사원은 금하신·
상당·적위 각 1명, 청위 1~2명, 사 2명 등 대략 6~7명으로 구성되
었음을 살필 수 있다. 영묘사·영흥사는 금하신 등이 없으므로 관원
수가 4명에 불과하였다. 성전사원의 금하신은 1명으로 병부, 예부,
창부 등 대부분의 중앙 관부가 장관의 복수제를 실시하고 있는 것
과 대조된다. 청위는 사천왕사·봉덕사·봉은사에서 2명씩 임명되었
다. 그러나 봉은사에서는 적위가 임명되지 않았으므로 이를 고려하
였을 것이지만, 사천왕사와 봉덕사의 경우는 이들 사원의 비중과
많은 업무 관장 때문이라 하겠다.24) 봉덕사는 한 때 최하급 실무자
가 6명까지 임명되었지만, 이는 창건 당시의 사정을 말하는 것이
아닌가 한다.25)

이상 직관지의 성전사원 자료를 검토하였지만, 금석문에서도 다음
의 두 사례를 찾을 수 있다.

(1) 檢校使 兵部令兼殿中令司馭府令修城府令監四天王寺府令并檢校眞

---

24) 사천왕사의 경우 애장왕대에 청위가 1명으로 줄어 하대에 와서 위상이
   약화되었음을 알 수 있다.
25) 경덕왕의 관호개혁 이전에 4명을 줄였다고 하므로 그러한 추정이 가능하다.

智大王寺使上相大角干臣金邕

　檢校使　肅政臺令兼修城府令檢校感恩寺使角干臣金良相

　副使　執事部侍郎阿湌金體信

　判官　右司祿館使級湌金△淂

　判官　級湌金忠封

　判官　大奈麻金如芿庚

　錄事　奈麻金一珎

　錄事　奈麻金張幹

　錄事　大舍金△△

　大曆六年歲次辛亥　十二月　十四日（하략）

　（黃壽永　編〈新羅聖德大王神鍾〉,《韓國金石遺文》增補版, 1978,
　p.285）

（2）成典

　監脩成塔事　守兵部令平章事伊干臣金魏弘

　上堂　前兵部大監阿干臣金李臣

　　　　倉府卿一吉干臣金丹書

　赤位　大奈麻臣新金賢雄

　靑位　奈麻臣新金平矜　奈麻臣金宗猷

　　　　奈麻臣金歆善　　大舍臣金愼行

　黃位　大舍臣金競會　　大舍臣金勛幸

　　　　大舍臣金審卷　　大舍臣金公立

　（〈新羅皇龍寺九層木塔刹柱本記〉, 위의 책, pp.162~163）

　신라 성덕대왕신종 명문은 혜공왕 7년(771) 12월 14일 당시 봉덕
사성전을 말해주고 있으며,[26] 찰주본기는 경문왕 12년(872) 11월 25

일의 황룡사성전의 사실을 말해주고 있다. 이들 금석문은 당대에 기록된 자료이므로 사료적 가치는 대단히 크다고 할 수 있다. 그러나 직관지의 자료와 비교하면 일정한 차이를 나타내고 있다.

먼저 봉덕사성전은 금하신(검교사)이 2명이나 임명되어 이례적이다. 또한 〈표-2〉와의 비교에서 알 수 있듯이, 상당(부사) 1명, 적위(판관) 3명, 청위(녹사) 3명이 임명되어, 직관지의 봉덕사뿐만 아니라 다른 사원의 성전 구성과도 일치하지 않고 있다. 더욱이 황룡사성전은 직관지에서는 나타나지 않았으나 이제 금석문에서 발견되었고, 1명씩의 금하신[27]·적위 외에 상당 2명, 청위 4명이 나타나고, 황위라는 관직에 4명의 관원이 재임하였다. 성덕대왕신종 명문이나 찰주본기에 보이는 관원 수는 직관지보다 모두 많은 것으로 보아, 직관지의 관원 수가 일반적이었으나, 주종鑄鍾·건탑建塔 등 국가의 대사업 때에는 일시적으로 관원이 보강되었음을 알 수 있다고 하겠다.[28]

한편, 찰주본기에는 성전에 이어 도감전道監典·속감전俗監典이 나타나고 있다. 그리고 다음과 같이 관련 인물들의 관직과 이름들이 차례로 열거되어 있다.

　　　道監典

---

26) 성덕대왕신종 명문에 열거된 인명이 봉덕사성전에 관한 기록임은 鈴木靖民이 처음 지적하였다. 鈴木靖民, 〈金順貞·金邕論 ―新羅政治史の一考察―〉, 《朝鮮學報》 45, 1967; 《古代對外關係史の研究》, 吉川弘文館, 1985.

27) 찰주본기에서는 衿荷臣이란 명칭은 나타나지 않는다. 그러나 변선웅씨가 상세히 고증한 바와 같이 監脩成塔事가 곧 금하신일 것이다. 邊善雄(1973), 〈皇龍寺 9層塔誌의 研究〉, pp.51~52.

28) 浜田耕策(1982), 〈新羅の寺院成典と皇龍寺の歷史〉, p.206에서는 금석문 자료를 과신한 나머지 직관지의 관원 수 규정을 특정 시기의 것이라 파악하고, 성전은 사원의 중요성에 따라 확대·축소가 이루어졌다고 하였으나, 이 같은 이유에서 따르지 않는다.

前國統僧惠興

前大統政法和尙大德賢亮 前大統政法和尙大德普緣

大統僧談裕 政法和尙僧神解

普門寺上座僧隱田 當寺上座僧允如

僧榮梵 僧良嵩 僧然訓 僧昕芳 僧溫融

維那僧勛筆 僧咸解 僧立宗 僧秀林

俗監典

浿江鎭都護重阿干臣金堅其

執事侍郞阿干臣金八元

內省卿沙干臣金咸熙

臨關郡太守沙干臣金昱榮

松岳郡太守大奈麻臣金鎰 (앞의 책, 1978, pp.163~164)

우선 찰주본기의 배열로 보아 황룡사에는 상이한 3개의 기구가
설치되어 직무를 분담하고 있는 것으로 이해된다. 즉 앞에서 살핀
바와 같이 성전이 사원의 수영修營(영선營繕)을 담당하여 사원의 경제
적 문제를 관장했다면, 성전에 이은 도감전道監典이란 곧 승려에 대
한 교학의 수련과 계율을 감독하는 기구가 아닐까 한다. 그렇다면
도감전에 대비되는 속감전은 일반 관리가 승려의 규계規戒 등을 맡
은 기구로 파악할 수 있기 때문이다.[29]

---

29)《삼국사기》권38, 직관지(상)에는 "大道署(或云 寺典 或云 內道監) 屬禮部"라
하였는데, 大道署는 진평왕 이전에는 寺典이라 하였으나 진평왕대에 大道
署라 부르고, 다시 경덕왕대에 內道監으로 불렸다고 한다(井上光貞,〈日本に
おける佛敎統制機關の確立過程〉, 《日本古代國家の硏究》, 岩波書店, 1965,
pp.329~330). 이와 같이 경덕왕대에 內道監으로 바뀌었다는 사실은 道監典
으로의 변천을 시사하지 않을까 한다. 물론 大道署에는 일반 관원이 임
명되었으나 道監典에서는 승려만 등장한다는 것이 의문이지만, 하대 초

북위北魏에서는 소현조昭玄曹에 관속을 배치하여 승무僧務를 결단하였는데, 그 최고 책임자인 사문통沙門統의 직무가 교학의 수련과 교도敎徒의 규유規猶(규계規戒?) 방면을 감독할 뿐만 아니라 교단敎團을 유지하기 위한 경제적 운영을 책임지고 있었다[30]. 그러나 그 뒤 북제北齊에 이르러 일반 관리에 의한 통제기구인 전사조典寺曹가 설치되어 이중적인 불교 통제를 하게 되었다는 사실에서[31] 좀 더 확신을 가질 수 있기 때문이다. 중국에서의 이러한 불교의 이원적 통제체제는 이후의 일본에서도 있었다고 한다. 신라의 경우 말기의 황룡사에 한정할 수밖에 없으나, 사문통沙門統의 교단을 유지하기 위한 경제적 역할을 국가에서 설치한 성전이 담당하였으며, 북위·북제의 승·속의 이원적 불교 통제를 도감전·속감전의 그것과 비교할 수는 없는지 중국·일본의 사례에 대한 검토와 더불어 차후의 과제로 삼고자 한다.

2. 제도의 성립과정

성전사원은 국가의 관부인 성전이 설치되었으므로 일반 사원과는 의미가 달랐다고 할 수 있다. 여기서는 성전사원이 과연 신라만의 특유한 제도로서 성립되었는가를 살펴 그 제도사적인 의미를 구명

원성왕 원년(785)의 政官에서 政法典으로의 개편과 같은 불교계의 개혁이 내재해 있었을 가능성도 있다. 한편 田村圓澄은 大道署를 국가적 불교통제 기관이 아니라 宮廷의 佛寺를 관장하는 곳으로 보았다. 田村圓澄, 〈僧官と 僧官制度〉, 《飛鳥佛敎史硏究》, 塙書房, 1969, pp.54~100.

30) 塚本善隆, 〈北魏の僧祇戶·佛圖戶〉, 《支那佛敎史硏究》 北魏篇, 淸水弘文堂, 1942, pp.167~213.
31) 中井眞孝, 〈新羅における佛敎統制機關について〉, 《朝鮮學報》 59, 1971;《古代 の朝鮮》(旗田巍·井上秀雄 共編), 學生社, 1974, p.94.

하고, 성전사원의 성립 시기와 과정을 밝혀 보고자 한다.

북위 이래 신라 불교에 많은 영향을 준 중국과 고대 문화에서 신라와 밀접한 관련을 가진 일본에서는, 국가가 건립한 관립官立 사원은 일반 사원과는 달리 관사官寺로서의 특성을 가졌으며, 이는 국가기구로서 제도화되었음을 살필 수 있다. 따라서 신라 성전사원의 제도사적 의미는 중국의 관사제도와 이후에 나타난 일본의 그것에서 미루어 짐작해 볼 수 있을 것이다.32)

중국의 경우 관립 사원은 일찍부터 나타나지만, 관사제도의 시행은 수隋·당唐에 이르러서였다. 수의 문제文帝(581~604)는 남북조를 통일하자 이를 기념하기 위하여 수도 장안長安에 대흥선사大興善寺(대흥국사大興國寺)를 창건하였다. 대흥선사는 불교에 관한 국가적 사업을 주도한 사원으로 수대隋代 승관僧官의 대부분을 배출하였다. 문제 말(601~604)에는 대흥선사가 사리탑舍利塔 건립의 장소로 지정되고, 전국 45주州에 같은 이름의 사원이 창건되어 전국적인 통제망이 이루어졌으며, 국가 기일忌日에는 일제히 추선법회追善法會가 열렸다.

당대唐代에 들어와 고종高宗(649~683)은 도교道敎와 불교佛敎를 위해 3관觀과 3사寺를 설치하고, 제주諸州에는 1관觀·1사寺를 두었다. 그러나 중국 관사제도의 절정은 고종을 이은 측천무후則天武后 때(684~704)였다. 측천무후는 불교를 크게 일으켜 종전의 도교 우선 정책을 뒤바꾸어 놓았으며, 690년에는 자신의 집권을 합리화하기 위

---

32) 수·당 및 일본의 관사제도에 대해서는 다음의 자료를 참고하였다.
   塚本善隆, 〈國分寺と隋·唐の佛敎政策並びに官寺〉, 《國分寺の研究(下)》(角田文衛 編), 考古學研究會, 1938 ; 《日支佛敎交涉史研究》, 弘文堂書房, 1944.
   道端良秀, 〈官寺の設置と內道場〉, 《唐代佛敎史の研究》, 法藏館, 1957.
   井上薫, 〈國分寺の成立〉, 《奈良朝佛敎史の研究》, 吉川弘文館, 1966.
   井上光貞, 〈律令的國家佛敎の形成〉, 《日本古代の國家と佛敎》, 岩波書店, 1971.
   角田文衛, 《國分寺と古代寺院》, 法藏館, 1985.

해 대운경사大雲經寺라는 《대운경大雲經》의 이름을 딴 사원을 일제히
설치하였다. 이어 중종대中宗代(684~710)인 705년에는 용흥사龍興寺가
설치되었으며, 현종대玄宗代(712~756)인 738년에는 개원사開元寺가 설
치되었다. 더욱이 개원사가 설치된 이듬해에는 제주諸州 용흥사龍興
寺에서 이루어지던 국가의례를 둘로 나누어, 용흥사龍興寺에서는 국
기일國忌日 추선법회追善法會를, 개원사관開元寺觀에서는 천추절千秋節
삼원三元의 축수祝壽를 행하게 하였다. 741년에는 양경兩京과 제주諸
州의 개원사관에 천자天子의 진용眞容을 안치하게 하고, 천자등신天子
等身의 금동천존金銅天尊과 불상 각 1구를 주조하여 보내도록 명령하
였다.

이와 같이 중국의 관사제도 발달은 수·당에서 뚜렷하며, 이후 전
국적인 제도로서 확립된 적은 없었다. 이는 관사제도가 수·당시대에
전형적으로 발달하였음을 말하는 것이다. 또한 이들 관사에서는 국
가의 의례가 관의 주도로 이루어졌지만, 한 왕 때에 관사였다고 하
여 계속 그 기능을 수행한 것은 아니었다. 관사에서 명칭만 바뀌어
다시 관사로 지정되는 경우도 있었지만, 오히려 다음 왕이 재위할
때에는 국가의 지원이 중단됨으로써 일반 사원으로 떨어지는 경우
가 많았다.

중국에서 성립된 관사제도는 비슷한 시기에 일본에서도 나타나고
있다. 나라시대奈良時代(710~784)의 관대사官大寺의 제도와 국분사國
分寺의 창건이 그것이다. 텐무천황天武天皇 8년(680)에 원흥사元興寺,
대안사大安寺 등에서 발전된 관대사 제도는 동대사東大寺, 흥복사興福
寺, 원흥사, 대안사, 약사사藥師寺, 서대사西大寺, 법륭사法隆寺 등 7곳
의 사원이 성립되어, 소위 남도칠대사南都七大寺로서 그 전성을 누리
게 되었다. 관대사는 시대의 흐름에 따라 점차 수가 증가하였으며,
모두 국가의 관부인 조사사造寺司가 설치되었다. 관대사의 7당가람식

七堂伽藍式의 장대한 당사堂舍, 막대한 봉호封戶와 전지田地는 모두 조
사사造寺司가 운영하였다.[33]

관대사가 수도 나라奈良(평성경平城京)에 집중되었다면,[34] 지방에서
관대사와 같은 역할을 한 것이 국분사國分寺였다. 국분사는 쇼무천황
聖武天皇 천평天平 13년(741) 제국諸國에 국분승·니사國分僧·尼寺 한 곳
씩을 창건하게 하여 제도화한 관사官寺로, 국가의 안녕과 태평을 기
원하였다. 이들 사원에서는 《대반야경大般若經》, 《최승왕경最勝王經》,
《법화경法華經》 등을 독송讀誦하고 국왕의 병 회복을 기원하였으며,
77재齋, 주기법회周忌法會 등의 행사를 거행하였다. 따라서 국분사의
승려는 일반 사원의 경우와 달리 자격을 엄선하였고, 중앙의 제대사
諸大寺의 승려 가운데서 임명하였다.[35]

이상과 같이 중국과 일본의 관사는, 왕실의 복을 기원하고 중앙과
지방의 불교계를 통제하기 위한 제도였다. 그러면 이와 비슷한 시기
신라에서는 관사가 존재하지 않았는가 하는 의문이 제기된다. 결론
부터 말하면, 신라에서는 성전이란 관부를 설치하고 관원을 배치한
성전사원이 다름 아닌 관사官寺이며,[36] 성전사원이 직관지에 등재된
사실은 신라에서 관사가 제도적으로 성립하였음을 말해 주는 것이

---

33) 예컨대 東大寺의 경우 造東大寺司라 하였고 관원구성은 長官-次官-判官-主
典의 4등관제였다. 이는 신라의 성전사원이 경덕왕대에 修營某寺使院이라
개칭되고 檢校使-副使-判官-錄事-典으로 구성된 사례와 유사하다.
34) 法隆寺는 비록 약간 떨어져 있으나 東大寺는 平城京에 인접해 있고, 나머
지 다섯 사원은 모두 平城京 내에 위치하였다. 遠藤元男, 《日本古代史事典》,
朝倉書店, 1974, p.754 및 王金林, 《奈良文化と唐文化》(東アジアのなかの日本歷
史 2), 六興出版, 1988, p.343의 지도 참조.
35) 官大寺, 國分寺 외에 寺額을 받게 한 定額寺 제도가 있었으나, 이는 사원의
남설을 방지함이 목적이었다고 한다.
36) 官寺는 일본 학계의 용어로서, 國寺·國家寺院·國營寺院 등의 의미이지만,
아직 적절한 표현이 없으므로 잠정적이지만 사용하기로 하겠다. 金在庚,
〈新羅 中代 華嚴信仰의 社會的 役割〉, 《震檀學報》 73, 1992, pp.5~6에서는 公寺
라는 용어를 사용하였다.

다. 종래 관사제도는 중국·일본의 경우에서만 일컬어져 왔으나,[37]
이제 신라의 그것이 밝혀진 만큼 중국·한국·일본의 상호 관련 속에
서 새로이 파악되어야 하리라고 믿는다.[38]

성전사원의 성격을 더욱 구체적으로 밝히기 위해 지금까지 확인
된 8곳에 대하여 창건자, 창건 시기, 사원의 위치, 성전의 설치 시기
등을 찾아 차례로 정리하면 다음과 같다.

〈표-3〉 성전사원의 분석

成典寺院	創建者	創建時期	位置	成典設置時期
四天王寺	文武王	文武王 10년~19년 (670~679)	慶州市 排盤洞	[神文王 4년 이전] (684 이전)
奉聖寺	神文王	神文王 5년 낙성 (685)	慶州市 城東洞	[神文王 4년 이전] (684 이전)
感恩寺	文武王· 神文王	文武王 ?년~神文王 2년(?~682)	慶州市 陽北面	[神文王 4년 이전] (684 이전)
奉德寺	聖德王· 孝成王	聖德王 6년~孝成王 2년(707~738)	慶州市 北川南岸[39]	[聖德王 6년] (707)
奉恩寺	惠恭王· 宣德王· 元聖王	惠恭王 7년 이전 ~元聖王 10년 (771 이전~794)	미상	[惠恭王 1~7년] (765~771)
靈廟寺	善德王	善德王 4년 낙성 (635)	慶州市 塔正洞[40]	[神文王 4년] (684)
永興寺	法興王妃	法興王 23년 착공 (535)	慶州市 塔正洞	神文王 4년 (684)

---

37) 일본의 학자들은 한결같이 일본의 관사제도가 당나라의 그것을 모델로
발달하였다고 하였다. 주 32)의 논저 참조.
38) 奈良時代의 일본 문화는 정치, 불교, 의식주 등 여러 면에서 당보다는 신
라 일변도의 문화를 수용한 것인 만큼(崔在錫,《統一新羅·渤海와 日本의 關
係》, 一志社, 1993), 관사제도도 신라의 영향일 가능성이 크다고 생각한다.
39)《新增東國輿地勝覽》권21, 慶州府 古蹟條에 "奉德寺鍾 (중략) 後寺淪於北川 天
順四年庚辰移懸于靈妙寺"라 한 것으로 보아 北川南岸이었을 것이다. 洪思俊,

皇龍寺	眞興王	眞興王 14년~27년 (553~566)	慶州市 九黃洞	[哀莊王 6년~ 興德王 2년] (805~827)

자료: 《三國史記》, 《三國遺事》. [ ]는 추정에 따른 것이다.

위의 분석을 통해 다음의 사실을 밝힐 수 있다.

첫째, 성전사원의 창건 주체는 모두 왕실이었다. 영흥사는 왕비의 발원에 의해 창건되었으나, 사천왕사 등 7곳은 모두 국왕의 발원에 의해 창건되었다. 따라서 성전사원은 왕실사원王室寺院의 범주를 벗어나지 않는다.

둘째, 성전사원의 창건 시기는 혜공왕대까지로, 선덕왕 이후의 하대에 처음 창건된 것은 아니다. 이는 직관지가 신문왕 4년(684)에서 애장왕 6년(805) 무렵까지의 한정된 기록이기 때문일 수도 있지만, 직관지에서 빠졌고 신라 말의 금석문에서 성전이 확인된 황룡사가 진흥왕대에 창건된 사원이란 점에서, 성전사원은 대체로 위 표에 나타난 사원을 범주로 운영되었을 것이다.

셋째, 성전사원의 위치는 현재 경주시의 북천北川·서천西川·남천南川을 경계로 하여 낭산狼山에 이르는 지역으로, 신라 왕경 중심부에 집중적으로 분포하였다.[41] 단지 감은사가 조금 떨어진 동해변東

〈奉德寺梵鍾考〉, 《梵鍾》 1, 韓國梵鍾硏究會, 1978, p.4에는 口傳에 경주 北川의 南岸 南泉里라 하나 정확한 장소는 未詳이라고 하였다.

40) 영묘사에 대해서는 논의가 분분하지만 종래 흥륜사지로 추정된 南川邊 塔正洞(舊 沙正洞; 현 天鏡林 興輪寺)으로 의견이 모아지고 있다. 이곳에서는 '靈廟之寺' '令妙寺' '大令妙寺造瓦' 등의 명문이 새겨진 기와가 발견되었다. 朴洪國, 〈慶州地方에서 出土된 文字銘瓦〉, 《全國大學生學術硏究發表論文集》 (人文分野) 5, 高麗大, 1980, pp.106~107.

41) 이는 신라 王京 내에 존재하였음을 말할 것이다. 奉德寺·永興寺의 경우 금석문에서 "壬午年 京 奉德寺 永興寺……"라 한 예가 있다(〈仁陽寺碑〉, 《韓國金石全文》 古代, p.157).

海邊에 위치하였지만, 사원을 창건한 문무왕이 동해의 龍이 되겠다고 한 것으로 보아, 특별한 경우로 분류할 수 있다. 따라서 위치가 확인되지 않은 봉은사도 위의 지역으로 한정될 것임은 거의 틀림없다고 하겠다.

넷째, 성전사원의 성립 시기에 대해 직관지에서는 오직 영흥사만 신문왕 4년(684)에 처음 설치하였다고 밝혔다. 그러나 신문왕대가 삼국통일 직후의 문물제도의 완성기였다는 점에서 이 시기를 성전사원 성립의 주요한 기준으로 설정할 수 있을 것이다.

그러나 마지막 네 번째 문제에 대해서는 보다 세밀한 검토가 필요하다. 우선 성전사원이 순차적으로 성립되었는가 아니면 일시에 성립되었는가 하는 문제가 제기되고, 더욱이 순차적으로 성립되었다고 할 때 그 시기는 어디까지 소급될 수 있는지, 또한 일시에 성립되었다고 할 때 몇 곳이 함께 성전사원으로 등장하였으며, 그 추이는 어떠했는지 등도 검토되어야 할 것이기 때문이다.

성전사원으로 성전이 설치된 시기가 분명한 것은 신문왕 4년임이 명시된 영흥사永興寺였지만, 직관지에는 영창궁성전永昌宮成典이 문무왕 17년(677)에 설치되었다고 하여, 이미 문무왕대에 성전이 존재하였음을 나타내고 있다. 영창궁성전은, 《삼국사기》에 영창궁永昌宮이 나타나므로, 영창궁에 설치된 성전임이 분명하다. 영창궁의 성격은 현재 밝혀져 있지 않지만,[42] 일단 성전사원과 같은 선상에서 성전의 설치 시기를 검토해 보자.

먼저 영창궁에 성전이 설치된 문무왕 17년(677)을 성전사원의 성립 시기로 상정한다면, 이보다 뒤에 창건된 사원은 제외되므로, 영묘사·영흥사·황룡사 그리고 문무왕 19년(679)에 낙성된 사천왕사를

---

42) 永昌宮을 天地神을 제사하는 神宮으로 파악하기도 한다. 蔡尙植(1984), 〈新羅統一期의 成典寺院의 구조와 기능〉, p.100.

주목할 수 있다. 그러나 영흥사는 신문왕 4년(684)에 성전이 설치되었음이 밝혀졌다. 또한 황룡사는 금석문에서 확인된 만큼 하대인 경문왕 12년(872)에는 성전사원이었지만, 직관지에는 실리지 못함으로써 문무왕 전후 시기에 성전사원이었는가의 여부는 몹시 의심스럽다. 따라서 영묘사와 사천왕사가 남게 되지만, 삼국통일 전에 창건되었고 성전의 격이 비슷하였던 영흥사가 684년에 성전이 설치되었으므로, 영묘사만 이보다 먼저 성전사원이 되었을 뚜렷한 이유를 찾기 어렵다. 그렇다면 결국 사천왕사가 유력해지는데, 영창궁성전의 설치는 사천왕사의 낙성 불과 2년 전이고 사천왕사의 낙성과 영흥사성전의 설치는 5년의 간격이 있을 뿐이므로, 677년 무렵 사천왕사성전의 설치가 불가능하다고는 할 수 없다. 그렇다면 사천왕사는 창건 시부터 성전이 설치되지 않았을까 하는 추측이 가능하고,43) 나아가 사천왕사 낙성 이후 완공된 감은사, 봉성사 등의 사원도 대략 창건과 동시에 성전이 설치되었다고 할 수 있을 것이다.

그러나 성전사원의 성립기로서 더욱 주목되는 것은 영흥사성전이 설치된 신문왕 4년(684) 무렵일 것이다. 이때에는 영흥사·영묘사·사천왕사 외에 감은사가 완공된 만큼, 이들 사원과 이듬해 낙성되는 봉성사 등 다섯 사원이 성전사원으로 성립됨으로써 비로소 제도적으로 완비되었다고 하겠다.44) 이는 이듬해인 685년이 중앙행정관제가 정비되고 9주 5소경을 비롯한 통일 후 신라 문물제도의 완성기

---

43) 사천왕사의 창건을 문무왕 10년(670)으로 추정하면 성전의 기원은 이 무렵까지 거슬러 올라갈 수 있을 것이다. 더욱이 선덕왕 14년(645)경 皇龍寺塔 조성의 책임자인 伊湌 龍樹(龍春)의 직책 監君이 衿荷臣의 별칭이라면(全德在(1995), 《新羅六部體制研究》, 앞의 학위논문, 1995, p.162), 그 기원은 더욱 그러할 것이다. 그러나 이를 인정하더라도 과도기가 아닌 완성기로서 성전사원의 전형적인 모습은 당의 문물을 널리 수용한 신문왕 이후일 것이다.
44) 성전사원이 다섯 곳씩 운영된 데 대해서는 뒤에서 설명하기로 한다.

였다는 점에서,[45] 684년은 관사인 성전사원이 성립된 획기적 시기로
파악할 수 있기 때문이다. 그 뒤 성덕왕 6년(707)에 봉덕사가 창건
됨으로써 봉덕사가 성전사원이 되었고, 다시 봉은사가 창건되기 시
작하는 혜공왕 1~7년(765~771) 무렵에는 봉은사가 성전사원으로
성립되었다고 하겠다.

그러면 하대의 금석문에서 성전사원임이 확인된 황룡사의 경우는
어떻게 이해할 것인가? 황룡사는 삼국통일 전 중고시대에 가장 비
중 높은 사원이었지만, 하대 후반기인 경문왕 12년(872)의 금석문에
서 성전이 확인되었을 뿐 직관지에서는 성전이 실리지 않았다. 따라
서 황룡사가 중대에도 성전사원이었는가 하는 것은 커다란 의문이
아닐 수 없다.[46]

이에 대한 해석으로 다음 두 가지의 가능성을 상정할 수 있다.
먼저 황룡사는 하대 경문왕대뿐 아니라 중대에도 줄곧 성전사원이
었다는 가정이다. 따라서 직관지에 황룡사가 누락된 것은 《삼국사
기》 편찬자의 실수였다는 해석이다. 다음은 황룡사가 삼국통일 전
신라 최고의 사원이라 하더라도 중대에는 성전사원이 아니었으며,
하대의 어느 시기에 이르러 비로소 성전사원이 되었다는 해석이다.
이 가운데 전자의 해석을 따라 《삼국사기》 편찬자가 이를 찬술할
때 황룡사성전마저 빠뜨렸다면, 《삼국사기》의 사료적 가치가 크게
반감되는 일로서 정사 편찬상 납득하기 어렵다고 하겠다. 만약 후자

---

45) 李基白, 〈統一新羅와 渤海의 社會〉,《韓國史講座》 古代篇, 一潮閣, 1982, p.333.
46) 浜田耕策(1982), 〈新羅の寺院成典と皇龍寺の歴史〉, p.207·p.212에서는 황룡사
　　성전은 景文王代에 한정되지 않고 그 이전부터 직관지의 일곱 성전과 함
　　께 존재했으며, 경덕왕대에는 사천왕사보다도 격이 높았다고 하였다. 또
　　한 李成市(1983), 〈新羅中代の國家と佛敎〉, pp.74~75 주 16)에서는 경문왕대
　　황룡사성전의 장관은 監脩成塔事守로서 이는 황룡사 9층탑 改造를 위한
　　임시 관명이므로 찰주본기를 근거로 황룡사성전의 존재를 想定하는 것은
　　곤란하다는 독특한 주장을 하고 있다.

의 해석을 따른다면, 이를 의아스럽게 여길 수도 있겠지만, 성전사
원의 중요성이 시기에 따라 달랐을 것이라는 점에서 오히려 타당한
설명이라고 생각된다. 그러므로 황룡사는 직관지가 제시하는 신문왕
4년(684)에서 애장왕 6년(805)까지는 성전이 설치되지 않았고,[47] 그
이후 어느 시기에 성전사원으로 지정되었다고 하겠다.[48]

황룡사의 경우와 같이, 처음에는 성전사원이 아니었다가 뒤에 성
전사원으로 성립된 예가 있었다면, 이는 황룡사에만 한정될 것인가
하는 문제도 제기된다. 물론 직관지가 대상으로 한 684년에서 805
년의 시기는 제외되겠지만, 성전사원의 시대적 변화를 고려하면 다
음의 사원은 검토의 여지가 있지 않을까 생각한다.

먼저 흥륜사興輪寺의 경우다. 이는 신라 최초의 사원으로 법흥왕
에 의해 창건되었다. 진흥왕 5년(544) 절이 완성되자 왕은 '대왕흥
륜사大王興輪寺'라 사액賜額하였으며,[49] 법흥·진흥왕이 주석住錫한 원

---

47) 애장왕 6년 이전, 더욱이 중대에 황룡사성전이 존재하지 않았음은 저
자가 처음으로 지적한 바 있다(李泳鎬(1983), 〈新羅 中代 王室寺院의 官寺的
機能〉, p.100). 蔡尙植 또한 저자와 같이 중대 황룡사성전의 존재를 부인
하였는데, 문무왕대 황룡사의 퇴조 현상을 지적한 것은 주목된다고 하
겠다(蔡尙植(1984), 〈新羅 統一期의 成典寺院의 구조와 기능〉, p.84·p.109).
48) 상한은 흥덕왕 2년(827) 이전으로 추정되는데 이에 대해서는 뒤에서 살
피기로 한다. 한편, 최근에도 성전을 임시 관청으로 이해한 견해가 있다.
즉 全德在는 "신라 하대에 황룡사에도 成典이 常設된 것으로 보기도 한다.
그러나 聖德大王神鐘 주조를 위해 성전을 별도로 설치하였듯이 위의 경우
에도 역시 경문왕 8년(868)에 벼락을 맞은 황룡사 9층탑을 중수하기 위
해 동왕 12년(871)에 임시로 成典을 설치하였다고 이해하는 편이 무난하
다."(《新羅六部體制硏究》, 앞의 학위논문, 1995, p.161 주 62)라 하여 상설 관
청으로 본 저자의 견해(李泳鎬(1983), 〈新羅 中代 王室寺院의 官寺的 機能〉)를
비판하였다. 그러나 봉덕사성전이 성덕대왕신종 주조를 위해 별도로 설
치된 것이 아님은 직관지 기사를 검토하면 쉽게 알 수 있다. 더구나 뒤
에서 설명할 김옹 한 사람이 봉덕사와 사천왕사·진지대왕사(봉은사) 등
3곳 성전의 장관을 동시에 겸하였음을 주목하면 더욱 그렇다고 하겠다.
따라서 봉덕사성전을 근거로 황룡사성전마저 임시 기구로 파악해야 한다
는 주장은 납득하기 어렵다.
49) 《삼국유사》 권3, 흥법3, 原宗興法 猒髑滅身.

찰願刹이었기 때문이다.[50] 법흥왕의 왕비가 세운 영흥사가 성전사원
이었던 점도 고려될 수 있다. 다음은 내제석궁內帝釋宮(내제석원內帝釋
院)에 대해서이다. 이는 왕궁 안의 사원인 내불당內佛堂으로[51] 성전
사원과 차원을 달리할 가능성도 배제할 수 없다. 그러나 진평왕이
사원을 창건하였고 또 이곳에 행행하여 천사로부터 신라 삼보三寶
의 하나인 옥대玉帶를 하사받았기 때문이다.[52] 사원에만 설치된 성
전이 영창궁永昌宮에도 설치되었으므로 영창궁성전이란 내제석궁에
설치된 성전이 아닐까 검토할 만하다.[53] 또한 신라 말의 숭복사崇福
寺는, 신라국초월산대숭복사비명新羅國初月山大崇福寺碑銘에서, 남진南晉
의 고조高祖(무제武帝, 557~559)가 풍태후馮太后를 추복하기 위해 세
운 보덕사報德寺나, 수隋의 문제(581~604)가 세운 대흥국사大興國寺에
견주어지고 있다는 점에서, 검토의 여지가 있다고 생각한다.[54]

50) 韓國佛教研究院,《新羅의 廢寺》Ⅰ, 一志社, 1974, p.54.
51) 신라만이 아니라 백제에도 武王 40년(639) 왕궁 안에 帝釋寺가 있었다(黃
   壽永,〈百濟 帝釋寺止의 研究〉,《韓國의 佛教美術》, 同和出版公社, 1974). 또한
   고려에서는 태조 2년(919)과 7년(924) 內帝釋宮과 外帝釋宮을 창건하였다
   (《삼국유사》왕력).
52) 《삼국유사》권1, 기이1, 天賜玉帶.
53) 영창궁성전에도 古官職인 上堂이 배치되었다.《삼국사기》권38, 직관지(상).
54) 崔致遠 撰〈慶州 崇福寺碑〉,《韓國金石全文》古代, p.245 "晉稱報德 隨號興國 孰
   與家福 崇之國力". 숭복사는 처음 경문왕의 모후인 炤文王后의 元舅이자, 경
   문왕의 왕비인 肅貞王后의 외조부인 파진찬 金元良이 세운 것이다. 원래
   이름은 鵠寺인데, 원성왕의 園陵으로 지정되면서 절터를 옮겨 改創되었다.
   절은 큰 형세를 이루지 못하였으나, 경문왕이 즉위하여 원성왕의 冥應을
   받아 重修하며 왕의 명복을 빌었고, 헌강왕 11년(885)에는 숭복사로 절
   이름을 바꾸었다고 한다(동 비문 참고). 사원의 위치는 오늘의 경주시
   外東面 未方里로 기존 성전사원의 분포지역에서 약간 벗어나 있고, 숭복
   사로 개칭된 헌강왕 11년(885)은 사료에서 확인되는 성전사원의 하한 연
   대인 872년보다 다소 늦다.

3. 성전 관원의 분석

성전 소속의 관원에 대해서는 금석문에서 일부 인명이 확인되고 있다. 금석문은 한 시점의 자료를 담고 있으므로 정보가 제한적이지만, 당시의 실상을 파악하는 데는 매우 귀중한 자료라 할 수 있다.

혜공왕 7년(771)에 만들어진 성덕대왕신종 명문은 당시의 봉덕사성전奉德寺成典 관원에 대한 자세한 실례를 전해주고 있다. 그러나 이는 중대에 관한 단 하나의 사례로서, 그 시기도 말기에 한정될 뿐이므로, 이를 중대의 보편적 현상으로 일반화할 수 있을까 하는 의문이 없지 않다. 이러한 점에서, 비록 하대 황룡사의 경우이지만, 찰주본기에서 확인되는 황룡사성전皇龍寺成典에 관한 기록은 그를 보완한다는 측면에서 효과적으로 이용될 수 있을 것이다. 따라서 여기서는 성덕대왕신종 명문을 중심으로 하되 하대의 찰주본기를 참고하면서, 중대의 성전 관원의 실상을 분석하기로 하겠다.

성전의 장관인 금하신(검교사)으로는 다음의 3명이 확인되고 있다.

> (1) 檢校使 兵部令兼殿中令司馭府令修城府令監四天王寺府令并檢校眞
>   智大王寺 使上相大角干臣金邕
>   檢校使 肅政臺令兼修城府令檢校感恩寺使角干臣金良相(聖德大王
>   神鍾)
> (2) 命親弟上宰相伊干魏弘(중략)
>   監脩成塔事 守兵部令平章事伊干臣金魏弘(皇龍寺九層木塔刹柱本記)

먼저 중대 말 봉덕사성전의 금하신은 김옹과 김양상이었다. 이들은 혜공왕 7년(771) 성덕대왕신종을 주조할 때 성전의 공동 책임자였다. 김옹은 금하신에 앞서 경덕왕 19년(760) 4월부터 22년(763) 8월까지 집사부 시중을 역임하였다. 김양상은 김옹의 뒤를 이어서 왕 23년(764) 1월부터 혜공왕 4년(768) 10월까지[55] 시중을 역임하였고, 그 뒤 왕 10년(774) 9월에는 상대등으로 승진하였다. 그러므로 위의 성덕대왕신종 명문의 기록은 대략 혜공왕 4년 10월에서 10년 9월 사이의 사실을 반영한 것이라 하겠다.[56]

김옹·김양상은 봉덕사성전의 장관으로서 각각 수성부령을 겸하였다. 더욱이 수석 장관인 김옹은 병부령으로서 사천왕사·진지대왕사(봉은사)성전의 감령과 검교사를 겸하였으며, 하대 황룡사성전의 김위홍도 같은 병부령으로서 금하신이었다. 이는 이들이 많은 인력의 동원자이자, 당시 실질적인 최고의 실력자였음을 의미한다. 이와 같이 흔히 병부령이 성전의 장관이었다는 것은 성전사원의 호국적 군사적 성격을 나타내는 것으로, 병졸의 성전사원 주둔을 긍정하게 한다. 그렇다면 이는 일본 나라시대의 동대사東大寺에 293명의 위사衛士가 배치되었다거나,[57] 고려시대 왕실의 원당願堂으로 성역聖域이었던 진전사원眞殿寺院이《고려사高麗史》병지兵志에 수록되었고, 위숙군圍宿軍이 배치된 사실과도 상통하는 현상이라 하겠다.[58]

더구나 김옹과 김위홍은 각각 상상上相, 상재상上宰相으로서 모두 재상[59]들이었다. 이들은 당시 최고의 지위에 있었으므로, 이들이 임명된 사원은 각각 가장 비중이 큰 사원이었음을 알 수 있다. 그러나

55) 李基白, 〈新羅 執事部의 成立〉,《震檀學報》 25·6·7합병호, 1964; 앞의 책 (1974), p.157.
56) 李昊榮, 〈新羅 中代王室과 奉德寺〉,《史學志》 8, 단국대, 1974, p.13.
57) 井上薫(1966), 〈東大寺の造營〉, 앞의 책, p.504. 造東大寺司에서 兵部省으로 보낸 문서에서 확인할 수 있다.
58) 許興植, 〈佛敎와 融合된 王室의 祖上崇拜〉,《東方學志》 45, 연세대, 1983;《高麗佛敎史硏究》, 一潮閣, 1986.
59) 鈴木靖民(1985), 〈金順貞·金邕論〉, 앞의 책.
木村誠, 〈新羅의 宰相制度〉,《人文學報》 118, 東京都立大學, 1977.

병부령으로서 최고의 실력자였던 김옹이 봉덕사·사천왕사·진지대왕
사성전의 책임자를 겸하면서 황룡사성전의 책임자를 겸하지는 않았
다. 이는 앞서 직관지에 황룡사성전이 수록되지 않았다는 사실과 함
께 중대에 있어서 황룡사의 위상 변화를 다시 한 번 증명해 준다고
하겠다. 그렇다면 이는 통일 전 중고시기와 하대에서의 황룡사의 기
능을, 중대에서는 성전사원 가운데 가장 격이 높은 사천왕사가 대행
하였음을 말해 주는 주요 근거로 볼 수 있을 것이다.[60]

한편, 금하신은 국왕과 혈연적으로 극히 가까운 관계였으며, 국왕
과 밀착된 측근의 인물이 임명되었음을 엿볼 수 있다. 이는 김옹이
시중·병부령·상상 등을 역임한 사실에서도 짐작되는데,[61] 실제로 그
는 혜공왕의 원구元舅이기도 했다.[62] 김양상은 할아버지 원훈元訓이

---

60) 李泳鎬(1983), 〈新羅 中代 王室寺院의 官寺的 機能〉, p.94.
61) 侍中·兵部令·上相이 국왕과 극히 밀착되었음은 다음의 논고에 잘 설명되어 있다.
　　李基白(1974), 〈新羅 執事部의 成立〉, 앞의 책, pp.162~164.
　　申瀅植, 〈新羅 兵部令考〉, 《歷史學報》 61, 1974; 同 改題 〈新羅의 國家的 成長
　　과 兵部令〉, 《韓國古代史의 新研究》, 一潮閣, 1984, pp.165~166.
　　木村誠(1978), 〈新羅의 宰相制度〉.
　　더욱이 김옹이 집사부 시중에 취임한 직후 왕자였던 혜공왕이 太子로
　　책봉되었다는 사실도 간과할 수 없다(李泳鎬, 〈新羅 惠恭王代 政變의 새로
　　운 解釋〉 《歷史教育論集》 13·14합집, 1990, p.354; 이 책 제1편 제4장 p.166).
62) 李昊榮, 〈聖德大王神鍾銘의 解釋에 관한 몇 가지 문제〉, 《考古美術》 125,
　　1975, p.13; 浜田耕策, 〈新羅의 聖德大王神鍾과 中代의 王室〉, 《响沫集》 3, 學習院大
　　學史學會, 1981, p.35.
　　김옹에 대해서는 성덕왕대 중시를 역임하고 上宰였던 金順貞과의 친족
　　관계가 주목된다. 李昊榮은 김순정의 아들로서 경덕왕의 前妃 三毛夫人과
　　남매 관계라고 하였고(p.13), 浜田耕策은 김순정의 손자로 金義忠의 아들이
　　며, 경덕왕의 後妃(혜공왕의 母) 滿月夫人의 오빠라고 하였다. 또한 浜田耕
　　策은 三毛夫人이 김순정의 딸인 데서 金義忠과 三毛夫人이 남매 관계인 점
　　도 지적하였다(pp.34~37). 元舅란 天子의 어머니 쪽의 형제(외숙)를 의미
　　하므로 성덕대왕신종이 주조되던 혜공왕대의 시점에서는 경덕왕 2년
　　(743) 이전에 出宮된(金壽泰, 〈統一新羅期 專制王權의 崩壞와 金邕〉, 《歷史學
　　報》 99·100합집, 1983; 同 改題 〈眞骨貴族勢力의 정권장악과 金邕〉, 《新羅 中
　　代 專制王權과 眞骨貴族》, 西江大 博士學位論文, 1991, pp.140~141) 三毛夫人과
　　는 연결될 수 없을 것이므로, 후자의 견해가 옳다고 판단된다.

성덕왕대 초 중시를 지낸 데 이어 경덕왕 때 시중을 역임하였으며, 그 자신 성덕왕의 외손으로 혜공왕과는 내외종 사이였고,[63] 혜공왕 10년에는 상대등으로 승진하였다. 병부령·상재상이었던 김위홍은 경문왕의 친제親弟였으며, 4년 뒤 헌강왕대에는 숙부로서 상대등에 취임하였다.[64] 이와 같이 시중을 역임하거나 현직 병부령인 인물이 금하신에 취임하였고, 또 이들이 대개 상대등으로 나아갔다는 사실은 금하신은 물론, 시중·병부령·상대등 등이 국왕 측근의 인물로서 국왕의 적극적인 지지자였음을 확신시켜 준다고 하겠다.

직관지에서는 성전의 장관이 1명이라 하였으나, 혜공왕대 봉덕사 성전의 경우 2명이 재임하였다.[65] 이는 당시만의 특수한 현상일 것으로 봉덕사를 중심으로 한 왕실세력의 권력집중 현상을 대변하고 있다.[66] 그런데 김옹은 병부령, 전중령殿中令(내성 사신), 사어부령司馭府令(승부령), 수성부령修城府令(경성주작전령) 등을 겸함과 동시에 봉

한편 삼모부인의 출궁은 無子 때문이었다고 하거니와(《삼국유사》 왕력 景德王 및 동 권2, 紀異2, 景德王·忠談師·表訓大德), 김의충과 남매 관계인 점에서(설사 김옹과 남매 관계라는 이호영의 설을 따르더라도) 그녀의 출궁은 김의충·김옹 세력의 동의 아래 이루어졌을 가능성을 배제할 수 없다. 이 같은 관점에 설 때 경덕왕이 왕 13년(754) 孝貞 伊干과 三毛夫人의 시주로 약 50만 근이나 되는 皇龍寺鍾을 주조하였다는 사실(동 권3, 탑상4, 皇龍寺鍾·芬皇寺藥師·奉德寺鍾)도 납득되지 않을까 한다.

63) 李基白, 〈上大等考〉, 《歷史學報》 19, 1962; 앞의 책(1974), p.114·p.117 〈表 라〉에서는 양상이 혜공왕의 姨從兄弟라 하였으나 착오인 듯하다. 경덕왕은 양상의 외숙임에서 양상은 혜공왕의 外從(姨從)兄弟가 되며, 혜공왕은 양상의 內從(姑從)兄弟가 된다.

64) 《삼국사기》 권11, 신라본기 헌강왕 즉위년조.

65) 이호영(1974), 〈신라 중대왕실과 봉덕사〉, p.15에서는 성덕대왕신종 주조를 중대 왕실을 힘겨웁게 버티고 있던 혜공왕이 성덕왕의 혁혁한 업적을 찬양하여 왕실의 권위를 과시함으로써 이를 연장시키려 한 것으로 파악하였다.

66) 奉德寺는 중대 왕실의 마지막 보루로 인식되었다고 하는 만큼(이호영(1974), 〈신라 중대왕실과 봉덕사〉 참조), 김옹의 몰락은 중대의 몰락과 직결되었을 가능성이 크다.

덕사·사천왕사·진지대왕사성전의 장관을 겸하였고, 김양상은 숙정대
령肅政臺令(사정부령), 수성부령 등을 겸함과 동시에 봉덕사·감은사성
전의 장관을 겸하였다. 또한 김위홍은 병부령·상재상으로서 황룡사
성전의 장관을 겸하였음을 주목한다면, 성전의 장관은 다른 관부의
장관이 함께 겸직하는 예가 일반적이었고, 한 사람이 여러 사원의
성전 책임자를 겸할 수 있었다고 해석된다.[67]

금하신 다음의 관원인 상당(부사)으로는 봉덕사성전의 김체신金體
信, 황룡사성전의 김리신金李臣, 김단서金丹書 등 3명이 확인된다.

(1) 副使 執事部侍郎阿湌金體信(聖德大王神鍾)
(2) 上堂 前兵部大監阿干臣金李臣
　　　　倉府卿一吉干臣金丹書(皇龍寺九層木塔刹柱本記)

이들 가운데 사료에서 이력이 검출되는 것은 집사부 시랑인 김체
신 한 명에 불과하다.[68] 직관지에 따르면 집사시랑은 2명이라 하므
로 김체신은 이 가운데 1명이었다고 하겠다. 그는 앞서 경덕왕 22년
(763) 2월에 급찬으로 일본에 사신으로 파견되었다.[69] 더욱이 이때
는 김옹이 집사부 시중으로 재임하는 시기였다는 점에서 그와 김체
신의 관계를 엿볼 수 있다. 또한 김체신이 도일渡日하자 일본 측에

---

67) 중대 말 衿荷臣이 임명된 5곳의 성전사원 가운데 장관을 알 수 없는 奉
　　聖寺成典을 제외하면, 김옹·김양상에 의해 4곳의 성전사원이 모두 관리되
　　었다. 봉덕사성전의 제2인자였던 김양상이 東海邊의 感恩寺成典의 장관을
　　겸할 뿐이었으므로, 김옹이 3곳의 성전사원을 관리하였다는 것은 의미하
　　는 바가 크다. 뒤에서 살피겠지만, 당시의 성전사원은 모두 중대 왕실의
　　원당이었기 때문이다.
68) 김체신의 직명인 부사를 檢校에 대한 副使라고 해석한 경우가 있으나(今
　　西龍, 〈新羅聖德大王神鍾之銘〉, 《新羅史研究》, 近澤書店, 1933, p.535) 이는 檢校
　　使, 즉 檢校의 使에 대한 副使로 파악해야 할 것이다.
69) 《續日本紀》 권24, 天平寶字 7年 2月 癸未.

서는 그에 앞서 경덕왕 19년(760) 9월 일본에 온 사신 김정권金貞卷
에게 약속한 일70)을 물었고, 이에 그는 "국왕의 교를 받들어 다만
조調를 바칠 뿐 나머지 일은 감히 알지 못한다"라고 대답하였다. 물
론 조調를 바친다고 한 것은 지나친 표현이겠지만, 국왕의 교를 받
아 이를 따를 뿐 나머지 일은 알지 못한다는 그의 말에서 국왕의
충직한 관료로서의 자세를 살필 수 있다71). 그 뒤 그는 혜공왕 7년
(771)이 되자 이미 아찬阿湌으로 승진하여 집사부 시랑에 재임하였
고, 혜공왕 7년 당시 금하신이었던 김양상이 780년에 즉위하자(선덕
왕), 3년 후에는 대곡진 군주大谷鎭軍主에 임명되었다.72)

집사부는 국왕의 직속 기관으로서 왕정의 기밀사무機密事務를 관
장하였으므로,73) 혜공왕 7년 김체신은 시랑으로서 장관인 시중과 함
께 왕권의 대변자적 위치에 있었다.74) 또한 대곡진 군주는 통일신라
북변수비北邊守備의 중심이었던 패강진浿江鎭의 장관을 말하며, 그는
이곳의 초대 책임자였다.75) 이 같은 사실들은 김체신이 금하신이었

---

70) 《續日本記》 권23, 天平寶字 4年 9月 癸卯. 이때 일본 측에서는 김정권보다
　　지위가 높아 단독으로 일을 처리할 수 있는 사람, 충실하고 믿을 만한
　　禮, 옛날과 같은 調, 그리고 분명한 말 이 네 가지를 갖추어 來朝하도
　　록 하였다. 그러나 김정권 다음에 파견된 김체신 또한 급찬이었다.
71) 경덕왕 19년에 김정권이, 22년에 김체신이 각각 사신으로 파견되었을
　　때 집사부 시중은 金邕, 상대등은 信忠이었다.
72) 《삼국사기》 권9, 신라본기 宣德王 4년 춘 정월조.
73) 이기백(1974), 〈신라 집사부의 성립〉, 앞의 책.
74) 이때의 집사부 시중은 正門이며 지금까지의 연구에서도 친왕파로 보고
　　있다. 이기백(1974), 〈신라 혜공왕대의 정치적 변혁〉, 앞의 책, p.236.
75) 大谷鎭 軍主는 실제 浿江鎭 頭上大監이라 불렸으며, 9세기의 금석문에서는
　　頭上大監이 모두 都護로 나타나고 있다(李基東, 〈新羅 下代의 浿江鎭 ─高麗
　　王朝의 成立과 關聯하여─〉, 《韓國學報》 4, 1976; 앞의 책(1984), pp.216~219). 찰
　　주본기 俗監典에 등장하는 金堅其나 金六元은 현직 또는 뒤의 浿江鎭 都護
　　였다. 이와 같이 패강진과 관련된 세력의 등장은 김체신의 경우와 함께
　　이들이 왕실과 밀접한 관계였음을 말해줄 것이다. 木村誠은 패강진이 王
　　畿와 함께 독립된 특별행정구역이었으며, 중앙과 직결시켜 지배를 강화
　　하였다고 파악하였다(木村誠, 〈統一新羅の郡懸制と浿江地方經營〉, 《朝鮮歷史論

던 김옹, 김양상과 정치적 성격을 같이하는 인물이었음을 말해 준
다. 그러나 금하신이었던 김옹과 김양상의 경우 이름 앞에 '신臣'자
를 관칭하였으나, 김체신의 경우에는 이를 생략하였다. 이는 금하신
과 상당의 관직으로서의 성격이나 관원의 신분 차이가 컸음을 나타
낸다고 하겠다.[76]

황룡사성전의 김리신과 김단서는 각각 전직 병부대감兵部大監과
현직 창부경倉府卿으로 상당에 임명되었으므로, 황룡사의 호국사원으
로서의 성격과 창부경의 재정적 역할을 추측할 수 있다. 더욱이 이
들은 봉덕사성전의 관원과는 달리 모두 이름 앞에 '신臣'자를 관하였
고, 김리신의 경우 현직이 아닌 전직을 내세우고 있는 것으로 보아,
상당도 금하신과 같이 본래 겸직이었던 듯하다.

위와 같이 금하신·상당이 모두 겸직이었다면, 성전의 실제 업무는
3등관인 적위赤位 이하 관원이 담당하였을 것이다.

(1) 判官　右司祿館使級湌金△得
　　　判官　　　　　級湌金忠封
　　　判官　　　　　大奈麻金如芿庚(聖德大王神鍾)
(2) 赤位　　　　　大奈麻新金賢雄(皇龍寺九層木塔刹柱本記)

적위(판관)는 김△득金△得, 김충봉金忠封, 김여잉유金如芿庚, 신김현
웅新金賢雄 등 4명이 나타나지만, 한 사람도 그 이력을 추적할 수 없
다. 금하신·상당은 모두 겸직이나 봉덕사성전의 적위는 3명 가운데
1명만 우사록관사右司祿館使를 겸하였고,[77] 황룡사성전의 그것은 성

集(上)》, 龍溪書舍, 1979).
76) 이 같은 점에서 김체신을 집사부 시랑 역임자라는 사실에서 6두품으로
　　추정한 것은 옳다고 하겠다. 李基白(1982), 〈統一新羅와 渤海의 社會〉, p.318.
77) 右司祿館에는 使란 관원이 없다. 탁본의 판독도 매우 어려운데 監을 잘못

전 전속 관원임을 나타내고 있다. 이는 성전의 행정실무가 적위에서부터 이루어졌음을 말한다고 하겠다.[78] 그 밖의 황룡사성전의 관원은 적위 이하에서도 모두 이름 앞에 '신臣'자를 관칭冠稱하여 봉덕사성전의 경우와 대조되고, 특히 신김씨新金氏가 등장하고 있어 주목된다.

적위 아래의 관원인 청위靑位(녹사錄事)로는 다음과 같이 7명이 나타나고 있다.

(1) 錄事 奈麻金一琜
　　錄事 奈麻金張幹
　　錄事 大舍金△△(聖德大王神鍾)
(2) 靑位 奈麻臣新金平矜 奈麻臣金宗猶
　　　　奈麻臣金歆善 大舍臣金愼行(皇龍寺九層木塔刹柱本記)

봉덕사성전에서 3명, 황룡사성전에서 4명 등 여러 명의 관원이 있지만, 사료에서 이력을 찾을 수 있는 이는 아무도 없다. 그러나 청위(녹사)는 전혀 겸직이 아니므로 성전의 순수 실무자급 관원이라 하겠다. 단지 체제상 봉덕사성전에서는 같은 관직일 경우 앞서의 판관의 예와 같이 녹사를 3번이나 중복하여 표기하였으나, 황룡사성전에서는 맨 앞에 한 번만 기록하여 세련미가 엿보인다.

청위 아래의 최하위 성전 관원으로는 사(전)가 있었지만, 봉덕사

판독한 것으로 이해해야 할 것이다.《삼국사기》권38, 직관지(상)의 左司祿館 조에는 장관인 監은 1인으로 관등이 奈麻에서 大奈麻까지라 하였으나, 여기서는 級湌으로 되어 차이가 있다.
78) 이영호(1983), 〈신라 중대 왕실사원의 관사적 기능〉, p.96.
　　변선웅(1973), 〈황룡사 9층탑지의 연구〉, p.53에서는 성전의 사실상의 직무를 상당이 수행하였을 것이라고 하였으나 따르지 않는다. 상당은 원래 겸직이었을 것이기 때문이다.

성전에서는 나타나지 않는다. 아마 이는 최말단 관직이므로 생략되었을 것이다. 그런데 황룡사성전에서는 다음과 같이 사가 아닌 황위라는 관직이 있고, 4명의 관원이 배치되어 직관지의 사례와 차이를 보이고 있다.[79]

> 黃位 大舍臣金競會 大舍臣金勛行
>
> 　　　大舍臣金審卷 大舍臣金公立(皇龍寺九層木塔刹柱本記)

이상에서 금석문 자료를 바탕으로 성전 관원의 사례를 검토하였다. 금하신(검교사), 상당(부사), 적위(판관), 청위(녹사), 사(또는 황위)에 이르는 5등관제의 실상과, 금하신·상당이 겸직인데 견주어 적위·청위·사는 실무자임을 밝힐 수 있었다.

이제 성전 관원의 관등을 직관지 규정과 비교함으로써 《삼국사기》 기록과의 일치 여부와 일반 관부의 그것과의 차이점 등을 검토하기로 하자. 먼저 이를 도표로 정리하면 다음과 같다.[80]

---

79) 黃位는 우선 史에 비정할 수 있겠으나, 史의 최고 승진 관등인 大舍(12 등)만 임명되고 있어 舍知에 해당할 가능성도 있다. 만약 이를 舍知로 본다면 황룡사성전의 관원구성은 슈-卿-監-大舍-舍知로 되어 內省의 그것과 같게 된다.

80) 직관지에는 사천왕사성전의 관직에만 관등이 기록되어 있으나, 변선웅의 지적과 같이 이는 전체 성전에 공통된 사실일 것이다(변선웅(1973), 〈황룡사 9층탑지의 연구〉 p.51). 그는 "四天王寺成典……靑位二人 景德王改爲主簿 惠恭王復稱靑位 哀莊王改爲大舍 省一人 位自舍知至奈麻爲之……" 등의 기사에서 '省'은 관직이 아니라 '줄인다'의 의미로 해석해야 할 것이나, '省'이란 관직을 상정하고, 이는 찰주본기의 黃位와 같은 것으로 舍知에서 奈麻의 범위에서 임명되었다고 하였다. 나아가 성덕대왕신종 명문에 나타나는 봉덕사성전을 주목하지 못함으로써 赤位의 관등을 奈麻~大奈麻로 추정하였다.

〈표-4〉 성전의 관직과 신라 관계의 비교

骨品				官 等	成 典 의 官 職						中 央 官 職				
四頭品	五頭品	六頭品	眞骨		衿荷臣	上堂	赤位	靑位	史	黃位	令	卿	大舍	舍知	史

官等 (세로축):
太大角干 / 大角干 / (1) 角干 / (2) 伊湌 / (3) 迊湌 / (4) 波珍湌 / (5) 大阿湌 / (6) 阿湌 / (7) 一吉湌 / (8) 沙湌 / (9) 級湌 / (10) 大奈麻 / (11) 奈麻 / (12) 大舍 / (13) 舍知 / (14) 吉士 / (15) 大鳥 / (16) 小鳥 / (17) 造位

주: ━━ 은 직관지의 규정임. 성전의 관직 중 빗금친 부분은 금석문에서 확인된 관등이다.

성전의 장관인 금하신에 해당하는 관등은 대아찬에서 각간까지로서, 중앙 관부의 영令과 일치하고 있다. 따라서 진골만이 임명되었을 것이다. 더욱이 김옹의 예와 같이 비상위非常位의 관등인 대각간이 임명되기도 하였다.[81] 차관인 상당은 관등 범위가 나마에서 아

---

81) 金邕이 겸하고 있는 관직 가운데 사천왕사성전의 監令과 진지대왕사성전의 檢校使, 司馭府令 등은 관등 범위가 大阿湌에서 角干까지이나 大角干이 임명되었다. 황룡사성전의 金魏弘은 伊干으로 兵部令이 되기에 적절한 관등이나 '守兵部令'으로 기록하였다. 신라시대 行守制의 실태에 대한 검토가 요청된다. 浜田耕策(1982), 〈新羅の寺院成典と皇龍寺の歷史〉, p.207과 李成市(1983), 〈新羅

찬까지로 중앙 관직의 경卿과 일치한다. 따라서 김체신과 같은 6두
품이 주로 임명되었을 것이다. 다음 적위의 관등은 직관지에서 언급
이 없지만, 제4등관인 청위가 사지에서 나마까지의 범위에서 임명되
어 중앙 관직의 대사大舍에 해당하므로, 이로써 그 위치를 짐작할
수 있겠다.

처음 영令－경卿－대사大舍－사史의 4등관제였던 신라의 중앙행정조
직은 신문왕 5년(685) 사지舍知가 설치됨으로써 5단계 조직으로 일
반화되었다.[82] 그러나 성전의 조직은 사정부司正府, 좌·우리방부左·右
理方府, 내성內省 등과 함께 영令－경卿－좌佐(감監)－대사大舍－사史로 이
어지는 예외적인 5단계 조직이므로,[83] 성전에서는 중앙 관직의 사지
舍知에 해당하는 관직이 없는 대신 경과 대사 사이에 적위가 존재하
였다. 직관지를 검토하면, 좌(감)의 구체적인 관등 범위는 다음과 같
이 3종류로 나누어진다.

> (1) 奈麻~大奈麻(左·右理方府, 左·右司祿館, 司正府, 東·西·南市典, 典
>   邑署, 典祀署, 新宮, 彩典)
>
> (2) 大奈麻~級湌(工匠府, 賞賜署)
>
> (3) 奈麻~沙湌(內省)

적위의 관등은 급찬과 대나마가 금석문에서 확인되므로 (1)과 같

中代の國家と佛教〉, p.74 주16)에서는 김위홍의 직책을 "監脩成塔事守 兵部
令……"으로 읽었으나 하대 금석문에 광범위하게 나타나는 行守制의 용례로
보아 따르기 어렵다.

82) 井上秀雄, 〈《三國史記》にあらわれた新羅の中央行政官制について〉, 《朝鮮學報》
   51, 1969; 《新羅史基礎研究》, 東出版, 1974, p.236 및 《古代朝鮮》, 日本放送出版協
   會, 1972, p.220; 《古代韓國史》(역본), 日新社, 1975, p.245.

83) 변선웅(1973), 〈황룡사 9층탑지의 연구〉, p.53. 다만 內省은 史 대신 舍知
   로 되어 있다.

이 나마에서 대나마의 관등이 임명되었다고 하기는 어렵다. 그러나 (2)와 같이 대나마 이상의 관등이 임명되었다고도 할 수 없다. 제2등관인 상당과 제4등관인 청위가 모두 나마를 그 하한과 상한으로 하고 있으므로, 나마는 적위에 반드시 포함되어야 할 것이기 때문이다. 그렇다면 적위는 아직 사찬으로 임명된 예가 발견되지 않았지만, (3)의 내성의 예와 같이 나마에서 사찬까지의 관등에서 임명되지 않았을까 생각된다. 더구나 신라의 관등은 사찬에서 하나의 단층이 발견된 예도 있으므로[84] 그 가능성은 더욱 커진다고 하겠다.

그 밖에 하대에 이르러 성전이 설치된 황룡사에서는 황위로서 대사 4명이 있다. 그러나 직관지가 제시하는 범위인 애장왕 6년(805) 이후의 사례인 만큼, 황룡사에만 한정된 현상인지 당시의 모든 성전사원에 해당하는 것인지 확실치 않다. 아마 전자보다는 후자일 가능성이 크지 않을까 생각된다. 그렇다면 그 이전의 성전사원에서는 다른 관부와 같이 제5등관으로 사史가 임명되어 최일선 행정실무를 담당하였다고 하겠다.

---

84) 〈新羅竅興寺鍾銘〉,《韓國金石全文》古代, p.176에 "上村主三重沙干堯王△△△"라 하여 沙干에 重位制가 나타난다. 김철준은 赤位의 하한을 大奈麻로 보면서 상한을 沙干으로 파악하였으나(金哲埈, 〈統一新羅 支配體制의 再整備〉,《한국사》3, 국사편찬위원회, 1978;《韓國古代史研究》, 서울대출판부, 1990, p.182) 근거를 밝히지는 않았다.

한편, 일본 학계에서는 赤位와 青位를 赤位大舍와 青位大舍의 약칭으로 보아 적위의 관등 범위를 청위와 같이 舍知에서 奈麻로 파악하고 있으나(武田幸男, 〈新羅の骨品體制社會〉,《歷史學研究》299, 1965, p.5 및 李成市(1983), 〈新羅中代の國家と佛敎〉, p.58) 따르기 어렵다. 또 적위에는 대나마(10등)만 임명되었다고 하고 이로써 上堂의 관등 범위도 급찬(9등)에서 아찬(6등)까지로 조정을 시도한 견해마저 있지만(浜田耕策(1982), 〈新羅の寺院成典と 皇龍の歷史〉, p.208), 성덕대왕신종 명문에 급찬으로 赤位(判官)에 임명된 인물이 2명이나 나타나고 있는 만큼 동의하기 어렵다.

4. 성전사원의 기능

(1) 왕실의 조상숭배를 위한 원당

앞서 성전사원은 국가의 관부가 설치된 관사官寺이며, 국왕이나 왕비의 발원으로 창건된 왕실사원임을 지적하였다. 이제 직관지에 나타난 성전사원을 순서에 따라 검토하여 사원의 원당적 성격을 규명하고, 원당이었다면 누구의 원당이었는지 될 수 있는 대로 밝혀보기로 하겠다.

사천왕사四天王寺는 직관지에 가장 먼저 나타난다는 점에서 주목된다. 이는 백제·고구려를 멸한 뒤 한반도 전체를 손아귀에 넣으려는 당과의 대결 과정에서 당병을 축출하기 위한 호국의 염원에서 창건되었다. 서해로 당의 대군이 침략해 오자 문무왕은 각간 김천존金天尊의 천거로 승려 명랑明朗을 초청하였고, 명랑은 문두루비밀지법文豆婁秘密之法으로 이를 막아낼 수 있었다.[85] 이 때문에 종래에는 사천왕사를 호국사원으로만 파악하여 왔다.[86] 그러나 뒤에서 살필

---

85) 《삼국유사》 권2, 기이2, 文虎王 法敏 및 권5, 神呪6, 明朗神印. 金天尊은 문무왕 19년(679) 정월 舒弗邯으로 집사부 중시가 되어 같은 해 7월에 사망한 天存으로 생각된다(三品彰英, 《三國遺事考証(中)》, 塙書房, 1979, p.30).

86) 浜田耕策은 사천왕사를 호국사원으로 파악하였고(〈新羅の寺院成典と皇龍寺の歷史〉, 1982, p.213), 李成市는 사천왕사 외에 봉성사, 감은사, 봉덕사 등도 호국사원으로 이해하여 원칙적으로 왕실과 분리되었다고 하였다(〈新羅中代の國家と佛教〉, 1983, pp.60~72). 또한 채상식은 사천왕사 등 성전사원이 단순히 왕실의 원당이 아님을 거듭 강조하면서, 전체 불교계를 통괄하기 위한 국가불교적 성격이 우선이었다고 하였다(〈신라 통일기의 성전사원의 구조와 기능〉, 1984, p.99·p.117). 저자도 다른 사원과는 달리 이를 처음 호국사원으로만 이해하였으나(〈신라 중대 왕실사원의 관사적 기능〉, 1983, p.103), 정곡을 찌르지 못했다고 생각한다. 성전사원이란 왕의 원당임으로 해서 더욱 호국적 성격을 띤다고 믿기 때문이다. 따라서 성전사원은 왕의 원당사원인 동시에 호국사원이었다고 하겠다.

봉성사, 감은사 등 다른 성전사원의 예로 미루어 보면 사천왕사도 원당임이 분명하며, 사원의 격이 높았던 만큼 더 특별한 의미가 있는 사원이 아니었을까 한다. 잠정적이지만, 중대를 개창한 태종무열왕의 원당으로 추정한다.

봉성사奉聖寺는, 신문왕이 신충信忠을 잘못 판결하여 원한으로 말미암아 등창이 나자, 그를 위해 창건한 사원이었다.[87] 이로써 봉성사가 원당이었음을 알 수 있겠다.[88] 그러나 왕이 사원을 창건한 목적은 신충의 원한을 풀어 자신의 등창을 낫게 함이었으므로, 뒤에 신문왕 자신의 원당으로 변화되었다고 할 것이다.[89]

감은사感恩寺는 삼국통일을 완수한 문무왕이 창건하였다. 문무왕은 그의 말년에 불교식 화장으로 동해에 장사지낼 것을 유언하였지만, 사원의 완성을 보지 못하고 승하하고 말았다. 이에 다음 왕으로 즉위한 신문왕이 아버지 문무왕을 위해 사원을 완성하였다.[90] 이로 보

---

87) 《삼국유사》권5, 神呪6, 惠通降龍 "初神文王發疽背 請候於通 通至 呪之立活. 乃日 陛下曩昔爲宰官身 誤決臧人信忠爲隷 信忠有怨 生生作報. 今玆惡疽亦信忠所崇. 宜爲忠創伽藍 奉冥祐以解之. 王深然之 創寺號信忠奉聖寺". 그리고 이는 《삼국사기》권8, 신라본기 신문왕 5년조의 "三月 奉聖寺成"이란 기사에서도 뒷받침된다. 《삼국사기》에서는 奉聖寺라 한 데 비해 《삼국유사》에서는 信忠奉聖寺라 하였으나, 이는 같은 사원을 말한다고 하겠다. 柳奭佑, 《慶州市誌》, 慶州市, 1971, p.658.
　　신충을 경덕왕대 상대등을 지낸 인물로 추정하여 경덕왕이 봉성사를 창건하였다고 파악한 견해도 있으나(李基白, 〈景德王과 斷俗寺·怨歌〉, 《韓國思想》 5, 1962; 앞의 책(1974), pp.223~226), 김재경이 상세히 고증한 바와 같이 봉성사의 신문왕대 창건은 의심할 바 없을 것이다. 김재경은 信忠奉聖寺란 寺名은 봉성사 내에 신충을 위한 折怨堂이 설치되고 난 다음의 별칭으로 파악하였다. 金在庚, 〈新羅 景德王代 佛敎界의 動向〉, 《慶北工業專門大學論文集》 17, 1980, pp.31~32.
88) 이는 뒤에서 살필 奉德寺, 奉恩寺와 함께 奉聖寺가 '奉'字를 冠稱한 사원이란 점에서도 뒷받침된다.
89) 奉聖寺는 혜공왕대 大恭의 난을 예언하기도 했다. 《삼국유사》권2, 기이2, 혜공왕 "是年七月 (중략) 又奉聖寺田中生蓮 (중략) 大恭角干賊起".
90) 《삼국사기》권7, 신라본기 문무왕 21년조 및 《삼국유사》권2, 기이2, 萬波息笛. 다만 《삼국유사》에는 다음과 같이 두 가지 사실을 전하고 있다.

아 문무왕의 원당임이 분명하다.

봉덕사奉德寺는 성덕왕이 태종무열왕을 위해 세웠다고도 하고,[91] 효성왕이 선고 성덕왕의 복을 빌기 위해 세웠다고도 하여,[92] 두 가지 설이 전하고 있다. 그러나 이는 어느 한 쪽의 잘못이 아니라 창건할 때와 완성할 때의 목적이 달랐음을 뜻한다. 즉 처음 건립할 때에는 태종무열왕을 위한 사원이었으나, 완성될 때에는 성덕왕을 위한 사원으로 변화되었다는 것이다.[93] 따라서 완성 후에는 성덕왕의 원당이었다고 하겠다.

봉은사奉恩寺는 중대 말인 혜공왕대에 창건되어 원성왕대에 완성되었다.[94] 진지대왕眞智大王의 추복지소追福之所로 건립되었으며,[95] 처

"第三十一神文大王 (중략) 爲聖考文武大王 創感恩寺於東海邊"및 同 細註 寺中記 "文武王欲鎭倭兵 故始創此寺 未華而崩 爲海龍. 其子神文立 開耀二年畢". 감은사를 창건하게 된 처음 목적은 欲鎭倭兵이었으나, 문무왕이 이를 끝내지 못하고 승하한 후에는 문무왕의 명복을 빌기 위한 사원으로 목적이 바뀌어 조영되었다고 하겠다(金載元·尹武炳, 《感恩寺址發掘調査報告書》, 國立博物館 特別調査報告 2, 을유문화사, 1961, p.5). 그러나 "欲鎭倭兵"에 대해서는 부정하는 견해도 있다. 李鍾學, 〈文武大王과 新羅海上勢力의 發展〉, 《慶州史學》 11, 1992; 《新羅花郎軍事史硏究》, 서라벌군사연구소, 1995, p.139.

91) 《삼국유사》 권2, 기이2, 聖德王 "王爲太宗大王刱奉德寺".
92) 《삼국유사》 권3, 탑상4, 皇龍寺鍾·芬皇寺藥師·奉德寺鍾 "寺乃孝成王(중략)爲先考聖德大王奉福所創也".
93) 이호영(1974), 〈신라 중대왕실과 봉덕사〉, p.9.
94) 주 12) 참조.
95) 崔致遠이 撰한 四山碑銘은 일찍부터 주목되어 《文昌集》, 《桂苑遺香》, 《海雲碑銘註》, 《四山碑銘》, 《四碣》 등 註解 筆寫本만 십수 종이 전한다. 이 가운데 《孤雲集》(祇林寺藏寫本: 朝鮮總督府博物館 慶州分館寫, 1933)과 《新羅國四山碑銘》(서울大圖書館 所藏本)에 실린 〈有唐新羅國初月山大崇福寺碑銘〉에는 "中和乙巳……一衣奉故事"의 細註에

　　　奉恩寺乃烈祖大王爲
　　　眞智大王追福所建故取爲則

이라 하여, 봉은사는 烈祖大王 즉 元聖王이 眞智大王의 追福之所로서 건립하였다고 하였다(《新羅國四山碑銘》에는 "……追福之所建……"이라 하여 '之'字가 한 자 추가되어 있다).

崇福寺碑는 여러 개의 비편이 전해지고 있는 바 관련 부분을 순서대로

음 이름은 진지대왕사眞智大王寺였다.[96] 따라서 진지왕의 원당임을
알 수 있다.

영묘사靈廟寺는 선덕왕대에 창건되었다. 선덕왕이 사원을 창건하고
소상塑像을 만들었다.[97] '영묘靈廟'란 이름으로 보아 원당임이 분명하
며, 처음에는 창건자인 선덕왕 자신의 원당이었을 것이다.

마지막으로, 영흥사永興寺는 법흥왕의 왕비의 발원으로 창건되었
고, 비구니가 된 법흥왕의 왕비는 그 뒤 이곳에 머물다가 돌아갔
다.[98] 또한 진흥왕의 왕비도 이곳에 주석하였고[99] 영흥사 소불塑佛
이 스스로 무너지니 곧 그녀가 돌아갈 징조였다.[100] 이로 보아 영흥

연결하면 필사본의 주해와 일치함을 알 수 있다(《韓國金石遺文》 增補版,
1978, pp.78~79 (11)(1)(12)片의 순임. (11)片의 탁본사진은 《한국금석유
문》 서두 도판에, (1)片의 탁본사진은 黃壽永, 〈新羅 崇福寺碑片〉, 《考古美
術》 제2권 제9호(통권 제14호), 1961에 실려 있어 참고된다).

　　故事　奉恩寺乃　　聖△大王奉△
　　　　　眞△大王追福△△△△△△△

위에서 聖祖大王은 烈祖大王과 같이 원성왕임은 비문의 내용에서 확인된다.
96) 성덕대왕신종 명문에는 혜공왕 7년(771)의 사실로 眞智大王寺가 나타나는
    바 주 95)에서 이는 봉은사를 말하는 것이 확실하다. 종래에는 이를 간과
    한 채 직관지의 자료에서 빠졌다든가, 中代 王統이 끊어지자 폐지되었다든
    가, 효성왕·경덕왕에 의해 사원이 건립되었다든가 등으로 이해한 바 있다.
    今西龍, 〈聖德大王神鍾之銘〉, 《新羅史研究》, 近澤書店, 1933, p.534.
    鈴木靖民(1985), 〈金順貞·金邕論〉, 앞의 책, p.318.
    浜田耕策(1982), 〈新羅の寺院成典と皇龍寺の歷史〉, p.216.
    李成市(1983), 〈新羅中代の國家と佛教〉, p.57.
97) 《삼국유사》 권3, 탑상4, 靈妙寺丈六.
98) 《삼국유사》 권3, 흥법3, 原宗興法 猒髑滅身. "初興役之乙卯歲 王妃亦創永興寺
    慕史氏之遺風 同王落彩爲尼 名妙法 亦住永興寺 有年而終". 한편 동 阿道基羅 조
    에는 "毛祿之妹名史氏 投師爲尼 亦於三川岐 創寺而居 名永興寺"라 하였으나 전
    자의 기사가 옳다고 생각한다.
99) 《삼국사기》 권4, 신라본기, 진흥왕 37년 추 8월조.
100) 《삼국사기》 권4, 신라본기, 진평왕 36년 2월조. 《삼국유사》의 찬자 一然
    은 동 권3, 흥법3, 原宗興法 猒髑滅身 조에서 '眞興王'의 妃는 '法興王'의 妃
    의 잘못으로 보고 있다. 법흥왕의 비에 이어 진흥왕의 비도 영흥사에
    거주한 것이 아닌가 한다.

사는 왕비의 원당으로서 처음에는 법흥왕의 왕비(또는 진흥왕 왕비)
의 원찰이었을 것이다.

이상의 검토에서 직관지의 성전사원은 모두 왕실의 조상숭배를
위한 원당으로서 기능하였음을 살필 수 있었다. 《삼국사기》에는 왕
실의 사적私的 사원관계 기구로서 원당전願堂典(대사大舍 2인, 종사지從
舍知 2인)이 있는데,[101] 이는 원당사찰에 관여한 것으로 여겨지고 있
다.[102] 이제 성전사원은 곧 왕실의 원당임이 밝혀진 만큼,[103] 원당전
은 곧 성전사원을 배경으로 존재한 것이 아닌가 한다. 따라서 성전
사원에는 왕의 진영眞影이나 소상塑像이 안치되고 절일節日마다 봉사
奉祀가 이루어졌음을 짐작할 수 있다.

한편, 금석문에서 성전사원임이 확인된 황룡사는 사천왕사와 더불
어 신라의 대표적 호국사원으로 강조되어 왔다. 그러나 황룡사도 원
당의 기능을 생각하지 않고서는 황룡사성전의 등장을 이해하기 어
렵다. 주지하듯이, 황룡사는 진흥왕이 신궁新宮을 지으려다 황룡黃龍
이 나타나자 불사佛寺로 고쳐 완성하였고, 이른바 신라 삼보三寶 가
운데 장육상丈六像과 9층탑九層塔의 두 가지나 가진 통일 전 가장 비
중 높은 사원이었다. 더욱이 황룡사 장육상은 진흥왕의 죽음을 예언
하는 눈물을 흘렸다고 한다.[104] 따라서 중고시대를 개막한 법흥왕
또는 진흥왕 자신의 원당이었음에 틀림없다고 생각한다.

앞서 성전사원은 신문왕대에 5곳의 사원이 성립되어 제도적으로

---

101) 李弘稙(1971),〈新羅의 僧官制와 佛敎政策의 諸問題〉, 앞의 책, p.478.
102) 李丙燾,《國譯 三國史記》, 乙酉文化社, 1977, p.539.
103) 최근 이기백도 成典寺院이 願刹로서 보다 더 의미가 컸지 않았나 하는
　　　 豫見을 피력하였다(李基白,〈新羅時代의 佛敎와 國家〉,《新羅思想史研究》, 一
　　　 潮閣, 1986, p.260의 補註).
104)《삼국유사》 권3, 탑상4, 皇龍寺丈六 "像淚流至踵 沃地一尺 大王升遐之兆". 또
　　　 한 신라 말기에는 황룡사 탑이 경명왕의 죽음을 예언하였다(李基白,〈皇
　　　 龍寺와 그 創建〉,《新羅時代의 國家佛敎와 儒敎》, 한국연구원, 1978; 앞의
　　　 책(1986), p.72).

완성된 것으로 이해하였다. 그리고 봉덕사, 봉은사가 창건되어 이들 사원이 성전사원으로 추가되었다고 하겠으나, 기존 성전사원이었던 영묘사, 영흥사는 도리어 이 무렵 원당으로서의 기능을 상실해 간 것이 아닌가 한다. 직관지에 영묘사·영흥사성전의 금하신에 대한 기록이 없고, 영묘사는 혜공왕대 관호복고 무렵까지, 영흥사는 경덕왕의 관호개혁 무렵까지 존재한 것으로 파악되는 것은 그 징표로 생각되기 때문이다. 또한 직관지에서 하대인 애장왕대의 관호개혁을 남긴 성전사원은 사천왕사 등 5곳이었다는 점도 방증 자료로 생각된다. 따라서 성전사원은 대체로 다섯 사원이 원칙이었던 것으로 이해된다.

이 같은 관점에 설 때 중대에 보이지 않던 황룡사성전이 하대에 등장하는 문제도 설명이 가능하다. 즉 황룡사는 중대에는 왕실의 원당 기능을 갖지 않았기 때문에 성전사원에서 제외되었으나, 왕의 재위 대수가 내려감에 따라 기존 사원이 탈락되고 새 사원이 원당으로 지정되는 과정에서 비로소 성전사원으로 성립된 것으로 여겨진다는 것이다.

이제 성전사원은 5곳이 원칙임이 밝혀진 만큼 각 성전사원과 봉안奉安된 인물을 연결시켜 그 운용을 검토하기로 하자. 신문왕 4년(684) 제도 성립기에, 신충을 위해 창건하였고 이듬해 완성되는 봉성사를 일단 논외로 하면, 감은사는 아버지인 문무왕을 위한, 사천왕사는 할아버지인 태종무열왕을 위한 셈이 되고, 법흥·진흥왕의 왕비와 선덕왕을 위한 영흥사·영묘사의 경우는, 이들 자신 또는 태종무열왕·문무왕 왕비의 원당이었을 가능성도 있겠으나, 증조(문흥대왕: 용춘)와 고조(진지왕)를 위한 사원으로 변화되지 않았을까 한다. 만약 이를 증조·고조의 원당으로 추정할 수 있다면, 고려시대의 진전사원과 같이 4대조를 위함이 밝혀진다고 하겠다.[105]

또한 봉덕사가 완성된 효성왕대를 기준으로 하면, 봉덕사는 아버지인 성덕왕의, 봉성사는 할아버지인 신문왕의, 감은사는 증조인 문무왕의, 사천왕사는 고조인 태종무열왕의 원당에 비정할 수 있어 4대조 숭배가 명백해진다고 하겠다. 다만 이때 영묘사는 중대 왕실의 시조인 진지왕[106]의 원당이었을 가능성이 크며, 영흥사는 경덕왕대에 이르러 왕실의 원당으로서의 기능을 상실하고 성전사원에서 점차 탈락되고 있었다고 추정된다.[107]

또한 혜공왕대에는 중대왕실의 시조인 진지왕을 위해 봉은사가 창건되었으나, 직관지의 자료상 영흥사는 성전사원에서 완전히 탈락된 것으로 이해되며,[108] 영묘사도 탈락 직전으로 이제 그 기능이 봉은사와 대치된 것으로 짐작된다. 다만 이 경우, 효성·경덕왕을 위한 성전사원이 궁금해지나 일단 의문으로 남기고자 한다.[109] 이후 애장왕대의 성전사원은 사천왕사·봉성사·감은사·봉덕사·봉은사의 다섯 사원이었지만, 하대에 들어와 왕실의 계보가 바뀌었으므로 봉사대상에 변화가 있었고, 뒤에 다시 황룡사가 추가되는 등의 변동도 있었다고 하겠다.

---

105) 許興植(1986),〈佛敎와 融合된 王室의 祖上崇拜〉, 앞의 책, p.79.
　　불교적 禮制인 成典寺院의 조상숭배는 유교적 예제인 5廟制의 원리와 흡사한 면이 있다. 유교적 예제인 오묘제에 대해서는 邊太燮,〈廟制의 變遷을 통하여 본 新羅社會의 發展過程〉,《歷史敎育》8, 1964 등 참조.
106) 李基東,〈新羅 奈勿王系의 血緣意識〉,《歷史學報》53·54합집, 1972; 앞의 책 (1984), pp.87~88.
107) 성전의 장·차관인 檢校使(衿荷臣)·副使(上堂)가 배치되지 않은 사실에서 방증될 수 있겠다. 뒤에서 설명하겠지만, 이후 영흥사는 尼寺의 통제에만 관여한 것이 아닌가 한다.
108) 監永興寺館이 혜공왕대 復故되지 않은 것은 기록상의 잘못이며, 복고 가능성이 농후하다고 한 견해도 있지만(이기백(1974),〈신라 혜공왕대의 정치적 변혁〉, 앞의 책, p.244의 주 24), 저자는 직관지의 기록대로 이해하는 것이 타당하다고 생각한다.
109) 이들은 형제이므로 한 곳에 奉安되었을 가능성도 있다.

이상에서 살핀 바와 같이 성전사원은 모두 왕실의 원당이었으며, 직계 4대조와 시조를 봉안한 사원으로 짐작되었다. 따라서 성전의 금하신에 김옹, 김양상, 김위홍 등 제일급 인물이 임명되었던 것은 성전사원이 왕실의 원당이었기 때문이며, 이로써 이들은 친왕파의 인물이 명백하다고 할 것이다.110)

성전사원은 왕의 원당으로서 중요시되었던 만큼 국가의 비중있는 불교의례가 개최되었다. 사천왕사는 문무왕이 당의 침략을 막아내기 위해 창건한 사원으로서, 명랑법사는 문두루비밀지법으로 국가적 위기를 극복하였다.111) 또한 경덕왕 19년(760) 4월에 해가 둘이 나타나 열흘이나 없어지지 않자, 사천왕사의 승려 월명사月明師는 왕궁의 조원전朝元殿에 설치된 단壇에 나아가 도솔가兜率歌를 지어 불러 이를 물리쳤다.112) 특히 국가의 발전을 비는 대표적 불교의례인 백좌강회 百座講會(인왕회仁王會)와 간등看燈의 행사가 성전사원에서 열렸다는 것은 주목되지 않을 수 없다. 백좌강회와 간등은 종래 황룡사에서만 개최된 것으로 이해하여 왔으나,113) 이를 통시대적 사실로 일반화하는 것은 의문이다. 백좌강회의 경우 황룡사에서 개최한 것은 중고와 하대의 일이고, 중대에는 오히려 봉덕사에서 개최한 사례를 찾을 수 있기 때문이다.

    (聖德)王爲太宗大王刱奉德寺 設仁王道場七日　大赦 (《삼국유사》 권2,

---

110) 鈴木靖民, 李昊榮, 浜田耕策, 李泳鎬, 蔡尙植 등이 앞의 논문들에서 주장하였고, 李基東,〈新羅 中代의 官僚制와 骨品制〉,《震檀學報》50, 1980; 앞의 책 (1984), p.138에서도 지적하고 있다. 그러나 저자 외에는 원당의 기능에서 금하신의 성격을 파악하지는 않았다.
111) 《삼국유사》 권2, 기이2, 文虎王 法敏.
112) 《삼국유사》 권5, 감통7, 月明師 兜率歌. 또한 그가 國仙徒에 속해 있었다는 사실도 참고할 만하다.
113) 李基白(1986),〈皇龍寺와 그 創建〉, 앞의 책, pp.51~57.

기이2, 성덕왕)

성덕왕은 태종무열왕을 위해 봉덕사를 창건하고, 7일 동안 인왕도
량을 열었으며, 크게 사면령을 내렸다.[114] 봉덕사에서 백좌강회가
열린 주요 사례인데, 당시 황룡사는 성전사원이 아니었던 만큼 사원
의 기능에 변화가 있었음을 나타내는 것이라 하겠다.[115]

성전사원에 국왕이 행행한 예도 흔히 나타나고 있다. 백좌강회는
물론 간등 때에 국왕이 황룡사에 행차한 사실은 지금까지의 연구에
서 잘 밝혀진 바와 같다.[116] 진평왕은 영흥사에 화재가 일어나 가옥

---

114) 봉덕사가 성덕왕 때 창건되었다던가 仁王道場이 개설되었다는 기록을
   의심하는 견해가 있고(李基白(1986), 〈皇龍寺와 그 創建〉, 앞의 책, p.53
   주 4), 더욱 황룡사에서 개최되었다고 한 견해마저 있으나(浜田耕策
   (1982), 〈新羅の寺院成典と皇龍寺の歷史〉, p.231 주 35) 따르지 않는다. 왜
   냐하면 이에 앞서 기근이 들어 대대적인 구제사업을 펼쳤다고 하므로,
   이러한 사태가 발생하지 않기를 기원하는 의미로 사원을 창건하고 인
   왕도량을 열고 사면령을 내렸다고 파악한 이호영의 견해가 보다 설득
   력이 있기 때문이다. 이호영(1977), 〈신라 중대왕실과 봉덕사〉, pp.2~9.
115) 혜공왕 15년 3월에도 백좌강회가 개최된 사실이 있지만(《삼국사기》 권
   9, 신라본기), 개최 장소가 명시되어 있지 않다. 성전사원 가운데 어느
   한 곳일 것인데, 아마 가장 격이 높았던 사천왕사가 유력하지만, 한 때
   仁王道場이 개설된 적이 있고 사천왕사처럼 靑位가 2명이었던 봉덕사도
   가능성을 배제할 수 없겠다.
    한편 채상식은 신라 통일기 초 사천왕사는 성전사원 가운데 가장 우
   위에 있었으나, 성덕왕 때 봉덕사가 창건되어 仁王道場을 실시함에 이르
   러 봉덕사가 사천왕사의 기능을 대신한 것이 아닌가 추측하고, 혜공왕
   15년의 백좌강회도 봉덕사에서 행한 것으로 추정하였다(채상식(1984),
   〈신라 통일기 성전사원의 구조와 기능〉, p.94·pp.104~109). 그러나 사
   천왕사가 성전사원 중 가장 격이 높았다는 것은 중대 초가 아니라 중
   대 말 관호개혁기인 경덕왕 18년~혜공왕 11년 사이의 성전 관부명, 관
   직명, 관원 수 등을 근거로 한 것인 만큼 개연성이 높지 않다.
116) 이기백(1986), 〈황룡사와 그 창건〉, 앞의 책, pp.51~57.
    看燈은 고려의 燃燈과 같은 것으로, 고려에서는 燃燈 때에 국왕이 으레
   太祖의 眞殿寺院인 奉恩寺에 행차하였다(安啓賢, 〈燃燈會〉, 《白性郁博士頌壽紀
   念 佛敎學論文集》, 1959; 《韓國佛敎思想史硏究》, 東國大出版部, 1983, p.248).
   이는 신라의 황룡사가 왕실의 願堂이었음을 뒷받침해 주는 사례라 하겠다.

350채가 불타자 친히 임하여 구제하였으며,117) 선덕왕은 자신이 창건한 영묘사에 행차하여 행향行香하였다.118) 영묘사에는 화재가 빈발하고 벼락이 치기도 하였는데,119) 문무왕은 이곳에 행행하여 전로前路에서 열병식을 거행하고 아찬 설수진薛守眞의 육진병법六陣兵法을 관람하였다.120) 또한 신문왕은 문무왕의 원당인 감은사가 완성되자 그곳에 행행하여 호국룡護國龍으로부터 성대聖帶인 흑옥대黑玉帶를 받았으며, 신라 태평성대의 상징인 만파식적萬波息笛을 얻었다.121) 혜공왕은 재위 12년 1월에 경덕왕 이래 사용하던 당식 관호를 복고한 후 감은사에 행차하여 망해望海하였으며, 하대의 경문왕 또한 감은사에서 망해하였다.122) 이 밖에도 이와 유사한 사례는 수많이 있었을 것이다.

또한 성전사원은 왕실의 조상숭배를 위한 원당인 만큼 노비, 사원전 등 경제적 기반도 상당한 수준이었을 것이다. 비록 구체적인 자료를 찾기 어렵지만, 다음과 같은 왕의 하교下敎는 그 일면을 말해 준다고 생각된다.

---

117) 《삼국사기》권4, 신라본기 진평왕 18년 동 10월조.
118) 《삼국유사》권4, 의해5, 二惠同塵 및 《新羅殊異傳》(逸文) 所載 〈心火燒塔〉(權文海, 《大東韻府群玉》권20; 崔南善, 《新訂 三國遺事》, 民衆書林, 1983, 附錄).
119) 《삼국사기》권6, 신라본기 문무왕 2년 2월, 3년 5월, 6년 4월, 8년 12월조 참조. 성덕왕 2년 8월에도 화재가 났다.
120) 《삼국사기》권6, 신라본기 문무왕 14년 9월조 "幸靈廟寺 前路閱兵 觀阿湌 薛秀眞六陣兵法".
   한편, 동 권32, 祭祀志에 "靈廟寺南行五星祭"라 한 기사를 근거로 영묘사를 星神崇拜와 관련된 사원으로 규정하고, 영묘사의 성전 설치도 이러한 맥락에서 이해하기도 한다(채상식(1984), 〈신라 통일기의 성전사원의 구조와 기능〉, p.87). 그러나 이는 문무왕 14년의 열병 기사와 함께 영묘사의 지리적 여건에서 이유를 찾아야 할 것이다.
121) 《삼국유사》권2, 기이2, 만파식적. 이상은 비록 684년에 성전사원이 제도적으로 완성되기 전의 사례이지만, 이 같은 중요성이 있음으로 해서 성전사원이 되었을 것이므로 같은 선상에서 이해해도 무방하겠다.
122) 《삼국사기》권9, 신라본기 혜공왕 12년 춘 정월조 "下敎 百官之號 盡合復舊 幸感恩寺望海". 동 권11, 신라본기 경문왕 4년 춘 2월조 "王幸感恩寺望海".

(1) 사람들이 함부로 佛寺에 財貨와 田地를 施納함을 禁하였다.
    (《삼국사기》 권6, 신라본기 문무왕 4년 8월 14일)

(2) 下敎하여 佛寺의 新創을 禁하고, 오직 修葺만 허락하였다. 또 錦
    繡로서 佛事를 장식하거나 金銀으로 器用만드는 것을 禁한다. 所
    司로 하여금 널리 알려 시행케 하라. (동 권10, 신라본기 애장왕
    7년)

재화財貨와 전지田地를 함부로 사원에 시납한다든가 사원 창건을
제한하고, 불사에 금수錦繡·금은金銀의 사용을 금하였다.[123] 이는 오
히려 통일기 사원의 사치와 융성을 반증하는 것으로, 여기서 성전사
원의 경제적 번영도 미루어 짐작할 수 있을 것이다.

성전사원의 중요성은 신라 말 일련의 흉조가 이곳에서 연이어 나
타난 사실을 통해서도 그 존재 의의를 엿볼 수 있다.

(1) 제52대 孝恭王代인 光化 15년 壬申(912)에 奉聖寺 外門 東西
    21間에 까치가 집을 지었다. (《삼국유사》 권2, 紀異2, 孝恭王)

(2) (제53대) 神德王 즉위 4년 乙亥(915)에 靈廟寺 내 行廊에 까치
    집이 34곳, 까마귀 집이 40곳 이었다. (위와 같음)

(3) a. 제54대 景明王代인 貞明 5년 戊寅(918)에 四天王寺 壁畵의
    개가 울므로 3일간 佛經을 說하여 풀이하였는데, 반나절이 못
    되어 또 울었다. (중략) 또 (貞明 7년, 920) 10월에 四天王寺
    五方神의 활줄이 모두 끊어지고 壁畵의 개가 뜰로 쫓아 나왔다
    가 다시 벽으로 들어갔다. (《삼국유사》 권2, 紀異 2, 景明王)

---

123) 이에 따라 성전사원도 새로운 사원의 창건보다 기존 사원의 경영으로
    전환했을 것이다. 浜田耕策(1982), 〈新羅の寺院成典と皇龍寺の歷史〉, p.218.

　　b. 四天王寺의 塑像이 쥔 활시위가 저절로 끊어지고, 벽에 그린
　　개가 짖는 듯한 소리를 내었다. (《삼국사기》 권12, 신라본기 景
　　明王 3년(919)조)

　　c. 貞明 7년 庚辰(920) 2월에 皇龍寺塔의 그림자가 今毛 舍知
　　의 집뜰에 一朔이나 거꾸로 서 있었다. (《삼국유사》 권2, 紀異2,
　　景明王)

　(4) 皇龍寺塔이 搖動하여 북쪽으로 기울어졌다. (《삼국사기》 권12, 신
　　라본기 景哀王 4년(927) 3월조)

　제52대 효공왕대의 봉성사, 제53대 신덕왕대의 영묘사, 제54대 경
명왕대의 사천왕사와 황룡사, 제55대 경애왕대의 황룡사 등 여러 성
전사원에서 재이災異가 나타났다. 이러한 일련의 흉조는 곧 신라 멸
망의 징조였다.[124] 성전사원에 흉조가 생긴 지 오래지 않아 신라는
멸망하고 말았던 것이다(56대 경순왕 9년, 935).

　신라 멸망의 징조가 성전사원에 나타났다는 것은 말기에 이르
러 성전사원의 위상이 약화되었음을 말하는 것이겠지만, 다른
한편에서는 왕실의 원당인 이들 사원이 신라 사회에서 차지하는
의의가 컸음을 의미할 것이다. 황룡사에 대해서는 말할 나위도
없지만, 봉성사의 외문이 동서 21간이었다거나, 영묘사 안의 행랑에
까치집이 34곳, 까마귀 집이 40곳이었다는 것에서 성전사원의 규모
를 짐작할 수도 있겠다. 그러나 봉성사, 영묘사, 사천왕사, 황룡사
등의 성전사원에서 흉조가 나타났다는 것으로 보아, 사원의 영향력
은 약화되었다 하더라도 성전사원은 신라 말까지 존속되었으며, 대
상 지역도 왕경을 벗어나지 않았다고 생각된다.

---

124) 金在庚, 〈新羅의 密敎 受容과 그 性格〉, 《大丘史學》 14, 1978, p.27의 주 52).

(2) 국가의 불교계 통제

성전사원은 관사로서 국가의 관부였던 만큼 불교계 통제와도 일정한 관련이 있었다. 여기서 주목되는 것이 국통國統과 주통州統·군통郡統의 존재이다. 《삼국사기》 권40, 직관지(하)에서는 이들의 정원에 대해 국통은 1명인데 주통은 9명, 군통은 18명이라 하였다. 따라서 이는 삼국통일 뒤 9주가 완성된 신문왕 이후의 일로서, 각 주에 주통 1명, 군통 2명이 배치된 것으로 이해할 수 있게 한다.[125]

국통이 신라 최고의 승관僧官임은 그 명칭이나 《삼국사기》 직관지 무관조의 배열로 보아 별 이론이 없다. 지금까지의 연구에 따르면, 국통은 황룡사皇龍寺의 사주寺主가 역임하였다고 한다.[126] 황룡사의 사주로는 선덕왕대善德王代의 환희사歡喜師·자장慈臟·혜훈惠訓·상율사廂律師,[127] 그리고 경문왕대景文王代의 혜흥惠興이 나타나고 있으며,[128] 이들은 곧 국통이라 하겠다. 그리고 황룡사의 사주였는지는 밝혀져 있지 않지만, 헌덕왕 9년(817)에 국통이었던 혜륭惠隆[129]과 헌강왕 8년(882)경 이미 전국통前國統이었던 위공威公[130]의 사례도

125) 李弘稙(1971), 〈新羅 僧官制와 佛教政策의 諸問題〉, 앞의 책, pp.481~482. 그러나 이홍직은 그 이전 시기에 이미 주통, 군통이 있었을 가능성도 배제하지 않고 있다.
126) 변선웅(1973), 〈황룡사 9층탑지의 연구〉, pp.56~57.
   이기백(1986), 〈황룡사와 그 창건〉, 앞의 책, p.60.
   변선웅은 國統이 황룡사의 寺主 중에서 주로 선출되었다고 한 데 반해, 이기백은 황룡사의 寺主는 동시에 國統이었다고 하였다.
127) 《삼국유사》 권3, 塔像4, 皇龍寺丈六.
128) 〈新羅皇龍寺九層木塔刹柱本記〉, 《韓國金石遺文》 증보판, 1978, p.160·p.163.
129) 《삼국유사》 권3, 興法3, 原宗興法 猒髑滅身.
130) 〈興寧寺澄曉大師寶印塔碑〉, 《韓國金石全文》 中世(上), p.339.
   威公은 〈深源寺秀澈和尙楞伽寶月塔碑〉에 "是時(헌강왕대-저자 주) 前國統 釋惠威大法師"라 한 惠威로 추정된다(鄭炳三, 〈통일신라 금석문을 통해 본 僧官制度〉, 《國史館論叢》 62, 1995, p.207). 國統 惠威의 존재는 종래 비문을 '是時 前師△ 釋惠威大法師'로 판독함으로써 지나쳐 왔지만, 최근 추만호에 의해 '前師△'은 '前國統'의 誤讀임이 밝혀졌다(추만호, 〈심원사 수철화상 능가보월탑비의 금석학적 분석〉, 《역사민속학》 창간호, 이론과 실천, 1991).

나타나고 있다. 국가에서 임명한 최고의 승관인 국통이 황룡사의 사주였으므로, 황룡사는 바로 전국 불교계의 총수적總帥的 존재임이 밝혀진다고 하겠다. 131) 그러나 이 또한 통시대적인 현상이 아님에 유의해야 할 것이다. 되풀이하지만, 황룡사는 하대에 성전사원으로 성립되었으므로, 중대에도 황룡사의 사주가 국통이었는지는 몹시 의심스럽다.

국통 아래의 지방 승관인 주통州統으로는 하대인 흥덕왕대의 두 사례가 확인되고 있다.

> (1) 節州統 皇龍寺 恒昌和上 (〈中初寺幢竿石柱記〉,《韓國金石全文》古代, p.164)
> (2) 節州統 皇龍寺 覺明和上 (〈菁州蓮池寺鍾〉, 위의 책, p.166)

위의 사료는 각각 흥덕왕 2년(827)과 8년(833)의 사실들로, 오늘날 안양安養의 중초사中初寺와 진주晋州의 연지사蓮池寺에 주통州統이 파견된 사실을 전해주고 있다.132) 앞서 살핀 바와 같이 주통은 각 주에 1명씩 배치되었다고 여겨지므로, 중초사의 당간幢竿 조영과 연지사의 주종鑄鐘 사업에 관여한 주통은 각각 한주漢州와 강주康州 의 주통이었고, 나아가 이들이 황룡사의 승려였다는 것은 당시 황룡사의 위상과 관련하여 주목된다. 황룡사는 흥덕왕 2년 당시 이미 신라 불교계 통제의 중추적 역할을 수행하고 있었다고 판단되기 때문이다. 그러나 황룡사는 하대의 어느 시기에 성전사원이 되었던 사실에

---

131) 이기백(1986), 〈황용사와 그 창건〉, 앞의 책, p.61.
  《삼국사기》 권44, 居柒夫傳에는 진흥왕이 惠亮을 僧統으로 삼았다고 하였으나, 이기백은 승통은 國統이 아닌 국통의 전신이며 혜량은 황룡사의 寺主도 아니었다고 한다(같은 논문, pp.66~67).
132) 금석문에서는 節州統으로 나타나나 '節'字를 때를 나타내는 말로 본다면 '이때의 州統은' 정도로 해석된다.

서 미루어 보면, 이는 황룡사가 성전사원으로 등장하고 난 다음의
사정일 것이다. 그렇다면 황룡사의 성전사원 등장 시기는, 직관지에
서 파악할 수 있는 성전사원 성립의 하한 연대인 애장왕 6년(805)
이후에서 흥덕왕 2년(827) 이전으로 좁힐 수 있을 것이다.[133]

주통 아래의 승관인 군통도 다음과 같이 하대의 금석문에서만 나
타나고 있다.

(1) 專知修造僧 康州咸安郡統 敎章 (〈新羅昌林寺無垢淨塔願記〉, 《韓國
金石全文》 古代, p.175)

(2) 其年九月 敎南川郡統僧訓弼 擇別墅 劃正場 (〈聞慶 鳳巖寺智證大
師寂照塔碑〉, 위의 책, p.251)

위의 사료는 문성왕 17년(855)과 헌강왕 5년(879)의 기록으로, 대
체로 신라 말기의 사정을 말해주고 있다. 앞서 살핀 바와 같이 군통
이 각 주에 2명씩 파견되었다고 한다면, 함안군통 교장은 강주康州
의 2명의 군통 가운데 한명으로, 남천군통 훈필은 무주武州의 2명의
군통 가운데 한 명으로 추정된다. 함안군통 교장의 이력은 잘 찾을
수 없으나, 남천군통 승훈필僧訓弼은 찰주본기 도감전道監典에 보이는
유나維那 승훈필僧訓筆과 같은 인물이 아닐까 한다. 그렇다면 군통도
황룡사와 관련 있는 인물을 임명한 셈이될 것이다.[134]

---

133) 채상식(1984), 〈신라 통일기의 성전사원의 구조와 기능〉, p.115에서는
하대로서 경문왕 이전의 시기로 볼 여지도 있겠으나, 자료상 경문왕 12
년(872)으로 볼 수밖에 없다고 하였다. 나아가 경문왕대에 황룡사 9층
탑 중수를 계기로 왕권을 강화하려는 과정에서 정치적 결속을 위한 제
도적인 조치로서 성전이 설치되었다고 추측하였다.

134) 이영호(1983), 〈신라 중대 왕실사원의 관사적 기능〉, p.110.
헌강왕 10년(884)에 찬술된 〈長興 寶林寺普照禪師彰聖塔碑〉, 《韓國金石全文》
古代, p.200에는 헌안왕 3년(859)의 사실로 "冬十月 敎又遺道俗使 靈巖郡僧
正 連訓法師 奉宸馮瑄等 宣論綸旨 請移居迦智山寺……"라 하여 靈巖郡僧正이

이상에서 살핀 바와 같이, 황룡사가 전국 불교계의 총수적 기능을 한 것은 대략 중고와 하대였으며, 애장왕 5년 이전의 시기는 아니었다. 그렇다면 중대에는 황룡사 외의 다른 성전사원에 의해 불교계 통제가 이루어졌다고 할 것이다. 그런데 성전사원 가운데 사천왕사와 영흥사는 경덕왕의 관호개혁기에 다른 사원과는 달리 각기 감독기관격인 감사천왕사부監四天王寺府와 감영흥사관監永興寺館으로 바뀌었고, 사천왕사성전의 금하신은 감령監令으로 명칭이 변하였음이 주목되었다. 이는 두 사원 가운데 사천왕사는 승사僧寺를 통제하여 실질적으로 전국의 불교계를 관장하였고, 영흥사는 니사尼寺의 통제에 관여한 것으로 파악할 수 있게 한다.[135] 그렇다면 중대에는 황룡사가 아닌 사천왕사에 국통國統이 있었으며, 주통州統·군통郡統도 사천왕사에서 파견되었을 가능성은 대단히 크다고 하겠다.[136]

<hr />

있거니와, 이를 靈巖郡의 郡統으로 보는 견해도 있다(변선웅(1973), 〈황룡사 9층탑지의 연구〉, p.59의 주 57). 郡僧正 連訓은 찰주본기 도감전의 當寺上座 僧然訓과 같은 사람일 가능성도 있다. 또한 박남수는 深源寺秀徹和尙碑의 "前△州僧正 順△……"(《韓國金石全文》古代, p.230)에서 '△州僧正'이 州統으로 추정되는 사실과 함께 僧正이란 명칭의 사용을 9세기 후반 무렵 옛 백제 지역의 상황을 묘사한 것으로 주목하고 있다(朴南守, 〈新羅 僧官制에 대한 再檢討〉, 《伽山學報》4, 1995, p.84).

135) 隋·唐時代의 중국과 일본에서는 僧寺 외에 尼寺가 제도화되어 있었다. 신라에서도 초기의 僧官인 都維那郞이 尼僧이었고(李基白, 〈三國時代 佛敎受容과 그 社會的 意義〉, 《歷史學報》6, 1954; 앞의 책(1986), pp.30~31), 기타 尼僧의 존재도 확인되므로, 尼寺도 상정할 수 있다고 생각한다. 만약 郡統이 9州에 2명씩 배치되었다고 한다면 각각 僧·尼寺 통제에 관여하였을 가능성도 있다.

136) 이는 선덕왕대 皇龍寺의 寺主로서 大國統을 지낸 慈藏과 문무왕대의 明朗을 비교할 때도 뒷받침이 되지 않을까 한다. 이들은 서로 친족관계로서, 자장은 명랑의 외삼촌이며, 문무왕 11년(671) 大書省이 된 義安法師는 명랑의 형이었다고 한다(文明大, 〈新羅 神印宗의 硏究〉, 《震檀學報》41, 1976, p.191). 그러나 나이는 오히려 명랑이 자장보다 다소 앞서거나 거의 비슷하였는데, 선덕왕대 대국통으로서 전 불교계를 호령하던 자장은 太伯山에서 외로운 최후를 맞아 晩年에는 중앙 무대에서 이탈하였음을

성전사원은 관사로서 불교계 통제의 중추적 기능을 담당하였는데, 성전사원의 승려는 일반 사원의 승려보다 격이 높았음은 다음의 사례를 통해 살펴볼 수 있다.

孝昭王은 즉위년 9월 7일에 大玄 薩湌의 아들 夫禮郎을 國仙으로 삼았다. (중략) 이듬해 그는 무리를 거느리고 金蘭에 가서 놀다가 北溟의 境界에 이르러 狄賊에게 붙잡혔다. 문객들은 모두 어찌할 바를 모르고 돌아왔으나 安常만이 홀로 쫓아갔으니, 이때는 3월 11일이었다. 왕이 듣고 깜짝 놀라 말하기를 "先王께서 神笛을 얻어 나에게 전하여 지금 玄琴과 함께 內庫에 간수해 두었는데, 국선이 무슨 까닭으로 적에게 잡혀갔는지 모르겠다. 이 일을 어찌하면 좋을까?"하였다. 때마침 瑞雲이 天尊庫를 덮었다. 왕이 또 두려워하여 사람을 시켜 살펴보니 內庫에 두었던 琴과 笛 二寶가 없어졌다. (중략) 5월 15일에 부례랑의 양친이 栢栗寺의 大悲像 앞에 가서 여러 날 저녁 기도를 드렸더니 갑자기 香卓 위에 琴과 笛을 얻고, 부례랑·안상 두 사람도 불상 뒤에 와 있었다. (《삼국유사》 권3, 塔像4, 栢栗寺)

효소왕 2년(693)에 국선國仙인 부례랑이 잡혀가고, 두 가지 보물인 현금玄琴과 신적神笛을 잃어 버렸다. 이에 왕이 몹시 놀라고 두려워하였으나, 부례랑의 양친의 기도로 마침내 이들을 되찾게 되었다. 그러자 효소왕은 이를 기뻐한 나머지 다음과 같은 파격적인 상을 내렸다.

시사하고 있다. 이에 비해 자장보다 8년이나 먼저 당에서 귀국하였지만 상대(중고) 뚜렷한 자취를 보여주지 못하였던 명랑은 문무왕대에 와서 唐兵 축출이라는 국가적 대임을 맡아 四天王寺를 창건하게 되었던 것이다. 자장이 상대 왕권과 밀접한 관계였다면, 명랑은 중대 왕권과 긴밀한 관계였음을 나타내는 것이라 할 수 있다. 金在庚(1978), 〈新羅의 密敎 受容과 그 性格〉, pp.14~15.

　　왕은 무게가 각 50兩씩 되는 金銀器 2副, 摩衣袈裟 5領, 大綃 3千
疋, 田 1萬頃을 栢栗寺에 시주하여 자비로운 은혜에 보답하였다. 국내
에 大赦를 내리고, 사람들에게 벼슬 3級을 올려주고, 백성들에게 3년
租稅를 면해주고, 主寺僧을 奉聖寺로 옮기게 하고, 부례랑을 봉하여 大
角干을 삼고, 父 大玄 阿湌을 太大角干으로 삼고, 母 龍寶夫人을 沙梁
宮 鏡井宮主로 삼고, 安常을 大統으로 삼았다. (중략) 이에 神笛을 封
하여 萬萬波波息笛이라 하였다. (《삼국유사》 권3, 塔像4, 栢栗寺)

　　물론 이 이야기는 설화이므로 그대로 믿을 수는 없을 것이다. 그
러나 상으로 백률사의 주지를 봉성사奉聖寺로 옮겼다는 것은 주목할
만하다. 백률사에 1만 경頃의 토지를 내리고 주지를 봉성사로 영전
시켰다는 것은, 성전사원의 주지가 격이 높았고, 우대되었음을 나타
내는 것이다. 그러므로 성전사원의 승려는 일반 사원의 승려보다 엄
격한 자격이 요구되었다고 할 것이다.[137]

---

137) 흥덕왕 8년(833)에 제작된 〈菁州蓮池寺鍾〉,《韓國金石全文》古代, p.166에는
　　 "成典和上 惠門法師 △惠法師 上坐……"라 하여 成典和上이 있는 바 이를
　　 근거로 蓮池寺成典을 추정하는 견해가 있으나(藤田亮策, 〈在日本新羅鍾の銘
　　 文〉,《大和文化硏究》 3~3·4합집, 1955;《朝鮮學論考》, 藤田先生記念事業會,
　　 1963, p.220; 李弘稙, 〈在日朝鮮梵鍾考〉,《韓國古文化論攷》, 乙酉文化社, 1954,
　　 p.91), 성급한 해석이라 생각한다. 사원의 위치가 경주가 아닌 晉州 지
　　 역이며, 성전에서 승려가 책임자인 경우가 없었다는 점, 또한 기록된
　　 인물도 성전의 관원 구성과는 일치하고 있지 않다는 점 등에서 기존의
　　 성전사원과는 차원을 달리한다고 판단되기 때문이다.

제4장 정치기구 분석에 나타난 권력구조

신라의 주요 정치기구로는《삼국사기》권38, 직관지(상)에 수록된 여러 관부와 관직을 들 수 있다. 이 가운데 귀족회의의 의장인 상대등上大等과 기밀사무를 관장하는 집사부의 장관 중시中侍는 그 핵심이 된다는 점에서 일찍부터 연구자들의 관심을 끌었다. 그리하여 상대등은 신라의 최고 관직으로 왕권 견제자이며, 상대나 하대와는 달리 중대에는 집사부 중시에게 실권자의 자리를 물려준 존재라는 것이 통설로서 이해되어 왔다.1)

저자는 기존 연구의 출발점이 된 중대 말 정치과정에 대한 새로운 이해를 바탕으로2) 귀족회의와 집사부, 상대등과 중시의 상호관계를 재검토하였다. 상대등이 국왕에 대립된 존재가 아니었으며,3) 통일기 왕권의 강화과정에서 설치된 집사부가 중대라 하여 중시의 권력이 상대등을 능가하지도 않았음을 지적하였다. 이에 따라 집사부의 위상을 두고 제기된 '중대=전제왕권시대' 설은 성립되기 어려움을 밝혔다.4) 더욱이 국왕을 봉사하는 성전사원의 성전成典 관원

---

1) 李基白,《新羅政治社會史研究》, 一潮閣, 1974.
2) 李泳鎬,〈新羅 惠恭王代 政變의 새로운 解釋〉,《歷史敎育論集》13·14합집, 1990; 이 책 제1편 제4장.
3) 李泳鎬,〈新羅 貴族會議와 上大等〉,《韓國古代史硏究》6, 1993; 이 책 제2편 제1장.
4) 李泳鎬,〈新羅 執事部의 設置와 中侍〉,《國史館論叢》69, 1996; 이 책 제2편 제2장.

분석을 통해 그 장관인 금하신이 상대등, 중시, 병부령 등과 밀접한
관계였음을 주목하고, 당시 권력구조의 실태를 해명하는 보완 자료
로 활용하였다.5)

　여기서는 위와 같은 개별 정치기구 분석에 나타난 결과를 바탕으로,
중대 권력구조의 특징을 살펴보려 한다.6) 그리하여 중시와 상대등은
기왕의 이해처럼 대립적인 관계가 아니라, 왕정王政의 업무를 분장한
상태에서, 상호 보완적으로 운영되었음을 밝히려 한다. 또한 이러한 권
력구조에서 파악되는 중대의 정치형태에 대해서도 살펴보려 한다.

1. 권력구조의 특질

　상대등上大等은 병부령兵部令에 이어 법흥왕 18년(531)에 설치된
신라의 최고 관직이었다. 상대등의 임무는 국무를 총리하는 것으로,
귀족회의를 주재하거나 관리의 인사행정을 주관하였다. 또한 정
당한 왕위계승자가 없을 경우 왕위를 이을 수 있는 부왕副王과
같은 존재였다.7) 상대등이 주재하는 귀족회의는 흔히 화백和白으
로 불리며, 대등大等이 그 구성원이었음은 지금까지의 연구에서
밝혀진 바와 같다.8)

---

5) 李泳鎬, 〈新羅 成典寺院의 成立〉, 《新羅文化祭學術發表會論文集》 14, 1993; 이
　책 제2편 제3장.
6) 신라 중대의 권력구조를 상대등과 중시의 관계만으로 파악하는 것은 한
　계가 없지 않다. 다른 여러 관부와 관직이 존재했기 때문이다. 그러나 상
　대등과 중시는 역임자 대부분을 찾을 수 있는 반면, 이들은 사료가 너무
　나 빈약하여 실태를 잘 파악하기 어렵다. 따라서 이들 정치기구에 대한
　분석은 다음 과제로 미룰 수밖에 없다.
7) 이영호(1993), 〈신라 귀족회의와 상대등〉; 이 책 제2편 제1장.
8) 李基白, 〈大等考〉, 《歷史學報》 17·18합집, 1962; 앞의 책(1974), pp.78~88.

귀족회의를 구성하는 대등은 어떤 사람들이었을까? 대등은 진골을 중심으로 한 고급 귀족으로서 중앙 관직자와는 별도의 존재로 이해되어 왔다. 즉 어떤 특정된 업무를 분장하지 않았고, 또 어떤 관부에 소속된 것도 아니었지만,[9] 그러면서도 국왕을 견제하는 대립적 성격으로 일찍부터 규정되어온 것이다. 그러나 대등은 중고 말에 이르러서는 대신大臣으로 명칭이 바뀌어 더욱 특권화되었다고 이해하였다. 이 같은 맥락에서 대등을 미분화된 중앙 관직으로 보면서, 대등은 국정의 기본만을 토의하고, 모대등某大等은 행정의 실무를 맡아보았다고 하여 대등과 모대등을 상하 관계로 파악하기도 하고,[10] 관료 조직인 정부政府(관부官府)와 원로원元老院 격으로 귀족회의인 대등회의大等會議라는 이원적 권력구조를 상정한 견해도 제시되었다.[11]

그러나 이종욱은 단양신라적성비의 발견을 계기로 병부령兵部令 등 중앙 관직자가 곧 대등이었음을 규명함으로써 대등과 중앙 관직자를 구별할 수 없음을 밝혔다. 대등은 각기 맡은 바 임무가 있었고 업무에 따른 전문적인 속료屬僚가 있었음을 주장하면서, 병부兵部를 시초로 하여 여러 관부가 설치된 후에는 그 관부의 장관들이 대등이란 직을 가지고 화백회의 또는 군신회의를 구성하였을 것이라고 지적한 것이다.[12] 이로써 대등에 대한 이해는 새로운 국면으로 접어들게 되었다. 즉 귀족회의의 의장인 상대등뿐 아니라 대등으로 구성되는 귀족회의도 국왕과 대립된 세력으로 상정할 수 없음이 밝혀진 것이다.[13]

---

9) 李基白(1974), 위의 책, pp.68~71·pp.84~86.
10) 井上秀雄,〈朝鮮·日本における國家の成立〉,《岩波講座世界歷史》6, 1971, p.24.
11) 盧泰敦,〈三國의 成立과 發展〉,《한국사》2, 국사편찬위원회, 1978, p.193.
12) 李鍾旭,〈王室勢力의 變遷과 王位·王權의 成長〉,《新羅上代王位繼承研究》, 영남대학교 출판부, 1980, p.253.
　　　　,〈國家形成期 新羅의 政治組織〉,《新羅國家形成史研究》, 一潮閣, 1982, pp.218~221.

신라 일대에서 귀족회의에 참가하는 대등은 어떠한 신분의 사람
이었을까? 귀족회의는 신라사회의 발전에 따라 참가 범위에 일정한
차이가 있었다고 판단되는데, 대등에 대해서는 진골眞骨로 한정되었
다는 견해14)와 진골뿐만 아니라 그 이하의 골품도 포함된다는 견
해15)가 있었다. 전자의 견해는 이마니시 류가 처음 제시한 뒤 이기
백이 부연하였다. 후자는 중고기로 한정하여 주보돈이 진골 외에 6
두품까지로 본 반면, 쿠라모토 카즈히로는 진골 외에 6·5두품까지로
설정하였다. 그러나 문제는 통일 후의 신라, 더욱이 중대의 귀족회
의에 어떠한 신분의 사람들이 참가할 수 있었는가 하는 것이다. 이
종욱이 중고기의 대등을 병부 등 관부의 장관이라 한 것으로 보면,
중대에도 병부령이 될 수 있는 대아찬 이상의 중앙관부의 장관을
말하는 것으로 생각되나, 신라 최초의 관부인 병부 하나의 예만으로
는 실상을 제대로 판단하기 어렵다.

이에 대해 이인철은 대등은 시기에 따라 변화가 있었는데, 중대에
는 국왕과 상대등, 그리고 대아찬 이상의 주요 행정관부의 장관이
그 구성원이었고, 하대에 이르러서는 대등이 일반 관직자를 나타내
는 의미로 사용하게 되었다고 하였다.16) 그러나 중대 국왕이 귀족회

---

13) 이영호(1993), 〈신라 귀족회의와 상대등〉; 이 책 제2편 제1장.
14) 今西龍, 〈新羅骨品考〉, 《新羅史硏究》, 近澤書店, 1933, p.223.
     李基白(1974), 〈大等考〉, 앞의 책, p.86 補註). 이기백은 처음 진골과 6두
     품이 모두 대등이 될 수 있다고 하였으나 뒤에 견해를 수정하였다.
15) 倉本一宏, 〈古代朝鮮三國における權力集中〉, 《關東學院大學文學部紀要》 58, 1990,
     pp.357~358.
     朱甫暾, 〈三國時代의 貴族과 身分制 ―新羅를 中心으로―〉, 《韓國社會發展史論》,
     一潮閣, 1992, pp.23~42.
16) 李仁哲, 〈新羅의 群臣會議와 宰相制度〉, 《韓國學報》 65, 1991; 《新羅政治制度
     史硏究》, 一志社, 1993. 그러나 이희관이 지적한 바와 같이 성덕대왕신종
     명문에 나오는 '臣'자를 근거로 제시한 것은 일반성에 의문이 있다(李喜
     寬, 〈新羅의 支配體制와 관련된 몇 가지 論爭點에 대한 檢討〉, 《韓國古代史論
     叢》 7, 1995, pp.297~301).

의에 참석하였다고는 생각할 수 없을 듯하며,[17] 또한 대등이 하대에 이르러 일반 관직자를 나타내게 되었다는 것도 의문이다. 그렇다면 중대나 하대 귀족회의의 구성원은 우선 상대등과 대아찬 이상의 주요 중앙 관부의 장관으로 볼 수 있지 않을까 한다.

이는 신라 중고기 골품제 연구성과를 참고할 때도 뒷받침되리라 생각한다. 주보돈은 중고기에도 진골과 6두품의 차이는 엄연히 존재했을 것이지만, 이때에는 그 간극이 그렇게 크지 않았다고 한다. 골품제적인 시각으로 볼 때 중고기는 8계층의 골품구조의 정착과정이며, 좁게는 진골과 6두품의 차별화 과정이었다는 것이다.[18] 신라는 중대에 이르러 몇 차례 전 관료에게 관작을 한 등급씩 특진시켰다. 그렇지만 골품제의 한계를 뛰어넘을 수는 없었으므로 중위제重位制가 발달했다고 하듯이,[19] 진골과 6두품은 중고기보다 구별이 심화되었다고 하겠다. 따라서 중고기에는 6두품도 진골과 함께 귀족회의의 구성원이 될 수 있었지만, 중대에 와서는 귀족회의에 참가할 수 없게 된 것이 아닌가 한다.

중대를 지나 하대가 되면 사정은 다시 한 번 변하였다고 추측된다. 진골만이 받을 수 있는 대아찬을 6두품에게도 수여하려 한 사실이 있기 때문이다.

(1) 祿眞은 姓과 字를 알 수 없다. 아버지는 秀奉 일길찬이다. 녹진

---

17) 李基白, 〈統一新羅時代의 專制政治〉, 《韓國史上의 政治形態》, 一潮閣, 1993.
18) 朱甫暾(1992), 〈三國時代의 貴族과 身分制〉, p.35·p.58.
　　한편, 《삼국유사》 권3, 탑상4, 彌勒仙花·未尸郎·眞慈師 조에 나오는 신라 최초의 화랑인 薛原郎을 薛氏로 보아 6두품으로 추정한 견해가 있다(李基白, 〈新羅 六頭品 硏究〉, 《省谷論叢》 2, 1971; 앞의 책 (1974), p.40). 그렇다면 6두품 출신도 화랑이 되었다는 보다 유력한 증거를 얻게 되지만, 薛原을 이름으로, 郎을 화랑이란 의미로 파악한다면, 그의 성은 김씨일 가능성이 있다.
19) 李基東, 〈新羅 中代의 官僚制와 骨品制〉, 《震檀學報》 50, 1980; 《新羅 骨品制 社會와 花郎徒》, 일조각, 1984, p.135.

이 23세에 비로소 관직에 나가 여러 차례 내외의 관직을 역임하다가 헌덕대왕 10년 무술(818)에는 執事侍郎이 되었다. (왕) 14년(822) 국왕에게 嗣子가 없었으므로 同母弟 秀宗을 儲貳[太子]로 삼아 月池宮에 들게 하였다. 그 때 각간 忠恭이 상대등이 되어 政事堂에 앉아 內外官을 전형, 선발하였다. (중략) 후에 熊川州都督 憲昌이 배반하여 반란을 일으키자 왕이 군대를 동원하여 토벌하였는데, 녹진이 참여하여 공을 세웠다. 왕이 그에게 大阿湌의 벼슬을 주었으나 사양하여 받지 아니하였다. (《삼국사기》 권45, 열전 녹진)

(2) 뒤에 (김헌창 난 진압의) 공을 논하여 벼슬과 상을 차등있게 주었다. 阿湌 祿眞에게 大阿湌의 관등을 주었으나 사양하고 받지 않았다. (《삼국사기》 권10, 헌덕왕 14년 3월조)

녹진은 내외관을 두루 거친 뒤 헌덕왕 10년(818)에 집사시랑이 되었다. 23세에 처음 관리가 되었다고 한 것을 보면 국학國學 출신자일 가능성을 배제할 수 없다.[20] 녹진이 김헌창의 난 진압에 공을 세우자 헌덕왕은 그에게 대아찬을 제수하려 하였다. 집사시랑은 대체로 6두품이 임명되는 관직이므로,[21] 아찬으로 6두품이었을 녹진은 대아찬을 받을 수 없는 처지였다. 그래서 녹진은 이를 사양하였다. 그렇지만, 그에게 진골만이 받을 수 있는 관등인 대아찬을 제수하려 했다는 사실은 골품제가 중대처럼 철저하게 유지되지 않았던 현실을 반영한 것이다. 이러한 경향은 하대의 말기로 갈수록 더욱 가속화되었을 것이다. 그렇다면 대등은 진골이 원칙이었다 하더라도 그 밖의 신분에서도 소수나마 존재하였을 가능성이 있다고 하겠다.

대등으로 구성된 귀족회의의 기능은 무엇이며, 귀족회의에서 상대

---

20) 李永鎬(1996), 〈新羅 執事部의 設置와 中侍〉, p.128; 이 책 제2편 제2장 p.265.
21) 李基白, 〈新羅 下代의 執事省〉, 앞의 책(1974), pp.187~189.

등의 역할은 무엇이었을까? 상대등의 설치로 귀족회의는 왕이 주재하는 정책 결정기구에서 귀족들의 의견을 대변하는 기관으로 바뀌었다는 주장이 있었다.[22] 중대의 상대등의 지위는 정치의 직접적 담당자에서 이제 일정한 거리를 두고 쳐다보는 무력화된 존재로 위상이 변하였다는 것이다.[23] 그러나 귀족들의 의견을 대변하기 위해서라면 상대등이 반드시 임명될 필요가 있었을 지 의문이다. 나아가 상대등이 중대에 형식적인 수상일 뿐이었다면,[24] 그 존재 이유는 도대체 어디에서 찾아야 할까? 이에 필자는 귀족회의가 중대에도 전과 다름없이 정책 결정기구로서 기능하였다고 판단한다.

제33대 성덕왕은 신문왕의 둘째 아들이었다. 형인 효소왕이 자식 없이 죽었으므로, 국인國人의 추대를 받아 왕이 되었다.[25] 그의 즉위에는 귀족회의의 동의가 필요했는데, 상대등 개원공愷元公의 역할이 결정적이었다고 한다.[26] 이는 상대등을 의장으로 하는 귀족회의가 중대에도 여전히 정책 결정기구로서 기능하고 있었음을 말해 준다.

정책의 결정과정에서 국왕과 귀족들의 견해가 같을 경우는 논란의 소지가 없지만, 국왕과 귀족들의 견해가 다를 경우 어떻게 하였을까? 중대라 하여 귀족회의가 항상 왕과 의견이 일치되었다고는 할 수 없기 때문이다. 이때 상대등은 귀족세력(신료)의 의견을 대변하였다고 이해하기도 한다.[27] 그렇다면 상대등과 귀족들은 모두 국

---

22) 李基白,〈上大等考〉,《歷史學報》19, 1962; 앞의 책(1974), p.95.
23) 李基白(1974), 위의 책, pp.102~111.
24) 이기백(1993),〈통일신라시대의 전제정치〉, p.105.
25)《삼국사기》권8, 신라본기 성덕왕 원년조.
26) 金英美,〈聖德王代 專制王權에 대한 一考察〉,《梨大史苑》22·23합집, 1988, p.380.
27) 李仁哲,〈新羅 中代의 政治形態〉,《韓國學報》77, 1994, pp.42~43. 이인철은 화백이나 귀족회의 대신 群臣會議를 상정하여 왕을 의장, 상대등을 부의장이라 하였다(李仁哲(1993),〈新羅의 群臣會議와 宰相制度〉, 앞의 책, p.91).

왕과 대립된 세력이라 할 수 있겠다. 그러나 상대등은 국왕을 대신
하는 존재였으므로, 오히려 귀족회의의 결정을 국왕 쪽으로 유도하
는 것이 일반적 경향이었다고 생각된다.

　최고 관직 상대등은 귀족회의의 의장이었으면서도 독자적인 관부
를 거느리지 않았다. 헌덕왕대 상대등 충공忠恭은 귀족회의의 장소
라 생각되는 정사당政事堂에서 인사 문제를 처결하였던 것이다.[28] 여
기서 국왕의 대행자인 상대등의 한계성을 엿볼 수 있겠다.[29]

　다음은 집사부와 그 장관인 중시의 기능에 대한 문제이다. 집사부
의 장관인 중시는 정치적 책임을 지고 빈번히 교체되었다. 천재지변
에 의한 퇴임 또한 정치적 책임과 같은 범주에서 이해되고 있다. 이
에 대해 이노우에 히데오는, 중시가 정치적 책임을 진 것은 정책을
결정한 때문이 아니라 행정관료인 장관으로서 정책 집행에 실패했
기 때문이라고 하였다. 그러나 상대등은 귀족의 대표자로서 정책 결
정의 중심이었으므로, 중시와는 달리 문벌귀족 집단으로부터 정치적
책임을 추궁 받는 일이 없었다고 하였다.[30]

　중시가 정책 집행의 책임을 졌다는 이노우에 히데오의 견해는 그
뒤 이기백에 의해서도 되풀이되었다.[31] 그러나 신라 정치기구 분석
에 연구자들의 관심이 집중되자, 이기백은 최근 자신의 견해를 수정

---

28)《삼국사기》권45, 열전 祿眞.
29) 신형식은 신라의 중앙행정체계는 특정 기관의 월권을 방지하기 위해
　　전 관부가 왕과 직결되어 있어 고려의 都兵馬使制나 조선의 議政府 같은
　　중간 기구를 허용하지 않았다고 하였다(申瀅植,〈新羅 中代 專制王權의 特
　　質〉,《國史館論叢》20, 1990;《統一新羅史研究》, 삼지원, 1990, p.165).
30) 井上秀雄,〈新羅政治體制の變遷過程 ―門閥貴族の集團支配と專制王權―〉,《古代
　　史講座》4, 1962;《新羅史基礎研究》, 東出版, 1974, p.435. 그러나 집사부가 정
　　책 집행기관이었다는 견해는 이미 다음 논문에서 제기되었다. 李丙燾,
　　〈古代南堂考 ―原始集會所와 南堂―〉,《서울大學校論文集》(인문사회과학) 1,
　　1954;《韓國古代史研究》, 박영사, 1976, p.636.
31) 李基白,〈新羅 執事部의 成立〉,《震檀學報》25·6·7합병호, 1964; 앞의 책
　　(1974), p.165.

하였다. 중시가 책임을 진 것은 정책 집행의 실패 때문이 아니라, 정책 결정에 참여하였기 때문이라는 것이다.[32] 그는 이를 보다 구체적으로 다음과 같이 설명하였다.

> 그런데 井上秀雄은 中侍가 정치적 책임을 진 것은 정책을 결정한 때문이 아니라 행정관료인 장관으로서 정책 집행에 실패하였기 때문이라고 하였다. 이것은 좀 이상하다는 생각이 든다. 아무리 上大等이 귀족의 대표자로 존재하였다고 하더라도, 만일 그가 정책 결정을 한 당사자라고 하면 그 책임은 상대등이 져야 하리라는 것은 너무도 당연한 귀결이다. 그러므로 상대등이 아닌 중시가 정치적 책임을 지고 물러나곤 하는 것은, 중시가 정책 결정에 참여했기 때문이라고 생각한다. 그렇다고 정책 결정이 중시의 책임 하에 이루어진 것이라고는 생각하지 않는다. 國王의 정책 결정에 중시가 조언자로서 참여한 것이라고 생각한다. 그러니까 국왕이 짊어져야 할 책임을 대신 짊어진 것으로 이해하는 것이다. 그렇게 함으로써 왕권의 안정을 보장하는 결과를 가져온 것이다. 필자가 "중시는 신라 專制王權의 안전판과도 같은 구실을 다하였다"고 한 것은 이러한 생각에서였다.[33]

즉 중시는 국왕의 정책 결정에 조언자로 참여하였고, 그의 퇴임은 국왕이 져야 할 책임을 대신 진 것이라고 하였다. 상대등이 정책 결정을 한 당사자였다면 그 책임은 상대등이 져야 한다는 것이다. 여기서 중시를 왕의 안전판이라 한 것은 이노우에 히데오의 견해와 같지만, 중시의 퇴임이 정책 '집행'의 실패 때문인가 아니면 정책 '결정'의 책임 때문인가 하는 문제는 신라 권력구조를 이해하는 매

---

32) 李基白, 〈新羅 專制政治의 成立〉, 《韓國史 轉換期의 문제들》, 지식산업사, 1993. p.64.
33) 이기백(1993), 〈통일신라시대의 전제정치〉, p.118.

우 중요한 열쇠라고 할 수 있다.

정책의 집행은 다름 아닌 해당 관부에서 했을 것이다. 그러나 정책의 결정은 집사부가 아니라 대아찬 이상의 주요 중앙 관부의 장관으로 구성된 귀족회의에서 했다고 생각한다. 앞서 살핀 국인의 추대로 즉위한 성덕왕의 경우가 이를 말해주기 때문이다. 귀족회의를 정책 결정기구가 아닌 귀족들의 의견을 대변하는 기구로 파악하는 견해가 있었지만34) 귀족회의가 기껏 이러한 기관이었다고는 생각되지 않는다.

그렇다면 국왕 측근의 핵심 관부였던 집사부의 임무는 무엇이었을까? 필자는 집사부가 국왕의 국정운영에 대한 기획의 임무를 맡았다고 생각한다. 천재지변은 국왕의 국정운영의 부실, 곧 정책 기획의 실패에 기인한다고 여겨졌고, 이로 인해 중시는 빈번히 교체될 수밖에 없었다는 것이다.35)

여기서 국왕을 중심으로 한 여러 관부, 집사부, 귀족회의의 상호관계는 다음과 같이 정리된다. 각 관부의 소관인 간단한 정책 결정은 해당 관부에서 처리했을 것이다. 그러나 중대사의 경우 다음과 같은 절차를 거쳤다고 하겠다. 정책의 기획은 국왕 측근의 관부인 집사부에서 담당하였다. 이 같은 사실은 천재지변을 이유로 중시가 퇴임함으로서 국왕의 안전판의 구실을 한 데서 찾을 수 있었다. 즉 국왕의 정국 주도권에 대한 안전장치였던 것이다. 집사부에서 기획된 정책은 주요 중앙관부의 장관으로 구성된 귀족회의로 넘겨졌고, 여기서 이를 심의審議하여 결정하였다. 그러나 귀족회의의 결정이 곧 집행에 옮겨지는 것은 아니었다. 귀족회의에서 결정된 정책은 국왕의 재가를 받아야 비로소 효력이 발생하였고, 각 관부에서는 이제 이를 집행에 옮

---

34) 이기백(1974), 〈상대등고〉, 앞의 책, p.95.
35) 이영호(1996), 〈신라 집사부의 설치와 중시〉, p.238; 이 책 제2편 제2장, p.248.

길 수 있었을 것이다. 따라서 중시와 상대등은 각각 왕권과 귀족회의
를 대변하며 대립한 것이 아니라, 서로 다른 임무를 분장한 상태에서
왕정에 협력하는 과정에서 정치가 이루어졌다고 하겠다.

2. 중대의 정치형태

신라 중대의 정치형태를 흔히 전제정치로 규정하여 왔다. 그러나
정치기구 분석의 결과 중대도 그 전후 시기에 견주어 정치형태에는
큰 차이가 없었다. 귀족회의는 여전히 정책 결정기구로 기능하고 있
었고, 중시는 정책 기획의 실패를 책임지고 국왕을 대신하여 빈번히
교체되었다. 따라서 군주 1인의 독재적 권력의 행사를 불가능하게
하는 관료제도나 귀족세력이 존재하지 않았다는 전제 아래, "한 사
람의 군주에게 권력이 집중된 정치형태" 또는 "군주 1인에 의해 권
력의 행사가 이루어지는 정치형태"[36]로 규정하기에는 여러 가지 한
계가 있었다. 그러면 중대의 정치 형태를 어떻게 규정하여야 할까?

정치형태 구분에 대한 선학의 견해를 참고하면 대개 다음과 같은
유형을 생각할 수 있겠다.[37] 먼저 군주정치君主政治, 귀족정치貴族政
治, 민주정치民主政治로 3분하는 방법이다. 이는 국가 최고 권력의 소
재에 따른 구분으로 플라톤Platon, 아리스토텔레스Aristoteles, 토마스 아
퀴나스T. Aquinas, 보당J. Bodin, 루소J.J. Rousseau, 벤담J. Bentham 등이 시
도한 것이다.[38] 그러나 이들 정치형태는 타락할 경우 각각 폭군정치

---

36) 이기백(1993), 〈신라 전제정치의 성립〉, pp.44~45.
37) 政體의 유형에 대한 이론은 白尙健,《政治思想史》, 一潮閣, 1966을 참고하였다.
38) 政體를 共和國과 君主國의 둘로 나눈 뒤 공화국을 貴族政體와 民主政體로
   양분하여 모두 세 형태로 구분한 마키아벨리N. Machiavelli나 홉즈H.
   Hobbes의 견해도 같은 범주로 분류할 수 있다. 白尙健(1966), 위의 책,

暴君政治·참주정치僭主政治, 과두정치寡頭政治, 중우정치衆愚政治·폭민정
치暴民政治·선민정치煽民政治가 나타날 가능성이 있다고 하였다.

다음은 전제정치專制政治, 군주정치君主政治, 공화정치共和政治로 3분
하는 방법이다. 이 가운데 공화정치는 다시 민주정치와 귀족정치로
나누어진다고 한다. 이는 몽테스키외Montesquieu의 구분으로, 전제정
치의 설정이 특징이라고 하겠다. 그런데 그는 전제정치의 기본 원리
는 '공포恐怖'라고 하였다. 여기서는 모든 것이 공포로 유지되므로
전제군주는 언제든지 절대적 권능을 가지고 있었다.[39] 그렇다면 전
제정치는 군주정치가 타락한 형태인 폭군정치와 구별이 어렵다. 그
리고 이러한 정치형태는 민주정치와 함께 신라 중대 정치사 일반과
도 거리가 멀다. 따라서 신라 중대의 정치형태는 군주정치냐 귀족정
치냐의 문제로 귀결될 것이다.

신라 중대의 정치형태는, 그 전후 시기와 다름없이 국왕과 귀족회
의를 구성한 소수의 귀족세력이 권력을 장악하고 있었으므로, 외견상
으로는 귀족정치라 할 수 있다. 그러나 최종 정책 결정권을 국왕이
가지고 있었다고 추정되므로, 보다 구체적으로는 군주정치로 파악할
수 있겠다. 그러나 골품제의 제약으로 전제정치는 물론 일반 군주정
치도 제대로 행해질 수 없었다. 또한 정책의 최종 결정은 국왕의 재
가가 있어야 하겠지만, 귀족회의는 전과 다름없이 정책 결정기구로
존재하고 있었다. 그렇다면 중대의 정치형태는 골품제 아래에서 왕권
이 상대적으로 강화된 군주정치였을 뿐이라고 생각한다. 더구나 중대
는 그 전후 시기에 비해 골품제의 원리가 엄격하게 운용된 만큼, 골
품제 아래 전개된 군주정치의 전형이었다고 판단하는 것이다.

---

pp.163~167·pp.248~249.
39) 보다 구체적으로는 "유일인이 법도 준칙도 없이 자신이 의지나 恣意에
따라 모든 일을 휘두르는 것이다"라고 하였다. 몽테스키외 지음·李泳禧
역, 《法의 精神》 1, 학원출판사, 1986, p.36.

결 론

《삼국사기》에서는 천년왕국 신라의 역사를 상대·중대·하대의 세 시기로 구분하였다. 이는 《삼국사기》 편찬자가 아닌 신라인 자신들의 시기구분으로, 그 가운데 중대는 태종무열왕이 즉위한 654년부터 혜공왕이 시해된 780년까지의 126년 동안의 기간이었다. 이 시기의 왕실은 무열왕계로서 그 전후의 나물왕계와 크게 구별되었다.

《삼국사기》의 시기구분을 왕계의 변화로 파악한 뒤에 이에 대한 비판이 제기되었다. 삼대의 시기구분을 신라 사회 자체의 변질과정에 대한 파악으로 이해하면서, 혜공왕 10년(774)을 하대의 기점으로 설정한 견해가 대두되었던 것이다. 그 뒤 진덕왕에서 선덕왕까지의 138년간(647~785)을 중대 혹은 무열왕계로 설정하거나, 혜공왕에 앞선 경덕왕 19년(760)을 하대의 기원 혹은 하대의 성립을 예고하는 것으로 이해하면서, 선덕왕대(780~785)를 중대와 하대의 과도기로, 그 이후의 원성왕대를 실질적인 하대의 시작으로 파악하기도 하였다.

이에 대해 저자는 중대가 무열왕 직계 자손이 왕위에 오른 시기를 가리키는 만큼, 정치적으로 해석하여 그 시점을 이동시킬 수 없었음을 밝혔다. 신라사를 다양한 관점에서 시기구분하려는 의도는 바람직스럽다 하더라도, '중대'라는 시기를 설정하는 한 《삼국사기》에서 말한 기간을 임의로 변경시킬 수는 없다는 것이다. 따라서 무열왕계 혈통이 아닌 진덕왕은 물론, 성덕왕의 외손으로 혜공왕을 이어 즉위한 선덕왕(김양상)도 결코 중대의 범위에 넣을 수 없음을 밝혔다.

나아가 《삼국사기》나 《삼국유사》 등의 시기구분이 오늘날 신라사를 이해하는 단계구분으로 타당성이 있는가를 검토하였다. 여러 학자들의 신라사 시기구분을 분석한 결과, 현재의 연구도 중대와 하대라는 범주를 거의 벗어나지 않음을 알 수 있었다. 따라서 《삼국사기》에 따른 시기구분의 하나인 중대는, 무열왕 직계 왕의 통치 시기를 나타내는 혈연적 구분이나, 신라사의 일정한 발전단계와 부합한다는 특징이 있음을 지적하였다.

신라사 시기구분에서 중대의 설정에 대한 이해를 바탕으로 정치사의 전개과정을 살폈다. 신문왕 즉위와 김흠돌의 난, 효소왕대 경영의 모반, 녹읍의 혁파와 복고, 지명과 관호의 개혁과 복고 등 중대 정치사의 주요 현상들을 주목하였다. 이러한 검토를 통해 왕권과 귀족세력의 상호관계에 대한 기초적 조망을 할 수 있었다.

신라의 정치는 국왕과 주요 귀족들을 중심으로 운영되었다. 이에 국왕의 혼인 사례를 통해 중대 왕권의 위상과 귀족세력과의 관계를 검토하였다. 중대 국왕은 왕비를 출궁시키고 새로운 왕비와 재혼하는 일이 빈번하였다. 이러한 현상은 신라사에서도 유독 중대에서 두드러졌는데, 이는 왕권과 귀족세력의 역관계力關係에서 말미암은 것이었다. 아들이 없어 후사後嗣를 잇기 위한 목적도 있었지만 대부분 정치적 측면에 원인이 있으며, 이 또한 왕권 유지의 한 수단이었다. 중대 초인 무열왕대와 문무왕대는 왕비교체 사실이 없으나 중대 후반으로 가면서 그 빈도는 높게 나타났고, 중대의 마지막 왕이었던 혜공왕은 두 명의 왕비를 두고 있었다. 따라서 혜공왕 이전의 중대 국왕은 복수의 왕비를 동시에 두었다기보다는, 선비先妃 출궁 뒤 후비後妃를 맞이함으로써 한 명의 왕비를 원칙으로 하였다.

중대는 태종무열왕 김춘추와 김유신의 결합으로 성립되었다. 무열왕은 즉위 전 김유신의 누이동생과 혼인하였으나, 즉위한 뒤에는 자신의 딸을 김유신에게 시집보내 금관가야계 세력과의 결합을 공고히 하였다. 문무왕은 즉위 전 선품善品의 딸과 혼인하였고, 신문왕은 태자 시절 김흠돌金欽突의 딸과 혼인하였다. 이 가운데 김흠돌은 전통적인 진골귀족 출신으로 친당적인 인물로 파악되었다.

삼국통일 후 왕위에 오른 신문왕은 즉위 초 김흠돌의 난을 진압한 뒤 아버지의 반란에 연좌된 왕비를 출궁시키고 김흠운의 딸과 재혼하였다. 김흠운은 태종무열왕의 사위였고, 일찍이 백제와의 전투에 참가하였다가 전사하였다. 따라서 신문왕은 장인의 사망 오랜 뒤에 고종始從과 혼인하였다. 효소왕은 6세로 즉위하여 혼인한 사실이 없고, 동모제인 성덕왕이 즉위한 뒤부터 왕비의 자리를 둘러싼 귀족들의 갈등이 심화되고 왕비의 출궁과 국왕의 재혼이 본격화되었다. 더욱이 김순원은 자신의 딸을 성덕왕의 후비로 들인 데 이어 또 다른 딸을 효성왕의 왕비로 들여 2대에 걸쳐 왕실과 혼인하였다. 경덕왕 또한 즉위 전 혼인한 선비를 출궁시키고 후비를 맞이하였는데, 이들 왕비는 모두 아버지가 사망한 뒤 혼인하여 궁궐로 들어왔다. 그런데 혜공왕은 선비를 출궁시키지 않고 두 명의 왕비를 동시에 두었다는 점이 이전과는 달랐다.

중대를 개창한 태종무열왕 김춘추는 자신의 즉위가 그 전과는 다른 새로운 시대라는 인식을 갖고 있었다. 이는 그가 중국의 유교식 제도를 많이 수용하려 한 점에서 뒷받침된다. 그러나 무열왕과 문무왕은 지배체제의 확립과 삼국통일 전쟁이라는 과제와 관련하여 구세력을 배제하면서도 적극적인 귀족포용정책을 추구하였다. 문무왕이 선품의 딸과 혼인한 것이라든지 신문왕이 태자 시절 김흠돌의 딸과 혼인한 것에서 그것을 엿볼 수 있다. 그러나 통일 뒤에 즉위한 신문왕은 재위 초 김흠돌의 딸을 출궁시키고 김흠운의 딸과 재혼하였다. 김흠운이나 혼인에 관여한 사람들은 모두 무열왕계와 직접 간접으로 연결되는 인물들이었다. 신문왕의 혼인은 장인인 김흠운의 사망 오랜 뒤에 이루어졌는데, 성대한 혼례식은 무열왕계의 결속을 강화하는 계기가 되었다.

효소왕대에는 모후인 신목태후가 섭정하였으나 정국이 안정되지

못하였다. 경영의 모반 후 모후와 효소왕이 연이어 죽고, 동모제 흥
광興光이 즉위하면서 외척세력이 대두하였다. 성덕왕은 즉위 초 승
부령 김원태의 딸과 혼인하였는데, 이는 승부령 등의 세력기반이 그
배경이 되었다. 그러나 병부령 등 무력적 기반을 장악한 것으로 짐
작되는 김순원은 김원태의 딸인 선비 성정왕후를 출궁시키고 마침
내 자신의 딸인 소덕왕후를 후비로 들였다. 이로부터 정국은 외척의
손에 넘어갔으나, 소덕왕후가 일찍 죽음으로써 왕권은 외척세력으로
부터 어느 정도 안정될 수 있었다. 성덕왕이 죽고 아들 효성왕이 즉
위한 뒤 순원은 또 다시 자신의 딸을 왕비로 들였다. 이로써 효성왕
은 이모와 혼인하게 되었고, 외척의 전횡은 극도에 달하였다. 왕비
와 그 일족들이 왕의 후궁을 질투하여 죽일 정도였다.

효성왕이 죽고 동모제 경덕왕이 즉위한 직후 선비 김순정의 딸
삼모부인이 출궁되고, 김의충의 딸인 만월부인이 후비로 들어왔다.
그러나 김순정과 김의충은 부자 관계였고, 경덕왕·혜공왕대의 실권
자 김옹이 김의충의 아들로 밝혀져 김순정—김의충—김옹의 3대의
가계가 확인되었다. 경덕왕은 고모인 삼모부인을 출궁시키고 조카인
만월부인을 후비로 맞이함으로써 김순정 가문 안에서 왕비의 교체
가 이루어졌다. 이제 외척세력은 더욱 성장하여 국왕의 혼인 대상은
특정한 하나의 가문으로 한정되었던 것이다. 그리고 이와 같은 배경
에는 외척들이 병부령 등을 차지함으로써 현실적인 힘을 소유한 데
있었다.

혜공왕은 8세로 즉위하여 모후인 만월부인이 섭정하자 실권은 남
매인 김옹에게 넘어갔다. 그러나 외척세력의 전횡에 대해 소외된 귀
족들의 반발이 끊이지 않았다. 이는 혜공왕을 담보로 권력을 장악한
만월부인과 김옹에 대한 항거였다. 그러나 왕 11년(775) 혜공왕이
친정하면서, 외척의 전횡으로부터 벗어나기 위한 개혁을 시도하였

다. 자신은 두 명의 왕비를 두어, 한 명의 왕비만 두는 유교적 혼인
제도에서 탈피를 시도하였다. 그러나 귀족사회의 분열은 그치지 않
았고, 마침내 혜공왕은 피살되고 말았다. 태종무열왕이 유교적 이념
으로 개창한 중대왕실은 삼국통일을 달성한 뒤 무열왕 직계의 존속
을 위한 배타적 혼인을 추구하였으나, 결국 무력적 경제적 기반을
소유한 외척세력과 밀착되었고, 혜공왕 말년 외척세력의 전횡에서
벗어나기 위한 새로운 개혁의 실시는 귀족사회의 분열을 더욱 촉진
함으로써, 중대왕실은 몰락하였던 것이다.

이상과 같은 정치사의 흐름을 바탕으로 중대 정치운영 이해의 바
람직한 시각을 모색하였다. 주지하듯이 혜공왕대는 중대 말인 동시
에 하대를 배태한 시기로서, 사실상 중대와 하대의 분기점이었다.
이로부터 그 정치적 의미를 추구하여, 상대가 귀족연합의 시기, 하
대가 귀족연립의 시기였다면, 중대는 전제왕권의 시기였다는 것이
일반적 견해였다. 그리하여 논의의 출발점이 된 혜공왕대의 정치를
세밀히 검토하여 지금까지 연구의 논쟁점들을 살펴보았다.

중대 말은 관호의 개혁과 복고가 전면적으로 이루어진 시기였다.
학계의 일반적 견해는 경덕왕 18년(759)의 관호개혁은 전제주의의
집중적 표현이며 혜공왕 12년(776)의 관호복고는 전제주의의 부정이
라는 것이다. 그러나 이러한 이해는 관호개혁 직전에 이루어진 녹읍
부활을 제대로 보지 못했다는 한계가 있었다. 녹읍의 부활은 귀족들
의 왕권에 대한 승리였다. 따라서 이를 연관지어 볼 때 관호개혁의
의미는 크게 부각되기 어려웠다.

또한 상대등 김사인은 경덕왕 15년 시정의 득실을 극론하였는데,
이를 근거로 그는 경덕왕의 관호개혁에 반대한 반왕파로 분류되어
왔다. 그리고 그가 경덕왕의 당제화 정치 직전에 퇴임한 것은 경덕
왕의 전제주의적 경향을 대변하는 것으로 여겼다. 그러나 그의 시정

극론은 오히려 녹읍 부활을 반대한 것으로 보인다는 점에서 그는 친왕적 인물이며, 경덕왕의 전제주의적 경향과 연결될 수 없었다.

더욱이 경덕왕의 당제화 정치는 지명·관호의 개혁으로 대변되는데, 지금까지의 견해는 관호의 복고만 주목하였다. 그러나 관호와 지명은 함께 복고되었으며, 그렇다고 관호 개혁과 복고의 의미가 커지는 것이 아니라 경덕왕의 개혁정치 자체가 애초 의미가 약하였음을 나타내었다. 이는 일본과 발해에서 신라와 거의 같은 시기인 758년, 759년에 각각 당식으로의 관호개혁이 이루어진 사실에서 방증을 얻을 수 있었다. 지명이 복고되지 않은 상태에서 관호만의 복고는 전제주의 부정론으로서 설득력을 갖기가 어렵기 때문이다. 더구나 관호의 개혁은 하대에도 몇 차례 시행된 만큼 이를 중대 전제왕권의 특징으로 규정하거나, 관호복고를 곧바로 전제왕권 부정으로 연결시킬 수 없음을 밝혔다.

중대의 마지막 왕인 혜공왕은 내란의 와중에서 시해된 왕이었다. 그의 시해 사건에 대해 사서에서는 서로 다른 두 가지 기록을 남겼다. 즉 《삼국사기》가 김지정이 시해하였다고 주장한 데 대해, 《삼국유사》는 김양상이 시해하였다고 전하였던 것이다. 그러나 기존의 연구는 엄정한 검토없이 김양상이 혜공왕을 시해하였다는 《삼국유사》의 설에 따라 정치사의 전개과정을 파악하였다. 그리하여 이 사실에서 김양상의 정치적 성격을 거슬러 올려 이해하였다. 즉 그는 반왕파의 거두이고, 그가 상대등에 취임하는 혜공왕 10년(774)은 중·하대의 정권이 교체된 시점이며, 이후 혜공왕은 허수아비화하고 허위를 지킬 뿐이었다는 것이다.

그러나 이러한 이해는 논리적 타당성을 갖추지 못하고 있음이 판명되었다. 더욱이 신라 중대 정치사 이해의 핵심 자료인 성덕대왕신종 명문을 지나친 것은 커다란 과오였다. 따라서 《삼국유사》의 혜공왕 시해 기록만으로 그 전의 김양상을 반왕파라고 할 수 없으며, 오히려 그는 김지정의 난을 진압한 친왕파였음을 밝혔다. 또한 혜공왕 10년에 정권이 교체되었다는 주장은 성립되기 어려우며, 정권교체로 말미암아 혜공왕이 허수아비화하여 허위를 지킬 뿐이었다는 논리도 성립되기 어려움을 지적하였다.

그 뒤에 성덕대왕신종 명문이 주목되기 시작하면서 경덕왕 19년 (760)이 중·하대의 교체기라는 학설이 대두하였다. 이는 종래의 연구에서 지나친 김옹이 김양상보다 상위의 실권자였음을 근거로 그가 집사부 시중에 취임하는 해를 기점으로 삼은 것이었다. 이에 대해 저자는 하대의 기점을 임의로 올려잡는 것이 과연 바람직한가 하는 문제를 제기하였다. 또 경덕왕 19년을 정권교체의 시기로 설정했을 때 혜공왕 10년 정권교체설과의 상호관계는 어떠한가 하는 의문도 제기하였다. 정권교체의 시점을 어떻게 잡느냐에 따라 중대 말 정치사를 보는 시각은 판이하게 달라지기 때문이다. 나아가, 더 구체적인 문제로서, 반왕파인 김옹의 시중 취임 사실에서 하대의 기점을 잡고 있으나, 그를 반왕파로 보는 논거의 문제점도 제기하였다. 그리하여 이들은 선입견에서 김양상을 반왕파로 지목한 관점에서 파생된 학설로, 사실과는 더욱 멀어진 무리한 해석임을 지적하면서, 김양상이나 김옹은 모두 친왕파였음을 밝혔다.

이상의 검토를 통해 혜공왕 10년 정권교체설이나, 경덕왕 18년의 관호개혁 및 혜공왕 12년의 관호복고를 전제주의와 관련시켜 이해하는 견해는 모두 의문의 여지가 있음을 알게 되었다. 더욱이 혜공왕대 정계의 절대적 비중을 차지하고 있던 김옹과 김양상은 반왕파가 아니라, 혼란 속에서도 혜공왕 체제를 유지시키려한 핵심 인물들이었다는 점에서, 중대 정치사의 전개과정에 대한 지금까지의 통설은 새로이 해석되지 않을 수 없게 되었다.

중대 정치사에 대한 이러한 시각을 바탕으로 신라 권력구조의 핵심인 귀족회의와 상대등, 집사부와 중시 등에 대한 구체적인 분석을 시도하였다. 신라의 최고 관직 상대등에 대한 종래의 이해는 귀족세력의 대변자로서 국왕과 대립적이라는 것이었다. 그리고 상대나 하대와는 달리, 중대에 이르러서는 집사부 중시에게 실권을 넘겨준, 정치적 방관자에 지나지 않았다고 하였다. 그러나 이러한 해석은 여러 가지 재고의 여지를 내포하고 있었다. 상대등은 불교 수용을 둘러싼 국왕과 귀족세력의 타협에서 국왕권을 제약하기 위해 설치된 것이 아니라, 오히려 법흥왕대 왕권신장의 결과로서 강화된 왕권의 표상으로 설치되었다. 상대등은 수상으로서, 또 귀족회의 의장으로서 국무를 총리하였으며, 그 위상은 중대에서도 상·하대와 같이 변화가 없었다. 더욱이 헌덕왕대에 인사행정의 실권을 쥐고 정사당에 앉아 이를 처결하였던 충공의 예는, 친왕파로서의 상대등의 위상을 대변하는 것으로 파악하였다.

다음, 중대가 되면 상대등은 무력화되고 상·하대에서의 상대등의 위상은 집사부 중시가 차지하였다고 흔히 이해하고 있으나, 상대등의 지위는 전과 다름이 없었다. 이는 왕권의 강화로 상대등의 임면 절차가 지극히 불규칙해졌다는 중대에서 상대나 하대보다 상대등의 재임기간이 더 길었다거나, 김유신의 부수副帥였던 죽지가 중시인데 견주어 김유신은 그 뒤 상대등에 취임하였다는 사실에서도 증명되었다. 또한 상대등은 관등에서도 중시보다 우월하였고, 취임 전 관직이 확인되는 상대등의 64퍼센트가 중시 경력자였다. 더욱이 중시에서 상대등으로의 승진은 중대 초부터였고, 한 왕대에 중시와 상대등을 역임한 예도 중대 3명, 하대 5명이 있었다. 이들은 국왕과의 밀접한 혈연관계를 바탕으로 왕권유지에 노력하였고, 정당한 왕위계승이 어려울 경우 국왕에 추대되기도 한 왕위 계승권자였다. 이 같은 사실은 상대등이 결코 중대에 이르러 중시에게 밀려난 무력화된 존재가 아니었음을 뒷받침해 주었다.

상대등이 국왕에 대립적인 세력이 아님은 귀족회의의 구성과 운영을 살펴볼 때도 확인할 수 있었다. 종래에는 귀족회의의 구성원인 대등을 중앙 관직자와 별개의 것으로 이해하여 왔으나, 단양신라적 성비의 발견으로 이러한 통설은 의미를 잃게 되었다. 이사부나 거칠부의 예에서 짐작되듯이, 병부령 등의 중앙 관직자가 곧 대등大等임이 확인됨으로써 국왕과 귀족세력을 대립된 세력으로 상정할 수 없음이 밝혀진 것이다. 또한 전왕의 유조로 말미암은 신왕의 즉위나, 대등에서 분화한 전대등이 진흥왕대에 이미 국왕의 가신적 존재였다는 사실 등에서도 귀족회의의 친왕적 면모를 살필 수 있었다.

다음으로 《삼국사기》 직관지에 가장 먼저 나타나는 관부인 집사부와 그 장관인 중시에 대하여 살펴보았다. 집사부의 기원은 국왕의 가신적 기구였던 품주에서 찾을 수 있으며, 품주는 전대등이 설치된 진흥왕 26년(565)에 성립되었다. 대등에서 분화된 것으로는 전대등典大等을 비롯하여 상대등上大等, 사대등仕大等, 사대등使大等 등이 있고, 그 밖에 사대등私大等, 금하대등衿荷大等 등의 존재도 살필 수 있었다. 이들은 모두 왕정의 임무를 분장한 상급 관료로서 점차 독립된 관부의 장관 등으로 발전되어 갔는데, 집사부는 이러한 대등이 점차 독립된 관부의 장관으로 분화되어 가는 추세에서, 국왕의 측근에서 왕권을 보좌하기 위해 설치된 관부였다. 이는 집사부가 국왕과 밀접한 관련을 가진 관부였음을 말하는 것이다. 또한 집사부는 관원 수가 27명으로 병부와 함께 창부 다음으로 큰 관부였다. 그러나 사가 20명이나 차지하여, 이를 제외한다면, 다른 관부와 견주어 결코 비중 높은 관부라고 할 수 없었다. 집사부에 대해서는 행정계통상 신라의 최고 관부로 파악하여 왔으나, 집사부 관원의 실제 활

동을 통하여 총무, 비서기관, 대외외교, 정책기획 등의 기능을 담당
하였음을 밝힐 수 있었다.

집사부의 위상을 더 구체적으로 파악하기 위해 역대 집사부의 장
관인 중시의 임면과 진출을 살펴보았다. 집사부 중시의 관등은《삼
국사기》직관지에 대아찬에서 이찬까지로 규정되어 있으나, 아찬으
로 중시에 임명된 예가 상당수 있었다. 중시가 상대등과 동시에 임
명된 16명의 사례 비교에서, 중시는 아찬으로 임명된 예가 6명, 대
아찬 3명, 파진찬 1명, 이찬 4명, 미상 2명으로 나타났으나, 상대등
은 전원이 이찬 이상이었고, 그 가운데 1명은 서불한이어서 중시와
현격한 차이를 보였다.

중시의 임기는 대략 중대 3년, 하대 4년이었으나, 천재지변이 일
어날 경우 교체되는 것이 일반적이었다. 이러한 현상은 중대만이 아
니라 하대에서도 마찬가지였다. 중시 임면에서 중대와 하대의 차이
를 발견하기 어려웠던 것이다. 이는 중시가 중대만 왕권의 방파제로
안전판의 구실을 함으로써 전제왕권이 성립된 것이 아님을 말해주
었다. 또 중대에 반란이 일어난 뒤 중시가 교체된 것을 중시의 정치
적 책임 때문이라 하였으나, 이는 집사부를 최고 관부로 보고 중시
를 수상으로 풀이한 데 말미암은 해석이었다. 따라서 집사부가 국왕
과 행정을 분장하는 일반 관부의 중간에서, 위로는 왕명을 받들고
아래로는 여러 관부를 통제하는 지위를 차지하고 있는 것이 아니라,
특정한 하나의 업무를 분장한 국왕 측근의 관부임을 나타내었다. 나
아가 집사부의 중시는 퇴임 후 상대등, 병부령 등으로 진출함으로써
상대등을 능가하지도 않았고 상대등과 대립적이지도 않았다.

이러한 이해를 바탕으로, 중시의 기능과 관련하여 종래 학계에서
일반화된 '중대＝전제왕권시대' 설을 검토하였다. '전제왕권'이란 용
어는 이기백이 초기 신라 정치사에서부터 사용하여 왔으나, 그 개념

이 제시되지 않아 뒷날의 연구자들은 이의 해명에 노력을 기울였다. 학계에서는 대체로 그 전후 시기에 견주어 왕권이 강화되었다는 상대적 의미로 파악해 왔는데, 최근 이기백은 이를 절대적 의미로 규정하면서, 국왕 1인이 권력을 행사하는 정치형태임을 강조하였다. 그러면서도 국왕의 개인적 특성에서 나타나는 것은 폭군정치이며 전제정치가 아니라고 하였다. 이에 따라 이러한 개념 규정이 신라사의 실제와 부합하느냐의 문제가 제기되었다.

이 책에서는 전제왕권의 성립과 존속기간, 특징적 현상, 유지기반 등으로 나누어 그 실상을 검토하였다. 김흠돌의 난 진압이 전제왕권 성립의 계기가 되었다고 하나 다른 반란 사건과 차이를 발견하기 어려웠고, 김양상이 상대등에 취임하는 혜공왕 10년(774) 또는 김옹이 시중에 취임하는 경덕왕 19년(760)에 정권이 교체되거나 전제왕권이 붕괴되었다는 주장도, 김양상이나 김옹의 성격 파악에 문제가 있었다. 전제왕권의 특징으로 김씨왕족의 족내혼, 왕위의 장자 상속제와 태자 책봉제, 중국식 묘호의 사용 등을 열거하였으나, 이를 중대의 현상으로만 파악하기는 어려웠다. 또한 무자를 이유로 왕비의 출궁을 서슴지 않았다고는 할 수 없었고, 김유신의 적손嫡孫으로 성덕왕대에 중시를 연임했다는 윤중도 실은 중시가 아니었다. 더구나 성덕왕대가 전제정치의 절정기로 이해되고 있음을 상기할 때, '중대=전제왕권시대' 설은 좀처럼 그 실체를 찾기 어려웠다. 그렇다면 성덕왕대, 나아가 중대를 '국왕 1인에 의해 권력의 행사가 이루어지는 전제왕권'의 시대로 인식한 것은 지나친 표현임이 분명해졌다고 하겠다. 다시 말해, 신라 중대는 전후 시기에 견주어 왕권이 강화되었으나, 최근 학계 일부에서 정의된 바와 같은 개념의 전제왕권의 시대는 아니었던 것이다. 설사 중대 초에 일시적으로 전제정치가 이루어졌다 하더라도 중대 말까지의 100년 동안이나 계속되지는 않았던 만큼, 중대의 성격을 전제왕권으로 도식화할 수는 없음을 밝혔다.
전제왕권이란 용어에 대해서는 개념도 정확히 해야 하지만, 그러한
개념이 신라사의 실제와 일치하느냐 하는 문제가 더욱 중요하기 때
문이다.

상대등·중시 역임자의 성격 파악을 위한 한 방안으로서 종래 지
나쳐 왔던 성전사원에 대한 분석을 시도하였다. 성전사원은 《삼국사
기》 직관지와 금석문에서 사례가 발견되었다. 즉 《삼국사기》 직관지
에는 사천왕사 등 7곳 사원의 성전이 실려 있으며, 금석문에서는 혜
공왕 7년(771)의 봉덕사성전과 경문왕 12년(872)의 황룡사성전의 사
례가 확인되었다. 대개 사원은 원당이나 사원 경제의 측면에서 정치
세력과 밀접한 관련을 맺고 있는데, 성전사원은 국가의 사원인 점에
서 더욱 중요성을 띠고 있었다.

먼저 직관지의 자료는 애장왕 6년(805) 직후 어느 시점의 사정을
말해 주었다. 이는 신문왕 4년(684)에서 애장왕 6년에 이르는 121년
여 기간 동안의 일괄 자료로서, 당시 성전사원이었던 사천왕사 등 5
곳과 과거 성전사원이었던 영묘사·영흥사를 추가한 기록임을 밝혔
다. 관부·관직명의 검토에서 성전이 사원의 경제적 운영을 담당한
사실과, 중대 사천왕사의 국가 최고 사원으로서의 위상을 확인할 수
있었다. 금석문과의 비교에서는, 직관지에 규정된 관원 수가 원칙이
지만, 주종·건탑 등 대사 때에는 정원이 증가한 사실과, 성전 외에
도감전·속감전의 존재에 주목하였다.

성전사원은 국가의 관부인 성전이 설치된 사원이라는 점에서 중
국·일본의 관사제도와 차원을 같이 하였다. 성전사원은 왕과 왕비의
발원에 의해 창건된 왕실사원으로, 거의 모두 수도 중심부에 위치하
였다. 성전사원의 시초는 다소 거슬러 올라갈 수 있으나, 제도적으
로 완성된 시기는 중대인 신문왕 4년(684) 무렵이었다. 이때는 사

천왕사·봉성사·감은사·영묘사·영흥사 등 5곳이 함께 성전사원으로 성립되었으며, 뒤에 봉덕사·봉은사가 추가되면서 영묘사·영흥사는 차례로 탈락되었다. 하대의 금석문에서 확인된 황룡사가 중대에서도 성전사원이었는가 하는 의문이 있으나, 직관지가 대상으로 한 신문왕 4년에서 애장왕 6년 사이에는 성전사원이 아니었음을 밝혔다.

성전의 관원으로는 성덕대왕신종 명문과 황룡사구층목탑찰주본기 등 금석문에서 일부의 사례가 확인되었다. 금하신은 성전의 장관으로, 중대 말의 김옹·김양상, 하대의 김위홍 등 3명의 예가 있었다. 이들은 장관으로서 성전 전체 구성원의 정치적 성향을 대변해 주었다. 실제로 이들은 국왕의 외숙, 고종형제, 친제 등으로서 왕실과 지극히 가까운 친족이었고, 병부령, 숙정대령, 상재상 등 당시 최고의 관직에 있었으며, 다른 관부의 장관으로서 금하신을 겸하고 있었다. 또한 이들은 금하신 취임 전후 상대등, 시중(중시), 병부령 경력자였던 사실이 주목되었는데, 이는 이들이 국왕과 대립적이거나 왕권을 견제하는 반왕파의 인물이 아니었음을 말해 주었다. 그 밖에 김체신 등 차관 이하 관원의 성격도 장관의 경우와 같이 친왕적으로 파악할 수 있었다.

성전 관원의 이 같은 성격은 성전사원 자체의 기능을 살펴봄으로써 또 하나의 방증을 얻을 수 있었다. 성전사원은 먼저 중대 국왕을 봉사하기 위한 원당으로서의 기능을 수행하였다는 점에 중요성이 있었다. 이들은 원칙적으로 5곳씩 운영되었는데, 시조와 직계 4대조 숭배를 위한 시설로 추정되었다. 이곳에서는 백좌강회가 열리고, 국왕이 행차하였으며, 신라 멸망의 징조가 나타났는데, 이는 모두 원당의 중요성 때문이었다. 또한 성전사원은 국가의 관부였던 만큼 불교계 통제와도 밀접한 관련이 있었다. 신라 상대와 하대 불교계의 실질적 통제자인 국통은 황룡사의 사주였으며, 주통 역시 황룡사의 승려가 파견되었다. 그러나 애장왕 6년(805) 이전 중대에는 오히려 성전사원 가운데 가장 격이 높던 사천왕사가 국가의 최고 사원이었으며, 국통은 사천왕사에 있었고, 주통·군통도 이곳에서 파견된 것으로 파악되었다. 또한 성전사원의 주지는 일반 사원의 주지와는 달리 우대된 사실도 밝힐 수 있었다. 이와 같은 사원의 성격으로 미루어, 성덕대왕신종 명문에 나타난 혜공왕대의 김옹·김양상이나, 황룡사구층목탑찰주본기에 나타난 경문왕대의 김위홍은, 각각 친혜공왕파·친경문왕파로서 왕당파의 기능을 다하였으며, 이점 그들의 상대등, 시중(중시), 병부령 등의 경력자인 사실과 밀접한 관계에 있었음을 밝힐 수 있었다.

화백으로 불리는 귀족회의와 그 의장인 상대등, 기밀사무를 관장한 집사부와 그 장관인 중시는, 신라의 권력구조를 결정짓는 핵심적인 기구들이었다. 여기서는 이러한 개별 정치기구의 분석에서 밝혀진 사실들을 바탕으로 하면서, 국왕을 중심으로 한 중대의 정치형태에 대하여 살펴보았다.

국가의 간단한 정책 결정은 해당 관부에서 처리하였지만, 중대사의 경우 다음과 같은 절차를 거쳤다고 파악하였다. 즉 정책의 기획은 국왕 측근의 관부인 집사부에서 담당하였다. 집사부에서 기획된 정책은 주요 중앙 관부의 장관으로 구성된 귀족회의에서 심의하여 결정하였다. 이때 상대등은 귀족세력의 의견을 대변하기보다는 국왕을 대신하여 대등으로 구성된 귀족회의의 결정을 유도하는 역할을 하였다. 귀족회의에서 결정된 정책은 국왕의 재가를 받음으로써 비로소 효력이 발생하였고, 각 관부에서는 마침내 이를 집행에 옮길 수 있었다. 따라서 중시와 상대등은 각각 왕권과 귀족세력을 대변하며 대립한 것이 아니라, 서로 다른 임무를 분장한 상태에서 왕정에 협력하는 관계였던 것이다.

　그렇다면 이러한 권력구조 아래에서 이루어진 중대의 정치형태를 무엇이라고 정의할 수 있을까? 흔히 전제정치로 규정되어 왔지만, 이는 군주정치가 타락한 형태인 폭군정치와 구별이 어렵고, 중대 정치사의 일반과도 거리가 멀다. 그렇다면 군주정치와 귀족정치가 고려되겠지만, 국왕이 최종적인 정책 결정권을 가졌으므로, 귀족정치보다는 군주정치로 파악할 수 있었다. 그러나 국왕 또한 진골귀족의 일원이라는 골품제의 제약으로 일반 군주정치도 제대로 행해지기 어려웠다. 귀족회의는 정책 결정기구로 전과 다름없이 존재하고 있었고, 국왕을 대신한 상대등도 여전히 독립된 관부를 거느릴 수 없었다. 중대의 정치형태는 왕권이 상대적으로 강화된 상태에서의 군주정치였을 뿐이었던 것이다. 더구나 중대는 골품제의 원리가 엄격하게 운용된 만큼, 골품제 아래에서 군주정치가 전형을 이룬 시기였다고 파악하였다.

　이상이 이 책의 요지이지만, 중대 정치의 실상을 파악하기 위해서는 그 전후 시기에 대한 이해가 심화되어야 한다. 또 중대 권력구조의 실태도 상대등·중시 외에 재상宰相·병부령兵部令·도독都督 등에 대한 분석과 아울러, 이들의 상호 관계가 역동적으로 파악될 때 더욱 선명히 부각될 수 있을 것이다. 나아가 비슷한 시기 중국·일본의 경우와도 비교·검토가 필요하다고 생각된다. 이러한 과제들에 대해서는 다음 연구를 기약하고자 한다.

[보론]
신라의 달구벌 천도

Ⅰ. 머 리 말

제29대 태종무열왕의 즉위는 신라사에서 획기적인 사건이었다. 종
전의 왕이 성골 출신이었다면, 태종무열왕은 진골 출신으로 왕위에
오른 최초의 인물이었기 때문이다. 또한 《삼국사기》와 《삼국유사》에
서 태종무열왕의 즉위를 기점으로 각각 상대와 중대, 중고와 하고로
시기를 구분하는 것에서도 그 중요성을 살필 수 있다. 이제 태종무
열왕계라는 새로운 왕통이 나타남과 함께 정치, 경제, 사회, 문화 등
여러 방면에서 새로운 변화가 일어났다.

신라는 태종무열왕 7년(660)에 백제를 멸한 뒤, 문무왕 8년
(668)에 고구려를 멸하고, 문무왕 16년(676)에는 당의 세력을 한
반도에서 축출함으로써 불완전하기는 하지만 삼국통일을 달성하였
다. 이어 신문왕 5년(685)에는 9주 5소경九州五小京 제도를 완성하
여 옛 백제·고구려 영토를 포함한 통일 후 신라의 제도 정비에 박차
를 가하였다. 그 여세를 몰아 왕 9년(689)에는 오늘날의 대구大邱인
달구벌達句伐로 도읍을 옮기려 하였으나 실패하고 말았다.

신라는 천년의 긴 역사 속에서도 수도가 경주慶州로만 고정된 유
례 드문 나라였다. 다만 삼국통일 직후 신문왕대에 한 번 천도遷都
가 시도되었을 뿐이다. 종래 신라의 천도에 대해서는 그리 큰 관심
이 베풀어지지 못하였다. 신문왕대에 시도되었던 천도는 실행되지
않았고, 관련 사료도 부족하였기 때문이다.[1] 수도인 왕경王京 자체에

---

1) 신라의 달구벌 천도에 대해서는 다음 논문이 주목된다.
　尹容鎭,〈大邱의 沿革과 관련된 古代記錄 小考〉,《東洋文化研究》 2, 慶北大,
　1975;《鄕土文化》 7, 1992.
　李文基,〈新羅의 三國統一과 大邱의 變化〉,《大邱市史》 제1권(通史), 대구광역시, 1995.
　朱甫暾,〈新羅 國家形成期 大邱社會의 動向〉,《韓國古代史論叢》 8, 1996;《新羅 地方統

대한 연구가 활기를 띤 것과는 크게 대조적이었던 것이다.[2]

신라의 천도 기도는 삼국통일 직후의 정치 상황 속에서 비롯되었다. 새로운 왕경 건설이나 도성제都城制와의 관련도 상정되지만, 근본적인 이유는 정치적인 데 있었다고 판단된다.[3] 따라서 여기서는 정치사적인 관점에서 신라의 천도를 살펴보고자 한다. 먼저 달구벌 천도를 둘러싼 제반 논점들을 살펴본 뒤, 신문왕 즉위 전후의 정치세력을 김흠돌金欽突의 난을 중심으로 살펴보겠다. 이어 신문왕이 달구벌 천도를 기도한 시점과 목적, 천도 실패가 남긴 문제 등을 살펴보겠다.

II. 논의의 전제

신라 신문왕대의 달구벌 천도 기도에 대해서는 《삼국사기》 권8, 신라본기 신문왕 9년조에 "왕이 달구벌로 도읍을 옮기고자 하였으나 이루지 못하였다"라고 짤막하게 전하는 기사가 유일하다. 그러나 어느 나라를 막론하고 정치, 경제, 사회, 문화의 중심인 수도를 옮긴다는 것은 쉬운 문제가 아니다. 고구려 장수왕의 평양 천도나 백제 성

治體制의 整備過程과 村落》, 신서원, 1998.
　朱甫暾, 〈新羅의 達句伐遷都 企圖와 金氏集團의 由來〉, 《白山學報》 52, 1999.
2) 최근의 주요 성과는 다음과 같다.
　경주시·신라문화선양회, 《新羅王京研究》(《新羅文化祭學術發表會論文集》 16), 1995; 朴方龍, 《新羅 都城 研究》, 동아대 박사학위논문, 1998; 龜田 博, 《日韓古代宮都の研究》, 學生社, 2000; 임기환 외, 《한국의 도성 —都城 造營의 傳統—》, 서울시립대, 2003.
3) 수도의 선정은 항상 정치적 판단의 결과이며, 그 공간적 위치에 의해 처음부터 수도가 될 운명을 가진 도시란 이 세상에 존재하지 않는다는 지적이 상기된다. K.-A. 베슐러 지음·安在鶴 譯, 《政治地理學》, 명보문화사, 1995, pp.113~114 참조.

왕의 사비 천도의 사례가 이를 말해주기 때문이다.

신라의 달구벌 천도 논의는 대략 다음과 같은 세 가지 측면에 관심이 집중되었다. 첫째는 천도의 배경과 실패의 이유, 둘째는 천도를 위한 사전 정지작업의 실태, 셋째는 달구벌이 왜 천도의 예정지였는가 하는 등이었다.[4]

천도의 배경에 대해서는 비교적 다양한 견해가 제시되었다. 먼저 지리적 입지 문제를 중시한 견해가 있었다. 통일을 달성한 이후의 신라 판도를 고려할 때, 경주가 수도로서 너무 동남쪽으로 편재하고 있었기 때문에, 이를 극복하기 위해 달구벌로의 천도를 계획하였다는 것이다.[5] 그러나 천도의 예정지였던 달구벌도 신라 전체의 판도에서 본다면 경주 인근에 위치하여 편재성 극복이라는 면에서는 큰 효과가 없었다. 또한 수도의 편재성을 보완하기 위해 신문왕 5년 (685)까지 정치적 요지에 5소경이 설치되기도 하였기 때문에 대구 지역의 지리적 위치로 천도의 배경을 설명하는 것은 충분한 이해라 할 수 없다.[6]

다음은 정치적인 데서 이유를 찾는 견해였다. 신문왕대를 전후한 시기는 무열왕계 왕실이 전제주의를 추진하던 시기로 진골귀족에 대한 탄압과 전제주의 왕권의 추구는 진골귀족세력의 반발을 불러 일으켰다. 상징적 사건이 신문왕 원년(681)에 일어난 김흠돌의 난이었다. 김흠돌·흥원·진공·김군관 등 반란 주도세력들은 문무왕대 이래의 왕권 전제화에 대한 불만 세력이었다고 한다.[7] 경주에 근거를

---

4) 이문기(1995), 〈신라의 삼국통일과 대구의 변화〉, p.245.

5) 경주의 지리적 편재성에 대해서는 大邱府, 《大邱府史》, 行政學會印刷所 印刷, 1943; 김용진 번역, 〈大邱府史(1)〉, 《鄕土文化》 7, 1992, p.90 및 李丙燾, 《韓國史》 古代篇, 乙酉文化社, 1959, p.634 등에서 일찍부터 지적되어 왔다.

6) 윤용진(1992), 〈대구의 연혁과 관련된 고대기록 소고〉, p.9.

7) 金壽泰, 〈專制王權의 확립과 金欽突亂〉, 《新羅 中代 專制王權과 眞骨貴族》, 서강대 박사학위논문, 1991; 《新羅中代政治史研究》, 일조각, 1996.

가진 보수적인 진골귀족의 위협은 난이 진압된 뒤에도 약화된 상태
지만 지속되고 있었으므로, 신문왕은 이러한 진골귀족세력의 위협에
서 완전히 탈출하기 위한 의도에서 천도를 시도하였다는 것이다. 다
른 지역으로 도읍을 옮긴다는 것은 오랫동안 경주 지역에 근거를
가져온 진골귀족의 기반을 송두리째 박탈하는 의미가 내포된 극단
의 개혁조치였지만, 천도의 좌절은 신문왕대의 왕권이 진골귀족의
전통적 기반을 박탈하기에는 미흡했던 사정을 보여준다고 하였다.[8]
달구벌 천도가 이루어지지 못한 것은 일찍부터 지적되어 온 바와
같이 당시 지배세력이 가졌던 보수성에 말미암은[9] 진골귀족의 반발
때문이라는 것은 부인할 수 없다. 그러나 그 자체로만 설명하기에는
부족한 감이 있다. 당시의 정국에 대한 보다 상세한 분석이 필요하
기 때문이다.

한편에서는 천도가 이루어지지 못한 이유를 천도 뒤에 따를 엄청
난 구조 변동을 지배층 스스로 감내하기 어려웠던 사정 때문이라고
한 견해도 있다. 천도로 말미암아 기존의 귀족들이 지닌 지배 기반
이나 구조에 그만큼 변화가 초래될 공산이 커졌기 때문이라는 것이
다. 따라서 신문왕의 달구벌 천도 기도를 반대한 세력들은 왕권 중
심의 지배체제 정비에 반대한 세력이 아니라, 오히려 정치적으로 신
문왕을 적극 지지해 온 세력들로, 경주를 중심으로 전통적인 기반을
지녔던 상층 귀족들이라고 하였다.[10] 상층 귀족들이 천도에 반대하
였을 것이라는 점은 이해하지만, 신문왕을 정치적으로 지지해 온 세
력에 의해 천도가 좌절되었다는 것은 일반적 견해와는 크게 다르다

---

8) 이문기(1995), 〈신라의 삼국통일과 대구의 변화〉, p.249. 또한 尹容鎭
   (1992), 〈大邱의 沿革과 관련된 古代記錄 小考〉, pp.9~12에서도 비슷한 견
   해를 제시하였다.
9) 李丙燾(1959), 앞의 책, p.634.
10) 주보돈(1999), 〈신라의 달구벌천도 기도와 김씨집단의 유래〉, pp.567~574.

고 하겠다.

또한 천도의 배경으로 왕경 자체의 문제가 지적되기도 하였다. 신문왕대에 이르러 경주가 왕도로서의 기능 수행에 일정한 한계를 나타내게 되었다는 것이다. 그 예로 통일전쟁 이후의 왕경의 급격한 인구증가 현상을 주목하였다. 이제 왕경은 새로이 흡수한 백제와 고구려 귀족들의 왕경 거주 허용, 유공 지방민들에 대한 왕경 이주 포상책의 실시, 전쟁을 통해 확보한 진골귀족 소유 노비의 증가 등으로 인구가 급격히 늘어났고, 이는 경주분지를 중심으로 하는 신라 왕경의 자연조건에서 커다란 문제였다는 것이다.11) 그러나 신문왕대 이후 천도 논의가 다시 등장하지 않은 것을 보면, 왕도의 한계12)가 천도를 기도한 주된 이유는 아니라고 생각된다.

달구벌 천도 기도를 외위外位의 소멸에서 찾는 견해도 있다. 신라는 지방민을 왕경인과 차별하여 경위京位 대신 외위를 수여하여 왔으나, 문무왕 14년(674)에 이를 폐지함으로써 지방민도 경위를 받을 수 있게 되었다. 따라서 신문왕이 달구벌 천도 계획을 세울 수 있었던 것은 사로의식斯盧意識에 말미암은 왕도王都와 지방地方이란 지역적인 차이가 외형상 불식되었기 때문이라고 하였다.13) 이는 천도의 이유라기보다는 천도가 가능할 수 있게 된 요인의 하나라는 점에서 주목된다.

다음 두 번째는 달구벌 천도를 위한 사전 정지작업의 유무이다. 백제 성왕 16년(528)에 단행된 사비 천도는 동성왕 이래 성왕에 이르기까지의 몇 차례에 걸친 사비 지역에 대한 전렵田獵과 이 지역

---

11) 이문기(1995), 〈신라의 삼국통일과 대구의 변화〉, pp.246~250에서는 왕권 강화라는 정치적 문제와 한계를 드러낸 왕도 자체의 문제 등 두 가지 모두를 상정하였다.

12) 全德在, 〈新羅 6部名稱의 語義와 그 位置〉, 《慶州文化研究》 창간호, 1998, pp.50~56에서는 삼국통일 직후 왕경이 오히려 축소되었다고 보았다.

13) 朱甫暾, 〈統一期 地方統治體制의 再編과 村落構造의 變化〉, 앞의 책(1998), p.276.

출신의 사씨세력沙氏勢力의 지원 등을 바탕으로 가능할 수 있었
다.14) 따라서 백제의 경우로 미루어 신문왕 재위 9년의 장산성獐山
城 순행은 달구벌 천도를 위한 사전 정지작업이라고 보았다. 나아가
이에 앞서 달구벌 지역에는 천도를 위한 준비작업이 일정하게 진행
되었을 것이나 구체적 실상이나 달구벌에 대한 사전 배려는 알 수
없다고 하였다.15) 이처럼 신문왕의 장산성 행차는 달구벌 천도 기
도와 무관하지 않으며, 그 준비작업은 이미 진행되고 있었다고 추정
되는데16) 이에 대한 세밀한 검토가 필요하다고 하겠다.

　마지막은 왜 달구벌이 천도의 예정지였는가 하는 것이다. 이에 대
해서는 대구 지역의 지리적 입지조건과 당대의 정치상황 등을 통해,
대구가 방어에 유리한 분지라는 사실과, 낙동강 수계와 연결되어 있
어 수운의 편리함을 보장받을 수 있었고, 또 소백산맥을 넘어 서북
방과 서남방으로 진출하기에 편리한 주요 교통로에 위치하고 있다
는 점이 주목되었다. 즉 대구 지역은 경주와 같이 나성의 축조와 같
은 그리 큰 토목공사를 통하지 않고도 산성을 이용한 방어가 용이
한 분지였으며, 후일 신라 하대 왕위쟁탈전에서 반란군과 왕군의 격
전지가 되었던 사실이나, 견훤의 후백제군과 왕건의 고려군이 팔공
산에서 조우한 사실 등을 그 방증 근거로 들었다.17) 또한 대구 지역
이 농경지대로 농업생산력이 풍부하고, 신라 오악 가운데 중악中岳
(부악父岳)인 팔공산을 끼고 있다는 점도 천도의 후보지로 선정되는

14) 盧重國, 《百濟政治史硏究》, 일조각, 1988, p.166.
15) 이문기(1995), 〈신라의 삼국통일과 대구의 변화〉, p.250. 여기서는 獐山
　　城을 獐山郡으로 기술하였다.
16) 이미 상당한 기간에 걸쳐 천도를 준비하여 官府나 道路·築城·佛寺 건립
　　등 왕도로서의 면모를 위한 기초적인 작업들이나 徙民 등이 추진되었다
　　고 본 견해도 있다. 주보돈(1998), 〈신라 국가형성기 대구사회의 동향〉,
　　앞의 책, p.434.
17) 이문기(1995), 〈신라의 삼국통일과 대구의 변화〉, pp.250~251.

380

데 일조했을 가능성이 있다고 하였다.[18] 이와 같은 지적들은 대구 지역의 지리적 환경을 주목한 것이지만, 달구벌이 천도 예정지로 결정된 필요조건이지 충분조건은 아니라고 판단된다.

그런 점에서 달구벌이 천도의 대상지로 선정된 이유를 왕경의 지배집단이 달구벌과 친연성이 있기 때문이란 견해가 주목된다. 달구벌達句伐, 달성達成, 월성月城 등은 서로 공통성이 있으며, 신라의 김씨족이 경주로 진입하기 전 대구大邱와 경산慶山을 경유하였을 것이라는 가정에서 원주지로의 회귀를 시사한다고 파악하였다.[19] 그러나 대구와 경산이 김씨집단의 경유지였다 하더라도 달구벌이 천도 예정지로 결정된 이유는 좀 더 설명이 필요하다. 또한 천도에 대해 왕경의 김씨 지배집단의 태도도 동일시할 수 있을지 궁금하다. 통일기 새로운 집권세력으로 부상한 중대왕실과 전통적인 진골귀족세력은 각각 무열왕계와 나물왕계로 그 지향점이 달랐다고 판단되기 때문이다.

이상에서 살펴보았듯이, 신문왕 9년의 달구벌 천도는 천도의 배경과 실패의 이유, 천도를 위한 사전 정지작업의 실태, 달구벌이 천도의 예정지로 결정된 이유 등에서 삼국통일 직후의 신라의 정국에 적지 않은 과제를 던져주었다. 신문왕의 천도 기도는 장산성 순행과 연관성이 있으며, 대구 지역의 지리적 환경과도 무관하지 않았다. 그러나 지리적 환경은 부차적인 것일 뿐 천도 기도의 궁극적인 이유는 정치적인 데 있었다. 달구벌만이 천도 대상지여야 할 이유는 없기 때문이다. 달구벌 천도의 문제를 신문왕대의 정치상황과 관련하여 구체적으로 살펴볼 필요성이 여기에 있는 것이다.

18) 이문기(1995), 앞의 논문, p.251.
19) 주보돈(1999), 〈신라의 달구벌천도 기도와 김씨집단의 유래〉, pp.575~589.

Ⅲ. 신문왕의 즉위와 정치세력

삼국통일을 이룩한 문무왕은 재위 21년째 되던 해인 681년 7월 1
일, 56세로 사망하였다.[20] 당시의 정치상황에 대해서는 그가 남긴
유조를 통해 그 대강을 살펴볼 수 있다.

(1) 과인은 나라의 運이 어지럽고 싸움의 때를 당하여 서쪽을 정벌
하고 북쪽을 토벌하여 영토를 안정시켰고, 배반하는 무리를 치고 협조
하는 무리를 불러들여 멀고 가까운 곳을 모두 평안케 하였다. 위로는
조상들의 남기신 염려를 안심시켰고 아래로는 父子의 오랜 원수를 갚
았으며, 살아남은 사람과 죽은 사람에게 상을 두루 주었고, 벼슬을 터
서 중앙과 지방에 있는 사람들에게 균등하게 하였다. 무기를 녹여 농
기구를 만들었으며 백성을 어질고 長壽하는 땅으로 이끌었다. 세금을
가볍게 하고 요역을 덜어주니 집집이 넉넉하고 백성들이 풍요하며 민
간은 안정되고 나라 안에 근심이 없게 되었다. 곳간에는 (곡식이) 산
언덕처럼 쌓여 있고 감옥은 풀이 무성하게 되니, 신과 인간 모두에게
부끄럽지 않고 관리와 백성의 뜻을 저버리지 않았다고 말할 만하다.

(2) 태자는 일찍이 밝은 덕을 쌓았고 오랫동안 震位[東宮]의 자리에
있었으니, 위로는 여러 재상으로부터 아래로는 뭇 관원들에 이르기까
지 죽은 이 보내는 도리를 어기지 말고 살아 있는 이 섬기는 예의를
빠뜨리지 말라. 宗廟의 주인은 잠시도 비워서는 안 되니 태자는 곧 관
앞에서 왕위를 잇도록 하라. (중략)

---

20) 〈文武王陵碑文〉 "……宮前 寢時年五十六"에서 문무왕의 승하 시의 나이를
   추정할 수 있다. 今西龍, 〈新羅文武王陵碑に就きて〉, 《藝文》 12~7, 1921;
   《新羅史硏究》, 近澤書店, 1933, p.506.

(3) 죽고 나서 10일이 지나면 곧 庫門 바깥의 뜰에서 西國의 의식에 따라 火葬하라. 상복을 입는 등급은 정해진 규정이 있거니와 장례 치르는 제도는 검소하고 간략하게 하는데 힘써라. 변경의 城·鎭을 지키는 일과 州·縣의 세금 징수는 긴요한 것이 아니면 헤아려 마땅히 모두 폐지하고, 律令格式에 불편한 것이 있으면 곧 고치도록 하라. (하략)

(이상 《삼국사기》 권7, 신라본기 문무왕 21년 추 7월 1일)

위에 제시한 유조의 대체적인 내용은 (1) 문무왕 자신의 공적 (2) 태자의 왕위계승에 대한 당부 (3) 장례와 제도개편 등 3가지로 정리된다. (1)이 백제 및 고구려 정벌과 나당전쟁을 통해 이룩한 자신의 통일 위업과 민생안정을 과시하였다면 (3)은 화장과 검소한 장례 등에 대한 당부라고 하겠다. 더욱이 (2)는 태자에게 관 앞에서의 즉위를 유언하였다는 점에서 의미가 크다. 관 앞에서의 즉위는 문무왕에서 신문왕으로의 법통을 확인하고 권위를 확인시켜 주기 위함일 것이다. 이 같은 의식을 통해 신라의 중국식 즉위의례 수용의 일면을 살필 수 있다.[21] 그러나 다른 한편에서는 당시의 정치적 분위기를 상징하기도 한다. 유조라는 점에서 약간의 과장은 있을지라도, 왕위계승을 염려하지 않아도 될 만큼 국내정세가 안정적이지 않았음을 반증하기 때문이다.[22]

그러면 신문왕대의 정국은 어떠하였을까? 이는 신문왕 즉위 직후

---

21) 신라 국왕의 즉위의례를 중국, 일본의 경우와 비교한 것으로는 나희라, 〈新羅의 卽位儀禮〉, 《韓國史硏究》 116, 2002 참조.

22) 《삼국유사》 권2, 기이2, 文虎王 法敏 조에 "王平時常謂智義法師曰 朕身後願爲 護國大龍 崇奉佛法 守護邦家. 法師曰 龍爲畜報何. 王曰 我厭世間榮華久矣 若麤報 爲畜 則雅合朕懷矣"라 하여 문무왕은 죽어 용이 되고자 하였다. 이를 일본의 침입에 대한 방어를 위해서가 아니라 국내적인 문제 때문으로 이해한 견해가 있다. 田村圓澄, 〈文武王と佛敎〉, 《蕉雨 黃壽永博士古稀紀念美術史學論叢》, 동 간행위원회, 1988.

에 발생한 김흠돌의 난을 통해서 살펴볼 수 있다.

(1) 8월에 서불한 眞福을 上大等으로 삼았다. 8일에 소판 金欽突·파진찬 興元·대아찬 眞功 등이 반란을 꾀하다가 죽임을 당하였다.

(2) 16일에 다음과 같은 敎書를 내렸다. "(중략) 股肱의 臣과 더불어 나라를 편안케 하려고 하였더니, 어찌 喪中에 京城에서 반란이 일어날 줄 생각이나 하였으랴! 역적의 우두머리 欽突·興元·眞功 등은 벼슬이 재능으로 오른 것이 아니요, 관직은 실로 恩典에 의하여 오른 것이다. 처음부터 끝까지 몸을 삼가하여 부귀를 보전하지 못하고 어질고 의롭지 못한 행동으로 복과 위세를 마음대로 부리고 官僚들을 업신여겼으며, 아래 위 가릴 것 없이 모두 속였다. 날마다 탐욕스러운 뜻을 거리낌 없이 드러내 보이고 포학한 마음을 멋대로 부렸으며, 흉악하고 간사한 자들을 불러들이고 궁중의 近侍들과 서로 결탁하여 화가 안팎으로 통하게 하였으며, 나쁜 무리들이 서로 도와 날짜와 기한을 정하여 반란을 일으키려고 하였다.

내가 위로는 하늘과 땅의 도움을 받고 아래로는 조상의 신령스러운 돌보심을 입어, 흠돌 등의 악이 쌓이고 죄가 가득 차자 그 음모가 탄로나고 말았다. 이는 곧 사람과 신이 함께 배척하는 바요 하늘과 땅 사이에 용납될 수 없는 바이니, 道義를 범하고 風俗을 훼손함에 있어 이보다 더 심한 것은 없을 것이다. 이 때문에 병사들을 끌어 모아 梟獍 같은 무도한 자들을 제거하고자 하였더니, 혹은 산골짜기로 도망쳐 숨고 혹은 대궐 뜰에 와서 항복하였다. 그러나 가지나 잎사귀 같은 잔당들을 찾아내어 이미 모두 죽여 없앴고 3~4일 동안에 죄인의 우두머리들이 소탕되었다. 마지못하여 취한 조치였으나 사람들을 놀라게 하였으니, 근심하고 부끄러운 마음이야 어찌 한시라도 잊으랴. 지금은 이미 요망한 무리들이 숙청되어 멀고 가까운 곳에 우려할 것이 없으

니, 소집하였던 兵馬들을 빨리 돌려보내고 사방에 포고하여 이 뜻을
알게 하라."

　(3) 28일에 이찬 軍官을 목 베고 敎書를 내려 말하였다. "임금을 섬
기는 법은 충성을 다하는 것을 근본으로 삼고 벼슬살이하는 도리는
두 마음을 가지지 않는 것을 으뜸으로 여긴다. 兵部令 이찬 軍官은 班
序에 의해 마침내 上位에 올랐으나, 임금의 실수를 챙겨주고 결점을
보충하여 결백한 절개를 조정에 드러내지 않았고, 임금의 명령을 받음
에 제 몸을 잊으면서 社稷에 지극한 충성을 표하지도 않았다. 이에 逆
臣 흠돌 등과 사귀면서 그들이 반역을 도모하고 있다는 사실을 알고
서도 일찍이 알리지 않았으니, 이는 이미 나라를 걱정하는 생각이 없
을 뿐 아니라 公事를 위하여 몸 바칠 뜻도 없는 것이니, 어찌 중요한
宰輔(宰相)의 자리에 두어 憲章을 함부로 흐리게 할 것인가? 마땅히
무리들과 함께 처형함으로써 뒷사람들을 경계시키노라. 軍官과 그의
嫡子 한 명은 自盡케 할 것이니 멀고 가까운 곳에 포고하여 이것을
두루 알게 하라."(이상《삼국사기》권8, 신라본기 신문왕 원년조)

　문무왕의 죽음은 7월 1일이었고 장례는 10일이었다. 신문왕의 즉
위는 유언대로 장례 전으로서 7월 7일이었다.[23] 그런데 신문왕이 즉
위한 지 막 1개월이 지난 8월 8일 김흠돌이 난을 일으킨 것이다. 난
에 가담한 주요 인물은 김흠돌을 비롯하여 흥원·진공·김군관 등으
로서 문무왕대에 활동한 유력 진골귀족들이었다. 이들은 위에서 말
한 신문왕의 '고굉股肱의 신臣'과는 대립적인 입장에 선 인물들로서
'김흠돌 세력'이라고 할 수 있다.[24]

　김흠돌 세력은 당의 군대와 연합한 고구려 정벌에서 크게 활약하

---

23)《삼국유사》권2, 기이2, 만파식적.
24) 김수태(1996), 〈전제왕권의 확립과 김흠돌난〉, 앞의 책, p.10.

였다. 먼저 김흠돌은 문무왕 원년(661)과 8년(668)의 고구려 공격에서 대당장군大幢將軍과 대당총관大幢摠管으로 출전하였으며, 신문왕이 태자로 책봉되었을 때인 문무왕 5년(665) 이후의 어느 시기에는 자신의 딸을 태자비로 들였을 정도로 왕실과 밀착되었다. 그러다가 신문왕 즉위 한 달 남짓 만에 반란을 꾀하다가 복주되고 그의 딸은 출궁되었던 것이다. 흥원, 진공 또한 문무왕대 당의 군대와 연합한 고구려 정벌에서 크게 활약하였다. 군관도 수차례 당과 연합한 고구려 정벌에 참가하였으며, 뒤에는 웅진도독부 관련 백제 잔존세력 토벌에서 큰 성과를 거두었다. 약간의 출입은 있지만 이들은 한때 고구려 정벌 과정에서 당군과 밀착되었던 인물이라 보아도 좋을 것이다.25)

그러면 이들이 신문왕 즉위 직후 반란을 일으킨 이유는 무엇이었을까? 반란의 정확한 이유는 나타나 있지 않지만, 신왕 즉위 초인 것을 보면 신문왕의 정책 방향에 대한 반발이었다고 생각된다. 삼국통일을 달성한 문무왕에 이어 즉위한 신문왕은 통일전쟁에서 활약하던 무장세력, 더욱이 친당적 귀족세력을 제거하려 하였고, 김흠돌은 이에 반발하였다고 파악되기 때문이다.26) 그렇다면 신문왕은 부왕인 문무왕보다 이들 귀족세력에게 더 강경한 정책을 폈다고 하겠다.

김흠돌의 난은 진압되고, 가담자는 처형되었다. 가담자에 대한 신문왕의 철저한 탄압 곧 '피의 숙청'으로 전제왕권이 확립되었다고 이해하기도 한다.27) 이로써 당시 신문왕에게 도전한 세력은 일단 제거되었지만, 신문왕의 정치에 불만을 가진 세력들은 사라지지 않았다.28) 반란에 가담하지 않았다 하더라도 김흠돌에 동조하는 세력은

---

25) 李泳鎬, 〈新羅의 王權과 貴族社會 ─중대 국왕의 혼인 문제를 중심으로─〉, 《新羅文化》 22, 2003; 이 책 제1편 제2장. pp.68~73.
26) 이영호(2003), 〈신라의 왕권과 귀족사회〉, p.66; 이 책 제1편 제2장. p.70
27) 李基白, 〈統一新羅와 渤海의 社會〉, 《韓國史講座》 古代篇, 1982, 一潮閣, p.309.

신문왕의 숙청으로 표면화되지 않았을 뿐, 잠복되어 있었다고 판단
되기 때문이다.

신문왕의 정책 방향은 즉위 직후에 단행한 다음 기사에서 짐작할
수 있다.

> (1) 봄 2월에 이찬 金軍官을 上大等으로 삼았다. (《삼국사기》 권7,
> 신라본기 문무왕 20년)
>
> (2) 8월에 서불한 眞福을 上大等으로 삼았다. (동 권8, 신라본기
> 신문왕 원년)

이 두 기사는 문무왕과 신문왕대의 사실을 말해주는 것으로 매우
주목된다. 먼저 문무왕 20년(680) 2월에 김군관金軍官이 상대등에 임
명된 사실에서 그는 당시까지 그의 정치적 지위를 유지하면서 활동
을 계속하고 있었음을 알 수 있다. 이는 김흠돌과 관련되는 세력들
이 의외로 문무왕과 긴밀한 관계에 있었음을 말해주고 있다.[29] 문무
왕 20년 2월 상대등에 임명되었던 이찬 군관은 이듬해 신문왕이 즉
위하면서 곧바로 진복眞福으로 교체되었다. 신문왕이 진복을 새로운
정치세력으로 부상시켰던 것이다.[30]

신문왕과 진복의 결합은 문무왕대까지 거슬러 올라간다. 진복은

---

28) 김수태(1996), 〈전제왕권의 확립과 김흠돌난〉, 앞의 책. 그러나 김흠돌
    의 난 가담자를 처형한 후 국왕에 도전할 만한 세력은 거의 모두 제거
    되었다는 견해도 있다. 주보돈, 〈남북국시대의 지배체제와 정치〉, 《한국
    사》 3, 한길사, 1994, p.301.
29) 김수태(1996), 〈전제왕권의 확립과 김흠돌난〉, 앞의 책, p.15에서는 문
    무왕이 왕권강화와 함께 진골귀족세력을 소외시켰기 때문에, 김흠돌의
    난이 일어났다고 보았다. 그러나 金羲滿, 〈新羅 神文王代의 政治狀況과 兵
    制〉, 《新羅文化》 9, 1992에서는 비록 班序에 따른 승진일지언정 문무왕대
    김흠돌의 지위 상승에는 문제가 없다고 하였다.
30) 김희만(1992), 〈신라 신문왕대의 정치상황과 병제〉, p.76.

문무왕 5년 2월부터 8년 3월까지 집사부 중시에 재임하였다. 그가
중시에 취임한 지 6개월 뒤 문무왕의 원자元子 정명政明이 태자로 책
봉되었다.[31] 태자 책봉이 중시의 주요 업적의 하나임은 경덕왕대의
경우에서도 찾아볼 수 있는데,[32] 진복이 중시 출신으로 처음 상대등
에 취임한 배경은 바로 여기에 있었다고 하겠다. 이후 진복이 효소
왕 3년(694)까지 장기간 상대등에 재임한 것을 보면,[33] 그는 신문왕
과 밀착된 '고굉股肱의 신臣'으로 신문왕의 측근 가운데 한 사람으로
파악된다. 그의 상대등 재임 당시 신문왕의 재혼이 이루어진 사실도
참고된다. 따라서 김흠돌의 난은 신문왕이 즉위와 동시에 그 전까지
우대되던 김흠돌, 김군관 등을 진복이라는 새로운 정치세력으로 대
체시킴으로써 촉발되었다고 하겠다.[34]

신문왕이 문무왕과는 다른 정책을 추구하였다는 것은 문무왕대의
고구려 정벌이나 나당전쟁에서 그의 활동을 찾아볼 수 없다는 사실
에서도 짐작할 수 있다. 신문왕이 태자로 책봉된 것은 문무왕 5년 8
월이었고, 신라에서 처음으로 태자를 위한 동궁東宮이 건립된 것은
문무왕 19년 8월이었다. 그러나 문무왕대 태자의 활동상은 나타나지
않는다. 부왕인 문무왕이 태종무열왕 즉위 원년에 병부령이 되고 이
듬해 태자로 책봉된 뒤, 당과 연합한 백제 정벌에서 크게 활동하고
있는 것과 대비된다.[35]

---

31) 《삼국사기》 권6, 신라본기 문무왕 5년 추 8월조 "立王子政明爲太子, 大赦".
32) 李泳鎬, 〈新羅 惠恭王代 政變의 새로운 解釋〉, 《歷史敎育論集》 13·14합집,
   1990, p.354; 이 책 제1편 제4장 p.166.
33) 李基白, 〈新羅 執事部의 成立〉, 《震檀學報》 25·6·7합병호, 1964; 《新羅政治社
   會史硏究》, 일조각, 1974, p.156.
34) 김희만(1992), 〈신라 신문왕대의 정치상황과 병제〉, p.78.
35) 신라 삼국통일기 문무왕의 활동에 대해서는 李明植, 〈新羅 文武大王의 民
   族統一偉業〉, 《大丘史學》 25, 1984; 《新羅政治變遷史硏究》, 형설출판사, 2003
   참조. 신문왕의 나이를 알 수 없지만, 문무왕이 20세 무렵 신문왕을 낳
   았다고 가정한다면, 신문왕은 태자로 책봉되던 문무왕 5년에는 20세, 즉

이와 같은 사실은 신문왕의 혼인을 통해서도 살필 수 있다.

(1) 2월에 왕자 政明을 太子로 삼고 크게 사면하였다. (《삼국사기》 권7, 신라본기 문무왕 5년)

(2) 神文王이 왕위에 올랐다. 이름은 政明이다. 문무대왕의 長子로 어머니는 慈儀王后이다. 왕비 김씨는 蘇判 欽突의 딸이다. 왕이 태자로 있을 때 그녀를 맞아들였는데, 오래도록 아들이 없다가 나중에 그 아버지의 반란에 연좌되어 궁중에서 쫓겨났다. 문무왕 5년에 태자가 되었고 이때에 이르러 즉위하였다. (동 권8, 신라본기 신문왕 즉위년조)

문무왕의 장자 정명은 태자에 책봉된 문무왕 5년(665) 2월 이후의 어느 시기 김흠돌의 딸을 태자비로 맞이하였다. 이는 신문왕이 즉위하기 전에 문무왕과 김흠돌 세력이 매우 긴밀한 관계를 유지하였음을 말해준다.36) 그러나 김흠돌의 딸은 신문왕 즉위 직후 일어난 아버지의 반란에 연좌되어 출궁되었다. 김흠돌의 딸이 오래도록 아들이 없었다는 것을 보면, 신문왕의 혼인은 태자 책봉에서 멀지 않은 시기였음을 알 수 있고, 신문왕 자신의 의지라기보다는 부왕인 문무왕의 결정에 따라 이루어졌음을 시사한다.37) 문무왕대는 오랫동안 무자이면서도 출궁되지 않았던 김흠돌의 딸이 이제 출궁되었다는 사실은 귀족세력에 대한 신문왕의 대처 방식이 부왕과는 달랐음을 나타낸다.

그러면 신문왕의 정치를 지지하는 세력은 누구였을까? 신문왕대

위 때에는 36세가 된다. 뒤에서 보듯이 신문왕 3년에 28세 이상이었을 김흠운의 딸과 재혼한 사실도 참고된다.

36) 김희만(1992), 〈신라 신문왕대의 정치상황과 병제〉, p.77. 한편, 주보돈(1994), 〈남북국시대의 지배체제와 정치〉, p.300에서는 반대세력에 대한 회유 차원에서 혼인이 이루어진 것으로 이해하였다.

37) 이영호(2003), 〈신라의 왕권과 귀족사회〉, p.51; 이 책 제1편 제2장, p.48.

의 상대등 진복, 중시에 임명되었던 순지順知, 대장大莊, 원사元師, 선
원仙元 등이 곧 그들이었을 것이다. 더욱이 신문왕의 즉위와 동시에
상대등에 임명된 진복은 그 대표적인 인물이라 할 수 있을 것이다.
그러나 진복의 상대등 임명 직후 김흠돌이 반란을 일으킨 것을 보
면, 대체로 김흠돌과 같은 전통적인 진골귀족세력들은 신문왕에게
비판적이었고, 이들과 대비되는 세력들이 신문왕을 지지하였다고 판
단된다.38)

김흠돌의 딸을 출궁시킨 신문왕은 재위 3년 2월에 일길찬 김흠운
의 딸을 왕비로 맞이하였다.

봄 2월에 순지順知를 중시中侍로 삼았다. 일길찬 金欽運의 작은 딸
을 맞아들여 夫人으로 삼았다. 먼저 이찬 文穎과 파진찬 三光을 보내
기일을 정하고, 대아찬 智常을 보내 納采하게 하였는데, 예물로 보내
는 비단이 15수레, 쌀·술·기름·꿀·간장·된장·말린 고기·젓갈이 135수
레, 벼가 150수레였다. 5월 7일에 이찬 文穎과 愷元을 그 집에 보내
책봉하여 夫人으로 삼았다. 그 날 卯時에 파진찬 大常·孫文, 아찬 坐
耶·吉叔 등을 보내 각각 그들의 아내와 梁部 및 沙梁部 두 부의 여자
각 30명과 함께 부인을 맞아오게 하였다. 부인이 탄 수레의 좌우에 시
종하는 관원들과 부녀자들이 매우 많았는데, 왕궁의 북문에 이르러 수
레에서 내려 대궐로 들어갔다. (《삼국사기》 권8, 신라본기 신문왕 3년조)

중시 순지가 취임하면서 이루어진 신문왕의 혼인에서 정혼(定婚),

38) 전통적인 진골귀족이라 하여 모두 신문왕의 반대세력으로 분류할 수는
없다. 그 가운데는 신문왕의 지지세력도 상당수 있었다고 생각된다. '김춘
추-김유신' 세력에 일찍 포섭되어 김춘추의 즉위나 그 이후의 정치과정
에서 주요한 역할을 수행한 인물들이 상정되기 때문이다. 진복이 무열왕
계나 김유신계가 아니라면 이 같은 예가 될 것이다. 侍衛府, 9誓幢, 10停 등
의 將軍 등에 취임한 진골귀족들 또한 신문왕의 지지세력으로 추측된다.

택일(擇日), 납채(納采), 부인책봉(夫人册封), 입궁(入宮)의 절차를 거쳐 왕비를 맞이하는 친영(親迎)의 의식을 살필 수 있다. 곧 중국식 혼인 의례가 시행되었던 것이다.[39] 납채에 보낸 예물은 엄청난 양이었고, 부인을 맞이할 때의 광경도 매우 화려하였다. 이러한 성대한 혼인은 신문왕과 왕실의 위엄을 크게 높여주었을 것이다.

왕비의 아버지인 김흠운金欽運은 태종무열왕 2년(655) 낭당대감으로 백제와의 전쟁에 참여하였다가 전사한 태종무열왕의 사위 김흠운金歆運과 같은 사람이라고 한다.[40] 그렇다면 김흠운의 딸은 신문왕의 고종으로 혼인할 때에는 적어도 28세 이상이 된다. 신문왕이 이 같은 고령의 여자와 혼인을 한 데는 김흠운 딸과 관련된 세력이 정치적 성격을 같이 하였다는 데 이유가 있었을 것이다. 새 왕비를 맞이하는 데 관여한 인물들 가운데 중시 순지의 이력은 파악할 수 없다. 그러나 개원愷元은 무열왕의 아들로 신문왕의 숙부였고, 삼광三光은 김유신의 아들이었다. 또한 문영文穎은 백제와의 전쟁 때 소정방蘇定方에게 죽임을 당할 뻔하였으나 김유신의 도움으로 목숨을 구한 바 있어[41] 김유신과 밀접한 인물로 파악할 수 있다. 따라서 새 왕비와 그녀를 맞이하는 데 참여한 사람들은 무열왕계와 김유신계로,[42] 중대왕실의 핵심 세력들이었다. 비록 이력이 파악되지 않지만, 대아찬 지상智常, 파진찬 대상大常·손문孫文, 아찬 좌야坐耶·길숙吉叔 등도 마찬가지였을 것이다.[43] 이는 신문왕의 지지세력

---

39) 井上秀雄 譯注, 《三國史記》 1(東洋文庫 372), 平凡社, 1980, p.281.
　　홍완표·권순형, 〈고대의 혼례식과 혼인 규제〉, 《安城産業大學校論文集》 30~32호, 1998, p.81.
40) 李丙燾, 《國譯 三國史記》, 을유문화사, 1977, p.131.
　　鄭求福 外, 《譯註 三國史記》 3(주석편 상), 한국정신문화연구원, 1997, p.246 및 동 4(주석편 하), p.789.
41) 《삼국사기》 권5, 신라본기 태종무열왕 7년 7월조.
42) 김수태(1996), 〈전제왕권의 확립과 김흠돌난〉, 앞의 책, p.25.
43) 이영호(2003), 〈신라의 왕권과 귀족사회〉, p.53; 이 책 제1편 제2장 p.50.

이 무열왕계와 김유신계가 주축을 이루고 있었음을 말해준다.

신문왕은 또한 비신라계의 인물들을 중용하였다.

> 신문왕대의 大德 憬興은 성이 水씨이고 熊川州人이다. (중략) 開耀
> 원년(681) 문무왕이 승하할 때 신문왕에게 고명하여 이르되 "憬興法師
> 는 가히 國師로 삼을 분이니 짐의 명을 잊지 말라"고 하였다. 신문왕
> 이 즉위하여 國老로 삼고 三郎寺에 거주하게 하였다.
> 홀연 병이 들어 수개월이 되었는데, 한 비구니가 문안을 와서 보고
> 《화엄경》 가운데 있는 '善友原病'의 설로서 말하기를, "지금 법사의 병
> 은 근심으로 해서 생긴 것이니 기쁘게 웃으면 나을 것입니다" 하였다.
> 그리고 11가지의 모습을 지어 각각 우스운 춤을 추게 하니 뾰족하기
> 도 하고 깎은 듯도 하여 그 변화하는 모습은 이루 다 말할 수 없었다.
> 모두 턱이 빠질 정도로 웃었고 법사의 병은 자기도 모르게 씻은 듯이
> 나았다. (중략) 하루는 왕궁에 들어가려 하니 종자들이 동문 밖에서
> 먼저 채비를 차렸는데, 기마와 안장이 매우 훌륭하고 신과 갓도 제대
> 로 갖추었으므로 행인들이 그를 위하여 길을 비켜주었다. (《삼국유사》
> 권5, 感通7, 憬興遇聖)

여기서 웅천주인 경흥이 신문왕대에 국로國老로 추대되었다는 점
이 주목된다. 문무왕은 경흥을 국사國師로 삼을 분이라고 고명하였
고, 신문왕은 그를 국로로 삼아 삼랑사三郎寺에 머물게 하였다. 그러
던 가운데 경흥이 홀연히 병이 들어 수개월이 되었다. "지금 법사의
병은 근심으로 해서 생긴 것이니 기쁘게 웃으면 나을 것입니다"라는
한 비구니의 말은 원 신라 지역에 별다른 기반도 없는 구 백제계의
인물을 국로로 추대한 데 대해 전통적인 진골귀족세력이 비판적이
었음을 시사한다. 그러한 상황에서 국로로 추대된 경흥이 종자를 거

느리고 위세를 과시할 수 있었다면, 그는 신문왕에게 포섭된 존재가 분명하다.[44] 이는 신문왕이 전통적인 진골귀족을 배제하면서 왕권을 확립하고, 신라 출신이 아닌 새로운 인물들을 자신의 지지세력으로 등용하려 하였음을 말해준다.[45]

또 신문왕대의 구 고구려계도 주목된다. 고구려 멸망 직후 4천여 명의 무리를 거느리고 신라에 귀부한 안승安勝은 문무왕 10년(670)에 '고구려왕高句麗王'이 되었다가 다시 4년 뒤에는 '보덕왕報德王'으로 책봉되었다.[46] 이는 더 이상 고구려의 계승을 인정치 않고 신라에 복속을 강요한 것이었다. 이후 문무왕은 재위 20년 3월에 금·은으로 만든 그릇과 여러 가지 채색비단 100단을 안승에게 내려주고 자신의 여동생으로 아내를 삼게 하였다.[47] 안승을 왕실의 일원으로 편입시켰던 것이다.

> (8월) 13일에 보덕왕이 小兄 首德皆를 사신으로 보내 역적을 평정한 일을 축하하였다. (《삼국사기》 권8, 신라본기 신문왕 원년조)

---

44) 金在庚, 〈新羅 阿彌陀信仰의 성립과 그 배경〉, 《韓國學報》 29, 1982, p.25 에서는 왕실의 의사를 대변하는 왕당파였다고 하였다.

45) 朴海鉉, 〈中代 王權의 성립과 神文王의 王權強化〉, 《新羅中代政治勢力研究》, 전남대 박사학위논문, 1996, pp.36~37.

46) 《삼국사기》 권7, 신라본기 문무왕 14년 9월조. 한편, 안승에 대해서는 보장왕의 庶子, 보장왕의 外孫, 淵爭土(淵蓋蘇文의 弟)의 아들 등의 기록이 있으나, 연정토의 아들인 동시에 보장왕의 외손이었다는 견해가 유력하다. 村上四男, 〈新羅と小高句麗國〉, 《朝鮮學報》 37·38합집, 1966; 同 改題 〈新羅國と報德王安勝の小高句麗國〉, 《朝鮮古代史研究》, 開明書院, 1976, pp.238~242.

47) 《삼국사기》 권7, 신라본기 문무왕 20년조. 細註에는 잡찬 金義官의 딸이라고도 하였다. 한편, 鄭求福 外(1997), 《譯註 三國史記》 3(주석편 상), p.240에서는 신문왕의 교서와 안승의 답서로 보아 문무왕의 질녀妹女로 파악하였다. 문맥상으로는 질녀가 타당하다.

신문왕 원년 김흠돌이 일으킨 반란이 진압되자 보덕왕 안승은 사신을 보내 이를 축하하였다. 김흠돌의 난은 8월 8일 발생하여 3, 4일 동안에 우두머리들이 소탕되었는데, 안승은 13일에 소형 수덕개首德皆를 보내 이를 축하하였다. 보덕국이 오늘날의 익산益山인 금마저金馬渚에 바탕을 두었다는 것을 감안하면 그 신속함의 정도를 알수 있다. 이는 안승이 신문왕에 의한 보덕왕 지위 박탈을 막기 위한 것으로 이해되지만,[48] 안승이 문무왕에 이어 신문왕대 초에도 왕실과 밀착되었음을 의미하는 것이다.

신문왕은 재위 3년 10월, 안승에게 진골만이 받을 수 있는 소판蘇判의 관등을 주고, 김씨 성을 하사하였다. 또 서울에 와서 살게 하고 집과 토지까지 내려주었다.[49] 이는 보덕국의 사실상의 해체를 의미하며,[50] 그 핵심 세력들은 이제 신라의 관인층이나 무력적 기반으로 편제되었다.[51] 신문왕의 이러한 조처는 구 고구려계 인물을 자신의 지지세력으로 삼으려는 의도였다.[52]

그 밖에 9서당이 신문왕대에 완성된 사실도 주목된다. 9개의 서당 가운데 신문왕대에 설치된 것은 황금서당黃衿誓幢, 흑금서당黑衿誓幢, 벽금서당碧衿誓幢, 적금서당赤衿誓幢, 청금서당靑衿誓幢 등 5개 부대로, 이들은 신문왕 3년에서 8년 사이의 단기간에 설치되었다.[53] 그리고

---

48) 임기환, 〈報德國考〉, 《강좌 한국고대사》 10, 가락국사적개발연구원, 2003.
49) 《삼국사기》 권8, 신라본기 신문왕 3년 동 10월조.
50) 임기환(2003), 〈보덕국고〉, p.316 신문왕 4년 11월에 보덕국인들이 이에 반발하여 무력 봉기하였으나 결국 진압되어 9서당의 일원으로 편입되었다.
51) 《삼국사기》 권40, 직관지(하) 9서당 및 外官 高句麗人位 조 참조.
52) 박해현(1996), 〈중대 왕권의 성립과 신문왕의 왕권강화〉, 앞의 학위논문, p.37 주 76)에서도 이점을 지적하였지만, 구체적으로 논하지는 않았다.
53) 徐榮敎, 〈九誓幢 완성 배경에 대한 新考察—羅唐戰爭의 餘震—〉, 《韓國古代史研究》 18, 2000에서는 9서당 가운데 신문왕대에 창설되는 5개 서당의 설치 배경을 나당전쟁의 餘震이라는 관점에서 이해하였다. 그러나 신문왕 각 시기에 해당 서당이 만들어진 이유에 대해서는 언급하지 않았다.

군관 숫자만 하더라도 6정六停 전체의 그것과 맞먹는[54] 큰 규모였다. 이 가운데 고구려인으로 구성된 것이 황금서당 1개(683), 말갈국민靺鞨國民으로서 구성된 것이 흑금서당 1개(683), 보덕성민報德城民으로 구성된 것이 벽금서당·적금서당 2개(686), 백제잔민百濟殘民으로 구성된 것이 청금서당 1개(688) 부대였다. 보덕성민은 고구려 유민이었고, 말갈국민은 고구려의 지배 아래 있었던 것이 분명하므로,[55] 신문왕은 고구려, 백제의 유민들을 9서당의 일원으로 집중 편성하였다고 하겠다. 이는 삼국통일 이전 시기에 만들어진 4개의 서당誓幢 가운데 문무왕 12년에 설치된 백금서당白衿誓幢 한 부대만이 백제민으로 구성된 것과 대비된다. 나당전쟁이 끝난 문무왕 16년(676) 이후 만들어지지 않던 9서당 부대가 신문왕 원년 김흠돌의 난을 진압한 뒤에 비신라계로 집중적으로 창설된 것은 신문왕의 개혁정치의 산물이었다. 이는 신문왕이 이들을 자신의 세력기반으로 삼고자 한 의도에서였던 것이다.[56]

요컨대, 신문왕 즉위 직후 일어난 김흠돌의 난은 왕경의 유력 진골귀족의 난이었다. 이는 귀족세력에 대한 신문왕의 정책 방향에 대한 불만에서 김흠돌·진공·흥원·군관 등 전통적인 진골귀족세력이 일으킨 반란이었던 것이다. 난은 진압되었지만, 진골귀족세력의 반발은 일시 잠복되었을 뿐 사라진 것이 아니었다. 신문왕의 지지 세력은 왕을 따랐던 진복 등 일부 진골귀족(나물왕계), 무열왕계와 김

---

54) 徐榮敎(2000), 위의 논문, p.252.
55) 이기백(1982), 〈통일신라와 발해의 사회〉, p.341.
56) 이는 황금서당이 신문왕 4년(684) 報德城民들의 반란을 진압한 데서도 짐작할 수 있다. 金令胤은 황금서당의 步騎幢主로 참전하였다가 전사하였기 때문이다(임기환(2003), 〈보덕국고〉, p.317). 한편, 誓幢 兵員의 신분은 천민이 아니라 각 지역의 재지세력이거나 유력자들로 파악된다고 한다. 盧重國, 〈신라 통일기 九誓幢의 성립과 그 성격〉, 《韓國史論》 41·42합집, 서울대, 1999.

유신계(구 금관가야계), 구 백제계, 구 고구려계 등으로서, 신문왕에게 비판적인 전통적인 진골귀족과는 지향점이 달랐다. 따라서 이들의 대립과 갈등은 신문왕대의 정치에 적지않은 파장을 가져왔다고 하겠다.

Ⅳ. 달구벌 천도 기도와 실패

신라의 달구벌 천도 기도를 말해주는 사료로는 이미 언급하였듯이 《삼국사기》권8, 신라본기 신문왕 9년조가 유일하다. 사료 인용의 정확성을 위해 관련 기사의 원문을 그대로 옮겨 보기로 하자.

　　秋閏九月二十六日, 幸獐山城. 築西原京城. 王欲移都達句伐, 未果.

신문왕은 재위 9년 윤 9월 26일, 장산성獐山城에 행차하였다. 오늘날의 청주淸州에 서원경성西原京城을 쌓았고, 달구벌達句伐로 도읍을 옮기고자 하였으나 실행하지 못하였다. '왕욕王欲'이라 표현한 데서 달구벌 천도는 왕의 의지였지만, '미과未果'라 하여 실행하지 못한 채 종결되었음을 알 수 있다. 위의 사료에서는 천도 기도에 대한 구체적인 사실을 알 수 없다. 단지 천도가 실패한 것으로 보아 신문왕의 의지가 좌절된 것만 확인할 수 있을 뿐이다.

그렇다면 달구벌 천도는 언제부터 시도되었을까? 신문왕 9년은 달구벌 천도가 실패로 종결되었음을 말하며, 천도 준비는 그 이전부터 추진되어 왔다고 보는 것이 옳다. 경위와 외위로 이원화되었던 관등제가 경위로 일원화되어갔음을 고려하면, 외위가 폐지된 문무왕 14년(674) 이전으로 올라갈 가능성은 희박하다.[57] 또한 삼국통일 전

쟁기부터 천도를 추진했다고 보기도 어려울 것이므로, 일단 그 시기
는 삼국통일을 달성한 문무왕 16년(676) 이후가 될 것이다.[58]

> 2월에 宮闕을 重修하였는데 매우 웅장하고 화려하였다.
> 가을 8월에 처음으로 東宮을 짓고, 비로소 內外諸門의 額號를 정하
> 였다. 四天王寺가 완성되었다. 南山城을 증축하였다. (《삼국사기》 권7,
> 신라본기 문무왕 19년조)

삼국통일 직후 문무왕은 재위 19년에 궁궐을 웅장하고 화려하게
중수하고, 사천왕사를 완성하고, 남산성을 증축하였다. 웅장하고 화
려한 궁궐과 동궁의 건설, 내외 제문諸門의 이름 제정 등은 궁궐의
여러 시설을 정비한 것이며, 사천왕사를 낙성하고 남산성을 증축한
것은 수도를 정비하고자 한 것일 것이다. 처음 왕궁의 정비에 주력
하던 문무왕은 이제 수도의 시설을 확충하여 국왕과 중대왕실의 권
위를 과시하려 하였다. 따라서 천도를 위한 움직임은 아직 나타나지
않았다.

문무왕은 그의 말년, 수도에 대규모 토목공사를 계획하였다. 이는
문무왕과 의상義相이 나눈 다음 대화에서 살필 수 있다.

> 왕이 京城을 一新하려 하여 승려 義相에게 물어보니, 의상이 대답하
> 였다. "비록 들판의 띠집에 살아도 正道를 행하면 곧 福業이 길 것이
> 요, 진실로 그렇지 않으면 비록 사람을 힘들게 하여 城을 만들지라도

---

57) 《삼국사기》 권7, 신라본기 문무왕 14년조에 "二月, 宮內穿池造山, 種花草,
養珍禽奇獸"라 한 것은 月池(안압지)의 축조로 판단된다(李丙燾(1977), 앞
의 책, p.121). 그렇다면 당시는 왕경보다는 궁궐 정비에 주력한 시기였
다고 하겠다.
58) 《삼국사기》 권7, 신라본기 문무왕 16년 7월조에는 壞宮을 지었다고 하
나 위치나 용도 등 실체를 알 수 없다.

또한 이익 되는 바가 없습니다." 이에 왕이 공사를 그만두었다. (《삼국
사기》 권7, 신라본기 문무왕 21년 6월조)

문무왕은 왕경을 일신하려 하였으나 의상의 완곡한 만류로 중단
하고 말았다. 《삼국유사》에서도 이와 같은 사실을 전하고 있어[59] 문
무왕이 왕경에 나성羅城을 쌓으려 한 것으로 이해되어 왔다. 그러나
이는 나성 축조에만 한정되지 않고, 중대왕실의 통치이념을 구현할
수 있는 도성都城으로의 혁신을 시도한 것이 아닌가 한다. 즉 문무
왕은 유교정치 이념에 입각하여 수도를 새로운 모습으로 변모시키
고, 이로써 통일된 신라의 위용을 신라인들과 새로 복속된 고구려·
백제 인들에게 과시하려 한 것으로 짐작되기 때문이다. 그러나 의상
의 만류로 문무왕의 왕경 일신 계획이 중단된 것을 보면, 신문왕에
비판적인 다수의 진골귀족세력들은 이에 반발하였다고 생각된다.[60]
따라서 천도에 대한 구상은 이 뒤의 일이라고 하겠다.

문무왕이 왕경을 일신하려다 의상의 만류로 포기한 시점은 재위
21년 6월이었다. 따라서 이를 처음 계획한 시기는, 공사를 그만 둔
문무왕 21년 6월 이전이 되어야 한다. 그렇다면 문무왕은 앞서의 궁
궐 중수와 동궁 건설, 궁궐 내외 제문의 이름 제정, 사천왕사의 완
성, 남산성 증축 등에 이어서 곧바로 왕경 일신을 계획하였다고 하
겠다. 그러나 문무왕은 공사 계획을 중단한 지 한 달이 못된 7월 1
일 죽고 말았다. 문무왕이 사망했을 때의 나이가 56세였음을 감안하
면 자연사일 가능성이 크다. 그러나 왕경을 일신하는 문제가 실패한

---

59) 《삼국유사》 권2, 기이2, 文虎王 法敏 조에서는 문무왕이 京師에 城郭을
쌓으려 하였다고 한다. "又欲築京師城郭. 旣令具吏 時義相法師聞之 致書報云 王
之政敎明 則雖草丘畫地而爲城 民不敢踰 可以潔災進福 政敎苟不明 則雖有長城 災害
未消. 王於是正罷其役".
60) 김수태(1996), 〈전제왕권의 확립과 김흠돌난〉, 앞의 책, p.24에서는 의
상의 만류를 진골귀족세력의 움직임과 관련된 것으로 간단히 언급하였다.

직후 사망한 것을 보면, 그의 죽음이 왕경 문제와 무관한 것만은 아니었다고 생각된다.

　문무왕 말년에 재이災異가 빈번하게 나타났다는 사실이 주목된다. 궁궐을 중수하는 등 왕경 정비에 힘쓰던 문무왕 19년에는 4월에 형혹熒惑이 우림羽林 성좌에 머물렀고, 6월에는 태백성太白星이 달의 자리에 들어가고 유성流星이 삼대성參大星을 침범하였다. 이어 8월에는 태백성이 또 달의 자리에 들어갔고, 각간 천존天存이 사망하였다. 그러나 문무왕은 동궁을 짓는 등 건설공사를 서둘렀다.[61] 2년 뒤인 왕 21년에는 5월에 지진이 일어나고 다시 유성이 삼대성을 침범하였다. 6월에는 천구天狗가 서남쪽에 떨어졌고, 마침내 왕경 일신 계획을 중단하였다.[62] 고대사회에서 이와 같은 성변星變은 흉조로 인식되었는데,[63] 이는 문무왕 말년의 국내 정세를 상징한다고 하겠다.

　연이은 성변과 함께 집사부 중시의 동향도 심상치 않았다. 문무왕 18년 3월 중시에 취임한 대아찬 춘장春長이 19년 정월 병을 이유로 천존天存과 교체되었다.[64] 춘장의 재임 기간이 10개월이었다거나 병을 이유로 물러났다는 것은 결코 정상적인 퇴임으로 보기 어렵다. 후임 중시 서불한(각간) 천존도 앞서 언급한 바와 같이 취임한 지 7개월 만인 8월에 사망하고 말았다. 이후 신문왕 3년 정월 순지順知의 취임 시까지 중시 임명 기사가 《삼국사기》에 전하지 않는다. 성변 속에서 이루어진 중시의 임면, 중시의 재임 기간이나 퇴임 이유

---

61) 《삼국사기》 권7, 신라본기 문무왕 19년조 "夏四月, 熒惑守羽林. 六月, 太白入月, 流星犯參大星. 秋八月, 太白入月, 角干天存卒. 創造東宮, 始定內外諸門額號, 四天王寺成. 增築南山城".
62) 《삼국사기》 권7, 신라본기 문무왕 21년조 "夏五月, 地震. 流星犯參大星. 六月, 天狗落坤方. 王欲新京城, 間浮屠義相, 對日 雖在草野茅屋, 行正道卽福業長, 苟爲不然, 雖勞人作城, 亦無所益. 王乃止役".
63) 李熙德, 《韓國古代 自然觀과 王道政治》, 혜안, 1999, pp.26~39·pp.312~321 참조.
64) 《삼국사기》 권7, 신라본기 문무왕 19년조 "春正月, 中侍春長病免, 舒弗邯天存爲中侍".

등으로 보아 이는 정치적 문제에서 말미암은 것이 분명하다. 그렇다면 이는 당시의 현안이었던 왕경 정비를 둘러싼 갈등 때문이었다고 판단된다. 이와 같이 왕경 문제를 둘러싸고 귀족들 사이의 대립이 심화되었다면, 문무왕은 천도를 통해서라도 통일왕국의 상징이 될 새 수도 건설을 염원하였던 것이 아닐까?[65] 그렇다면 천도에 대한 구상 자체는 신문왕대가 아닌 문무왕 사망 직전으로 거슬러 올라갈 수 있다고 하겠다.[66]

문무왕의 죽음으로 천도 문제는 다음 왕인 신문왕에게로 넘어가게 되었다. 신문왕이 천도 준비에 나서게 된 것은 언제부터였을까? 9주 5소경 제도의 완성으로 지방에 대한 대체적인 정비가 끝나기 전에 달구벌 천도를 미리 계획하여 두었을 것이라는 견해가 있다. 즉 소경이 원 신라 지역에만 한 곳도 설치되지 않았던 것은 구도舊都와 신도新都를 함께 고려하였기 때문이라는 것이다.[67] 그렇다면 9주 5소경 제도를 완비한 신문왕 5년(685) 무렵을 달구벌이 천도의 예정지로 결정된 시점으로 우선 잡을 수 있겠다. 그러나 신문왕 6년

---

65) 이 무렵 일본에서 새 도읍지를 마련하기 위해 新城, 難波, 畿內, 信濃 등 지의 지형을 살핀 사실이 주목된다. 일본이 飛鳥京에서 藤原京으로 천도한 것은 694년(持統天皇 8)인데, 681년 7월 遣新羅使의 大使로 파견되었다가 9월에 돌아간 小錦下 釆女臣竹羅(竺羅, 筑羅로도 씀)도 684년 2월 천황의 명령을 받고 信濃의 지형을 보러 다녔다고 한다(《日本書紀》권29, 天武天皇 13년 2월조 "庚辰, 遣淨廣肆廣瀨王·小錦中大伴連安麻呂, 及判官·錄事·陰陽師·工匠等於畿內, 令視占應都之地. 是日, 遣三野王·小錦下釆女臣筑羅等於信濃 令看地形. 將都是地歟"). 이미 676년에 新城을 도읍지로 하려 한 사실이 있고 보면(위의 책, 天武天皇 5년 是年 조), 釆女臣竹羅는 신라에서 도성에 관한 새로운 지식을 얻어왔을 개연성이 없지 않고, 나아가 신라 천도에 대한 구상도 파악했을 가능성이 있다.

66) 《삼국사기》권7, 신라본기 문무왕 21년 추 7월 1일조의 문무왕 유조에서 "自犯冒風霜, 遂成痼疾, 憂勞政敎, 更結沉痾"라 한 '正敎'에는 왕경 내지 천도 문제도 포함되었을 것으로 생각된다. 문무왕 말년의 일로 여겨지기 때문이다.

67) 주보돈(1999), 〈신라의 달구벌천도 기도와 김씨집단의 유래〉, p.570.

2월에 석산石山·마산馬山·고산孤山·사평沙平 등 네 현을 설치하고, 사비주泗沘州를 군郡으로 삼았으며, 웅천군熊川郡을 주州로 삼았다. 또 발라주發羅州를 군으로 삼고, 무진군武珍郡을 주로 삼는 등 후속 주군현 개편이 이어진 것을 보면,[68] 오히려 이때 달구벌이 천도 예정지로 확정되었던 것이 아닌가 한다.

천도 예정지 확정에 앞서 후보지를 물색한 시기는 신문왕 6년 이전으로 올라가야 한다. 신문왕 즉위 직후에 일어난 김흠돌의 난이 천도와 연관될 가능성도 배제할 수 없다. 그러나 천도 문제가 난의 직접적인 원인이었다기보다는 이를 계기로 천도의 필요성이 더욱 부각되지 않았을까 한다.

천도 후보지의 물색이나 준비는 관부의 정비와 연관될 가능성이 크다. 신문왕 2년에는 관리의 선발을 담당한 위화부位和府에 영令 2인을 두고,[69] 국학國學을 세워 경卿 1인을 두었다. 또 수공업과 관계된 관청인 공장부工匠府에 감監 1인, 채색에 관한 사무를 맡은 관청인 채전彩典에 감 1인을 두기도 하였다. 특히 공장부의 장관 감監의 설치는 천도 후보지 입지 선정과 관련하여 주목된다.[70] 그러나 9주 5소경 제도가 완성된 신문왕 5년도 3월에 봉성사奉聖寺가, 4월에 망덕사望德寺가 왕경에서 낙성되고 있어, 천도 준비가 가시화되었다고는 할 수 없다. 그런 점에서 이듬해의 아래 기사는 천도 예정지가 결정되어 천도 작업이 본격화되고 있음을 말해주는 자료로 주목된다.

68) 《삼국사기》 권8, 신라본기 신문왕 6년 2월조.
69) 신문왕 5년에 1명이 증원되었다. 차관인 上堂 2명도 신문왕대에 설치되었다. 《삼국사기》 권38, 직관지(상).
70) 朴南守, 〈관영수공업 관사의 운영과 변천〉, 《新羅手工業史》, 신서원, 1996, p.142에서는 工匠府를 工人과 匠人을 담당하는 관서로서 고려 將作監의 전신으로 파악하였다. 이를 따른다면 공장부는 수도의 위치 선정을 위한 지형 관찰과의 관련성이 상정된다.

(1) 봄 정월에 이찬 大莊(一作 將)을 中侍로 삼았다. 例作府에 卿 2
인 두었다. (《삼국사기》 권8, 신라본기 신문왕 6년조)

(2) 例作府(一云 例作典)는 경덕왕이 修例府로 고쳤으나 혜공왕은
옛 이름대로 하였다. 令은 1명이었는데 신문왕 6년(686)에 설치하였
다. 관등이 대아찬에서 각간까지인 자로 임용하였다. 卿은 2명이었는데
신문왕이 설치하였다. 관등은 司正府의 卿과 같았다. 大舍는 4명이었는
데 애장왕 6년(805)에 2명을 줄였다. 경덕왕이 主簿로 고쳤으나 후에
다시 大舍로 칭하였다. 관등은 兵部의 大舍와 같았다. 舍知는 2명이었
는데 경덕왕이 司例로 고쳤으나 뒤에 다시 舍知로 칭하였다. 관등은
(兵部의) 弩舍知와 같았다. 史는 8명이었다. (《삼국사기》 권38, 직관 상)

신문왕은 재위 6년(686) 정월, 이찬 대장大莊을 집사부 중시로 임
명하고 예작부例作府를 개편하였다. 예작부는 영 1인, 경 2인, 대사 4
인, 사지 2인, 사 8인 등 5단계 조직, 17인으로 구성된 비교적 큰 관
부였다. 예작부의 영 1인, 경 2인 모두 신문왕 6년에 설치된 사실을
확인할 수 있으므로, 신문왕 6년은 사실상 예작부의 창설이나 다름
없었을 것이다. 대사, 사지, 사가 언제 설치되었는지는 확인할 수 없
지만,71) 다른 관부의 경우로 미루어 보면, 영이나 경보다는 먼저 설
치되었을 가능성이 크다. 그렇다면 신문왕 6년에 영과 경이 설치되
면서 종래의 예작전은 예작부로 승격되었다고 할 수 있겠다.72)

---

71) 《東史綱目》 第4下에서는 신문왕 6년에 例作府를 두었다고 하고, 李仁哲,
〈新羅 中央行政官府의 組織과 運營〉, 《新羅政治制度史研究》, 일지사, 1993,
p.35에서는 令-卿-大舍-舍知-史의 조직이 신문왕 6년 동시에 편제된 것
으로 이해하였다. 그러나 大舍, 史는 제쳐두더라도 병부의 弩舍知에서 알
수 있듯이 舍知가 처음 설치된 시기는 문무왕 12년이었다.

72) 《삼국사기》 권9, 신라본기 경덕왕 18년조에서 春正月에 例作典의 大舍를
主簿로 고치고, 2월에 例作府의 舍知를 司例로 고쳤다고 하였는데, 춘 정월

　신문왕 6년 예작전이 예작부로 확대되었다면 그 배경은 무엇일까? 예작부에 대해서는 토목土木, 영선營繕을 담당한 관청이란 주장이 일반적인 가운데[73] 법식法式을 담당한 관청이란 견해도 있다.[74] 전자를 따른다면 새 수도 건설을 위한 토목공사의 필요성이 예작전의 확대로 나타났다고 할 수 있겠다.[75] 그러나 경덕왕대 예작부가 수례부修例府로 이름이 변경된 것을 감안하면, 후자일 가능성도 배제할 수 없다. 9주 5소경 제도의 완비와 새 수도 건설을 위한 제반 규정 정비가 예작전의 확대를 가져왔을 수도 있기 때문이다.

　그러면 새 수도 건설을 기획한 인물은 누구였을까? 국왕의 측근으로 왕정의 기밀사무機密事務를 관장한 집사부의 장관 중시가 아니었을까 한다.[76] 실제로 중시 대장大莊의 취임과 동시에 예작부의 확대 개편이 이루어졌다는 점에서 더욱 그러하다. 이 무렵의 집사부 중시로는 대장 외에 원사元師가 있었다. 대장은 신문왕 6년 정월 중시가 되었으나 재임 중에 사망하였고, 그에 이어 원사가 왕 8년 정월부터 천도 실패 직후인 10년 2월까지 중시를 역임하였다. 이들의 이력은 집사부 중시를 거쳤고, 중시 취임 시 중시 임명의 최고 관등인 이찬을 소유한 사실밖에는 확인되지 않지만, 천도 작업 등 신문

　의 例作典은 例作府의 잘못인 듯하다.

73) 李丙燾(1977), 앞의 책, p.512 및 李基東, 〈新羅 中代의 官僚制와 骨品制〉, 《震檀學報》 50, 1980; 《新羅 骨品制社會와 花郎徒》, 일조각, 1984, pp.122~123. 한편, 石上英一, 〈古代における日本の税制と新羅の税制〉, 《古代朝鮮と日本》(朝鮮史研究會 編), 龍溪書舍, 1974, pp.231~232에서는 力役徵發에 관한 관사로 파악하였다.

74) 박남수(1996), 〈관영수공업 관사의 운영과 변천〉, 앞의 책, p.142.

75) 예작부는 唐의 工部와 將作監의 기능을 취하여 설치한 것으로 독창성을 내포한 관부이며, 토목공사나 중앙관사의 건축, 수리, 그리고 교각, 도로 건설 등을 담당한 관부로 추정된다고 한다. 이인철(1993), 〈신라 중앙행정관부의 조직과 운영〉, 앞의 책, p.36.

76) 기밀사무의 내용에 대해서는 李泳鎬, 〈新羅 執事部의 設置와 中侍〉, 《國史館論叢》 69, 1996; 이 책 제2편 제2장 참조.

왕대 개혁정치의 핵심 인물이었다고 추측된다.

예작부가 설치되고 천도를 위한 준비가 실행되고 있었을 때 귀족
사회의 분위기는 어떠하였을까? 찬성과 반대의 구체적 실상은 알
수 없지만, 천도에 대한 이해집단 사이의 갈등은 증폭되었을 것이
다. 더욱이 천도로 말미암아 자신들의 세력기반을 상실할 우려가 있
는 세력의 반대가 심했다고 하겠다. 신문왕의 달구벌 천도를 반대했
던 세력은 경주 지역에 오랜 기반을 확보하고 있었던 전통적인 진
골귀족세력이었을 것이다. 천도란 자신들의 세력기반을 송두리째 앗
아가는 것이기 때문이다. 이 같은 점에서 예작부 설치 다음 해인 신
문왕 7년(687)에 신문왕이 조묘祖廟의 영전에 고한 다음의 제문祭文
이 주목된다.

　　王某는　稽首再拜하고　삼가　太祖大王·眞智大王·文興大王·太宗大王·
文武大王　靈前에 아룁니다. 저는 재주와 덕이 없이 숭고한 유업을 계
승하여 지킴에 자나깨나 걱정하고 애쓰느라 편안하게 지낼 겨를이 없
었습니다. 宗廟의 돌보심과 하늘과 땅이 내리는 복에 힘입어, 사방이
안정되고 백성들이 화목하며, 외국에서 오는 손님들은 보물을 실어다
바치고, 형벌이 밝고 訟事가 없이 오늘에 이르렀습니다. 요즘은 임금
으로서 할 바 道를 잃고 의리가 하늘의 뜻에 어그러졌음인지, 별의 형
상에 怪變이 나타나고 해는 빛을 잃고 침침해지니, 몸이 벌벌 떨려 마
치 깊은 못과 골짜기에 떨어지는 것만 같습니다.

　　삼가 某 관직에 있는 某를 보내 변변치 못한 것을 차려 놓고 살아
계신 듯한 영혼 앞에 정성을 올리오니, 엎드려 바라옵건대, 미미한 정
성을 밝게 살피시고 하찮은 이 몸을 불쌍히 여기시어, 사철 기후를 순
조롭게 하시고, 五事의 징후에 허물이 없게 하시며, 곡식이 잘되고 질
병을 없게 하며, 입고 먹는 것이 넉넉하고 예의를 갖추며, 안팎이 편

404

안하고 도적이 사라지며, 넉넉한 것을 자손들에게 남겨 길이 많은 복
을 누리게 하여 주십시오. 삼가 아룁니다."(《삼국사기》 권8, 신라본기
신문왕 7년 4월조)

위의 사료는 신라에서 오묘제五廟制의 시행을 알려주는 자료로 유
명한데, 신문왕이 고한 제문으로 현재 남아있는 것으로는 유일한 것
이다. 신문왕은 대신을 파견하여 태조대왕太祖大王과 자신의 직계조상
인 진지대왕眞智大王·문흥대왕文興大王·태종대왕太宗大王·문무대왕文武大王
의 영전에 "임금으로서 할 바 도를 잃고 의리가 하늘의 뜻에 어그러
졌음인지, 별의 형상에 괴변이 나타나고 해는 빛을 잃고 침침해지니,
몸이 벌벌 떨려 마치 깊은 못과 골짜기에 떨어지는 것만 같다"고 자
신의 처지를 고하고, 복을 누리게 해달라고 간청하였다. 고대사회에서
천재지변은 정치와 밀접한 연관성을 나타낸다고 할 때, 별과 해의 재
앙은 신문왕의 정책이 난관에 봉착했음을 말하는 것으로 해석된다.[77]
더구나 그 시기가 4월로 일반적 제일祭日이 아니었다는 점을 상기하
면,[78] 이는 천도 작업이 반대에 직면했음을 고한 것이 아니었을까 생
각된다.[79]
천도 작업이 실행에 옮겨진 시기는 신문왕 6년 무렵에서 실패로

77) 이를 같은 책 신문왕 7년 춘 2월조의 "元子生. 是日, 陰沈昧暗, 大雷電"과
   연관된 것으로 해석할 여지도 있다. 그러나 이 또한 당시의 정치 상황
   을 반영한다고 판단된다. 한편, 해에 나타난 이상이 왕과 관련된다고 본
   사례로는 金英美, 〈統一新羅時代 阿彌陀信仰의 歷史的 性格〉, 《韓國史研究》
   50·51합집, 1985; 同 改題 〈新羅 中代의 阿彌陀信仰〉, 《新羅佛教思想史研究》,
   민족사, 1994, p.159 참고.
78) 《삼국사기》 권32, 잡지1, 제사조에 나타난 오묘의 제사는 1년에 6번으로,
   祭日은 정월 2일과 5일, 5월 5일, 7월 상순, 8월 1일과 15일이었다.
79) 천도 문제로 조묘의 영전에 고한 것이 이때가 처음은 아니었을 것이
   다. 천도 예정지가 결정되고 작업이 실천되던 신문왕 6년에는 이를 고
   하는 의례가 있었다고 생각된다.

끝난 9년 사이의 단기간이었다. 이는 고구려의 평양 천도나 백제의
사비 천도에 견주어 그 준비 기간이 매우 짧다. 따라서 천도 작업이
계속되었다 하더라도 크게 진척되지 못하였음이 분명하다. 더구나
천도에 대한 반대가 만만치 않았다고 한다면, 달구벌 천도 작업은
큰 성과를 거두지 못한 상태에서 중도에 종결되었음을 알 수 있다
고 하겠다.[80]

다음은 왜 달구벌이 천도 예정지로 결정되었는지 살펴보자. 천도
예정지 결정은 궁극적으로 정치적 판단의 결과였다. 달구벌만이 수
도가 되어야 할 역사적 필연성은 없기 때문이다. 그러나 오늘날의
대구인 달구벌이 새 수도의 예정지가 된 것은, 우선 도읍지로서의
입지조건을 충분히 갖추고 있다고 판단했기 때문이었을 것이다.[81]
당시의 상황을 잘 알 수는 없지만, 대체로 다음과 같은 사항들이 주
요하게 고려되지 않았을까 추측된다.

먼저 국가적인 측면에서, 대구는 통일왕국의 수도로서 지역 편재
성 극복이라는 면에서 경주보다 유리하였다. 대구는 경주와 견주어
신라의 중심에 보다 가까이 접근하였다. 수도란 정치의 중심지이며,
정치권력의 집중지이고, 정치철학적·이론적 핵심지이며, "국가적 상
징체제"의 중심지였다.[82] 따라서 삼국통일 후에는 새 수도를 건설하

---

80) 이는 대구 지역에서 별다른 흔적을 찾을 수 없다는 점에서도 뒷받침된다.
81) 수도의 선정에는 풍수지리설이 활용되었을 것이다. 풍수지리설의 도입
시기에 대해 8세기 무렵으로 추정하기도 하나 설이 있으나(李基白,〈한국
風水地理說의 기원〉,《韓國史市民講座》14, 1994;《韓國古代政治社會史硏究》, 일
조각, 1996, p.381), 삼국시대 초기 또는 그 이전으로 파악하는 설(崔柄憲,
〈道詵의 生涯와 羅末麗初의 風水地理說〉,《韓國史硏究》11, 1975; 尹弘基,〈風水
地理說의 本質과 起源〉,《韓國史市民講座》14, 1994 및〈풍수지리의 기원과
한반도로의 도입시기를 어떻게 볼 것인가〉,《韓國學報》79, 1995)이 옳다
고 생각한다. 684년 일본의 도읍지 위치 선정에 陰陽師가 工匠과 함께 동
원된 사실이 확인되기 때문이다. 주 65) 참조.
82) 任德淳,《政治地理學原論》, 일지사, 1974, p.251. "국가적 상징체제national
iconography"란 국기, 영웅, 영웅의 동상, 신념, 國歌 등과 같이 국민이 즐

여 옛 수도의 편재성을 보완하고 새 수도 중심의 새로운 '국가적 상
징체제'를 마련할 필요가 있었던 것이다.

다음으로 대구는 지리적인 측면에서 경주보다 장점이 많았다. 대
구와 경주는 같은 분지이지만, 대구는 보다 내륙에 위치하고 훨씬
광활한 지역이었다. 이 같은 조건은 통일왕국에 걸맞은 새로운 왕경
건설에 잘 부합하였을 것이다.[83] 또한 분지의 속성상 경주처럼 나성
축조와 같은 그리 큰 토목공사를 거치지 않고서도 산성을 이용한
방어가 가능하였고,[84] 대구 주변에 분포한 팔공산, 비슬산 등 큰 산
들은 외적 방어에도 유리하였다.

한편, 대구는 내륙개발을 촉진시켜 경제적 중심지가 될 가능성이
많았다. 대구는 분지 안을 관류하는 낙동강과 그 지류인 금호강이
형성한 평지나 구릉성 완사지緩斜地가 분지상에 넓게 전개되어 대도
시로 발전하는 데 적합한 지형적 기반을 구비하였다.[85] 또한 신천新
川은 가창면 우록동 부근의 우미산牛尾山, 삼성산三聖山에서 발원하여
북쪽의 금호강에 합류함으로써 그 범람원에 광할한 평야를 형성하
였다.[86] 즉 대구는 큰 강과 하천을 끼고 있는 수륙교통의 요충지로
서 조운을 통한 물자 수송에 적합한 조건을 갖추고 있었던 것이다.
이는 고구려의 평양이나 백제의 웅진, 사비 등의 수도가 큰 강 부근
에 위치한다는 사실에서도 시사적이다.[87]

겨 믿고, 국민의 감정을 지도, 지배할 수 있는 상징체제whole system of
symbols를 말하며, 이것이 거국적으로 형성, 유지, 보급되면, 국민을 결속,
통합시키는 힘을 잘 발휘한다고 한다(任德淳, 《政治經濟學原理》, 법문사,
1989, p.365).

83) 일본의 藤原京과 平城京이 거대한 奈良盆地의 남단과 북단에 각각 세워졌
다는 점은 시사적이다.

84) 이문기(1995), 〈신라의 삼국통일과 대구의 변화〉, p.251.

85) 徐贊基, 〈位置와 地理的 特性〉, 《大邱市史》 제1권(通史), 1995, p.26.

86) 조화룡, 〈지형〉, 《대구시사》 제1권(통사), 1995, pp.46~48.

87) 수도를 내륙에 둘 경우 위치 선정에 대해서는 飯本信之, 《政治地理學硏究

《삼국사기》 직관지에 따르면 달구벌은 8세기 무렵 수창군壽昌郡을 구성하는 영현領縣의 하나로 나타나고 있다.

壽昌郡(壽 一作 嘉)은 본래 喟火郡이었는데, 경덕왕이 이름을 고쳤다. 지금의 壽城郡이다. 領縣이 넷이었다. 大丘縣은 본래 達句火縣이었는데, 경덕왕이 이름을 고쳤다. 지금도 그대로 쓴다. 八里縣은 본래 八居里縣(一云 北恥長里, 一云 仁里)이었는데, 경덕왕이 이름을 고쳤다. 지금의 八居縣이다. 河濱縣은 본래 多斯只縣(一云 杏只)이었는데, 경덕왕이 이름을 고쳤다. 지금도 그대로 쓴다. 花園縣은 본래 舌火縣이었는데, 경덕왕이 이름을 고쳤다. 지금도 그대로 쓴다. (《삼국사기》 권35, 잡지, 지리2)

당시의 군郡은 다수의 현縣을 포괄하는 광역의 의미와 군치郡治 자체를 가리키는 좁은 의미 등 두 가지 뜻으로 사용되었다.[88] 따라서 경덕왕대의 수창군壽昌郡은 군치(치소治所), 대구大丘, 팔리八里, 하빈河濱, 화원花園 등 5개의 행정구역으로 구성되었음을 알 수 있다. 달구벌은 처음 달구불達句火로 불렸으나 경덕왕대에 대구大丘로 개명되었다. 천도를 꾀하던 신문왕 9년에는 달구벌達句伐로 나타나지만, 달구불과 달구벌의 음이 같음은 잘 알려진 사실이다. 달구벌의 위치는 신천新川의 서쪽 지역으로 대구의 중심부에 해당한다.[89] 바로 이

(上)》, 中興館, 1935, pp.153~158이 참고된다.

88) 주보돈(1998), 〈통일기 지방통치체제의 재편과 촌락구조의 변화〉, 앞의 책, p.262.

89) 군치인 수창군(위화)은 신천의 상류와 동쪽 지역 및 대구분지의 남부 지역 일부로, 달구벌은 신천의 서쪽으로 조선시대 大丘都護府의 본부이자 오늘날의 대구 중심 지역으로, 팔거리는 칠곡, 다사지는 하빈, 설화는 월배·화원 지역 등으로 추정된다(李文基, 〈新羅末 大邱地域 豪族의 實體와 그 行方 ─〈新羅壽昌郡護國城八角燈樓記〉의 分析을 통하여─〉, 《鄕土文化》 9·10합집, 1995, p.89). 또한 주보돈(1988), 〈신라 국가형성기

일대에 새 궁궐과 관아가 계획되었다고 하겠다. 아마 토성인 달성공원達城公園은 그 유력한 후보지였을 것이다. 수창군壽昌郡의 이전 이름은 위화군喟火郡이었는데, 5세기 이후 8세기에 이르기까지는 달구벌이 위화군의 군치였다고 한다.[90]

신문왕은 달구벌 천도가 실패로 돌아가기 직전 장산성獐山城으로 순행하였다. 장산성을 청도淸道 인근인 경산시慶山市 용성면龍城面 곡란리谷蘭里와 곡신리谷新里에 위치한 용산성龍山城에 비정하기도 하나 논거를 수긍하기 어렵다.[91] 그런 점에서 효공왕 12년(908) 최치원이 찬술한 〈신라수창군호국성팔각등루기新羅壽昌郡護國城八角燈樓記〉의 분석을 통해 장산獐山의 위치를 추정한 연구가 주목된다. 대구의 중심 지역인 달구벌에 호국성護國城이 있었고,[92] 호국성 동쪽의 장산獐山은 대구와 경산의 경계 부근에 위치한 비교적 큰 산으로 파악된다는 것이다.[93] 이는 장산성의 위치 파악에 매우 시사적이다. 장산성

대구사회의 동향〉, 앞의 책, pp.428~431에서는 대구시 중심부의 비산동·내당동 고분군과 대명동 고분군, 약간 외곽의 복현동 고분군, 두산동 고분군, 파동 고분군이 달구벌과 상관관계를 가진 것으로 이해하였다.

90) 주보돈(1998), 〈신라 국가형성기 대구사회의 동향〉, 앞의 책, pp.431~435에서는 대구 지역이 달구벌로 통칭되었던 점이나 達伐城을 축조한 사실, 5·6세기 고분군의 분포나 수량 등으로 미루어 달구벌이 郡治였고 정치의 중심지였으나, 달구벌 천도가 실패한 이후 壽昌으로 군치가 이동한 것으로 파악하였다.

91) 金若秀, 〈獐山城 位置考〉, 《慶山文學》 2, 1986, p.209 및 〈慶山地域 山城址와 獐山城 위치에 대하여〉, 《鄕土史硏究》 9, 1997, p.40에서는 장산성을 용산성으로 추정하는 주요 논거의 하나로 태종무열왕 3년(656)에 축조하여 1년만인 왕 4년(657) 완성하였다는 점을 제시하였지만, 그 근거를 찾을 수 없다. 한편, 李明植·李熙敦, 《慶山 龍山城 地表調査報告書》, 대구대학교박물관, 1993, pp.23~24에서는 김약수의 견해를 따라 장산성을 용산성으로 비정하면서도 축성 기간을 3년 정도로 추정하였다.

92) 이문기(1995), 〈신라말 대구지역 호족의 실체와 그 행방〉, p.89.

93) 이문기(1995), 위의 논문, p.85. 護國城 주위의 산명으로 佛山, 獐山, 可其山, 南嶺이 나타나고 있는데, 佛山은 조선시대 成佛山으로 오늘날의 대덕산, 南嶺은 수도산으로 추정되나 獐山은 어떤 산에 비정되는지는 알 수 없다고 하였다.

은 바로 달구벌 인근의 장산에 위치한 것으로 생각되기 때문이다. 신문왕의 장산성 순행이 달구벌 천도 기도와 관련될 개연성은 매우 크다.[94] 그렇다면 이는 천도 공사를 진행하고 있던 달구벌에 대한 관심에서 비롯된 것이 틀림없다고 하겠다. 대구와 경산이 인접한 지역으로 두 지역을 차단하는 큰 자연적인 지형지물이 없다는 점을 감안하면,[95] 장산성이 곧 장산군의 군치로서, 천도 공사를 후원한 거점이 아니었을까 한다.

신문왕의 장산성 순행이 달구벌 천도와 무관하지 않다고 할 때, 경산 지역이 중대왕실과 깊은 연고가 있다는 점이 주목된다. 널리 알려져 있듯이, 중대왕실은 무열왕계와 김유신계의 결합으로 성립되었다. 선덕왕 16년(647)에 대신인 비담毗曇·염종廉宗이 "여주불능선리女主不能善理"를 이유로 선덕왕을 폐위시키려 반란을 일으켰다. 비담 등은 명활성明活城에 주둔하고 왕의 군대는 월성月城에 머물고 있었는데, 공격과 방어가 10일이 지나도 결말이 나지 않았다. 한밤중에 큰 별이 월성에 떨어지자 비담 등은 사병들에게 여왕이 패할 징조라고 하여 환호성이 천지를 진동시켰다. 왕이 그 소리를 듣고 두려워하여 어찌할 줄을 몰랐다.

이에 김유신이 허수아비를 만들어 불을 붙인 다음 연에 실어 하늘로 올라간 듯이 하였다. 그리고 "어제 밤에 떨어진 별이 다시 올라갔다"는 소문을 퍼뜨려 반란군으로 하여금 의심을 품게 하였다. 그러고 나서는 여러 장수와 병졸을 독려하여 힘껏 공격하여 비담 등을 목 베고 9족族을 죽였다. 상대등 비담은 정치적 실권을 장악한 '김춘추-김유신' 체제에 반발하는 진골귀족세력의 대표로 생각되는데, 반란을 진압한 김유신은 오늘날의 경산인 압량주押梁州(압독주押督

---

94) 이문기(1995), 〈신라의 삼국통일과 대구의 변화〉, p.250.
95) 주보돈(1998), 〈신라 국가형성기 대구사회의 동향〉, 앞의 책, p.18.

州)의 군주軍主였던 것이다.[96]

김유신에 이어 압량주 군주로 임명된 이는 김인문金仁問이었다. 김인문은 무열왕의 둘째 아들로 23세 때인 진덕왕 5년(651)에 입당 숙위한 이래 전후 7차례나 당에 들어갔다. 태종무열왕 3년(656) 귀국하였을 때 그는 압독주 총관(군주)에 제수되어 장산성獐山城을 쌓았고,[97] 요새를 설치한 공로로 부왕에게 식읍 300호戶를 받았다.[98] 이는 경산 지역이 중대왕실과 밀접한 관련이 있음을 말한다.

오늘날 대구의 진산인 팔공산은 신라시대 중사中祀 오악五岳의 하나로 숭배된 명산이었다. 오악은 동東 토함산吐含山(대성군大城郡), 남南 지리산地理山(청주菁州), 서西 계룡산鷄龍山(웅천주熊川州), 북北 태백산太伯山(나이군奈已郡), 중中 부악父岳(일운一云 공산公山, 압독군押督郡)으로,[99] 중악 팔공산은 오늘날의 경산 지역인 압독군에 소속되어 있었다. 15세에 화랑이 된 김유신은 17세 때인 진평왕 건복 28년(611), 고구려·백제·말갈이 국경을 침범하는 것을 보고 의분에 넘쳐 홀로 중악석굴中嶽石崛에 들어가 수도하였다. 그러다가 난승難勝으로부터 삼국통일의 비법을 전수 받았던 곳이 중악 팔공산이었다.[100] 김유신이 소년 시절부터 중악 팔공산과 관련을 맺고 있는 것을 보면, 경산 지역이 김유신 세력의 근거지였을 가능성도 적지 않다.[101] 이와 같

---

96) 《삼국사기》 권41, 열전 김유신(상). 김유신이 압량주 군주(압독주 도독)가 된 것은 선덕왕 11년(642) 겨울인데 진덕왕 2년(648) 3월에도 재임중인 것이 확인된다(《삼국사기》 권5, 신라본기).

97) 《삼국사기》 권5, 신라본기 태종무열왕 3년조.

98) 《삼국사기》 권44, 열전 김인문.

99) 《삼국사기》 권32, 잡지1, 제사.

100) 文暻鉉, 〈所謂 中岳石崛에 대하여〉, 《東洋文化硏究》 7, 1980; 《新羅史硏究》, 경북대학교출판부, 1983.

101) 팔공산 夫人寺는 한 때 符仁寺로도 불렸으나 夫人寺가 정식 명칭이며, 왕실의 원당으로서 처음 이름은 '△△夫人寺'였다(李泳鎬, 〈大邱地域의 古代佛敎 ─八公山을 중심으로─〉, 《尙州文化硏究》 13, 상주대, 2003). 夫人寺가 聖德王에 의해 창건되어 일명 大伽藍이라 불렸다는 점을 상기하면(《梵宇

이 경산은 중대왕실이 달구벌 천도 기도 이전부터 주목하던 지역이
었던 것이다.

달구벌이 천도 예정지로 지목된 이유는 다음과 같이 정리할 수
있겠다. 달구벌은 경주보다 광활한 분지로, 지역 편재성 극복이나
국방상 및 경제적 측면에서 지리적으로 유리한 조건들을 갖추고 있
었다. 중대왕실과 밀접한 관련이 있고, 중대왕실이 달구벌 천도 기
도 이전부터 주목하던 경산과 인접하였다. 그러면서도 왕권의 행사
를 견제할 만한 이렇다할 토착세력도 존재하지 않았다.[102] 더욱이
신·구 수도 상호관계에서 대구는 경주와 비교적 근거리에 위치하고
있었다.

신라가 천도를 단행하면서 구 신라지역을 벗어나 옛 백제·고구려
지역으로 수도를 옮길 수는 없었을 것이다. 그렇다고 구 신라의 변
방 지역으로 옮기는 것도 바람직한 것은 못되었을 것이다. 고대의
천도란 근거리 천도를 말하며, 외침과 같은 상황이 아니라면 원거리
천도란 처음부터 거의 불가능하다고 할 수 있기 때문이다.[103] 따라

考》,《大丘府邑誌》), 태종무열왕의 셋째 딸로 태종무열왕 2년(655) 김유신
    과 혼인한 智炤(智照)夫人의 원당이 아닐까 한다. 지소는 김유신과의 사
    이에서 5남 4녀를 두었으나 김유신이 죽은 뒤 비구니가 되고, 성덕왕
    11년(742) 부인으로 책봉되었다(《삼국사기》 권8, 신라본기 성덕왕 11년
    8월조 및 동 권43, 열전 김유신 하). 경산 지역과 무열왕계 내지 김유
    신 세력의 관계를 생각한다면 부인사의 처음 명칭은 智炤夫人寺 혹은 智
    照夫人寺가 될 가능성이 크기 때문이다.
102) 달구벌 천도를 기도한 데는 대구 지방의 토착세력가의 발언이 작용했
    으리라 추측한 견해가 있으나(윤용진(1992), 〈대구의 연혁과 관련된 고
    대기록 소고〉, p.11) 따르기 어렵다. 왕경의 진골귀족에 맞설 수 있을
    만한 지방세력이 형성되지 못했던 신라로서는 왕권에 의하지 않고는
    천도 기도 자체가 불가능했다고 생각된다.
103) 고구려의 평양 천도가 다소 원거리이긴 하지만, 고구려의 국내 천도나
    백제의 사비 천도, 발해의 제천도 등 대부분의 경우 근거리에 천도하
    였다. 이는 고대의 천도가 근거리 이동이 원칙이었고, 원거리 천도는
    전쟁과 같은 특수한 경우에 한하였다고 생각된다. 천도가 빈번히 이루
    어졌던 고대 일본도 근거리 천도였다.

서 경주와 가까운 달구벌을 새 수도로 결정한 것은, 천도의 목적을 달성하면서도 이동을 용이하게 하려는 의도였다고 하겠다. 달구벌을 천도 예정지로 결정한 이유는 바로 이러한 사정에 원인이 있었던 것이다.

그러면 달구벌로 천도를 기도했던 신라는 왜 실패하고 말았을까? 이에 대해서는 수도가 협소하고 동쪽에 편재하여 도시계획에 제약과 장애요소가 많았기 때문에 신 왕경 건설을 다각도로 추진하였으나, 과다한 재정적 비용과, 수백 년의 연고를 떠나기 어렵고, 서라벌에 오랜 토대를 가진 전통 귀족들의 반발로 실패로 돌아갔다는 주장이 있었다.[104] 수긍할 수 있는 견해이지만, 이를 따른다면 천도를 기도한 궁극적 이유가 불명확해진다. 더욱이 과다한 재정적 비용은 천도 실패의 부차적 요인은 될 수 있지만 주된 이유라고는 할 수 없다. 천도 작업이 추진되어 오다가 마지막 단계에 가서 국왕을 지지하여 왔던 세력의 적극적인 반대로 천도가 실패하였다는 견해도 있었다.[105] 이는 국왕의 지지세력이 경주와 그 인근에 상당한 세력 기반을 갖고 있었다는 것이 그 이유였다. 그러나 천도 작업이 별달리 진척되지 못하였고, 천도를 강행하려던 국왕의 의지가 좌절되었다는 점에서, 국왕에 비판적이던 진골귀족세력의 반발에 따른 것이 옳다고 생각한다.[106]

신문왕이 천도에 비판적인 진골귀족세력의 반발에도 불구하고 이를 단행하려 한 이유는 어디에 있었을까? 삼국통일 직후의 신라는 흔히 이해되어 온 평화기가 아니라 당의 재침이 우려되는 불안정한

---

104) 문경현, 〈新羅王京攷〉, 《新羅文化祭學術發表會論文集》 16(新羅王京硏究), 1995, pp.187~188.

105) 주보돈(1999), 〈신라의 달구벌천도 기도와 김씨집단의 유래〉, pp.572~574.

106) 종래 진골귀족의 반발이라고 흔히 이해하여 왔다. 그러나 진골귀족이라 하더라도 모두 반발한 것은 아닐 것이므로, 단순히 '진골귀족'이라 하는 것은 적절치 않다.

시기였다. 문무왕 16년에 이루어진 신라와 당의 전쟁 종결은 실질적
으로는 휴전 상태였으며, 신라는 전쟁 재발에 대한 우려감을 가지고
적극적인 군비증강에 주력하였다.[107] 이러한 현상은 신문왕대에 두
드러졌으며, 신문왕은 이 같은 분위기에서 경주 지역의 전통적인 진
골귀족세력을 약화시키고 획기적인 왕권강화를 기도하였다고 판단된
다. 그 대단원이 전통적인 진골귀족세력의 아성인 경주를 떠나 새로
운 장소인 달구벌로 천도하는 것이었다.[108]

성골이 아닌 진골이었던 중대왕실은 그 전과는 다른 시대라는 인
식을 가지고 있었다. 무열왕은 즉위하면서 역대 김씨왕실金氏王室이
가졌던 계보 인식을 완전히 폐기하고, 소호금천씨少昊金天氏 출자설出
自說을 표방함과 동시에 새로운 조상 제사제도인 오묘제를 실시하였
다. 김씨왕실의 소호금천씨 출자설은 왕실계보의 연원을 중국 상고
의 전승과 연결시킨 것이며, 오묘제는 태조와 직계 4대조를 봉사하
는 조상제사 제도였다. 무열왕이 즉위하기 이전의 동륜계 왕실은 불
교적 신성관념을 바탕으로 한 성골의식을 유달리 강조하였는데, 성
골 아닌 진골 신분으로 왕위에 오른 무열왕은 이로써 자신의 즉위
를 합리화하고 그 정통성을 천명하였다고 하겠다.[109] 중대왕실에 보
이는 소호금천씨 출자설은 김유신 가계에서도 확인되며, 이는 중대
왕실과 김유신 가문이 동성인 혈족으로 인식한 결과였다.[110]

---

107) 서영교(2000), 〈구서당 완성 배경에 대한 신고찰〉 참조. 또한 김희만
(1992), 〈신라 신문왕대의 정치상황과 병제〉, p.87에서도 당시의 정국
불안을 지적하고 있다.
108) 漢 高祖가 천하통일을 위해 각지를 전전하면서 고전하던 시절, 매우 웅
장한 未央宮을 세운 사실이 참고된다. 《史記》 권8, 高祖本紀 8년조 "蕭丞相
營作未央宮, 立東闕·北闕·前殿·武庫·太倉. 高祖還, 見宮闕壯甚, 怒, 謂蕭何曰 天下
匈匈苦戰數歲, 成敗未可知, 是何治宮室過度也. 蕭何曰 天下方未定, 故可因遂就宮
室. 且夫天子四海爲家, 非壯麗無以重威, 且無令後世有以加也. 高祖乃說."
109) 李文基, 〈新羅 五廟制의 成立과 그 背景〉, 《韓國古代史와 考古學》(鶴山 金廷鶴
博士頌壽紀念論叢), 학연문화사, 2000, pp.913~916.
110) 李文基, 〈新羅 金氏王室의 少昊金天氏 出自觀念의 標榜과 그 變化〉, 《歷史教育

중대왕실이 김춘추와 김유신의 결합으로 탄생된 것은 널리 알려진 사실이며, 신문왕은 새 수도 건설을 통해 그들의 새로운 정치이념을 실현하고자 하였다. 그러나 천도는 그 반대 세력을 제압할 수 있을 정도로 왕권이 성장했을 때 가능한 국가의 대사였다.[111] 신문왕은 달구벌 천도를 달성하기 위해 전통적인 진골귀족세력에 대한 강경책을 고수하였다.

> (1) 5월에 교서를 내려, 文武官僚들에게 토지를 차등 있게 주었다. (《삼국사기》 권8, 신라본기 신문왕 7년조)
>
> (2) 봄 정월에 內外官의 祿邑을 폐지하고 歲租를 차등 있게 주어 일정한 법을 삼았다. (《삼국사기》 권8, 신라본기 신문왕 9년조)

신문왕은 재위 7년(687)에 문무관료들에게 토지를 차등 있게 나누어 주었다. 이때 지급된 토지의 성격에 대해서는 논의가 분분하지만, 관료들의 경제기반을 마련해 준 것으로서 신문왕을 지지하는 관료들에 대한 우대 조치로 이해된다. 그러나 2년 뒤인 왕 9년(689) 정월의 녹읍祿邑의 혁파는 진골귀족의 경제적 기반을 약화시키려는 조처였다.[112] 이는 달구벌 천도를 달성하기 위해 신문왕이 취한 전통적인 귀족세력에 대한 억압책이라고 하겠다.

신문왕은 재위 9년 윤 9월 26일, 드디어 천도 공사가 진행되던 달구벌의 인근 지역 장산성으로 순행하였다. 일자까지 정확히 밝혀져 있는 것으로 보아 신문왕의 장산성 순행은 매우 중요한 의미를 갖고 있음에 틀림없다. 이는 갑작스러운 행차가 아니라 사전에 일관이

論集》 22·23합집, 1999, pp.666~667.

111) 李道學, 〈百濟 泗沘 遷都의 再檢討〉, 《東國史學》 39, 2003, p.36.

112) 녹읍에 관한 제 논의에 대해서는 李喜寬, 〈祿邑의 性格과 그 變化〉, 《統一新羅 土地制度研究》, 일조각, 1999 참조.

택일하고, 관련 부서에서 치밀하게 준비한 순행이었을 것이다.[113] 여기서 주목되는 것은 신문왕이 이해 신촌新村에 행차하였다는 《고기古記》의 기록이다.

政明王(신문왕)이 9년(689) 新村에 행차하여 잔치를 베풀고 음악을 연주케 하였는데, 笳舞는 監 6인, 笳尺 2인, 舞尺 1인이고, 下辛熱舞는 監 4인, 琴尺 1인, 舞尺 2인, 歌尺 3인이고, 思內舞는 監 3인, 琴尺 1인, 舞尺 2인, 歌尺 2인이고, 韓岐舞는 監 3인, 琴尺 1인, 舞尺 2인이고, 上辛熱舞는 監 3인, 琴尺 1인, 舞尺 2인, 歌尺 2인이고, 小京舞는 監 3인, 琴尺 1인, 舞尺 1인, 歌尺 3인이고, 美知舞는 監 4인, 琴尺 1인, 舞尺 2인이었다. (《삼국사기》 권32, 잡지 악)

신촌의 위치에 대해서는 논란이 있을 수 있겠지만,[114] 그 명칭으로 보아 천도 공사가 진행 중인 달구벌이었을 가능성을 배제할 수 없다. 그러나 《삼국사기》 신라본기에서 장산성 순행 외에는 신문왕의 행차를 확인할 수 없으므로, 위의 기사는 장산성 순행 때의 모습이라 보아도 좋을 것이다. 다시 말해 신문왕은 윤 9월 26일, 감監[115]

---

113) 조선시대 왕의 순행에서 시사받을 수 있다. 순행 날짜는 일관이 택일하며, 재해, 질병, 유행병이 발병하였을 경우 순행이 취소되는데, 禮曹의 奏請에서 결행까지 대략 10~20일 걸렸다고 한다(이왕무, 〈조선 후기 순조의 擧動과 幸行에 대한 연구〉, 《淸溪史學》 18, 2003 참조).

114) 《삼국사기》 권36, 지리지 熊州 潔城郡 조에 "新邑縣 本百濟新村縣 景德王改名, 今保寧縣"이라 한 기사를 근거로 현재의 충청남도 보령시 주포면으로 비정한 견해가 있다(鄭求福 外(1997), 《譯註 三國史記》 4(주석편 하), p.81·p.310). 한편, 《신증동국여지승람》 권20, 保寧縣 조에는 "本百濟新村縣(一云 沙村)"이라 하여 新村을 沙村이라고도 하였다. 《삼국사기》 권8, 신라본기 효소왕 8년 9월조에 "新村人美肹得黃金一枚, 重百分, 獻之, 授位南邊第一, 賜租一百石"이라 한 데서도 新村이 나타난다.

115) 監은 국왕이 참여하는 연주회에 琴尺, 舞尺, 歌尺, 笳尺 등 樂工을 동원하고 奏樂의 진행을 감독하는 일을 맡은 임시직이라고 한다(이인철, 〈신

416

과 금척琴尺, 무척舞尺, 가척歌尺, 가척筋尺 등 56명의 대규모 가무단歌舞團을 거느리고 장산성에 행차하여, 잔치를 베풀고 음악을 연주케 하였다. 달구벌 천도 공사가 진행 중이었음을 상기하면, 신문왕의 장산성 행차는 천도 문제와 분리하여 이해할 수 없다. 신문왕이 장산성에 행차한 것은 아마도 이곳에 새 수도인 달구벌 건설 공사 지휘소가 있었고, 이에 관계자들을 격려하고 공사 진행을 독려하기 위한 것이었다고 해석된다. 그러나 신문왕의 장산성 순행에 이어서 천도가 실패한 것을 보면, 신문왕의 장산성 행차는 천도에 대한 왕의 의지의 절정인 동시에 전통적인 진골귀족세력으로서는 불만의 극치였다. 달구벌 천도 기도는 장산성 순행 얼마 지나지 않아 실패로 종결되었기 때문이다.116) 신문왕의 4년에 걸친 노력이 물거품이 되는 순간이었다.117)

신문왕이 달구벌로 천도하려 한 궁극적인 이유는 중대왕실에 비판적인 전통적인 진골귀족세력의 굴레를 벗어나 통일왕국으로서의 새로운 출발을 도모하기 위한 것이었다. 이를 통해 구시대를 청산하고 경주 지역의 토착 귀족세력을 약화시키려 하였다. 따라서 통일왕국의 상징인 새 수도는 토착세력이 미약한 달구벌을 선정하였고, 강력한 왕권에 바탕을 둔 새로운 왕실을 건설하려 하였던 것이다. 그

라의 음성서〉, 《신라정치경제사연구》, 일지사, 2003, p.237).

116) "秋閏九月二十六日 幸獐山城 築西原京城 王欲移都達句伐 未果"에서 장산성 행차 다음에 달구벌 천도 실패가 곧바로 언급된 것이 아니라 築西原京城이란 기사가 끼어 있다. 이는 시간적인 순서에 따른 것으로 해석된다. 그렇다면 신문왕의 장산성 행차와 달구벌 천도 실패 사이에는 약간의 시차가 있었다고 하겠다.

117) 달구벌 천도가 이루어졌다면 경주는 어떻게 되었을까? 천도를 단행한 고구려나 백제, 신라 멸망 후 고려 초의 사례가 참고되겠지만, 장기적으로는 別都나 副都, 小京 등으로 운영되지 않았을까 한다. 이때 기존의 王宮이나 都城은 수도로서의 상징성 해소를 위해 일정 부분 의도적으로 변형되거나 헐렸을 것이다.

렇다고 신문왕의 천도 기도가 삼국통일 뒤의 강화된 왕권에 대한 자신감에서 비롯된 것은 아니다. 오히려 삼국통일 직후의 불안정한 정국을 이용하여 진골귀족의 손아귀에서 벗어나 획기적인 왕권강화를 달성하고, 새로운 나라로 출발하기 위함이었다.[118]

새 수도 건설에는 막대한 인적·물적 자원이 뒷받침되어야 한다. 천도가 단행되었다면 새 수도 달구벌을 중심으로 정치, 경제, 사회, 문화, 과학기술 등 비약적 발전을 도모할 수 있었을 것이다. 그러나 천도가 실패로 돌아감으로써 신라는 이 기회를 상실하였다. 신라 역사상 천도에 가장 적절한 때라 할 수 있었던 삼국통일 직후라는 시기를 놓쳐버린 것이다. 이로써 신라는 과거의 유산을 탈피할 수 없었고, 중대왕실이 경주 지역의 전통적인 진골귀족세력의 영향력에서 벗어나려는 계획도 수포로 돌아갔다. 또한 고구려·백제를 멸망시킨 근원이었던 경주 중심의 "국가적 상징체제"를 혁신하지 못함으로써 신라·백제·고구려의 삼국민 전체의 결속도 잘 이루지 못하였다.

달구벌 천도의 실패는 신라의 정국에 많은 후유증을 가져왔다. 천도가 실패한 이듬해인 왕 10년(690) 2월, 이찬 대장大莊에 이어 천도 작업을 추진해 왔던 집사부 중시 이찬 원사元師가 병을 이유로 물러나고 선원仙元이 임명되었다.[119] 원사가 달구벌 천도가 실패한 직후 병을 이유로 면직된 것은 천도 실패에 따른 교체였다.[120] 원사

---

118) 그런 점에서 천도 예정지 달구벌에 건설하려 한 都城이 궁금하다. 682년 國學을 설치하고, 686년 당에 사신을 보내 《禮記》와 文章을 구한 사실이나(《삼국사기》 권8, 신라본기 신문왕 6년 2월조 "遣使入唐 奏請禮記幷文章. 則天令所司, 寫吉凶要禮, 幷於文館詞林, 採其詞涉規誡者, 勒成五十卷, 賜之"), 일본에서 694년에 수도가 된 藤原京이나 710년에 수도가 된 平城京의 都城 유적을 참고하면, 唐의 長安城을 모방한 대규모의 중국식 도성이었음이 분명하다. 金瑛河, 〈古代 遷都의 역사적 의미〉, 《고대 동아시아의 遷都》(제17회 한국고대사학회 합동토론회 국제학술대회 요지문), 2004.2, p.6에서도 "중국 도성제의 온존한 수용이었을 것"이라 하였다.
119) 《삼국사기》 권8, 신라본기 신문왕 10년조 "春二月, 中侍元師病免, 阿湌仙元爲中侍".

에 이어 중시에 취임한 선원의 이력은 밝혀져 있지 않으나, 그의 관등이 아찬(6등)이란 사실은 매우 주목된다. 집사부 중시의 관등은 대아찬(5등)에서 이찬(2등)으로 규정되어 있다는 점에서, 그의 관등은 관례를 벗어난 것이기 때문이다. 이를 그대로 따른다면, 천도 실패 후 집사부의 위상은 일시 낮아졌다고 할 수밖에 없다.

신문왕은 재위 11년(691) 3월 1일에 왕자 이홍理洪을 태자로 책봉하고, 13일 죄수들을 크게 사면하였다.[121] 이홍은 왕 7년 2월에 태어났으므로, 막 네 돌을 맞이한 어린 나이에 서둘러 태자로 책봉된 것이다. 이는 신문왕에게 비판적인 진골귀족세력의 위협으로부터 왕위계승의 안전을 보장받기 위한 조치였다. 그러나 이듬해 7월, 신문왕은 사망하였다.[122] 신문왕이 갑자기 죽음을 맞이한 이유는 알 수 없지만, 천도 실패의 충격이 요인이었을 가능성은 매우 크다.

신문왕 사후 태자 이홍이 왕위에 올랐다. 효소왕은 즉위 시 6세에 불과하였으므로 모후인 신목태후(신문왕의 왕비)가 섭정하였다.[123] 그러나 국왕에 도전하는 진골귀족세력의 반발은 계속되었고, 왕 9년(700)에 경영慶永의 모반을 계기로 신목태후가 사망하고[124], 2년 뒤에는 효소왕마저 16세로 죽고 말았다. 효소왕의 동모제同母弟 흥광興光이 즉위하여 성덕왕이 되고, 효성왕·경덕왕·혜공왕이 연이어 왕위에 올랐으나, 전통적인 진골귀족세력의 영향력을 극복하지 못하였다. 이 무렵부터 정국은 왕비의 출궁과 국왕의 재혼이 빈번해지고, 병부령 등 무력적 경제적 기반을 가진 진골귀족세력이 국왕의 혼인

---

120) 신형석, 〈통일신라의 새로운 수도가 될 뻔했던 대구〉, 《역사 속의 대구, 대구 사람들》, 중심, 2001, p.90에서도 이 점을 지적하고 있다.

121) 《삼국사기》 권8, 신라본기 신문왕 11년 3월조.

122) 《삼국사기》 권8, 신라본기 신문왕 12년 추 7월조.

123) 김영미(1994), 〈신라 중대의 아미타신앙〉, 앞의 책, p.147.

124) 辛鍾遠, 〈新羅 五臺山事蹟과 聖德王의 卽位背景〉, 《崔永禧先生華甲紀念 韓國史學論叢》, 탐구당, 1987, p.113.

을 좌우함으로써[125] 중대왕실 본래의 의도는 점차 퇴색되었다.

V. 맺음말

신라는 천년의 긴 역사 속에서도 수도는 경주로만 고정된 매우 유례 드문 나라였다. 다만 삼국통일 직후 신문왕대에 한 번 천도가 시도되었을 뿐이다. 신문왕 9년의 달구벌 천도에 대해서는 천도의 배경과 실패의 이유, 천도를 위한 사전 정지작업의 실태, 달구벌이 왜 천도의 예정지로 결정되었는가 하는 등에 논의의 초점이 있었다.

달구벌 천도 논의는 삼국통일 직후의 정국과 밀접한 관련이 있었다. 신문왕 즉위 직후에 일어난 김흠돌의 난은 신문왕의 정책 방향에 대한 불만에서 김흠돌·진공·흥원·군관 등 전통적인 귀족세력이 일으킨 반란이었다. 난은 진압되었으나 왕권에 반발하는 이들 귀족세력의 움직임은 사라지지 않았다. 신문왕을 지지하는 세력은 일부 전통적인 진골귀족세력, 무열왕계와 김유신계(구 금관가야계), 구 백제계, 구 고구려계 등으로서, 신문왕에 비판적인 전통적인 진골귀족들과는 지향점이 달랐다. 신문왕은 이들 진골귀족세력을 견제하면서, 자신을 지지하는 세력들을 등용하여 정권을 확립하고자 하였다. 신문왕의 달구벌 천도 기도는 바로 이러한 상황에서 계획되었다.

달구벌 천도가 실패로 종결된 것은 신문왕 9년이었다. 천도를 처음 구상한 것은 흔히 신문왕 때로 이해하고 있으나, 문무왕 말년으로 추정되었다. 문무왕은 삼국통일 직후 왕경 정비에 노력하였으나 반대에 부딪쳐 실패하자, 천도를 통해서라도 통일왕국의 상징이 될 새 수도 건설을 이룩하려 하였다.

---

125) 이영호(2003), 〈신라의 왕권과 귀족사회〉; 이 책 제1편 제2장.

천도 준비가 본격화된 것은 9주 5소경 제도를 완비한 뒤인 신문왕 6년 무렵이었다. 이때 달구벌이 천도의 후보지로 결정되었다고 하겠다. 천도 후보지를 물색한 시기는 그 이전이었는데, 신문왕 2년 공장부의 장관인 감監의 설치는 이와 관련된 것으로 파악되었다. 신문왕 6년에는 예작전이 예작부로 승격되면서, 그 장·차관인 영과 경이 설치되었다. 이는 새 수도 건설 작업이 실행에 옮겨졌음을 의미하였다. 새 수도 건설은 집사부에 의해 기획되었고, 중시인 대장과 원사는 천도 작업의 핵심 인물들이었다.

달구벌이 천도 예정지가 된 것은 정치적 결정의 결과였다. 그렇다 하더라도 달구벌이 선정된 것은 지리적인 면에서 새 수도로서의 입지조건을 갖추고 있었기 때문이었다. 통일왕국의 수도로서 지역 편재성을 다소나마 극복할 수 있었고, 병풍처럼 둘러싼 팔공산과 비슬산은 국방상에도 유리하였다. 또한 달구벌은 구 신라 영역으로서 경주와 비교적 근거리에 위치하고 있어 이동이 용이하였다. 중대왕실과 밀접한 관련을 가진 경산 지역과 인접해 있고, 왕권의 행사를 견제할 만한 이렇다 할 토착세력도 없었다.

천도 준비가 실행되자 이해집단 사이의 갈등은 증폭되었다. 더욱이 천도로 말미암아 자신들의 세력기반을 상실할 우려가 있는 세력의 반대가 심하였는데, 이들은 국왕에 비판적인 진골귀족세력들로 상정되었다. 천도 작업이 실행에 옮겨진 시기는 신문왕 6년에서 9년 사이로 단기간이었고, 천도에 대한 반대가 만만치 않았으므로 별 성과를 거두지 못하였다.

신문왕은 재위 9년 윤 9월 26일, 장산성으로 순행하였다. 신문왕의 장산성 순행은 천도 공사가 진행 중이던 달구벌에 대한 관심 때문이었다. 장산성 행차는 천도에 대한 왕의 의지의 절정인 동시에 국왕에 비판적인 전통적 진골귀족세력으로서는 불만의 극치였다. 결국 달구벌 천도 기도는 천도에 반대하는 진골귀족세력으로 말미암아 실패로 끝나고 말았다.

신문왕이 달구벌로 천도하려 한 궁극적인 이유는, 중대왕실에 비판적이었던 전통적인 진골귀족세력의 굴레를 벗어나 통일왕국으로서의 새로운 출발을 도모하기 위한 것이었다. 이를 통해 구시대를 청산하고 경주 지역의 토착 귀족세력을 약화시키려 하였다. 그러나 천도가 실패로 돌아감으로써 중대왕실이 경주 중심의 진골귀족세력의 영향력에서 벗어나려는 계획은 수포로 돌아갔고, 새로운 "국가적 상징체제" 수립에도 실패하고 말았다. 달구벌 천도의 실패는 이후 왕권과 무력적 기반을 가진 진골귀족세력의 결탁을 가져옴으로써 신라의 정국에 적지 않은 과제를 남겼다.

고대의 천도에 대한 연구는 주로 그 원인과 함께 천도 이후 나타난 변화에 관심이 경주되었다. 그러나 고구려나 백제, 발해의 경우와는 달리, 신라의 천도 기도는 반대에 직면하여 좌절되고 말았다. 국왕에 의해 천도가 시도되었다 하더라도, 귀족세력과의 합의를 이끌어내지 못할 경우 실패할 수 있음을 보여준 것이다. 다시 말해 신라의 달구벌 천도는 성공한 경우가 아니라 실패한 사례였다는 점에서, 한국고대사에서 또 다른 중요한 의미를 가진다고 하겠다.

The Politics and Power Structure in the Middle Period of Silla

Lee, Youngho

Table of Contents

Abstract

In the history of Silla, the "middle period" was an age when Silla achieved unification of the Three Kingdoms and enjoyed unprecedented prosperity. Based on expanded territory and increased population, the kingdom was at its full glory in terms of politics, economics, social development, and cultural achievements. This study intends to examine the course of political history of the "middle period" and its inherent problems and make clear the actual conditions of power structure from a new perspective.

Samguk sagi (History of the Three Kingdoms) divided the entire history of Silla, which lasted for almost 1,000 years, into three periods: the "early period," the "middle period," and the "late period." This division of Silla history had originated in the Silla people themselves. The "middle period" lasted for 126 years from 654, when King Muyol ascended the throne, to 780, when King Hyegong was killed and succeeded by King Sondok. In the "middle period," King Muyol's successors to the throne were all his direct lineal descendants. On the other hand, in the "early period" and the "late period" the direct line of descent from King Namul took the throne.

Some critics have argued that the division of Silla history made by Samguk sagi was based simply on the change in royal lineages and thus is inaccurate. They have claimed that Silla history should be divided into three periods based on changes in Silla society and presented the year 774, the 11th reign year of King Hyegong, as the starting point of the

424

"late period." Thereafter, while some scholars have suggested the years 647–785, the era from the reign of Queen Chindok to the reign of King Sondok, as the "middle period," others have interpreted the year 760, the 19th reign year of King Kyongdok, as the starting point of the "late period."

Under these circumstances, this study makes clear that in the "middle period" King Muyol's direct line of descent succeeded the throne and therefore we must not change the starting point of the "late period." In other words, when we create the "middle period," we must not revise the division conducted by Samguk sagi arbitrarily. It is obvious that not only the reign years of Queen Chindok, who did not belong to King Muyol's royal family, but those of King Sondok (Kim, Yang–sang), who succeeded King Hyegong as King Songdok's daughter's son, should not be included in the "middle period."

This study also examines whether the periodization of Silla history done by Samguk sagi is valid for us to understand Silla history accurately. After analyzing divisions of Silla history conducted by many historians, this study confirms that the most common periodization of Silla history has been the same as that of Samguk sagi. In short, the "middle period" was the era not only when the direct line of royal descent from King Muyol reigned Silla but Silla's national development reached a certain stage.

As politics in Silla centered on monarchical power, this study analyzes the relationship between royal authority and the power and influence of the high aristocracy in the "middle period" in terms of royal marriages. In the "middle period" kings frequently divorced and remarried, which resulted from the balance of power between the monarchs and the high aristocracy. Earlier kings of the "middle period" seldom changed their consorts. Although they followed the pattern of monogamy, however, later kings frequently did it. For example, King Hyegong had two consorts.

Since the reign of King Songdok, as conflict between the high aristocracy over queenship deepened, royal divorce and remarriage became a common occurrence. As a result, Kim Sun—won during the reign of Kings Songdok and Hyosong and the family of Kim Sun—jong, Kim Ui—ch'ung, and Kim Ong won places for their daughters as kings' consorts and assumed political, economic, and military power.

King Hyegong ascended the throne at the age of 8, and the king's mother ruled Silla as regent. When he began to rule in his own right in the 11th reign year (775), King Hyegong initiated his reform movement to eliminate the influence of maternal relatives. But his reign experienced fierce struggle for power within the true—bone aristocracy, which resulted in the end of the "royal family of the middle period."

By newly analyzing the course of political history of Silla, this study seeks a desirable perspective to well understand politics of the "middle period." It has been generally accepted that the reign of King Hyegong was not only the late era of the "middle period" but the era heralding the beginning of the "late period." Indeed, it was a turning point to divide the "middle period" and the "late period." While the "early period" was characterized as an era of a union of the aristocracy and the "late period" as that of a coalition of the aristocracy, the "middle period" represented an era of autocratic monarchy. This study intends to examine politics of the late "middle period" and answer various questions that the political history of the times posed.

King Kyongdok renamed place names and office titles along Chinese lines in the 16th reign year (757) and the 18th reign year (759), respectively. But in the 12th reign year of King Hyegong (776), the old office titles were restored. This restoration of the old office titles has been understood as the denial of autocratic monarchical rule of the "middle period" by the aristocracy, in that the reign of King Hyegong was a turbulent era infested with fierce struggle for power within the high aristocracy. In the same vein, the renaming of office titles has been regarded as a definite expression of autocratic rule by the monarch. But these existing views overlook the revival of the nokup (stipend villages) system, conducted immediately before the renaming of office titles. As the revival of the nokup means that the aristocracy regained strength, the renaming of office titles was of little importance in terms of consolidation of royal authority.

As for King Kyongdok's reformation represented by renaming of place names and office titles, the existing interpretations paid attention only to restoration of office titles. But we must know that at the time place names were also restored. The restoration of place names and office titles suggested that from the beginning King Kyongdok's reformation was not meaningful. Indeed, about the same time Japan and Parhae also renamed office titles along Chinese lines in 758 and 759, respectively. Furthermore, even in the "late period" renaming of office titles was carried out several times, which demonstrates that the renaming of office titles could not be defined as consolidation of royal authority and that restoration of the old office titles might not be considered the denial of autocratic monarchy.

King Hyegong, the last king of the "middle period," was killed in the vortex of power struggles among the true-bone aristocracy. As to his assassination, old history texts suggest two different kinds of stories. While Samguk sagi recorded that Kim Chi-jong killed the king, Samguk yusa (Memorabilia of the Three Kingdoms), reported that Kim Yang-sang killed him. Without exact examination, the existing studies have presented Kim Yang-sang as the assassin of King Hyegong. Furthermore, they have understood that Kim was the leader of the anti-monarch faction, that the year 774, the 10th reign year of King Hyegong, when Kim was inaugurated as sangdaedung, was the turning point to divide the "middle period" and the "late period," and that subsequently the power of King Hyegong became just nominal.

But these interpretations lack logical soundness. In particular, it is a serious problem that they overlook the inscription on the Ponkdok-sa Bell, cast to posthumously honor King Songdok, as the essential historical material to exactly understand political history of the "middle period." We must not define Kim Yang-sang as the leader of the anti-king faction only based on the records in Samguk yusa. Indeed, before the assassination of King Hyegong, Kim Yang-sang was the very pro-monarch person who suppressed the revolt of Kim Chi-jong. Therefore, the argument that a change of government occurred in 774, the 10th reign year of King Hyegong, seems to lack persuasion, and thus the understanding of Silla history based on the argument basically comes into question.

There has emerged a new interpretation that pays heed to the inscription on the Pongdok—sa Bell. It sees the year 760, the 19th reign year of King Hyegong, as the diverging point between the "middle period" and the "late period." Based on the fact that Kim Ong was more powerful than and superior to Kim Yang—sang (This was overlooked in the past), this view has understood the year when Kim Ong was inaugurated as sijung of the Chipsabu as the dividing point between the "middle period" and the "late period." This study reveals that this interpretation is groundless, because it originates in the view to see Kim Yang—sang as an anti—king person and the 10th reign year of King Hyegong as the turning point.

In short, this study stresses that the following interpretations are all open to question: first, the view to understand the renaming of office titles in the 18th reign year of King Kyongdok and restoration of the old office titles in the 12th reign year of King Hyegong as moves that were closely related to consolidation of and restraint to royal authority and, second, the argument that in the 10th reign year of King Hyegong a change of government took place. Instead, this study seeks to newly interpret the development of political history of the "middle period." More specifically, Kim Ong and Kim Yang—sang, most powerful political figures in the reign of King Hyegong, were not opposed to the king and rather the very men who tried to defend the king's throne.

From these perspectives, this study intend to analyze anew such important power organs of Silla as the aristocratic council of Hwabaek, sangdaedung, the Chipsabu, and chungsi. The existing studies have seen that the holders of sangdaedung, the highest government position in Silla, were opposed to the king as the leader of the aristocracy and were reduced to political "bystanders" in the "middle period." Unlike in the "early period" and the "late period," in the "middle period" the Chipsabu became virtually the highest administrative apparatus and chungsi, the head of the Chipsabu, served in effect as a prime minister. However, at first sangdaedung had not been established in an effect to restrain royal authority. Rather, it had been a symbol of royal authority as a result of consolidation of regal power. Sangdaedung headed the aristocratic council and acted as prime minister. Its status remained intact even in the "middle period."

Based on close blood ties with the monarch, holders of sangdaedung made efforts to safeguard royal authority and became the royal successors in the absence of any legitimate successors. These facts demonstrate that they were not reduced to political figureheads who lost power to chungsi. When we examine the actual conditions of the aristocratic council represented by sangdaedung, the position of the latter was not pitted against monarchy. Seen in the cases of Yisabu and Koch'ilbu, the holders of ministerial posts in the government, including pyongbu—ryong (minister of military affairs), were all taedung, members of the aristocratic council. Viewed in this light, the king and the aristocracy were not confronted with each other. Also, the following facts reveal that the aristocratic council was a pro—monarch organization in nature: new kings ascended the throne in accordance with their predecessors' will and holders of chondaedung, differentiated from taedung, acted as kings' vassals already in the reign of King Chinhung.

In the course of holders of taedung's becoming officials of independent government agencies, the Chipsabu was established to serve the monarch as his personal organ. As to Chipsabu's functions, there have been several opinions. This study presents that the Chisabu was in charge of general affairs in the government, diplomacy, and policy planning, and served as the secretariat to the king. The rank of chungsi, head of the Chisabu, was not different from that of sangdaedung and appointment and dismissal of its holders in the "middle period" were also no different than those in the "early period" or the "late period." After retirement from the post, holders of chungsi became those of sangdaedung or pyongbu-ryong, which means that its position did not surpass that of sangdaedung and that it was not pitted against with sangdaedung.

Based on the new interpretations, specifically on the functions of chungsi, this study examines the argument that the "middle period" was an era of autocratic monarchy. It emphasizes that although royal authority was strengthened in the "middle period" compared with that in the "early period" or the "late period," the period was not an era when the king exercised autocratic power.

As part of understanding the nature of former holders of sangdaedung and chungsi, this study pursues to analyze the songjon sawon, overlooked in the existing studies. The songjon sawon was Buddhist temples where the songjon, a government office, was established and therefore were a sort of royal temples also seen in China and Japan. They were built in accordance with wishes of the king and queen and located in the center of the capital. Their construction was completed toward the 4th reign year of King Sinmun (684), the early era of the "middle period."

Parts of the officials of the songjon are confirmed in inscriptions. Kim Ong and Kim Yang-sang in the late "middle period" and Kim

Wi-hong in the "late period" acted as chief of the agency. They were all close relatives of the king as a maternal uncle, a cousin by king's father's sister, and king's younger brother, and were holders of highest posts of the day, such as pyongbu-ryong, sukjongdae-ryong, and sangjaesang. Also, they served as sangdaedung or chungsi (sijung). These facts show that these powerful political figures were not opposed to the king or not anti-monarchical persons who imposed restraint on exercise of royal authority.

The songjon sawon acted as wondang (entreating hall) to offer sacrifice to kings' ancestors. In principle, the songjon sawon had five sites, supposed to have been facilities for worship of the kings' progenitor and his four direct descendants. Also, the songjon sawon functioned as a pivotal organ to control Silla Buddhism. Inferred from such missions of the songjon sawon, this study reveals that Kim Ong and Kim Yang-sang in the reign of King Hyegong and Kim Wi-hong in the reign of King Kyongmun served to promote interests of the king respectively and that their roles were closely related to their careers as holders of sangdaedung, chungsi (sijung), or pyongbu-ryong.

As a result of the above mentioned analyses of political organization, it is hard to believe that in the "middle period" the king and chungsi of the Chipsabu were pitted against the aristocratic council and its leader, sangdaedung. Rather, chungsi and sangdaedung cooperated with each other. Specifically, while the Chipsabu planned national policies, the aristocratic council deliberated and decided them. Sangdaedung did not represent the high aristocracy and instead led policy-decision at the aristocratic council on behalf of the king. On king's ratification, the decision made at the

432

aristocratic council came into effect as policies. The policies were transmitted to appropriate government agencies and then were executed. In sum, the peculiar power structure of the "middle period" might be an inevitable consequence of the fact that taedung, members of the aristocratic council, were all true—bone aristocrats, as was the king. It could be also characterized as a paragon of monarch—centered government under the bone—rank system of Silla.

Supplement

The Moving of the Silla Capital to Talgubol

Silla is said to have been a unique nation that had only one capital site located in present—day Kyongju, in its 1,000—year long history. In one occasion, however, in the reign of King Sinmun the kingdom attempted to move its capital to Talgubol. The king's plan to transfer the Silla capital was closely related to the political situation immediately after Silla's unification of the Three Kingdoms. After King Sinmun's accession to the throne, there was an abortive coup led by Kim Hum—dol, the father of his first queen. The riot resulted from complaints of the traditional true—bone aristocracy against the king's consolidation of royal authority. Although the coup was quelled, their complaints did not vanished. Under these circumstances, King Sinmun planned to move his kingdom's capital westward to Talgubol. In 689, however, the king's move to transfer Silla's capital finally ended in failure.

It is commonly known that the project to transfer the Silla capital to Talgubol was planned in the reign of King Sinmun, but it is presumed that the plan was first made in the late period of King Munmu. The project to move the capital was in earnest toward the 6th reign year of Sing Sinmun (686), after he established nine provinces and five "secondary capitals." The king decided Talgubol, present—day Taegu, as the site for a new capital. The Chipsabu was in charge of construction of the new capital, and chungsi served as the person in charge to complete the project.

Talgubol was chosen as the new capital not only because it was geographically in a favorable situation for a new capital, but it had advantages to satisfy purposes of the capital—transfer. As soon as the project to move the capital to Talgubol was known, it met stiff opposition by the true—bone aristocracy who feared losing their power base caused by the capital—moving. Therefore, the plan to transfer Silla's capital was put into practice only for a short period of time (three years), and the grand project ultimately ended in failure.

King Sinmun's failed attempt to move Silla's capital foiled the king's efforts to restrain the influence of the true—bone aristocracy that had established their power in Kyongju. The king also failed in establishing a new "national iconography." King Sinmun's failure in his design to transfer the capital left many aftereffects in subsequent Silla politics. In sum, King Sinmun's abortive attempt to move the Silla capital to Talgubol was a rare case in ancient Korean history, and it had many significant historical implications.

참고문헌

1. 자 료

1) 국 내

《三國史記》(李丙燾 校勘 및 國譯), 乙酉文化社, 1977.

《三國遺事》(李丙燾 原文并譯註), 廣曺出版社, 1977.

《新訂 三國遺事》(崔南善 編), 民衆書林, 1983.

《高麗史》, 亞細亞文化社, 1976.

《世宗實錄》 地理志, 國史編纂委員會, 1986.

《東史綱目》, 민족문화추진회, 1989.

《新增東國輿地勝覽》, 明文堂, 1959.

《邑誌》(慶尙道), 亞細亞文化社, 1983.

《東京雜記》, 朝鮮光文會, 1913.

《新羅國四山碑銘》(서울大圖書館 所藏本, 필사본)

《孤雲集》(祇林寺藏寫本 : 朝鮮總督府博物館 慶州分館寫), 1933.

《梵宇考》(啓明大圖書館 所藏本, 필사본)

《十句章圓通記》(均如 撰)(《韓國佛敎全書》4), 동국대학교 출판부, 1982.

《朝鮮金石總覽(上)》, 朝鮮總督府, 1919.

《韓國金石全文》 古代·中世(上)(許興植 編), 亞細亞文化社, 1984.

《韓國金石遺文》(黃壽永 編), 一志社, 1976; 增補版, 1978.

《譯註 韓國古代金石文》 Ⅱ·Ⅲ(韓國古代社會研究所 編), 駕洛國史蹟開發研究院, 1992.

俞吉濬, 《俞吉濬全書》 3(歷史篇), 一潮閣, 1971.

鄭求福 外, 《譯註 三國史記》 5권, 한국정신문화연구원, 1997~1998.

金載元·尹武炳, 《感恩寺址發掘調査報告書》(國立博物館特別調査報告 2), 乙酉文化社, 1961.

李明植·李熙敦, 《慶山 龍山城 地表調査報告書》, 대구대학교박물관, 1993.

한국정신문화연구원, 《한국민족문화대백과사전》 권16, 1991.

翰林大 翰林科學院, 〈第3回 韓國史의 爭點 세미나 速記錄〉, 《韓國史上의 政治形態》 一潮閣, 1993.

2) 국 외

《漢書》, 景仁文化社, 1975.

《魏書》, 景仁文化社, 1975.

《新唐書》, 景仁文化社, 1975.

《舊唐書》, 景仁文化社, 1975.

《資治通鑑》, 世界書局, 1977.

《唐會要》, 世界書局, 1960.

《册府元龜》, 中華書局, 臺灣, 1960.

《日本書紀》, 岩波書店, 1967.

《續日本紀》Ⅰ·Ⅱ, 岩波書店, 1989·1990.

《續日本後紀》, 吉川弘文館, 1979.

《日本三代實錄》, 吉川弘文館, 1979.

《海東金石苑》, 二銘草堂校刊, 1882;《石刻史料新編》, 新文豊出版公司, 臺北, 1977.

《海東金石苑》, 嘉業堂, 1932;《石刻史料新編》, 新文豊出版公司, 臺北, 1977; 서울, 亞細亞文化社, 1976.

《論語》(明文堂)

《十三經注疏》(藍燈文化事業公司)

《文苑英華》(嶺南大圖書館 所藏本)

京都大學文學部 國史研究室, 《改訂增補 日本史辭典》, 東京創元社, 1960.

諸橋轍次, 《大漢和辭典》, 大修館書店, 1959.

遠藤元男, 《日本古代史事典》, 朝倉書店, 1974.

日中民族科學硏究所, 《中國歷代職官辭典》, 國書刊行會, 1980.

Dictionary of The History of Ideas, Charles Scribner`s sons, New York, 1978.

International Encyclopedia of the Social Sciences, The Macmillan Company & The
       Free Press, 1968.

井上秀雄 譯注, 《三國史記》 1(東洋文庫 372), 平凡社, 1982.

2. 저 서

1) 국 내

姜晋哲, 《韓國中世土地所有硏究》, 一潮閣, 1989.

권영오, 《新羅下代 政治史 硏究》, 혜안, 2011.

金相鉉, 《新羅華嚴思想史硏究》, 民族社, 1991.

김상현, 《신라의 사상과 문화》, 一志社, 1999.

金壽泰, 《新羅中代政治史硏究》, 一潮閣, 1996.

金英美, 《新羅佛敎思想史硏究》, 民族社, 1994.

金煐泰, 《三國遺事所傳의 新羅佛敎思想硏究》, 新興出版社, 1979.

金瑛河, 《韓國古代社會의 軍事와 政治》, 高麗大學校 民族文化硏究院, 2002.

金麟坤, 《韓國政治論》, 以文社, 1987.

김재경, 《신라 토착신앙과 불교의 융합사상사 연구》, 民族社, 2007.

金昌謙, 《新羅 下代 王位繼承硏究》, 景仁文化社, 2003.

金哲埈, 《韓國古代史硏究》, 서울大出版部, 1990.

_____, 《韓國古代社會硏究》, 서울大出版部, 1990.

盧鏞弼, 《新羅眞興王巡狩碑硏究》, 一潮閣, 1996.

盧重國, 《百濟政治史硏究》, 一潮閣, 1988.

大邱府, 《大邱府史》, 行政學會印刷所 印刷, 1943.

대구·경북역사연구회, 《역사 속의 대구, 대구 사람들》, 중심, 2001.

大邱市史編纂委員會, 《大邱市史》 제1권(通史), 大邱廣域市, 1995.

文暻鉉, 《新羅史硏究》, 경북대학교출판부, 1983.

_____, 《高麗 太祖의 後三國統一硏究》, 螢雪出版社, 1987.

_____, 《增補 新羅史硏究》, 참, 2000.

문명대, 《圓音과 古典美 ―統一新羅 佛敎彫刻史硏究(上)―》, 예경, 2003.

_____, 《圓音과 寂照美 ―統一新羅 佛敎彫刻史硏究(下)―》, 예경, 2003.

朴南守, 《新羅手工業史》, 신서원, 1996.

_____, 《신라 화백제도와 화랑도》, 주류성, 2013.

朴方龍, 《新羅 都城》, 학연문화사, 2013.

박영규, 《조선의 왕실과 외척》, 김영사, 2002.

朴海鉉, 《新羅中代 政治史硏究》, 국학자료원, 2003.

白尙健, 《政治思想史》, 一潮閣, 1966.

申瀅植, 《三國史記硏究》, 一潮閣, 1981.

_____, 《韓國古代史의 新硏究》, 一潮閣, 1984.

_____, 《新羅史》, 梨花女大出版部, 1985.

_____, 《統一新羅史硏究》, 三知院, 1990.

安啓賢, 《新羅佛敎思想史硏究》, 東國大出版部, 1983.

柳奭佑 外, 《慶州市誌》, 慶州市, 1971.

李基東, 《新羅 骨品制社會와 花郞徒》, 一潮閣, 1984.

_____, 《新羅社會史硏究》, 一潮閣, 1997.

李基白, 《新羅政治社會史硏究》, 一潮閣, 1974.

_____, 《新羅思想史硏究》, 一潮閣, 1986.

_____, 《韓國史新論》, 一潮閣, 1967; 改正版, 1976; 新修版, 1990.

_____, 《韓國古代政治社會史硏究》, 一潮閣, 1996.

李基白·李基東, 《韓國史講座》 古代篇, 一潮閣, 1982.

李德星, 《朝鮮古代社會硏究》, 正音社, 1949.

李明植, 《新羅政治史硏究》, 瑩雪出版社, 1992.

李文基, 《新羅兵制史硏究》, 一潮閣, 1997.

李丙燾, 《韓國史》 古代篇, 乙酉文化社, 1959.

_____, 《韓國古代史硏究》, 博英社, 1976; 개정판, 1985.

李仁哲, 《新羅政治制度史硏究》, 一志社, 1993.

_____, 《신라정치경제사연구》, 일지사, 2003.

이정숙, 《신라 중고기 정치사회연구》, 혜안, 2012.

李鍾旭, 《新羅上代王位繼承硏究》, 嶺南大學校 出版部, 1980.

438

_____, 《新羅國家形成史研究》, 一潮閣, 1882.

李鍾學, 《新羅花郎軍事史研究》, 서라벌군사연구소, 1995.

李昊榮, 《韓國古代史의 理解》, 螢雪出版社, 1979.

_____, 《新羅三國統合과 麗濟敗亡原因研究》, 書景文化社, 1997.

李弘稙, 《韓國古文化論攷》, 乙酉文化社, 1954.

_____, 《韓國古代史의 研究》, 新丘文化社, 1971.

李喜寬, 《統一新羅 土地制度研究》, 一潮閣, 1999.

李熙德, 《韓國古代 自然觀과 王道政治》, 혜안, 1999.

임기환 외, 《한국의 도성 —都城 造營의 傳統—》, 서울시립대, 2003.

任德淳, 《政治地理學原論》, 一志社, 1974.

_____, 《政治經濟學原理》, 法文社, 1989.

전기웅, 《新羅의 멸망과 景文王家》, 혜안, 2010.

全德在, 《新羅六部體制研究》, 一潮閣, 1996.

田鳳德, 《韓國法制史研究》, 서울大出版部, 1968.

鄭杜熙, 《朝鮮時代의 臺諫研究》, 一潮閣, 1994.

정병삼, 《의상 화엄사상 연구》, 서울대학교출판부, 1998.

趙二玉, 《統一新羅의 北方進出 研究》, 書景文化社, 2001.

朱甫暾, 《新羅 地方統治體制의 整備過程과 村落》, 신서원, 1998.

_____, 《금석문과 신라사》, 지식산업사, 2002.

崔在錫, 《韓國家族制度史研究》, 一志社, 1983.

_____, 《統一新羅·渤海와 日本의 關係》, 一志社, 1993.

韓國佛敎研究院, 《新羅의 廢寺》 Ⅰ, 一志社, 1974.

許興植, 《高麗佛敎史研究》, 一潮閣, 1986.

홍희유, 《조선중세수공업사연구》, 과학백과사전출판부, 1978; 지양사, 1989.

황선영, 《나말여초 정치사회사연구》, 국학자료원, 2002.

黃壽永, 《韓國의 佛敎美術》, 同和出版公司, 1974.

경주시·신라문화선양회, 《新羅王京研究》(《新羅文化祭學術發表會論文集》 16), 1995.

2) 국 외

白南雲, 《朝鮮社會經濟史》, 改造社, 1933.

李成市, 《古代東アジアの民族と國家》, 岩波書店, 1998.

王金林,《奈良文化と唐文化》, 六興出版, 1988.

飯本信之,《政治地理學研究(上)》, 中興館, 1935.

池內宏,《滿鮮史硏究》上世 第二册, 吉川弘文館, 1960.

井上薰,《奈良朝佛教史の硏究》, 吉川弘文館, 1966.

井上秀雄,《古代朝鮮》, 日本放送出版協會, 1972.

＿＿＿,《古代韓國史》(譯本), 日新社, 1975.

＿＿＿,《新羅史基礎硏究》, 東出版, 1974.

井上光貞,《日本古代國家の硏究》, 岩波書店, 1965.

今西龍,《新羅史硏究》, 近澤書店, 1933.

葛城末治,《朝鮮金石攷》, 大阪屋號書店, 1933.

岸俊男,《藤原仲麻呂》, 吉川弘文館, 1980.

木村誠,《古代朝鮮の國家と社會》, 吉川弘文館, 2004.

龜田 博,《日韓古代宮都の硏究》, 學生社, 2000.

倉本一宏,《日本古代國家成立期の政權構造》, 吉川弘文館, 1997.

末松保和,《新羅史の諸問題》, 東洋文庫, 1954.

鈴木靖民,《古代對外關係史の硏究》, 吉川弘文館, 1985.

田村圓澄,《飛鳥佛教史硏究》, 塙書房, 1969.

塚本善隆,《支那佛教史硏究》北魏篇, 淸水弘文堂, 1942.

＿＿＿,《日支佛教交涉史硏究》, 弘文堂書房, 1944.

角田文衛,《國分寺と古代寺院》, 法藏館, 1985.

浜田耕策,《新羅國史の硏究: 東アジア史の視点から》, 吉川弘文館, 2002.

藤田良策,《朝鮮學論攷》, 藤田先生紀念事業會, 1963.

三品彰英,《三國遺事考証(中)》, 塙書房, 1979.

道端良秀,《唐代佛教史の硏究》, 法藏館, 1957.

村上四男,《朝鮮古代史硏究》, 開明書院, 1976.

몽테스키외 지음·李泳禧 譯,《法의 精神》1, 학원출판사, 1984.

칼 A.비트포젤 지음·具宗書 譯,《東洋的 專制主義 ―總體的 權力의 比較硏究―》,
　　　法文社, 1991.

K.-A. 베슬러 지음·安在鶴 譯,《政治地理學》, 명보문화사, 1995.

헤겔 지음·金淙鎬 譯,《歷史哲學講義》1, 삼성출판사, 1982.

3. 논 문

1) 국 내

姜鳳龍, 〈신라통일기의 지배체제〉, 《역사와 현실》 14, 1994.

姜聲媛, 〈新羅 및 統一新羅時代의 婚姻 풍속〉, 《白山學報》 52, 1999.

權惠永, 〈悲運의 新羅 遣唐使들 ―金仁問을 중심으로―〉, 《新羅文化祭學術發表會論文集》 15(신라의 대외관계사연구), 1994.

_____, 《新羅遣唐使研究》, 한국정신문화연구원 박사학위논문, 1996.

權純馨, 《高麗時代 婚姻制度 研究》, 이화여자대학교 대학원 박사학위논문, 1997.

權英五, 〈新羅 元聖王의 즉위 과정〉, 《釜大史學》 19, 1995.

金基興, 〈桃花女·鼻荊郎 설화의 역사적 진실〉, 《韓國史論》 40·41합집, 서울대, 1999.

金東洙, 〈新羅 憲德·興德王代의 改革政治 ―특히 興德王 九年에 頒布된 諸規定의 政治的 背景에 대하여―〉, 《韓國史研究》 39, 1982.

金杜珍, 〈統一新羅의 歷史와 思想〉, 《傳統과 思想》 2, 1986.

金相鉉, 〈萬波息笛 說話의 形成과 意義〉, 《韓國史研究》 34, 1981.

金世潤, 〈新羅 下代의 渡唐留學生에 대하여〉, 《韓國史研究》 37, 1982.

金壽泰, 《新羅 中代 專制王權과 眞骨貴族》, 西江大 大學院 博士學位論文, 1991.

_____, 〈新羅 神文王代 專制王權의 확립과 金欽突亂〉, 《新羅文化》 9, 1992.

_____, 〈文武王〉, 《韓國史市民講座》 13, 1993.

金若秀, 〈獐山城 位置考〉, 《慶山文學》 2, 1986.

_____, 〈慶山地域 土城址와 獐山城 위치에 대하여〉, 《鄕土史研究》 9, 1997.

金英美, <聖德王代 專制王權에 대한 一考察 ―甘山寺 彌勒像·阿彌陀像銘文과 관련하여―>《梨大史苑》22·23합집, 1988.

金瑛河, 《三國時代 王의 統治形態 研究》, 高麗大 大學院 博士學位論文, 1988.

_____, 〈5·6세기 新羅國家의 發達〉, 《한국고대사연구회회보》 11, 1989.

_____, 〈古代 遷都의 역사적 의미〉, 《고대 동아시아의 遷都》(제17회 한국고대사학회 합동토론회 국제학술대회 요지문), 2004.

金貞淑, 〈金周元世系의 成立과 그 變遷〉, 《白山學報》 28, 1984.

金在庚,〈新羅의 密敎 受容과 그 性格〉,《大丘史學》14, 1978.

_____,〈新羅 景德王代 佛敎界의 動向〉,《慶北工業專門大學論文集》17, 1980.

_____,〈新羅 阿彌陀信仰의 성립과 그 배경〉,《韓國學報》29, 1982.

_____,〈新羅 中代 華嚴信仰의 社會的 役割〉,《震檀學報》73, 1992.

金昌謙,《新羅下代王位繼承研究》, 成均館大 大學院 博士學位論文, 1993.

金晧東,〈崔殷含-承老 家門에 관한 研究 —新羅六頭品家門의 高麗門閥貴族化 過程의 一例—〉,《嶠南史學》2, 1986.

金羲滿,〈新羅 神文王代의 政治狀況과 兵制〉,《新羅文化》9, 1992.

나희라,〈新羅의 卽位儀禮〉,《韓國史研究》116, 2002.

盧鏞弼,《新羅眞興王巡狩碑研究》, 西江大 大學院 博士學位論文, 1994.

盧重國,〈百濟王室의 南遷과 支配勢力의 變遷〉,《韓國史論》4, 서울대, 1978.

_____,〈신라 통일기 九誓幢의 성립과 그 성격〉,《韓國史論》41·42합집, 1999.

盧泰敦,〈三國의 成立과 發展〉,《한국사》2, 국사편찬위원회, 1978.

_____,〈統一期 貴族의 經濟基盤〉,《한국사》3, 국사편찬위원회, 1978.

文暻鉉,〈三國統一과 新金氏家門 —金庾信 祖孫四代의 貢獻—〉,《軍史》2, 1981.

_____,〈武烈王體制의 成立〉,《新羅文化祭學術發表會論文集》8, 1987.

_____,〈殉敎聖人 異次頓考〉,《不聞聞》창간호, 1990.

_____,〈新羅 朴氏의 骨品에 대하여〉,《歷史敎育論集》13·14합집, 1990.

_____,〈神武王의 登極과 金昕〉,《西巖 趙恒來敎授華甲紀念 韓國史學論叢》, 1992.

_____,〈新羅王京攷〉,《新羅文化祭學術發表會論文集》16(新羅王京研究), 1995.

文明大,〈新羅 法相宗(瑜伽宗)의 成立問題와 그 美術 —甘山寺 彌勒菩薩像 및 阿彌陀佛像과 그 銘文을 중심으로—(上)〉,《歷史學報》62, 1974.

_____,〈新羅 神印宗의 研究〉,《震檀學報》41, 1976.

朴南守,〈新羅 和白會議 關係記事의 檢討〉,《何石 金昌洙敎授華甲紀念史學論叢: 歷史學의 諸問題》, 1992.

_____,〈신라 화백회의의 기능과 성격〉,《水邨 朴永錫敎授華甲紀念 韓國史學論叢(上)》, 探究堂, 1992.

_____,〈新羅 僧官制의 再檢討〉,《伽山學報》4, 1995.

朴方龍,〈新羅 都城 研究〉, 동아대 대학원 박사학위논문, 1998.

朴海鉉,〈新羅 孝成王代 政治勢力의 推移 —孝成王의 卽位過程을 중심으로—〉,《歷史學研究》12, 1993.

442

_____, 《新羅中代政治勢力硏究》, 전남대 대학원 박사학위논문, 1996.

_____, 〈新羅 中代 王權의 성립과 神文王의 王權强化〉, 《湖南文化硏究》 23, 1996.

_____, 〈신라 경덕왕대의 외척세력〉, 《韓國古代史硏究》 11, 1996.

_____, 〈新羅 惠恭王代 貴族勢力과 中代 王權〉, 《全南史學》 11, 1997.

朴洪國, 〈慶州地方에서 出土된 文字銘瓦〉, 《全國大學生學術發表論文集》(人文分野) 5, 高麗大, 1980.

邊善雄, 〈皇龍寺 9層塔誌의 硏究 ―成典과 正法典 문제를 중심으로―〉, 《國會圖書館報》 10~10, 1973.

邊太燮, 〈廟制의 變遷을 통하여 본 新羅社會의 發展過程〉, 《歷史敎育》 8, 1964.

_____, 〈丹陽眞興王拓境碑의 建立年代와 性格〉, 《史學志》 12, 1978.

徐榮敎, 〈九誓幢 완성 배경에 대한 新考察 ―羅唐戰爭의 餘震―〉, 《韓國古代史硏究》 18, 2000.

徐恩淑, 〈新羅 中古·中代 王室婚姻考〉, 경북대 석사학위논문, 1977.

徐毅植, 〈古代·中世初 支配勢力硏究의 動向과 《국사》敎科書의 敍述〉, 《歷史敎育》 45, 1989.

申明鎬, 〈宣祖末·光海君初의 政局과 外戚〉, 한국정신문화연구원 석사학위논문, 1993.

辛鍾遠, 〈新羅 五臺山事蹟과 聖德王의 卽位背景〉, 《崔永禧先生華甲紀念 韓國史學論叢》, 探究堂, 1987.

申採湜, 〈宋 이후의 皇帝權〉, 《東亞史上의 王權》, 한울, 1993.

辛兌鉉, 〈新羅 職官 및 軍制의 硏究〉, 《新興大學校論文集》 2, 1959.

申瀅植, 〈新羅王位繼承考〉, 《惠庵 柳洪烈博士華甲紀念論叢》, 探究堂, 1969.

_____, 〈統一新羅와 渤海〉, 《韓國史論》 23, 국사편찬위원회, 1993.

_____, 〈新羅史의 時代區分 問題〉, 《韓國史의 時代區分에 관한 硏究》, 한국정신문화연구원, 1995.

梁起錫, 〈百濟 腆支王代의 政治的 變革〉, 《湖西史學》 10, 1982.

_____, 《百濟專制王權成立過程硏究》, 檀國大 大學院 博士學位論文, 1990.

_____, 〈百濟 聖王代의 政治改革과 그 性格 ―專制王權의 成立問題와 관련하여―〉, 《韓國古代史硏究》 4, 1991.

_____, 〈韓國 古代의 中央政治 ―百濟 專制王權의 成立問題를 중심으로―〉, 《國史館論叢》 21, 1991.

尹容鎭, 〈大邱의 沿革과 관련된 古代記錄 小考〉, 《東洋文化硏究》 2, 慶北大,

1975; 《鄕土文化》 7, 1992.

尹弘基, 〈風水地理說의 本質과 起源〉, 《韓國史市民講座》 14, 1994.

_____, 〈풍수지리의 기원과 한반도로의 도입시기를 어떻게 볼 것인가〉, 《韓國學報》 79, 1995.

李景植, 〈古代·中世의 食邑制의 構造와 展開〉, 《孫寶基博士停年紀念 韓國史學論叢》, 知識産業社, 1988.

_____, 〈古代·中世初 經濟制度研究의 動向과 《국사》 教科書의 敍述, 《歷史教育》 45, 1989.

李基東, 〈新羅社會와 佛教 ―國家權力과 身分制社會와의 관련에서―〉, 《佛教와 諸科學》, 동국대, 1987.

_____, 〈新羅 興德王代의 政治와 社會〉, 《國史館論叢》 21, 1991.

_____, 〈新羅 聖德王代의 政治와 社會 ―君子國의 內部事情―〉, 《歷史學報》 160, 1998.

李基白, 〈丹陽赤城碑 發見의 意義와 王教事 部分의 檢討〉, 《史學志》 12, 1978.

_____, 〈韓國學研究 半世紀 ―古代史―〉, 《震檀學報》 57, 1984.

_____, 〈新羅 專制政治의 成立〉, 《韓國史 轉換期의 문제들》, 지식산업사, 1993.

_____, 〈統一新羅時代의 專制政治〉, 《韓國史上의 政治形態》, 一潮閣, 1993.

李道學, 〈百濟 泗沘 遷都의 再檢討〉, 《東國史學》 39, 2003.

李萬烈, 〈回顧와 展望 ―古代―〉, 《韓國史研究彙報》 9, 1975.

李文基, 〈新羅 眞興王代 臣僚組織에 대한 一考察〉, 《大丘史學》 20·21합집, 1982.

_____, 〈新羅 中古의 國王近侍集團〉, 《歷史教育論集》 5, 1983.

_____, 〈新羅時代의 兼職制〉, 《大丘史學》 26, 1984.

_____, 《新羅 中古期 軍事組織 研究》, 慶北大 大學院 博士學位論文, 1991.

_____, 〈新羅末 大邱地域 豪族의 實體와 그 行方 ―<新羅壽昌郡護國城八角燈樓記>의 分析을 통하여―〉, 《鄕土文化》 9·10합집, 1995.

_____, 〈新羅 金氏王室의 少昊金天氏 出自觀念의 標榜과 그 變化〉, 《歷史教育論集》 22·23합집, 1999.

_____, 〈新羅 五廟制의 成立과 그 背景〉, 《韓國古代史와 考古學》(鶴山 金廷鶴博士頌壽紀念論叢), 학연문화사, 2000.

李英愛, 〈新羅中代王權과 奉德寺, 聖德大王神鍾〉, 경희대 석사학위논문, 2001.

李泳鎬, 〈新羅 中代 王室寺院의 官寺的 機能〉, 《韓國史研究》 43, 1983.

444

_____, 〈新羅 文武王陵碑의 再檢討〉, 《歷史教育論集》 8, 1986.

_____, 〈新羅 惠恭王代 政變의 새로운 解釋〉, 《歷史教育論集》 13·14합집, 1990.

_____, 〈新羅 惠恭王 12年 官號復故의 意味 ―소위"中代 專制王權"說의 一檢討―〉, 《大丘史學》 39, 1990.

_____, 〈新羅 貴族會議와 上大等〉, 《韓國古代史研究》 6, 1993.

_____, 〈新羅 成典寺院의 成立〉, 《新羅文化祭學術發表會論文集》 14, 1993.

_____, 《新羅 中代의 政治와 權力構造》, 慶北大學校 大學院 博士學位論文, 1995.

_____, 〈新羅 執事部의 設置와 中侍〉, 《國史館論叢》 69, 1996.

_____, 〈新羅의 王權과 貴族社會 ―중대 국왕의 혼인 문제를 중심으로―〉, 《新羅文化》 22, 2003.

_____, 〈大邱地域의 古代 佛教 ―八公山을 중심으로―〉, 《尙州文化研究》 13, 상주대, 2003.

이왕무, 〈조선 후기 순조의 擧動과 幸行에 대한 연구〉, 《淸溪史學》 18, 2003.

李仁哲, 〈新羅 中代의 政治形態〉, 《韓國學報》 77, 1994.

李載昌, 〈三國史記 佛教鈔存·附註〉, 《佛教學報》 2, 1964.

李晶淑, 〈新羅 眞平王代의 政治的 性格 ―所謂 專制王權의 成立과 關聯하여―〉, 《韓國史研究》 52, 1986.

_____, 《新羅 眞平王代의 王權 研究》, 梨花女子大學校 大學院 博士學位論文, 1995.

李鍾旭, 〈三國遺事 竹旨郎條에 대한 一考察〉, 《韓國傳統文化研究》 2, 1986.

_____, 〈百濟 初期史 研究史料의 性格〉, 《百濟研究》 17, 1986.

李鍾哲·皇甫明, 〈韓國 古代의 性文化〉, 《강좌 한국고대사》 8(고대인의 정신세계), 가락국사적개발연구원, 2002.

李鍾恒, 〈和白〉, 《國民大論文集》, 1972.

_____, 〈新羅 上古의 官位制의 性格에 대하여〉, 《國民大論文集》(인문과학편) 7, 1974.

李昊榮, 〈新羅 中代王室과 奉德寺〉, 《史學志》 8, 1974.

_____, 〈聖德大王神鍾銘 解釋에 대한 몇 가지 문제〉, 《考古美術》 125, 1975.

李喜寬, 《統一新羅 土地制度研究》, 西江大 大學院 博士學位論文, 1994.

_____, 〈新羅의 支配體制와 관련된 몇 가지 論爭点에 대한 檢討〉, 《韓國古代史論叢》 7, 1995.

임기환, 〈報德國考〉, 《강좌 한국고대사》 10, 가락국사적개발연구원, 2003.

全基雄, 〈新羅 下代末의 政治社會와 景文王家〉, 《釜山史學》 16, 1989.

_____, 〈新羅 下代의 花郎勢力〉, 《新羅文化》 10·11합집, 1994.

全德在, 《新羅六部體制研究》, 서울大 大學院 博士學位論文, 1994.

_____, 〈新羅 中代 對日外交의 推移와 眞骨貴族의 動向 ―聖德王~惠恭王代를 중심으로―〉, 《韓國史論》 37, 서울大 국사학과, 1997.

_____, 〈新羅 6部名稱의 語義와 그 位置〉, 《慶州文化研究》 창간호, 1998.

鄭炳三, 《義湘華嚴思想研究》, 서울大 大學院 博士學位論文, 1991.

_____, 〈통일신라 금석문을 통해 본 僧官制度〉, 《國史館論叢》 62, 1995.

鄭容淑, 〈新羅 善德王代의 政局動向과 毗曇의 亂〉, 《李基白先生古稀紀念 韓國史學論叢(上)》, 一潮閣, 1994.

丁仲煥, 〈金庾信(595~673)論〉, 《歷史와 人間의 對應 ―高柄翊先生回甲紀念史學論叢―》, 동 간행위원회, 1984.

趙二玉, 〈新羅 聖德王代 對唐外交政策研究〉, 《梨花史學研究》 19, 1990.

_____, 〈統一新羅 景德王代의 專制王權과 祿邑에 대한 再解釋〉, 《東洋古典 研究》 1, 1993.

朱甫暾, 〈新羅 中古의 地方統治組織에 대하여〉, 《韓國史研究》 23, 1979.

_____, 〈新羅時代의 連坐制〉, 《大丘史學》 25, 1984.

_____, 〈丹陽新羅赤城碑의 再檢討〉, 《慶北史學》 7, 1984.

_____, 〈統一期 新羅 地方統治體制의 整備와 村落構造의 變化〉, 《大丘史學》 37, 1987.

_____, 〈新羅 中古期 6停에 대한 몇 가지 問題〉, 《新羅文化》 3·4합집, 1987.

_____, 〈6세기 初 新羅王權의 位相과 官等制의 成立〉, 《歷史敎育論集》 13·14합집, 1990.

_____, 〈三國時代의 貴族과 身分制 ―新羅를 中心으로―〉, 《韓國社會發展史論》, 一潮閣, 1992.

_____, 〈金春秋의 外交活動과 新羅內政〉, 《韓國學論集》 20, 啓明大 韓國學研究院, 1993.

_____, 〈毗曇의 亂과 宣德王代 政治運營〉, 《李基白先生古稀紀念 韓國史學論叢(上)》, 一潮閣, 1994.

_____, 〈남북국시대의 지배체제와 정치〉, 《한국사》 3, 한길사, 1994.

_____, 〈新羅의 達句伐遷都 企圖와 金氏集團의 由來〉, 《白山學報》 52, 1999.

蔡尚植,〈新羅統一期의 成典寺院의 구조와 기능〉,《釜山史學》8, 1984.

崔光植,〈新羅의 佛敎 傳來·受容·公認〉,《新羅文化祭學術發表會論文集》12, 1991.

崔柄憲,〈新羅 下代 禪宗九山派의 成立〉,《韓國史研究》7, 1972;《韓國史論文選集》古代篇, 一潮閣, 1976.

_____,〈道詵의 生涯와 羅末麗初의 風水地理說〉,《韓國史研究》11, 1975.

최홍조,〈神文王代 金欽突 亂의 재검토〉,《大丘史學》58, 1999.

추만호,〈심원사 수철화상 능가보월탑비의 금석학적 분석〉,《역사민속학》1, 1991.

河日植,〈新羅 統一期의 王室 直轄地와 郡縣制 ─菁堤碑 貞元銘의 力役運營 事例分析─〉,《東方學志》97, 연세대 국학연구원, 1997.

洪起子,〈新羅 下代 讀書三品科 研究〉, 全南大 大學院 碩士學位論文, 1990.

洪思俊,〈奉德寺梵鍾考〉,《梵鍾》1, 1978.

洪承基,〈弓裔王의 專制的 王權의 追求〉,《擇窩 許善道先生停年紀念 韓國史學論叢》, 一潮閣, 1992.

홍완표·권순형,〈고대의 혼례식과 혼인 규제〉,《安城産業大學校論文集》30~32, 1998.

黃善榮,〈新羅 武烈王家와 金庾信家의 嫡庶問題〉,《釜山史學》9, 1985.

_____,〈新羅 下代 官僚制에 대한 一考察〉,《東義史學》6, 1991.

黃壽永,〈新羅 崇福寺碑片〉,《考古美術》제2권 제9호(통권 14호), 1961.

2) 국외

李成市,〈新羅中代の國家と佛敎〉,《東洋史研究》42~3, 1983.

石上英一,〈古代における日本の税制と新羅の税制〉,《古代朝鮮と日本》, 龍溪書舍, 1974.

井上秀雄,〈朝鮮·日本における國家の成立〉,《岩波講座世界歷史》6, 1971.

木村誠,〈6世紀新羅における骨品制の成立〉,《歷史學研究》428, 1976.

_____,〈新羅の祿邑制と村落構造〉,《歷史學研究》別冊《世界史の新局面と歷史像の再檢討》, 1976.

_____,〈新羅の宰相制度〉,《人文學報》118, 東京都立大學, 1977.

_____,〈新羅上大等の成立過程 ─'上臣'史料の檢討─〉,《古代東アジア史論集(上)》, 吉川弘文館, 1978.

_____,〈統一新羅の郡縣制と浿江地方經營〉,《朝鮮歷史論集(上)》, 龍鷄書舍, 1979.

_____, 〈統一新羅の官僚制〉, 《東アジア世界における日本古代史講座》 6, 學生社, 1982.

北村秀人, 〈朝鮮における'律令制'の變質〉, 《東アジア世界における日本古代史講座》 7, 學生社, 1982.

倉本一宏, 〈古代朝鮮三國における權力集中〉, 《關東學院大學文學部紀要》 58, 1990.

_____, 〈古代新羅の官司制成立について〉, 《關東學院大學文學部紀要》 65, 1992.

末松保和, 〈新羅の郡縣制, 特にその完成期の二·三の問題〉, 《學習院大學文學部硏究年報》 21, 1979.

菅野銀八, 〈新羅興寧寺澄曉大師塔碑の撰者に就いて〉, 《東洋學報》 13~2, 1924.

田中俊明, 〈新羅の金石文 ―永川菁堤碑貞元銘―〉, 《韓國文化》 42, 1983.

田村圓澄, 〈文武王と佛敎〉, 《蕉雨 黃壽永博士古稀紀念美術史學論叢》, 동 간행위원회, 1988.

武田幸男, 〈新羅の骨品體制社會〉, 《歷史學硏究》 299, 1965.

_____, 〈新羅の滅亡と高麗朝の展開〉, 《岩波講座世界歷史》 9, 1970.

_____, 〈新羅の村落支配〉, 《朝鮮學報》 81, 1976.

_____, 〈眞興王代における新羅の赤城經營〉, 《朝鮮學報》 93, 1979.

_____, 〈六世紀における朝鮮三國の國家體制〉, 《東アジア世界における日本古代史講座》 4, 學生社, 1980.

中井眞孝, 〈新羅における佛敎統制機關について〉, 《朝鮮學報》 59, 1971 ; 《古代の朝鮮》(旗田巍·井上秀雄 共編), 學生社, 1974.

浜田耕策, 〈新羅聖德王代の政治と外交〉, 《朝鮮歷史論集(上)》, 龍鷄書舍, 1979.

_____, 〈新羅の聖德大王神鍾と中代の王室〉, 《响沫集》 3, 學習院大學史學會, 1981.

_____, 〈新羅の寺院成典と皇龍寺の歷史〉, 《學習院大學文學部硏究年報》 28, 1882.

_____, 〈新羅村落文書硏究の成果〉, 《律令制 ―中國·朝鮮の法と國家》(唐代史硏究會 編), 汲古書院, 1986.

三池賢一, 〈新羅內政官制考(上·下)〉, 《朝鮮學報》 61·62, 1971·1972.

_____, 〈新羅官制と社會身分〉, 《日本史硏究》 150·151合輯, 1975.

* 인용할 당시 저서에 포함된 논문은 생략

찾아보기